U1006915

凤凰文库
PHOENIX LIBRARY

凤凰出版传媒集团
PHOENIX PUBLISHING & MEDIA GROUP

凤凰文库·教育理论研究系列

主　　编　顾明远

项目总监　顾华明

项目执行　赵　明

凤凰文库
PHOENIX LIBRARY

教育理论研究系列

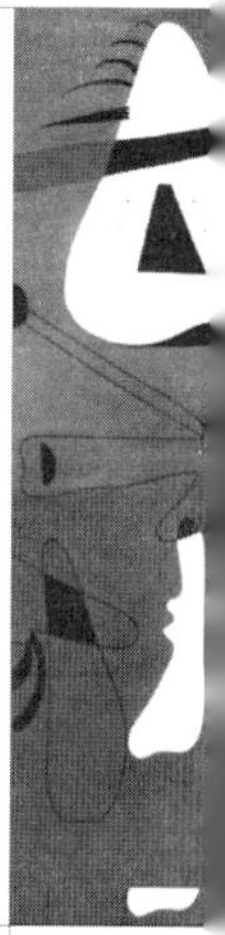

PEARSON
Addison Wesley

Educational Research: An Introduction
教育研究方法导论

（第六版）

[美] 梅雷迪斯·M.高尔
沃尔特·博格
乔伊斯·J.高尔 著

许庆豫 等译
朱永新 审校

江蘇教育出版社
JIANGSU EDUCATION PUBLISHING HOUSE

图书在版编目(CIP)数据

教育研究方法导论/(美)高尔著;许庆豫等译
—南京:江苏教育出版社,2012.4
(凤凰文库.教育理论研究系列)
ISBN 978-7-5499-1658-0

Ⅰ.①教… Ⅱ.①高… ②许… Ⅲ.①教育科学—研究方法 Ⅳ.①G40-034

中国版本图书馆 CIP 数据核字(2012)第 059786 号

出版说明

要支撑起一个强大的现代化国家，除了经济、制度、科技、教育等力量之外，还需要先进的、强有力的文化力量。凤凰文库的出版宗旨是：忠实记载当代国内外尤其是中国改革开放以来的学术、思想和理论成果，促进中西方文化的交流，为推动我国先进文化建设和中国特色社会主义建设，提供丰富的实践总结、珍贵的价值理念、有益的学术参考和创新的思想理论资源。

凤凰文库将致力于人类文化的高端和前沿，放眼世界，具有全球胸怀和国际视野。经济全球化的背后是不同文化的冲撞与交融，是不同思想的激荡与扬弃，是不同文明的竞争和共存。从历史进化的角度来看，交融、扬弃、共存是大趋势，一个民族、一个国家总是在坚持自我特质的同时，向其他民族、其他国家吸取异质文化的养分，从而与时俱进，发展壮大。文库将积极采撷当今世界优秀文化成果，成为中西文化交流的桥梁。

凤凰文库将致力于中国特色社会主义和现代化的建设，面向全国，具有时代精神和中国气派。中国工业化、城市化、市场化、国际化的背后是国民素质的现代化，是现代文明的培育，是先进文化的发展。在建设中国特色社会主义的伟大进程中，中华民族必将展示新的实践，产生新的经验，形成新的学术、思想和理论成果。文库将展现中国现代化的新实践和新总结，成为中国学术界、思想界和理论界创新平台。

凤凰文库的基本特征是：围绕建设中国特色社会主义，实现社会主义现代化这个中心，立足传播新知识，介绍新思潮，树立新观念，建设新学科，着力出版当代国内外社会科学、人文学科、科学文化的最新成果，以及文学艺术的精品力作，同时也注重推出以新的形式、新的观念呈现我国传统思想文化的优秀作品，从而把引进吸收和自主创新结合起来，并促进传统优秀文化的现代转型。

凤凰文库努力实现知识学术传播和思想理论创新的融合，以若干主题系列的形式呈现，并且是一个开放式的结构。它将围绕马克思主义研究及其中国化、政治学、哲学、宗教、人文与社会、海外中国研究、外国现当代文学等领域设计规划主题系列，并不断在内容上加以充实；同时，文库还将围绕社会科学、人文学科、科学文化领域的新问题、新动向，分批设计规划出新的主题系列，增强文库思想的活力和学术的丰富性。

从中国由农业文明向工业文明转型、由传统社会走向现代社会这样一个大视角出发，从中国现代化在世界现代化浪潮中的独特性出发，中国已经并将更加鲜明地表现自己特有的实践、经验和路径，形成独特的学术和创新的思想、理论，这是我们出版凤凰文库的信心之所在。因此，我们相信，在全国学术界、思想界、理论界的支持和参与下，在广大读者的帮助和关心下，凤凰文库一定会成为深为社会各界欢迎的大型丛书，在中国经济建设、政治建设、文化建设、社会建设中，实现凤凰出版人的历史责任和使命。

凤凰文库出版委员会

目　录

中译本序

我们的著作《教育研究方法导论》被译成中文，对此，我们深感荣幸。我们感到，翻译过程付出的努力，已经生成一根纽带，紧紧地联系着我们与中国人民和中国文明。我们诚挚地希望，本书能够对中国的同行们有所裨益，并有助于提高中国的教育质量。

本书已有相当长的一段历史。第一版的作者是沃尔特·博格(Walter Borg)，出版于1963年。博格博士在加利福尼亚大学伯克利分校教育心理学系取得博士学位，专门研究教师教育和课堂教学，成就突出。在20世纪60年代后期，马克·高尔(Mark Gall)开始参与本书第二版和其后各版的修订。1990年，博格博士去世。此后，乔伊·高尔(Joy Gall)也成为本书的一位主要合作者。马克和乔伊同样是在加州大学伯克利分校取得心理学博士学位的。

令人遗憾的是，我们的良师益友博格博士生前未能看到本书中文版的问世。多年前，博格博士和他的太太曾经作为美国代表团的成员访问中国。他后来向我们叙说了他对中国人民和中国文化的仰慕之情。我们(Mark Gall 和 Joy Gall)尚未有机会访问中国大陆，但在1991年，我们访问了台湾，并在多所大学作了学术报告。无论是在美国还是在台湾,我们所见到的中国教育家都给我们留下了深刻的印象。他们的专业水平很高,有强烈的提高学生学习效能的愿望。

我们坚信,科学研究能够改善从学前到大学阶段的教育实践和教育领域的其他工作。类似的证据在其他行业中,尤其是在医学和工程领域中相当充分。在这些领域中,医生、化学家、生物学家和其他科学家的研究成果,使现代医学和工程学的诞生成为可能。我们相信,在教育领域,同样的奇迹也会出现。我们运用正确的研究知识,能够极大地提高学生的学习效率,改进现在的教育实践。

迄今为止,美国的教育研究对教育测量和教育评价产生了极大的影响。研究者们积累了大量知识,并在此基础上建立了有效和可靠的测量学生学习的工具。立法者、决策者和整个社会越来越多地使用这些工具评判教师和教育管理者的工作效率(也许中国的同行已经熟悉了在整个美国流行的学校标准化运动)。本书中的许多内容,尤其是第七章,描述了研究方法是怎样促进测量工具的发展的。

在课程评价方面,教育研究同样发挥了相当大的作用(详见第十七章)。美国政府和一些私人资金会支持教育改革计划,但是,他们需要证明这些改革计划是行之有效的。人们主要运用了本书所介绍的研究方法,收集那些证明改革计划是否有效的证据。教育评价如果没有教育研究的支撑,便很难发生作用,而如果没有有效的教育评价,一些没有意义的教育改革计划也许会持续多年地耗费资源和时间,这些时间和资源完全可以用于真正有价值的改革计划。我们希望,本书能够引发中国的教育者和决策者更多地关注课程评价,并促使更多的资源流向课程评价。

一些意义重大的教育研究都具有描述性。例如,美国一些研究者进行了许多学校和课堂研究,期望明白教育者和学生在学校和课堂中做了些什么。为了达到这一目的,他们运用了定量方法和定性方法(详见第十至十六章)。良好的描述提供了一面镜子,让教育工作者能够客观地观察到他们正在干什么。根据这样的观察,他们能够形成深刻的见解,不断完善教学、管理和其他教育实践活动。我们希望,本书可以为中国的同行们提供新的观念,有助于中国同行们实施重要的教育研究。

许多教育实践活动折射出绵延数十年甚至许多世纪的传统,同时,倡导教育改革的观念纷至沓来。哪些传统是有价值的?哪些是无价值的?哪些新观念是适用的?哪些又是虚幻的?专家给我们提供了理解这些问题的思路。但是,我们不应该停滞于此,因为经验性的和科学的研究为我们提供了更为完整的答案。中国现在是否重视经验性的科学研究?这样的研究在中国能否做得更好?我们想,本书中介绍的研究方法能够改善人们的研究水准,并帮助人们判断教育实践的价值。

长期地看,最重要的研究是那些建立和检验教育理论的研究。缺乏对教育理论的关注,将会导致整个制度中充斥偶然因素。坏的理论会妨碍学生的学习,好的理论能够为全部教育实践活动提供坚实的基础和明确的方向。

理论的边界日益拓展,影响日益广泛。例如,瑞士学者皮亚杰(Jean Piaget)、俄罗斯学者维果茨基(Lev Vygotsky)、巴西学者弗莱里(Paolo Freire)的理论对美国教育发生了深刻的影响。本书的第一章介绍了理论的本质及其在教育中的作用。我们希望,本书能够激起中国的同行关注理论,为理论的建构作出更大的贡献,并与其他研究者和实践者分享这样的贡献。

我们知道,科学研究本质上具有普遍性。虽然本书使用英语写作,书中的案例主要是在美国公开发表的文献,但是,教育研究不仅仅是美国的现象。只要掌握语言和研究方法,任何人都可以进行教育研究。

良好的教育研究是无国界的。例如，良好的研究的标志是其能够超越自身诞生的特定环境，被普遍运用于其他不同场合。研究者们可能只是在美国的几所地方学校进行他们的研究，但是，只要研究设计合理，具有牢固的理论基础，那么，这样的研究发现便会对所有地方的所有学校具有意义。同理，中国的同行们在中国的农村或城市中进行的研究，也能给美国和其他国家的教育者提供启发。

我们希望，本书能够给中国的同行们提供教育研究的知识和技术，而你们的发现不仅能够帮助中国的教育者，而且能够帮助世界上其他国家的教育者。

马克·高尔(Mark Gall)

乔伊·高尔(Joy Gall)

2002年

(许庆豫　译)

前　言

本书是《教育研究方法导论》的第六版。它于 1963 年出版第一版，33 年后，它再次与大家见面。这使我们思索为什么本书有如此长久的生命力。

许多学生告诉我，他们欣赏此书，因为它简明扼要，运用了大量的实例阐述抽象的研究。虽然实例会增加书的篇幅，但学生们并不介意，因为实例使枯燥的研究变得生动活泼。因此，在第六版，我们继续坚持运用文献中最精彩的案例阐释研究中的重要思想。

学生们还说，当你将要承担自己的研究项目时，这是一本实用的指导书。这是因为我们详细地介绍了研究过程的每一阶段，从形成研究思路到撰写论文。如果学生们想要获取有关问题的更为详尽的资料，全书末尾的文献介绍和书中的脚注都会指明查找的方向。许多学生在结束课程后，仍然保留着本书。任何时候，在阅读文献遇到生疏的术语时，或者在遇到研究方法方面的困难时，都可以查阅此书，并找到解释。

教师们青睐此书，主要是看中本书涉及范围广泛。书中除了重点介绍研究的基本原则，还介绍了一些技巧性的方法，以便使他们对教育学研究有一个全面的认识。还有一点，就是本书始终努力使每个新版本都综合了研究中的最新发展成果，包括新方法、已有方法的更新和当前学术会议及刊物争论的概念问题。

无论本书取得多大的成功，这些都在很大程度上归功于沃尔特·博格(Walter Borg)。他撰写了本书的第一版。而且他还邀请了马克(Mark Gall)参与了第二版到第五版的修改。马克由此成为本书的一位作者。作为一位德高望重的教授和研究者，沃尔特·博格已于1990年逝世。现在，马克与他的同事和伴侣乔伊(Joy Gall)共同进行了第六版的编辑。乔伊是一位社会心理学家，在教育研究和发展领域工作了近25年。她为本书注入了新的"声音"。

对第五版的修改

翻阅本书第五版和第六版的读者会发现，与第五版相比，尽管第六版保持了第五版的基本框架，但是，每一章的具体内容都发生了变化。以下简述这些修改。

第六版新增加了两章定性研究的内容。定性研究日益受到教育学研究者的关注，本书增加这些内容的目的正是反映这一趋势。在书中的基本部分，定性研究和定量研究也被综合在一起。这样，学生可以比较两种研究方法的不同。例如，两种方法在抽样、数据收集和数据分析方面的差异。

本书的正文部分也经过了重新整理，并变得更紧凑。全书比第五版少了100多页，虽然如此，它仍然是历史上同类书中篇幅最长的。第五版中有关测试的两章在本书中被并成一章。有关制定研究计划和准备研究报告的内容也被合在一起，以便向学生们说明一个全面的研究计划是最终研究报告的基础。第五版在不同章节中介绍教育研究和发展问题的内容归入研究评估一章中讨论，而那些论述批判性评估和研究数据处理的章节被划入第六版中的合适章节中。

第一章　教育研究的本质

一、概览

什么是研究？研究怎样才能有助于教育实践？这些就是我们要在本章回答的问题。我们将探讨科学哲学家所关心的问题，并展示他们的见解是怎样开辟了有关教育现象研究的新思路。我们还将针对近期的科学评论，揭示教育研究及其他社会科学研究如何推动人类对于自身问题的探索。

二、目标

通过本章的学习，你应该能够：

1. 描述教育研究所发现的四种类型的知识。

2. 解释理论的构成要素及检验理论的步骤。

3. 列举一些科研成果难以应用于教育实践的原因。

4. 解释为何即使在基础研究并不能直接促进教育实践的情况下也要扶持基础研究。

5. 描述社会科学研究的重大认识论问题。

第一编

教育学——研究的领域

本编综述了一种有序而专业的研究领域——教育研究。你会发现，教育研究并不是仅仅简单地发现教育现状，它具有许多目的。其中包括发展各种理论，进而解释各类教育现象。

你还会发现，教育研究者必须面对许多重要而又悬而未决的哲学问题，必须面对社会现实，并学会了解它。对于这些问题，不同的研究者的观点也不尽相同。因此，就形成了许多研究教育问题的不同方法。我们主要向你介绍两种主要方法，即定量方法和定性方法。本书的其他篇章将详细地介绍如何运用这两种方法进行教育研究。但是，你应该首先学习本编内容，从而了解为什么会衍生出如此众多的不同的具体研究方法。

在第一编中，你会发现，研究在改进教育实践的过程中发挥了重要的作用。与此同时，教育研究又是一个人性化的过程，因此，难免会出现错误的偏见。研究者已经开发了一些方法，尽可能减少这种错误的偏见对研究发现的影响。在这一点上，教育研究方法不同于其他了解教育问题并改进教育现状的方法和途径。

此后的每章顺序都与研究过程中的步骤相对应。我们鼓励学生们在阅读并掌握本书中与他们研究项目有关的章节前,不要开始研究工作。这也就是说,要研读第一、二、三编中的所有章节,以及第四、五、六编中与其研究类型相关的章节后,再从事实际的研究工作。

第二编介绍了设计研究的过程,包括:撰写研究计划(第二章),教育研究中的道德、法律及人际关系(第三章)和文献查阅(第四章)。因为一份优秀的研究计划可以预见最终的研究报告,所以第二章也介绍了研究的最后阶段,即博士论文、硕士论文或其他研究报告的撰写。

第三编包含了研究中的基本研究方法:分析数据的统计方法(第五章),抽样的程序(第六章),以及一系列数据收集方法(第七、八、九章)。其中第七章介绍了利用测试和自我报告收集数据的方法,第八章介绍了运用问卷和访谈收集数据的方法,第九章介绍了通过观察和内容分析收集数据的方法。

第四编包括定量研究的主要研究设计。第十章介绍了描述性和因果比较研究设计,第十一章介绍了相关研究设计,第十二章和第十三章介绍了实验设计。

第五编包括定性研究的各种方法。第十四章介绍了个案研究方法,第十五章介绍了具体运用定性研究方法的各种传统,第十六章深入探讨了一种特别的研究传统——历史研究方法。

第六编介绍了研究方法在教育评估中的运用。

(许庆豫　译)

本版的第一章进一步强调了科学哲学的内容。这些内容对教育研究活动和教育研究问题具有一定的影响。

第四章介绍了如何运用计算机进行文献检索。这是新增加的内容。本版还列出了更多的最新参考文献资料,并汇编成附录,以方便检索。

本版按照读者的要求,增加了词汇表。另外,本书还为那些在教学中将研究与统计结合起来的读者提供了统计软件包。(编者注:限于篇幅,中文版删去某些内容。)

应用问题的讨论放在《教师指导手册》中。教师可以按照实际需要将讨论题布置给学生作为家庭作业或者在课题中进行讨论。

学习指导

本书的信息量很可观。因此,我们在每章中加入了各种学习指导,以帮助读者消化吸收。这些指导在以前的多个版本中已被证明对读者大有帮助。它们包括:每章概览、目标、每章或附录中的技术术语罗列和定义、自测题,以及运用每章介绍的方法时易犯的错误。这些指导可以帮助读者在初次阅读时就有针对性,而且也便于日后复习回顾。

《教师指导手册》也提供了各种教学活动计划:包括测试、术语库和实际应用练习,使读者深刻地理解每章介绍的概念和方法。末尾的加注参考文献也可以布置给学生阅读或建议读者阅读,从而拓宽读者对具体论题的了解。

内容和体系

本书分为六编,每编编首都有一个简单介绍。

第一编包括第一章,概括地介绍了教育研究领域。我们建议以此为出发点,这样读者在学习具体的研究方法前,可以初步了解研究的本质和众多的方法。

6. 解释后实证主义研究人员为何慎重对待研究人员、研究参与者和研究报告的读者的不同观点。

7. 解释研究人员关于个案研究或总体研究的决定如何影响他对一般法则的探寻。

8. 描述社会科学研究中量化资料和文字资料的一些局限性。

9. 解释用于说明社会现实中各因果关系的机械论方法、诠释性方法和结构主义方法的异同。

10. 说明反映在认知假定与方法论之中的定量研究人员和定性研究人员的主要差异。

11. 对应用于社会科学研究中的定量、定性研究方法这两者之间是存在着相互促进的关系还是存在着非此即彼的关系这一问题形成自己的观点。

12. 描述后现代主义者对于社会科学研究的观点。

13. 列举社会科学研究在探索真理方面所形成的六大特征。

三、研究对积累教育知识所作出的贡献

一位同事曾突发奇想：倘若医生失去了医学研究知识的基础，他们当中的大多数人势必会丢掉饭碗，除能应付一般病症之外，他们恐怕会对其他疾病束手无策。就拿外科医生来说，如果他们缺乏研究所带来的有关心脏的功能、麻醉、症状以及某个外科手术过程的潜在后果等方面的知识，他们将无法实施心脏手术。而教育者则不同，即使他们突然失去了教育研究长期以来所积累的全部知识成果，也并不会对教育者构成实质性的影响，学校还会一如既往地办下去。我们很难想像教师会以他们不具备充分的研究基础知识为理由，诸如学习过程或不同教学方法的绩效等，拒绝给学生上课。

这位同事把医学与教育相比，是想说明迄今为止研究对日常教育工作所产生的影响仍然是微乎其微的。是耶？非耶？无论怎么说，他对教

育实践的分析给我们提出了这样一个问题：为什么要搞教育研究？对这一问题所作的一般回答是：教育研究发展，诸如如何教、如何学以及如何管理教育等方面的新知识，其价值体现在它能最终改进教育实践。但是，如果你研究一下这一回答，你又遇到新的问题，特别是“所谓研究，它究竟表示什么？”以及“怎么把研究成果应用于实践？”这样的问题。

本章的目的就是要助你一臂之力，以期待你能独自判断教育研究是否有用以及教育研究功效如何。希望我们提出的观点将有助于你审视你现在对教育研究所持的看法，最起码也能帮助你更好地理解为什么世界上成千上万的教育研究专家对他们的工作的价值是那样地坚信不疑。我们将在随后的几个部分里分别讨论研究给教育带来的四种类型的知识：(1) 描述；(2) 预测；(3) 改进；(4) 解释。

(一) 描述

许多研究都涉及对自然或社会的描述，例如对形式、结构、活动、变化以及现象之间的关系等所作的描述。研究人员正是通过这样的描述性研究才使许多重大科学发现成为现实。举例来说，天文学家利用天文望远镜提高了对宇宙不同部分的描述的准确性，而且，他们还在这样的描述过程中发现了新的星系并准确把握住了宇宙的结构。这样的发现同时还提高了人类对宇宙的起源与发展方向等问题的认识。

描述性研究的功效在很大程度上取决于用于测量和观察的工具的使用。研究人员也许要历经多年才能使他们所使用的工具日臻完善，例如，电子显微镜、电流计和测试智商的标准化量表等就是数十年艰辛的成果。一经研制成功，工具就可被研究人员用来描述其所关心的现象。有鉴于此，我们要用几个章节(第七、八、九章)的篇幅来详尽描述教育研究所运用的众多各不相同的资料收集工具。

描述性研究已极大地丰富了我们有关学校教育的知识。诸如菲利浦·杰克逊(Philip Jackson)的《课堂生活》、莎拉·劳伦斯·莱福(Sara Lawrence Lightfoot)的《好中学》以及乔纳森·科佐尔(Jonathan Kozol)

的《野蛮的不平等》等最为重要的教育类文献，都表明了这一类研究的重要性。

某些描述性研究旨在向政策制定者和教育者提供他们所关心的一些有关教育领域的统计信息。美国国家教育统计中心就是以这类研究为主。该中心的诸多研究成果都刊登在每年一期的《教育统计文摘》上。该中心还负责进行美国的教育发展全国性评估，收集全美青年在不同学科表现的描述性数据。

（二）预测

预测是另一种研究知识。它是指依据在早先的 X 时间内所获取的信息，对某一现象将在 Y 时间内发生作出预测的能力。例如，人们可以根据已知的月亮、地球和太阳三者相关运动的知识，准确预测月食现象的发生；人们可以根据已知的胚胎在现阶段的发展状况，预测胚胎的下一步发展；人们可以根据某一学生在一两年前取得的能力测试成绩较为准确地预测该生学业的发展。

教育研究人员已经进行了为数众多的预测研究，以便进一步了解可以依据哪些因素来预测学生在校期间的学业和进入社会之后的工作实绩。他们从事这些研究的原因之一，就是帮助校方录取那些有望在特殊学科取得出类拔萃成绩的学子。例如，学业能力倾向考试(SAT)和其他一些类似的测试每年都面向千百万高中学生。高等院校依据这些测试结果和其他资料来录取那些他们认为最有希望在其专业学科中脱颖而出的学生。为了能进一步了解基于这些测试的预测的准确性，了解它们是否能普遍运用于不同的学生群体(如少数种族学生)，以及了解新测试工具能否有效提高针对特定背景中的学生所作的学业是否会取得成功这一点所作的预测的精确性，有必要进一步发展预测研究。

预测研究的另一目的是确认哪些学生可能会滞后于教育过程的进展，并根据这一预测及时采取预防措施。例如，由于在全国范围内只有75％的高中生获得高中文凭，研究人员目前对高中生的辍学率表现出极大的研究兴趣。通过收集有关六年级学生的多方面信息，例如对他们进行一直持续到高中毕业或退学为止的跟踪调查，研究人员就能判断哪些信息最有助于预测。这一预测知识可被用来确认哪些六年级学生有可能在高中阶段退学。有了这样的知识，我们也许就有可能为这些学生设计特定的教育项目来增进他们学业进步的机会。

教育研究已经创造出巨大的包含众多因素在内的预测知识体系，这些因素能预测将对社会产生重大影响的多样化结果(例如，学业进步、事业有成、犯罪行为等)。我们将在第十章和第十一章专门讨论预测研究程序。

(三) 改进

第三种研究知识涉及介入因素的有效性。行业不同，介入因素自然不同，如医学中的药物疗法，工程中的建筑材料，工商领域里的营销策略和教育界的教学计划等。许多教育研究课题的本意就是为了确认介入因素，或者说确认哪些因素可以转变成介入因素，以便改进学生的学习。赫伯特·沃尔伯格(Herbert Walberg)与他的同事一起综合研究了近3 000例涉及介入因素或潜在介入因素的个案，这些介入因素的引入旨在提高学生在诸多学业成就测试中的成绩。① 现将这一综合研究成果综述于表1.1。

表1.1　指导因素对学生学习成绩的影响

方法		效果量	百分位数
1	强化	1.17	88
2	加快进度	1.00	84
3	阅读训练	0.97	83
4	提示与反馈	0.97	83

① 沃尔伯格，H. J. (1984)，“改进美国学校的生产力”，《教育领导》，41(8)，第19～27页。为能了解包括这些及其他一些介入因素在内的更为新近的综合研究成果，请参阅王，M. C.，黑泰尔，G. D.，& 沃尔伯格，H. J. (1993)，“试论学校学习的知识基础”，《教育研究评论》，63，第249～294页。

续　表

	方　　法	效果量	百分位数
5	科学基础知识学习	0.81	79
6	家庭作业的批改	0.79	79
7	合作式学习	0.76	78
8	阅读实验	0.60	73
9	班级气氛	0.60	73
10	当面辅导	0.57	72
11	家庭介入因素	0.50	69
12	适应学生的指导方法	0.45	67
13	导师制	0.40	66
14	教学时间	0.38	65
15	家庭环境	0.37	64
16	对学生科学兴趣的重视	0.35	64
17	高难度的问题	0.34	63
18	诊断式规范性方法	0.33	63
19	个别辅导	0.32	63
20	适应学生个别需要的数学教育	0.32	63
21	新学科课程	0.31	62
22	教师期望值	0.28	61
23	家庭作业量	0.28	61
24	社会经济地位	0.25	60
25	计算机辅助教学	0.24	59
26	同龄人群体	0.24	59
27	由易而难的课程安排	0.24	59
28	旨在提高学业成就的组织者	0.23	59
29	新数学知识课程	0.18	57
30	生物学初探课程	0.16	56
31	同质群	0.10	54
32	班级大小	0.09	54
33	编程教学	−0.03	49
34	电视	−0.05	48
35	人云亦云式教学	−0.12	45

【资料来源】 改写自沃尔伯格，H. J.《改进美国学校教育知识基础》的论文(1984)上的图 3 和图 4，见《教育领导》，41(8)，第 19～27 页。

表 1.1 的左栏列举了上述个案研究中加以测定的介入因素。这些研究对每一种介入因素都进行了广泛但又各不相同的讨论。第一个数据栏称作效果量的统计数值，对此我们将在第五章展开讨论。这些统计数值作为一种定量分析方法，描述了接受过此种介入因素的学生与没有接受过此种介入因素（或接受得很少）的学生相比平均说来获得了多大成效。如果效果值为零，这表示平均说来接受过某种介入因素的学生并不比没有接受过此种介入因素的学生学习得更好或者更差。如果效果值为正数，这表示接受过某种介入因素的学生平均说来比没有接受过该介入因素的学生表现要好。如果效果值为负数，这表示接受过某种介入因素的学生平均说来比没有接受过该介入因素的学生表现要差。效果值越大，介入因素的影响力也就越强。研究人员认为，只有大于 0.33 的效果值才具有实践意义，这也就是说，介入因素的影响力已大到足以能够表露被衡量的结果间存在着值得重视的差异的地步。

表 1.1 的第二个数据栏以百分位数形式转换了效果值，以便你能更好地体会表中所列效果值的意义。举例来说，强化这一介入因素的百分位数(88)表示，接受过强化训练的学生（即在某一学习成绩排名上占据第 50 百分位数的学生）在接受了这一强化介入因素之后平均来讲所取得的分数等同于没有接受过强化训练的、在该学习成绩排名表上居第 88 百分位数的学生。换句话说，通过强化训练，学生通常会从第 50 百分位数上升到第 88 百分位数。为了进一步阐明这一点，让我们来看一下表 1.1 中显示的计算机辅助教学，我们发现，只要向学生提供这一介入因素，学生的成绩排名百分位数通常会从第 50 百分位数上升到第 59 百分位数。

沃尔伯格的综合研究表明，研究人员已经发现了许多能有效改进学生学业的介入因素。为了使这些介入因素日臻完善，把它们更有效地用于针对不同类型学生和彼此相异的教育环境中的教育实践，有必要进行进一步研究。同样，也有必要深化潜在介入因素转变成现实介入因素的研究。举例来说，班级气氛本身并不是介入因素，但从潜在意义讲，我们对它加以多方面的巧妙运用，我们也许能首先研制出一些介入因素来活跃班级气氛，然后再通过这一气氛来增进学生的学业。虽然各种不同的研究方法的使用都能产生以改进为导向的研究知识，最为重要的还数第十二章和第十三章所讲的实验研究方法以及第十七章所讨论的评估研究方法。

文化学研究是近年来出现的另一种势头颇旺的旨在改进学生学业的研究方法。作为批判理论的一个分支，文化学研究——这一社会科学研究主要探讨某一文化中的权力关系，目的是为了帮助该文化中的成员反对被认为现实存在于该文化中的多种压迫形式，并最终把他们解放出来。以这一方法来进行研究的研究人员趋于表明这一立场：他们的目的并非是为了改进教学，而是为了拯救教育体系中的成员，帮助他们挣脱一些压迫状态。一个称作修正主义历史学的历史学研究分支也研究权力关系，特别是历史上出现过的压迫性的权力关系。这些权力关系反映出规模盛大的社会文化力量在影响着学生学业。与这些研究相反，表1.1大都只是从课堂教学的层面上列举了人际介入因素。我们将在第十五章讨论批判理论和文化学研究，然后将在第十六章讨论修正主义历史学研究。

（四）解释

从长期角度来看，第四种研究知识——解释——是最为重要的。从某种意义上讲，这种知识涵盖了其他三种知识。如果研究人员能解释某一教育现象，这意味着他们能描述它，预测其后果，并懂得如何使用介入因素来改变结局。

研究人员总是理想化地把他们对现象的研究所作出的解释称作理论。所谓理论，它是指就结构体系及各结构间相互关系法则对某一系列现象进行观察所作的解释。为了阐明这一定义，不妨考虑一下琼·皮亚杰(Jean Piaget)提出的关于智力发展的理论。对于皮亚杰的理论，大多数教育专家并不感到陌生，而且，该理论已对美国的课程设置和教学活动产生了实质性影响。

首先,皮亚杰的理论是一个体系,在于该理论有一整套结构体系及结构间有着相互联系。该体系的形成并非一日之功,它是皮亚杰和同事历经数年以多篇论文的方式不断加以构建和修改而成的。也正是由于此,该体系的结构稍嫌松散。随后,其他一些研究人员以更简洁的方式对该理论作出了描述,以使该理论更具逻辑性,结果就形成了作为体系存在的皮亚杰理论。

该理论体系的建构旨在解释这样一整套现象:婴儿、幼儿的行为与其环境的关系。例如,皮亚杰首先观察了处于不同年龄阶段的幼儿在特定任务面前的反应,然后通过他的理论对幼儿的反应作出解释。

理论首先通过确定一整套理论建构来对现象作出解释。所谓**理论建构**是指通过对现象的观察所形成的概念。既可以从结构性定义的角度,也可以从操作性定义的角度来界定理论建构。**结构性定义**建构的界定方法是指通过把某一建构与其他建构相关联的方法来界定该建构。例如,皮亚杰理论中的守恒建构可以被界定为关于某一被观察的事物的某些质在该事物的其他一些质(如本体、长度或容量等)发出变化之际保持固有状态的认识能力。请注意:在上述定义中,对守恒所作的定义是通过将之与其他建构(如性质、变化或长度等)相比照而获得的。

操作性定义建构的界定方法是指通过界定借以衡量或操作某一建构的活动的方法来界定该建构。例如,我们可以用操作性定义构成的方法,对(在上文中已对之作出建设性定义的)守恒这一建构作出重新界定,方法是将之与某一特定任务相关联,例如,先把相同数量的液体倒入大小不一的盛器中,然后问儿童各盛器中的液体量是否相同。

在进行调查时,一些研究人员常用*变量*而不是*建构*这一概念。**变量**是对建构的量化表述。人们通常借助某一工具所能显示的分值、等第,如考试或态度指标等,来衡量某一变量,或者以某一建构的范畴(如相对于私立学校的公立学校)来表述某一变量。

如上文所述,理论规定了建构间相互联系的定律。所谓定律(也称

作科学定律），它是指对两个或更多的建构之间的因果关系、先后关系或其他关系等所作出的归纳。理论家首先对这些关系作出普遍的、一般化的推断，然后再经过实验来加以证实；或者他们干脆把研究人员所发现的关系运用于他们自己的理论。皮亚杰关于智力开发阶段的理论，就能给我们提供一个理论定律的例证。他所提出的每一个阶段，如感觉运动阶段、操作前阶段、具体操作阶段和规范化操作阶段，都是一个建构。皮亚杰提出的法则是，这些建构以这样的固定的序列相互关联：操作前阶段紧随感觉运动阶段；具体操作阶段紧随操作前阶段；规范化操作阶段紧随具体操作阶段。

理论具有如下一些功能。第一，人们能借助理论建构发现非得依靠理论才能发现的诸多彼此分隔的现象间存在着的普遍特征。例如，皮亚杰的理论就确认了这样的事实：彼此并不相关的婴儿在许多行为上都体现了智力发展中感觉运动阶段的特征。换言之，通过理论建构，我们能辨认人类体验的普遍性，从而理解体验的意义所在。第二，理论法则帮助人们作出预测并控制现象。依靠丰富的理论，天文学家能相当准确地预测日月食及其他天文现象。特殊教育工作者得益于已完善发展的学习理论（有时称为行为理论），并应用于教学，指导学生改善学习行为。

科学家时常有“大”、“小”理论之说。可以通过发展小理论来说明一些有限的现象（如教师精神风貌方面的前因后果等），而大理论则一般用于说明大现象（如行为理论和认知理论）。同样，随着某一理论被证实能解释更多的现象，或者随着更多的建构被融入某一理论，这样的理论将会进一步发展下去。研究人员不妨从有关学业进取的某一小理论入手，只要他发现更多的决定学业成就的因素，他自然会扩展理论以说明这些因素。

我们要在本书描述两种理论发展的方法。第一种方法是“植根理论”法，即从作者自己的直接的资料中，而不是从现有研究的理论成果中，直接推导出建构与定律的方法。换句话说，建构与法则“植根”于研究人员已经收集到的特定的一整套资料之中。由此推导而出的建构与理论的实用性可以通过随后的研究加以检验。我们要在第十四章专门讨论这一理论发展的方法。

第二种理论发展的方法由两大步骤构成。第一步是形成某一理论；第二步是收集实验资料来检验该理论的正确与否。检验过程得分三步走：(1) 形成假设；(2) 推演该假设所能导致的可以观察得到的后果；(3) 通过观察(即收集研究资料)来检验假设。这一过程通常被视为科学方法。当然，有些科学哲学家对是否存在着某种称作科学方法的东西表示了怀疑，例如，保罗·费耶里本(Paul Feyerabend)就直言道："认为有一种方法能提供放诸一切科学研究领域而皆准的原则，同时也是一切科学研究必须遵循的一成不变的原则，这种观点在历史学研究成果(即对科学史的研究成果)面前往往难以自圆其说。"①

布莱恩·穆伦(Brian Mullen)②在其一项对有关自我注意的理论所作的研究中，阐述了经验化检验理论的三大步骤。该理论专门研究在人本身成为人的注意力集中焦点之时所发生的自我约束过程。自我意识与窘迫感就是人进入面向自我的注意力集中过程的真实写照。解释群体对个人的影响，这是该理论的一大功能。该理论在某种程度上表明了这一观点：在人处于多方面特征均与其相同的人的集体的情况下，群体愈小，人就愈注意自己，这是因为群体在变小之后愈发成为个人关注的中心，因而，人们就越感到有必要用群体所代表的尺度来衡量自己的言行。

那么，我们怎样才能检验该理论的有效性呢？首先必须形成**假设**，即暂时确定两个或更多的理论建构之间的关系。穆伦在研究中所提出的假设是，人们在小群体中比在大群体中更关注自我。该假设所含有的两个理论建构分别是*群体的大小*和*自我注意*。根据这一假定，此两者之

---

① 费耶里本，P. (1978)，《反对方法》，London：Verso. 见第 23 页。

② 穆伦，B. (1988)，《对于讨论的自我注意观点》，见 J. T. 狄龙(Ed.)，*Questioning and Discussion：A Multi-disciplinary Study*，第 74～89 页，London：Ablex。

间是反向关系，即群体愈小，自我注意力愈强。

检验理论的下一步工作是，推导随假设而来的可以观察到的后果。为了搞好这项工作，研究人员应找到现实情景或设计一个模拟情景。为了从事他的研究，穆伦收集了 27 份高中教学活动中的讨论记录稿，其中所反映出的讨论小组有大有小。针对这些资料，他把自我注意界定为学生参与集体讨论之际第一人称代词单数（主格的“我”和宾格的“我”）形式所出现的程度。此外，他还用已知各讨论小组成员的数量作为衡量群体大小的标准。[①] 这样一来，穆伦就有了一个情景，借以判断上述假设所导致的可以观察到的后果，并通过已知资料从操作性界定角度来界定和衡量假设中所明示的每一个建构。

收集实验资料并在此基础上判断它们是否与假设相契合，这是检验理论的第三步。穆伦利用上述记录稿和其他可用资料，分别合计了参与每一次讨论的学生数和第一人称代词单数使用的数量，接着通过我们要在第十一章讨论的称作*相关研究*的统计方法找出了两套数据资料（群体大小与代词的数量）的关联性。通过这样的统计分析，他得出了假定的结果：第一人称单数代词在较小的讨论组中所出现的频率要比其在较大的讨论组中所出现的频率高。

穆伦研究阐述了检验理论的过程。由于假设得到了证明，与该假设相关的理论也得到了增强。这意味着我们更有理由相信该理论对人在社会生活中的行为作出了很好的解释。

的确，所谓的科学方法在检验假设的有效性方面颇具功效。但是，它也存在着一些缺陷。缺陷之一就是，研究人员说不定会从假设中推导出一些不恰当的可以观察到的后果，从而使对假设的检验失之偏颇。例如，穆伦认为第一人称代词单数是一个能用于衡量自我注意的颇为妥当的操作性方法。此说并不尽然。有鉴于此，其他理论家和研究人员有必

① 事实上，也通过一个称作“其他-总量比率”(Other-Total Ratio)的更为复杂的手段计算了群体的大小，但在这一研究中，其计算结果几乎与每一群体中的学生数相等。

要仔细研究每一份研究成果，以准确判断检验手段和情景的使用是否真的是那么合乎理性、恰如其分。在实验结果与假设相背的情况下，此等推敲尤其重要。有道是，一着不慎，全盘皆输。因检验不当而使假设和基本上能自成一家之言的理论无人问津，岂不可惜！

科学方法还有另一缺陷，且此缺陷比上一种缺陷更难以清除。这就是，任何观察得来的结果都具有支持多种多样，有时甚至是相互矛盾的理论的潜在可能性。就这一意义而言，研究人员永远不可能证实理论，充其量只能是支持理论而已。对于这一点，本章将作进一步解释。就是穆伦也曾坦言，对其观察到的结果可作诸多不同的理论解释；而且他也指出，他的研究成果并不能表明其他解说毫无道理。

穆伦在其研究报告中明确表明，其他研究人员已成功地把自我注意理论运用于以下预测：一致性、亲社交行为、游手好闲行为、厌恶社交的行为、参与宗教组织的行为、面对规模不一的听众场面所表现出的口吃行为、私设公堂的乱民行为以及美国总统及其助手的谈话行为等，由此可见，穆伦的研究成果本身并不能左右自我注意理论的消长。理论的完善性取决于其全部理论证据的力量。

四、研究在教育实践中的运用

教育实践是否已受到研究知识的影响？如果是，那么影响是怎样产生的？在研究知识与教育实践这两者之间存在着什么样的关系？要回答这些问题并非易事。与其努力去回答这样的问题，我们倒不如作一些评述，以让你形成自己的看法。我们的评述之一就是，研究知识与教育实践目标殊异。正如D. C. 菲利浦斯(D. C. Phillips)所指出：

> 粗略地讲，研究成果要么以“X是Y”的形式出现，要么以“具有Y特征的X的概率是P”的形式出现。与之相反的是，对实践具有意义的成果则表现为“甲应该对乙采取Z行动”之类的形式，换句话

> 说，它们是用含有“必须”、“理应”，或其他包含价值判断成分的惯用语句形式来表示的。但是逻辑告诉人们，从仅仅用“是”来表示关系的语句中是不能有效地推导出含有“必须”之类的结论的。①

对于涉及*是*的问题，可以借助构思精巧的研究来加以客观的回答。而对于涉及*必须*之类的具有价值判断意味的问题，惟有通过对话和一定的决策过程才能加以回答，且这样的决策过程必须有对对话感兴趣的全体人员的参加。研究人员不应该对其有关*是*的研究成果会产生立竿见影式的效果抱有期待。他们更不应该希望这样的成果会不经过任何批判性评估就在实践中加以应用。同样，研究人员也不应该对研究能产生规范性建议这一点寄予厚望。较为明智的做法是：从有关*是*的研究知识中汲取一些知识营养，以更好地进行有关*必须*的对话——当然，在对话之前，也必须汲取来自于其他方面的知识营养。

虽然研究发现了是什么，这一发现也有一些局限性。研究成果限制了概括化的可能性，这就是一大局限。举例来说，在从事研究之际，许多研究人员都选择只代表某一明确人群（如市区学校里的小学教师）的抽样。取样的效果怎样，研究的结果也怎样。无论结果如何，它都能用来对所研究的人群作概括化的说明。但是，概括化也就仅此而已，而且，就是在所界定的人群中，也极有可能出现并不适应上述概括化判断的教师。从事其他课题研究的研究人员可以只抽取一个或几个个案来详加研究，他们也可以把研究成果用于对其他个案的概括化解释，但是这样的概括化只能基于个案。所以，虽然看起来研究人员能从研究知识中获得某种指导，但他们有必要问自己这样一个问题：“这些成果能为我所用吗？”

研究知识的另一大局限是：虽然它发现了是什么，但这样的发现是在特定的世界观或价值观的框架内完成的。正如我们将在本章稍后一

---

① 菲利普斯，D. C.（1980），《研究人员及从业人员能相互提供什么？》，*Educational Researcher*，9(11)，第19页。

部分所看到的那样，理论与研究都具有价值导向，所谓的纯粹的客观研究根本不存在。因此，我们可以说，把研究成果运用于实践就等于把某一整套价值运用于实践。例如，表 1.1 所示介入因素或多或少地有助于改进通常以在标准化考试中所取得的成绩为据来考评学生的学业成就。但如果推而论之地把这样的研究知识作为理论依据，用以倡导一种或多种形式的介入因素，这无异等于提倡把高分作为重要的教育成就。其实，教育成就并非就此一条，诸如好奇心、自我依靠和与人为善的态度等成就也许并不会因为这些介入因素而有所促进。同样，这一研究赖以形成的诸多调研活动本身也暗示了某种对教师的看法。关于这一点，马格德琳·兰珀特(Magdalene Lampert)讲得很明确：

> 他们……认为教师如同技术生产部经理，认为教师的责任就是提高教学效率，非如此而学业不能完成。根据这一看法，如果教学人员运用研究人员的成果来解决课堂问题的话，教学质量就可以得到提高。教师的职责就是查阅研究人员和决策者讲了哪些应该做的事情，或者对学生讲了什么并叫学生做些什么，例如，教师辅导和学生自学各应占多少时间，儿童必读的故事书中应该有多少新单词。似乎只要教师听命于研究人员和决策者，学生也就大吉了。①

师者，困境管理者也。这是兰珀特的独到见解，是她研究的心得体会之一。她独自承担了许多研究课题，结果表明，课堂教学涉及诸多以教师必须解决的兴趣冲突等为特征的棘手的问题。

一些研究人员坚信，教育研究太理论化，也太关注对基础认知(如支持记忆的大脑的功能、阅读时眼球的运动等)程序的研究了。他们坚信，应该把这些基础研究搁在一边，优先从事旨在解决从教人员所发现的现实问题的应用研究。这一论点提出了教育基础研究和教育应用研究的

---

① 兰珀特，M. (1985)，《教师如何设法教学？对实践中难题的看法》，*Harvard Education Review*，55，第 178～194 页。

相对价值这一问题。从定义这一实质性角度来看，应用研究看起来更有助于教育实践的改观，不过医学研究领域里的一项重大研究成果所带来的启发却使我们不得不对此论点作一反思。[①] 这项医学研究是由朱利叶斯·科姆罗(Julius Comroe)与科伯特·瑞普斯(Kobert Dripps)发起的。他们首先确定了 20 世纪 40 年代以来在心血管病和肺病治疗等方面所取得的十项重大进展(之所以选择这些病症，是因为美国年死亡人数中有一半多的人死于这些疾病)。关于这些进展，请参见表 1.2。在 140 名顾问的帮助下，科莫罗和瑞普斯确认了必须通过研究来发展哪些知识体系才有可能使这十大临床技术达到现有的水平。他们一共分辨出 137 种这样的核心知识体系，其中包括心脏病解剖、血检、血压测量以及手术后感染的防治等。

接着，科姆罗和瑞普斯找出了对这十大临床技术进步起重要作用的科学报告约 2 500 份，他们最终选择了 529 份报告并对之逐一进行了详尽的分析。这些报告分为以下六个类别：

1. 与上述任何临床问题的解决均毫无关系的基础研究；

2. 与上述临床问题的解决有关系的基础研究；

3. 与基本生物、化学及物理机制等无关的课题研究；

4. 对公开出版的文献所作的评论和批判性分析报告，以及有关新医学概念的综述报告(不含新实验数据)；

5. 旨在创造、改进或完善研究所需的器材或技术的医学开发或医学工程报告；

6. 旨在创造、改进或完善诊断或病人护理所需的医学开发或医学工程报告。

表 1.2 详列了分属上述各个类别的重要报告的数量及其所占百分比。

---

① 科姆罗，J. H.，Jr. & 瑞普斯，R. D. (1976)，《支持生物医学科学的科学基础》，*Science*，192，第 105～111 页。

表 1.2　529 篇核心论文所属研究类别

类　　型	非临床导向的基础研究	临床导向的基础研究	非基础研究	评论与综述	开发研究	临床开发研究	总计
心脏外科	34	23	19	0	3	11	90
血管外科	9	7	14	3	0	21	54
高血压的药物治疗	42	16	21	2	0	0	81
冠状机能不全的药物治疗	21	20	22	1	1	3	68
心脏起搏	16	11	9	0	0	6	42
口服利尿药	23	13	6	1	0	0	43
重点护理[a]	—	—	—	—	—	—	—
化学疗法和抗生素	12	18	21	1	0	2	54
诊断方法	49	21	5	2	17	22	116
脊髓灰质炎的防治	3	12	3	0	1	0	19
总　　计	209	141	120	10	22	65	567[b]
所占百分比	36.8	24.9	21.2	1.8	3.9	11.4	

注：a. 因为从实践角度来看，每一篇关于重点护理的文章同样也对其他医学进步产生影响，这些文章可以归入其他各类。

b. 之所以出现六类报告所含论文数量总数(567)超过精选的报告数量(529)的现象，是因为有些核心论文可以归属两个或更多的类别。

【资料来源】 摘自科姆罗，J. H.，Jr. 与瑞普斯，R. D. 合写的论文《生物医学科学的科学基础》，见 1976 年第 192 期《科学》杂志中第 110 页上的表 6。

通过该表可以看出，在对上述疾病的治疗技术的发展产生关键影响的所有研究报告中，基础研究报告(36.8% + 24.9% = 61.7%)占很高比重。同样值得注意的是，几乎与心血管医学毫无关系的重要研究报告占三分之一要强(36.8%)。这一结果表明，研究对即使不属于其本质目的的实践也能产生影响。

根据我们对教育现状的体察，认识到有关教育的研究知识具有重要意义的教育界人士越来越多。诸如《教育领导》和 *Phi Delta Kappan* 等教育类畅销期刊都定期刊登重要的研究报告。更重要的是,愈来愈多的教师和教学管理人员被要求参加研究生课程班,学习一些研究方法来指导他们如何阅读研究报告,以及甚至指导他们如何从事课题研究。他们中有些人在学完硕士课程之后都力争获得博士学位。在这一切努力的过程中,他们不仅接受先进的有关课题研究的训练,而且还被要求做一些实质性研究以便写好博士论文。

能意识到教育研究的重要性,这一点本身就很重要。这样的意识不仅能养成对研究的积极态度,而且能使人们进一步认识到研究在改进教育实践中所扮演的角色。有关教育变化的研究表明,教育发展的进程依然缓慢,而且这样的意识的形成也还只是教育发展进程的第一步。① 要使教育研究获得等同于在诸如医学研究和工程研究等其他领域所赢得的尊敬和产生的影响,还有很长的路要走。

五、教育研究中的认识论问题

随着你对教育研究的了解的加深,你就会发现它并不是统一的整体。例如,你将会在本书的第四部分看到,教育研究方法中的样本与总体在很大程度上依赖数据资料与统计分析。与之相反的是,第五章所探讨的方法则以个案研究为主,这些研究很少使用数据资料或统计分析,但却较多地依靠文字资料和主观分析。

为什么教育研究方法有如此众多的差异呢?要回答这一问题,我们得首先考察一下作为科学研究基础的认识论问题。**认识论**是哲学的一个分支,它研究知识的本质以及获取、证实知识的过程。一些认识论专家尤其关注科学研究的本质并对自然科学和社会科学中的知识产生浓

---

① 若要了解对教育中的变化过程所作的评论,请参见富兰,M. G.,& 施蒂尔鲍尔,S.(1991),《教育变化的新意义》,New York: Teachers College Press。

厚兴趣。这些哲学家(有时称作*科学哲学家*)潜心致力于回答下列问题:研究人员所研究的对象(如中子和自我概念等)是真实存在的吗?研究知识与其他形式的知识何以不同?研究知识有什么特殊的权威?什么是理论?怎样才能检验理论?所谓发现有助于人们预测个体与群体行为的法则,这究竟表示什么?社会科学研究在本质上是否不同于自然科学研究?

哲学家已对科学研究的本质作了数百年的探讨,并形成了不同的学派。社会科学研究人员已受到这些学派(如实证主义、经验主义与现象学等)的影响,此外,他们还对应该如何从事他们各自的学科(如人类学、心理学与社会学)的研究提出了自己的见解。我们将在下文首先重点讨论教育研究人员目前所关注的认识论问题,然后要介绍一下不同的研究人员为何会对这些问题得出不同的结论,以及他们是如何从结论出发提倡并从事了千差万别的教育研究。

作为这一讨论的指导,我们要参看图 1.1 所显示的简单模型。图中有这样一个因素,叫做单个的人(以 A 表示)。现在让我们把教师看成单个的人。教师与之发生联系的环境包括物质环境(B)和社会环境(C)。举例来说,大多数教师都使用教科书。就教科书在物质现实层面上的意义而言,它由纸张和墨等组成,即其物质现实是由特定的生物化学的质所构成的。就教科书在社会现实层面上的意义而言,教师使用*教科书*这一标签来表示它,即凡是某一特定群体的成员(讲英语的人)都能使用它。教师使用教科书,是为了与某一特定类型的人(学生)一起来履行某一特定的社会功能(教学)。师生双方理应扮演的角色在很大程度上是由社会所决定的。因而,社会环境的一切方面都是社会所规定的,这些方面也因此构成了社会现实。

教育研究人员(图 1.1 中的 D)或其他社会科学家(如人类学家、心理学家与社会学家)从事研究的目的是为了了解单个的人(或人构成的群体),了解其社会环境的各个方面,或者是为了了解上述两者之间的互动关系(如教师在讲课时是怎样使用教科书的)。社会科学家一般都不研究物质现实，虽然有证据表明研究个人在从事学术工作（这是一个社会现实）的状态下大脑功能（这是一个物质现实）与认知过程（如注意力和解决问题）间的关系的研究人员的数量日益增多。

课题研究完毕之后，研究人员会以报告的形式总结其研究成果（图 1.1 中的 E）。随后，其他个人（F）会阅读这样的报告。读者可能是其他研究人员、教育从业人员和政策制定者，也可能是资助研究的机构和一般公众。也可以就同一课题研究写出不同的报告以方便不同的读者群。

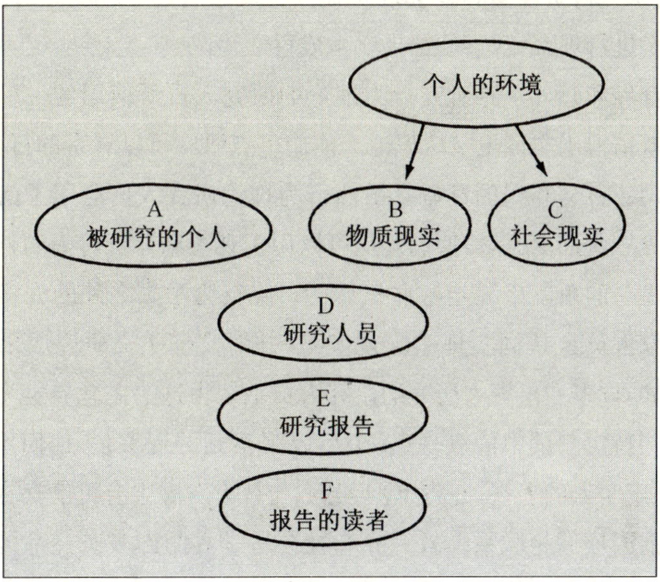

图 1.1　社会科学探讨的因素

(一) 客观现实与建构现实

一些研究人员认为社会环境（图 1.1 中的 C）以**客观现实**为特征，这就是说，这些特征不以创造者或观察者的意志为转移。请设想一下这样一个情形：某位教师在某一学生的作业上粘贴了一颗金星标志。根据客观现实的假定，该金星的存在既独立于粘贴它的教师，又独立于某位在研究该教师对学生作业的反馈意见之际注意到了它的研究人员。因此，只要该研究人员毫无主观偏见，他就能收集到有关准确体现作为现实存在着的金星的资料。

信奉实证主义认识论的研究人员就抱有存在着客观社会现实的假定。例如，萨莉·哈钦森(Sally Hutchinson)就指出："实证主义者认为世界'就在那'，认为这样的世界以其程度不等的静态形式供研究人员研究。"① 以此为出发点，实证主义科学研究的任务就是排除偏见，对"就在那"的自然和社会的世界进行观察。我们认为，**实证主义**是这样一种认识论，它认为物质现实和社会现实独立于观察者，只要能毫无偏见地对这些现实进行观察，观察的结果就构成科学知识。②

教育界和心理学界研究行为理论的研究人员所使用的一种科学研究方法就植根于实证主义认识论。他们重点研究可以观察的行为，并将之作为构建科学知识的基础。虽然行为理论研究人员运用了诸如*强化*和*惩罚*等一些抽象概念，他们是从可以用于观察和评析行为的外在表现的程序之一的角度来界定这些概念的。除行为学家之外的许多其他方面的研究人员也认同实证主义现实观，并对实证主义研究成果表示赞赏。例如，许多专事智力研究的研究人员把智力这一概念界定为某一个人在某一特定测试中的表现(一个可以观察到的现象)。他们用 IQ(智商)来衡定个人的表现，并将 IQ 得分数与智力发展中有可能存在与出现的某些前因后果相联系。教育界和社会科学界的许多研究都是基于实证主义认识论之上的，这一现象肯定会持续发展下去。

有一种与实证主义背道而驰的认识论，其假定是，社会现实是由参与社会的个人构建而成的。该认识论认为，现实的"建构"表现为阐释的形式，也就是说，人们赋予社会环境的意思构建了现实。根据这一主张，社会环境特征的存在来自于人们为这些特征构建的意思。再让我们回

---

① 哈钦森，S. (1988)，《教育及有根据的理论》。见 R. R. 舍曼 & R. B. 韦布 (Eds.)，《教育中的定性研究：重点和方法》，第 123～140 页。London：Falmer. 引言见第 124 页。

② 菲利普斯，D. C. (1987)，《哲学、科学及社会调查》，New York：Pergamon. 该书的第四章描述了实证主义认识论的一些变异。

到某一学生作业上的金星标志这一例证，研究人员也许会把金星看成该教师对学生的信息反馈。该教师也许是把金星用作象征符号借以向该学生传递这样一个信息：他的作业做得比其他一些同学要好。该学生也许是把金星看成了他的作业做得比班上大多数人要好的这样一个信息符号。另外一位学生也许会这样来读解金星这一符号：老师太忙了，没时间写评语，所以用金星代之。如此一来，金星所建构的现实并不是一个固定的、不以人的意志为转移的现实，而是种类繁多的社会现实（图1.1中的C）。

这一社会现实观与认知心理学中的结构主义运动有密切关系。认知心理学认为，人对世界的了解是随着阅历的丰富和逐渐走向成熟而逐步形成的。① 正规教育产生一些影响，然而，儿童并不是一下子就能吸收正规教育的知识。他们的大脑并不是哲学家约翰·洛克所讲的可以把知识直接写在上面的 *tabula rasa*（"白板"的意思）。皮亚杰有关儿童智力开发的理论提供了认知心理学领域结构主义运动的极好例证。

赞同结构主义认识论的教育研究人员相信，科学研究必须以多重社会现实为研究重点，也就是说，必须重点研究各不相同的人在社会环境中通过交际行为而创造的多姿多彩的现实。他们也相信，实证主义所倡导的分析方法是不能用来研究这些现实的。正如伊冯娜·林肯（Yvonna Lincoln）与埃贡·古柏（Egon Guba）所指出的那样，"对这些多重建构的现实只能加以历史的考察……"②由于这一结构主义认识论在很大程度上是在实证主义之后才发展形成的，而且是以与社会科学研究中的实证主义方法分庭抗礼的姿态出现的，所以，它有时也被称作*后实证主义*。我们认为**后实证主义**是那种把社会现实看成是构建而成的，而且是由不同的人以不同的形式构建而成的产物的认识论。所以，如果要研究智力

---

① 布鲁纳，J.（1986），《实际头脑，可能场合》，MA：Harvard University Press。

② 林肯，Y. S.，古柏，E. G.（1985），《自然主义调查》，Beverly Hills，CA：Sage. 引文见第37页。

这样一个概念,沿着结构主义有关多重构建的社会现实的假设,就会得出智力不具有客观现实性这一结论,并且反而会认为智力乃一社会的标签,它对于不同的人具有不同的意义,而且,若要检测智力,由于人有所不同,检测方法也自然五花八门。

单个的人(图 1.1 中的 A)构建了社会环境的特征(B),这一点在上文所援引的例证中得到了证明。推而论之,该认识论认为,人构建了人本身。根据这一观点,我们并不具有任何在客观上存在着的真正的自己。我们每一个人都构建了一个自我,事实上,我们是构建了多重自我,例如,一个创造出来的具有全部的私有性的自我,以及一个通过衣着打扮、习气及其他展示给他人看的社会的自我等。而这一社会的自我又形成了多重的自我,这是因为我们在不同的群体中以及在不同的场合下,会穿不同的衣服,会以不同的方式行事。

(二) 研究过程中所建构的现实

人建构了自己及社会环境的特征,这一后实证主义的假定对研究方法提出了一些要求。要求之一就是,研究人员(图 1.1 中的 D)必须寻找途径以使个人展示其对社会现实的建构。我们能运用图 1.1 中的标签把这些描述为 A→C(读作"A 对于 C 的建构")。为了判断 A→C,研究人员通常会访谈 A(一般称作*研究参与者*,或者人类学临床研究中所说的*信息提供者*)。接受访谈时,信息提供者(A)所作的建构(A→C)取决于其对研究人员的看法以及其与研究人员进行沟通的能力和意愿。换句话说,A→C 取决于 A→D。这样的依赖性会引发一些问题,例如,在保罗・斯托勒(Paul Stoller)和谢里尔・奥克斯(Cheryl Olkes)对尼日尔境内的桑海人(Songhay)①进行了人类学临床研究之后,斯托勒就注意到:

> 他们每个人都骗了我……我备尝艰辛搜集得来的资料一钱不

① 斯托勒,P.,& 奥克斯,C. (1987),《巫术的影响:尼日尔共和国桑海市从师回忆录》,Chicago:University of Chicago Press。

值。我得到了这样的教训：信息提供者惯于欺骗访谈他们的人类学家。①

这番话事实上反映了斯托勒的评判，即反映了他对信息提供者向他提供的资料所作的建构。由此可见，正如研究参与者构建其对研究人员的看法（A→D）一样，研究人员也构建其对研究参与者的看法（D→A）。

在我们意识到研究人员最终会提出研究报告并将之坦陈于读者群面前之际，情形会变得更加复杂。报告本身（图 1.1 中的 E）是研究人员所作的建构（D→E），它包括研究人员选择报告的内容及其选择报告的方式。再者，无论报告中写了什么，读者（图 1.1 中的 F）均会建构各自对研究成果的理解。诺曼·邓津（Norman Denzin）对这些建构过程作了如下描述：

> 研究人员首先编写临床研究资料，包括笔记和其他野外调查所获得的资料。接着，根据这些被大卫·帕拉斯（David Plath）（1990）称作"临床研究笔记"的资料，撰写研究文章、备注，并作出阐释。然后，对这些"笔记"进行再加工，以期形成日后撰写报告所需的解释性文件，其内容主要反映作者对已收集到的信息所进行的初期研究。随后，作者便写出一篇半公开的文章，以征求同事的建议和意见。最后，作者会在对文章进行修改之后公开发表。一方面，这一公开发表的文件体现了作者对被研究对象的理解；另一方面，这些理解又建构了被研究对象的生命体验。更为重要的是，读者会按图索骥，参照作者的理解来体会作者所描述的生命体验。②

后实证主义研究人员处理这些多层面建构（即解释）的方法各异。

---

① 斯托勒，P.，& 奥克斯，C.（1987），《巫术的影响：尼日尔共和国桑海市从师回忆录》，Chicago：University of Chicago Press。第 229 页。

② 邓津，N. K.（1994），《解释的艺术和政治》，见 N. K. 邓津 & Y. S. 林肯（Eds.），*Handbook of Qualitative Research* 第 500～519 页，Thousand Oaks，CA：Sage。引文见第 501～502 页。

例如，一些研究人员明确指出，他们在科学研究中扮演了结构主义的角色，并撰写足以能反映他们与研究参与者共同扮演了关键角色的研究报告来证实这一点。在这样的报告中，他们会描述他们在临床研究中的经历与各种反应，他们还会说明他们的资料收集方法是如何影响了他们所宣称的研究成果。简而言之，他们的重点在于说明研究人员自身就是其研究的社会现实的不可分割的建构者。我们把对于这一点的强调称为**反射性**。大卫・阿尔赛德(David Altheide)和约翰・约翰逊(John Johnson)两人都提倡把反射性应用于人类学研究(我们要在第十五章描述这种类型的研究)。有言为证：

> 成功的人类学研究都是人类学家一手搞成的。虽然人类学家的努力并不一定都能结出丰硕的果实，但他们的研究都应有"迹象"表明他们为此付出了努力。我们正经历一次再发现，这就是，人这一使者——其中甚至包括社会科学家！——正在运用文化学范畴、特定情境中的语言和意思的情景建构社会现实。我们当然应该对这一进程表示欢迎，因为它给了我们重新解释"知识"这一概念的通行证。①

科学研究中的反射性已不再是人类学的专利，它也被用于其他社会科学学科，并形成了趋势。这一趋势有时被称为社会科学的*反射性转折*。但是，这些学科中的实证主义研究人员却反对反射性。他们所追求的目标是，研究人员应尽可能把自我意识排斥在收集资料和报告研究成果的过程之外。

实证主义研究人员的客观导向在《美国心理学协会出版手册》中得到了反映。在自它首次问世以来直到今天的大部分时期，这本指导人们

---

① 阿尔赛德，D. L.，& 约翰逊，J. M. (1994)，《定性研究评估解释的效度标准》，见 N. K. 邓津 & Y. S. 林肯 (Eds.)，*Handbook of Qualitative Research* 第485～499页，Thousand Oaks，CA：Sage。引文见第493～494页。

如何报告心理学研究成果的指南类读物,一直以实证主义认识论为背景①(该*手册*也广泛应用于对教育研究成果及其他社会科学学科研究成果的报告)。罗伯特·马迪根(Robert Madigan)、苏珊·约翰逊(Susan Johnson)和帕特里夏·林顿(Patricia Linton)等曾对该*手册*有关如何撰写报告的建议作过分析研究。现引用他们的两大结论如下:

> 依据美国心理学协会(APA)的说法,语言的使用不得达到语言本身先声夺人的程度。狄龙(Dillon)(1991)把这一要求描述成关于"客观性用词"的规定,即一种旨在让人造成作者不偏不倚或作者未受主观情绪干扰的印象的规定。对这一规定的遵守是经验主义理论的普遍特征。为了增强客观性,该手册要求作者在报告中对自己在研究中所扮演的角色少加评价,而把报告的重点放在所研究的对象上。
>
> 在 APA 风格的影响下,研究人员已经逐步形成了这样的习惯:力求使语言看起来像一种透明的媒介,用它来传递有关某一固定的、永恒的、现实的客观信息。②

我们由此可以看出,实证主义研究人员所写报告的写作格式是与他们所倡导的科学研究中的认识论相一致的,而这样的认识论在本质上是客观主义的,而不是反射性的。

(三) 个案与总体

信奉后实证主义认识论的研究人员主张,必须从当地的最易接近的层面着手来研究个人对社会现实的理解。为了说明这一点,不妨先作这样的假设:某位后实证主义研究人员有志于研究教师对教学活动的解

---

① 《美国心理学协会出版手册》第四版(1994),Washington, D. C.: American Psychological Association。

② 马迪根,R.,约翰逊,S.,& 林顿,P.(1995),《风格的语言:作为认识论的 APA 风格》,*American Psychologist*,50,第 428~436 页,引文见第 433~434 页。

释,也就是说,想研究教师是怎么理解各教学特征(如备课、课内学生行为不当以及家庭作业等)的。为了把握教师的这些解释,该研究人员需要研究的是某一个教师(当地的),而不是广义上的教师(遥远的)。同时,该研究人员也需要确定一下研究的时间框架。由于一位教师在某一时间点(最易接近的)上建构意思的方式不一定与其在另一时间点(过去的和未来的)上建构意思的方式相同,认识论提倡的当地的、直接的特征意味着研究人员必须研究特定的个案,即研究其所感兴趣的现象的特定表现。

正如物理学家相信中子和质子的特征并不会因为实验场所和实验时间的变化而产生变化一样,信奉实证主义认识论的研究人员也相信,社会环境特征在时空方面有高度的经久不变性。例如,在评价实证主义教育研究之时,弗雷德里克·埃里克森(Frederick Erickson)就指出:

> 实证主义教育研究的假定是:历史会重演;人们能对从过去的事件中学到的东西加以概括,用以说明未来的事件——无论事件发生的场合是否发生变化。①

正是从这一关于经久不变性的假设出发,他们才孜孜以求,寻觅社会环境的普遍特征。在某些当地的层面所出现的变异被他们视作“杂音”。例如,某位实证主义研究人员可能对用在认知方面属于高难度的问题来进行教学是否能增进学生学业这一问题产生兴趣。在对该问题进行研究时,该研究人员不会关心由某一位特殊的教师来提这些问题会不会产生不同的结果。相反,该研究人员只想找出某一界定了的教师人群的一般趋势。一旦发现这样的问题一般都能促进学生的学习,该研究人员就会宣布,已经发现了某一“定律”、“原理”、“规则”等等。如果这样的定律并不适用于某一特殊的教师,这一事实则被视为“杂音”,即一例未经解释的变异。由此可见,实证主义研究人员所研究的是样本与人

① 埃里克森,F. (1986),《教学研究的定性方法》,见 M. C. Wittrock (Ed.),《教学研究手册》,3rd ed.,第 119～161 页,New York: Macmillan。引文见第 129 页。

群，而不是个案。

那些引导人们研究个案或人群的认识论假设也对某一研究的成果概括方法产生影响。就个案研究而言，概括研究成果之时的关键问题是：我们是否已从这一个案中了解了一些有助于另一个个案研究的东西？对个案研究成果的概括必须以个案本身为基础。

这样的概括方法类似于我们在日常生活中时常运用的思考方法。假设你是一位教师，并注意到另一位教师已成功地运用了某一特殊的教学技术，这时，你也许会感到有必要研究这位教师的工作情境（所教年级、学生来源和课程等），以便判断它是否与你自己的工作情境相似。如果你发现两者相似，你就会认为你也有在你的工作情境中成功运用这一技术的可能性。这样，你就把对某一个案所作的概括推广到另一个案。

实证主义研究所用的概括过程则不同。每一位实证主义研究人员都首先界定其感兴趣的人群。由于典型的人群往往包括众多成员以至难以全面研究，他会试图选择一份可以把握住的能代表某一人群的样本。接着，他会试图对样本研究的成果进行概括，并用以概括说明较大的人群。他能方便地运用统计技术来确定某一样本研究成果（例如，某一抽样调查发现，学过 A 方法的学生的考试成绩要高于学过 B 方法的学生）运用到较大人群的可能性。

自然科学在全部学科中享有崇高的地位。证据表明，它们能用所发现的具有高度概括性的定律来解释物质现实的特征。社会科学及与之相关的诸如教育学等专业学科所赢得的尊敬和所取得的权威则不能望自然科学之项背，这是因为仍难以肯定它们具有发现普遍法则的能力。如果相信意思掩映在当地的、最易接近的情景之中这一后实证主义认识论的假设，那么，旨在对社会现实的特征进行概括的一切图谋必然是困难重重的和试探性的。不过，如果从实证主义关于存在着一个客观的、相对不变的社会现实的假设出发，我们则能形成这样一个乐观的看法：人们能够发现制约社会现实的普遍法则。

(四) 社会现实的数字化体现和文字化体现

为了研究社会现实的特征,研究人员需要用某种方式来记录所观察到的事实,以方便随后的分析。实证主义研究人员已经从自然科学中找到了这样的方法。举例来说,心理学就有实证主义研究的深厚传统。实证主义的研究设计和资料分析技术受到了 20 世纪初开发出来的农学研究方法的强烈影响。这些方法包括数据资料的收集和经由统计学程序的资料分析。心理学又转过来深刻地影响了教育研究,使后者深深地烙上了实证主义传统的烙印。

应用数学方法来表示和分析社会现实的特征,这是与实证主义认识论并行不悖的。原因很简单:该认识论认为,由于社会现实的特征具有时空方面的经久不变性,人们可以从社会情境中抽出某一特征并将之概念化为某一变量,即将之视为具有不同价值的实体。这些价值可以通过数值来表达,例如,一次典型的学业成就考试就被认为能产生形成间隔量表的分数。

假设我们都是实证主义研究人员,准备选择班级的大小作为我们所要研究的班级环境的一个特征,我们决定用操作性定义的方法把班级的大小定义为一学年来在一位教师任课的班级中听课的学生的平均数。接着,我们就能抽样观察许多教师所任课的许多班级,并清点各班学生数。这样一来,我们就有了诸如下述的量化资料:甲老师的班级里有 23 名学生,乙老师的班级里有 37 名学生,等等。经过对这些数字的比较,我们就能得出这样一个合乎逻辑的结论:甲老师的班级比乙老师的班级小。我们能对我们所研究的所有教师所任课班级的学生数按班级加以平均,得出样本班级大小的平均数。而且,我们能收集其他资料,以确定班级大小这一变量是否与其他变量有关。例如,我们能把一个叫做*学生的心不在焉的行为*的变量概念化,设计一种检测方法,并去样本中每一位教师所任课的班级收集相关资料。随后,我们就能对两套数据(班级大小的数据和学生心不在焉的行为的数据)进行分析,看看两者间是否有某种联系(例如,心不在焉行为发生的频率随着班级人数的增多而上升)。绝大部分教育研究都是以上述方式来表示和分析社会环境特征的。

一些研究人员和科学哲学家对社会科学研究中的量化做法提出了质疑。例如,马克思·沃托夫斯基(Marx Wartofsky)就对此提出了疑问:

> 关于直接使用量化(就间隔或比率量表而言)之类技术的适用面窄的议论引发了这样一个问题:这类技术在社会科学研究策略中是"大有可为"呢,还是"微不足道"?如果任凭这些建构在狭隘的方法论基础之上的量化技术进一步占领研究领域,那么,那些并不能用这类技术加以分析的重要社会事实将遭到越来越多的忽视或被淡化,在对于处在边缘的社会事实的研究方面,量化技术将大行其道。由此可见,经验主义量化研究导向的社会科学道路倒不如走一条阻力最小的道路。但是,阻力最小的道路也是最无意义的道路,以致于数据分析的硕果结在了最无关紧要的地方。①

把沃托夫斯基的上述分析与我们所设想的情景相联系,就产生了一个问题:班级的大小与学生的心不在焉行为是否属于可以被量化分析的社会环境特征?但是,对于了解课堂是如何运作的,以及了解是什么因素正面或负面影响了课堂的运作等教学所涉方面,量化分析的结果并不具有特别重要的意义。

后实证主义认识论对量化分析提出了另一质疑。按照操作性定义方法,把班级的大小界定为在一学年中就读于一个班级的学生的平均数,其基本假定就是,该变量的数值在所有班级具有同样的意思。后实证主义研究人员对该假定提出了疑问。例如,有两位教师,他们各教25名学生。在甲老师的班级中可能出现这样的情况:有些学生行为错乱,

---

① 沃托夫斯基,M. W. (1968),《科学思想的概念基础:科学哲学入门》,New York: Macmillan。引文见第393页。

他们未经甲老师的同意就被安排到班上听课。而在乙老师的班上,所有学生学习能力都很强,乙老师欢迎他们来听课。显然,25 这个数字在不同的情景中具有不同的意思。对于甲老师来说,25 这个数字所表达的是一种沉重的教学情境,而对乙老师来说,它则表示一种舒适的教学情境。如果研究人员要从事一项研究,以判断教学活动在班级变大以后是否更难开展,他们也许会误入歧途,这是因为*班级的大小*这一变量即使在所有教师所任教的班级都表现为某一特定的数值,其意思却不一定完全相同。

为了尽可能避免量化社会环境特征所造成的问题,后实证主义研究人员将其研究重点放在个案上,并对所观察到的现象作语言上的密集描述。在可能的情况下,他们也使用录像或录音等设备,力求准确无误地保存所观察到的事件,以备日后资料分析之用。资料分析也首先是借助语言而非统计数字。研究人员会绞尽脑汁找出准确的词句来表达主题及在数据中所发现的规律。

在此类发现过程中,往往要运用分析归纳法。所谓**分析归纳法**是指研究人员一点一点地分析资料,然后归纳出特定的事件或言语表达证明了某一相同的贯穿始终的主题或规律的存在这一结论。这样一来,就从资料中归纳出主题与规律。演绎推理法正好与之相反。这是一种在收集资料之前就确认主题和规律,然后再从资料中发现其证据的研究方法。

这一语言的、视觉的归纳方法与一般人所采取的知人度势的方法不谋而合。在我们的社会中,我们问许多问题(一种文字技术),并得到很多回答(文字资料)。我们也拍照或拍录像,以便未来的反思。到了后来,如果有人问我们研究的人或情景是什么样子,我们会用语言文字来描述,力求忠实于所研究的人或情景。如果我们所描述的对象是人,我们也许会回忆此人所说过的事情以及此人所讲的有关自己的故事。要是我们留有一张此人的照片,我们也许会拿出来给人看。正如你将在第十四章所看到的那样,教育方面的个案研究使用类似的方法。

语言与视觉表现方法及资料研究方法看起来确实能避免前面所说的量化分析所碰到的问题，然而，这些方法也存在着一些弊端。在临床研究中，研究人员访谈信息提供者时所用的词和言语形式的意思对访谈各方来说也许是不同的。再者，两位本地的资料提供者也许会用同样的词，但用以表达的意思则不一样。此外，虽然语言具有高度的多方面的适应性，但它不一定能表达社会环境的全部重要特征。例如，一些社会科学研究人员的理论研究表明，社会生活中某些重要的特征是看不见的：

> "这是怎么了？"这一问题初看起来也许显得很一般，其实，它并不寻常。对我们来说，日常生活在很大程度上是看不见的（这一方面是因为日常生活太平凡，另一方面是因为人们不大愿意去正视日常生活中的矛盾）。我们并没有意识到我们言行举止中的规律。人类学家克莱德·克拉克洪（Clyde Kluckhohn）用一句格言阐释了这一点："鱼是最后一种发现水的生物。"①

如果某些社会环境特征对参与社会生活的人来说确实是不可见的话，那么，这些社会生活的参与者和研究人员就无法用语言揭示其庐山真面目。

（五）机械论的、诠释性的以及结构主义的因果关系观

对现象作出解释，这是科学研究的一大目标。作为研究人员，我们不仅想知道发生了什么，我们还想知道为什么会发生。此外，我们还想要理解社会现象中的因果关系。例如，是什么因素造成了某些学生阅读能力强而另一些学生阅读能力差的现象？阅读能力的高低对学习产生哪些影响？

不同的研究人员会对因果关系的本质作出不同的认识论假定，而

---

① 埃里克森，F.，《定性方法》，第121页。

且,假定一旦形成,就会影响研究教育现象中的各种因素的方法的选择。实证主义研究人员的因果关系学说可以被描述成“机械论的”。在牛顿力学体系中,机械论的因果关系涉及力与物质两大因素。例如,一位玩弹子游戏的人击动一粒弹子所形成的力会使该弹子滚向另一粒弹子,而受到撞击力的第二粒弹子接下来也会滚动起来。

即使只是从打比方的角度讲,社会科学中的实证主义研究也充斥着类似的因果关系。例如,智力的高与低被认为是学生学习任务完成得好与坏的原因,而且,学习成绩被认为能影响一个人的职业与收入。在这一例证中,智力、学习成绩、职业及收入都被看成是某种意义上的物质(即现实存在的社会客体),而且,它们各自都被认为能对另一种物质产生力的影响,或者能受到另一种物质的力的影响。你将在第十一至第十三章中学习研究设计,实证主义研究人员就是利用这些设计来研究这种类型的因果关系的,其中某些设计比另外一些设计要复杂,以使研究人员能调查某一结果(如考试成绩)的多重原因,判断被假定的每一个诱导因素的相对“重量”或“力”。

后实证主义研究人员的因果关系观相当不同。他们认为,是人们对社会环境所作的解释才影响了他们的行为。例如,他们并不把智力视为影响儿童学习成绩高低的现实因素。相反,他们认为,儿童在校学业表现之所以有好与坏之分,是因为儿童本身及儿童生活中的其他人(例如,父母、教师和同学等)对其智力形成了某种固定的看法。由此可见,我们对现象所形成的解释,特别是我们在此解释的基础上所形成的意愿才是引起社会环境变化的真正诱导因素。有鉴于此,为了发现社会现象中的因果关系模式,后实证主义研究人员主要研究个人对社会现实的解释。

某些实证主义研究人员也研究作为诱因的个人对于社会现实的解释,但他们把这些因素概念化为人格特征,而不是把它当成基于短暂的、当地的事件的解释。例如,有一些衡量*控制轨迹*的定量尺度。所谓控制轨迹是指个人是相信他自己掌握着自己的命运呢,还是相信外部力量主宰着他的命运。后实证主义者多半认为这些信念知识基于情景的知觉认识：在某一时间和某一情景中，一个人会相信他能控制眼前的局面；而在另一时间和另一情景中，他则可能会把自己看成是外部力量的“牺牲品”。

另一种看待因果关系的认识论称作*科学现实主义*①，它已开始影响自然科学和社会科学研究。作为一种哲学思想，科学现实主义认为，现实世界是由包括观察不到的层面在内的许多层因果结构构成的，这些层面是互动的关系，并产生一些可以观察得到或观察不到的影响。为了解释这一观点，我们将再次以弹子游戏为例。事情远不是第一粒弹子引起第二粒弹子运动那么简单。为能了解这一游戏中的全部因果关联模式，我们需要明白玩这一游戏的人在击第一粒弹子时究竟想干什么(例如，想把第一粒弹子击得多重以及想让它朝哪一个方向滚动)。同时，我们也需要知道弹子台的特性(例如，台面有点倾斜，从而会影响弹子的运动)，以及球杆的特性等等。所有这些因素都是因果结构，它们互相作用，并产生可以观察到的影响。根据科学现实主义的看法，研究的目标是发现这些因果结构的运作方式。

就其在教育及其他社会科学学科中的应用而言，科学现实主义假定人类行为的现实原因就是作为行为之基础的因果结构。由于这些结构能否产生可以观察得到的影响取决于特定的情景，所以很难发现这些结构是什么。例如，一位教师在思考怎么对付一位上课不专心的学生，虽然他想出了诸多办法，但它们最终还是被否决了。是什么诱因实体对这位教师产生了影响？对于这一问题，研究人员不能从该教师所表现出来的可以观察得到的行为中找到答案。下列各因素都可能是这样的实体：此类情景中该教师的决策过程；该教师形成的有关他在过去对学习松懈现象所作出的反应产生了哪些后果的知识储备；该教师所教的特定班级的人际动力因素；以及该教师对学生家庭背景和学习成绩的了解等。它

① 为能更全面地了解科学现实主义，请参阅豪斯，E. R.(1991)，《研究中的现实》，20(6)，第2～9页，第25页。

们中的每一个都是潜在的因果关系结构，而且，它们能相互作用，产生影响。由于在结构与结构之间存在着多重相互作用的可能性，研究人员难以对人类行为作出准确的预测，而只能判断趋势与概率。在定性分析研究领域得到发展的诸多方法，看起来特别适合于研究教育环境中可能有哪些因果关系结构。事实上，诸如结构主义和认知心理学（我们要在第十五章讨论）等研究传统，显然就是从作为行为的基础并对行为产生影响的结构着手来研究现象的。

总的来说，实证主义认识论假定社会“客体”之间存在着一种机械论的因果关系；后实证主义认识论假定个人对情景的理解诱使他们采取特定的行为；科学现实主义假定有多层因果关系结构，在这些作为现实的客体的结构的相互作用下，人们在某些情况下采取某些行动，而在另一情况下则不采取任何行动。

六、定量研究和定性研究

在前面的讨论中，我们展示了不同的研究人员对科学知识的本质及科学知识的获取方法所作的不同的认识论假定。如果你选择了一套假定，你就得从事该假定基础上的特定类型的教育研究。如果选择了另一套假定，你就得从事另一种类型的研究。

人们已经给这两类研究贴上了不同的标签，其中一套就是我们在上文使用的*实证主义研究*和*后实证主义研究*。[①] 这些标签突出了每一种类型的研究所持有的认识论假定。**实证主义研究**的假定是：社会环境特征构成了独立存在的现实，而且这些特征具有相对时间和情景而言的不变

① 埃贡·古柏与伊冯娜·林肯用*后实证主义*这一概念来表示一种以实证主义认识论为背景，但在遭到对其假定提出的批评之后已经得到改进的研究类型。他们所讲的*建构主义研究*与我们使用的*后实证主义*在概念上是相当的。参见：古柏，E. G.，林肯，Y. S.（1994），《定性研究中的竞争范型》，见 N. K. 邓津 & Y. S. 林肯（Eds.），*Handbook of Qualitative Research* 第105～117页。

性。实证主义研究人员借以发展知识的方法是：收集样本中可以观察到的行为方面的资料，并运用数学方法来分析这些资料。**后实证主义研究**的假定是：社会环境特征是个人对现实的解释所建构而成的，而且，这些解释会因事过境迁而发生变化。后实证主义研究人员借以发展知识的方法是：通过对个案的深入细致的研究，来收集以语言信息为主的资料，然后用分析归纳法来研究这些资料。

虽然人们在研究文献中使用*实证主义研究*和*后实证主义研究*这些概念，但人们更多地则是使用*定量研究*和*定性研究*这些概念来表示我们在上一段所作的区分。有鉴于此，我们将自此页起在本书，特别是在第四和第五章，使用这两个概念。这些概念突出了这两类研究在收集的数据的性质上所表现的差异。**定量研究**实质上等同于实证主义研究。至于什么是**定性研究**，诺曼·邓津和伊冯娜·林肯所作的界定给我们提供了良好的参照：

> 定性研究方法多样，包括研究课题所运用的诠释性的自然主义的分析方法，即从人们赋予现象的意思这一角度来理解或诠释现象。①

表 1.3 对定量研究和定性研究的区别性特征作了进一步阐释。

表 1.3　定量研究和定性研究的比较

定　量　研　究	定　性　研　究
假定存在着客观的社会现实	假定社会现实是社会参与者建构而成的
假定社会现实在时空方面具有相对的经久不变性	假定社会现实在当地的情景中是不断地被建构的
从机械论角度来看待社会现象之间的因果关系	认为在解释社会现象之间的因果关系时，人的意愿起关键作用

① 邓津，N. K.，& 林肯，Y. S.（1994），《导言：进入定性研究领域》，*Handbook of Qualitative Research* 第 1～17 页。引文见第 2 页。

续 表

定量研究	定性研究
对研究参与者及其所处情景采取客观的、不偏不倚的态度	与研究参与者打成一片，与之交换看法，并对之表示关心
研究个人或代表人群的样本	研究个案
研究行为和其他可以观察到的现象	研究个人创造的意思及其他内部现象
研究自然环境中或虚拟环境中的人的行为	研究自然环境中的人的行为
把社会现实作为变量来分析	对发生社会行为的背景作整体考察
利用预先确定的概念和理论来确定应该收集哪些资料	只有在资料收集之后才形成概念和理论
产生表达社会环境的数字资料	产生表达社会环境的语言和图像资料
通过统计方法来分析资料	通过分析归纳方法来分析资料
运用统计学的推理程序把从某一样本得出的结论推及一个界定的总体	通过找出其他类似个案来概括从某一个案研究中得出的结论
撰写不受个人情感影响的、客观公正的研究报告	撰写诠释性的研究报告，并要求报告不仅能反映研究人员对资料的建构，而且能表明研究人员已意识到读者将在阅读报告后作出自己的建构

*定性研究*这一标签时常被*诠释性研究*这一标签取代。埃里克森给**诠释性研究**所下的定义是：它研究社会活动在此时此地给活动的参与者带来何种意思。① 这一定义与刚刚引用的*定性分析*的定义是相一致的。

人们有时也用*个案研究*来代替*定性研究*。这一概念清晰地表明，定性研究以个案研究为主，而不是以总体研究和样本研究为重。正如我们要在第十四章所要解释的那样，在个案研究所诉诸的方法中，相当一部分是遵从后实证主义认识论原则的，因此，它们也是与第十五章所述定

① 埃里克森，《定性研究方法》。

性研究传统一脉相承的。但是，某些个案研究人员却坚持实证主义认识论。我们要在第十四章对这些与个案研究中普遍的定性研究、后实证主义研究导向相背的例外详加说明。

既然定量研究和定性研究均被用于教育研究，我们不禁要问：它们有无强弱之分？在某些方面，它们是否存在着互补性？运用这两种方法会得出相互矛盾的结论吗？

一些研究人员声称，定性研究最适合研究个案层面上的主题和关系，而定量研究最适合考证样本和人群研究中的主题和关系。如此说来，定性研究扮演发现者的角色，而定量研究扮演证明人的角色。布鲁斯·比德尔(Bruce Biddle)和唐纳德·安德森(Donald Anderson)赞同这一意义上的两法并举。

由于这两大传统(定量研究和定性研究)服务于不同的目的，所以，对两者相对的效验进行比较是不恰当的。粗略地讲，一种传统是为了产生洞见，而另一种传统是为了检验假设。虽然一方面发现派(定性研究人员)指责实证派(定量研究人员)的表述方式枯燥无味，另一方面实证派对发现派没有条理的主观主义毫无好感，两种分析方法其实是相得益彰的。我们两个都要。①

斯蒂芬·斯托耶诺夫(Stephen Stoynoff)②对留学生所作的一项调查研究证实了两者间的互补性。对他的样本中 77 名学生来讲，英语是第二语言，而且，他们刚刚在美国某一大学上大一。斯托耶诺夫运用定量方法研究了他们的托福(TOEFL)考试分数和综合认知、学习方略(LASSI)考试分数如何影响了他们第一学期的平均成绩(GPA)。结果显示，两种考试成绩只对 GPA 产生了细微影响。随后，斯托耶诺夫又对

① 比德尔，B. J.，& 安德森，D. S. (1986)，《关于教学的理论、方法、知识及研究》，见 M. C. Wittrock (Ed.)，《教学研究手册》，3rd ed.，第 230～252 页，New York：Macmillan。引言见第 239 页。

② 斯托耶诺夫，S. J. (1990)，《英语熟练程度及研究战略成为美国大学中外国学生学术成就的决定因素》，*Dissertation Abstracts International*，52 (01)，97A. University Microfilms No. Aac-9117569。

样本中的某些成员进行了定性式的个案研究，旨在发现是否有比考试成绩更重要的因素决定着留学生的学业。经过个案研究，他发现：

> LASSI 考试成绩并不能测评学生得以通过这一考试所掌握的补偿性认知、学习方略。访谈表明，学生从各式各样的人那里寻求社会帮助：他们请家教和室友帮助自己理解所学内容和复习功课；他们向同学和朋友借课堂笔记、以前的试卷和论文；他们请教师给他们开小灶。学生也学会了征求他人的意见，以帮助自己选好要学的课程。这些补偿性方法，LASSI 考试是考察不出来的……①

我们可以利用这些见解来把握"补偿性策略"这一概念的意思。接着，我们还能研制出一种工具（例如，一个自我报告方略库）来考察可以观察到的这一概念的外在表现。可以把这一工具运用于某一定量研究的样本，来检测——并希望能证实——斯托耶诺夫的见解。结果出来之后，就可以进行新一轮定性研究，而这一研究所产生的新的见解又可以通过随后的定量研究得到检验。

上述例证阐明了定性研究和定量研究通过扮演发现者和证实者的角色会怎样彼此互补。不过，为了能有效地使用这种方法，必须提出一些假定。假定之一：所研究的社会现实必须是稳定的，否则，一项研究的发现就不能用于随之而来的发现——证实的循环研究。就拿斯托耶诺夫的研究来说，如果稍后进入美国的留学生在语言能力和学习技巧方面比他研究的留学生要强，那么，补偿性策略也许就不再是这些后来者的社会现实中的显著特征。假定之二：应该能用一种以数值表示的测量方法来体现某一定性研究所发现的概念。否则，定量研究就不能起证实的作用。

考虑到定量研究和定性研究基于不同的认识论假定，一些研究人员

① 斯托耶诺夫，S. J.（1990），《英语熟练程度及研究战略成为美国大学中外国学生学术成就的决定因素》，*Dissertation Abstracts International*，52（01），97A. University Microfilms No. Aac-9117569，第 112 页。

断言，这两种研究水火不相容。他们指出，认为社会现实独立于观察者，但同时又认为社会现实是观察者所建构而成的，这简直就是无稽之谈。他们同时也指出，人们不可能在相信社会现实不会因时空发生变化而改变性质的同时，又相信社会现实不断地被创造。这种说法也许不无道理。不过，说不定两种社会观都是错误的。换句话说，这两种社会观都是从错误的认识论假定出发的。

另一种可能性是：两种社会观都有一点道理。例如，你将在第十五章发现，诸如人类学方法论等定性研究中的研究人员相信，个人持续不断地创造他们参与其中的社会环境，而诸如结构主义等的研究人员则认为，存在着一些独立于人的因果关系结构。两种观点都是可信的。就拿语言来说，个人在使用口语和书面语言的过程中，持续不断地创造出新词汇、新俚语和新的言语方式；再者，个人在不同的情境中使用不同的言语或语言方式。与此同时，语言结构保持经久不变性，这就是为什么莎士比亚所运用的语言在数百年之后，多少还能被人理解。再进一步说，跨文化研究的诸多成果表明，语言影响我们的思考方式和行为方式。如果语言不是一种客观的、独立存在的现实，它能产生这样的影响吗？

由此可见，就认识论这一层面而言，我们并不能断言定量和定性这两种研究一定是相互排斥的，我们也不能确定两者在真理性方面一定有高低之分。事实上，两种方法都已经对一些教育研究的重大发现作出了贡献。经过长期的努力，科学哲学家也许能掌握足够的认识，来解决目前仍充当定性研究和定量研究之基础的认识论假定所表示出来的矛盾。

七、对科学研究的后现代主义批评

在前面几节中，我们解释了对实证主义导向的社会科学研究所提出的批评是怎样导致了归于*后实证主义*名下的一整套新的认识论假定的产生。我们现在要转向另一个不同的批评体系。这一体系对各种形式的社会科学都提出了质疑，促使社会科学研究人员重新审视他们的科学研究方法。

为了理解这些新批评，我们将从某一假想的研究课题着手。假设某一位研究人员在一次非正式研究中注意到，一些教师比其他一些教师更能有效地控制课堂教学。基于这一观察，该研究人员决定把这一现象列入正式研究课题，准备把一些教师比其他一些教师更善于管理班级教学的现象记录下来，以期发现那些更善于管理的教师是通过哪些技术的使用才把班级置于他们的控制之下。该研究人员相信，她将会最终开发一种有关课题教学管理的理论（事实上，许多研究人员已经在从事这一课题的研究了）。

一些批评家会说，上述研究计划带有该研究人员自身价值的偏见。为了从事这一研究，她（该研究人员）必须界定*课堂控制*这一概念。但是，她所给的定义难免要包含这样的意味：学生要按老师讲的去做而不是愿意做什么就做什么；要遵守纪律而不能不守规矩；要避免与其他同学一起做与学习无关的事情；以及要检点自己的行为以免老师训斥他们，等等。若要再作进一步的分析，我们可能会发现她给课堂控制所下的定义基于她所抱有的应该在课堂中教些什么以及教育目标应该是什么等更根深蒂固的信念。

这位研究人员会从有关课堂管理的研究中发现一些什么，这在很大程度上取决于她对*课堂控制*的理解和她在设计研究课题时所考虑的其他一些关键概念。如果她果真在最终开发了某一有关课堂控制的理论，要检验这一理论就必须诉诸经验主义的检验方法，在检验时要使用与她给*课堂控制*所下的定义以及与她的建构相对应的资料收集方法。这样一来，正像我们在本章早些时候所解释的那样，研究所需的观察就*充斥着理论*。人事实上没法收集实证主义信条所规定的必须独立于理论的资料。

谁能说这位研究人员对课堂控制的定义是一条正确的定义呢？我们所能说的只是，她的定义反映了她的特定的价值和体验，也许还反映了她的个人偏见。持有不同价值、拥有不同体验的其他研究人员说不定会下其他定义，例如，课堂控制是指教师营造下述教学情景的能力：学生严于律己，独立思考，并与老师一起共同承担制定合理教学秩序的任务。从这一有关课堂控制的定义出发，这些研究人员所进行的课堂管理研究最终会产生不同的研究成果。

对批评家而言，上述现象给科学研究提出了一个重大问题。没有绝对的标准可以用来确定课堂管理的真理性。人们发现，本应该是客观的（即不加任何偏见的）科学研究浸透了研究人员的价值观。批评家抓住这一点不放，并指出，由于作为理论支撑的研究含有内在的偏见——不论这样的偏见以什么方式出现——研究人员不可能得出有关课堂管理的某一理论比有关它的另一种理论更具效验这一结论。如果此说正确，那么，正如丹妮斯·菲利普斯这位科学哲学家所言，我们就得一视同仁地对待，或者最起码应该宽容“纳粹”、地平论者、占星学家、妄想狂患者、弗洛伊德学派、斯金纳的门徒及其他任何一位把某种理论奉若神明的人。① 如果是这样，我们尽可以依据自己的偏见要么倍加珍惜千百年以来“已故世的白人男子”在自然科学和社会科学领域的研究成果，要么把这些成果扔进历史的垃圾堆。

在一个称作*后现代主义*运动的信徒之间，普遍存在着这一针对社会科学研究的批评。正如后实证主义可以被看成对实证主义的一种反击，后现代主义可以被看成是对现代主义的一种反击。现代主义源于启蒙运动，它倡导经由科学观察之途的知识进步，它相信“在看起来无序的世界和社会的外表下，存在着一种理性，一个能被人发现、受人主宰、造福于人类的真理”。② 实证主义科学就是现代精神的一个杰出代表。

作为对现代主义的反叛，**后现代主义**是一个广泛的社会、哲学运动，它不仅对人类行为的理性学说和实证主义认识论的使用提出了疑问，也

---

① 菲利普斯，D. C，《哲学、科学及市场调查》，第 89 页。

② 格雷厄姆，E.，多尔蒂，J.，& 梅里克，M.（1992），《导言：后现代主义语境与语言》，见多尔蒂，J.，格雷厄姆，E.，& 梅里克，M.（Eds.），《后现代主义与社会科学》，第 1～23 页，Basingstoke，England：Macmillan。引言见第 8 页。

对宣称在真理追求方面或在推进真理追求方面享有至上地位的其他任何人类努力提出了质疑。劳雷尔·理查森(Laurel Richardson)指出：

> 后现代主义的核心就是怀疑，它对一切宣称自己乃一普遍真理和一般准则，或者宣称自己乃一超越一切的权威性知识形式的方法或理论、学说或流派、传统或创新等都表示怀疑。后现代主义怀疑所有自称为真理的东西都在乔装打扮自己，为当地的、文化的、政治的斗争中的特殊利益集团服务。①

由此可以看出，后现代主义者不仅对社会科学工作者证明X理论有效、Y理论无效的可能性心存疑惑，他们对有关X理论和Y理论的社会科学研究在档次上高于诸如文学研究和占星术等其他任何形式的研究这一说法也是半信半疑。根据后现代主义理论，所有文化在万物的真理性方面所声明的主张不相伯仲。根据他们的观点，真理追求这一概念应代之以“百家争鸣”这一概念。②

对后现代主义批判的反应

后现代主义对科学研究提出的批判已促使包括教育研究人员在内的社会科学研究人员重新思考他们声称的权威性，特别是从将自己的研究与诸如艺术和文学研究等其他形式的对人类环境所进行的研究相比较的角度来进行这样的再思考。他们的分析结果表明，教育研究和其他社科研究具有一些能树立其权威并将之区别于其他研究形式的特色。特色如下：

1. 专门术语和程序的共享性

为了帮助自己从事高质量的调查研究，社会科学研究人员创造了一些专业概念(如有效性和可信性)和程序(如随机抽样调查)。这些体现在科学研究术语表中的概念和程序不仅能使研究人员进行相互交流，也

---

① 理查森，L.(1994)，《写作：调查方法》，见N. K.邓津 & Y. S.林肯(Eds.)，《定性研究手册》，第516～529页，Thousand Oaks，CA：Sage。引言见第517页。

② 《后现代主义及社会科学》，第17～18页。

能使他们与研究所涉及的所有其他人员相沟通。语义模糊的概念得到了澄清，用于描述新概念、新程序的术语不断涌现。这些专业术语在辞典、在你正在阅读的这本书之类的书籍中，以及在其他出版物中，均有正式的定义。[①] 社会科学研究界所担负的责任之一就是阐释、更新术语，并把这些术语公布于众。

谁都可以学习并使用这些术语及其体现的概念与程序。不存在任何秘密的研究人员社团（最起码我没听说过），你也无须非得经过专门训练这一关才被允许进入研究程序。谁都可以从事科学研究。事实是，所有稿件在寄达某一杂志之后，都会进入"盲点"审稿的程序，即编审在审稿时根本不知道作者姓甚名谁。如此说来，没有哪一位研究人员享有特权。当然，在科研资助及研究成果的宣传等方面确实存在着权力之争，不过，要说重大理论和重要研究成果会被长期压制，这是极不可能的。

2. 研究过程的可重复性

研究人员在发表研究成果时，也必须公布成果得以创造的程序，否则，研究成果就不能发表。研究程序一经公开，其他研究人员就能复制这些过程，考证一下通过利用同样或类似的程序能否得出相同的结论。事实上，一些研究人员也对自己的研究过程进行复制，只有在两个过程得出同样的结果的情况下才发表研究成果。我们将在第二章讨论复制这一研究策略。

3. 知识主张的可驳斥性

卡尔·波普（Karl Popper）在 20 世纪上半叶提出的一种检验知识主张的标准已被普遍运用在社会科学研究界。[②] 科学哲学家波普指出，只要用允许辩论的经验检验方法来检验知识主张（理论、预测和预感），科学就能进步。正如我们在本章早些时候所解释的那样，研究人员是通过

---

① 这类辞典还有：萨瑟兰，S.（1989），《麦克米兰心理学词典》，London：Macmillan；Vogt，W. P.（1993），《统计学词典》，Newbury Park，CA：Sage。

② 波普，K.（1968），《猜测及反驳》，New York：Harper。

提出某一假想并收集与之相关的资料的方式来检验理论的。一旦资料与假想产生矛盾，假想就遭否决，结果要么是放弃假想所依托的理论，要么是对之加以修改使它不与不利资料发生矛盾。但是，如果资料与该假想相一致，我们就能得出该理论得到了支持这一结论。不过，我们并不能说理论是正确的，因为对该理论进行的另一次经验检验结果也许会驳倒这一理论。所以，根据波普的科学观，虽然我们能讲地平说已被证明是错误的，但不能讲地圆说已被证明是正确的，我们只能讲地圆说到目前为止尚未被人驳倒。

对知识主张的驳斥性检验为判断 X 理论是否比 Y 理论更有效提供了一个间接的检验方法。虽然用于检验每一种理论的概念和观察方法都反映了内在于该理论的价值，每一种理论都能经过对源于该理论的假想的经验检验而被证明是错误的。换句话说，资料的收集工具并非如此充满了价值以至无法证明工具得以产生出来的理论是错误的。所以，从这个意义上说，无论是 X 理论还是 Y 理论，它们都能被证明是假的。如果这两种理论都经受住驳斥，它们就能够和平共处，人们可以选择利用它们来解释社会现实。例如，行为学家和研究人类行为的认知理论已发展出能分别支持这两种理论的庞大的经验证据体系，正是因为这一原因，这两种理论都生命不止，继续对教育实践产生影响。事实上，它们早已是相互促进的理论。正是从这一事实出发，一些研究人员把自己称为认知行为学家。

对知识主张的驳斥性检验方法比我们用来检验日常知识主张的方法更为严密和精确。例如，某位大学教授在某一学期决定让他的学生不仅能在他的办公室与他约会，而且也能去他的家里向他讨教。结果这位教授发现，学生对他在这一学期所授课程的评价要高于其他学期的评价。通过这一观察，他声称他已经证明为学生开辟更大的接触老师的渠道的做法将使学生对教授的教学实绩给予更高的评价。然而，这一"证明"根基浅薄，因为该教授并未列举足够的证据表明举凡一切此等广开门路的做法将产生同样的结果。我们可能会发现，即使其他教授也这么做了，或者在这位教授其他的教学场合，广开门路与评价攀升之间并无任何联系。

迷信及占星术之类的知识易受此类逻辑错误的侵扰。假设有这样一位女士：她选择了一张号码与她丈夫生日的数字相同的彩票，她中奖了。她由此得出结论，只要选择与她丈夫或其他家庭成员的生日相同的数字，她在未来就有更多的彩票中奖机率。同样，占星术士也会得出这样的结论：因为某人在其生日那天发生了某些事，这些事很可能也会发生在生日相同的其他人身上。换句话说，占星术士们首先会进行某一观察，然后把基于这一观察的知识所得普遍化为知识主张。科学研究人员所做的正好相反，他们依据波普的逻辑首先提出知识主张，然后通过观察来验证这一主张。他们的检验严密而谨慎，他们知道，一方面反证资料能证实知识主张的虚假，另一方面支持性资料不足以证实知识主张。如果资料起佐证作用，我们的结论不应该是别的，而应该是：我们的知识主张已经经受住驳斥的考验。

4. 对错误和偏见的控制

研究人员承认，他们在收集资料时有出现错误和偏见的倾向。认识到这一点，他们在设计课题时都尽可能把这些因素的影响减少到最低限度。举例来说，每当进行定量观察，研究人员都力求动员更多的观察人员，为此，他们精心培养观察人员，让后者掌握系统知识以使能对被观察的变量做好资料的收集工作。他们会使用近在手边的统计程序来估计观察人员的准确性。诚然，观察性研究很少能达到完全准确的地步，但是，它们一般能达到研究目的本身所要求的准确度。就定性资料而言，个案研究人员会典型化地对他们的资料进行*三角测量*，即从他们已经收集的其他类型的资料中找出能证实他们的观察所得的确证物。在这一方面，比德尔和安德森对*个案研究*和*个案故事*这两个概念作了重大的区分：

前者（个案研究）是以事实为准绳的研究，它在观察上表现出严密和细微的特征，它所追求的目的并不是要确证调查者的知识信念，而是要把问题弄个水落石出。而后者(个案故事)却旨在阐明作者早已确认的知识信念。①

我们要在第十四章描述一些程序，希望它们能帮助你搞好个案研究而不是讲个案故事。同样，我们所描述的从事其他研究设计和研究方法的程序也主要是为了能让你把错误和偏见减少到最低限度。

5. 知识主张的无限性

研究人员已经开发了诸多研究程序，以保证他们不会把他们的知识主张推到经验研究所能支持的范围之外。将在第六章得到解释的抽样逻辑就是这样的程序之一。例如，典型的定量研究人员会给某一人群下定义(例如，城市教育系统中的五年级老师)，并研究能体现该人群的样本。他们会从样本里收集资料，并用基于这些资料的研究发现概括说明这一人群。在这一概括中可能发生的错误的数量是以某种类似于我们在全国性民意测验结果报告中所读到的方式加以测算的(例如，“该候选人的全国支持率达62%，误差±6%”)。把某一知识主张推及界定的人群之外，这种做法被认为是推测性的，除非这一主张得到来自于涉及其他人群研究的证据的支持。

6. 致力于思辩、进步的道德责任感

卡尔·贝莱特(Carl Bereiter)指出：“科学之所以与众不同，是因为科学家在特定美德的实践方面比大多数群体做得好。”②作为这样的美德之一，致力于思辩进步的道德责任感是指无论是什么人，也无论是在什么时间，他都能对某一课题研究或某一研究方法提出批评，只要有道理，批评都会被人所听取、被人所接纳。从这一批评—辩论—解决的过程来看，研究人员把倾听他人的意见、虚怀若谷地吸纳新研究成果、适时改变

① 比德尔，B. J.，and 安德森，D. S.，《理论、方法、知识》，第238页。

② 贝莱特，C. (1994)，《后现代主义的科学含义，或作为进步论述的科学》，*Educational Psychologist*，29，第3～12页。引言见第6页。

自己的看法等看成一种道德责任。这样一来，研究界对于属于其研究范围之内的现象的理解就不断得到拓展。

如果你研究一下《教育研究者》(*Educational Researcher*)、《美国教育研究学刊》(*American Educational Research Journal*)和《教育研究评论》(*Review of Educational Research*)(这三大刊物均是美国教育研究协会的正式出版物)，你就会发现许多对研究方法、研究认识论及研究成果报告等展开批评的评论性文章。这些批评文章对教育研究事业的影响日重，必将增进我们的知识，使我们了解教育研究人员最新的研究成果和研究方法。

上述分析表明，教育研究界及其他一切社会科学研究界并不持有存在着一个绝对的、以客观标准来衡量的真理的知识主张(某些研究人员也许不同意这一说法，但他们只是例外而已)。不过，与此同时，社会科学界断言存在着某一种特殊的权威——构造在自我批评的实践、坦言知识主张，以及在可驳斥性、彼此复制研究发现等基础之上的权威。通过运用这一权威，教育研究人员坚信某种类型的进化是必然的，这就是：只要用公开讨论来解决问题，只要不断发展已经经过驳斥性检验，或者已经在批驳之后得到改进的理论，我们就能愈发全面地了解教育现象。

后现代主义强调指出，诸如文学和艺术等其他形式的研究同样也会提出权威要求。事实上，一些教育研究人员早已强调说明了这一点。[①]不过，他们一般不赞同文学和艺术高于社会科学研究的说法，只是认为它们属于不同的研究。只要你把文学和艺术比较于上述社会科学研究的六大特色，你就能洞察一些文学和艺术的独特性。例如，作家和艺术家并不像社会科学家那样用驳斥性检验来检验其“知识主张”。后现代主义会在提出“凡事皆有其道理”的观点的同时，又认为研究形式不同，

---

① 例如，你可以参阅艾斯纳，E. W. (1979)，《教学想象：关于学校项目的设计与评估》，New York：Macmillan；格林，M. (1988)，《定性研究及文献的用处》，见 R. R. 舍曼 & R. B. 韦伯(Eds.)，《教育的定性研究：重点及方法》，London：Falmer，第 175～189 页。

或者说,“取道”之法因研究形式而异。

八、学会如何从事教育研究

本章的目的是为了帮助你理解教育研究的意义*所在*。在随后的章节里,我们要描述*如何*从事教育研究。但是,有关这些工具和概念的“书本知识”本身并不能一下子就把你培养成合格的研究人员。为了达到这一目标,最为重要的是你要通过阅读研究报告和从事自己的研究来积累经验。我们建议,你要一边学习本书,一边阅读在你感兴趣的科学领域已经发表的研究报告,只有这样,我们在本书提出的思想才会“有血有肉”。我们将在第四章解释研究文献的组织方法,同时也要告诉你怎样进入这些文献并找出你感兴趣的研究课题信息。至于如何从事研究,最好的——也许是惟一的——方法莫若师从某一经验丰富的研究人员。

通过学习本章的内容,你应该反思一下你自己对本章所示各研究方法的倾向。你也许会发现,你更偏向定量研究的方式和方法,或者你更倾心于定性研究。你完全可以专门用某一特别的研究方法来从事研究,大多数教育研究人员就是这么做的。但与此同时,你也得熟悉所有的研究方法,这是因为在你研究某一教育课题之时,你会发现也许已经有人用其他研究方法对这一课题进行了卓有成效的研究。

自测题

1. 教育研究成果并不会直接影响实践,这是因为
   a. 研究成果具有太多的中性色彩
   b. 研究成果几乎全部源于基础研究
   c. 政策制定者也许看不出研究成果的价值
   d. 政策制定者只把研究成果看成制定政策的依据之一
2. 一位后实证主义研究人员会认为认知混乱这一概念

a. 具有跨文化的广义性

b. 是无理论的

c. 是充满价值判断的

d. 并不具有价值判断因素

3. 标准化测试的使用、远离被研究的人这一对象以及对发现一般法则毫无兴趣等，这一切都是

a. 后实证主义研究的特征

b. 实证主义研究的特征

c. 诠释性研究的特征

d. 后现代主义研究的特征

4. “能力能用学术能力测试(SAT)这一量化尺度来检测。”这一说法是

a. 某一理论法则的例证

b. 某一以操作性定义构成的方法来加以界定的建构的例证

c. 某一以建设性定义构成的方法来加以界定的建构的例证

d. 一种假设

5. 一项对某一来自于有关脑化学过程和现象会怎样影响短期记忆的理论的假设进行检验的研究属于

a. 基础研究

b. 应用研究

c. 后实证主义研究

d. 描述性研究

6. 个案研究成果

a. 不具有概括性

b. 可以被推及其所反映的界定的人群

c. 可以被推及研究人员所界定的人群，但不能延及研究报告的读者所界定的人群

d. 可以概括化说明类似的个案

7. 后实证主义研究人员会对社会科学中的量化分析行为提出质疑，这

是因为他们认为

a. 社会现象中可以被量化的方面一般并不重要

b. 某一变量的数值对不同的个人具有不同的意思

c. 对社会现象的量化分析基于这些现象具有超越时空的稳定性这一假定

d. 上述一切原因

8. 在下述主张中，后实证主义者最会赞同的是

a. 较之于帮助人们理解人类条件的文献，科学研究是更为有效的探讨形式

b. 与旨在帮助人们理解人类条件的文献相比，科学研究并不是较为有效的探讨形式

c. 只要科学家和艺术家携手并进，我们必将在理解人类条件方面取得真正的进步

d. 因为西方文化圈之外的文化不以实证主义的假定为背景，它们更有可能增进对人类条件的理解

9. 根据卡尔·波普所提出的可驳斥性标准，知识主张

a. 能被反驳，但不能被证实

b. 能被证实，但不能被反驳

c. 只有通过对假设的检验才能被证实

d. 或者可以被证实，或者可以被反驳，前提是：知识主张不具有价值判断性

10. 科学现实主义者相信

a. 对现象的理解是社会现实的首要诱导因素

b. 社会现象由诸多因果关联结构所构成

c. 牛顿物理学是理解社会现实中因果关系的最佳模式

d. 在发展社会行为理论之际并不需要因果关系这一概念

洪庆福〇译

第二编

研究规划

说到底，研究就是一个确认未知，并通过资料收集、整理、统计和分析等等步骤，使未知变成已知的过程。第二章将帮助你迈开走向这一过程的第一步：找出你认为在研究之后将会丰富教育科学领域的未知事物。我们要向你介绍审视未知的方法，力求使你能够把这样的未知纳入*研究课题*，从而使你的研究假设、研究问题或研究任务等一目了然。

制定了研究课题之后，你还得勾勒研究计划。计划应包括样本的选择、测试或其他检验的实施，以及资料分析所需统计方法的运用等内容。如果你正在从事的研究是为了获取更高一级的学位，你就应把它写成正式的研究计划，并报请学位论文答辩委员会批准。第二章要向你介绍此类研究计划的写作方法，并要告诉你如何在完成研究之后写出报告——硕士/博士论文、旨在发表于学刊的论文或在学术研究会上宣读的论文。

你有法律和道德的双重义务去采用某些程序，以确保你所研究的人不会因你的研究而受到身心创伤。第三章描述了这些程序，你必须就这种程序作出规划，并在收集资料前提请有关方面批准。第三章还描述了一些研究开始以后你可以采取的步骤，以谋求和保持研究参与者及公众的广泛合作。

正如前面所述，研究是一个构造知识基础的过程。在人们对某一特定的教育现象获得全面了解之前，许多研究人员都感到自己有义务为了解这一特定的现象尽力，为构建知识的基础作出自己的贡献。为此，你首先需要了解他人已经做了些什么，以及他们遇到了哪些理论问题或方法上的障碍。第四章要向你介绍一些方法，以帮助你全面了解与某一课题有关的所有文献，从而使你把握所有基础知识的状况。对这些文献的研究发现无疑将构成你的研究计划的重要部分。

第二章　拟订研究计划

一、概览

精心设计，是研究赖以合理展开并取得成效的关键。我们要在本章向你介绍一些方法，以帮助你确定某一有可能丰富教育知识的研究课题，拟订某一详尽的可望得到论文答辩委员会、基金组织或其他评论家认可的研究课题。我们还要阐明应该怎样精心设计研究计划，以使它成为某一硕士或博士论文的初稿。最后，我们要解释一些策略，以让你把研究成果写成可以在学刊发表或在学术研讨会上宣读的论文。

二、目标

通过本章的学习，你应该能够：

1. 在选择研究课题之际，区分两类不同性质的意图：增进个人对知识了解的意图与为研究知识作贡献的意图；

2. 描述理论研究项目的特征；

3. 描述研究的理由，包括重复性研究和拓展性研究的理由；

4. 解释把学位论文或毕业论文研究作为系列研究的优势；

5. 列出某一典型研究计划的各个部分，并描述各部分的主题；

6. 区分研究计划中的方向性假设、无效假设、研究问题、研究任务及研究目的；

7. 描述在研究设计过程中运用文献回顾和评价技术的优点；

8. 解释全面研究前的先导研究的好处；

9. 列举典型硕士/博士论文的章节，并描述各章节的主题；

10. 说明在决定把研究报告投寄学术刊物前应该考虑哪些因素；

11. 解释人们为什么和如何在学术讨论会上宣读研究报告。

三、导论

对某一课题进行研究，这是一个重大的挑战。你一般要经过五个阶段才能完成研究。在第一阶段，你要确认某一重大的研究课题。有一类课题脑筋一动就能想出来，但它们也许并不能对研究知识作出巨大贡献，或者根本无助于改进实践。还有一种情况：你所确认的课题的确很重要，但你缺乏必要的研究资源或研究技能。我们要在本章的下一节描述几种重要的方法，帮助你确定那些既有重要意义又有可行性的研究问题。

在课题研究的第二阶段，你要拟订一份研究计划，它不仅要描述你希望研究的问题，而且也要提出你的研究方法。为了把握好拟订研究计划的过程，你得深思熟虑，书面陈述你的研究设计(例如，是搞实验研究还是搞个案研究等)，并描述你将通过哪些程序来抽取样本，收集与分析资料。找出并改正书面计划中的缺陷并不难，难的是在你早已开始收集资料后再来发现并纠正缺陷。同样，大专院校各院系一般都要求你以书面形式提出你的硕士/博士论文研究/写作计划。惟有得到他们的批准你才可以收集资料。你若要向某一基金提出资助申请，你少不了要递交一份正式的研究计划书。本章的许多讨论就是围绕计划书的写作过程而展开的。

在课题研究的第三阶段,你要先从事一次先导研究,以便形成并检验资料收集方法和其他程序(例如,某一实验所需的培训程序)。我们要在本章稍后部分描述先导研究。

在课题研究的第四阶段,你要从事正式研究,也就是说,你要在先导研究结束后进入你要在硕士/博士论文或其他研究报告中报告的资料收集和分析过程。虽然资料收集与分析工作颇具挑战性,但只要你的研究计划切实可行,只要你从事了先导研究并在此基础上修改了计划,你就应该能够顺利地完成这样的工作。

在课题研究的第五阶段,你要准备撰写报告。如果你是研究生,这样的报告极有可能是你的硕士论文或博士论文(由于这两类论文非常相似,所以我们将在下文一概用论文来表示)。此外,你也许希望在某一学刊发表你的报告,或者在某一学术研讨会上宣读你的报告。我们将在本章结束之前描述如何准备这些报告。

研究课题不同,我们在上文所描述的五大阶段的操作方法也不尽一致,它们有时会发生重叠,有时也会在次序上发生换位。例如,许多定性研究的设计中都有应变措施这一环节:先收集某些资料(第四阶段),然后把资料分析结果用于进一步完善研究计划(第二阶段)。另一种变异的情形是:在提出书面研究计划(第二阶段)之前就搞先导研究(第三阶段),或者根本就不进行先导研究。究竟该如何排列这些阶段,这取决于研究人员本人对其研究设计和研究方法的自信程度。

指望仅仅通过这一章的学习就能确立研究课题并能写出研究计划,这是不切合实际的幻想。你首先需要加深对本书所论述的研究方法和设计的了解。学习本章之后,你自然会对全部教育研究事业的概貌有所了解。

四、确立研究的课题

介入研究课题界定过程的想象与洞见,往往比任何其他因素都更能决定某一研究的最终价值。有鉴于此，你应该集中大量时间来选择你在论文中要研究的课题。在你决定从事哪一课题的研究和确立研究方法之前，你得仔细考虑有哪些潜在的课题可以研究，听取他人的意见，并研究相关的文献。要做好这一切，你往往要花上几个月甚至更长的时间，但这样的时间投入是完全合理的。

寻找研究课题的过程是你走向专业技能成熟的重要步骤。刚开始时，你也许什么课题也想不出，或者，你在浏览文献之后会得出这样的结论：研究已经解决了教育方面的所有问题。接触经验丰富的研究人员所作出的精致入微的理论阐述，你也许会发现，涌动于你心中的进行某一课题研究的初步思路显得多么幼稚可笑，但是，只要你继续研读这些文献，你也会进入较高的思维层次，你的课题研究框架也就会更稳固地构建在现有知识基础之上，而且你有希望发展现有知识。

学生之所以时常会出现抓住无甚研究价值可言的课题或含糊不清的课题这一现象，原因之一就是：他们把太多的时间用于研究生课程的学习，而很少有时间来认真思考他们适合搞哪些课题的研究。在读研究生之前，他们在课程学习方面早已积累了多年的经验，对在研究生阶段所学习的课程也早已是轻车熟路，进而他们对顺利完成学业这一点也是信心百倍。殊不知，研究生一级的研究能力培训课程对他们来说一般是陌生的，学起来也难。事实上，每所大学都有一长串冠以“博士资格候选人”的学生名录，即时常所说的“准博士”(Ab. Ds)学生花名册。这些学生都是“无学位论文，但已修完全部课程”(“All but dissertation”)。如果你不想跻身这样的“准博士”行列，你应该学习一些研究知识，并在进入研究生阶段的学习之后尽早寻找适合你的研究课题，哪怕你并不想在读书期间和毕业考试之前从事这样的研究，你也得这么办。

寻找研究课题时，你应告诉自己，你将从事的课题研究应能在某些方面帮助你作好择业的准备。要搞好你所选择的课题研究，你会博览群书，而这将不断丰富你的知识涵养。由此可见，你有必要从事某一与你的职业目标有直接联系的课题研究。举例来说，如果你有意在未来从事员工发展这一职业,你就可以考虑选择一项与该方面的教育实践相关的研究课题。此外,也请考虑一下这一事实:如果你准备从事某一重大课题的研究,你说不定能把研究成果发表于某一相关的刊物,或者能在某一学术讨论会上宣读论文。这些都构成了对该领域知识的贡献,而这样的贡献将能提高你的学术地位,并增强你应聘相关岗位的资质。

(一)研读研究文献

一些处在起步阶段的研究人员之所以挑选某一个课题来研究,只是因为他们对它感兴趣,并想更多地了解它。他们也许会认为,这些原因足以证明他们从事这一研究的合理性。但是,还有另一个标准来检验搞不搞某一课题研究的合理性,这就是:你意欲从事的研究能否增进研究知识。

研究知识与个人知识是两码事。诚然,这两类知识均具有价值,不过,它们服务于不同的目的,且必须满足不同的标准。研究知识体现在被包括负责评审论文的教授在内的专业研究人员所看重的专业期刊、书籍及其他出版物中。研究成果的读者所感兴趣的是,某一课题研究是怎样与已知的有关该课题的研究成果发生联系的,以及前者在多大程度上丰富了后者。从这一意义上讲,研究知识是累积而成的,因此,如果某一研究人员仅仅依据个人的好恶和个人意欲达到的目标来构建研究课题并对研究文献置之不理,那么,"守门员"(例如,论文答辩委员会里的教授和学刊的编辑)将无法判定这一研究能否增进以及会在多大程度上增进研究知识。

当然,你完全可以根据个人兴趣和志向来选择研究课题,不过,一旦确定了课题,你必须广泛研读研究文献,而且,在阅读时,你还得提出并回答这些问题:人们对该课题进行过研究吗?如果研究过了,那么,他们学到了什么?自己又能给已知的知识作出什么贡献呢?与其他人所采用的研究方法相比,我意欲采用的研究方法是坏还是好,抑或旗鼓相当?自己要研究的是重大课题吗,或者,有无什么重大课题更亟待解决?

在研讨有关你所感兴趣的研究课题的研究文献之前，你一方面需要了解这些文献的组织方法，另一方面需要了解你怎样才能进入这些文献。例如，我们给你开列了一份有关这些文献的现有评论出处的清单。如果你能根据这一清单找到一份在你所感兴趣的课题方面已公开发表的评论，你就能初步了解人们已经就该课题进行了哪几种类型的研究，并知道相关的研究成果是怎样组织起来的。我们还要列出索引，以帮助你找出相关评论的原始文献来源，即原研究人员兼作者所写的研究报告和理论发展报告。

研读研究文献时，请你注意研究人员时常会在报告的尾部提及的需要研究的课题。例如，请你思考一下下列几段摘自于公开发表的文章中的陈述：

1. 摘自于一份有关某一用于考评大学生学习态度的测试方法的研究报告：

本研究的说服力在于它的测试结果在不同院校的学生样本中都基本上得到了重复验证。但值得注意的是，这种确证是在对就读于魁北克高等院校的人群进行研究的基础上形成的。这些结果能否在美国高校学生人群中得到重复验证，这一问题很重要。最后笔者希望未来的研究能结合其他检查学生学习的工具，研究问卷调查的检验——再检验的可靠性及其聚合效力。①

2. 摘自于一份有关初中教师在课堂教学过程中所使用的讲解方法类型的研究报告：

由此可见，不仅还有许多研究工作要做，而且，人们迫切需要进一步的研究。受研究资源的限制，本研究未能对所观察的教师进行访谈，从而也未能了解他们是否感觉到他们什么时候在作讲解以及什么时候不在作讲解，他们也许会怎样区别对待他们所作的不同类

---

① 拉罗斯，S.，& 罗伊，R.（1995），《学院对测试的反映及采纳：学院学生学习倾向的新措施》，*Journal of Educational Psychology*，87，第 293～306 页。引言见第 303 页。

型的解释,以及本次研究所观察到的课堂讲解能否很好地代表他们平时的表现等诸如此类的问题。笔者相信,有了这样的了解,本研究肯定会更具价值……笔者希望,其他研究人员能认识到此类研究所创造的知识将有助于改进教师的讲解,提高教师的教学水平,并增强教师对在科学中广为使用的诸如解释方法的理解和实际应用能力等。笔者同时也希望,其他研究人员能在对上述价值形成知觉认识的基础上从事这样的研究。①

3. 摘自于一份有关小学数学课程的教学分析报告。它比较了下述两种教学方法的优劣:在自然班(称作特定整班)基础上的教学与在把某一班级学生划分成快、慢两个小组基础上的教学(称作分组教学):

本研究分析了某一基本上具有代表性的中产阶级社区所处的教育环境;有必要研究更具异质性的学区。在某些学区,学生来源多样(Natriello 等,1990),所以,有必要探讨和形成这些学区新的教学模式。如果能对特定整班教学与班级调整之后的按快、慢进度来实施的分组教学的效果作比较研究,研究发现将特别具有启发意义。要从事这样的研究,有必要收集一些能反映不同的教学模式对同一班组中不同的学习小组产生了哪些影响的资料。相信随后的研究能富有成效地研讨整班教学模式能满足多少学生学习能力上所呈现的多样性——即能适应多少种类的学生的需求和适应哪几类教学内容的教学(Good, McCaslin 与 Reys, 1992; Good, Mulryan 与 McCaslin, 1992)。②

上文所引陈述中的任何一条都能激励人们从事某一课题的研究。一些学生就是在阅读他们所感兴趣的领域的研究文献的过程中偶尔读

① 达格尔,Z.,& 科斯曼,G.(1992),《自然科学教师的言语解释:本质与意义》,*Journal of Research in Science Teaching*,29,第 361～374 页。引文见第 372 页。

② 梅森,D. A.,& 古德,T. L.(1993),《关于重组小学生数学成绩的两组或全班的教学效果》,*American Educational Research Journal*,30,第 328～360 页。引文见第 356 页。

到了诸如此类的陈述之后才形成做论文的初步思路的。非但如此，通过阅读文献，他们还能灵机一动，想出一些方法来制定适合于他们所确定的研究课题的研究设计并描述研究程序。

(二) 从事以理论为指导的研究

制定一个旨在检验你或他人已经研究出来的某一理论的研究课题，这有可能导致某一重大的研究发现。**理论**是指从结构和过程的角度，对建构在这些结构和过程基础上的被观察的事件所作出的解释。例如，让·皮亚杰所开发的智力发展理论把智力结构和智力运作过程解释成同化与适应的结构及过程。皮亚杰的理论之所以有力，是因为它有助于解释人的一生中所出现的许多智力现象。

理论是由建构及规定建构间联系的法则所组成的。所谓**建构**，它是理论家用以解释某一结构或过程的一种概念，理论研究人员假设这些结构或过程奠定了特定的可被观察的对象的基础。举例来说，动力、成就、学习能力、智力、自我及价值等，它们都是建构。建构通常以操作性定义方法加以界定，也就是说，人们通常是从用以检测它们的程序（称作*操作*）的意义上来指称建构的。例如，智力这一建构一般都被界定为个人在某一为他们举行的考试中所得到的分数。再如，动力就可以被界定为某人在听到了某一类话语（特别是被某一专家小组一致确认为“感动的”话语）后行为发生变化的程度。

如果某一建构被认为具有数量或性质方面的可变性，这一建构就被称为**变量**。例如，我们研究某一有关自我学业概念的理论。我们的理论也许能对自我学业概念的发展方式、影响这一发展的因素以及这一发展将会怎样影响学生在校期间的学习动力和进取心等问题作出某种理解。我们在这一理论研究中所使用的自我学业概念就是一个建构，一个我们认为建构了行为基础并影响行为的建构。我们也可以用理论来说明自我学业概念的差异。例如，我们能够推测是哪些因素促使一些人对自我学业概念自我感觉不错，又是哪些因素使另外一些人对自我学业概念自我感觉糟糕。在后一种情形下，我们把自我学业概念理论化为一个变量，即我们把它看成了或多或少地存在于任何人身上的一个实体，或者说一个性质因人而异的实体（我们要在第五章描述变量的类型）。

用变量这一概念来表示建构，这有助于开发检测建构的工具。这样的工具应能得出与工具旨在检测的变量相对应的分值。例如，如果某一变量具有两分性（即某人被认为具有或不具有某一建构所表示的特征），检测结果应能产生具有两分性的数值。

理论研究一般都是对源于某一理论的某一假设（对两个或两个以上的变量之间的关系所作的推测）进行检验。**假设**是指可被检验的针对被观察的现象所作的预测，这样的预测以理论的建构及被假定存在的建构间的关系为基础。罗伯特·斯坦纳（Robert Steiner）对与学校相关的态度的变化所作的一项研究就是这类研究的一个例证。[①] 在这一研究中，斯坦纳检验了一个源于利昂·费思亭格（Leon Festinger）的认知不谐理论[②]的有关态度变化的假设。简单地说，认知不谐是一种个人同时持有逻辑上不相一致或相互矛盾的两种认知（即态度、观念或信念）的心理紧张状态。根据费思亭格的理论，这样的不谐使人心烦意乱，所以要激励个人从这状态中解脱出来。[③]

费思亭格的理论假设是，如果我们想要改变某人持有的态度，如种族偏见这样的态度，我们可以把他暴露于与他的态度不相一致的思想观念面前，或者，也可以诱使他以与他的态度相悖的方式行事。为了减少不谐，他将改变他原有的态度，使之与他在被诱导之后所采取的行为相一致。该理论还认为，个人所经历的认知不谐的程度与有可能发生的态度变化的幅度有关。从这一主张出发，费思亭格提出了这样的假设：认

① 斯坦纳，R. L.（1980），《作为与学校态度有关，有影响力的变化方法的诱导性认知不谐》，*Journal of Research in Science Teaching*，17，第39～45页。

② 费思亭格，L.（1957），《认知不谐理论》，Stanford，CA：Stanford University Press。

③ 注意：认知不谐（dissonance）、认知（cognition）、紧张（tension）与紧张感的消除（tension reduction）等都是建构。费思亭格的理论明确说明了它们之间的关系。

知不谐的程度越高，旨在消解不谐的态度变化的幅度就越大。

斯坦纳在他的研究中抽取了一份学习理科的九年级学生的样本，并测评了该样本对科学所持有的态度。斯坦纳把样本一分为二：一组学生持积极态度(PA)，另一组学生持消极态度(NA)。然后，斯坦纳轮流对两组学生作随机实验与控制处理。接受实验处理的每一位学生都要准备一部赞美科学并提倡学习科学的录像短片。根据斯坦纳的理论，这一实验处理行为不仅会给原先对科学不抱好感的NA学生造成巨大的认知不谐，而且——如果PA组学生在录像片中的行为表现出他们比以前更崇尚科学的特征的话——也会给PA组的学生造成某些认知不谐(程度大概要比NA组学生低)。由于接受控制处理的学生不接受任何实验处理，所以，斯坦纳预测他们的态度不会发生变化。

实验处理结束之后，斯坦纳对所有学生进行了态度量表测量，并分析了在实验前和实验后这段时间里态度变化的量值。斯坦纳发现，正如他所预测的那样，控制组的态度在这段时间里基本保持一致，而接受实验的那组学生对科学的态度却在同期发生了巨大的变化。但与预测相反的是，PA组和NA组在态度变化的程度上相差无几。由于因实验而来的认知不谐将在程度上得到提高(即更为积极的态度)的假定被实验所证实，认知不谐理论得到了部分支持。之所以说该理论并未得到全面支持，是因为NA组态度变化的幅度要大于PA组态度变化的幅度这一假设被实验所否定。

即使大量研究所发现的证据确证了某一理论，而且这些研究并未发现任何相反的例证，人们也从来不会全面接受该理论，这是因为永远存在着人们在未来发现能否认该理论的证据的可能性。一旦发现了这样的证据，人们就必须修改或者全部放弃该理论。①

上文所描述的认知不谐实验是一种旨在检验某一现有理论的定量

① 为了理解科学理论是如何发展及被确证的，参见：Krathwohl, D. R. (1985)，《社会及行为科学研究》，San Francisco, Jossey-Bass。

分析研究。换句话说,人们早已形成了某一理论,但在后来又从事研究来验证它。定性研究经常反其道而行之。许多定性研究的目的是发现理论。这种方法时常被称为*理论植根法*,因为研究人员首先要收集资料,然后才寻找作为理论赖以植根的概念、主题及范型。我们要在第十四章描述植根理论的研究。

无论是采用定量研究方法还是采用定性研究方法,对教育问题所作的理论研究有许多好处。第一,理论指导了研究方向。由于未能把理论作为起点或终点,许多研究都纠缠于细枝末节的问题,或者并未能增进教育科学进步所需知识的缓慢累积。第二,理论为解释或阐释研究结果奠定了理性基础。一些缺乏理论基础的研究时常产生一些研究人员本人也说不清道不明的结果。虽然这样的无理论根据的研究仍然有助于理论的发展,但它们远不能像构造在稳固的已知理论基础之上的研究那样,帮助我们揭开我们所研究的教育现象的面纱。

(三) 重复与拓展他人的研究

重复与拓展他人已经完成的研究课题,这是确定研究课题的另一方略。在自然科学领域,重大研究发现都是在重复验证之后才被科学界接受的。重复的必要性在教育及其他社会科学学科中尤为突出,这是因为由于有可能干扰研究发现的外部因素更难以得到有效的控制,这些领域的研究工具往往会带来严重的测量误差。所以,如果你能重复某一他人已经从事过的研究课题,你也许能作出有益的贡献。

但是,我们并不主张你在某一刻板的重复的基础上写论文。论文答辩委员会一般都希望学生的研究在某些方面具有创意。所以,即便是重复,你也得志在进取,有所拓展。现列举几种有益的拓展方法如下:

1. 检验某一“突破性”研究成果

研究界有时会发表某一新的、惊人的研究发现,宣称这一发现与某一原有研究成果相矛盾,或对某一已被普遍接受的理论提出了质疑。如果能对诸如此类的研究进行复制研究,你就有可能以你自己的研究成果来支持或否认这类研究成果及前人对这些研究成果所作的解释。只要能给以重复，这类研究时常会开辟新的研究领域或对教育实践产生重大影响。

大卫·威利(David Wiley)与安妮格雷特·哈涅斯费杰(Annegret Harnischfeger)所从事的一项研究就是一项已对教育界产生重大影响的突破性研究。他们在对资料进行分析之后得出如下结论：只要把学年延长10天，把学生每天在校时间延长至6个小时，以及把学生日均出勤率提高到95%，那么，学生的学习效果就会得到重大的改进，其中包括阅读理解能力提高65%和数学能力提高34%。[①] 威利与哈涅斯费杰的上述研究发现引起了轩然大波，人们对其效度莫衷一是，为重复性研究创造了理想的环境。

A. 丹尼尔斯(A. Daniels)与E. 哈勒(E. Haller)两人所搞的重复研究就是一例。他们从某一高级中学所保存的为期10年的教学档案中收集到一些资料，并对之进行了分析，结果表明，该校削减课时的举措虽然对学生的数学成绩产生了负面影响，但并未对英语成绩产生任何影响。[②]

2. 通过研究不同的人群来检验原有研究发现的效度

典型的教育研究所研究的是某一小型的代表或某单一人群的样本。如果不对之加以重复，人们很难判定基于该样本的研究发现是否适用于其他人群。例如，查尔斯·费希尔(Charles Fisher)和他的同事一起研究了给二年级和五年级讲授数学和阅读这两门课的教师的特定行为与他们所教学生在这门课所取得的成绩的关系。[③] 他们发现，学究式的讲解

---

① 威利，D. E.，& 哈涅斯费杰，A. (1974)，《神话的爆发：教学定性及处于教学主要研究方法之下》，*Educational Researcher*，3(4)，第7～12页。

② 丹尼尔斯，A. H.，& 哈勒，E. J. (1981)，《处于教学、剩余时间及学生成就影响之下：本地哈涅斯费杰及威利的验证》，*Educational Administration Quqrterly*，17，第48～68页。

③ 费希尔，C. W.，菲尔比，N. N.，马利卡，R.，卡恩，L. S.，迪肖，M. M.，穆尔，J. E.，& 伯利纳，D. C. (1978)，《教师行为、学术研究时间及学习成绩：ⅢB阶段的最后报告，新教师评估研究》，San Francisco：Far West Laboratory for Educational Research and Development。

只会对学生阅读能力的长进产生负面影响，但却有助于学生数学能力的提高。他们同时也发现，教师的某些教学能力有助于五年级学生的学业进步，但同样的行为却影响了二年级学生的学业。

这一研究发现表明，把源于某一研究的发现推及其他情景是一种危险的做法。重复性研究的必要性体现在它能确定概括的限制性。随着有关在哪些情景中某些研究发现可以被推而论之，以及在哪些情景中这样的研究发现不能推而论之的论据的不断积累，人们也许能够开发出一种解释现象所含范式的理论。例如，费希尔就分别发现了一个学究式的讲解给学生起促进作用的情景，以及一个这类讲解并不能推进学生学业的情景。只要能从广阔的情景角度对现有研究不断加以重复，我们最终也许能够确定一个有关支持原有发现的正面论据和否认原有发现的反面论据的范式，我们也将更好地了解学究式讲解的本质；更为重要的是，随着这一理解的不断加深，我们也许能形成某一有关学究式讲解的正式理论，或者能巩固某一现有理论。

3. 检验历史趋势或变化

社会科学中的许多研究成果都是特定历史条件的产物。所以，某些在20年前有效的理论在今天也许就不再具有效度。在检验原有发现效度趋势方面，重复性研究是一个有用的工具。例如，在对高中课程设置趋势所进行的一项研究中，玛丽·塔布斯(Mary Tubbs)和詹姆斯·比恩(James Beane)在1979年调查了234名中学校长。这是一项对在1974年所作的一次调查所进行的重复式研究。[①] 经过比较1974年和1979年的资料，他们发现了20个方面的趋势，如分科制的趋势、提倡培养自学能力的趋势和道德教育的趋势等等。通过这些趋势资料，人们可以看出中学课程设置在这一段时间里的发展方向。

---

① 塔布斯，M. P.，& 比恩，J. A.（1981），《中学课程趋势及实验：再观》，*High School Journal*，64，第203～208页。

4. 运用不同的方法来检验重大研究成果

任何研究发现都可能是研究人员所使用的方法的产物，所以，运用不同的方法来重复某一研究，这是相当重要的。例如，韦恩·皮尔赛尔(Wayne Piersel)、吉恩·布罗迪(Gene Brody)和托马斯·克拉托切威尔(Thomas Kratochwill)对来自于社会底层的少数群体儿童进行了一次研究①，他们在某一次智力测验之前，给其中的一组儿童播放了一部旨在培养他们对这一次测验所形成好感的录像片，结果他们发现，看过该录像片的儿童该智力测验的分数高于没有看过该录像片的儿童。如果他们的发现属实，这将能促进测试工作的改进，减少因测试方法不当而造成的低分学生的数量——许多心理学家相信这样的情形是普遍存在的。莱斯利·拉斯肯德(Leslie Raskind)与理查德·内格尔(Richard Nagel)对皮尔赛尔及其同事的研究进行了重复，但对研究方法作了改进：他们使用的测试人员不知道哪些儿童在实验处理组以及哪些儿童在控制处理组；此外，给控制组播放的录像片与测试毫无关系。② 这些原先的研究所不具有的研究设计特征减少了获取虚假测试结果的可能性。虽然他们运用了相同的智力测试评分标准(威克斯勒儿童智力测试评分标准修订本)，但拉斯肯德与纳格尔并未发现实验处理组和控制处理组在智力测验分数上有重大差异。这一发现表明，原先的研究所得出的结果很可能是研究方法不当所致。考虑到这两例研究中的儿童的样本抽取于不同的人群，看来在得出有力的结论之前还需进行更多的重复性研究。

5. 研究效力更强或效率更高的介入因素

教育家一直致力于效力更强和效率更高的教学计划程序的研究。所以，一旦有某一计划或程序有助于提高教学效果的研究发现，发现者

① 皮尔赛尔，W. C.，布罗迪，G. H.，& 克拉托切威尔，T. R. (1977)，《对于处境不利的少数群体儿童智力测验成绩方面动机影响的进一步测验》，*Child Development*，48，第1142～1145页。

② 拉斯肯德，L. T.，& 纳格尔，R. J. (1980)，《对于考试焦虑儿童智力测验成绩方面的模式影响》，*Psychology in the Schools*，17，第351～355页

本人或其他研究人员时常都要作重复和拓展研究,以便判断这样的计划或程序是否能作进一步的改进。在这一方面,大卫·阿诺德(David Arnold)及其同事所搞的一项研究给我们提供了一个例证。① 他们公开发表的研究报告的内容提要清晰地阐明了他们的重复与拓展过程。

G. J. 怀特赫斯特(G. J. Whitehurst)等人(1988)曾教给母亲们一些在给学龄前儿童读小人书时可以运用的交流技巧。这一称作*对话式阅读*的介入方案极大地促进了学龄前儿童的语言开发能力。但是,逐一对母亲们进行这类培训成本太高,限制了对话式阅读技术的普遍应用性。本研究要开发和评析一套价格低廉的录像带,供母亲们学习对话式阅读技术,希望这一开发和评析能复制和拓展现有的对话式阅读技术方略的研究成果。我们使用了随机分派的方式,让一些母亲不接受任何培训,让另外一些母亲只接受传统的直接培训,并让其他母亲通过观看录像带接受培训。研究成果支持了怀特赫斯特等人的结论:对话式阅读确实极大地促进了儿童语言能力的培养;此外,采用录像带来培训母亲,这不仅是一种具有成本效益的做法,而且也是一种实施上述方案的标准化手段。②

人们已经在类似的人工实验条件下发展和检验了许多教学介入因素。为了能使这些因素在实际教学环境中变得切实可行并产生影响,有必要通过更多的复制——拓展研究来进一步开发和检验这些因素。

(四) 从事集体研究项目

联邦政府机构和私人基金组织时常与一些教授和研究室主任签订教育研究合同,并提供科研资助。一些项目会大到非一个组织进行集体

---

① 阿诺德, D. H., 朗根, C. J., 怀特赫斯特, G. J., & 爱泼斯坦, J. N. (1994),《通过儿童书阅读加速语言发展:对于录像训练形式的验证及发展》, *Journal of Educational Psychology*, 86, 第 235~243 页。

② 《通过儿童书阅读加速语言发展:对于录像训练形式的验证及发展》, *Journal of Educational Psychology*, 86,第 235 页。

研究而不可的地步，一旦出现这样的情况，这些教授和主任门下的研究生可能就有机会进入项目组。在通常条件下，项目负责人要提出研究的整体思路，而研究生则能从事项目研究范围之内的某些课题研究。例如，本书作者 M. 高尔（M. Gall）与他人联合指导了一项探讨代数课教师之间在教学方法和习惯上有何关系的课题研究。两位博士生不仅参与了研究设计，而且也为该课题收集了资料。更为重要的是，他们还在课题的框架内设定了自己应该研究的问题，经过对资料的分析，回答了这些问题，并把自己的研究成果写成了论文。①

参与集体研究项目，利与弊兼而有之。不愁没有科研基金，这也许是参与集体项目最重要的好处。对某些项目而言，科研资助也许只能支付项目管理费用，或者只能购买材料，或者只能支付文秘助理的工资。而在其他一些项目中，科研资助则可能多到能给你提供奖学金或研究助学金，这样一来，你就不用为你在攻读学位期间的基本生活费而犯愁。参与集体研究项目的另一个好处是：你有了参与某一大型的、深奥的研究课题的机会，而这样的机会是你在从事独立研究的情况下所得不到的。再者，你能借此机会学到一些与集体研究的动力有关的知识，这样的经验对你在日后主持或参与其他的研究项目是大有裨益的。此外，你还能广泛学习课题组其他成员的长处，因为他们在进入课题组的同时也带来了各自的知识专长和经验。

五、准备研究计划

如果你要做论文研究，你所在的院系很可能要求你提出书面计划，

---

① 埃里克森，D. K.（1986），《教师行为对于男女学童的成绩、态度及未来中学代数课程计划的优先作用》，*Dissertation Abstracts International*，47(11)，3960A. University Microfilms No. AAC-8629554；格雷斯，D. P.（1986），《中学代数课初级班学生数学有效教学模式：才能处理互动学习》，*Dissertation Abstracts International*，47(11)，4010A. University Microfilms No. AAC-8629557。

而且,只有在得到批准之后,你才能开始收集资料。若是定量研究课题,你的计划要写得相当详细,事实上,你要勾勒课题研究的蓝图。计划一经批准,你就可以开展研究。你可以相信,只要能明确按照计划去搞研究,并能写出一份技术过关的报告,论文答辩委员会肯定会通过你的论文。

如果你想从事定性研究,你基本上没有必要为研究计划勾勒蓝图,这是因为在定性研究中,大量的研究设计和程序是应变性质的,即你在该研究领域所积累的初步经验会影响你为今后的资料收集所制定的计划。根据我们的经验,论文答辩委员会在处理定性研究的应变性这一问题时,通常要求学生把研究计划初稿写得越全面越好。在计划得到批准之后,学生就可着手搜集资料。但在实地调查期间每遇关键环节,学生都应该征求论文答辩委员会的意见。这样一来,不仅委员会能履行其监督管理职能,而且学生也能在把论文提交委员会通过之际免于不期而遇的批评。

写出一份详实的、有理有据的研究计划,这有一些好处。首先,它迫使你以书面形式陈述你的全部思想以便你自己和他人对之进行评说并加以改进。第二,你可以把研究计划用作你的研究指南,否则,你得依靠记忆,而且,说不定你还会忘记一些重要的程序细节。最后,一份构思周密的综合性研究计划还能使你一下子就能切入论文的写作过程。正像我们要在本章稍后部分说明的那样,一篇典型的论文在篇章结构和内容方面与一份典型的研究计划相差无几。

我们把研究计划描述成包含以下几个部分的整体:导论、文献综述、研究设计、研究方法、资料分析、保护研究对象的措施及时间表等。请与你所在院系的老师或其他相关人员核实一下你所在的系科是否要求不同的格式。

(一) 导论

研究计划通常以导论为篇首。在导论部分你需要:(1) 陈述研究课题；(2) 说明拟订的研究与研究文献这一背景的关系；(3) 指出它对研究知识和教育实践可能作出的潜在贡献；(4) 列出研究假设、本研究要解决的问题或本研究旨在达到的目标。一句话，研究计划的导论部分应该向读者*推销*值得从事这一研究的思想。

1. 研究假设

我们曾在本章指出，所谓假设是指从理论的角度对被观察的现象作出预测。如果你的研究将检验假设，你必须在计划的导论部分陈述你的假设，并用理论来阐述为什么说来自于某理论的各个假设的合理性。例如，蒂娜·威洛比(Teena Willoughby)、艾琳·伍德(Eileen Wood)与马斯塔克·卡恩(Mustaq Khan)等进行了数次实验以判断先入之见会怎样影响大学生使用详尽阐述策略的有效性。① 其中一种策略是在认识某一新事实之际向自己提出"为什么这一事实是真的?"这一问题。这些研究人员首先描述一种称作纲要理论的理论，并用它来解释先入之见为什么会影响阐述策略的有效性。然后，他们从纲要导出了一个可被检验的假设：

> 我们假设，如果能在学生研究有关他们所不熟悉的材料的事实之际，向他们作出某种类型的情景提示(如图画)，这将促进某一恰当的纲要的活性化，而且，这一激活将会与人们在研究有情景指示的、熟悉的材料之际所出现的激活相类似。这意味着人们了解了不熟悉的材料。②

结果，在讨论了作为该假设之源的理论之后，他们向读者明确陈述了该假设。

假设能用两种形式来陈述指向性和虚无性。举例来说，**指向性假设**指的是：研究人员对资料分析结果将表明，两种实验处理中的哪一种会

---

① 威洛比，T.，伍德，E.，& 卡恩，M. (1994)，《影响或减低周密方法效力的游离变量》，*Journal of Educational Psychology*，86，第 279～289 页。

② 同上，第 280 页。

给结果量数带来较高量值的期待。以下两例均为指向性假设：

1. 年长的同胞兄弟的数量与六岁儿童社会成熟指标呈正向关系。

2. 参加过小学预科班学习的儿童在小学一年级阅读课所取得的成绩要高于未参加过小学预科班学习的可比儿童。

与指向性假设相反，**虚无性假设**是指在被研究的变量之间不存在任何关系，或者表示不同的实验处理并不会带来任何差异。例如，若用虚无性假设来陈述刚才所举的第二个例证，它就变成：就小学一年级阅读课的成绩而言，在参加过学前班的儿童和未参加过学前班的儿童之间不会有重大差异。虚无性假设一般并不反映研究人员的期待。人们之所以使用这类假设，主要是因为它与推论统计逻辑（见第五章）相适应。

虚无性假设所假设的是与人的期望相反的东西，这一看起来纯属毫无意义的假设也许会把读者搞糊涂。这确实使虚无性假设处于不利地位：研究人员若能直截了当地表达他们基于研究洞见和理论知识基础上的期待的话，读者时常就能更清楚地了解研究的主旨。为了解决这一问题，一些研究同时提出指向性假设和虚无性假设，用前者来反映他们的基于理论或先前研究的期待，用后者来实施在统计上具有重要意义的测验。

2. 研究问题和研究目的

如果你要从事的研究并不是为了检验源于某一理论的假设，你可以绕开上述环节直接陈述你想要回答的问题、达到的目的或目标。与对研究假设的处理方式一样，你得用理论来阐述每一个问题、目的或目标。这是因为读者需要了解你为何要如此这般地设定问题或目的，以及了解与此有关的研究发现将会怎样增进知识和改进教学实践。

凯茜·勒格(Cathy Lirgg)在她所从事的一项研究之先为该项研究拟订的问题为我们提供了一个如何陈述问题的例证。① 该项研究的目的

① 勒格，C. D. (1994)，《体育课班级中同性及异性学生的环境感觉》，*Journal of Educational Psychology*，86，第183～192页。

是为了搞清楚男生和女生是如何看待性别单一和男女同班的教学班级的“气候”(在该项研究中也称作“环境”)这一问题的。在评析了研究文献并表明有必要从事该项研究之后，勒格陈述了如下三个问题：

> 1. 对学生行为、学生在教学活动中的专心程度、师生间的亲和力、教师支持及竞争意识等问题，性别单一的班级中的男生或女生的看法是否不同于男女同班的班级中的男生和女生？
>
> 2. 同在一个班级学习的男生和女生是以同样的方式来看待他们所处的环境的吗？
>
> 3. 学生对环境的感知是否会因为他们从初中升至高中而发生变化？①

勒格所作的资料分析就是为了分别回答上述三个研究问题。

研究问题也可以用研究目标或目的这样的词语加以陈述。究竟该如何遣词，这往往与个人偏好而不是与其他事项有关。例如，劳伦斯·派克斯(Lawrence Picus)就在有关他从事的一项研究计划里把研究问题表述成研究目的。② 他研究了四个案例，以了解得克萨斯州的四个校区对旨在缩小该州与其他州在经费的发放上存在差距的学校金融改革作出了何种反应。派克斯指出，该课题研究的三大目的分别是为了确定：

> 得克萨斯州的学区是否已经根据这一新的学校金融改革方案获得了追加拨款。如果是，那么是哪些学区得到了追加拨款。
>
> 得到追加教育经费的那些学区在经费支出上发生了何种变化，以及它们利用新增款项具体购买了哪些资源。
>
> 四个方案中使用的研究方法与资料分析方法都是针对这三大

---

① 勒格，C. D.（1994），《体育课班级中同性及异性学生的环境感觉》，*Journal of Educational Psychology*，86，，第184页。

② 派克斯，L. O.（1994），《得州四个学区中学校财政改革对本地的影响》，*Educational Evaluation and Policy Analysis*，16，第391～404页。

目的而采用的。①

（二）文献综述

一般来说，总有一些研究报告和理论文章会对某一计划中的研究产生至关重要的影响。你应在研究计划的导论部分描述这些文章和报告，把它们作为研究项目的部分理论基础。你可以在计划的文献综述部分一边讨论其他相关资料，一边较为详尽地分析这些报告和文章。例如：

1. 介绍该研究领域所发表的每一项关键的相关发现；

2. 说明在某种程度上会对计划中的研究项目产生影响的其他研究领域的发现；

3. 评述前期研究所使用的方法；

4. 引用其他研究人员在分析了与你的项目有关的研究文献之后得出的结论；

5. 分析前期研究成果在已经应用于教育实践的情况下究竟取得了哪些实际应用成果。

要对研究文献作一个包括刚才列举的主题在内的全面评述，这可能要占据许多篇幅。事实上，这一评论的篇幅可能相当于研究计划的其他内容的总和，甚至会更长。既然你的研究课题和研究方法应该基于你对文献中的现有知识的深刻理解，你有理由作这样的长篇宏论。某些研究报告是不容忽视的，如果能在研究之初就对之有所了解，你就有可能报告研究问题的方法，或者用另一种方式来设计研究方法。要是在完成了研究之后，你才猛然意识到你忽视了这样一份研究报告，这岂不使你自己尴尬？

我们要在第四章描述综述研究文献的程序。要综述这些文献，并把

---

① 同上，第391页。

综述结果写进研究计划，这要花费大量的时间。非但如此，你通常还必须在论文里把文献综述写成一个独立的篇章。如果你能在拟订计划阶段就写出文献综述，这将有助于你的研究设计与论证，而且，这样一来，你也就完成了论文中一个重要部分的写作。

（三）研究设计

第四部分包括主要的定量研究设计：描述法、因果比较法、关联法及实验法等等。第五部分描述以人类学、哲学、心理学及社会学等多种学科为背景的方案设计及其他设计。你需要提出你的研究设计，并对你将如何在你已经选择调查的特定环境中实施这样的设计作出说明。你要是不准备在计划的导论部分解释你为何要选择这些设计，你应该在研究设计部分对此作出解释。

托马斯·斯克鲁格斯（Thomas Scruggs）与马戈·马斯特罗皮里（Margo Mastropieri）曾从事了一项旨在发现哪些变量有助于把残疾学生融于普通理科班学习主流的研究。[1] 他们以下述方式选择了研究设计：

> 我们确定了三个据说已经在实施主流措施方面起表率作用的班级，我们也已收集到一些证据。我们感觉到只要运用一个与英（Yin）（1989）所描述的多重方案研究设计相类似的研究设计，这些证据将引导我们概括说明主流化实践的成功经验。[2]

我们要在第十四章描述罗伯特·英（Robert Yin）的研究设计方案。研究人员对研究设计提出的具体要求，会在很大程度上影响我们要在研究计划的下一部分描述的研究方法的选择。

---

① 斯克鲁格斯，T. E.，& 马斯特罗皮里，M. A.（1994），《基础自然科学课成功的主流：三宗著名个案的定性研究》，*American Educational Research Journal*，31，第785～811页。

② 《基础自然科学课成功的主流：三宗著名个案的定性研究》，*American Educational Research Journal*，31，第787页。

(四) 研究方法

你应在计划的研究方法部分描述你的抽样程序、资料收集程序及对你的研究起关键作用的其他全部程序。

我们要在第六章描述抽样程序,会向你解释为何不能在研究中仅仅从便利的角度去选择一个样本(在定量研究的情况下)或一个方案(在定性研究的情况下),相反,你要运用完善的抽样逻辑。如果你计划搞某一定量研究,你应该解释你抽取的样本为何能代表某一确定的人群。如果你计划搞某一定性研究,你应该说明为什么说你选择的某个或某些方案将特别可能揭示你所感兴趣的现象。

在资料收集程序的描述部分,你应说明你将使用的每一个工具(例如,一种测试、一种问卷调查或一份访谈日程表)、工具旨在测量的变量、测量结果的效度与可靠性,以及你将要采取的实施步骤等。我们将在第七章(关于测试和自我报告工具)、第八章(关于问卷调查和访谈)和第九章(关于观察和内容分析)逐一讨论这些问题。人们时常犯这样的错误:虽然在计划的导论部分提及了某一变量,但在描述资料的收集程序之时却未能阐明测量方法。还有一类与此正好相反的错误:虽然在研究方法部分介绍了某一需要加以测量的变量,但在导论部分却对之只字不提。

一般而言,除非你计划中的定性研究要涉及到诸如变量、效度及可信性等概念与你从事的定性研究并无关系,但是,其他资料收集程序并不是可有可无的,你得对它们进行描述。我们要在第十四章具体解释这些程序。它们包括:界定你的资料收集工作的重点,以及考察你所收集的资料的可信度、真实性及代表性。

你想使用的任何特定程序都应在计划这一部分得到描述。例如,要是你计划通过某一实验来检验某种教学方法的效力,你则应该详尽描述这一方法,说明你将怎样训练样本使用这一方法,以及解释你将如何核实该样本是否按照你的要求使用了这一方法。如果你计划在令研究难以开展的某一环境中从事实地考察,你应该明确陈述你将采取哪些程序以进入该环境，以及你将采用哪些程序以获得本地资料提供者和其他参与者的合作。

（五）数据分析

你应该拟订一份试验性的计划，这一计划的好坏将严重影响你所需样本的大小、测试效果和其他测量的程序，以及用于电脑存档的程序。倘若等到数据结束之后再来思考资料分析方法，你将很难按照你所希望的方法来分析资料。

在写这一部分的计划时，你应首先考虑如何列出你全部的研究假设、问题、目标或目的。接下来，你应简要说明分别讨论这些主题时需要的数据，你要采取哪些措施来获取这些资料。最后，你应描述你用来分析数据的统计方法。这最后一个步骤是相当重要的，它能在你从计划阶段走向实施阶段之际，帮助你确认你实际上能否检验你的假设、回答你的问题、实现你的目标或达到你的目的。

（六）研究对象的保护

正如我们将在第三章解释的那样，无论是什么研究项目，只要有人参与，它都必须提请学院审查委员会审议。审议的目的是：保证能为研究参与者保守秘密；确保研究参与者能得到人身保护。这类委员会一般会要求你把他们所需要的信息填在某一独立成套的表格里。恰当的做法是：你把这些表格附在你的研究计划之后，并在计划的正文部分概述你将要采取的保护措施。

某些研究有给参与者带来重大危险的潜在可能性，或者会涉及一些会受到伤害的人群（例如，残疾儿童），在这样的情况下，这类委员会可能会提出由他们来仔细审核全部研究计划的要求。据我们所知，由于某些研究人员所填具的信息不足以使这类委员会断定研究的潜在利益是否真的大于潜在风险，他们不得不对计划作重大修改（在审核研究计划中的研究对象人身保护这一部分时，风险-效益率是一个重要的标准）。所以我们建议，如果你计划从事的研究具有置研究对象于危险处境的潜在可能性，你最好另写一份研究计划，详细叙述潜在危险和你旨在把这些危险降至最小的措施。

(七) 时间表

你的研究计划应该包括一个时间表，用以说明研究的每一个步骤，说明这些步骤大约能在何时完成以及预计完成各个步骤所需要的小时数或天数。时间表的设立能帮助你从头到尾地考虑全部研究过程，并能引起你注意下述一些可能出现的问题：

1. 为能在10月份启动本研究，必须在暑期与学校官方取得联系。

2. 必须提高试前资料收集工作的进度，以防把实验处理拖到圣诞节之后。

3. 务必尽早安排标准测试，以保证测试人员能按时到场。

4. 因天数有限，不能只安排一人负责。

5. 本学年所剩时间不多，看来无法在本学年完成资料的收集工作。

只要你在时间表上发现了诸如此类的问题，你就能对计划作适当的调整，这比在开始收集资料后再来解决这些问题要容易得多。

1. 研究活动、项目评估和审查技巧

人们已研究出诸多便利时间规划的技术。① 我们在此描述的技术是项目评估和审查技巧(PERT)，它主要用于确定研究活动、规定研究活动所需的时间以及安排活动的先后顺序，以便能按时完成研究项目。通过利用PERT，研究人员能：(1) 明确研究过程中将要从事的活动之间的关系；(2) 回顾研究进程并判断为了能把研究按计划进行下去必须改变哪些活动或提高哪些活动的进度；(3) 把精力集中在发现或解决项目实施过程中潜在的或已经产生的问题上。

---

① 在这类技术中有一种涉及到流程图的使用。为了了解流程图的规划，请参见：埃文斯，K. M. (1984)，《计划小规模研究计划》，Windsor，Berkshire，England：National Foundation for Educational Research in England and Wales。

确定在项目的实施过程中要达到哪些目标，这是使用 PERT 的第一步。你首先要确立大目标，然后尽可能多地把它分解成若干特定的活动和子目标。例如，如果你想研究学生态度与学业之间的关系，你就可以把开发一种测量学生对学校的态度的等级序列当成一大目标，然后再把这一大目标分解成图 2.1 所示的多项活动和子目标。在对项目整体进程作了这样的分析之后，你就能勾勒出一个网状结构，依次排列自实施项目的第一天至项目完成之日的各种事件或子目标。图 2.1 所示的 *a* 表示*开始*量表设计这一首发事件。圈与圈之间以线条相连，这些线条表示必须从事哪些活动才能达到随之而来的子目标。那些能在同期进行的活动在图示中呈相互平行状态，而那些相互衔接、头尾相连的线条则表

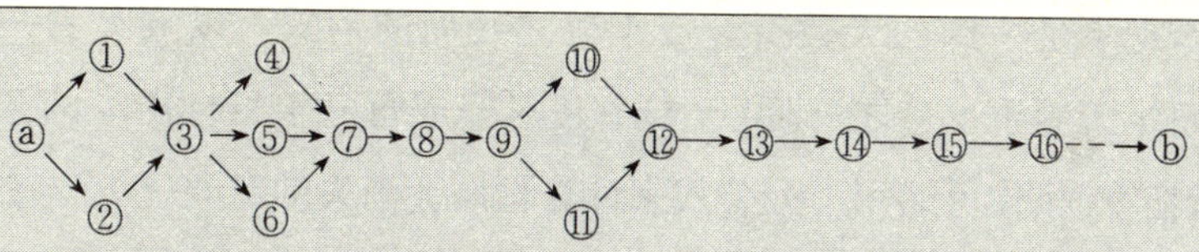

活动或程序

1. 研究有关态度量表的文献
2. 检查态度量表划分程序
3. 选择要使用的程序
4. 建构量表项目
5. 形成量表范例
6. 安排量表范例的实地检验
7. 实地检验量表范例
8. 确定量表分值
9. 逐项分析量表
10. 修改量表范例
11. 安排修改后的量表范例的实地检验
12. 实地检验修改后的范例
13. 确定修改后的量表分值
14. 逐项分析修改后的量表
15. 对量表作最后修改
16. 备份处理最终量表以供使用

子目标或事件

a. 量表设计开始
1. 完成研究
2. 完成考察
3. 完成选择
4. 完成项目建构
5. 完成范例的创造
6. 完成安排
7. 完成实地检验
8. 完成规划分值的工作
9. 完成项目分析
10. 完成修改
11. 完成安排
12. 完成实地检验
13. 完成划定分值的工作
14. 完成项目分析
15. 完成最后的修改
16. 完成备份
b. 开始下一个主要活动

图 2.1　显示某一态度等级发展的 PERT 网状结构

示两端的活动有先后之分。呈破折号状的一条线称作*虚设活动*,它承前启后地把某一大目标或事件的结束与另一大目标或事件的开始连接在一起。

在勾勒 PERT 网状结构之际,你必须就事件的先后次序以及事件各需要多少时间才能完成等问题作出决定。请注意:例证中的每一活动都极为具体,而且只处理发展需要的态度量表的过程的某一方面。只要你能估计达到每一个子目标所需要的时间,你就能很精确地推算达到大目标所需要的时间。

在使用 PERT 时,你需要对每一个子目标作三次估计:乐观估计(a):在一切进展顺利的情况下需要多少时间才能达到子目标;极有可能性的估计(m):满打满算实际上需要多少时间;悲观估计(b):如果出现处处出错的万事不如人意的情况,该花多少时间。这些估算一般以周来表示,把不足一周的天数折算成十分之几周的形式。以五天为一周为例,每半天等于十分之一周(0.1)。在对完成每一子目标所需的工作周进行估算时,你可运用下列公式来计算预期会消失的时间(t_e):

$$t_e = \frac{a + 4m + b}{6}$$

请注意,上述公式能极大地帮助研究人员作最稳妥的时间估算。如果把该公式运用于上述个案中的第六项活动,即*安排量表范例的实地检验*这项工作,研究人员就能作如下估算:若万事顺利,能在半天(a)之内把活动安排妥当;但是也许要花上一整天的时间才能打完该打的电话、安排好该约的约会,以及开好必须开的会议(m);如果需要联系的人联系不上,某人不能在当天赴约,以及会议时间比预料的要长,也许要用四天半的时间才能把该项任务(b)完成好。通过这样的公式运算,研究人员得出了 0.3 周或 1.5 天的估算结果。

$$t_e = \frac{0.1 + (4 \times 0.2) + 0.9}{6} = \frac{1.8}{6} = 0.3$$

在图 2.1 中 PERT 网状结构所反映的只是某一假想中的研究过程的一个重要活动。在对全部研究过程作网状结构描述时,都应把每一个重大目标分解成若干个活动子目标。依据时间顺序排列所创造的许多类似图

2.1 中的网状结构，你将最终获得全部研究过程的网状结构。考虑到这样最终形成的网状结构哪怕是对典型的论文研究计划而言也显得过于复杂，你可以避繁就简，在开始时只勾勒反映重大目标或事件的 PERT 网状结构。然后，你可以像图 2.1 那样通过不断分解大目标来扩展这样的网状结构。

六、从事试验性研究

只要有可能，你都应该把试验性研究纳入你的研究项目。所谓试验性研究，是指在小范围内检验你计划在主导研究中使用的程序，并根据检验结果修改程序。对许多定量研究和定性研究项目而言，两三个参与者就够了。不过，也会有例外，例如以研究能力测试或态度等级等工具为目的的先导研究。在这样的研究中，为了能把工具开发和完善到具有良好测量性能的地步，往往需要数百名参与者。

在某些情况下，可以在论文指导委员会批准了研究计划之后从事试验性研究。每遇这种情况，只要在计划中简要描述试验性研究就可以了。但在其他情况下，你则可以先搞试验性研究，然后在研究报告中描述你的试验性研究成果。例如，假设你的某一研究课题的目的是为了检验一个用于提高学生的阅读理解能力的新程序，你是从某一有关阅读理解能力的理论中推导出这一新程序的，但研究文献中没有该程序的先例，论文指导委员会这时就有可能会提出这一尝试性项目值不值得你大动干戈，非搞全面、正式研究不可的疑问。你不妨先搞试验性研究，通过它来确证该程序的优点并纠正它的明显缺陷。如果试验性研究表明该程序有其优点，你可以把这一发现及支持性证据写进你的研究计划，以此来佐证从事一项旨在证明其效能的正式的、大规模的研究的必要性。

七、研究计划与博士论文的写作

如果你已经写出了一份详尽的研究计划，你也就已经为论文的写作做了相当数量的工作(我们在前面讲得很清楚：学位论文研究与毕业论文研究基本相似，所以，我们对毕业论文所作的评述也适用于学位论文)。研究计划与论文的相似性在图 2.2 所示的论文提纲中得到了明显的说明：提纲中的前三章与研究计划的主题和组织方式相对应。

论文前奏

封面
前言与致谢
目录
表格目录
图示目录

论文正文

第一章：导论
1. 研究课题概述
2. 研究的意义
3. 研究假设、问题、目标或目的

第二章：文献综述
1. 前期研究与观点综述
2. 知识现状的诠释性概要

第三章：研究方法
1. 研究设计
2. 样本抽取与研究对象人身保护程序
3. 测量
4. 其他程序(例如：对处理条件的描述)
5. 时间线

第四章：研究发现
1. 统计程序综述
2. 对每一假设、问题、目标或目的的结果的描述
3. 补充分析

第五章：论述
1. 对各结果的诠释
2. 研究的局限性
3. 对未来研究的启发意义
4. 对实践(如果能用于实践)的意义

论文尾声

文献目录
附录

图 2.2　一篇教育研究论文的组织

你应该核实一下，看看你的论文指导小组是否要求你使用不同于图2.2所示的格式或章节的题目。同时也请你记住，报告某一定性研究发现的论文的组织方式也许会与图2.2所示的方式产生或多或少的差异。（我们要在第十四章中讨论定性成果的报告方式。）例如，你可能不愿意采用定量研究报告的标准格式，把所有的研究发现统统纳入某一章加以论述，而是希望采用每章谈论一个个案例的研究发现这一格式。

等到所有的资料都收集完毕并得到分析之后再着手论文的写作，这是不可取或没有必要的做法。你很有可能会碰到这样的情况：有些时候你会因收集和分析资料而忙得不可开交，而在另外一些时候你只得呆呆地坐着干等。你倒不如利用这些空闲来修改研究计划，使它们成为论文的前三章。

在从未写过研究计划的情况下就学习如何写论文，写希望能在专业期刊上发表的文章，以及写课程论文（我们在后面要讨论这一点），这看起来有点想入非非。其实不然，因为通过这样的学习你能了解全部研究过程的概貌——从确认研究课题到报告你的研究发现。通过这一了解，你在起步之际就能端正方向，能达到为有关教育的研究知识贡献自己的一份努力这一终极目标。

我们将在下文首先讨论制定格式时一般要考虑哪些因素，然后对论文的各个部分作出描述。我们要重点阐述据我们所知在论文写作过程中时有发生的事情和问题。

（一）论文格式

一些大学为在校研究生准备了具有特殊规定的论文格式，而另外一些大学则要求学生参照某一标准论文格式手册。最常用的标准格式手册当属《美国心理学协会出版手册》（参见后面的加注参考文献）。一旦你被要求使用某一格式，你就得严格遵守它的规定。如果你的格式不当，特别是在引证出现差错的情况下，你的学术水准就要打折扣。如果你请人打印你的论文，你得核实一下，看看你所请的人是否知道你被要求使用的格式。

请你的论文指导老师介绍一些在你校新近完成的杰出论文，这是大有裨益的。把研读这些论文的体会与规定的论文写作手册相结合，你将得到论文格式规定所要求的大部分信息。而且，在研究了这些论文之后，你也就能了解你的指导老师的标准和期待。

在写论文或其他研究报告时，人们时常搞不清用什么时态。一般的准则是用过去时描述报告写作前所发生的事件。例如，你可以写："我们从本地的一个校区选择了 60 名学生……""哈伯(Harber)(1968)在她的研究中发现了……""已经开发出来的斯坦福能力考试的目的是为了测试……"上述每一句话都表达了报告写作前发生的事件。

现在时用于对直至报告写作之际仍保持正确的观念或思想的论断。例如，你可以写："研究已经一贯表明，插入论文中的问题方便对正文内容的记忆。"因为研究已经结束，所以用了过去时("已经表明")。我们能假设插入正文中的问题与记忆的保存之间的关系在研究人员观察结束之后仍然存在，所以用了现在式("方便")。同样，你也可以写"斯坦福能力考试测试许多方面的学业表现"，因为该测试在报告写作之际仍保持原有的特征。你也同样可以写"表 2 显示……"，因为该表继续起作用，而且它所显示的并不是只在某一时间点才有效的结果。同理可证，你也可以写"t 值具有统计意义"，因为具有统计意义的某一测试的结果在测试实施之后继续保持其真实性。

(二) 论文前奏

如图 2.2 所示，论文前奏包括封面、前言与致谢、目录、表格目录和图示目录等。

封面上的论文标题应该写得简洁并具有描述性。让我们假设这样一个例子：某一位学生在实验中比较了两组六年级学生美国史课程的考试成绩，其中一组用计算机辅助学习，而另一组则没有用。*关于六年级美国史课程教学中传统和计算机辅助教学方法的比较分析实验*也许是一个恰当的标题，不过，它虽然简洁，但并未能给读者讲清楚研究的目的。另一个可能想到的标题是：*一项将把计算机辅助教学用于美国史课程学习的六年级学生的学习成绩与接受传统课堂教学方法的学生的学习成绩相比较的研究*。这一标题虽然讲清了研究的是什么这一问题，但它太冗长。

还有一个标题可能是*用计算机来教学*，这一标题的不足在于它没有揭示研究目的，对研究主题也流于泛泛而谈。研究人员与教育工作者也许会忽视冠之以这一标题的研究报告，即使它迎合他们的兴趣；他们也许会浪费大量时间去找这份报告，即使它与他们所感兴趣的话题关系不大。所以，构思标题时，请设身处地的从你希望能阅读你的报告的人的角度来下笔。你的目标应该是写出一个文字简洁、内容明确的标题，只有这样，你期待之中的读者才能一眼就看出你的报告与他们的兴趣相关。

（三）导论章

如果研究计划的导论部分写得好，经过扩展充实，它能成为论文的第一章，这是因为两者所论述的主题实质上是一样的。

有些论文开篇就是背景材料，接下来才谈研究课题。例如，如果论文研究所探讨的是在经过主流化处理的班级中采用互帮互学的合作式学习方法的成效，某些学生可能会在论文的一开始就谈合作式学习的优点，并点评主流化运动，只有在这一部分写完之后才说已经搞了一次研究，并说它是针对哪一特定研究课题的。此类导论材料对读者毫无意义可言：他们从中看不出任何继续读下去的必要。我们建议你在第一和第二段就陈述你的研究课题，然后再提供相关的背景信息。

一些论文会在导论部分另辟一节，界定对研究起关键作用的技术术语。这一做法的一个弊端是：定义脱离了上下文的联系。另一个问题是：如果这一节被置于该章的尾部（时常是这样），读者在阅读该章前面大部分内容时，并没有得到这些定义所能带来的好处。我们建议你在论文中第一次使用某个概念时就给出它的定义。重复定义并没有坏处，如果你想把所有的技术术语放在一处,你当然可以在论文后面的附录中另设一个技术术语表。

(四) 文献综述章

正如前文所述,我们建议你把对文献的综述作为研究计划的一个部分来写。要是你接受这一建议,文献综述将能构成论文的文献综述。

论文中的文献综述部分所存在的一些主要问题不容忽视。其中之一就是,某些综述未能把所评述的研究与研究人员本人的研究联系在一起。让读者搞不清你评论的研究与你的研究到底有什么联系,这绝非你的本意。既然如此,你就该不断阐明前期研究报告、理论或每一个方法所存在的缺陷,和所有这些对你的研究设计,以及对你的研究的可能贡献产生了何等影响。一些作者会在该章的结尾部分如此这般地言语一番,但已经是太迟了。

在写文献综述时,你必须避免的另一个错误是:用同样的方式对不同的研究报告加以评述。例如,一些学生每提及一篇文章都要另起一段,而且评述均以作者姓甚名谁为各段的首句;此外,无论文章重要不重要,或关系大不大,他们都用同样的篇幅评述各篇文章。这样的综述不仅读起来枯燥乏味,而且难以让读者明白在他们的研究课题中有哪些问题已经得到了解决。

如果你的综述要涉及许多课题或论题相同的研究报告,一种有益的做法是用表格把它们组织起来。你首先要决定应该摘录这些报告的哪些特征。这些特征可能会包括样本的性质、程序或处理、他变量以及每一变量的统计结果。第二步是研究每一篇报告并简述其各个特征。最后,你就能把这些特征组织在表格之中。这一方法具有陈述方式简洁、报告比较易行等优势。为了写出一篇有关轻度残疾儿童的社会技能培训的研究论文,罗恩·索基尔森(Ron Thorkildsen)准备了一份文献综述,他在评论中使用了一个属于我们所讲类型的大表格,现摘取其中一部分供参考。(索基尔森的表格共涉及 18 份研究报告,表 2.1 只反映了两份)请注意:该表以简洁的方式提供了大量信息,且方便了个案的比较。

表 2.1　有关针对轻度残疾儿童的社会技能培训计划的研究总结

报告编号/作者	所教的社会技能	研究对象/设计	分析类型	培训技术	保持培训/分析	概括培训/分析	结　果
(1) Ballard, Corman, Gottlieb & Kaufman (1977)	合作式互动	37名小学生三、四、五年级小组设计	人际心理测定	建立合作组	无特定的培训	在自然环境中与年龄相仿的正常儿童互动	1. 与控制组相比，实验处理组更多被正常的同龄儿童接受，更少被后者所拒绝； 2. 控制组蒙受更多的拒绝，获得更少的接受； 3. 与控制组相比，参与第二次活动小组的接受实验处理的对象更多地被正常儿童所接受，更少地被他们所拒绝； 4. 在培训这一因素介入之后，被实验处理的对象在没有与他们一起参与小组活动的同学那里得到了比控制组高的接受程度。
(2) Berler, Gross & Drabman (1982)	1. 视觉接触 2. 发起社会互动 3. 赞扬 4. 对批评的反应 5. 请求	三名初中生八～十年级单受式设计	1. 人际心理测定 2. 行为观察 3. 角色扮演测试	1. 指导 2. 规范（借助录像） 3. 行为排练 4. 反馈	无培训培训后与培训对象保持一个月的联系	在自然的角色扮演环境中互动	1. 在角色扮演的过程中能更多地使用恰当的技术； 2. 在一个月的保持接触的期间里，能把表现维持在基线之上； 3. 这样的表现未能在自然的学校环境中体现出来；

续 表

报告编号/作者	所教的社会技能	研究对象/设计	分析类型	培训技术	保持培训/分析	概括培训/分析	结　果
							4. 同龄的正常儿童对他们的接受程度未发生变化。

【资料来源】 摘自索基尔森，R. J. (1984),《旨在发展具有轻度残疾学生的微电脑 VCD 项目的实验研究》。

(五) 研究方法章

如果你想把研究计划写好，你则应详细描述研究方法的主要内容。这一部分写好了，把它扩展成论文的一章也就容易得多。当然，如果研究设计和程序在研究开始之后得到了改进，你也应该在论文的研究方法部分反映事实。

我们发现，一些论文的研究方法部分存在着叙述不充分、表述稍嫌含混这样的主要问题。你应该把你的研究设计描述得能让读者对你的研究过程获得一个清晰的、全面的印象。这一目标实现起来有点难度，因为作为研究的操作者，研究人员本人并不一定非常清楚需要把哪些问题阐释得明明白白。所以，把本章的草稿示于同事，请他们看一看是不是有哪些部分讲得不清楚或叙述得不完整，这不失为一种可取的做法。

(六) 结果章

论文中的结果一章陈述的是研究发现，而不是对发现的讨论，只有在下一章才对研究发现展开讨论。

你可以在本章的第一部分概述你已经进行的研究资料处理与分析程序。例如，考虑到有些研究参与者未能就太多的变量提供资料，你已决定把他们从资料库中剔除出去。由于这一决定会影响一些或全部资料分析工作,稳妥一点的做法是在本章一开始就说明你的决定。还有一些关于全部研究的事项也应该在本章的开头就加以陈述,例如:用于分析资料的计算机程序、便于统计分析的分数换算以及本章的组成等。

陈述统计或定性分析结果的最佳方式之一是,围绕研究假设、问题或目标把它们组织起来。例如,你可以按照你在论文的导论部分陈述假设的方式对每一个假设进行描述,然后列出与各假设有关的所有发现。如果你的研究检验了五个假设,你应该在本章用五节分别陈述这些假设。

构思研究结果这一章时,一种有益的方法是首先把对每一个假设、问题或目标的研究结果置入表格或图示。用这些形式来陈述统计结果,这比用语句、段落形式陈述来得更清晰、更经济。在对每一份表格或图示进行研究之后,你就能用一两段文字来解释它们各自包括哪些内容,并引起读者注意你的一些值得重视的发现。不论其重要与否,对表格或图示中的每一个项目都展开讨论,这种方式令人乏味,而且它破坏了表格与图示的使用目的。《美国心理学协会出版手册》对表格与图示的区别性特征作出了解释,并详尽阐述了建构表格与图示的方法。

时常会发生这样的情况:按计划而来的分析结果提出了一些在原论文研究计划中没有的问题或假设。如果可用资料足以能够用来讨论这些问题或假设,你当然可以对它们作补充分析,不过你应该在结果一章里另辟一节以报告分析结果。在某些情况下,你甚至可以在讨论章里报告你的补充分析。例如,你可以在这一章里对某一个分析结果作出另外一种解释,而且,你还可以对你拥有的某些资料进行分析,以判断这样的解释是否行得通。

类似的叙述原则也适用于定性资料的分析,即分析结果可以根据研究假设、问题或目标加以组织。如果你的研究由一整套个案组成,你可以对个案逐一陈述,在可能的情况下,应该以相同的次序组织个案,以方便比较分析。

统计分析的结果能通过某一表格加上数段文字加以陈述。涉及多重个案设计的定性研究却不能这样做，因为每陈述一个个案也许都要花上许多页的正文篇幅。如果真是这样，你应该考虑分章陈述每一个案。同时，我们也要请你记住，定性研究人员建议你在报告个案研究发现时，采用有别于报告统计发现的方式。定性研究报告借助传统的文学表达方式，诸如讲故事、生动描绘及强烈的主观色彩等。我们要在第十四章讨论这种报告方式。

(七) 研究结果的讨论章

论文的最后一章通常包括下述部分：研究问题和研究方法概述、结果诠释以及关于研究的局限性和研究发现的意义的讨论。

你在写讨论这一章时面临的巨大任务是确认并诠释重要研究结果。在查验每一个结果之时，你都应该向自己提出这样的问题：这是一个重要结果吗？如果是，那么道理何在？它与前期研究结果相符合吗？如果不符合，那又是为什么呢？是否存在某一可用来解释这一结果的现有理论？研究结果是不是意味着有必要修改现有理论？可否对结果作出另外的解释？一种解释方法比另一种解释方法更有道理吗？有无必要作进一步研究以阐明结果？如果有必要，那么新的调查研究可以采用什么形式呢？

你的回答将对其他研究人员具有重大意义，原因之一是你目睹了全部资料的收集过程。作为目击者，你比其他研究人员更能深切地感受资料所表达的意思，而其他研究人员则必须根据你的报告来理解所发生的事件。

本章应该对方法上的局限性展开讨论。在这一部分，你应该指明在抽样程序中、工具方面、资料收集工作中以及在资料分析之际出现的问题，其中有些问题可能内在于研究设计本身，而另外一些问题则可能是在项目的实施之时发生的。如果某一观察结果正好与预测相反，你应该探问一下这是不是方法上的缺陷所致。

只要你的研究发现具有实践意义，你最好在本章加上一节来说明这样的意义。你甚至可以在这一节作出某些推测，而把这样的推测放在结果这一章，显然是不适宜的。

如果你未能在本章的开头部分提出未来的研究将要解决哪些问题，你应该以这样的建议作为本章的结尾。由于你在研究中积累的经验已经使你具有更好的理由来提出下一步研究应该解决的重大问题，这样的收尾方式是相当可取的。其他研究人员能把你的判断结合于他们自己的思想，并在此基础上设计极有可能带来重大知识创新成果的新研究。

(八) 论文尾声

论文一般是以文献目录与一个或更多的附录作为其休止符的。

在文献目录部分应列出论文正文部分所引用的所有参考文献。如果你所在的院校有这样的要求，你应能在该部分列出一些在正文部分未加引用但与你研究相关的其他文献。无论你采用哪种文献目录编写方法，你所引用的文献应与原文只字不差。

附录用来提供与研究关系不大或只对某些读者有意义的信息。附录通常包括：(1) 较长的表格或所含统计结果与研究不发生重大关系的表格；(2) 在你开展研究的特定的情景中研制出来的研究材料，诸如测量工具、表格和实验处理培训材料等；(3) 项目分析之类的心理测量资料。

八、撰写可望在专业期刊发表的文章

如果你在论文完稿之后马上就着手创作一两篇基于论文的文章并向专业期刊投稿，你的研究所得就不止论文这一项。许多有空缺职位提供给高学历学者的雇主都希望求职者发表过文章。要是你的简历反映出你曾发表过一篇或数篇文章(特别是研究成果)，你谋取这类空缺的机会就大得多。

创作研究文章的第一步是：判断一下哪些学术刊物最有可能发表有关你所研究的问题的研究成果。只要查一查你论文中的文献目录，你就能找到可能性最大的学刊。你可能会发现你所引用的与你的研究课题相关的文献大多发表在某几家刊物,这些刊物往往就是你的希望之所在。

选择刊物时的另一个考虑因素是刊物的声誉。一些教育类刊物读者面较广,比其他刊物更具影响。而且,设有顾问小组的刊物比那些没有顾问小组的刊物更具有权威性。**有顾问的刊物**是指设有由知名专家组成的顾问小组的刊物,某一文章值不值得发表,这得由他们来决定。大多数设有顾问小组的刊物都把专家成员名单排在每期封面的突出位置。

你一旦决定了向哪一家刊物投稿,你就应该查看一下新近几期发表的文章的一般篇幅和格式。你很可能发现它们在格式上与论文类似,只是简洁些。作为刊物的编者,我们发现我们所编审过的来稿一般在20—30页隔行打印的篇幅之间,其中包括表格、图示和参考目录。定性研究报告的篇幅可能会长一些。但不管怎么说,刊物编辑较看重表达简洁、精练的文章。你可以查看一下你所选择的学刊最近出版的一期,以决定把稿件具体投寄到哪里。

布鲁斯·霍尔(Bruce Hall)、安·沃德(Ann Ward)与康妮·科默(Connie Co-mer)所从事的一项研究就判断报告能否在研究刊物上发表的标准给我们提供了一些见解。① 他们从1983年发表的教育研究文章中随机抽取了一个含有128篇文章的样本,请一个资深研究专家小组评定其良莠。经过评估,该小组作出判断说,其中的54篇文章(占样本的42%)其实不应该予以发表,或者只能在作重大修改后才能发表。霍尔和他的同事请该小组说明上述判断是基于这54篇文章中存在的哪些不足而作出的。表2.2展示了这些文章里最常见的不足:研究方法上的缺陷(例如,未能建立所使用的测量工具的效度与信度)及报告方式上的不

① 霍尔,B. W.,沃德,A. W.,& 科默,C. B.(1988),《已出版的教育研究:对该研究性质的实证研究》,*Journal of Educational Research*,81,第182～189页。

足(例如,未能清晰描述研究的局限性)在其中占主要部分。由此可见,在投稿之前,你最好把该表所列不足当成一个发表指南来使用。

表 2.2　不应发表或需经重大修改方可发表的文章的理由

具体不足	占被列举的 54 篇文章总数的百分比
1. 未能建立资料采集程序的效度和信度	43
2. 研究设计稍嫌薄弱	39
3. 未能表明研究的局限性	31
4. 研究设计不适合研究课题	28
5. 抽样方法不当	28
6. 分析结果表述不清	28
7. 资料分析方法选用有误	26
8. 报告写得含混不清	26
9. 假定表述不明	22
10. 未能描述资料采集方法或程序	22

【资料来源】 摘引自霍尔,B. W.,沃德,A. W.,& 科默,C. B. (1988),《已出版的教育研究:对该研究性质的实证研究》,*Journal of Educational Research*, 81,第 182～189 页。

九、撰写可望在学术研讨会上宣读的论文

能在某一学术研讨会上宣读一篇基于你的论文的报告,这不失为一种有益的经历。你可以在简历中写上这一笔,把它作为你的一项学术成就。此外,它还能帮助你提高在同行中的知名度。

美国教育研究协会(AERA)以及教学督导及课程设计协会(ASCD)等教育协会在举行每届年会的数月之前就要发出"征稿通知"。这样的征稿通知一般会印在各协会所办的某一出版物上,并寄达全体会员。征稿通知的目的是请会员递交拟在会上宣读或交流的文章的计划。如果你的计划被接受,你一般都被要求在会上宣读论文。所以,除非你有理由相信你(或某一位与你搞过合作研究的同事)肯定能参加会议,你最好

先提交一份计划。

一些研究会会自动地把每届年会收到的论文在备份之后送达教育资源信息中心，即ERIC(见第四章)，以便扩大这些论文的读者群。如果你参加的协会不这样做，你自己就可以把一份稿件寄达教育资源信息中心的某一合适的部门。

提交给学术研讨会的文章在形式上与专业期刊上发表的文章基本相似。但还有另一种情形：你可能有机会应邀出席某一决策会议或某一由教育实践者参加的会议，而这些人对研究方法知之不多。帕得里夏·亨斯里(Patricia Haensly)、安·卢帕考斯基(Ann Lupkowski)与詹姆斯·麦克纳马拉(James Mcnamara)等人提出了一个称之为**图表小品文**的方法，这一方法就能满足你在这类技术性不强的会议上表述你的研究发现的意义。这一方法能通过图表对你的研究结论作简单化处理，并能把听众的注意力集中在与决策关系最密切的方面。

亨斯里和她的同事借助一项参加课外活动对高中学生学习成绩的影响程度的研究演示了这一方法。他们通过图表小品文向参加一次优等生教育者会议的代表演示了上述研究的结果。图表上的每一个标识都表示一个研究问题，这样一来，无需任何统计方面的专门知识，听众就能明白与各问题相关的研究发现。

该图表底部的“趋势”一栏以简洁、非技术性及描述性方式阐明了统计发现。趋势部分的叙述是该研究结果视听图表最重要的部分之一。

样　本

第十一个研究问题

参与学生社团能极大地促进高中学生的进步吗?

	参与程度高 %	参与程度中等 %	参与程度偏下 %	不参加 %
优秀 “A”	100.0	64.7	38.6	18.0
良好 “B”	——	35.5	26.5	39.2

续　表

	参与程度高 %	参与程度中等 %	参与程度偏下 %	不参加 %
中等 “C”	—	—	33.7	39.9
差 “D”	—	—	1.2	2.9

图 2.3　取自一份高中课外活动研究的发言稿中的研究结果图表小品文格式

趋势

· 学生社团参与程度最高的所有高中学生(100%)的成绩均为优秀。

· 学生社团参与程度中等的所有高中学生((64.7+35.3)%或 100%)学习成绩优秀或良好。

· 学生社团参与程度偏下的大部分高中学生((38.6+26.5)%或 65.1%)成绩优秀或良好。

· 不参加学生社团的高中学生最没有希望取得优秀或良好的学习成绩。

【资料来源】 亨斯里，P. A.，卢帕考斯基，A. E. & 麦克纳马拉，J. F.(1987)，《图表试验：对于决策者及开业者的沟通研究结果》。

> 总体来说，有关趋势的论述充当了研究概述的功能。在向会议就研究结果作简要通报期间，任何时候都能借助趋势部分的论述来阐明问题……[我们]已经发现，新闻发布会、行政报告及集会等时常直接引用趋势部分的论述。①

研究结果采用图表小品文格式得以帮助读者理解复杂的研究结果的特色之一是：研究的每一个方面——例如，各个研究问题——都通过各自独立的单张图表来加以展现。

十、研究计划及报告研究结果中常见错误

1. 研究人员一直要等到进入研究生学习阶段之后才选择研究课题。

---

① 亨斯里，P. A.，卢帕考斯基，A. E.，& 麦克纳马拉，J. F. (1987)，《图表试验：对于决策者及开业者的沟通研究结果》，*Educational Evaluation and Policy Analysis*，9，第 63～75 页。引言见第 70 页。

2. 选择研究课题时未能考虑该课题是否以现有研究文献为背景以及两者间的关系等问题。

3. 由于研究计划制订得仓促，所以所从事的设计粗劣的研究对教育知识无所贡献。

4. 研究程序未经先导研究，从而在主导研究过程中发现缺陷时措手不及。

5. 不现实地勾勒完成各研究阶段的时间线。

6. 在写研究计划和结果分析报告之时，不能从理论上阐述各个研究假设、问题或目标。

7. 研究计划和最终形成的报告均未反映文献评论中所评述的研究报告与自己所搞的研究有何关系。

8. 报告资料分析结果时，没有能清晰地阐明这些结果与研究假设、问题或目标之间的关系。

9. 对能否在结果分析报告的讨论部分对研究发现作另外的解释未加任何思考。

自测题

1. “心情高度紧张和低度紧张的学生在某一用以衡量学业成就的测试中所取得的分数不会有重大的差异。”这种形式的假设是

   a. 指向性的　　b. 疑问性的　　c. 虚无性的　　d. 客观的

2. 在某一建构被理解成一个只含有一个价值的特征之时，这一建构就被称作

   a. 变量　　b. 可复制性建构

   c. 假定的建构　　d. 理论实体

3. PERT 的价值极大地体现在

   a. 提出可被检验的假设之际　　b. 拓展前期研究成果之时

   c. 研究计划的文献评述部分　　d. 研究计划的时间线部分

4. 一般来说，先导研究

a. 应该在研究计划得到论文答辩委员会的批准之后进行

b. 时间应该确定在每当研究课题需要检验某一新的教学指导程序的效果之际

c. 时间应该确定在需要从事复制与拓展性研究之际

d. 应该在已经开发完毕研究所需的检验工具之后进行

5. 对研究设计和研究方法的局限性的讨论出现在论文的

a. 研究发现章　　b. 研究方法章

c. 讨论章　　d. 导论章

6. 一篇论文

a. 除研究发现和讨论章节之外均与研究计划相类似

b. 除文献评论章外均与研究计划相类似

c. 在内容的组织方面不同于研究计划

d. 在内容的组织方面不同于刊物上发表的研究文章

7. “图表小品文”是

a. 一种为面向从业人员的刊物所写的研究文章形式

b. 对就某一特定问题所进行的研究应该采取何种导向作出的评论

c. 一种陈述研究发现的非技术性格式

d. 一种专为报告定性研究发现而研制的演示格式

洪庆福◯译

第三章　教育研究中伦理、法律及人际关系问题

一、概览

如果你所提出的研究课题要从参与者那里收集数据资料，就得准备填写一份研究课题申报表，阐明该研究不会对参与者造成伤害。并将其呈交于所在大学或其他机构的审核委员会。我们准备在本章中提出一些策略性方法，以确保道德准则和法律权益的实施，使研究参与者免受种种形式的伤害。同时，我们还要阐述在整个研究过程中该怎样同具体的研究参与者达成积极、协调的合作关系。

二、目标

学习本章之后，你应该能够

1. 就有关法律、伦理或人际关系问题举例说明，并描述出有效解决这些问题的方法。

2. 解释美国心理学协会(APA)和其他专业协会完善道德方面的成文法规之原因。

3. 阐述审核委员会的任务和工作程序。

4. 阐述研究项目申请报告中保证参与者得到保护，不受侵害的程序。

5. 阐述研究者确保研究资料保密的方法。

6. 在研究中倘若需要运用欺骗手段，在研究后询问研究者的两种方法。

7. 解释科研课题报告发表后可能出现的伦理问题。

8. 描述研究领域中所需要的协调人际关系的四个要素。

三、引言

教育研究者虽然具有良好的动机，但倘若不慎，其研究可能会给参与者个人造成危害。下面就是在研究工作中根据切身体会提供的一些具体例子。

研究人员 A 收集了一些有关某些学生的个性特征资料，并将其结果告知他们的老师。该信息影响了老师对这些学生行为的理解，使他采取了比以前更为消极的态度。

研究人员 B 交给二年级学生大堆的卡片，要他们按形状和颜色分类。[①] 这一任务使得某些学生感到压抑与不快。其中一位在教室里左顾右盼，心不在焉，而另一位由于紧张不安，只顾快速分卡使错误率大大上升。

研究人员 C 以考试成绩（如学生在学期考试中的成绩）为准则把教师确定为教学水平高的与不高的两类。随后该研究人员通过观察教师们的课堂教学行为来断定影响他们教学效果的原因。某一行政人员了解到其中一位教师被研究人员划为“教学水平低”一类时，就剥夺了她那次工资晋升的机会。

---

① 此例摘自该书的 121 页：库彻，G. P.，& 基思-施皮格尔，P. C.（1990），《儿童，道德与法律》，Lincoln，NE：University of Nebraska Press。

研究人员D搞了一项实验,他使用一种新型仪器来测量运动过程中的肌肉活动,方法是在四肢周围形成电场。这种仪器会使某些人的四肢产生暂时的疼痛,一位被测者说,这种仪器给他的一条胳膊造成了永久性的肌肉损伤。

研究人员E派她的双语研究助手去采访得克萨斯州贫穷的奇卡努一家,让他们谈谈对自己孩子所在学校的看法。① 她的目的是给该学校提供信息,帮助学校满足最近已迁入本地区的那些人家的孩子们的需求。该研究人员并不知道,许多被访者都属于非法的入境者。后者觉得这项研究可能会牵扯到美国移民局。由于对参与此项研究的教育家们心存疑虑,这些被访者就捏造事实,企图隐瞒他们的身份,还有一些社区的居民极力回避研究人员,致使这一随机抽样调查成为泡影。

在实际调查研究中这些问题都出现过。他们给研究对象造成了伤害,或者说带来了诸多烦恼。这些问题还会由于受到管理者和其他人员的很多关注和抱怨,甚至引起诉讼或其他一些负面效果,因而妨碍了以后研究工作的顺利进行。所以,为尽量避免这类问题的出现,相关部门采取了一系列的步骤。首先,政府部门制订了相关的规章制度,指导各机构及研究人员在科研项目设置、实施和提交实验报告时维护其法律和道德准则,此外,社会科学研究人员的专业协会提出了严肃的道德声明。最后,各机构和大学还设立了机构审核委员会,以降低研究过程中可能出现的法律、道德问题。这些规章是在以上三个决策层次中建立起来的,其具体的步骤和规定将在下面一一论及。

社科研究人员专业协会提议说,被研究者应称之为“参与者”,而不是类似传统术语中的“被试”。② 不过,在有关科研参与者保护文献中已把他们称为“被试对象或研究对象”,所以,在本章我们会频繁使用该术语的。

① 此例摘自该书第3页:西贝恩,J. E.(1992),《合乎道德标准的重要研究方案》,Newbury Park,CA:Sage。

② 见《美国心理学协会出版手册》(4th ed),(1994),第49页。Washington,D.C.:美国心理协会。

四、被试对象保护法规

(一) 政府有关法规

保护人权不受非道德研究实践的侵害，这一问题随着二次大战的结束而不断被重视。23 名纳粹医生非人性的滔天罪行得到审判，《纽伦堡法典》也随之被采用。《法典》指出，参与者有了解和自由选择是否参与的权利，《纽伦堡法典》对 20 世纪后期许多国家的研究政策标准的完善起到了一定的作用。①

长期以来，保护研究对象的合法条例在美国已多次修正，随着新问题的出现还会不断地加以改进。所以说，本章我们所提供的资料可能在你从事研究的时候已不再新颖，你有必要在进行研究之前了解政府部门相关的法律条款。如果你是学生，那么，该大学的研究对象权益办公室会有与你所从事的学位计划研究相关的规章条例。

20 世纪 60、70 年代，美国政府制订出联邦条例和规章，以约束使用联邦机构的基金进行的研究。这些限定和规章在 1991 年 6 月进行过修订，当时联邦注册处发布了现行的《保护研究对象联邦法案》和《注意事项与规则》。② 16 个政府部门和机构被列入，其中包括美国教育署、美国人类健康服务中心和国家科研基金会。

这一决策促使以前的法律规章得以实施。决策要求任何由美国政府部门提供基金进行研究的机构都要设立审核委员会(IRB)。审委会的人员有责任就研究中提出的道德问题进行调查。在审委会任职的作者之一 M. 高尔(M. Gall)认为，审委会有法定权利对呈交的研究方案进行审查，那些可能会对研究对象造成伤害的方案必须经审委会的全面讨

---

① 库彻 & 基思-施皮格尔，《儿童，道德与法律》。

② 联邦登录处(1991)，《保护研究对象联邦法案》；《注意事项与规则》，第二部分，《联邦登录处》，56，第 28001—28032 页。

论、审查方可通过。有时,研究者必须按审委会的要求对研究步骤进行改动,否则,其课题研究将不会得到批准。

这些章程仅仅限于政府提供基金的研究方案,而政府一般所持的态度是不管基金源于何处都应对其进行审查并保护研究对象。章程还列出几种可免检的研究类型,其中包括“教育测试应用,大众行为的调查或观测程序”①,因为这类研究不会对研究对象造成什么伤害。不过有关儿童的调查研究不可免检。“除非该研究课题是有关大众行为观测方面的,同时研究者并不亲身参与此类观测活动。”②这个例子表明研究者要确定他们所要进行的课题研究是否违反联邦章程,在弄清和区别是非方面不是一件容易的事。而且,地方审委会要求不论按联邦规则是否可以免检,对其管辖范围内的所有研究方案都一律进行审查,审委会的主要操作过程在本章会更加详细地论述。

(二)专业协会的道德准则

专业协会对大众及政府越来越关心的问题——在调查研究中对研究对象造成的影响——作出了相应的反应,即制订出了相应的道德准则,希望他们的成员按要求进行研究。与教育研究者密切相关的准则是《美国教育研究协会(AERA)道德准则》,总共四十五条,六大主题。图 3.1 扼要说明了每一主题的绪论部分和标准条款,我们建议你们找一份《道德准则》认真学习一下,你们会发现一些条例涉及到一些初级研究人员特别关注的道德问题。

许多教育研究者既属于美国教育研究协会成员,又属于美国心理协会成员。美国心理协会进一步完善了道德标准,用以指导协会成员、各州心理委员会、法庭及其他机构,那就是《道德法规》。③ 它包括:(1) 道德标准的划分;(2) 评估、评定;(3) 广告宣传与其他公告;(4) 修正;(5) 隐

---

① 联邦登录处(1991),《保护研究对象联邦法案》;《注意事项与规则》,第二部分,《联邦登录处》,56,第 28007 页。

② 同上,第 28008 页。

③ 美国心理学协会(1992),《心理学家的道德原则与行为准则》,《美国心理学家》,47,No. 12,插页。

私与保密；(6) 教学、培训、监督、研究及发行；(7) 辩论活动；(8) 道德问题的解决。其中有些条例与课题研究有关，特别是第2、5、6、8条。

Ⅰ. 责任范围

*绪论。*为保证项目研究的顺利进行，教育研究工作者要确保他们的研究成果不论在理论上还是在方法上都要与准则相一致。研究人员应该清楚地了解他们自己以及与他们的研究有冲突的有关范例，并持续衡量和评估自己的研究意义与道德标准的关系。

*要求标准。*教育研究者应设法将他们的研究成果上报相关部门的主管人，不要保密或有选择地报告成果。

Ⅱ. 研究人群，教育机构和公众

*绪论。*教育研究人员可以在各种环境和机构内从事研究，比如说中小学、大专院校、综合性大学、医院及各类监狱。尤为重要的是研究人员要尊重其研究对象的权利和隐私，维护他们的尊严和利益，同时还要尊重所在研究机构的声誉。教育研究者在对儿童和易受伤害人群进行实验时要十分小心。机构审委会和其他专业协会要加强和督促现行条例的实施。

*要求标准。*教育研究人员要特别注意研究活动的完整，提醒机构有关人士谨防因研究课题的实施而可能出现的骚动。

Ⅲ. 知识产权

*绪论。*知识产权强调作出创造性贡献这一特点，而不是所付出努力的多少。

*要求标准。*凡是对知识成果作出非凡贡献的人，不论其身份高低，都有权把自己列为项目成员。

Ⅳ. 编辑、审查及研究评定

*绪论。*编辑和审核人有责任把握理论和方法的总趋势，同时要保证研究项目初稿所规定的最高标准。

*要求标准。*编辑要坚持一个原则，审核时不带个人偏见，项目研究人有权利知道项目不予批准的原因。

Ⅴ. 研究发起人、研究策划人及其他研究结果使用者

*绪论。*研究人员、研究机构及研究发起人要共同对研究过程中的道德完善承担责任，要确保道德的完善不受到侵害。而这些参与者（不论个人或团体）有时会因各自的正当利益发生冲突，此时所有此项研究的责任人都应该坚持研究准则，处理好研究人员、研究对象和研究结果使用者之间的关系，绝不降低标准。他们应支持研究成果的广为传播和出版发行。美国教育研究协会也要尽其所能促使研究项目的顺利进行和完善。

*要求标准。*教育研究人员不应该接受那些要求在报告中给予各种回报的赞助单位的资助，以免在报告中歪曲事实，误导读者。

Ⅵ. 学生与研究新手

*绪论。*教育研究人员有义务使刚刚步入研究领域的新手们有能力担此重任，要给予他们一定的帮助和业务指导。

*要求标准。*教育研究人员不能对其同行因个人好恶或智力上的差异而妨碍学生或研究新手接近这些研究人员，或对学生也抱有同样的偏见。

图3.1　心理学家的道德原则与行为准则

(三) 学院审核委员会

大多数大学和研究机构都成立了自己的审核委员会或参加其他一些机构的审委会的工作。审委会要按照联邦关于用被试人进行研究的章程条文来审阅研究方案,此外,审委会还可能利用自己的一些方法来处理一些情况,诸如收集国外的数据资料或使用以前方案中收集的资料,还会对已提出的研究或正在进行的研究进行审查。

我们以俄勒冈大学审委会为保护研究对象所采取的具体步骤,说明审委会的作用,它们具有一定的代表性,以后在其他机构里你可能会遇到类似的情况。不过,详细情况还得到你所在机构的审委会去了解,以确定现行规章制度的内容如何。

俄勒冈大学要求从事科研工作的人员——教师、学生或研究团体——必须填写研究提纲表。研究提纲表是指由研究人员填写的一种表格,在报告中对他的研究方案进行详细描述并附有一些相关的资料(如测试及其他方法),使审委会便于了解这一研究项目是否符合被试人保护条例,俄勒冈大学审委会评估研究提纲具体标准如下:

1. 研究方案明确,符合研究条件。
2. 研究对象的选择要公正,并告之他们被选择的方式。
3. 招募程序要有利于自愿原则。
4. 确保自愿参与的宗旨。
5. 实验和被研究对象接受实验的认可程序要适合研究对象。
6. 充分保护隐私权。
7. 识别和减轻潜在的危害(如心理、社会、身体、经济和法律方面的危害)。
8. 研究要确保利大于弊。
9. 要附上研究对象接受研究的认可书和研究手段。①

---

① 这些标准被列入研究审查办公室制订的章程中。

根据这些条例，研究人员所在单位首先要对研究提纲进行初步审查，通常本单位的常务委员会履行此项义务。在此期间，常委会可能要研究者对研究提纲进行修改，比如，为避免给研究参与人造成危害而采取额外的一些程序。那么，研究者的下一步就是把研究提纲交给校方审委会，在俄勒冈大学称之为“被试人保护委员会”(CPHS)。如果所提研究项目不会对研究参与人造成什么危害的话，审查委员会就会加速审批过程，无须正式开会。

如果研究课题会造成较大的伤害或者说研究项目涉及到了某些易受伤害的人群，诸如特教儿童、罪犯或孕妇等，那么就得对实验报告进行全面审核。通常审委会成员会隔周定期审理这些研究提纲。考虑到各种不良后果的性质，审委会还会专门派一位律师、一位医生和几位专门研究人员同这些特殊人群共同参与研究工作。

在研究项目结束之际，必须向审委会递交一份简要报告。对特别敏感的研究课题，研究人员还需要阶段性地递交报告，这些报告都要经过审委会的审阅，以确定在研究方案实施过程中是否能够坚持遵守法律与道德规范。

五、保护被试人的具体程序

为确保研究对象不受伤害，我们将在下面阐述审委会希望研究人员遵循的五个步骤，它们是：(1) 公平选择被试对象；(2) 获得被研究人员接受研究的认可通知；(3) 保护个人隐私，信守诺言；(4) 评估风险-效益比值；(5) 对欺瞒行为提供防范措施。

(一) 被试对象的选择

如果研究人员的抽样选择包括未成年人或易受伤害的人群(如残疾学生)，该研究人员就要谨小慎微，保护被试人免受伤害。而且，研究对象的选择要公正，在可选人群中人人都有一定的机会被选中。例如，规定要求禁止老师从班级挑选学生小组参与课外实验。因为老师可能会把参与实验活动作为一种特权，因此，为了某种理由会选择那些有希望获奖的学生，而那些没被选中的学生就会感到不满或失去自尊。为避免对学生造成这种潜在的伤害，要求研究人员采取措施确保学生得到公平的选择。随意抽签不失为一种合乎情理的好方法。

(二) 认可

研究人员必须让每个被试对象知道，在项目研究过程中，他们应该提供研究人员需要知道的信息，被试对象还应该被告知研究人员使用收集的研究数据时可能出现的问题。如果研究对象是成年人，他们必须表示认可，如果是未成年人，研究人员只能得到他们口头上的同意，因为未成年人不能给予法律上的认可。但是，在大多数情况下需要得到孩子的主要监护人的认同或认可(一般是父亲或母亲)，如果研究在学校进行，也可征得校方人事部门的认同。

每一位研究对象都有权要求研究人员对所进行的测试和实验步骤进行解释，该解释必须令研究对象感到满意，了解到参与的重要性和价值，与研究人员合作对被试人本身是极为有利的。必须让研究对象清楚地了解他们可以随时退出实验，他们的抉择应得到尊重。如果答应给参与的研究对象支付薪水，提供奖励或学分，即使他们后来退出了实验，也要按承诺给他们相应的报酬。否则的话，就会给人留下一种一旦退出实验就会受到处罚的印象。

审委会要求每一位项目参与者都能收到一份描述项目内容和参与条件的书面材料。材料中所使用的语言必须通俗易懂。同意参与项目研究的人需要在上面签名并交还一份复印件，自己保留一份。图 3.2 是一份由俄勒冈大学朱迪·凯普(Judy Cape)拟写的定性研究实验认同书。其中一部分是她的博士论文。[①] 凯普对成年人在工作中的应用写作发生

---

① 凯普，J. E. (1993)，《警官的写作过程：警方报告的书写》，《国际论文摘要》541081，3000A，University Microfilms No. AAG94－02011。

了极大的兴趣，于是她开始对本地某社区警官的写作特点进行研究，在社区的28个巡警中，通过抽样调查选出4位，作为她的主要研究对象。由于这一研究课题具有一定的敏感性(如，警方的报告可能会作为法庭证据)，所以实验认同书需要特别详细。

亲爱的×××巡警：

我是俄勒冈大学的一名学生，正在申请师范教育方面的博士学位。本人对写作教学很感兴趣。现在有很多研究资料都是关于学生如何就不同体裁进行写作的文章，却几乎没有关于人们毕业离校参加工作后有关写作的资料研究。我想，工作中的写作，在某些方面，肯定不同于学生时代的写作。我最初的努力是想知道到底存在着怎样的差别。于是便决定对巡警的写作报告进行研究，这不仅仅是因为写作属于你工作中的一部分，而且还因为这些报告具有法律上的价值。现在我正在寻找愿意参与我这一研究课题的自愿者，我希望您能考虑做一位自愿参与者。

我们所知道的学生写作情况是：(a) 如何构思/组织；(b) 如何把想好的写出来(如：写作字数、写作期间读多少资料等)；(c) 哪里需要修改、删除。我们也应知道文字处理机会对写作过程产生怎样的影响。这些都是我要对巡警以及以后对其他一些行业人员进行的研究。

本人研究的东西是描述性的，而不是评估性的，不会涉及到报告内容，只涉及您的写作过程。我的目的是想收集一些现实生活中的具体资料，包括休息、干扰及环境对写作的影响。

如果您决定参与此项研究，我们要做以下工作：

1. 我会同您见面了解一下您的写作风格，您所受到的写作指点或帮助以及作为巡警对您工作中的写作要求。本次会面可能持续45—60分钟，我会把见面的情况录制下来并把您的评论打印出来供以后参考。

2. 我会随警车跟您一同巡查，至少跟班一次，为的是更多地了解您写的内容。

3. 我会给您录像，至少录下您的两次撰写报告的情况。一盘是您所写的报告形式，另一盘将远距离摄像，摄下您写作时的环境。

4. 录完之后，我将和您一起看录像。我会就您所写的东西进行提问并将您的回答录制下来。我可能会问您怎样记笔记、您的报告中的哪部分最简单，哪部分最难，为什么，您为什么要选某一特定的词，或停下不写时您在想什么。我会保留一份您最后的报告和笔记，以便在研究过程中分析使用。

5. 资料收集完后，我将对结果进行分析，并找机会让您阅读我论文中和您有关的那部分。论文完成之后，我会把全文复制一份交给……警察署。

这一项目的参与完全出于自愿，是否参与项目研究，这种抉择不会影响到您同警方的关系，而且，你们警长做了保证，说这一研究结果不会影响到您的工作或地位。即使您决定参加，也可随时自由地退出，停止继续合作，决不会因此而受到处罚。这项研究将在您正常的工作时间进行，您的上司和警长已同意了这些条件，并愿意按照所需时间灵活地安排会面和录制后的会谈。

该项研究所收集的全部数据资料均属研究者本人所有，该研究项目中任何与您有关的资料都会得到保密,只有得到您的许可方可公开。这些数据资料要按照美国心理协会制定的方针来处理,尽其所能为您保密,但研究方法又不能确保在任何情形下都做得滴水不漏,所以使用笔名能确保您的身份不为人知,不过您的上司及某些同僚会知道您参与过此项研究。

参与该研究项目,就意味着您在为警察写作特点的初步研究尽力。如果学校要学生练习写其他行业的文章,首先研究人员要提供具体的材料,证实这个行业的写作特点。这将是了解巡警报告书写过程的第一步,这样就会根据工作需要提供真实的情况,并反映出影响您写作的各种因素。每一个读我报告的人都会清楚地了解巡警是怎样写报告的,是在怎样的条件下完成写作的。

最好能有四位自愿者参与我的项目,如果这几位自愿者分别来自巡警工作的不同岗位,那将对我的研究大有助益。我希望这四位自愿者中既有男的,又有女的,他们都有不同程度的计算机操作能力。

若有疑问,请随时与我(电话号码)或与我的大学指导老师(电话号码)联系,如果您的问题是关于被试对象的权利问题,就请与俄勒冈大学的所属研究协调办公室联系(电话号码),您会得到一份相关的表格。

如果您签了名,就表明您已读过并了解了上述情况,并十分愿意参与。您也可随时收回认同,停止合作,决不会受到任何不公正待遇,您还会收到一份表格,请您不要放弃任何法律要求、权益或补偿。研究者将要在递交此表的申请人中挑选自愿者,一旦入选,您将会在……(日期前)得到通知。

签名　　　　　　　　日期

请在________(日期)前用附有本人地址和打了邮戳的信封将表格交到朱迪凯普处。谢谢!

图 3.2　巡警研究项目研究参与者认同书

如上所述,研究参与者认同书让研究对象明白他们有权可随时退出研究调查。本章一开始出现的研究人员 B 的个案就违反了这方面的认同条例。根据杰拉尔德·库彻(Gerald Koocher)和帕特里夏·基思-施皮格尔(Patricia Keith-Spiegel)的观点,儿童不大可能明确表示要退出某项研究活动,但他们会表现出不明显的“想退出”,就像研究人员 B 在实验中碰到的那样,出现学生漫不经心或错误百出的现象。库彻和基思-施皮格尔认为实验者应注意这种现象并帮助孩子们行使自己要退出的权利,比如问他们:“你们是不是想停下来?”实验者要意识到即使被试对象没有明确表示其意愿,也要尊重他们的自主权,这是非常重要的。那些在孩子们痛苦、疲倦、漫不经心的状态下产生的研究结果是不能令人信服的。①

① 库彻 & 基思-施皮格尔,《儿童,道德与法律》。

在某些研究中，如果被试对象事先已知道研究目的，并意识到在资料数据收集和进行实验的过程中他们会涉及这项实验，那么研究结果就会无效。比方说，某些实验具有一定的欺骗性，例如他们给学生的表现提供假信息，以便确定以后工作表现中对动机标准改变的影响。即使在这种情形下，研究者也应获得被试对象参与实验的认同，并应当告诉后者实验结束后将会被告知目的。

（三）隐私与保密

本章一开头所提到的研究人员 A 的个案就违反了保密原则。研究者不该将某些学生的个性特征告诉他们的老师。老师一旦获知这类信息，学生就会陷入困境，因为它影响了老师对这些学生的期望值，它将影响老师对待学生行为的态度。例如课堂上老师可能用更为慎重的方式对待那种被认为是“情绪型”的学生。或许老师一旦知道某学生被归为“缺乏现场自控能力”类，便有可能降低对该生能力的期望值。

研究人员 C 的研究个案也侵犯了个人保密权。该例中，学校管理人员得到了基于研究准则和课堂观测得来的教师的教学效果方面的数据资料，此时，教师的个人保密权就受到了侵犯。学校管理人员随后作出的某些决定，可能会给那些被认为上课水平差的教师带来严重后果。

研究一开始就应告诉研究对象谁将有可能知道该项目的数据资料。资料收集完后，研究者要确保非经授权不得接近这些资料，数据被使用的个人隐私将予以保护。

应遵循的一个原则是：要把知道研究参与者底细的人数降低到最小的限度。在大部分项目研究中，即使是帮你收集和分析资料的助手也没必要知道研究参与者的身份。其实，在收集数据资料时，可以不让任何人，包括研究者本人，把资料中的内容同具体的被试对象联系起来。一些相关的方法，比如用数字代替名字的方法，可以采用。这样，只有那位知道密码代号的人才能确认具体的被试对象。

在某些项目中，研究人员必须记住一些使被试对象与其姓名对上号的办法。例如,在历时型调查研究中,研究人员必须牢记研究对象的名字和当前住址,以便长期跟踪。在另外一些调查研究中,数据资料是通过多种渠道获得的。为了对这一研究有清楚的了解,有必要把相关资料联系起来,这样做比较难,除非在短期内采用通过名字识别研究对象的方法。

当项目涉及到一些容易引起争议或一些较为敏感的话题时,保密工作显得尤为重要。研究人员必须特别注意那些可能引起麻烦的资料。在大部分州内,教育研究方面的资料数据一般没有受到特别的保护(不像夫妻之间或律师与当事人之间的谈话那样)。然而,仍要对它们严加保密,只有在征得各方一致同意的情况下,才能在公开发表的刊物上使用研究项目中被试人的真实姓名或住址。

在某些情形下,当研究道德要求公开研究对象的身份时,即使研究对象已经答应这样做,也要确保其隐私不受侵犯。朱迪思·舒尔曼(Judith Shulman)曾同一些实习教师合作研究,他们帮他整理了一册教学实习经验报告汇编,用来培训实习教师。[①] 在书中,这些教师讲述了他们最初的教学经验。他们要求在实习报告中署上自己的名字。审查报告的主管人最初还坚持做一些实质性的变动,包括要求这些教师/作者们不能署名。舒尔曼详细叙述了研究者与校方人事部门之间协商(与校方进行协商是非常必要的),并说服校方同意老师要求的过程:

> 如何鉴别教师/合作者是否提供资料信息这一问题不能单靠匿名来解决。人类学研究者提供信息资料不公开身份的习惯是在资料信息提供者被认为是无能为力或需要保护的情形下形成的。当今教学研究已成为展示教师专业和能力的一种手段,匿名或不匿名的教师在整个教学研究中已不可能再成为人们关注的对象。[②]

---

① 舒尔曼,J.(1990),"可见的与不可见的:教师个案研究中的保密度与可见度",《教育研究者》,19(6),第11~15页。

② 同上,第14页。

假如研究者认为保守秘密是保护研究对象的基本准则,那么以下方法可供参考:(1)要求研究对象提供信息,不署姓名;(2)让第三方(既不是研究者一方,也不是被研究者一方)选择样本并收集材料;(3)使用标志符号(如,在活页调查表上加上预印代码),一旦得到被试对象的答复,符号便可去掉,以使研究者知道是哪些研究对象做了答复,但却无法把具体答复与答复人联系起来;(4)如果研究资料来源于两个或多个行政部门,那就必须把每位被试对象编成代码(如父母一方的出生日或社会保险卡上的隔位数字);(5)研究结束后在规定时间内消除敏感的信息资料。

(四)风险-效益比值测评

在审核实验报告的过程中,审委会要认真考虑风险-效益比值。风险-效益比值(risk-benefit ratio)是指参与者面临的风险值和研究中产生的效益值之间的平衡比率。给研究对象造成的危害可能是身心上或法律上的。效益是根据研究项目对参与人、对其他研究小组及研究进展提供帮助的大小而定的。如果有一定风险,那么就要对此项研究中所预料的效益进行评估。得将风险与效益进行主观上的比较,看利是否大于弊。

以本章开头研究员D的实验为例。该研究触及到对人体的危害,原因是研究者用以测试肌肉活动的新型仪器带来了不为人知的副作用。要消除这种道德上的危害,研究者首先要认真查阅有关文献,确保这一仪器在使用过程中的确无副作用方可使用。如果发现或怀疑有副作用,研究者应考虑到其严重性以及可能出现的事故,及时采取措施,把危害降低到最小限度。

在测评风险值时,研究中的效益值也应得到确证。这项研究有必要进行吗?如果要进行,是否要放弃某种新技术?例如,虽然研究员D希望使用的那台仪器被证明对测量运动后肌肉恢复的速度非常有效,而且远远胜于当前使用的那些仪器，但是，它的潜在的效益值还不可能超过其对研究对象造成的身体上的伤害程度。不过，如果实践证明那台仪器可用来检测神经和肌肉疾病，检测速度又比现存的仪器快得多，而且可测量各种体育训练后的效果，在这种情况下，审委会成员就可以断定，这一研究的潜在效益超过了它对研究对象所造成的危害。

(五) 采用欺骗手段时的安全防范措施

欺骗(deception)在这里指给研究参与人造成一种假象，诸如拒绝提供信息资料、说谎、利用同谋等。这种欺骗手段曾经被社会心理学家在实验室研究中频繁使用，以考察那些不这样做就无法研究的现象。比方说，学生们对某个同学的考试作弊行为如何反应，这个问题使某个研究者很感兴趣，但要恰巧碰到这种场面并在人们不经意间收集到有关资料是十分困难的。然而，这种场景是可以利用同谋(即研究者招来参与某项欺骗活动的人)来人为营造并加以有效观测的。这项欺骗活动将由这个同谋当众进行"欺骗"，以便研究者能够观测这些学生的反应。

有些人反对在研究中采用此法，认为那是不道德的行为。也有一些人持反对态度并另有实际原因，如依冯娜·林肯(Yvonna Lincoln)和埃贡·古柏(Egon Guba)——定性研究中结构主义规则的两位提倡者，他们认为"若调查人对调查对象真实的反应很感兴趣的话，那么利用说谎或欺骗也就失去了意义"。①

还有一些持反对态度的人认为这种欺骗行为会在几组研究对象特别是大学生中广为传播。作者之一J. 高尔(J. Gall)在她还是一名心理学研究生的时候，就曾遇到过这种情况。有一天，在学校，她被一个男人悄悄跟踪至女厕所。当这个人意识到自己被发现后，就赶紧离开了。高尔

---

① 林肯，Y. S.，& 古柏，E. G. (1989)，"道德学：实证主义科学的不足"，《高等教育评论》，12，第221～240页。

突然记起，有人曾说在心理学大楼内有一偷窥者，她决心跟踪他看个究竟，然后报告校方。她死死跟着他，他绕过大楼的走廊，并经过心理实验室，那儿正在进行一项有关心理紧张的心理生理学的研究实验。看到这些，她马上意识到这个人可能对她造成伤害，于是决定放弃跟踪。她记得当时路上有一个学生正等在精神心理实验室外，因为轮到他做实验对象了。她气喘吁吁地返回到那个学生等候的地方，问他是否注意到刚才那个人，是否能在校保卫处认出他，学生回答说可以，她便去告诉保卫处。后来她才知道当这个学生知道她真的报告了保安人员时吃惊极了。这个学生承认整个事件只不过是一个骗局，是在做实验。他参与了这项实验。假设通过对风险-效益比值进行分析而在某一研究项目中合理地采用了欺骗手段，在这种情况下，法规要求欺骗之后研究者要尽快地告知研究对象。告知的方法有两种：反欺法和减感法。

反欺法（dehoaxing）要求研究者必须使在研究过程中受了欺骗的那些研究对象确信他们的确受了欺骗。这样做的目的是保证假的信息不至于给研究对象的将来带来不良后果。如，这些参与研究项目的学生可能会被提供假的测试分数，以便测量这些分数对他们产生的影响。资料收集完成后，研究者有责任告诉他们，这些分数不能准确测量他们的能力。如果有的学生坚持认为这些假分数是真的，那么这种认识可能会永久地伤害他们的自尊或学习热情。

在某种情形下，简单地告诉研究对象说他们受了骗是不够的。采取减感（desensitization）措施是很有必要的。减感是使研究对象确信被骗并因而消除不良影响的一种过程。假设一研究者在遵守学校准则的实验中采用了骗术。在实验中，学生们会由于研究者的同谋的举止而受到影响，产生不适当的行为。例如，学生们发现研究者的同谋在上课期间读报纸，有些学生（他们没有意识到自己作为研究对象正在被观测）受到影响也会不注意听课，做些小动作。如果他们发现自己做小动作时正有人在观察他们，这会使他们开始怀疑他们对这项研究的义务。

道格拉斯·霍尔姆斯（Douglas Holmes）提出两种方法使研究对象

在这种情景下摆脱敏感度。① 一种是告诉参与者说他们的行为是由实验环境造成的，并不是由于他们的性格或个性方面的缺陷所致。第二种方法是指出参与人的行为不是反常的行为。实际上，这些方法为这些研究对象提供了合理化建议，使他们有可能接受这个事实，即他们的这一行为可能与他们自己的自我感觉或道德标准发生了冲突。而且，其他一些人也证明说这样一种程序背离了保护研究对象的道德基础，会助长一部分研究对象的非道德行为。

六、伦理与法律争端

正像教育研究所揭示的，研究者对在他们的研究调查中可能产生的伦理与法律问题越来越敏感。下面我们对此进行一番简单描述。

(一) 研究项目的构思与设计中的伦理问题

1. 研究人员资格

设计得较差的研究可能会对研究对象造成伤害，所以研究者本人的能力、视野和性格就成了职业道德的热点话题。在谈及有关儿童研究的道德问题时，库彻和基思-施皮格尔认为，研究者们应该只研究那些他们有能力处理和解决的问题。② 他们还建议说，研究者们应就他们的研究能力、价值观和倾向性是否会危及到研究设计的完美或对研究对象的身心健康造成影响等问题与其同僚们进行磋商，以便及时获得信息反馈。

2. 对易受伤害的人群的研究

本章一开头提到的研究人员 E 对于居住在美国却不是美国公民的奇卡诺一家这样的易受伤害的人群的研究，就违反了道德准则。琼·西

---

① 霍尔姆斯，D. S. (1976)，"心理实验后的保密措施：Ⅰ. 骗术之后的反欺骗作用"，《美国心理学家》，31，第 868～875 页。

② 库彻 & 基思-施皮格尔，《儿童，道德与法律》。

伯(Joan Sieber)在一本探讨伦理道德的书中谈及这个实例，他说，一个科学家在进行以社区为单位的研究时，首先要得到社区领导的支持，系统地向他们阐述研究步骤，并培训社区代表进行访谈，同时还要严格监控整个研究过程。①

在描述美国心理协会的道德准则时，托马斯·格里索(Thomas Grisso)和他的同事们把穷人或"处于大迁移中的易受伤害的人们"确定为易受伤人群的范例(如从大的社会机构转到社区环境中去的有精神障碍或严重的精神病的人们)。② 弗雷德里克·埃里克森(Frederick Erickson)还确定了其他一些易受伤害的人群③，他明确指出那些成为被试对象的焦点人物在涉及到他所在机关或社区内的那些人时，是特别敏感的。在一个机构中地位比较特殊的那些人(例如幼儿园的单身教师或学校的校长)也特别容易受到伤害。在定性研究中常常强调易受伤性，因为这种方法要求对某个或某些个案的关键阶段进行深入研究。

教育研究者在智力水平、生活方式或价值观上可能与那些他们希望研究的人们有很大差别。由于研究者缺乏对那些人特别敏感处的了解，这种不同可能会使研究对象暴露在危险之中。我们已提出一个策略，研究人员可用来减少其对研究对象造成的伤害，这就是同与那些研究对象密切合作过的专家们协商。另一个办法就是在研究对象中选出一些代表来共同设计研究方案。默里(Murray)就指出了对美国印第安部落研究中的特殊伦理规范。他宣称，调查者和部落之间的联合会促使研究者从部落成员的视角去深入考虑双方的利害问题。这样，研究对象就不会仅仅把自己当作是被那些职业研究人员所利用的牺牲品，而是把他们自

① 西伯，《合乎道德标准的重要研究方案》。

② 格里索，T.，鲍德温，E.，布兰克，P. D.，罗瑟曼-博勒斯，M. J.，斯库勒，N. R.，& 汤普森，T. (1991)，"研究准则：美国心理学协会检验质疑的途径"，《美国心理学家》，46，第758～766页。

③ 埃里克森，F. (1986)，《教学研究定性法》，In M. C. Wittrock (Ed)，《教学研究手册》，3rd ed.，第119～161页，New York：Macmillan。

己看做是拥有相关身份、责任和权利的合作者。①

这种共同合作的方法在教育研究中,特别是在定性研究和评估性的研究方面变得越来越普及。

3. 利益冲突

当研究者搜集资料的手段或研究者的介入(如有关课程资料的使用)涉及到经济问题时,例如格里索(Grisso)及其同事所描述的一些个案中,从事生物工艺学研究的人能够从他们参与的研究决策中得到经济上的好处,便会出现利益上的冲突。目前人们正在努力通过立法来指导和规范它。②

4. 重大主题的忽略

探讨研究工作中的伦理规范的专家发现了在对某些特殊现象进行研究时研究参与者或其他一些团体中可能出现的种种问题。不过,研究者的伦理观念也会导致研究者对某些主题的忽略,例如卢伊斯·劳萨(Luis Laosa)曾提到,一些研究者试图把自己的研究结果推广给那些不适合它的人群。③ 劳萨探讨了利用学生的家庭背景(环境监测法的深入观察),来预测学生的智能。在一项调查中发现,家庭背景有效地预测了抽样调查中的美国白人和非洲裔的美国人的智能发展水平,可是,对墨西哥裔的美国人进行抽样时发现,其相应的指数却接近零,毫无意义可言。这一研究结果说明了种族因素在教育成效方面的潜在影响。忽视种族间的差异,将会由于成果的不适当的推广而出现可能的危险。

另一个类似的忽略主题的例子出现在卫生部门,多少年来,数以千计的学校秘书和教师——其中大多数为女性——一直在使用复写纸和复写液来复印教学材料。可是,1985—1986 年由美国健康和人类卫生部

---

① 韦克斯,M. L.(1991),《美洲印第安居民的道德研究》,《美洲印第安季刊》,15,第 431～456 页。

② 格里索 et al.,《研究准则》。

③ 劳萨,L. M.(1991),《概念效度的文化内涵与概括化之道德标准》,《早期儿童研究季刊》,6,第 313～321 页。

门出版的《化学物质毒性作用目录册》，几乎没提到关于甲醇的毒性的研究内容，而甲醇是复写液中的主要化学物质。[①] 仅用老鼠进行的五项动物研究中，没有一项实验涉及它对生殖可能产生的影响。截至那时，没有任何有关甲醇对人类，特别是对孕妇的影响的研究。

（二）研究过程中的伦理问题

1. 参照组

研究对象在实验的过程中所受的待遇是不一样的，也就是说他们不可能得到同等的对待，实验组可能会接受特别训练或获得参与革新方案的机会，而参照组却接受不到任何训练，只能按常规方案去做，因而参照组被认为是受到了不公平的待遇。这样，一种道德方面的两难局面便出现了。例如，卡罗林·埃弗森（Carolyn Evertson）描述过一项实验，在此过程中实验组的老师们在学年初就参加了课堂管理实验班的学习。[②] 因为参照组的老师们没有参与到培训中来，所以也就被剥夺了这种权益。校人事部门对这种情况非常忧虑。研究者们解决这个问题的办法是，资料收集工作一完成，立即把参照组的老师也列入同一实验班。

2. 实验结束时间

实验结束的时间，可能会与作为该研究的一部分的受试人所要求的理想的结束时间不一致。如果参与者个人与研究小组建立起一种良好的关系或者要重新设立单受试实验课题（单受试实验在第十三章详细描述），那么结束实验可能会变得十分困难。为避免在这种情形下伤害受试人，研究者在自己的研究活动中必须对受试者的需求进行慎重考虑。当实验条件结束时，他们也许会发现，重新设计研究活动，以尽量减少对受试者的潜在伤害是非常必要的。

---

① 国家安全与保健专门机构（1985—1986），《化学物质毒性作用目录册》，Washington，D. C.：美国人类与保健部门。

② 埃弗森，C. M.（1989），“小学课堂管理的改善：学年初校级培训方案”，《教育研究杂志》，83，第82～90页。

3. 研究测试使用

在研究中使用测试会引起许多伦理方面的问题。例如,研究者们证实说许多人在测试过程中都会紧张不安。① 因此,研究者在进行测试,并把此项测试作为资料收集过程的一部分时,一些或所有的研究对象都可能处于极度的紧张与不安之中。假如你在研究中计划进行测试,你就需要考虑如何引导研究对象,使之尽量减少担忧,从而进入最佳测试状态。

个性调查、态度测定、以及其他一些自述手段导致了不同的道德问题。这些手段要自我暴露,这就威胁到了一些具体的参与人。因此,你有必要考虑在尽量减少自我暴露所带来的威胁的同时,通过自述的手段引导出有效的回答。要达到这一目的,参与者匿名和资料保密是必要的。

最近用计算机进行测试的技术给那些与测试有关的人带来了新的道德忧虑。如一些人在进行由计算机控制的测试时可能会有不安的经历,他们觉得受到了计算机知识的威胁,计算机软件会把他们的表现或自述加以分析。测试结果储存在电脑文件中,也有可能泄露隐私。美国心理学协会已经为测试活动,特别是电脑测试提供了道德方面的指导。②

(三) 研究报告中的伦理问题

1. 部分或重复发表

有些研究实践从伦理道德上是无法接受的,因为从整体上,他们危害到了同行或破坏了职业道德。一些问题出在研究结果的报告方式上。部分发表(partial publication)指不是作为连贯的整体,而是分开发表研究成果。若一研究项目涉及到几个不同的方面,这种情况便会出现。比

---

① 见第八章:高尔,M. D.,高尔,J. P.,雅格布森,D. R.,& 布洛克,T. L.(1990),《学习工具:学习技巧教学指南》,Alexandria,VA:检测课程发展协会。

② 弗里默,J.,戴蒙德,E. E.,& 卡马拉,W. J.(1989),"教育体制中普通测试实行标准的改进",《美国心理学家》,44,第1062~1067页;《电脑测试与翻译指导》(1987),Washington,D. C.:美国心理学协会。

如，进行一项实验来测定不同种族背景的学生在学习认知和态度方面的指导性方法的效果，倘若研究者在一篇文章中发表了有关学习的认知方面的研究结果，在第二篇中发表了学习的态度方面的研究结果，在第三篇中又发表了有关在认知和态度上不同种族的差异的研究结果，这就成了部分发表。更严重的道德失误是重复发表(dual publication)，即同一研究结果多次发表。

格里索和他的同事们确认了由这些研究实践所产生的道德问题。[①]读者不可能对同一项研究的几篇不同的报告在着重点、范围或是否最新结论等方面作出分别，以致他们对这一研究的总体结论无法把握。更严重的道德问题是那些部分发表或重复发表成果的教授们与那些遵守规范的教授们相比，会因多次发表同一研究课题而提高声誉，得到专利或迅速提拔，而且部分或重复发表侵占了不多的期刊或学术研讨会的空间，因此可能会妨碍其他一些优秀研究员报告其研究成果。

另一道德问题是研究结果的投寄。我们知道，有的研究者一稿多投，且不告知那些刊物。每种刊物都对其稿件进行审校，然后通知他准备刊登，这时，编辑才知道此稿属于一稿多投。在这种情况下，被作者所拒绝的那些刊物的编辑们辛苦的工作就完全付之东流了。所以，研究者应将其稿件投往一处，等候消息，若对方不予采纳，再投他处。

2. 剽窃

最近发表在《教育心理学杂志》上的一篇文章明确指出，剽窃(直接把别人的文章用在自己的出版物中)是个越来越引起人们关注的道德问题。[②]剽窃比部分发表和重复发表更严重地损害了作者同行的利益和这一职业的声誉，因为这一行为使剽窃者赢得了他不该得到的荣誉。

乔尔·莱文(Joel Levin)和赫曼·马歇尔(Hermine Marshall)这两

---

① 格里索 et al.，《研究准则》。

② 莱文，J. R.，马歇尔，H. H.(1993)，《中途反应》，《教育心理学杂志》，85，第3～6页。

位编辑还表示说，间接剽窃行为同直接剽窃一样属严重的不法行为，间接剽窃(paraphragiarism)指抄袭某作者的语句、观点，扩展别人的段落，文章的观点完全一致，写作风格结构也大同小异。莱文和马歇尔提出两项建议，以避免类似问题的出现。第一，引用作者的原话、原观点和结构；第二，不要在直接阅读的同时，将别人的观点进行释义，而应"与他人的书结合起来阐释，并注明相关的资料来源、出处①"。

3. 著作权

在决定谁是研究报告的作者或合作者时，会产生各种道德问题。例如，某某在科研项目的设计和数据分析上对某项研究作出了重大贡献，但却没有写最后的成果报告，那某某该是这项报告的合作者吗？假如项目负责人说向专业研讨会提交论文时提到了合作者，而随后在刊物上发表论文时却抹去了合作者，这样道德吗？假如几个人共同从事某项研究，共同写成果报告，其中之一后来为一刊物写了一篇文章，在文章中为改进教育实践而涉及到了他们的研究成果中的内容，却没有把和他一同调查研究的人列为文章的作者，这是否道德？如果有几个合作者，顺序怎样排？

回答诸如此类的问题的第一步是要求所有的参与人读一读我们前面谈到过的《美国教育研究协会的道德准则》。然后，我们提议所有参与研究的人们开个会，就有关研究报告著作权问题进行商榷。M. 高尔在与我们共同负责的一个大型项目中提交了一份在会上达成的协议。所有参与这一科研项目的人员在达成协议的过程中都有机会表达他们的意见，并在达成协议后得到一份书面协议的副本。

如果你是学生，在大学某教师的指导下参与了此项研究，你该核实一下看学校是否有条文涉及到这种情形下的著作权问题。在研究生们一起参与研究或在老师指导下进行科研调查时，这个问题就可能很棘手，因为研究生要依靠老师们完成学位并找工作。师生间等级差别的存

① 莱文，J. R.，马歇尔，H. H. (1993)，《中途反应》，《教育心理学杂志》，85，第6页。

在，使学生们很易受到侵犯。

M. 高尔发现，人们多年来一直遵循着一项不成文的法则，即共同参与研究的人都属合作者。① 当统计员为你的资料数据分析作了很大贡献，除了统计表外又没有编写最后的成果报告时，这种情况会给人带来疑问，但又无足够的证据说明这个问题就最好按合作者算。至于著作权先后顺序，同 AERA 的《道德标准》一致的政策是这样规定的：作者的先后顺序应严格按照每一位合作者在专业研究中所作的贡献而定，而不是由合作人的声誉或职位高低来定。

七、研究过程中的人际关系

你该制定一个具体的研究方案，与参与你研究课题的人们建立并保持一种良好的人际关系。通常你要通过某一机构与他们接触，所以，你也有必要同那一机构的官员及其他人员建立一种积极的合作关系，从中选择你的研究参与对象。以下我们将从四个方面进行阐述：

(1) 确定一个令人满意的研究场所。

(2) 获得许可共同合作进行研究。

(3) 同特定机构建立一种默契关系。

(4) 对可能发生的问题进行处理。

(一) 确定研究场所

慎重选择研究场所，有助于你研究项目的成功。如果你希望进行实验室的研究活动，你可以毫不费力地在你们大学进行。例如，本书的作者之一 J. 高尔(当时用的是她未结婚时的名字，乔伊斯·珀欣(Joyce Pershing))的初期研究是在伯克利的加利福尼亚大学心理生理学实验室

① 高尔，M. D. et al. (1987)，“提问技巧与学生学习口头答问的相互影响”，《美国教育研究杂志》，15，第 175～199 页。

进行的,在那里她做完了她的毕业论文。① 她利用上心理课的大学生作为研究对象,对痛苦和悲伤的性差异作了调查。她先让学生一个个地看美国总统肯尼迪的传记片。46 岁的肯尼迪在任职期间遇刺身亡。在看电影时,她给学生佩戴了仪器以测量皮肤导电系数和心率的变化。电影结束后,又让学生填写了一份情绪自测表。实验室环境使她得以采用实验控制手段和数据收集方法,这在实地环境中根本不可能做到。

实地环境——诸如学校、住所以及社区中心——对许多教育研究者们感兴趣的问题来说比实验室这种环境更为合适。不过确立实地环境并得到你要研究的人员的支持和合作是一个重要的挑战。杰弗里·马鲁亚梦(Geoffrey Maruyama)和斯坦利·丹诺(Stanley Deno)提出过几种方法。② 其中之一是与某州或某地区教育部门取得联系,在那里你可能找到几所他们的教育设施或示范教学计划同你的研究兴趣相一致的学校。

如果近来你被某一教育机构所聘用,你就该考虑在那儿进行课题研究。事实上,大部分有关的博士论文都是在学生现在或过去被雇用单位进行的。

在你自己的单位进行项目研究既有利又有弊。从积极的一面看,因为在本单位接近决策制定人,容易使你的课题研究获得批准。再者,你熟悉单位的正常程序,诸如议事日程如何安排,关键人员议事的最有效程序是什么。从消极方面来看,在本单位,你自身的位置会使你不大在意与本单位其他人的关系,那会影响你进行的研究。再者,因为你同本单位某种人的关系,你可能在研究进行中遇到阻力,面对某些惩罚你也无处可逃。

---

① 珀欣,J. C.,& 埃夫里尔,J. A.(1968),"不同性别在精神和生理上对煽情影片的反应",《西方心理学协会会议论文集》,San Diego,CA。

② 马鲁亚梦,G.,& 丹诺,S.(1992),《教育背景研究》,Newbury Park,CA:Sage。

(二) 获得研究的许可与进行合作

在单位内进行研究，你一定要按一定步骤使你的研究课题获得批准，并同那些可能会受你项目影响的人进行合作。首先，要写一份简明扼要的书面材料，用以说明你的研究设想。上交由审委会审查的被试人计划书，包括认同书和你计划要采取的措施说明。准备这些材料能有效地体现出你的职业特征，获得机构主管人支持是非常必要的。而且，他们若清楚你对单位和具体参与人的要求、可能出现的问题和解决问题的方法，他们极有可能会批准的。

一些主管人对教育研究持消极态度，因为他们会考虑到研究经费以及研究活动可能给他们本机构所带来的麻烦。例如，主管人可能担心职工的时间会因为研究课题而被侵占，会担心给师生们造成不便或遭到社区公众不同程度的反对。所以，在面对那些主管人时，你要准备对这些问题作出有说服力的回答。

主管人特别关注的是研究结果是否会给本机构带来不利影响，不过，他们又不愿表露出来，所以在协商中，你应该尽早提出并客观地作出解释。在你的研究课题涉及到对师生们能力的评估时，尤其有必要消除学校领导人的疑虑。你可以表态说你将以不给研究所在单位带来不良后果的方式发表你的研究成果。例如你可以保证你将遵守诺言，刊载文章时将隐去数据资料收集地。

威廉・埃塞蒙(William Eiserman)和黛安・贝尔(Diane Behl)概括了一些特教老师为决定是否介入研究调查可能会提出的几类问题。[①] 这些问题在图 3.3 内作了简述，以便指导你在选择研究地点同有关人员进行协商时，准备回答之用。我们相信它不仅适用于特教，也适用于其他情境。

---

① 埃塞蒙，W. C.，& 贝尔，D. (1992)，“研究参与：特教工作者的收益和补偿”，《如何教智力异常孩子》，24，第 12～15 页。

A　研究项目所使用概念的合理性

1. 研究的问题是什么，要求哪一类型的研究（比如，描述性的，因果比较性的，实验性的和定性的）；

2. 研究中的问题是否有价值，也就是(a) 所提出的论题是否引人注目；(b) 决策性问题是否要求对此问题有一定的科学性关注；(c) 这一特殊问题是否有益于正在被要求参与研究的老师；

3. 该评估计划是否可能对所提出的问题给予答复，特别是在研究期间或实验阶段的力度是否像预期的那样有意义。

B　研究的可行性

1. 研究方案在怎样的情形下进行，会给目前的日程安排造成怎样的影响；

2. 这一研究对其他活动会产生怎样不利的影响；

3. 日程中的不可避免的变化，如学校的一些特殊情况或放假等，会给研究造成什么影响；

4. 若要进行学生测试，要求多长时间；

5. 教师在这项研究中需要占用多少额外时间。

C　伦理问题

1. 这项研究课题要求彼此在规则、价值方面或研究对象所处位置方面相互让步，怎样确保这些参与人的权利？有什么保护措施？

2. 这项方案、建议是否明确指出了所有参与研究者的义务和责任？

3. 怎样从参与者那里获得研究认同？

图 3.3　教育工作者在决定是否参与研究时所应提出的问题

【资料来源】改写自埃塞蒙，W. D.，& 贝尔，D. (1992)，“研究参与：特教工作者的收益和补偿”，《如何教智力异常孩子》，24，第 12～15 页。

在同各级主管部门共事时，你要注意按正常的渠道办事，如你打算在几个学校中挑选研究参与者，一般情况下必须先征得主管人或其全权代表的同意。如果你的方案已与学校里的某位老师口头商议过，并且她也表示了支持，在这种情况下，这位教师或许愿意向主管人积极倡议，使研究方案获得认可。之后，你要亲临每一个学校，把你的想法、观点向校长或校方代表加以阐述。

即便你得到了主管人的允许，仍可能在下属学校的校长那里遇上麻烦。若校长反对这一研究项目在他校内进行，那么主管人即便事先表示了赞同，这时一般也是站在校长一边的。如果主管人要迫使校长予以合作，是很难实现有效的研究的。要使这一研究有个圆满的结局，就得使所有的参与者对此研究产生兴趣并予以合作。

将研究目的及所要采取的步骤向校长或主管人简要汇报后，你要同有关老师们见见面，激发起他们的兴趣并争取合作。时间最好安排在定期的教员大会上，以便你阐述有关的研究课题，这样就有希望获得教师们的支持合作。

在涉及儿童的研究中，还要告之其父母，给他们发表自己意见的机会。你可在家长会上陈述你的方案，同时，还要准备征求意见信，对研究课题进行解释和说明，然后寄发给这些孩子们的家长，家长同意后要在上面签字。

你同该机构所属社区公众进行的合作程度取决于你的研究性质。比方说，学术性的研究不一定要求建立公共关系，因为学术成就被看作是学校的中心任务。而以学校为基地的研究课题，要涉及到人格或社会性的调节问题，此时，学校的作用不那么明显，而且我们所使用的一些手段可能会被公众所误解，这时就需要进行一番公关努力。

老师、主管人或其他有关人员有时会提出研究方案中的一些你忽略了的问题，必要的话你应该征求他们的意见，在不违背道德和科学要求的前提下作出一些让步。

（三）同参与机构建立良好关系

在同学校有关人员共同讨论研究草案时，你要确保各方清楚了解各自所承担的任务。有些问题开头不解释清楚，以后就可能会产生误解。在计划会议上要认真记笔记。一旦你认为各方都明白了他们在此项研究中的角色，就用准确的术语拟订一份协议，寄给研究活动中所有的主要合作者。

你要努力接近当地的有关部门，对他们提出的问题要充满兴趣，为的是在研究过程中同他们保持友好的关系。例如，有些老师的学生参与了你的研究项目，而这些老师的问题没有得到答复，他们便会拒绝合作。有的老师甚至会破坏你的工作，比如他们会向学生们的家长抱怨说你的研究干扰了正常的教学秩序，影响了校外实地考察计划等等。

明智的做法是向教育工作者及本机构的其他人员通告你的研究进展并提请他们注意下一步研究计划。进行小规模的科研项目时，你本人应与参与的老师和管理人员保持联系，进行大的项目时，你就得向有关老师、家长或其他感兴趣的人员定期汇报或发简报。[①] 样信如3.4图所示，由W. 博格(W. Borg)所设计。该信与寄给那些参与研究的老师的信件是相似的。

> 犹他州立大学·洛根，犹他州　84322-2810
>
> 心理学系
> [电话号码]
>
> [日期]
>
> 亲爱的奥立佛夫人：
>
> 在您的热情帮助下，我们完成了犹他州立大学能力测试研究第二年度的数据收集工作。我知道这项研究给您带来诸多不便并占用了您上课的时间。我向您保证我们意识到了这些在合作学校出现的问题，并要在以后两年的研究中努力减少这种问题的出现。我想那些像你们一样的优秀校区一定在面对这些研究课题带来的问题中付出了很多心血，我们选这样的学校支持我们的研究，目的是努力寻求更好的方法教育我们的年轻人。
>
> 我很欣慰地告诉您，我们已取得重要的成功，它表明我们所付出的努力、研究中出现的问题和研究所带来的不便都是值得的。截至目前，我们的有关能力小组的研究已经获得重大进展。在随后两年的科学研究中，我们还会从中学到更多，这两年的研究还会给我们提供机会，来验证我们取得的成绩。
>
> 在犹他州立大学所进行的研究工作仅仅是众多的、长时期的对能力小组进行评估的第一步，我坚信通过你们的合作，你们将会对教育事业作出极为重大的贡献。
>
> 尽管我知道你一直在与我们的成员约翰逊夫人一起密切合作，但让我深表遗憾的是我没有机会与那些在研究中参与合作的老师们见面。我知道你们中的许多人就研究课题提出过许多质疑，我也坚信你们提出的建议和观点会有助于我们研究的完善。我打算在明年收集资料数据之前亲临各个合作学校，并希望你们提出意见和建议以便共同协商。
>
> 最后，请允许我再次感谢你们的耐心合作，我期盼见到你们并在来年与你们共同磋商。
>
> 您真诚的朋友
> 沃尔特R. 博格(Walter R. Borg)

图3.4　在一所学校进行能力组合研究时，同研究参与人保持友善关系的一封信

---

① 帕多克，S. C.，& 帕卡德，J. S. (1981)，“论教育研究中的场所问题”，《教育研究者》，10(3)，第14～17页。

大多数有关教育方面的实地研究取决于研究者与当地公众之间的关系。在一个把你当朋友或同事的环境中进行研究要比在那些把你作为局外人的场所进行研究容易得多。如果你对有关人员所提的问题特别感兴趣并尊重他们的想法的话,你就会从中受到启发,使你的研究设计更加完美,也有助于你的研究发现。你需要相应的合作,这会在你的科研进展不顺的情形下,使科研项目最后完成成为可能。

发展同当地有关人员的良好关系的有效方法就是用你的专长帮助他们满足需要,如查找资料,就学校当前所面临的问题进行有关的文献研究,设计一份可获取他们所需信息的调查表或帮助他们申报基金项目。研究者通过对当地相关人员提供无偿帮助的途径,与他们建立起一种相互信任的关系,这样做就会使研究过程中与公立学校之类机构所发生的许多矛盾得以顺利解决。

(四) 处理好人际关系

尽管你尽了最大努力去同有关群体建立良好的关系,但在实地环境中所进行的研究活动,总会出现这样那样的问题。从民意调查表的偶尔缺页到流感的传播都会在研究方案实施的关键时刻破坏研究的进行。[①]每一个问题,不论是否是你的错误,都会给你与主管人和研究参与者之间的关系带来麻烦。可行的方法就是留出机动时间,这样,一旦出现问题你和合作者们就可以解决,不致给参与人造成负担。

大概在教育研究中可能出现的最严重的人际关系问题就是社区公众表现出的抗议行为。如,有些家长可能会对自述表中的某些条款持反对态度,会抱怨说研究活动侵占了孩子们的学习时间,这种反对一般在少数人中产生,但却是直截了当的,出现这种情况主要是人们对研究的过程、措施或者研究成果的实际应用等方面不了解。

如果你的研究项目遭到社区公众的批评指责,你要努力向公众作出

---

① 马鲁亚梦 & 丹诺,《教育背景研究》。

解释。指出你的科研项目获得批准的过程以及你所采取的保护个人隐私及保密措施的步骤是非常重要的，对研究参与者将从研究中分享到的利益加以强调也是很有必要的。

八、教育研究者易犯的伦理、法律和人际关系错误研究者

1. 在实地研究中不能通过适当的渠道建立研究基地；

2. 对回答当地主管人可能提出的关于研究课题方面的问题缺乏必要的准备；

3. 为了课题规划机构官员的方便而对合理的研究方案作出变动；

4. 为从研究对象或其监护人那里获得研究认同而走歪门邪道；

5. 欺骗对象后不对研究对象进行有效的说明；

6. 没有采取适当的保护措施以确保研究数据的机密；

7. 使用不能使研究工作免受批评的数据收集程序和实验方式；

8. 由于不能与研究课题的支持者们继续保持联系而失掉已建立起来的良好关系。

自测题

1.《保护被试对象联邦法规》、《注意与规则》的主要目的是

a. 保护对象免受不必要的身心危害

b. 告知他们有权利拒绝参与研究计划

c. 保护个人隐私不受联邦政府侵犯

d. 设立标准以便用于收集研究数据

2. 一个研究生被雇来在一个含有欺骗实验设计的心理实验中做助手。通过分析研究计划，她注意到其中没有任何向研究对象作交代的打算。这时她最理性的行动是什么？

a. 由于她不负责此项计划，她没有任何道德责任，因而她什么也不用做

b. 她应该立刻报告大学审委会

c. 她应该与调查者交谈，建议安排一个向研究对象作交代的程序，以免研究对象受伤害

d. 她应该辞去助手一职，以维护她的道德立场

3. 在数据收集前，假如把研究目的告知研究对象会使实验结果失效，研究者最佳的做法是

a. 让对象去找监督这项研究的审委会

b. 无论如何都要告知。因为研究认同规则要求完全告知

c. 告诉对象他们将在研究结束时知道研究目的

d. 编造一个理由而隐瞒真实理由

4. 假如一个大学生同意参与一个研究计划但后来要中途退出

a. 应该告诉这个学生，这是违反美国心理协会的道德法规的

b. 应该告诉这个学生，他必须与监督此项研究的审委会商量

c. 我们什么也不必做，因为研究对象有权利在任何时候退出

d. 这个学生按照法律应该完成这项研究，应该让他明白这一点

5. 要保证从研究对象那里得来的数据的机密性，研究者合适的做法是

a. 确定没有任何未经允许的人接近过这些数据

b. 告知对象谁将接近这些数据

c. 从数据收集器中抹掉研究参与者的名字，代之以密码

d. 上面所提的做法都可以

6. 一个合法的风险-效益比率应包括

a. 研究的费用与改善研究者职业状况的可能性之比

b. 研究参与者的不便与此项研究对于他所代表的那些人所可能带来的好处的比值

c. 研究没有任何结果的可能性与有结果的可能性之比

d. 上述全部

7. 在实验中研究对象被欺骗，调查者的道德责任是

a. 在研究前告知研究对象实验中将有一些欺骗性的东西，但不讲怎样欺骗

b. 研究结束时，交给研究对象一份书面材料，告诉他研究中有一些欺骗性的东西，但不描述具体怎样欺骗

c. 研究结束时，书面告知研究对象欺骗的具体内容

d. 实验结束时，亲自告知研究对象有关的欺骗，或出示证明，以使研究对象相信

8. 如果老师屈服于对照组学生的要求，想让他们都进入实验组，研究者为保持与这个单位的关系，最好的办法应是

a. 解释说实验设计要求有一个对照组，他们无法进入实验组

b. 在数据收集完成后让他们参与一次实验

c. 让两个组都参与实验，以免与老师发生冲突

d. 让另外一个老师的学生组成对照组

9. 在你所工作的教育机构进行研究的不利条件是

a. 你的特殊身份可能妨碍你对关键问题的理解或对机构中别的成员的关心

b. 作为局外人，你要获得许可去进行研究可能会比较困难

c. 你对与机构同事相沟通的最佳途径不熟悉

d. 上面所有选项都对

10. 假如主管人许可在学校进行一项研究

a. 不需要获得审委会的同意

b. 不需要提供书面材料以获取研究参与者的合作

c. 还需要赢得所有的个人和组织研究资助者的合作

d. 还需要根据参与者或别的研究资助者的要求对研究计划进行修改

郝结环◯译

第四章　文献综述

一、概览

要想为你所感兴趣的领域增加新知识，你必须首先查阅文献，了解其他研究者的研究成果。本章将讨论如何进行文献查阅工作。讨论的内容主要涉及你在文献查阅过程中将遇到的各种不同类型的资料：初步资料，即文献的印刷版或电子版的文献索引；间接资料，即已出版的文献评论；原始资料，即研究者所写的研究报告。因为你搜寻的文献可能显示定量和定性两方面的研究结果，所以本章主要介绍这两类研究的综述和报告的方法。

二、目标

在学习完本章之后，你应该能够：

1. 掌握文献查阅和改进研究设计的多种方法；

2. 描述进行文献查阅的四个主要步骤；

3. 描述初步资料、间接资料、原始资料之间的区别以及各类资料在文献查阅过程中的作用；

4. 利用《教育期刊索引》和《教育资源》的印刷版本或电子版本，确定某教育课题的相关引文；

5. 描述若干种类型的初步资料以及它们在文献查阅中的作用；

6. 描述互联网上已有的若干种服务；

7. 描述几种主要的间接资料以及它们在文献查阅中的作用；

8. 阐释关于某一特定问题的一组定量研究的后分析结果；

9. 描述获得通过查阅初步资料和间接资料所确认的文献的方法；

10. 描述通过文献查阅确认的原始文件中所含的信息分类方法；

11. 陈述可用于判断定量或定性研究的优点的若干标准；

12. 描述影响文献综述报告质量的原因；

13. 评估综合定量研究结果的叙述性评论、选票计数法、χ^2 以及后分析的相对优点；

14. 描述对主要由定性研究组成的一组文献进行综述的方法。

三、查阅文献目的

除非你的研究明确建立在你所探索的领域中的其他研究者工作的基础上，否则它不可能有助于增加你的研究知识。居尔·勒温(Joel Levin)和黑姆·马歇尔(Hermione Marshall)作为《教育心理学期刊》的编辑，在评论他们编辑的经验时强调了这一点：

> 如想使研究有实质性的贡献，必须把它建立在该领域充分翔实的知识基础之上，而且在文章的导言中必须反映出这些知识……不幸的是，我们有时收到一些调查人员所写的报告。他们的报告完全建立在前人的，而且已经过时的研究上。我们有时还会收到一些研究者的手稿，而这些研究者无视该领域的最新动向。因而文章审稿者常常质疑为什么要进行这种研究，最后文章也就

被拒绝发表了。①

尽管广泛地对某一领域的文献进行综述十分重要，但是在研究过程中，综述文献阶段往往比其他任何阶段都更容易被忽略。其原因之一是研究者放在文献综述上的时间太少。根据我们的经验，做好一次文献综述需要 3 到 6 个月甚至更多的时间，尤其在一开始你对所研究问题的文献几乎一无所知时更应如此。这段时间应该好好利用，因为它不仅会帮助你更深刻地理解你所要研究的问题，而且还可能会大大减少你研究中其他各阶段的时间。

当研究者还不完全了解广泛查阅文献是如何有助于一项研究设计并阐释研究的结果时，文献查阅的过程也往往会被忽略。为了帮助你更好地理解这一点，我们下面来讨论查阅文献在研究过程中所起的不同作用。

界定研究问题。因为研究者没有充分界定问题的范畴，所以他的许多研究注定要失败。选择一个限定的问题进行深入调查，其效果要远远好于对一个广义的问题进行泛泛的研究。通过查阅文献，你能够发现其他研究者是如何在一个他们感兴趣的广泛领域内形成富有成效的调查思路的。例如，假设你正在进行一项关于教学领导的研究。你可能会发现研究者们已形成了对于不同角色的人物——学监、校长、系主任、顾问等——所显示的教学领导的不同调查思路。你会发现有些研究重点放在描述教学领导人的行为上；另一些研究则侧重于有效领导和无效领导所产生的结果。当你深入考察这些界定的调查思路是如何形成又是如何进展时，你将变得更能界定自己的调查问题。

寻求调查的新思路。在查阅文献时，你应该确认在你所感兴趣的领域中哪些研究已经完成。能够敏感地意识到某些被忽略的可行研究也是同样重要的。你独特的经验和背景很可能使你看到其他研究者不曾

① 勒温，J. R.，& 马歇尔，H. H.（1993），“教育心理学编辑札记：问题与反思”，*Journal of Educational Psychology*，85，第 3～6 页。引文见第 3 页。

看到的一面。这些新观点最可能在那些几乎未作任何研究的领域中出现。但是,即使在研究颇多的领域中偶尔也会有人想出独一无二、富有创造性的方法。例如,本书作者之一高尔曾指导过一名博士生的《学校改进与变化问题的研究》论文。① 该学生伊莎贝拉·亨德尔森(Isabella Henderson)发现这一领域有一种研究方向,该方向曾试图去理解指定的"变革代理人"的工作,这些"变革代理人"的职能在于推动一个组织的变革过程。亨德尔森对以前的关于教学人员、管理人员、师资培训专家以及课题合作者作为变革代理人的文献进行了研究。然而,她特别感兴趣的是那些被委任在加拿大某省协助完成一个新的史地课程任务的中学学科组长们。

在查阅文献中,亨德尔森几乎没有发现任何关于学科组长的研究,也没有发现对他们作为变革代理人的可能作用进行的研究。她意识到把这个群体定义为变革代理人,用变革代理人研究中已经形成的方法论来研究他们将开辟一条调查的新思路。由亨德尔森查阅文献获得的顿悟所进行的研究产生了对高校系主任的新认识。此外,亨德尔森的发现为有关变革代理人的研究结果提供了重复测试方法。而这些研究结果又正是从以前的对其他类型教育变革代理人的研究中积累而来的。

*避免无效的研究方法。*在文献查阅中,务必注意那些你的研究领域中已经证实无效的调查思路。例如,文献查阅中有时发现在一段时间内,即几年中所进行的一些相类似的研究,这些研究采用大致相同的研究方法,并且都未能产生有价值的实验或相关结果。一两种关于介入或假定关系的进一步测试可以证实先前的研究结果毫无价值。然而其他的研究也没有起到任何有用的作用,仅仅表明研究者没有进行充分的文献查阅。

*获得有效的研究方法。*一些人在查阅研究报告时常犯的一个错误

① 亨德尔森,I. M. (1993),"实施新社会学习课程中的改革者:高中教研室主任的职责",《学位论文摘要》,54(09),3309。University Microfilms No. AAG94－05182。

是只关注报告结果而忽略其他的一切。这是一个错误，因为报告中的其他信息有助于你的研究设计。例如，本书另一位作者博格做过一项研究——测试培训在职教师使用指定的课堂管理技能的程序。[1] 虽然在一周的指导和实践之后教师们可能学会使用一套三种特定的技能，但他们应用技能还很不熟练、很不自然。因为这个发现，训练项目得到改进，增加了四个星期。在多增加的四周里，教师们实践他们先前学过的技能。这一修改使得教师的表现更为有效。在这次研究中获得的方法论、洞察力可能对其他改进教师课堂技能的设计和测验项目感兴趣的研究者是颇有借鉴的。

识别进一步研究的建议。研究者经常在他们的报告的结尾处附上由他们的研究所引出的需要讨论的问题和其他可以进行的研究的建议。这些问题和建议应加以仔细考虑，因为它们代表着研究者对一个特定问题进行大量研究后才获得的洞察力。一些博士生就是通过阅读这些研究报告中的问题讨论获得了他们毕业论文的课题研究。

寻求建立新理论的支持。许多研究是为了测试已经形成的用于解释学习进程或其他教育现象的理论而设计的。巴尼·格拉泽（Barney Glaser）建议研究也可以这样设计：首先搜集数据，然后根据数据得出理论。[2]（格拉泽的方法在第二章和十四章有详细说明。）这样得出的理论是根植于数据，故被称为植根理论。

巴尼·格拉泽建议那些打算使用背景理论方法的研究者不要首先查阅文献，因为他们很可能受其他研究者理论的影响而无法从新的视角看待他们的数据。而巴尼·格拉泽介绍了这种方法：

> 我们首先搜集研究领域的数据，然后开始分析并得出理论。当理论看上去论据充分、引申有力时，我们再查阅相关文献并通过观

---

① 博格，W. R.（1977），"试论改变教学质量"，*Journal of Experimental Education*，45，第9～18页。

② 格拉泽，B. G.（1978），《理论的敏感性》，Mill Valley，CA：Sociology Press。

> 点的汇合把理论与文献联系起来。因此，该领域的学问研究只有在出现的理论得到充分发展之后才开始。这样，该理论就不可能是通过预先取得的概念而设想出来的。①

在研究者形成了植根理论之后，以这种方式所做的文献查阅可能会支持该理论，可能会使他们怀疑自己或他人的理论，也可能会使他们提炼理论、发展观点以便进一步研究。

巴尼·格拉泽通过建议研究者首先查阅与他们的调查范围间接相关的问题的文献，从而表明了自己对文献查阅研究作用中的立场。查阅的目的是帮助研究者形成报告他们实地调查工作的观点，它并不约束他们的背景理论的发展。

四、查阅文献的主要步骤

在开始**查阅文献**之前，你应该先就你所研究的问题写一个陈述。(第二章详细讨论了这个过程。)下面是有关这种陈述的一个例子。我们将使用这个例子来说明文献**查阅**技巧：什么是帮助学习成绩较差的学生家长促使子女在学业上努力的有效办法?

提出所研究问题的陈述后，你就准备开始查阅文献了。这里所推荐的方法分四个步骤：

步骤1：查阅初步资料。你必须找出那些与你的问题陈述相关的书籍、文章、专业论文及其他出版物。**初步资料**——文献特定主题的索引——是完成这项任务必不可少的东西。它们类似于图书馆目录的主题索引。通过查看某一特定题目(如数学教育)的主题索引，你能找到图书馆中与该主题相关的所有书籍。然而，我们下面所谈论的初步资料要比图书馆索引全面得多，因为它们将所有种类的出版物都编入索引中，

---

① 格拉泽，B. G. (1978)，《理论的敏感性》，Mill Valley，CA：Sociology Press，第31页。

不仅仅只限于书籍。此外，这种索引包括了位于其他任何地方的出版物，而不只是某一个图书馆中的藏书。

*步骤 2：利用*间接*资料*。在查阅初步资料时，你可能会发现其他研究者已写过一些与你的问题陈述相关的文献评论。这些评论就是间接资料的例子。间接**资料**是由某个并未真正做过研究、提出理论，或者阐释他们综合成文献评论的观点的人所写的文章。你可以利用初步资料来帮助你决定可否获得相关的间接资料。

步骤 3：阅读原始资料。一般来讲，间接资料评论了许多研究，但并不详细。因此，你需要获得并研究那些至少对你预计的调查十分重要的研究项目的最初报告。这些最初报告就叫作原始资料。**原始资料**是由那些真正做研究或形成文献中描述的理论或观点的个人所写的资料（如期刊文章或论文）。

步骤 4：综合文献。在你查阅了所有相关的原始资料与间接资料之后，你就需要综合你所了解到的内容以便写文献评论。写文献评论目的是为了告诉读者，对于你预计调查的问题来说，哪些是已知的，哪些是未知的。此外，你还需要弄清楚你预计的研究是如何与文献中所叙述的现有知识相联系，又如何以它们为基础的。

查阅文献所用的四个步骤并不总是严格按顺序进行的。例如，当你查阅与你的问题陈述相关的文献时，你可能会发现你要重新修改陈述。这一做法会将你的文献查阅引向新的方向。还有，你也可能会发现初步资料所确认的原始资料和间接资料与你的问题陈述仅仅间接相关。在这种情况下，你就需要回到第一步骤，试着去找到一种更相关的初步资料。

为了进行彻底全面的文献查阅，你需要了解如何利用初步资料、间接资料和原始资料。在下一节里我们将说明每种资料的用处。

五、查找初步资料

初步资料对教育研究者和实践者而言都是必要的工具。为此，我们将详细论述初步资料。我们在写该节时，所使用的信息都是最新的。然而，请务必牢记初步资料是不断变化的。出版商可能中断服务、改变索引程式，或与其他出版商合并。因此，当你发现初步资料与本节不同时，我们建议你向图书馆管理员咨询以确定它目前的状态 。

（一）教育资源信息中心（ERIC）（The Educational Resources Information Center）

如上所述，初步资料是一些特定文献的索引，如发表教育文章的杂志。索引为每一篇参考文献提供了导言。这种导言（有时称作书目引文或参考）是专门描述文献的作者、标题、出版年代及出版商的文件。索引还可能包括它特有的标识符，类似于你所看到的图书馆目录中每一本书的书架号码。有些索引还包括**提要**，即每一文件信息的简短摘要。

教育工作者可以从由美国政府提供资金的教育资源信息中心查到综合性的初步资料。这些资料与其他服务系统由教育资源信息中心通过其中心办公室、16 个情报交换所、8 个附属情报交换所及 3 个支援部门提供。每个情报交换所负责为某特定学科领域的相关文献编写目录、提要、索引。此外，每个情报交换中心出版自己的新闻信札、公报及书目。你如写信给含有你感兴趣专业的情报交换中心，就能得到有关该研究课题的文献评论、公告及其他信息。

ERIC 发行两种初步资料：《教育期刊索引》（CIJE）和《教育资源》（RIE）。CIJE 每月为将近 800 种教育期刊上的 1 000 多篇文章编写索引。这种索引涵盖了从 1960 年至今的所有文章。RIE 提供在教育学术会议上宣读的论文引文和提要，提供继续研究的进展报告、联邦科研项目资助的关于研究的技术报告及地方机构，如教委和第三号中心（Title Ⅲ Centers）所作的研究报告。这些报告有时被称为*暂时文献*，因为它们既未公开发表，也不容易获得。

要想查询 ERIC 的初步资料，或获得其出版物，你还可以使用

ERIC 查询服务。[①] 那里的信息专家将应你的要求为你选择并发送相关资料。

（二）查找 CIJE 和 RIE 的印刷版本

为使你熟悉 CIJE 和 RIE，我们建议你首先着手对这些初步资料的印刷版本进行手工查阅。它们在许多学院、大学、学校系统的办公室里都可以找到。一旦你这样做了，你会发现更易掌握它们的电子版本。以前面提到的“什么是帮助成绩差的学生家长促使子女在学业上努力的有效办法？”为例，我们将教你学会手工查阅。该问题在表 4.1 的“手工查阅记录表”中可以查到。

1. 识别主字码

*《ERIC 主字码汇编》*手册可以帮助你识别合适的主字码来查阅 CIJE 和 RIE 中与你所研究问题相关的文献。主字码是一种术语，它被用来划分包含由术语所指的主题信息的所有文献。但是请记住，CIJE 和 RIE 并不包含真正的文献，它们包含的只是每一篇文献的引文。名词“条目”或“摘要”是 ERIC 用来表示这些引文的。

要想识别文献查阅中使用的合适主字码，你可以首先在问题陈述中划出最重要的单词或词组。仍用前面提到的例子，我们先划出下列单词：“什么是帮助成绩差的学生家长促使子女在学业上努力的有效办法？”接着我们用铅笔在“手工查阅记录表”关键词部分中写下这些画线单词。（见图 4.1）

下一步是在 ERIC 汇编的字母顺序主字码显示表中查找三个术语中的每一个术语，以确定它们是否是 ERIC 主字码。我们将使用 1990 年版的汇编来说明这一过程。当我们查找术语“父母”时，我们发现它显示在图 4.2 中。这一显示具有下列特征：

---

① ERIC 查询服务 e-mail 地址是askeric@ericir. syr. edu（“edu”后没有句号）。你如需要在互联网上查 ERIC，可打免费电话：800 - LET - ERIC。

手工查阅记录表

你的姓名：Jay Byrd

查阅目的：

确定对成绩差的学生家长的研究项目

基本问题界定：

什么是帮助成绩差的学生家长促使子女在学业上努力的有效方法？

查阅的间接资料：

《教育研究百科全书》，1992 年："家庭"

所选的初步资料：

《教育资源》(RIE)

导语：

从当年开始往前查阅。核对关键词并编制必需的书目卡片后，填入核对记号。如未找到指定关键词的相关参考材料，就填入"N"。

主字码关键词，索引词　12 月________日期或卷目________

(按查阅顺序)　19 92　19 ___　19 ___　19 ___　19 ___

父　母						
成绩差的学生						
成绩极差的学生						
父亲或母亲*						
父母身份教育						
为人父母的技巧						
学业上的努力						
学 业 成 就						

图 4.1：关于成绩差的学生家长的文献查阅"手工查阅记录表"

【资料来源】根据博格，W. R.，高尔，J. P.，& 高尔，M. D.(1993)：*Applying Educational Research*（第 3 版），New York：Longman 第 30 页图 2.2 改制。

1. *主条目标示*。"父母"(PARENTS)在字母顺序主字码显示栏中以大写黑体字显示。这一标示表明"父母"是一个主条目主字码，意指它被用来划分 CIJE 和 RIE 的条目。

2. *增加日期*。"1966 年 7 月"的标记表明了这个词语被引进汇编的时间。

3. *CIJE 和 RIE 条目号码*。“CIJE 938”和“RIE 864”中的标志表明从汇编的 1966 年 7 月版到当前版本止，该主字码识别的条目在 CIJE 中有 938 条、RIE 中有 864 条。

4. *主字码群体代码*。“GC：510”表明主字码“父母”在主字码群体代码 510 中。这个三位数的号码表明这个主字码所属的广义目录，并且有利于识别概念上与这一主字码相关的，但并不出现在主字码显示表中的其他主字码(见图 4.2)。当我们查看资料库XXV页的目录时，我们发现群体代码是有关“人类社会的群体”目录，而“GC510”指“社会环境中的个人”。这里的“群体”在汇编中不是指人的群体，而是指概念上与主字码相关的群体。

父母　　1966 年 7 月
CIUE：938　　RIE：864　　GC：510
适用于：教父、母(1966 1980)#
下位名词：生父、母
双职工家长
父亲
祖父母
低阶层父母
中阶层父母
母亲
做教师的父母
上位名词：群体
相关名词：成人
儿童看护者
女儿
低龄父母
家庭(社会单位)
家庭环境
家庭生活
家庭问题
户主
家庭教育
家访
亲属

单亲家庭
父母期望
父母联系
父母态度
父母背景
亲子关系
家长会
家长建议
父母教育
家长财政捐助
家长抱怨
家长影响
家长材料
家长参与
家长责任
家长权利
家长作用
家长-学校关系
家长-学生关系
家长-教师关系
家长-教师合作
家长培训班
家长身份教育
为人父母之道
儿子
配偶

图 4.2：ERIC 主字码资料库的字母顺序主字码显示表中的主字码“父母”的显示

【资料来源】休斯敦，J. E.(Ed)(1990)，*Thesaurus of ERIC Descriptors*(第 12 版)，Phoenix，AZ：Oryx。第 186 页正文。

5. *用于(UF)标志*。名词“ 教父、母”之前的“适用于”标志表明在进行 ERIC 查阅中应该使用主字码“父、母”而不是名词“教父、母”。名词“教父、母”之后括号中的信息表明该名词仅仅在 1966—1980 年期间才成为主字码，其后的标志“＃”所指的是字母顺序主字码显示表中该名词出现的那一页的底部的脚注。脚注指出需用两个或更多的主字码来说明这一名词。通过查看汇编中作为主条目的“教父、母”，读者能够了解在不用这个名词时该使用哪些主字码。

6. *下位名词(NT)标志*。下位名词(NT)标志表明在主条目字码“父母”(Parents)下的下位名词比原名词更狭义。显示于“父母”之下的8个下位主字码也能在CIJE和RIE中与“父母”相关的条目下找到。

7. *上位名词(BT)标志*。上位名词(BT)标志表明将主条目字码表示的概念归类的上位主字码，比原名词更广义。因此我们了解到上位主字码“Groups”包含了亚类目主字码“Parents”。

8. *相关名词(RT)标志*。相关名词(RT)标志表明在汇编中也是主条目主字码的相关主字码。这些相关主字码与主字码“父母”(Parents)在概念上密切相关，但并不是如上位名词和下位名词那样的上级/下级关系。列于“Parents”之下的所有相关名词作为主条目主字码也出现在汇编的其他地方。因此，这些主字码中的任何一个都能被用来查找CIJE和RIE中与前面研究问题相关的条目。

9. *使用(USE)标志*。图4.2中所示信息并没有详尽无遗地列出汇编中与主题“父母”相关的所有名词。如果我们按“字母顺序主字码显示表”向上查找，将找到三页包含“parent”或“parents”的单词，如“PARENTS AS TEACHERS”，另一个例子是使用“ONE PARENT FAMILY”(单亲家庭)时会出现“Parent Absence”(父母缺失)。“USE”标志使我们知道“parent absence”一词在资料库中不是主条目主字码；如果我们有兴趣查找与“父母缺失”有关的引文，我们必须使用主字码“One Parent Family”(单亲家庭)。

10. *外延(Scope Note)*。如果我们现在在字母顺序主字码显示表中查找我们的第二个词“at-risk students”(成绩差的学生)，我们将发现“AT-RISK PERSONS”是主条目主字码，其后是图4.3中所示信息。SN是“Scope Note”的首字母缩略词，它是ERIC使用的主字码的简短陈述。外延阐明模糊的名词或限制词的使用,它也可能提供特殊的索引信息。这儿所指的外延把我们引向下位名词“HIGH RISK STUDENTS”(处于极度危险之中的学生)。因此我们把图 4.1“手工查阅记录表”中的“at-risk students”改为“high risk students”。

假设我们的主要兴趣在于教师如何一次帮助一批家长而不是一位家长,则汇编中最相关的主字码是“父母教育”(Parent education)和“父母工场”(Parent workshops),它们看起来像是与群体父母相关的惟一的两个主条目。然而,在任何给定的 CIJE 或 RIE 月刊的这些条目下,可能只有几条引文。所以,我们决定在查阅中包括由主字码“Parent”或其变异形式(如“parenting”,“parenthood”)归纳的所有条目(见图 4.1“Parent*”)。最后,我们注意到“PARENTHOOD EDUCATION”和“PAREN-TING SKILLS”是相关的主条目主字码,所以我们决定把它们归纳到“手工查阅记录表”中(见图 4.1)。

为确定“Academic efforts”(学业上的努力)一词是否是与我们调查的成绩极差的学生家长相关的合适主字码,我们可参考汇编的“循环主字码显示表”。**循环主字码显示表(otated descriptor display)**包含汇编中每个主字码,还显示含有任何一个相同单词的所有其他主字码。例如,如果我们着重查找“Academic efforts”(学术上的努力)中的“academic”这一词,循环主字码显示表将显示汇编中包括这一单词的所有主字码,而不论它出现在什么位置,如“summer academic classes”(暑期学习班)和“academic achievement”(学业成就)。我们可以用同样的方法在循环主字码显示表中查找“efforts”(努力)这一词。

我们浏览了以“ACADEMIC”开头的所有词语。虽然“ACADEMIC EFFORTS”(学业上的努力)一词没有列出,但是“ACADEMIC ACHIEVEMENT”(学术成就)一词在列。于是,我们将图 4.1 的“手工查阅记录表”中的“academic efforts”一词改成“academic achievement”。(在本章后部分讨论的 CIJE 和 RIE 电子版本的置换词语表有着同样

功能）

凡是比较重要的大部分教育课题都载入文献之中，因此，假如你在感兴趣的领域中找不到任何资料，你就应该重新考虑主字码。你很可能使用了与 ERIC 索引编者不同的主字码来定义你的研究问题。

成绩差的群体

CIJE：　　　　RIE：　　　　GC：120

外延：被确认可能具有或潜在形成某问题（身体、精神、教育等）的个人或群体，需进一步评价和/或干涉。（注：如可能请使用更精确的名词“成绩极差的学生”）

适用于：成绩极差的个人（1982 1990）

下位名词：成绩极差的学生

上位名词：群体

相关名词：伤残

早期干涉

障碍鉴定

影响方式

症状（个人混乱）

图 4.3：《ERIC 主字码汇编》的字母顺序主字码显示表中主要条目“成绩差的群体”的显示

【资料来源】休斯顿，J. E.（Ed）（1990），Thesaurus of ERIC Descriptors（第 12 版），Phoenix，AZ：Oryx。第 17 页正文。

2. 使用标题索引确定条目

选好合适的主字码后，我们必须查找我们期望查找的时间阶段内 RIE 和 CIJE 期刊的标题索引。标题索引列出了期刊中一个或多个相关条目的所有主字码，每一条目包含与其相关的出版物或其他信息的书目引文。

在 RIE 和 CIJE 的每本月刊、半年卷和年卷的书后，都有一个标题索引。半年卷累积了前 6 个月的期刊信息，而年卷则累积了前 12 本期刊的信息。

ED 347 638 EA 024 079

Epstein. Joyce L. *Connors, Lori J*

学校和家庭伙伴关系

全国中学校长联合会,里斯顿,弗吉尼亚

报告号码:ISSN-0912-6160

出版日期:1992年6月

附注:10页

订购地点:全国中学校长联合会,1904 Research Drive,Reston,VA 22091-1537 ($2,数量折扣)

期刊引文:从业者;1992年7月,第18卷,第4号

出版形式:作品集——系列丛书(022),指南——非教室著作(055)

ERIC文件复制业务(EDRS)价格:MF01+邮资,恕不提供正式版本

主字码:*教育合作,家庭角色,*家庭—学校关系,中学,*家长影响,*家长角色,*家长—学校关系,学校—社区关系,中等教育

本期"网上管理者的新闻信札"主要论述家庭/学校伙伴关系及其特征。由于学生、家庭和学校不断变化的特性,学校管理人员必须对促进家长参与教育起到领导作用。概述6种主要的全方位参与方式,包括家庭的基本义务,学校的基本义务,在学校中的参与,家庭教学的参与,决策、管理和倡导的参与,及社区合作。讨论了组织合作需要考虑的问题,其中包括制定书面政策,建立领导和委员会机构,制定预算及评估方法。提供了中学已实行的每一种类型的合作实例。还包括简短的项目描述和合同信息。(LMI)

图4.4:《教育资源》的"文献摘要"

【资料来源】《教育资源》,1992年12月,Washington, D. C.: U. S. Government Printing Office。第61页。

3. ERIC条目中的信息

RIE和CIJE中的所有条目是以同样格式撰写的,其目的是使你易于在每一条目中查找所需信息。因为所有CIJE条目都来自期刊,所以其版本格式少于RIE的版本格式,由于RIE包括各种不同的出版物格式(如,在会议上递交的论文和政府机关所作的报告),因此,我们用RIE的条目来说明每一条目的特征。

当我们开始对成绩极差的学生家长进行研究时,我们查阅了RIE1992年12月期刊的标题索引。我们在"Parent Role"(父母角色)下

发现两条引文：

家庭中心：一起阅读并学习	ED 347 498
学校与家庭的伙伴关系	ED 347 638

我们认为第二条引文可能与我们的研究问题相关，因此我们抄下 ED 号码。接着我们去找 RIE 期刊文件摘要，这儿的条目——也称摘要——按号码顺序排列。查阅 ED 347 638 号时，我们发现它与我们预计的研究有关。文献摘要如图 4.4 所示。

我们将利用这个文献摘要来一一说明 RIE 条目的所有特征。了解这些特征将对你识别和查阅与研究问题相关的问题大有帮助。

1. *进入 ERIC 号码*。ED 347 638 是这一文献的识别码。当进入被编制成 ERIC 的索引时，每一个文件按序得到一个进入号码。ED 表明这是一个非期刊性文献而不是期刊文章（期刊文章以 EJ 号开头）。条目根据进入号码的数字顺序放置在 RIE 的文献摘要部分。如果一家图书馆存有 ERIC 文件的缩微胶片档案，它们也是按这样的顺序存放的。

2. *情报交换所进入号码*。EA 024 079 是由特定的情报交换所指派给文献的进入号码，该情报交换所处理文件以便进入 ERIC 系统。参考附录 A 中的 ERIC 情报交换所列表时，我们发现 EA 是位于俄勒冈大学的教育管理情报交换所的标志。

3. *作者*。ERIC 进入号码下的斜体字姓名是文献的作者名，故我们知道这一文献是由乔伊斯·爱泼斯坦（Joyce L. Epstein）和劳内·康纳斯（Lori J. Connors）所写。

4. *标题*。接下来显示的是文献标题。这一例子中的标题是“学校与家庭伙伴关系”。

5. *文献来源的组织机构*。如果在被编入 ERIC 系统之前，文献已有印刷版，这儿会标明文献来源的组织机构。我们发现我们的文献来自弗吉尼亚州里斯顿的全国中学校长联合会（NASSP）。

6. *发起代理处*。如果有异于文献来源机构的代理处负责发起、提供资金及管理文献中所述的研究课题，它在发起代理处后列出。我们的文献不再用别的发起代理处来显示。

7. *报告号码*。如给出报告号码，它就是由发起代理处指定的文件号码。这时，报告号码 ISSN－0912－6160 将被用来向 NASSP 求购文件。

8. *出版日期(Pub Date)*。出版日期表明 ERIC 系统中文件出版的年代和月份。

9. *合同或赞助号码*。如果给出的是合同或赞助号码，它表明这是由基金会指派给课题或赞助的号码，并根据该号码向文件中所述的研究提供赞助。我们的文件没有给出合同或赞助号码。

10. *附注*。说明性附注给出与文件相关的额外信息，以页面长度数开始。我们发现这一报告有 10 页之长。

11. *可购性*。如文献除 ERIC 之外还可在其他地方得到，将会列出。我们的样本文献可从国家中学校长联合会获得。每本价格 2 美元，批量订购价格优惠。

12. *文献语言*。如文献除英语外，还可获得其他语种版本，也将会注明。该文件仅用英语撰写，因此在文献摘要中没有语言标示。

13. *出版种类(Pub Type)*。出版种类是按出版形式划分文件的三位数代码。例如，有不同代码分别代表供学习者使用的研究/技术报告、博士论文、硕士论文、说明书等 。出版种类代码出现在 RIE 的印刷版期刊中，在 CIJE 的印刷版期刊中却没有。然而，RIE 和 CIJE 的电子版本中都可查到出版种类。我们的样本文件有两种出版种类：作品集——系列丛书(022)和指南——非教室著作(055)(Collected Works-Serials and Guides-Non-Classroom)。

14. *ERIC 文件复制业务(EDRS)的可得性*。这个代码表明文件是否可通过弗吉尼亚州 Springfield 的 ERIC 文件复制业务订购到(见附录 A)。MF 指可订购到文件的缩微胶片，而 PC 指可订购到常规纸张开本的文件。我们文件中的 MF01 意指可订购到报告的缩微胶片。代码 01 指的是 RIE 的 1992 年 12 月期刊中的价格代码表的内容。从 1—480 页的文件属于价格代码 1 号，定价为 1.16 美元。

15. *主字码*。由 ERIC 情报交换所的编码者指派给这一文献的 ERIC 资料库中的主字码在这儿被列出。这些主字码划分文献的实质内容，共列出 6 个主要主字码，前面各自带有星号，它们涵盖了文献的主要内容。只有在主要主字码之下的文献才在 ERIC 标题索引下引用。次要主字码也被列出，表示次要文献或非主题特征诸如方法论或教育层次。编入 ERIC 索引中的每一文献和杂志文章都必须具有“教育层次”主字码，除非它完全不合适。如果文献或文章涵盖一个特定的时间段，那么也会指定一个可选择的时间层次主字码。

16. *标识符*。标识符是关键词或可索引概念，用来增加主题编索的深度。这一点若单靠 ERIC 汇编中的主字码是不可能做到的。它们通常是一些还没有被正式主字码代表的专有名称或概念。它们分别出现在 RIE 和 CIJE 主字码之下另一范围的摘要部分。主要主字码用星号标示，并出现在 RIE 和 CIJE 打印的标题索引之中，我们的文件中没有标识符。

17. *目标读者*。如文件或杂志文章指明了目标读者，在条目中就会给出这一信息。由 ERIC 识别的 11 个不同读者是：政策制定者、研究者、从业人员(包括 5 种次类型——管理者、教师、顾问、中介成员和支持成员)、学生、父母亲和社区成员。如确认有两种以上从业人员群体，那么只有一般的目标群众“从业人员”才被编入目录。图 4.4 所示的条目中没有指明哪一种目标群众。

18. *信息摘要*。信息摘要是文件内容的简短概括，由作者或 ERIC 情报交换所的索引编者撰写。

19. *参考资料*。如文件末尾提供了参考资料，那么在括号中就会标明参考资料的号码。我们的样本文件并未包括参考资料。

20. *摘要编写者的姓名首字母*。在 ERIC 情报交换所的每一位文件编索者名字的首字母都在摘要后面的括号中标明。我们样本文件的索引编者是 LMI。

4. 联合主字码

在查阅 CIJE 和 RIE 的印刷版本时，我们一次只能查阅一个主要主字码的条目。(下一章所述的电子版本查阅则避免了这一问题)例如在前一节里，我们识别了与家长有关的一些相关文件，但我们不知道它们与其他主字码——成绩极差的学生和学业成就是否也相关。我们需要研究每一条目以作出决定。

为了说明这一过程，我们查找 RIE1992 年 12 月的期刊中与主字码“成绩极差的学生”相关的条目。我们发现 11 个条目，其中 6 个与家长也有关。然后我们阅读每一条目的摘要以确定这些条目中有多少涉及到学生的学业成就。当“学业成就”这一名词只出现在 6 个条目中的一条时(ED 347 455)，我们判断 6 个条目都与我们的问题有关，其余的 5 个条目都涉及学业成就的某一方面：ED 347 679 指学业失败，ED 347 776 指学业方向，ED 347 989 指对成绩极差的学生的教学策略的有效性，ED 348 180 指促进成绩极差的学生的学习方法，ED 348 434 是退学指示号。在文献查阅(我们希望包括文献研究时间在内)所需的时间内，我们将在 RIE 和 CIJE 其他期刊或卷目中继续这一过程。

(三) 查阅 CIJE 和 RIE 的电子版本

一旦你学会了计算机程序，利用计算机进行文献查找通常要比查阅印刷版本更有效，效率更高。许多大学图书馆通过订阅生产教育资源信息中心的 CIJE 和 RIE 月刊的 CD-ROM 版本，提供了这种功能。略语 **CD-ROM** 一词代表“压缩型磁 盘：只读存储器”，即指整个初步资料(如 CIJE 和 RIE 最近 10 年)被存储在一个光盘(CD)上，并且只能阅读盘片内容而不能改变或存储盘片上的信息(ROM 指只读记忆)。

如果你们的图书馆里没有你想查找的初步资料的 CD-ROM，你可进行网上查询。**网上查询**涉及利用电话联播网使用远程计算机与其他 CD-ROM 中或其他电子格式中含有初步资料的远程计算机联系。例如，对话信息服务公司(Dialog Information Services) 和美国科学资料中心

/Orbit (SDC/Orbit)就是提供网上收费查询的两家公司。本书的两位作者(M. Gall 和 J. Gall)曾经对关岛进行研究。我们在美国本土利用这些服务公司储存在计算机上的初步资料进行网上查询。我们在本章后面叙述的互联网,现已为许多机构提供了免费网上查询的功能。

来自 CIJE、RIE 或其他储存在 CD-ROM 上的初步资料上的信息被称为**数据库**。由于计算机和 CD-ROM 都涉及电子学,因此数据库有时被称为 CIJE 和 RIE 的电子版本。

银碟信息公司与对话信息服务公司两家销售商最近为 IBM 和 Macintosh 计算机制作出存储 ERIC 的 CD-ROM。这些 CD-ROM 收录了 RIE 和 CIJE 1966 年至今的全部引文。尽管确实存在一些差异,但是每家销售商生产的 CD-ROM 基本相同。因此,我们下面所讲的大部分信息应该适用于你手头的任何 CD-ROM 系统。这些信息同样适用于本章后面所描述的通过互联网查找 CIJE 和 RIE,还适用于除 CIJE 和 RIE 之外的初步资料的 CD-ROM。

初步资料的 CD-ROM 一般没有最新的相对应的印刷版本,所以,为了找到最新 CD-ROM 文献,你必须查找初步资料的最近期刊印刷本。如果你希望查找 CD-ROM 中没有的年代比较久远的文献,你必须利用初步资料的印刷本。

为了说明计算机查找过程,我们来论述一下撰写本章节时使用的银碟公司生产的 CD-ROM。这家公司生产的 CD-ROM 囊括了 CIJE 和 RIE 的 1982 年至今的所有条目。务必记住我们所说的术语和计算机指令可能不完全适用于你的 CD-ROM 数据库和计算机。但是,我们相信,我们对其程序的描述将使你更易于了解你手头的任何计算机查询服务的功能和操作。

如下所述,我们可以在家中进行计算机查询。家中有一台 Macintosh 计算机和一个调制解调器。调制解调器把我们的计算机与设置在俄勒冈大学教育学院中的 ERIC CD-ROM 相联接。为了进入 CD-ROM,我们使用了一个称为 OnLAN/Mac 的程序。因为我们的计算机是 Macintosh，而大学里的 CD-ROM 系统是一台 IBM 个人电脑。OnLAN/Mac 程序使 Macintosh 计算机与一台 IBM 或 IBM 兼容计算机进行交流。

图 4.5 说明了当我们在家中打开 ERIC 数据库就会出现的第一面计算机屏幕显示。

银碟 3.1　　ERIC1982～1992 年 12 月

F10＝命令 F1＝HELP

ERIC 数据库　1982～1992 年 12 月

ERIC(教育资源信息中心)数据库由《教育资源》(RIE)文件引文档案和《教育期刊索引》(CIJE)750 多种专业期刊文章引文档案组成。由美国教育部资助建立的 ERIC 是一个由 16 个情报交换所组成的网络系统，每个情报交换所专门研究一个不同的学科领域。

注意：接到替代物后禁止使用该磁盘。一有替代，立即销毁该盘。

了解有关数据库的内容	按 F3
了解有关检索系统的内容	按 F1
使用资料库	按 F9
查询 ERIC—输入关键词或词组	按 ENTER 键

查找：

键入一“查找”，然后按“Enter”键。使用索引(F5)选择术语。

图 4.5：ERIC 数据库电子版本(1982～1992)首屏幕显示

【资料来源】ERIC 数据库(1982～1992 年 12 月)，银碟公司，马萨诸塞州，威尔斯利。

1. 拟订检索过程

拟订检索过程，你必须通过识别你感兴趣的每一概念的重要名词来界定你的查询主题。我们通过使用查找印刷版本时同样的问题陈述来拟订检索过程：“什么是有助于差等生的学生家长促使子女努力学习的有效方法？”画线单词和词组是开始用来进行 ERIC 数据库的计算机检索的名词，我们在一份如图 4.6 所示的计算机查找记录表格上写下这些名词。正如你所看到的，如果需要，我们可以在检索时修改这些名词。

计算机检索记录表

姓名：Jay Byrd

查阅目的：

确定差等生学生家长的研究项目

基本问题界定：

什么是帮助差等生学生家长促使子女在学业上努力的有效方法？

查阅的二手资料：

拟查数据库：

ERIC CE-ROM(SilverPlatter)，1982～1992 年 12 月，UO 教育学院

ERIC 主字码或心理学索引词：

1. 父母	9.
2. 成绩差的学生	10.
3. 成绩极差的学生	11.
4. 学业成就	12.
5. 充实	13.
6. 学业恒心	14.
7. 学术期望	15.
8.	16.

查询 1：1、3、4

查询 2：1、3(4 或 5、6、7)

查询 3：查询 2 和教育层次基础教育

查询 4：父母 *

查询 5：查询 2 和 py(?)＝1990～1992

查询 6：查询 5 和 fi(?)＝教育期刊(仅指期刊文章)

查询 7：查询 5 和文献类型号码＝010 或 041 或 143(文献类型＝著作，博士论文或研究/技术报告)

图 4.6：计算机查找记录表格显示为查找初步资料设计的计划

【资料来源】根据博格，W. R.，高尔，J. P.，& 高尔，M. D.（1993），Applying Educational Research(第 3 版)，第 51 页图 3.1 改制。

ERIC 数据库的计算机检索有许多办法。我们首先讲解银碟公司推

荐的三种主要方法：(1) 检索自由文本；(2) 检索索引；(3) 检索资料库。然后举例说明如何扩大或缩小检索范围，并指明你想通过检索而获得的每一条 ERIC 引文的信息。

2. 检索自由文本

如果检索 ERIC 的自由文本，你可以在条目中的任何地方，如标题、摘要、主要和次要主字码表，或主要和次要标识符表等，检索含有你在查询中指明的术语的任何文件。因此，检索自由文本可以使我们避免使用 ERIC 主字码汇编，而使用我们自己的名词。

在进行自由文本检索时，如果屏幕上出现提示语“Find”，我们可在自己的计算机上键入“Parents”并按“Return”键。当屏幕上又出现提示语“Find”时，我们键入“at risk students”(差等生)并再按“Return”键。然后我们使用计算机鼠标敲打功能键 F2(计算机屏幕上显示不同的功能键)进行自由文本检索，屏幕就会显示如下：

号码	记录	要求
♯1	17 385	父母(PARENTS)
♯2	8 198	差(RISK)
♯3	114 946	学生(STUDENTS)
♯4	3 028	差等生(AT RISK STUDENTS)

显示告诉我们在 10 年期 ERIC 数据库中，文本中含有名词“父母”的记录(银盘使用名词“记录”而不是“条目”)共有 17 385 条，含有词组“差等生”的记录有 3 028 条。请注意，恢复条目“差等生”需要两个步骤。首先，计算机检索含有“差”一词的所有条目(8 198 个)；然后检索含有“学生”一词的所有条目(114 946 个)，最后检索含有这两个名词条目的子集(3 028 个)。(计算机忽略“at”这样的词)

如果我们想知道既含有“父母”又含有“成绩差的学生”的记录有多少条，我们就重新开始检索。当出现提示语“Find”时，我们键入“♯1”(在这次特定查找中，它相当于打印“父母”)和(意即我们仅需要包含♯1

和＃4 名词的引文)＃4(相当于重新打印“成绩差的学生”)。接着，我们选择功能键 F2，屏幕显示如下：

号码	记录	要求
＃5	377	父母和(成绩差的学生)

由于条目太多难以检索，于是便转向下面描述的第二种检索方法。

3. 直接从索引中检索

银碟索引可使你按字母顺序浏览在检索数据库时指明的单词或词组。每个单词或词组出现时，即显示其上下文。检索索引与检索自由文本相似，但是在检索自由文本时，你必须提出适合检索的单词或词组。然而，当你使用索引时，它提供了可供选择的词组，因此它有助于你考虑与研究问题最相关的名词。与自由文本检索一样，你键入的名词可以出现在条目的任何地方。

为了从 ERIC 索引中查找，我们按功能键 F5 以显示索引。我们输入“父母”并按“Enter”键来查找我们的第一个概念。索引显示以下信息：

单词	出现次数	记录
父母	32 157	17 385

屏幕信息表明“父母”一词到目前为止在 ERIC 数据库中出现了 32 157 次，它被 包含在 17 385 条记录(即条目)中。出现次数多于记录的原因是许多记录中“父母”这个词出现不止一次。

在屏幕上我们也看到许多含有“父母”一词的其他词组，有一些在我们来看是很有趣的，依次是：

父母作为老师

父母做老师的项目

父母鼓励学生项目

父母培训父母方案

父母培训父母项目

现在我们在计算机查找中能确切地指明这些名词，目的是识别只有在“父母”一词出现在这些特定词组中时的那些条目。然后我们按“S(选择)”键来选择每一名词，并按“F(查找)”键查找。

你会发现自由文本查找方法和索引查找方法比查找CIJE和RIE印刷版本有更多的选择。查找印刷版本时，你被局限于查找列于RIE和CIJE主题索引中的主要主字码。当你进行自由文本查找或索引查找时，却没有这些限制。

当你查找由某一个特定作者所写的条目时，索引是极其有用的。例如，当我们查找印刷本时，我们识别出乔伊斯·爱泼斯坦(Joyce Epstein)所写的文献。假设我们希望识别同一作者的其他出版物。如果不同的条目列有不同的作者名字，自由文本查找将只列出那些与我们为了检索而列出的一模一样的条目。例如，如果我们想通过选择功能键F2对乔伊斯·爱泼斯坦进行自由文本查找，我们将发现以下内容：

号码	记录	要求
#9	2	乔伊斯·爱泼斯坦

但是，我们认为该作者发表的出版物比自由文本查找识别的两种记录要多。如果使用索引查找姓Epstein，我们就会发现该姓所有作者的字母顺序列表。当我们翻到“Js”时，看到显示如下所列的两个看似相关的不同的作者：

要求	记录	出现次数
epstein-joyce	2	2
epstein-joyce-I	41	41

如果我们指明是针对epstein-joyce进行自由文本查找，它将排除“joyce I”后跟有姓“epstein”的所有例证，因为“I”(作者姓名的中间首字母)在文本中出现在“epstein”和“joyce”之间。通过查阅索引中的不同列表，增加

了找到所有有关该作者条目的机会。因此，当查找某一位作者的出版物时，你应该经常使用索引而不是自由文本。

4. 检索资料库

从屏幕资料库开始计算机检索在某种程度上同教育资源信息中心(ERIC)主字码资料库进行印刷版本检索相似。然而，正如你所见，计算机检索可使你在进行过程中为精确查找资料提供更大的灵活性。

首先，选择功能键 F9 来激活资料库，并键入“parents”(父母)。计算机屏幕显示图 4.7 中信息。

可置换名词表

拟查词语	ERIC 专用词语
父母	
未成年父母	低龄父母
生父、母	
亲生父母	生父、母
教父、母	父母
教父、母	天主教徒
寄养父、母	住家导师
双职工父母	在职父母
在职父母	
养父母	收养家庭
低收入父母	
中产阶级父母	
生身父母	生父、母
父母	
做老师	
工作父母	在职父母

菜单：名词细目　选择名词　查找　返回　显示　清除

图 4.7：银 碟 ERIC CD-ROM 可置换名词表

【资料来源】1982～1992 年 12 月 ERIC 数据库，银碟 3.1。
注：该屏幕显示资料库主字码“父母”的可置换名词表。

该信息是“父母”这个名词的可置换名词。资料库中每个主字码都配备有一张可置换名词表以供参考，这张可置换名词表与教育资源信息中心主字码资料库中的旋转主字码显示功能相同。

如果我们接下来选定屏幕上的“名词细目”，那么，对于“父母”这一名词，我们可得到与资料库印刷本中所含的相同信息，即：外延，使用，适用于，上位名词，下位名词和相关名词。但是，利用计算机资料库信息寻找我们所需的每一个名词要快捷得多。

在资料库中查找第二个名词“at risk students（差等生）”时，我们会发现一条使用标志，如下：USE HIGH RISK STUDENTS（使用成绩极差的学生），我们可知“at risk students”（差等生）这个名词并非 ERIC 的一个主字码，相反，我们应用主字码“high risk students（成绩极差的学生）”。这样，我们修改了图 4.6 中所示计算机查找记录表。

5. 扩大或缩小计算机查询范围

假设我们决定用“父母”、“成绩极差的学生”和“学业成就”等名词开始计算机查找工作，这些名词都是 ERIC 主字码。现在我们来讲解如何使用不同的“连词”来扩大或缩小查询范围。扩大查询范围意指设计一种增加可获得条目的总数目的查找方法，而缩小查询范围指设计减少可获得条目的总数目的查找方法。

使用连词“和”。当计算机屏幕显示提示语“find（查找）”，我们即输入由“and（和）”连接的三个主字码，用括号和短画线确保每个主字码作为独立单位显示：

（父母）和（成绩极差的学生）和（学业成就）

屏幕显示如下信息：

号码	记录	要求
#1	17 385	父母
#2	44 101	极
#3	8 198	差
#4	114 946	学生

＃5	2 834	成绩极差的学生
＃6	36 968	学业的
＃7	24 865	成就
＃8	14 719	学业成就
＃9	81	父母＋成绩极差的学生＋学业成就

这样我们发现，使用连词“和”把可获得条目减少到仅包括我们选择的三个名词的条目，即 81 条。

使用连词“和”的另一个好处是可以把查询范围缩小到你所需要的特定层次的学校。如上所述，教育资源信息中心规定每个条目必须具有一个教育层次的主字码，除非这个主字码完全不合适（例如，关于社会中教育作用的杂文）。教育层次条目如下，下位名词缩进在上位名词之下：

早期幼儿教育
　学前教育
　小学教育
基础中等教育
　基础教育
　成人基本教育
　小学教育
　中年级
中等教育
　初级中学
　高级中学
　中学同等计划
中学后教育
　高等教育
　二年制学院

我们决定将查询范围缩小到仅包括那些适用于基础教育学生的条

目。我们对提示语 Find 作输入：

♯9 和基础教育

输入♯9 是获得查询♯9 中确认记录的快捷方式，而不必重输所有名词(查询♯9 使用了名词“父母＋成绩极差的学生＋学业成就”)。现在我们已用连词“和”将这些名词连接到了某一教育层次的主字码。计算机屏幕显示如下：

号码	记录	要求
♯10	42	父母＋成绩极差的学生＋学业成就＋基础教育

这样我们就能将查询范围从原来的 81 个条目缩小到有关基础教育中成绩极差的学生的 42 个条目。

使用连词“或”。假定我们要扩大而不是缩小查询范围。首先，我们决定先不确认某一教育层次，因而回到 81 个条目(查询♯9)。现在我们决定，除了“学业成就”之外，其他名词也作为陈述问题的第三要素。“置换名词”一栏显示一些我们认为与问题有关的“学业成就”的相关术语，包括“学术期望”、“充实”和“学业恒心”。我们将这些术语与“学业成就”并列作为查询中的第三概念，把它们用“或”连接如下：

(父母)和(成绩极差的学生)和(学业成就或充实或学业恒心或学术期望)

应我们的要求，计算机屏幕显示出如下信息：

号码	记录	要求
♯11	87	父母和成绩极差的学生和(学业成就或充实或学业恒心或学术期望)

该查询将条目数从 81 增至 87。

使用“简缩”。如上所述，教育资源信息中心自由文本的查询可在条目中的任何地方获得含有你指定查询术语的文件。本书一直使用的问题陈述含有“父母”一词，这一名词看起来是自由文本查询中一个合理的

术语。然而，如果我们用单数形式的名词“父亲或母亲”，又有什么两样呢？如果用动名词“做父母亲”又怎样呢？让我们对每一名词进行一次自由文本查询来看看将发生什么事情：

号码	记录	要求
#1	19 413	父亲或母亲(parent)
#2	17 385	父母亲(parents)
#3	1 745	做父母亲 (parenting)

每一名词确实可获得一组不同的记录，表示需要我们进行三种不同的查询。比较简单的办法是“简缩”，即查询术语的词根。词根是三个术语共同拥有的部分，在这儿指“parent”。如果我们仅仅在词根后加一个星号(*)，CD-ROM 系统将查找包括所有词根为“parent”的条目。检索结果显示如下：

号码	记录	要求
#1	28 434	PARENT

你会发现，因为一个特定术语的所有变式都同时被查找出来，“简缩”扩大了查询范围。

6. 使用计算机查询中的限定领域(limit fields)

在本章前半部分讨论如何查询《教育期刊索引》(CIJE)和《教育资源》(RIE)的印刷版本时，我们描述了可能在教育资源信息中心的条目中出现的所有信息。银碟所包含的此类信息有 15 项，称作限定领域或限定者。限定领域是分类组合，可用来限制可获得的条目的数目。

为说明限定领域的好处，我们假设我们仅对文章感兴趣(即 CIJE 中有索引的各类出版物)，而不查文件(即 RIE 中可查到索引的出版物)。我们可使用限定域 Sourcefile(FI)(来源档案)达成此目的。它包含两组：CIJE 的教育期刊(EJ)——包括所有期刊文章索引——和 RIE 的教育文献(ED)——包括除期刊文章之外的文献索引。因我们需要期刊文章，我们输入：

＃1 and fi＝ej

屏幕即显示：

号码	记录	要求
＃2	6	父母和成绩极差的学生和（学业成就或充实或学业恒心或学术期望）

显示表明原有87个条目中仅有6个是期刊文章。因为期刊文章比尚未发表的文献更有可能报道真实的研究结果，这些引文会被证实在文献查阅中是极其有用的。

7. 显示和储存查询结果

如本章前部所述，教育资源信息中心的一条完整的条目列有总计21个单独提示。银碟使你对每项条目都能在计算机屏幕上浏览许多这样的提示。但是，你如想快速浏览查找所得条目，你只需确认每一条目的几个关键提示。

如果条目与你的文献查阅有关，你需要将它们储存备用。把打印机与计算机连接起来，你可以在等待期间依赖计算机系统得到一份查询结果的拷贝。否则你应该将查询结果作为一个文件存储到软盘上，以备日后打印出来。

（四）核查检索的彻底性

手工或利用计算机查询CIJE和RIE所得到的结果是一份引文列单，如果可能的话，另附有摘要。你在研究之后将会发现有些文献你需全文阅读，而不是依赖摘要中提供的信息。

在核查所阅读文献的书目时，你会遇到一些计算机查询不到的文献引文。如果出现这种情况，要仔细研究这些引文，确认它们为何会被遗漏。通常，遗漏引文是因为你没有使用由“或”连接的足够的相关主字码，或者是因为教育资源信息中心的编索者没有为文献编上你查询中使用的同样的主字码编号。

在为一份成为 CIJE 或 RIE 的初步资料的文献准备摘要并选择主字码的过程中,也可能产生另一个问题。每一文献由某一通晓该学科的专业人员负责。此人阅读文献、准备摘要(在大多数情况下)并选择主字码。准备摘要和选择主字码都是主观过程。因此,如果同一文献分配给几个评论者进行摘要,他们中的任何两人都不可能在摘要中包含了完全相同的信息,也不可能选择完全相同的主字码。

这种主观性在图 4.8 所示 CIJE 的两篇期刊引文中可明显看出。在该非寻常例子中,同一篇引文在同一初步资料中被两次编成索引。很明显,这两篇引文指同一文章的两次查询。然而,你如查阅这两篇摘要,会发现它们几乎无相同之处。再看一下主字码,结果更令人吃惊。第一条目列有 9 个主字码,但第二条目仅列出 6 个。而且,两个条目共有的主字码仅有 4 个:孤独癖、中学、同辈教育和项目描述。

该例明显表明初步资料的易犯错误,但此问题不应成为你使用 CIJE、RIE 或其他初步资料的障碍,因为一期一期地查询相关期刊的方法是不可行的。

(五) 其他初步资料

因为 CIJE 和 RIE 是你在进行教育研究时最常用到的初步资料,所以我们在上节进行了详细论述。然而,还有许多其他初步资料可通过确认并未编入 CIJE 或 RIE 索引的相关文件帮助你查阅文献。

附录是编索教育文献的初步资料的综合表。下面是该附录内容的简要浏览:

1. 书目索引
2. 著作评论索引
3. 教育和相关领域著作索引
4. 课程材料索引
5. 电话簿索引

6. 学位论文索引

7. 与教育有关的期刊、报纸、报告索引，但并未编入 CIJE 索引

8. 杂志、报纸索引

除这些初步资料外，还有专门为测试材料及自我报告标准编撰索引的其他专业初步资料。详解见第七章。

EJ282648　　EC152054
学生辅导学生，帮助自闭生进入主流
Campbell, Ann；及其他人
Teaching Exceptional Children，第 15 期，第 2 号，第 64～69 页，1983
来源机构：Reprint：RMI
语言：英语
文献类型：期刊文章(080)；方案描述(141)

文章论述了一项学生辅导学生的活动。通过广泛的游戏程式，辅导他人的学生学会了行为技巧和背景信息。这种学生辅导学生的活动成功地促进了中学里自闭青少年的完整人格。同辈辅导有助于促进辅导生与被辅导生的积极态度。(CL)

主字码：* 态度转变，* 孤独癖，行为矫治，中学，* 同辈影响，* 同辈教育，项目描述，学生态度，教师态度

EJ274446　　EC151160
学生辅导学生，帮助自闭学生进入主流
Campbell, Ann；及其他人
Teaching Exceptional Children，第 15 期，第 2 号，第 64～69 页，1983
来源机构：Reprint：RMI
语言：英语
文献类型：期刊文章(080)；方案描述(141)

佛罗里达州 Belle Vue 中学首先发起学生辅导学生活动。这是一种引导自闭学生与主流接触的有效方法。

主字码：* 孤独癖，主流化，中学，* 同辈关系，* 同辈教育，项目描述

图 4.8：一篇文章在《教育期刊索引》(CIJE)条目中不同的两条索引

【资料来源】条目 EJ282648 出自《教育期刊索引》(CIJE)，1983 年 7～10 月，Phoenix, AZ: Oryx；条目 EJ274446 出自《教育期刊索引》(CIJE)，1983 年 1～6 月，Phoenix, AZ: Oryx。

(六) 互联网

在本章前半部分描写怎样通过计算机查阅 CIJE 和 RIE 时，我们讲

过调制解调器将我们家里的计算机与大学里的计算机联接起来。该机依次操作一套含有 CIJE 和 RIE10 年条目的 CD-ROM 系统。这台计算机还与该大学的其他计算机联网，因此使用者可互相传递信息。

联网计算机的数目在迅速增长，网络的数目和类别也在增加。例如，全世界各个不同机构里的研究者们组成了计算机网络以交流共享的研究兴趣。互联网是一种联接世界范围内的计算机网络的交流网。国家科学基金会负责供给互联网，而且正进一步发展它的功能。目前，互联网已与许多国家联接了数百万的计算机和数千个网络，并正在进一步迅速扩展。许多大学和学校系统都加入了互联网，以便免费或低价向师生员工提供网上服务。

目前，互联网有 5 种可助你获悉有关研究信息的功能。下面一一简述：

1. *查找初步资料和其他数据库*。目前，你可以通过互联网取得数千种初步资料和其他信息资料。例如，你可以查询叙拉古大学（Syracuse University）、奥伯恩大学（Auburn University）和萨斯克其万大学（the University of Saskatchewan）的 CIJE 与 RIE 数据库，可以查询北卡罗来纳大学 ERIC 文摘的数据库，还可以查询其他各种数据库，如：图书馆目录、电话号码簿（包括常用电话号码和电子邮件地址）、人口统计数据，甚至天气预报等 。

因为在互联网上可以查询到数千种数据库，因此有必要提供电话地址服务以便能查询所需数据库。明尼苏达大学已开发了此种电话簿和计算机文件转接服务。你可以在你的私人电脑上安装一种称为“明尼苏达人”的软件程式，用它来查询你所需要的有关数据库并下载文件。一种更新的、具有更多功能、以图解计算为基础的电话簿转接业务“全球通”目前正日渐流行，甚至有可能取代“明尼苏达人”。

2. *电子邮件*。通过互联网，你可以用你的计算机将一条信息传送给任何一位有电子邮件地址并与互联网联接的研究者。那位研究者可在个人电脑上收到你的信息，并可使用其计算机将回信发送到你在互联网上的电子邮件地址。正如下面我们所说明的,你可以使用互联网得到已经上网的研究者的电子邮件地址。

3. *电子公告板*。教育研究者们组成了计算机网络,通过网络,他们可进行网上讨论,互通时事和其他有价值的新闻。因为网络使得“邮寄”各种信息非常方便,它们有时被称为“公告板”。目前,教育研究者们常用的公告板是 ERL-L,由美国教育研究协会(AERA)(American Educational Research Association)发起,下列是它们的专业公告板:

AERA-A	管理
AERA-B	课程研究
AERA-C	学习与指导
AERA-D	测量与研究方法学
AERA-E	咨询与人类发展
AERA-F	历史与编史者
AERA-G	教育社会背景
AERA-H	学校评估与项目发展
AERA-I	专业教育
AERA-J	高等教育
AERA-K	教学与师范教育
AERA-GSL	研究生名单

你如果能够上互联网,就可免费查阅美国教育研究协会公告板。① 只需将电子邮件发至LISTSERV@asu. edu这个地址就可以了。你在邮件中需写明: SUB“单名”姓名。例如: SUB AERA-C Bill Austin。

下面三条从计算机上收到的 ERL-L 最新讯息可以说明 ERL-L 上邮寄的讯息类型。

巴西 Sao Paulo 大学(Universidade de Sao Paulo)一位研究者发来

① 这些公告板内容和其他一些内容,可参考: 皮埃尔、格拉斯、邦恩斯:《教育研究者关于BITNTE的计算机网络》,《教育研究者》,1991 年,第 21～23 页。

消息说，他计划建立一块公告板与拉丁美洲交换高等教育研究方面的信息。我们从该消息中得知，我们只要向该研究者声明的电子邮件地址发出一个简短的电子邮件，就可成为该公告板的成员。

另一位研究者发来消息，提供了关于将在苏格兰爱丁堡举行的世界人工智能教育大会的信息。

还有一位新泽西州的研究者发来消息，征寻设计对外访谈程序以便获取肄业生信息的建议 。

互联网上的 ERL-L 板与其他公告板均由一个叫做 LISTSERV 的计算机软件程式控制。因此，它们有时被称为"LISTSERV 公告板"或"论坛"。目前，互联网上有 1 500 多个 LISTSERV 公告板，有些是有限制的，表明某私人或团体监视着投寄到公告板的信息并决定哪些信息在公告板上登载。另外一些则没有限制，所有投寄到公告板的信息都自动登载。

4. *电子期刊(e-journanls)*。图书馆订阅传统的印刷版本期刊并将其编列目录、储藏，花费昂贵。而且，学生到图书馆查阅复印所需期刊要花费很多时间。随着互联网的问世，可以设想让期刊以计算机数据库形式存在。作者可将手稿以计算机文件格式传送给编辑人员以审阅。经审查通过，准备录用的稿件将被复制编辑，再通过互联网到达研究者手中。

目前，在教育研究领域至少有一种 LISTSERV 在设计电子期刊，它被称为 EDPOLYAN，研究重点是教育政策分析。①

5. *文件转送*。互联网有一功能(称为文件转送规程)允许使用者将计算机文件从一计算机转送给世界上其他任何地方的另一台计算机。该功能与前面讲的互联网的其他功能相似，因为它涉及在计算机之间发送和接收信息。但是，转送的信息仅局限于各类计算机文件，譬如：文本

① 这些公告板内容和其他一些内容，可参考：皮埃尔、格拉斯、邦恩斯：《教育研究者关于 BITNTE 的计算机网络》，《教育研究者》，1991 年，第 21～23 页。

文件、软件程序和图表画像等。如果某计算机文件属于公共范畴，就可以通过互联网将消息发送到储存该文件的计算机系统，并使该文件传回到你的私人计算机上。目前可得到世界范围内900多个网站的文件电话簿。①

互联网正在迅速发展、变化着。所以，你如想了解它的功能，应向了解其程序及功能的最新信息的图书管理员或个人咨询。

(七) 引文格式

一个给定的初步资料内注明索引的文献引文格式是标准的。然而，初步资料之间的引文格式各不相同。因此，在开始查阅文献前，你应就论文中参考目录部分核查你所在学校对使用格式的规定。有些学校允许你使用在研究领域中普遍接受的任何一种引文格式，而另一些学校则规定使用某种特定格式，要求一个特定的学术或专业学科的毕业生必须遵循。

教育研究中标准引文格式是《美国心理学协会出版手册》② 中指定的。但是，你所在学院或大学也可能要求另外一种格式。因此，在开始查阅文献前，你需要向导师核证一下。你可能会发现必须将一个特定初步资料中的引文转为另一种格式，以收入你的论文中。你如果是为一个专业期刊或会议写文章，就需要遵守《美国心理学协会出版手册》中规定的引文格式。

六、使用间接资料

教育领域的间接资料指由所述事件的非直接观察者或参与者撰写

① 该电话簿和它提供索引的文件转送站可参考：坦南特，R.，奥伯，J.，& 利波，A. G.(1993)，Crossing the Internet threshold：An instructional handbook，Berkeley，CA：Library Solutions Press。

② 美国心理学协会(1994)：《美国心理学协会出版手册》(第4版)，华盛顿特区：美国心理学协会。书籍可从美国心理学协会(APA)订购部购买，邮政信箱：2710信箱，Hyattsville，MD20784。在欧洲，可在美国心理学协会购买，3 Henrietta Street，Covent Garden，London，WC2E 8LU，England。

的出版物。这些出版物包括大部分教科书、学术著作、百科全书、手册和期刊上的书评等。例如，大多数历史教科书属于间接资料，因为作者依赖于他人所写的历史事件报道而不是亲身观察那些事件。

一些出版物综合了原始资料和间接资料的信息，如：假定某作者撰写关于数学指导方面文献查阅的详尽评论以便编写该学科手册。若作者把关于数学指导的研究结果作为文献评论的部分来报道，这部分评论将成为原始资料，但报道其他研究者研究的部分则仍是间接资料。

间接资料因将许多原始资料的知识综合成单一的出版物而用处较大。例如，《教育研究百科全书》涵盖了普遍感兴趣的教育论题的简短的、可读的文章。① 其中有一篇专门论述班级规模。它概括了几百种调查班级规模和教师满意度、学生的认知成果和学生的情感成果之间的各种关系测定的研究结果。作者杰恩·格拉斯(Gene V Glass)还描述了目前关于这些结果的效度和含义存在的论战。该文的参考目录中包括 1980～1990 年期间出版的关于班级规模的 16 部著作和文章。

如上所述，初步资料可能会揭示优秀二手资料评论的存在。此外，初步资料中有标准的间接资料供你开始文献查阅时参考，包括年鉴《教育研究回顾》和《国际教育百科全书》。期刊中范围最广的间接资料是《教育研究评论》。你只需花上几分钟浏览近年来所有出版物内容目录就可以判断你所研究问题的文献评论是否已出现。如能获得 CIJE 的电子版本，你可键入期刊名作为索引，并检索屏幕上最近发表的以这些名字开头的所有文章。(在教育资源信息 CD-ROM 的银碟上，你可键入期刊名中的“教育研究评论”作为要查询的名称)

后分析

后分析是指一种统计性程序，可用来探寻在对同一研究问题进行的

① 阿尔金，M. C. (1992)，《教育研究百科全书》(第 6 版)，New York：Macmillan。

一系列定量研究所观察到的积效的发展趋势。依赖这种统计性程序的二手资料通常被称为后分析。使用 CIJE 和 RIE 的电子版本时,你可键入 ERIC 主字码"meta-analysis"(后分析),并用连词"和"与重要主字码联接。CIJE 或 RIE 数据库中若有该程序,它可确认相关后分析。

为说明后分析,我们将描述罗伯特·班格特-德朗(Robert Bangert-Drowns)、杰姆斯·库立克(James Kulik)和陈林·库立克(Chen-Lin Kulik)所做的一次研究。① 他们利用了 40 种不同的研究报告,对频繁测验的教学效果进行了后分析。正如指导结束后成就测试中表明的一样,其中 35 个是以学生的考试成绩作为教学成效的指征。

表 4.1 是他们报告的复制品和典型的后分析报告。表中的每一行概括了一项独立的研究,前几列表明被研究的作者、地点、班级、内容以及持续时间。在标题下还有两列是测试次数。X 组是试验组,C 组是控制组。举例说,由帕尔默(Palmer)进行的研究中,试验组接受了 6 次心理学课程测试,而控制组一次测试也没有。

表 4.1 最后一列表明每一项研究的效值。以数学基础为效值,它在不同类型研究中的使用将在下章说明。这充分表明,在这个后分析中,效值是试验组和控制组之间量值的定量表现。即使许多研究使用不同的学生成就标准,标准又有着不同的成绩分布,效值在不同研究中仍具有相同含义。

表 4.1 频繁测试的教学效果的后分析结果

研　　究	地　　点	班级	课程内容	持续周数	测试次数		效 值
					X 组	C 组	
Curo(1963)	印第安那州	11 级	社会科学	6	25	2	0.10
Deputy(1929)	纽约州立大学	大学	哲　学	6	12	0	0.96

① 班格特-德朗, R. L., 库立克, J. A., & 库立克, C. C. (1991),《课堂频繁考试的效应》, *Journal of Educational Research*, 第 85 期, 第 89～99 页。

续　表

研　　究	地　　点	班级	课程内容	持续周数	测试次数		效 值
					X组	C组	
Dineen, Taylor, & Stephens(1989)	内布拉斯加州	中学	数　学	15	75	15	0.17
Fitch, Drucker, & Norton(1951)	波度大学	大学	政府学	15	15	4	0.26
Fulkerson & Martin (1981)	西伊利诺大学	大学	心理学	12	8	4	0.07
Gable(1936)	马里兰州	中学	科　学	7	21	5	−0.80
Keys(1934)	加利福尼亚大学	大学	心理学	15	8	2	−0.01
Kirkpatrick(1934)	爱荷华州	中学	科　学	18	20	2	0.31
Laidaw(1963)	费莱迪金逊大学	大学	心理学	16	16	4	−0.08
Lindenberg(1984)	伊利诺社区学院	大学	会计学	17	12	2	0.01
Mach(1963)	加利福尼亚工艺学院	大学	数　学	12	29	1	0.15[a]
Maloney & Ruch(1929)	加利福尼亚州	9～11级	阅　读	10	5	0	0.59
Marso(1970)	内布拉斯加大学	大学	心理学	15	6	3	0.14
Monk & Stallings (1971)	伊利诺大学	大学	地理学	15	10	6	0.07
Mudgett(1956)	明尼苏达大学	大学	工程学	12	36	2	0.26
Nation, Knight, Lamberth, & Dyck(1974)	俄克拉荷马大学	大学	心理学	8	8	1	−0.22
Negin(1981)	马贵特大学	大学	法　律	15	3	0	0.70
Noll(1939)	路迪岛州立学院	大学	心理学	15	5	1	−0.27

续 表

研　　究	地　　点	班级	课程内容	持续周数	测试次数		效 值
					X组	C组	
Nystrom(1969)	加利福尼亚初级学院	大学	数　学	15	50	5	0.31
Olsen, Weber, & Dormer(1968)	伊利诺大学	大学	兽医学	15	10	3	0.14
Palmer(1974)	大卫逊学院	大学	心理学	10	6	0	0.55
Pikunas & Mazzota (1965)	密歇根州	12级	科　学	6	6	0	0.71
Pratt(1970)	亚利桑那州	中学	社会科学	9	11	0	0.19
Robinson(1972)	布来汉青年大学	大学	心理学	4	3	0	0.10
Rievman(1974)	佛罗里达大西洋大学	大学	心理学	16	10	2	0.34
Ross & Henry(1939)	爱荷华州立大学	大学	心理学	12	10	1	0.06
Selakovich(1962)	西得克萨斯州立学院	大学	政府学	15	15	3	0.08
Shapiro(1973)	纽约社区学院	大学	商业	15	10	3	0.26
Standlee & Popham (1960)	印第安那大学	大学	心理学	15	14	1	0.26
Stephens(1986)	内布拉斯加大学	大学	统计学	5	5	0	0.67
Townsend & Wheatley (1975)	加利福尼亚州立工艺学院	大学	数　学	12	49	1	0.54[a]
Ward(1984)	西伊利诺大学	大学	统计学	15	13	2	−0.15[a]
Wiggins(1968)	北卡罗来纳大学	大学	社会学	5	4	0	0.79

续　表

研　　究	地　　点	班级	课程内容	持续周数	测试次数		效 值
					X组	C组	
Wilkins(1979)	路易斯安那社区学院	大学	心理学	12	11	0	0.30
Williams & Lawrence (1974)	西密歇根大学	大学	生理学	4	3	0	0.34

a　基于报告价值的趋向和统计意义

【资料来源】班格特-德朗，R. L.，库立克，J. A.，& 库立克，C. C.(1991)，《课堂频繁考试的效应》，*Journal of Educational Research*，第85期，第89～99页中第93页表1。

在帕尔默研究中的效值是0.55。这个数字本身无多大意义，但有必要用常态曲线分布(第五章中有说明)把它转换成百分位等值。0.55这个效值指试验组的平均值，位于控制组分数分布的第71位数。效值0.00指试验组和控制组毫无差别：试验组的平均值位于控制组分数分布的第50位。

表4.2所示35项研究的平均效值是0.23，表明某门课程持续测试的学生期末考试平均分数位于那些很少或不参加测试学生的第59位数。因此，我们可得出结论：持续测试对学生学习有细微的正面影响。

该后分析中的四项研究调查了持续测试对学生在课程态度上的影响。这些研究的平均效值为0.59，表明持续测试学生比不经常或不参加测试学生在课程态度上有较积极的态度。

在计算评论中包括的所有研究的平均效值后，查阅者往往检查各项研究之间的效值差异。例如，我们发现表4.2中持续测试从0.96(表明持续测试对学生成就有非常积极影响)到−0.80(表明在该特定研究中不经常测试比经常测试要好得多)。为了解发生这种情况的原因，罗伯特·班格特-德朗和两位库立克先生记下每项研究的某些特征。然后他们计算出具有某种特征的平均效值和不具有特征或具有相反特征的研究的平均效值。

分析结果如表 4.2 所示。研究的第一项特征是在学程中给予实验组的测试次数由于统计需要调整到适应于某些学程比其他一些稍长这个现实。在其中的 11 项研究中,进行了 1～10 次测试;16 项研究中,进行了 11～20 次测试;82 项研究中,进行了 21 次以上的测试。我们发现三种分类的效值很相近(分别为 0.24、0.23 和 0.21),表明某门课程测试的积极影响并不依赖于测试的次数。

每个效值的标准差(SE)也在表 4.2 中标明。这项统计表明,具有某种特定性质研究的效值与平均效值有多大差异。标准差越大,不同研究间的效值差异越大。就拿这三个比较组来说,标准差分别为 0.09(1～10 次测试)、0.07(11～20 次测试)和 0.18(21 次以上测试)。这些结果表明,对经常被测试的课程作调查研究时,其效值可变性也更大。

表 4.2 所示的下一个研究特性得出有趣的结果:控制组对学生测试的次数。我们发现课程中未参加测试的控制组的研究效值较大,为 0.54。它比那些参加一次或多次测试的控制组的研究效值要小得多。这项结果证明在学程中学生参加至少一次测试是有益的,但参加多于一次的测试意义不大。如果研究者仅仅报告了表 4.2 所示全部 35 项研究的平均效值,就不会发现这个潜伏的重要结果。

你会注意到,在表 4.2 中,一些特性是指导方面的(如课程内容和指导持续时间),而其他一些特性是关于研究方法论的。后一特性更为重要,因为它们提供了一种能决定设计较好的研究是否与设计不太好的研究产生不同结果的方法。例如:将个体随机分配到试验组和控制组是实验设计(我们在第十二章讨论)的一个良好特征。在表 4.2 中,我们发现,用随机分配方法的研究的平均效值是 0.36,而未采用该方法的研究的平均效值是 0.20。这一结果表明,包含有质量相差较大的研究的 35 项研究的平均效值是 0.23,这一数字可能过低估计了持续测试的真正效值。

表 4.2　35 项关于频繁测试的教学效果的后分析中研究特性与成就效果之间的关系

研究特性	个数(N)	平均效值(M)	标准差(SE)
X 组经调整后的测试次数			
1～10	11	0.24	0.09
11～20	16	0.23	0.07
21 次或 21 次以上	8	0.21	0.18
C 组经调整后的测试次数			
0	11	0.54	0.08
1	5	0.15	0.13
2 次或 2 次以上	19	0.07	0.06
试验持续时间			
8 周或少于 8 周	9	0.29	0.19
9～12 周	9	0.30	0.07
13 周或 13 周以上	17	0.15	0.05
实验对象分配			
随机	6	0.36	0.10
非随机	29	0.20	0.07
指导者影响控制			
相同	29	0.18	0.06
不同	5	0.39	0.17
作者在标准测试中的偏见控制			
商业	7	0.16	0.19
地方或其他	28	0.24	0.06
结果量的统计控制			
仅指事后分析	20	0.28	0.08
协方差控制	15	0.15	0.08
班级层次			
学院前	7	0.18	0.19
学院	28	0.24	0.06
课程内容			
数学	6	0.28	0.12
科学	6	0.13	0.21
社会科学	17	0.16	0.06
其他	6	0.46	0.14

续 表

研究特性	个数(N)	平均效值(M)	标准差(SE)
年度报告			
1960年前	10	0.16	0.15
1961～1970	10	0.25	0.09
1971～1980	9	0.25	0.08
1981年以后	6	0.25	0.15
研究来源			
未发表	3	0.41	0.20
论文	10	0.18	0.04
已发表	22	0.22	0.09

每项研究的测试次数都经调整,以估测间隔15周后学生参加测试的次数。

* $p<.001$

【资料来源】班格特-德朗,R. L.,库立克J. A.,& 库立克,C. C.(1991),《课堂频繁考试的效应》,*Journal of Educational Research*,第85期,第89～99页中的第94页表2。

对持续测试效果的考察显示了后分析对于分析和概括某一特定问题的研究文献的作用。因此,如在查询文献中遇到后分析时,你应该加以密切关注。我们将在本章后面讨论进行后分析的程序,不管它是作为研究本身的需要,还是作为你搜集新数据研究中的一部分。

七、阅读原始资料

原始资料指实际观察或参与某事件的某一个人写的关于该事件的直接报告。在教育研究领域,原始资料常指一个或多个实际研究者写的研究报告,或作者关于某一教育现象的自己的理论或意见的报告。

如前所述,原始资料中报告的研究发现和理论往往可在多种二手资料中查到。但是,二手资料评论的作者可能会将原始资料歪曲解释,使之与他们自己观点一致,或者可能省略掉一些读者想知道的信息。因此,我们建议你在查阅文献时,不要完全依赖二手资料,即使它们看上去全面而新颖。你至少应查阅与你想研究的关系重大的原始资料。

查找原始资料文献的第一个地方是离你最近的学院或大学的图书馆。如果该图书馆没有你需要的特定的文献，图书管理员应该能够帮你获得一本。例如，你或图书管理员可查阅 FIRSTSEARCH，这是包括 WORLDCAT（世界目录的缩写）在内的电子数据库集合。该数据库是国际性图书馆的书籍和期刊的索引。你可以查找一个标题、作者或主题以确定与研究问题相关的著作和杂志，查明它们的出处，并购买一本。

获得当地难以得到的期刊文章的方法之一是从文章再版业务[①]订购，另一个办法是直接写信给作者要一本再版书。作者往往有一些再版书，特别是新近出版的，他们很愿意送一本给请求要书的人。写明请求之外，请附上一张贴有邮票、写有你自己姓名地址的信封。当然，写信要一本再版书先得有作者的地址才行。

如果一份原始资料与你的研究高度相关，我们建议你复印全文。当你准备写文献评论时，如果能够参考自己拥有的文献复印件，要比依赖不完整的笔记或返回图书馆重读原文，对进行相关研究来说要方便得多。

获得原始资料文献复印件后，我们建议你先阅读新近出版的内容，因为新近的研究以原有研究为基础，可能会更有价值。

（一）原始资料分类

在查阅原始资料时，你应寻求分类的方法，以便将它们有条理地归类。通常，最好的方法是将文献按指导研究的问题或目的来分。例如，本书的作者（M. Gall）最近担任道格拉斯·赫曼（Douglas Herman）的毕业论文指导教师。道格拉斯·赫曼做的是列入援助计划教师的个案

---

① “国际大学缩微胶片”（UMI）即这样的一种服务。你可打免费长途电话认购：800－521－0600，分机号码：2786。

研究。① 援助计划是对一名不胜任教学或其他工作的教师的矫治过程。

赫曼明确地表达了六个研究问题：

1. 什么问题导致教师被列入援助计划？

2. 援助计划是怎样形成的？作为书面文献，它们看上去是什么样子的？

3. 在援助计划实施过程中采用哪些矫治方法？

4. 援助计划是否有效？

5. 对被援助教师的指导是否与研究结果及专家对于有效管理实践的观点一致？

6. 援助计划怎样才能得到发展？

赫曼利用这些问题制定出下列编码以便他在文献查阅中为确定的文献进行分类：

a. 教师为何会陷入困境，如突然引起援助计划困难方面的文献。

b. 援助计划各个不同阶段所发生情况的信息文献。

c. 援助计划是否有效的文献。

d. 高效指导实践信息的文献。

e. 关于教师矫治和援助计划发展意见的文献。

每一篇文献都按一种或多种这样的编码分类。随着道格拉斯·赫曼的文献评论工作的展开，他又进一步改进了几种编码。例如，编码(d)被分为三类：

(d-1)普遍的指导实践；(d-2)职前教师的指导实践；(d-3)在职教师的指导实践。

使用这样的一种编码系统在两个方面是有利的。首先，它激励你积极阅读与主要论题有关的文献，而这些论题是你所研究问题的基础。其次，编码系统使你能迅速确定与某一具体论题有关的文献，从而简化了

① 赫曼, D. P. (1994), "教师培训计划：一种描述性研究", *Dissertation Abstracts International*, 54(09), 3279A. University Microfilms No. AAC94-05183。

撰写文献评论的工作。

(二) 研究报告的批判性评估

看一份研究报告需要做的第一件事情就是判断它与你所研究的问题是否相关。如果证明是相关的,下一个判断则是有关报告中所叙述的研究的质量问题 。遗憾的是,教育和相关学科中发表的研究质量并不很高,因此在判断研究质量时应牢记这一点。

我们作此评论是基于自身经验,基于布鲁·塔克曼(Brune Tuckman)对四项研究的评论,这些研究曾邀请研究方法论的专家来判断期刊和其他资料上发表的教育研究的质量。[①] 查阅之后,布鲁·塔克曼得出结论说:"很多已经印刷出来的作品是不应该存在的。"[②]参与四项研究的专家得出结论: 他们作出判断的研究中有 40%～60%应在发表前作大量的修订或根本不应该发表。

既然文献中存在精华也存在糟粕,所以需要你仔细评估确定与问题相关的每一项研究的质量。你应着重于较好的研究,并且估测某一给定课题在研究过程中的不足对科研结果产生的影响。

该评估过程需要许多技巧。理想地说,研究者在面向专业读者评论前,应掌握全部研究过程。至少,我们建议你在进行文献评论、开始自己的研究计划前学完本书的其余部分。许多章的最后一节(包括本章)都是关于进行各种类型研究或研究过程中不同阶段出现的"错误"。这些错误为帮助你评估所阅读的研究调查的质量提供了方向。

你可能会发现参考图 4.9 是很有帮助的。它列出了你在评估一份研究报告时应该提出的问题。有些问题适用于任何研究调查,另一些特别适用于定量研究或定性研究。这些问题在附录中的两张表格里有进

① 塔克曼, B. W. (1990), "改进教育研究质量的设想", *Educational Researcher*, 19(9), 第 22～25 页。

② 同上,第 22 页。

一步的详细叙述。每一张表格都列出适合于该研究类型的问题，并附有你应在报告中寻找的以回答每个问题的信息类型的描述和一答案范例。

引言

1. 研究的问题、过程或结果是否过度地受研究者的机构合并、信念、价值观或理论倾向的影响？
2. 研究者在描述研究主题（指导方法、工作计划、课程、人物等）时是否表现出积极的或消极的偏见？
3. 报告的文献评论部分是否足够广泛？它是否综合了你认为与问题有关的研究调查？
4. 假设、问题或目标是否明白表述？如果是，它们是否清晰？
5. 研究者是否令人信服地说明了研究假设、问题或目标对个案研究都很重要？
6. （定量）研究中每一变量定义是否明确？
7. （定量）每一变量值与其定义是否一致？

研究程序

8. （定量）抽样过程是否产生了代表可鉴定人群或你所在地方人群的样本？
9. （定量）研究者是否形成了可提高研究现象理解度的小组？
10. （定性）抽样过程是否产生了一个或多个特别有趣、从中又可学到有趣现象的知识的实例？
11. 研究中的每一次测定对于预定目的是否都充分有效？
12. 研究中的每一次测定对预定目的是否都充分可靠？
13. 每一次测定是否都适应于样本？
14. 研究程序是否恰当并明白表述以便别人在需要时可借用？

研究结果

15. 是否使用并正确使用了恰当的统计方法？
16. （定性）报告是否包含体现了个人对访谈问题的生动反应和表现的细致的描写？
17. （定性）研究资料中的每一因素是否体现出其意义？
18. （定性）收集的数据是否证实了明白表述的假设或问题？

结果讨论

19. 数据分析结果是否支持研究者对研究发现作出的结论？
20. 研究者对结果是否提供了合理的解释？
21. 研究者是否合理地暗示该结果可以运用于实践之中？

注：特别适用于定量或定性研究的问题已如上标明。其余问题适用于两类研究。

图 4.9：评估定量或定性研究报告时应问的问题

【资料来源】改编自博格，W. R.，高尔，J. P.，& 高尔，M. D. (1993)，《应用教育研究》(第 3 版)，New York：Longman. 第 88 页图 5.1。

期刊中出现的研究报告为适合期刊的篇幅规定,往往比较简短。然而,它们的简洁和标准的程式使得这些报告读起来没有通俗的教育作品有趣。还有,你需要常常假定或猜测未提供充分细节的研究的各个方面。如果重要细节被省略,你可在文献评论中注明该问题。如遗漏的细节对你已设计的研究十分重要,你应考虑写信给研究者询问此问题。

八、综合文献查阅的结果

假定你已经收集了大量的与你所研究问题相关的文献。这些文献可能包括了文献评论、个人见解文章、理论性杂文及许多研究报告。你现在的任务是将所有这些信息综合为一篇连贯的文献评论,这是一个复杂的过程。每一位作者都发表了自己的文献评论,而且我们发现将一些文献综合并写成评论需要几个星期的时间。在这个过程中,某些部分具有创造性,因而不适宜作精确的分析;其他一些部分可明确表述,下面重点讨论这些部分。

我们建议你先阅读一些经典性的文献评论,如《教育研究评论》杂志中的评论。它们会使你认识到一篇好的文献评论应该包括哪些内容,并使你决定着手综合和报道文献查阅所发现的信息。

我们还建议你阅读经典性研究文章和论文中的文献评论。如果评论写得好,它们会明确指出先前的研究结果与报道中的研究是怎样联接的。我们从新手撰写的文献评论中发现的最大不足是文献评论孤立于论文或文章的其他部分之外,也就是说,读者并不明了其他研究者和理论家的作品与报道中的研究有何联系。

另一个常见的错误是注重于研究结果而不考虑产生结果所用方法的可靠性,因此,读者不知道结果的可信性有多大。

文献评论中的另外两种常见错误也值得一提。第一种是省略掉查询过程的描述。说明查询了哪些原始和二手资料、使用了哪些主字码术语,花费了多少时间是很重要的。第二种错误是撰写的文献评论是一组孤立的结果、意见和观点。这种错误常常导致一连串互不相连的段落，每一段来自一种查阅的文献。你应该努力将结果、意见和观点等综合为你或其他研究者开发的理性或理论性框架之中。我们认为这正是里查德·埃尔莫尔(Richard Elmore)在表述时的想法：

> 我所读过的文献评论的普遍缺陷在于，即使他们使用的方法包罗万象、严格周密，在判断时却单调沉闷，机械呆板。他们概括论据，但不关注读者对评论的理解。①

为避免这些不足，你应当好好反思一下在文献查阅时确认的各种文献中的信息是怎样与理论性或理论框架及你的预定课题相关的。另外，你亦应在评述的课题中注意方法论上的问题，在报告中作出评论，并且讨论在预期的研究中如何处理它们。

在下面的小节里，我们着重讲述综合原始资料文献中报告的研究结果的具体战略。根据将被综合的研究结果在本质上是定量的还是定性的这一特性，相应的战略相差较大，因此，我们将分别叙述。

(一) 综合定量研究结果

第一步是从文献查找中辨认出与你研究问题相关的报告统计结果的所有文献。它们中的大多数将成为你的原始资料。在鉴定了相关文献后，你必须决定怎样将其中报告的不同统计结果综合起来。下面讲述几种综合方法。

1. 叙述性评论

事实上，早在1976年吉恩·格拉斯撰写他关于后分析的划时代的文章之后，教育领域的所有文献评论都以叙述的口吻写作。② 这些评论

---

① 埃尔莫尔，R.(1991)，“从多样化到规范化的案例探究方法趋势述评”，*Review of Educational Research*，61，第293～297页。引文见第295页。

② 格拉斯，G. V(1976)，“小学、中学和元分析研究”，*Educational Researcher*，5(10)，第3～8页。

着重于设计较好的研究，综合它们的结果，从而形成了评论的某一问题或主题的理解状况的综合图片。对于有统计意义结果的数字与无统计意义结果的数字可能都做了比较性的说明。每项研究可能会用几句话或一段文字分别说明。

叙述性评论最大的不足是它的主观性。在评论中，评论者很少表述他们收入这些研究成果或文献的标准，还常常将过多的重点放在判断某项发现的实践的或理论的重要性的统计意义上（在第五章解释了统计意义）。理查德·莱特和戴维·皮尔玛(David Pilemer)引用了两篇关于环境影响领养孩子智商的研究评论，来说明叙述性评论的主观性。① 尽管评论者综合了同组研究，他们竟得出相反的结论！

2. 票数计算法

格莱格·杰克逊(Gregg Jackson)推荐了一种综合研究结果的程序，这种程序有时被称为票数计算法。② 这种方法是将每一项统计结果分成四类：(1) 具有统计意义的正面结果，即与假设的方向一致；(2) 不重要的正面结果；(3) 不重要的负面结果，即与假设的方向相反；(4) 统计上重要的负面结果。

一组研究很可能产生许多统计结果，可能没有一个结果有重要的统计意义，但全部或大多数结果却与假设方向一致。任何个别结果都不具有统计意义是有可能的，但不同研究的结果趋势在统计上很可能有意义。票数计算法使评论者可以测试研究之间的这种结果趋势的统计意义。

票数计算法的一大局限性在于它需要大量的统计结果以测算可靠的趋势。另外，票数计算法的弱处是它只考虑结果的方向，而不考虑它

---

① 莱特，R. J.，& 皮尔玛，D. B. (1984)，《综论：评述性研究的科学》，Cambridge，MA：Harvard University Press。

② 杰克逊，G. B. (1980)，"综述方法"，*Review of Educational Research*，50，第 438～460 页。

的量。① 例如，假设某研究发现，在标准成就测试中，实验组超过控制组5个百分点，而另一研究发现在同一测试中，实验组超过控制组10个百分点。如两项结果都具有统计意义，它们都将在上述的范畴系统中标作"1"。范畴系统往往会忽视一项研究与另一项研究结果差异巨大这个事实。这一局限性将由下述的后分析方法加以克服。

3. χ^2 法

盖奇(N. L. Gage)提倡的一种方法是将样本的分量和每一项研究中报告的关系或差异量考虑在内。② 该方法基于这样一个事实，即：p 值可转换为两个自由度的 χ^2 统计。它要求先通过核查适当的统计表或使用计算机程式完成该目的，把研究中报道的任何一种可推断的统计值(如：t,F,r)转换成概率(p)。然后，概率值转换为 χ^2 值。因 χ^2 值和自由度(df)是附加的，所有研究的 χ^2 和 df 都得以累加。为测定综合研究的全层次意义，有必要登记相加的 χ^2 值和自由度，以获得常规的 χ^2 概率表。

如下所述，χ^2 法已基本为后分析法替代。但是，后分析一般需要大量研究才能产生有意义的综合。当只要综合几个统计结果，而这些结果产生于互相复制的研究，这时应考虑用 χ^2 法。例如，有时研究者做某一研究，若取得有趣的结果，他们会为测定结果的稳定性重复该研究。在这种情况下，两项研究的统计结果可用 χ^2 法检验它们综合的统计意义。

4. 后分析

从20世纪70年代后期起，后分析成了综合一组研究同一问题所得统计结果的应用最广泛的方法。如我们在前面二手资料一节中所讨论的，教育文献中有不少关于后分析的报告。此外，在其他社会科学学科和专业(特别是医学专业)中，后分析法也很普遍。

---

① 参考赫奇斯，L. V.，& 奥金，I. (1985)，《元分析统计方法》，New York：Academic Press。

② 盖奇，N. L. (1978)，《教学艺术的科学基础》，New York：Teachers College Press。

同用票数计算法和 χ^2 法来综合定量结果相比，后分析法有三大优势。第一，它着重于每项研究中观察到的将被合成的效值。例如，后分析不仅让读者了解实验组和控制组在同一标准测试中是否取得不同成绩，还让读者知道它们之间差是多少。

后分析的第二大优势在于它提供了一种称为"效值"的公制。效值公制可用于任何统计和测量。因同一研究问题的不同研究可能运用不同的设计、测量和统计，所以后分析的这一特性很重要。比如，研究者甲调查教师在课堂上使用悬顶的影像放映机是否会影响学生记笔记的质量。她进行了一项实验，其中，实验组的教师使用悬顶的影像放映机，而控制组的教师则不用；实验前后的学生笔记质量都记录在一张七点量表上。处理结果数据使用了协方差分析的统计技术。另一方面，研究者乙选择教师样本调查同一问题，他测量教师在多大程度上在课堂上使用悬顶的影像放映机。他还在一张五点量表上给学生课堂笔记的质量作了评估。处理结果数据时应用了相关的统计技术。尽管两项研究使用了不同的设计、测量和统计技术，它们的结果都可转换成常用的公制，即效值统计。该统计使评论者可测定每项研究中使用悬顶的影像放映机和学生笔记质量之间的关系量，并测定它们是否相近。

后分析的第三个优势在于它使得查阅者可以测定查阅中研究的某些特性是否影响了所取得的结果。表 4.2 说明了怎样使用后分析，它揭示了研究中不同特性的影响，这些研究调查了某一课程中测试的频数。

如果你想就某一问题进行研究文献的后分析，你需要学会计算研究者报道的各种统计结果的效值。另外，你还要了解使用这种方法的细微差别，了解评论者的批评和对这些批评的反应。（见加注参考文献）

后分析是很费时间的过程，因为你不仅要查阅大量的相关原始文献，而且还要获得和阅读文献。你不能像传统的文献查阅那样依赖于摘要和二手资料。为了计算效值、记录研究的相关特性，你需要原始资料文献。正因为此，一些学生将后分析作为他们全部的毕业论文课题。①

(二) 综合定性研究结果

定性研究者研究个案，尽力明白每个个案的独特性及其来龙去脉。那么，如何综合个案研究的结果呢？正如乔治·诺伯利特(George Noblit)和阿·德怀特·黑尔(R. Dwight Hare)所说的，这一挑战是"当我们综合它们时，仍保留叙述的独特性和神圣性。"②

罗德尼·奥格瓦(Rodney Ogawa)和贝蒂·马伦(Betty Malen)根据探索性个案研究方法的原则和程序，推荐了一种综合定性研究的方法。③这种方法适用于他们所说的多意义文献(multivocal literature)。它主要由定性研究构成，但还可能包括一些定量研究，甚至包括对某一种现象的非研究性叙述。

因为大部分定性研究是探索性的，对这一研究的评论从本质上说也应该是探索性的，这才比较合适。其目的是为了深入了解被研究的现象，并形成假设以便在多方面有效地指导研究。相比之下，后分析方法的目的是对于是否存在效果，如存在，效果又是多大，而得出强有力的结论。

我们对奥格瓦和麦伦的方法进行的分析表明它有八个关键步骤。④下面对这些步骤的描述并不是用来暗示它们是分离的、连续的或适用于

---

① 此类毕业论文有两例：伯尼特，B. B.(1988)，"教师培训的有效性：多元分析"，《学位论文摘要》，48(07)，1739A. University Microfilms No. AAC87-21226；N. C.(1987)，"四种教学模式：学生成绩的多元分析"，《学位论文摘要》，47(11)，3966A. University Microfilms No. AAC87-05887。

② 诺伯利特，G. W.，& 黑尔，R. D.(1988)，《元人种学：综合性的质化研究》，Newbury Park，CA：Sage。

③ 奥格瓦，R. T.，& 马伦，B.(1991)，"从多样化到规范化的案例探究方法趋势述评"，*Review of Educational Research*，61，第265～286页。在同一期刊内也有关于这篇文章的四种评论。

④ 我们的分析一般来说是依照奥格瓦和马伦描述的步骤，但对几个步骤我们形成了自己的修饰与阐释。

所有定性研究评论。更确切地说，我们的分析是打算提供一个框架，使你能用来形成自己的方法，查阅一些本质上主要是定性的文献。

步骤 1：开创一条审查之路。定性研究中使用的“审查之路”指用文件证明怎样进行个案研究。① 一条审查之路可以包含在文献评论之中，它描述评论者使用的所有程序与决定规则。如果这样的叙述出现在文献评论的报告中，读者就能更充分地了解如何进行查阅，如果他们需要的话可以复制这种查阅。

为了持续你的活动、了解问题及进行审查，你应该在开始查阅文献时就计划好程序。这一早期计划必将指引你记录下决定和发现的最重要的信息。日记形式可能比较有效，因为它能按时间顺序记录事件。在查阅日记时，你能决定你的思考和程序是否及如何随着查阅进展而改变。

步骤 2：界定查阅中心。定性研究主要处理出现于真实生活之中的复杂的社会现象。例如，奥格瓦和麦伦曾描述他们关于地基学校(site-based school)管理的文献评论。你把对你有意义的社会现象概念化而成为一种构造是很重要的，然后形成这一构造的概念。例如，奥格瓦和麦伦形成了学校基础(school-based)管理构造的这一定义：“一种分权形式，它确认学校是基本的改良单位，同时又是决策权力的再分配手段，通过它来促进或保持改良。”②

因为构造界定了查阅的范围，因此它的定义是很重要的。你应该收入符合你定义的有关现象的文件并排除那些不符合的文件。为了形成定义，首先需要研究许多潜在的相关文件。当你研究它们时，可能更清楚在定义中应收入什么及排除什么。

步骤 3：查找相关文献。许多令教育定性研究者关注的社会现象对其他个人而言也是很有趣的。奥格瓦和马伦声称这些个人的作品应该

---

① 古巴，E.，& 林肯，Y. S. (1981)，《有效评价》，San Francisco，CA：Jossey-Bass。

② 奥格瓦 & 马伦，“从多样化到规范化的案例探究方法趋势述评”，第 277 页。

被包括在文献评论之内，因为它们阐明了归因于社会现象及现象所发生的环境的不同意义。用格拉塞(Glaser)和斯特劳斯(Strauss)的话来说，这些个人的作品简直是“恳求人们听到他们的呼声”。①

如果你接受奥格瓦和马伦的主张，你的文献评论就可不仅包括定性研究报告，也包括非研究性文件(如报纸文章、社论、会议记录、备忘录、纲目描述)和非正式调查报告(如内部方案评估)，如可获得定性研究的报告，它们阐明了你正研究的现象的意义，也可以被包括进去，但是它们不应被认为天生比其他将被查阅的文件更有价值。

步骤 4：给文件分类。 在识别并获得相关文件之后，你需要将它们分类以便了解它们所代表的数据类型。例如，奥格瓦和马伦将他们调查的学校基建的相关文件分为四类：方案描述或身份报告，形势陈述，系统调查，相关文献资料。方案描述说明建立或管理学校基建工程所付出的努力；而形势陈述则为这些工程奠定基础；系统调查说明了有关这些方案的操作和结果的经验数据；相关文献资料说明与学校基建相关的主题，例如，创办社区学校委员会及参与性决策安排。

步骤 5：建立摘要数据库。 设想你已收集了与你的主题有关的广泛的文件，如：个案研究、纲要描述、会议记录、报纸陈述、学术著作及报告定量研究结果的文章。你不能只简单地阅读所有这些文件，随便做笔记，然后写一篇文献评论。相反，你必须形成叙述性摘要及涵盖文件中所有相关信息的编码计划。这一过程是重复性的。它意味着，譬如，你可能需要形成一个编码方案，把它应用于资料中，并根据经验对之修改，然后再应用它。用奥格瓦和麦伦的话说：“从收集的大量的原始材料(文献)来看，研究者必须形成总结以便：(a) 一读再读以确信它们是原始材料的精确归纳；(b) 重复检验以确信在数据分析中考虑到了所有相关信息，并反映到最终的报告中。”② 文献评论的这种定性方法与个案研究中

① 奥格瓦 & 马伦，“从多样化到规范化的案例探究方法趋势述评”，第 267 页。

② 同上，第 280 页。

的数据分析过程(见第十四章)十分相似。

*步骤 6:鉴定构造和假设的因果关系。*在后分析中,定量研究报告中的必要信息是统计结果,它们被称为效值。定性文献的评论者没有发现与效值目标相当的目标。如前所述,他们的目标是加强对被研究现象的理解,并且指导未来的研究。

那么,在定性文献评论中应了解什么呢?奥格瓦和马伦声称评论者应着重鉴定文献中出现的代表主要论题的构造。例如,奥格瓦和马伦在他们评论有关学校基建的文献时认为质量计划(quality planning)是主要构造。

在被评论的文献中,没有必要明确地指明概念,或对之加以定义,或经常提及。事实上,不同定性研究者和非研究者可能使用完全不同的语言来描述某特定类型的事件或其他现象。评论者的任务是在这些不同的描述中查找主题(即共同点)。如某主题看似重要,评论者可得出一种构造和代表主题精华的定义。评论者也有责任说明构造和它在查阅的文献中不同表现形式之间的关系。为了让读者确信构造是有效并必然的,有必要进行说明。如果其他人能用评论者的定义和构造的指示来鉴别或产生构造的实例,那么构造就是有效的;如果对别人而言,构造明显是由查阅的文献发展而来,而不仅仅是来自于评论者独特的直觉和偏见,那么构造就是必然的。

除了鉴别相关构造之外,定性文献的评论者也需形成关于因果关系的假设。例如,在罗德尼·奥格瓦和贝蒂·马伦进行关于学校基础管理的文献评论时,他们确定了几种关于因果关系的假设,如:学校基础管理导致更新的组织机构,更具学术成就的学校,并恢复了对学校的信心。除了确定这些联系之外,评论者必须鉴定和评估在文件中提供的证据以证实这些因果关系。评论者还应该根据文件的作者和被研究现象的要求对假定联系的价值和特色作出判断。

*步骤 7:查找相反结果和竞争性的解释。*在我们所举的后分析例子中,我们发现在关于频繁测试的效果方面的研究已经产生了截然不同的

结果：许多结果是肯定的，但也有些是否定的(见表 4.1)。倒是那些进行后分析的评论者并没有忽略这些区别，他们尽力想通过分析各种不同研究的特征来理解它们。(见表 4.2)

同样，定性研究的评论者需注意存在不同于他们已得出的相反结果和解释的可能性。罗德尼·奥格瓦和贝蒂·马伦提供了这样一个例子来进行自我批评。在描述他们查阅学校基础管理文献的进程时，他们注意到他们原先提出的管理方法没有促进成员士气的声明过于简单化了：

> 最后，用我们评估的说明来接受。我们认为有证据证明校基管理可能对一些参加者的士气和动机有初步的、积极的作用，而不是下结论说校基管理无效，但是几乎没有证据证明校基管理对相当数量的参加者的士气和动机有持续促进作用。

*步骤 8：利用同事或消息提供者来证实结果。*奥格瓦和麦伦建议定性文献的评论者把报告的草稿请同事提出批评。同事们可能会发现定义和逻辑的缺陷，并会建议应考虑的不同解释。文献评论中的文献作者和评论中讨论会的参与者也能起到这些作用。

前面的讨论说明了定性文献的评论能够并且应该与定量文献的评论一样严密；两种类型的文献只是在获得严密的方法上有所不同。

九、查阅研究文献时易犯的错误

1. 没有把文献查阅的结果与研究者自身的课题明白地联接起来。

2. 没有花充分的时间来界定最好的主字码，没有确认在查阅与主题相关的文献中使用的最佳资料。

3. 在查阅文献时，依赖二手资料而不是原始资料。

4. 毫不批判地接受另一个研究者的结果和解释并视之为有用的资料，而没有批判性地检查该研究设计和分析的所有方面。

5. 没有报道文献查阅的查阅过程。

6. 报道孤立的统计结果，而没有用 χ^2 法或后分析法综合。
7. 在综合定性文献时，未考虑相反的结果和另一种诠释。

自测题

1. 如果________，不必在收集数据前进行文献查阅。
   a. CIJE 中没有与研究问题相关的重要主字码
   b. 可获得相关二手资料
   c. 可获得相关后分析
   d. 研究者的目的是形成基础理论
2. 如教科书作者报告了他们自己实验的结果，这部分课文将被认为是
   a. 二手资料　　b. 原始资料
   c. 初步资料　　d. 文献评论
3. 进行教育文献查阅，最好的原始资料由________出版。
   a. 美国心理学协会（APA）　　b. 教育资源信息中心（ERIC）
   c. 美国教育研究协会（AERA）　　d. 国际大学缩微胶片
4. 鉴定教育研讨大会上递交的相关论文的最好资料是
   a.《教育资源》　　b.《最新教育期刊索引》
   c.《期刊文献的读者指南》　　d.《教育研究评论》
5. 查找 ERIC 原始资料的印刷版本的缺点是
   a. 这种查找花费较高　　b. 印刷版本查找时间较短
   c. 一次只能限于查找一个主要主字码　　d. 以上各点
6. 利用计算机进行文献查找时，用“或”将两个主字码连接起来，往往会
   a. 增加可获得记录的数目
   b. 减少可获得记录的数目
   c. 仅恢复包括两个主字码的那些记录
   d. 缩小文献查找的重点
7. 互联网使研究者能够
   a. 使用相同的一组主字码来查找同时出现的多个数据库
   b. 在 ERIC 数据库中更有效地使用连词“和”与“或”

c. 用个人电脑与远距离网站上的计算机数据库发生作用

d. 使用个人电脑组建私人数据库

8.《教育研究评论》

a. 提供了每年完成的研究目录

b. 概括了各种教育主题的研究文献

c. 产生了教育原始资料的最新索引

d. 提供了最早在期刊报纸上发表的教育报告的简要文摘

9. 效值是

a. CD-ROM 文献查阅中的限制域

b. 判断原始资料相关性的标准

c. 一组研究课题中统计结果范围的量度

d. 一项统计结果的估量

10. 叙述性评论的最大不足在于它们倾向于

a. 讨论过多的边际相关课题　　b. 每个课题包括的细节太少

c. 过于主观　　d. 过分注重理论，而不是实际的统计结果

11. 定性研究的文献评论的主要目的是

a. 开发可指导进一步研究的思维和假设

b. 证实或驳斥评论者的假设

c. 揭示不同的教育现象的普遍性

d. 以上各点

12. 定性研究的文献评论的严密性可通过________得以提高。

a. 建立审查方式

b. 核查与评论文献相对的现存思维产物

c. 请求熟悉该课题的人对评论作出批评

d. 以上各点

谢竹艳○译

第三编

研究方法

设计一项课题时,研究者应为选择样本、收集数据、分析数据制定一份完美的计划。如果计划有缺陷,研究结果将很难或不可能得到解释。在本编,你将学到适用于不同类型研究课题的抽样、数据收集和数据分析的方法,并了解运用这些方法的过程。

第五章提供了在教育研究中使用统计技术的概览。一些统计技术被用来核对其他工具是否有效,另一些统计技术则被用来分析数据,以便回答问题,或检验研究者感兴趣的假设。统计在定量研究中起着轴心作用,它也被应用于定性研究。

第六章提出了选择样本的程序。研究的样本最可能由人组成。但在一些研究中,更适合选择文献、事件或其他现象作样本。研究者的抽样逻辑视研究是定量抑或定性而定。在定量研究中,研究者试着从人群中选择样本;在定性研究中,研究者选择一个或多个案例为样本,并希望通过少数案例获得对研究对象的深刻认识。不论哪种研究,研究者的抽样过程都很重要,因为它影响到研究结果能否被推论到其他情形中,或者在多大程度上被推论到其他情形中。

第七至第九章描述了从研究样本或个案中收集数据的各种方法,包括测量和问卷,也包括访谈或观察。我们在这里介绍了每种方法的优势和局限。

第五章　统计方法

一、概览

本章将首先讲述统计学在定量和定性研究中的典型应用，然后介绍从测量数据中产生的不同类型的变量(例如等级变量、百分位数等)。我们将概括性地介绍三种统计方法：(1) 教育现象描述的统计方法；(2) 样本推断总体方法；(3) 检验测试效果方法。本章结尾还讨论了统计分析中遇到的三类重要问题：探索性数据分析的必要性、缺失数据的处理以及数据的多层次分析。

二、目标

通过本章的学习，你应该能够：

1. 了解统计学在定量和定性研究中的应用。

2. 分清教育科学研究中各种变量的类型。

3. 掌握三类描述性统计方法的用途。

4. 根据不同情况选取合适的统计变量(平均数、中数、众数)来刻画集中趋势。

5. 说明正态分布曲线中标准差的意义。

6. 理解在教育研究中进行统计显著性检验的目的。

7. 界定统计效能以及它的四个决定因素。

8. 说明在论述研究结果时，如何运用置信限、重复实验和效值对统计显著性检验进行补充说明。

9. 掌握探索性数据分析的价值以及茎叶图示在探索性数据分析中的使用方法。

10. 掌握在数据分析中处理缺失数据的步骤和方法。

11. 了解不同统计分析单位（如学生个体、班级或学校等）对研究结果的影响。

12. 了解在数据统计分析中，如何使用计算机、如何避免计算错误以及如何为今后进一步研究分析而保存原始数据。

三、统计学在定性与定量研究中的应用

统计学(Statistics)是对数字型数据进行分析的数学方法，用途十分广泛。例如，对于“平均数”的计算，只得出一个数值，但可以代表许多变量。如某一次考试的平均分就可以代表所有学生在这次考试中得分大致水平。

由于定量研究意味着对数字型数据进行研究，因此许多人就认为统计学仅仅在定量研究中得到应用。而实际上，统计学在几乎所有的定量研究和大量定性研究中得到广泛应用。由简斯・柯林斯(Janes Collins)在一个一年级班级中进行的分组阅读研究就是其中一例。[①] 此项研究是一项大规模人种学研究的一个部分，主要用于辨识工薪阶层黑人孩子与中产阶级白人孩子在学校和家庭环境中语言能力的差异。

---

① 柯林斯，J.（1988），《少数民族教育中的语言与课堂》，*Anthropology and Education Quarterly*，17，第299～323页。

表 5.1 任务完成时间

	高能力组		低能力组	
	分 钟	占总时间比率	分 钟	占总时间比率
听写[a]	0	0	24.5	16
辨音[b]	10.5	17	48.5	31
完成句子[c]	8.0	13	24.5	16
段落阅读[d]	29.5	49	49.0	31
阅读理解[e]	13.5	21	9.0	6

a 听写包括从老师给出的书面材料或口头表述中记录字母、单词和句子的练习。

b 辨音包括单独或在各种背景中辨别字母和单词的练习。

c 完成句子练习包括给出合适的词语,要求迅速完成句子。

d 段落阅读指每个学生在老师的指导下从上下有联系的课文选取一段依次大声朗读。

e 阅读理解指老师提出对所读段落内容和理解的问题,并对学生的回答作出评价。

【资料来源】柯林斯,J.(1988),《少数民族教育中的语言与课堂》,《人类学和教育季刊》,17, 第 315 页。

经过了一段时间的课堂观察,柯林斯对高阅读能力组与低阅读能力组分别录了 5 节课和 11 节课的音,并在随后作了分析。这些小组的活动由教师和她的助手分别指导。表 5.1 摘自柯林斯的研究报告,它列出了课堂中采用的五种教学活动、两组学生 完成每种活动分别需要的时间以及完成每项活动的时间占总活动时间的百分比。

表 5.1 表明,高阅读能力组将 70%(49+21)的时间用在段落阅读和阅读理解问题的回答上,而低阅读能力组在这两项上仅花费了约 37%(31+6)的时间。与之相反,在听写和辨音练习中,低能力组用了 47%(16+31)的时间,而高能力组仅用了 17%(0+17)的时间。

同样,在对学生高声朗读与教师纠正方式的关系的研究中,柯林斯还进行了定性的数据分析。他发现学生高声朗读的方式会影响教师对他们阅读能力的评估,教师对朗读错误的纠正方式同样也会影响学生对阅读任务的理解。例如,不同阅读能力组的学生大声朗读时,在停顿方式和语调处理等方面存在系统性的差异。柯林斯记录如下：

> 阅读不连贯在低阅读能力组学生中较为突出。他们经常在词组间停顿，而且没有抑扬顿挫……与之相反，高阅读能力组的学生更多地具有类似成人的流利的语调特征……即使逐字停顿地朗读，他们也会以降调结束句子。①

柯林斯注意到，教师对低阅读能力学生的朗读，多注意纠正其发音，但对那些高阅读能力的学生，“则注重对词句意义及其在所读段落中的位置安排的讲解，而不是注重纠正其方言（发音）”②。柯林斯在阐述这种本质上的差异时，列举了三个在朗读练习中加强师生交流的实例。

柯林斯的研究表明，数字资料和统计分析并非由定量研究独享，定性研究人员正逐渐将统计分析作为解释分析的一种补充。但是定量研究与定性研究在运用数据和统计分析方面，还是存在很大差别的，统计分析是定量研究的主要方法和重要基础。

数字资料的收集完成后，研究新手们总是机械地运用统计方法对其加以分析。也就是说，他们认为一组研究数据总有一套惟一正确的统计方法来分析它。事实上，统计分析也需要大量的判断，而且这种判断与定性研究中所需要的判断相同。

本书作者之一 M. 高尔在他最近的一篇论文中指出，定量研究同样需要判断。③ 在读博士生罗恩·沃尔夫对三所海外学校中 52 名教师进行了个性测量和问卷调查，其目的是为了了解教师的预测性变量得分（如个性量表得分以及调查问卷中诸如教龄等问题的回答），如何预测教师在与工作绩效和文化适应有关的标准变量上的得分。

---

① 柯林斯，J.（1988），《少数民族教育中的语言与课堂》，*Anthropology and Education Quarterly*，17，第 316 页。

② 同上，第 319 页。

③ 沃尔夫，R.（1993），《经历、性别、婚姻状况及 16PF 问卷作为在南亚学校中美国教师效用的预测指标》，《国际论文摘要》，54（09），3407A。University Microfilms No. AAG94－05241。

表面看来，沃尔夫研究中统计分析的正确方法应是分别计算所有样本中的预测性变量与标准变量间的相关系数。（后面的章节将详细介绍相关系数，它将两个变量间关系的紧密程度以数字的形式表现出来）以往对于海外教学效用的预测研究就曾准确地使用过这种统计分析方法。然而，沃尔夫决定通过对研究背景知识的逐步深入了解，来指导该统计分析。

首先，沃尔夫重新审核了测量工作绩效和文化适应这两个标准变量的过程。这一研究中的文化适应和工作绩效分别包括 7 个和 5 个项目。三校的校长分别对其学校的教师按照这些项目进行评定。（文化适应包括许多不同的方面，例如简单的日常生活，如“该教师能轻而易举地完成购物、洗衣等日常所要求的任务”。工作绩效同样也可包括不同方面，如“该教师能维持有助于学生学习的课堂氛围”）

然后，沃尔夫考虑是否可将 7 个文化调整项目的得分合并成一个指标量。通过计算信度系数，他认定以上 7 项中的 5 项之间具有较高的一致性，可以合并。这里的“一致性”是指在一个项目中得高分的老师在其他 4 项中得分也可能很高；相应地，在某一项目中得低分的老师，在其他 4 项的得分也不高。通过对另外两个非一致性项目的检测，沃尔夫认为有足够理由将其剔除。这样剩余的 5 个项目相互间存在较高的一致性，因此可以被合并成一个指标量，用以判断文化适应的建构。沃尔夫采用同样的逻辑推导方法，确定测定工作绩效的 5 个项目也可以合并为一个指标量。

在测得校长对样本中所有 52 位教师的评价的同时，沃尔夫还测得了每位教师的自我评价，因为他想以此来了解教师是如何看待自己的文化调整和工作绩效。因此，他需要采用类似于测量校长评分的项目分析方法，来确定哪些项目的得分可以被合并成一个总的等级分（即合并成一个指标量）。

然后，沃尔夫开始考虑，在文化适应方面校长对教师的评价以及教师的自我评价的两项得分是否也可以合并，因为这样可以简化统计分析过程。然而,他发现尽管这两套评分相关,但相关系数太小而不能合并。沃尔夫在工作绩效评分方面的研究得出了类似的结论。

接下来,沃尔夫就考虑教师的自评和校长对教师的评价,这两组标准变量是否具有同等的研究价值。他认为由于校长雇佣了教师,因此预测校长的评价结果就变得更为重要。因此,沃尔夫在统计结果报告中着重对校长的评价进行了统计分析。

在分析中,沃尔夫对三校校长评价的公正性产生疑问。因为,尽管他保证绝不公开评价的结果,但仍无法避免校长们在对教师的文化调整与工作绩效等项目进行评价时,给自己学校的大部分或所有老师打高分。为验证这种假设,沃尔夫分别计算了两个项目总分的平均值和标准差。教师分数间的显著差异充分说明了校长们在工作绩效和文化调整这两个项目上的评价确实存在着不公正现象。

在统计分析得出上述结论后,沃尔夫原本该对来自三所学校的所有教师的全部抽样中的每一预测变量和两个标准变量之间作相关研究,但他并没有这样做。他注意到三所海外学校在情感氛围和价值体系方面有所不同。例如,三所学校中有两所是普通学校,另一所是教会学校;而且三校中有两校在菲律宾,一校在马来西亚。因此,沃尔夫决定分别对三校在情感氛围和价值体系上进行相关分析。他发现,事实上,不同的个性成绩与三校中的文化适应和工作绩效方面的得分是相关的。也就是说,具有某类个性特征的老师很可能在某一学校表现出色,而具有另一类个性特征的老师很可能在其他学校表现出色。

这里的预测变量与标准变量的相关系数要比早期的一项类似研究中的发现大得多。这项研究主要是预测在国外的美国教师的工作绩效。与沃尔夫不同的是,早期研究者在对这一问题的研究中忽视了样本中学校类型的差异对研究的影响,也没有对其中的标准测量进行详细的统计分析。而沃尔夫之所以取得了更具说服力而且更明晰透彻的结论,是由于他全面掌握了统计分析的各种方法,进行了周密的心理学意义上的推理,并全面考察了数据来源的背景。

上述实例表明，不论是定性或是定量研究，你都需要了解各种不同的统计方法，并加以透彻地理解，从而能够灵活运用而不是机械地生搬硬套。为了达到这个目的，本章对教育研究中经常使用的统计方法进行了概括性的介绍。第四编将围绕实验研究设计再详细阐述这些方法，对于实验设计而言，这些方法确实尤为适用。

我们对统计分析方法的介绍主要侧重于如何恰当使用这些方法并解释统计分析的结果。有关各种统计分析方法的计算过程本书未作介绍，读者可参阅统计学教科书和其他辅导材料（全书末尾的参考文献介绍了一些统计学的教科书）。

四、变量类型

教育研究中的统计测量结果通常以下列三种形式之一来表示：连续变量、等级变量和类别变量。了解这些变量之间的差异非常必要，因为变量的类型决定了统计分析方法的选取。例如，如果你所研究的两个小组的数据是用连续变量表示的，你就应计算平均值和 t 值来分析组间差异。但如果数据是以类别变量表示的，你就应采用 χ^2 检验的方法来比较组间各个类别的频次差异。

以下将逐一介绍这三种不同类型的变量。

(一) 连续变量

连续变量(Continuous Scores)是一组由高到低呈连续性变化的变量值，在这一连续变化过程中，变量的可能值是无限的。智商测验、个性量表以及其他一些标准化的测量结果都会得到连续型变量。

实际运用中，连续变量往往受数据组的整体限制，但是从理论上讲应该有可能计算出部分或区间（微小）得分以确保变量的连续性。例如，智商得分呈连续性，这是因为从理论上讲，每个个体都可在整个人类智商得分的整体数组中找到自己所相应的得分。有可能一个人得 101 分，而另一个人得 102 分;更有可能的是,某人得分略高于 101 分,又略低于 102,处于两者之间。然而,实际运用时,智商得分一般都是以整数为单位来表示的。

测试一般都包括多项题目,个体在每题上的得分合在一起就形成了总的**原始分数(Raw Scores)**,这也是一种连续变量形式。而在缺少其他信息的情况下,很难对原始分数进行解释。例如,某学生在一次考试中答对了 50 题中的 30 题,这是原始分数,这个结果意味着什么? 只有在把这一结果与其他学生的成绩或我们对该学生考试成绩的期望值进行比较时,这一原始分数才能说明他的学习状况是良好、中等或较差。

由于原始分数很难解释某些现象,人们经常将其变换成推演变量,这也是一种连续变量。**推演变量(Derived Scores)**可通过将每位学生的成绩与对照组进行比较来定量反映测量结果,从而反映他们的学习成绩。

同年龄比较、同年级比较和标准分都属于推演变量(下面谈到的百分位数也是推演变量)。**年龄均值(Age Equivalent)**是指同年龄学生测试成绩的平均分。同样,**年级均值(Grade Equivalent)**是指同年级学生测试成绩的平均分。

年龄均值和年级均值通常要在测试结构设计时确定。设计者扩大试测的规模以包括不同年龄和不同年级的学生(有时被称为*标准样本 Standardization Sample*)。然后,他们分别计算出年龄均值和年级均值。这些均值将统计形成年龄常模和年级常模。例如,一个研究者对一组五年级的学生样本进行测试(其平均年龄为 11.3 岁),得到其平均得分为 56.7 分。参考测试手册中的常模量表,这个研究者可能会发现在标准样本中六年级学生或 12.7 岁学生的平均得分为 57 分(由 56.7 四舍五入得到)。按照此常模,研究者可得出结论,他所抽取样本中的学生能力高出一般水平。但这一结论是建立在假设基础上的,即假设研究选用的样本是从同标准样本同质的总体中抽取而来的。

标准分(Standard Scores)是推演变量的一种形式,它以标准差为单位反映与团队绩效有关的个体表现成绩。**Z 分数(Z Scores)**就是其中一种,常用于教育科学研究。计算 Z 分数首先要从个体的原始得分中减去整组的平均分,然后除以整组的标准差。对于任何一种初始分数的分布,Z 分数的均值为 0 且标准差为 1。而且 Z 分数是连续并且等距的。这样,通过将原始分数转化为 Z 分数,就可以对某人在两个或多个测试中的相对位置进行比较。

因为 Z 分数会产生负值(例如,当某人比整体平均分低一个标准差,就会使 Z 为-1.00),研究者一般在将初始分转换成标准分时只计算出正值。例如,**T 值(T Scores)**就是均值为 50,标准差为 10 的标准分。美国空军创立的**斯坦尼标准分(Stanine Scale)**,其均值为 5,标准差为 2。**SB(Stanford Binet)**智力测验形成的标准分,均值为 100,标准差为 16。

如果测试中的年龄、年级和百分数都可以得到,你最好将样本测试的原始数据和各种均值都写入报告中。因为年龄均值和年级均值可以通过与标准样本的比较,为你的研究提供许多有用的信息,帮助对研究样本和标准样本进行比较。但是这些均值不应用于有关描述统计和推断统计的数据分析,因为它们的计量单位不等,此时原始分数和标准分数两者之间只能选用一种。

(二) 等级分数

某些教育研究数据通过等级形式表现出来。例如中学生的毕业等级。**等级分数(Rank Scores)**反映了在某一变量上某人或某物相对于其他人或物所处的位置。当不易用连续型变量表示,而较容易划分个体等级时,这种变量就会非常适用。

尤其是当个体不愿作出辨别,等级分数也是很有用处的。例如,假设某一研究者要求教学管理人员对 20 位教师的教学讲义作出评价。这些教学讲义可以显示教师的教学能力。如果运用七点评价量表,管理人员很可能给大多数甚至所有教师打高分。这就使教师之间显现不出差别。为了避免这种情况,研究者可以要求他们按照教学讲义中显露的教学能力的大小，对所有教师进行排序。这样一来，每位教师就会归入不同的等级，从第 1 到第 20。

百分位数（Percentiles）也是一种常用的等级分数。它可通过计算原始分低于特定原始分数的被试个数占总样本数的百分比而获得。例如，如果样本中 50％被试的原始分为 16 或者更低，那么任何原始分为 16 的被试就处于第 50 百分位。一些已发表的测试的使用手册中会给出在按标准样本计算出来的原始分的百分位数。正因为百分位数是由原始分得来的，它们也被看做是一种形式的派生变量。

（三）类别变量

类别变量（Categories）是指对变量的值，这种变量能产生两个或两个以上的不连贯的分数。例如，某中学参加体育运动的学生可以被分为以下五类：(1) 参加校代表队并取得正式资格的；(2) 参加校队，但未取得正式资格的；(3) 参加校内体育活动的；(4) 上体育课的；(5) 不参加任何体育活动的。

二分法（Dichotomy）是指仅有两个水平的一种类别变量。例如，通过-不通过评分等级就是一种二分法变量。因为每一个学生只能得到其中一种：通过或者不通过。当个体被人为地按照一组连续变量划分成两个类别时，就构成了**人为二分法（Artificial Dichotomy）**。能否通过评分等级就属于这一种。当学生结束一门课程的学习时，我们会通过考试测验，对他们的学习情况进行考察。结果，我们会发现从收获很多的学生到收获较少的，甚至到一无所获的学生中，他们的成绩呈现出连续性的分布。但是为了将这一连续变量划分成及格与不及格这两类，我们就要运用强制性的切割点或划分标准。可是如果我们比较一下那些刚好达到及格线和那些仅差一分而没有及格的学生时，又会发现他们有很多相似之处。但他们却被认为存在很大的差异，这只是因为他们的分数恰好处于分界点附近。

只有当按照变量的真正不同（客观差异）将个体划分成两组的分法才被称为**自然二分法（True Dichotomy）**。自然二分法与人为二分法的不同之处就在于：自然二分法不需要确立一个强制的分界点将一组一分为二。性别分法可能是教育学研究中最常用到的一种自然二分法。

五、描述统计

描述统计(Descriptive Statistics)是指用数学方法来整理和概括一系列数字数据的统计方法。我们将以桑德拉·克罗瑟(Sandra Crosser)的研究①为例，说明描述统计在教育科学研究中的应用。她对儿童入幼儿园时的年龄与他们以后接受正规学校教育时学习成绩之间的关系进行了研究。克罗瑟的研究目的是提供一些试验性的证据来验证一个被普遍认同的观点，即：父母们应该晚一年将孩子送入幼儿园以便使其成熟一些，尤其是男孩子更应如此。

克罗瑟从一个州的 7 个公立学校校区中抽取了研究样本。通过校方档案，她找出了所有夏季出生的学生作为测试对象。克罗瑟这里所定义的夏季是指从每年的 6 月 1 日到 9 月 30 日。她所感兴趣的变量是指测试对象的入园时间，由二分法包括两类情况：早入园(5 岁那年的秋季入园)和晚入园(6 岁那年的秋季入园)。在所有 253 名被试儿童中，190 名 5 岁时入园，63 名 6 岁时入园。首先将这两类被试按照性别和智力进行搭配，结果产生了 45 对：29 对男孩和 16 对女孩。那些没有合适配对对象的被试儿童从样本中被剔除。完成配对后，克罗瑟又搜集了这 45 对被试儿童在后来小学五、六年级时的阅读和数学考试成绩。

(一) 集中变量

集中变量(Measure of Central Tendency)是用来反映一系列数据整体平均水平的数值。例如，克罗瑟研究中选取的两组样本，每组分别有

① 克罗瑟，S. L. (1991)，《夏季入学儿童：幼儿园入园年龄及学业成绩》，资料来源：《教育学研究》第 84 期，第 140～146 页。

45 个被试儿童(总数为 90)。面对每组被试孩子在阅读和数学考试中总共 180 个分数(90 个被试乘以两类考试),我们发现很难看清他们的一般表现。然而,克罗瑟只计算了每组成绩的平均数,就轻易得到了对被试儿童成绩一般或典型水平的了解。

表 5.2 分性别列出了早入园者(5 岁)和晚入园者(6 岁)在阅读测验中得分的平均值。M NCE 一栏的统计值是指所有参加阅读测验学生的平均分。测验是按百分制给学生打分的,克罗瑟将它转变成一种标准分,称为**正态分布均值(Normal Curve Equivalent NCE Score)**。与其他类型的标准分相同,正态分布均值使我们能够对学生在不同测试中的成绩进行比较。它的均值是 50,标准差为 21.06。这样就可以保证 NCE 与分数分布中的主要百分位数保持一致。NCE 的 1 分相当于第 1 百分位数,NCE 的 50 分相当于第 50 百分位数,NCE 的 99 分相当于第 99 百分位数。然而,与百分位数不同的是,NCE 分数之间具有相等的间距。

仔细察看表 5.2 之后,我们一眼就会发现,那些 6 岁时入园的孩子在他们以后的学习中有较高的阅读成绩。而且该发现也适用于不同性别的儿童。如果我们仅仅从样本中每一个孩子的阅读成绩来判断,我们将很难发现这种差异。

表 5.2 按入园年龄比较五年级或六年级时阅读成绩平均分

入园年龄	N	M NCE[a]	SD	T-Ratio	P
男生	58			2.80	<.01
5 岁	29	49.03	18.49		
6 岁	29	58.17	19.96		
女生	32			1.88	>.05
5 岁	16	49.43	21.00		
6 岁	16	57.37	20.07		<.10

NCE=正态曲线均值变量

【资料来源】此表摘自克罗斯,S. L. (1991),《夏季入学儿童:幼儿园入园年龄及学业成绩》,资料来源:《教育学研究》第 84 期,第 145 页。

平均数、中数和众数是三种不同的集中变量。**平均数(Mean)**是所有分数的总和除以样本个体数的商。**中数(Median)**是分数分布中处于中间位置的数。**众数(Mode)**是在分数分布中出现频次最多的分数。如前面所提到的,表 5.2 中第二栏列出了所有学生阅读成绩的平均数(第一行中大写的 M 是平均数的缩写)。

平均数通常被认为是最好的一种集中变量。与中数和众数相比,其最大优点是稳定性好。因此,如果我们从相同的总体中随机抽取几组样本,就会发现计算所得的平均数比中数更趋于一致。

在标准正态分布中,算术平均数与中位数重合。当分布中出现极端数值时,算术平均数往往会向极端值方向偏移。在这种情形下,中位数能更准确地反映样本的整体情况,从下面两个分布的比较中就可以看出这一点。

分布 A	分布 B
8	27
6	6
5	5
5	5
4	4
3	3
3	3
1	1
算术平均数=4.2	算术平均数=6.3
中位数=4.0	中位数=4.0

这两个分布仅有一个数值不同。在第一个分布中,算术平均数和中位数都准确地反映了样本的总体状况,而在第二个分布中,只有中位数才准确地反映了样本的总体状况。这是因为出现了一个比样本均值(6.3)大得多的数值(27),从而影响了算术平均数的代表性。在本章后面部分我们将详细讨论极端值(27),一般称之为"特例"(outlier)。

当一组数据出现像B分布一样的极端值时,算术平均数和中位数都必须算出。而且我们将使用特定的统计方法来描述偏离程度和分布图的形状(这在大多数统计方法课本都有所介绍)。但一般情况下,只要用上一节所给出的图表来刻画分布状况就可以了。

集中变量可以用于连续型变量和等级分数。而类别变量,包括二分变量,通常用频数分布表来刻画,见下例:

类别变量	频次	百分比
(1) 参加校代表队并取得正式资格的;	21	(11)
(2) 参加校队,但未取得正式资格的;	37	(19)
(3) 参加校内体育活动的;	115	(61)
(4) 不参加任何体育活动的	16	(8)
	189	99

从上例的频次分布中,我们很容易看出最经常发生的一类事件。而且也可随时确定,在这类事件中每个人活动的次数或每件事发生的频次分别占总次数或总频次的百分比。

(二) 差异变量

差异变量(Measure of Variability)表示一组数据相对于平均值或其他集中量变异程度的量。大多数教育研究的目的就在于考察这种个人变异,亦可称为个体间差异。因此,差异变量在研究设计和统计分析中发挥了关键的作用。

标准差(Standard Deviation 通常缩写为 SD)是研究报告中经常出现的一种差异变量。从本质上讲,标准差主要是测量了数据分布的离散程度(相对于平均值)。要计算标准差,首先要求出每个数据与平均数的差,这个结果称为离均差,然后求平方,代入公式得出标准差。表 5.2 的第三栏就列出了学生阅读成绩的标准差。

稳定性是标准差受到青睐的主要原因。换句话说,从总体中多次反复抽取的样本通常具有近似的标准差。而且,研究数据分析也需要运用标准差计算其他统计变量。标准误差、生产与时间的相关,以及许多其他统计量都要在一定程度上通过标准差计算得出。同样,标准差也是本章前面谈到的 z 分数 、t 分数、斯坦尼分数及 NCE 分数等标准变量计算的基础。

同时运用平均数和标准差通常可以很好地说明样本在某次测试中得分的情况。例如,测试中,若一组样本得分的平均数是 10,标准差是 2,所有分数呈正态分布(如下一节图示),我们就可以推知大约 68%的被试的得分在 8—12 分之间,约 95%的被试的得分在 6—14 分之间。

正是由于标准差和正态曲线的关系,才使我们能够得出以上推断。**正态曲线(又称正态概率曲线)(Normal Curve 或 Normal Probability Curve)**是一种纯理论上的连续性的概率分布。此曲线中的每一分数点的高度表示预计获得此分数的人数的百分比。图 5.1 就是一个正态曲线的例子。它显示参加测试个体的得分大多集中在平均数附近。由平均数向两侧延伸,个体得分的机率越来越少。如果这一分数的分布呈正

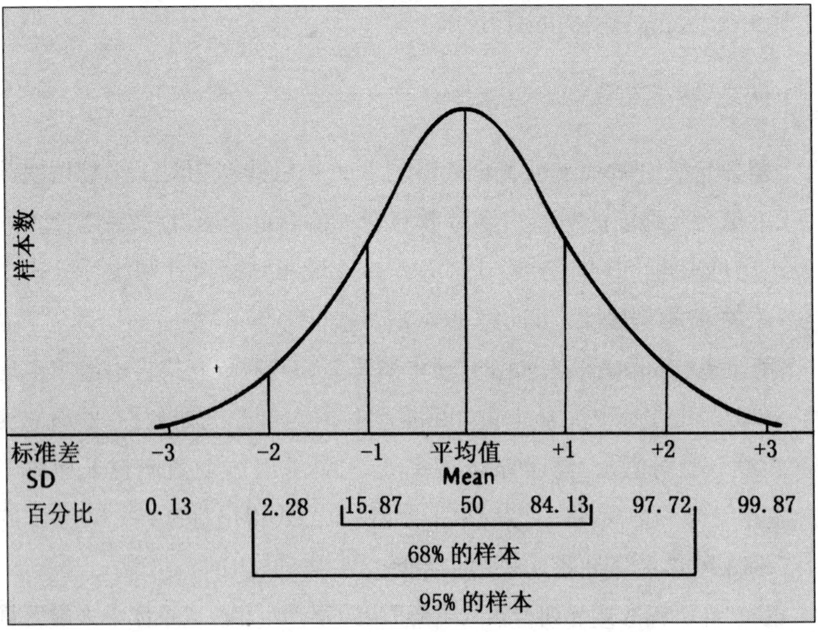

图 5.1　正态曲线图

态分布，样本中大约68%的得分分布在平均数加减两个标准分的范围内。许多有关人类复杂个性和行为测量的得分也呈现出与图 5.1 相似的分布形态。

假设在一组呈正态分布的分数中，平均数为 3.0，标准分为 1.5；而另一组正态分布的平均数为 25.0，标准分为 5.0。即使两组的平均数和标准分相互不同，但正态曲线的特征仍可用来推断分数的离中趋势。例如，图 5.1 显示任何正态分布中大约 16%的分数比平均数多一个标准分或更多（即在第 84 百分位或更高）。这样，我们就可推知，此例第一组分数中，约 16%的被试得分为 4.5（3.0＋1.5）或者更高。第二组分数中，约 16%的被试得分为 30（25.0＋5.0）或者更高。

一些研究偶尔会将方差作为统计量，以代替标准差。方差可由标准差平方而得。如标准差为 4.0，方差则为 16.0。方差的计算是诸如方差分析等许多复杂统计计算的中间一步。另一个常在研究报告中使用的差异变量是全距。就像它的名称所提示的一样，它仅简单地表示了分布中最大值和最低值之间的距离。

（三）相关统计（Correlational Statistics）

在前面讲述的描述性统计只是描述一个变量的变化。然而，在某些研究中，我们需要描述两个或多个变量之间的关系。为此目的，相关统计量就应运而生。

二列相关系数（Bivariate Correlation Coefficient）是一种在数学上描述两类变量间的相关程度的统计量（例如，学生的课堂注意力和考试成绩的相关程度）。相关系数有许多类型。不同形式彼此相关的变量（连续变量、等级分数、二分变量或类别变量）决定了应选择何种最适合的系数。

越来越多的研究者正采用**多系列相关法（Multivariate Correlational Method）**。这些方法使研究者一次就可以描述并探索三个或多个变量间的相关程度。这一功能非常重要，因为教育研究者所感兴趣的变量（如科研成果)通常不只受到一个因素的影响,而是受到一组复杂因素的制约(如家庭环境、个人性格、学前教育等)。多系列相关法可使研究者发现这些因素如何单独或共同作用于那些像科研成果一样的结果变量。

有关相关统计量的不同类型以及它们在具体研究中的使用将在第十一章中详细介绍。

六、推断统计

(一) 虚无假设(Null Hypothesis)

教育科学研究中,我们极少能够对某一具体总体中的每个样本都进行研究。例如,我们不能对全美国所有六年级的学生都逐一进行研究。实际上,研究数据是从规定总体中随机抽取的样本个体或是从那些假定对总体具有代表性的样本中采集而得的。然而,只有当样本结果可以用来对总体情况作出推断时,这种结果才具有一定的价值。

再来看看克罗瑟对幼儿园入学现象的研究。如表 5.2 所示,克罗瑟发现 6 岁入园的男孩入园后的阅读成绩(平均分=58.17)比 5 岁入园的男孩(平均分=49.03)高出 9.14 分。但克罗瑟不仅仅对她所测试的这批学生感兴趣。她想了解这个发现是否适用于所有与她的样本具有相似特性的所有学生。

克罗瑟的担心可以被概括为以下几个问题:这是一次偶然的发现吗?如果我们研究一组新样本,我们会发现晚入园的孩子也存在此种优势吗?如果我们从样本中推知所有早入园和晚入园的孩子之间确实存在差异,那么我们的推断错误的可能性有多大?

统计学家已经研究出一套称为推断统计的数学方法,以助于使研究者回答以上问题。**统计推断(Statistical Inference)**是指一套数学方法,它将从样本中获得的统计结果推广到样本所抽取的总体。为了了解这种方法,重要的是区分统计量和参数。**统计量(Statistic)**描述样本数据特征。**参数(Parameter)**与之相似,但反映了一组总体得分的某些特征。例如，一组总体得分的平均数是参数，而样本得分的平均数则为统计量。在进行统计推断时，我们总试图根据样本计算出来的统计量来推断相应的总体参数。

假设检验的第一步就是要建立虚无假设(详见第二章)。虚无假设即假设研究中加以比较的描述性统计量之间不存在差异。如在克罗瑟的研究中，有关男孩的虚无假设可表述如下：

> 5岁入园、夏季出生的男孩与6岁入园、夏季出生的男孩，在五或六年级时的阅读成绩间无显著性差异。

建立了虚无假设，研究者将进行统计量的显著性检验来确定是否拒绝虚无假设(如确定组间是否存在差异)。正如我们将在下一部分中看到的，这种显著性检验可使我们作出以下判断：如果虚无假设正确，我们会发现样本平均数间的如此大小的差异在100次实验只会发生一次。但是由于这种差异存在，虚无假设就很可能不正确。所以我们拒绝虚无假设，并推知样本平均数间的差异反映了总体平均数间的*真实*差异。

(二) 统计量显著性差异检验

进行**统计量显著性检验(Test of Statistical Significance)**是为了确定是否能够排除虚无假设。为了说明这一过程，我们首先假设上面提到的虚无假设是正确的，即指早入园的夏季出生的男孩与晚入园的夏季出生的男孩此后的阅读成绩无差异。接着，从同一总体中抽取两组样本，一组是夏季出生5岁入园的男孩，另一组是夏季出生6岁入园的男孩。然后假设我们这样重复抽取成千上万次，如果每次我们都计算出两组样本(6岁男孩和5岁男孩)平均阅读成绩的差值，这样所得的成千上万的差值就会形成一个样本分布。

假设此种样本分布对于每个总体的标准差是5.00。就意味着68%次抽取后得出的两者间的差值应在+5和−5之间(即平均数各加减一个标准差)。而在大约95%次的重复中，两者的差值在+10和−10之间

(即平均数加减两个标准差)。

然而实际上,克罗瑟仅仅进行了一组样本的比较。前面已经提到,这些孩子的阅读成绩间存在 9.14 分的平均差异。如上所述,在入学早和入学晚的男孩之间我们在阅读成绩上找到了 9.14 个百分比。为了检验虚无假设,我们就要提出并回答一个问题:在从两个平均分数相同的总体中抽取的样本之间,这样大小或者更大的差异发生的频率是多少?

由于回答这个问题所需要的总体平均数和标准差未知,我们必须通过样本的平均数和标准差对其进行估计。这些样本统计量被组合在一起而形成一个临界比,也称为 t 值(若样本容量很大时则为 z 值)。一旦 t 值确定,我们就可判断当总体无差异时,已知容量大小的样本间规定差异值发生的频率。这一判断是通过检验 t 值和与之有关的 p 值而得出的。在大多数的统计课本中都可以找到 t 值和 p 值表。

在克罗瑟的研究中,男孩阅读测验的 t 值是 2.80(见表 5.2 的第四栏)。这一数值说明如果早入园的夏季出生的男孩总体与晚入园的夏季出生的男孩总体间无差异,那么我们在每 100 次样本研究中得到的这样大小甚至更大的差异的情况少于一次。表 5.2 中的 p 值指出了事件发生的概率。p 值旁边的"$<.01$"意思是"小于 .01"或"一百次中少于一次"。由于观测差异 9.14 分是不大可能发生的,因此克罗瑟拒绝虚无假设,接受备择假设,即夏季出生的男孩中早入园的与晚入园的之间在阅读成绩上存在差异。

t 分布(当样本较大时为 **z 分布**)用于确定样本平均数间所观察差异的统计量显著性水平。通常,当 t 值达到 $p<.05$ 时的显著性水平时,教育研究者会拒绝虚无假设。① 他们偶尔也会严格地要求,t 值只有小于 $p<.01$ 时的显著性水平时,才能拒绝虚无假设;而在某些探索性研究中,有时要求较宽松,当 t 值小于 $p<.10$ 时的显著性水平时,就可拒绝虚

① 关于为什么常选用 .05 水平的解释详见:克洛斯,M.,& 戴维斯,C.(1982),"显著性统计.05 水平的来源",*American Psychologist*,37,第 553~558 页。

无假设。在表 5.2 中你会注意到，克罗瑟在检验早入园女孩和晚入园女孩间差异的 t 检验中，p 值并未选用通常的概率水平（$p=.05$ 或更小），而是采用了探索性研究才使用的概率水平（$p=.10$ 或更少）。

当选择了 .10 水平时，你应注意到研究者每 10 次中会有一次拒绝虚无假设，而这时的虚无假设实际上是正确的。而当选择了 .01 显著性水平时，这种情况只会在每 100 次中才发生一次。拒绝接受正确的虚无假设而犯的错误称为**第一类错误（Type I Error）**。很显然，假如提高了拒绝虚无假设所要求的显著性水平（例如，我们选择 $p<.01$，而不是 $p<.05$），我们就会减少犯第一类错误的可能性。但与此同时，却增加了犯**第二类错误（Type Ⅱ Error）**的可能性，即当实际存在差异时，而没有拒绝虚无假设。

在解释研究结果时，应记住较高的显著性水平应于较小的 p 值相对应。例如，$p<.05$ 的值比 $p<.10$ 的小，但在 .05 的 p 水平上的差异远比 .10 的 p 水平显著得多。

（三）显著性检验结果的解释

人们常常会错误地解释统计量显著性检验的结果。由于这类检验在定量研究设计中发挥着重要作用，因此我们将讨论如何正确地解释检验结果以及通常易犯的错误。

研究者通常都在统计分析完成后才确立显著性水平（一般为 .10，.05 或 .01 水平）。在 z 值或 t 值计算出来后，才去参照显著性检验表，确定此值是否“显著”。然而，统计推论的逻辑顺序却要求显著性水平应该在 z 值或 t 值计算之前就确定下来。在研究初始，你就应该确定，当研究发现样本间差异超过某一显著性水平（如 .05）时就拒绝虚无假设。而不是一直等到统计分析完成后，即 t 值或 z 值恰巧达到某一显著性水平时，才拒绝虚无假设。

在收集数据前，为了拒绝或接受虚无假设而确立的显著性水平，称为 α（**alpha** 读作阿尔法）。而当数据收集和数据分析都完成后才真正得到的显著性水平时，则称为**概率值(Probability)**，它由 p 表示。例如在克罗瑟的研究中，她就恰当地在表 5.2 中对女孩的分析时使用了 p 值："6 岁入园的女孩在五六年级时的阅读成绩比 5 岁入园的女孩高($p<.10$)，但在研究设定的 α 为 .05 水平时却不是这样。"①

你还会发现克罗瑟并未指出与 t 值有关的精确的概率水平，而仅指出这一概率水平小于(<).10。这种普遍作法一直沿用到最近，因此研究者只能依赖于统计量表，而表中只给出了部分 p 值(典型的有 $p=.10, .05, .01$ 或 .001)。而目前计算机统计软件包通常会给出明确的 p 值。因此，在现在的研究报告中一般要求给出确切的量值。②

对 p 值理解的偏差会引起对显著性检验各种不准确的解释。一些人认为 p 值显示的组间差异的概率可以归咎于机会事件。例如，若你发现两组间的智商平均相差 5 分在 .01 水平上差异显著，由此可推知 100 次中会有一次发生此种情况，这是"机会"差异。那么，这种解释就不对了。正确的解释应为，拒绝虚无假设(假设此前已确立 .01 显著性水平)是因为如果总体平均差异为 0，那么 100 次抽样中可能会有一次出现平均差异，而 5 分的平均差异超过了这一平均差。

另外一种对显著性水平不正确的解释是说，它表明了你的研究假设正确的可能性是多少。(研究假设认为组间存在差异，而虚无假设认为无差异)例如，你假设提问式教学法会使学生取得比讲解式教学法更好的成绩。如果在 .01 水平上，接受提问式教学法学生的平均成绩比接受讲解式教法学生的高出许多，你就可推断，你的研究假设正确性达 99%(1.00－.99＝.01)。然而，显著性水平仅能帮你决定是否拒绝虚无假设，但它对你的研究假设是否正确的判断不发挥直接作用。例如，你会发现两组间存在显著差异，但这并非是促使你作出假设的理由。同样，

① 克罗瑟，《夏季出生的儿童》，第 145 页。

② 与统计量检验有关的概率介绍见此书第 17～18 页：《美国心理学协会出版手册》(第 4 版)，Washington，D. C.：American Psychological Association)。

你可能会发现差异太小而无法拒绝虚无假设，但你的研究假设却可能仍然正确。这可能是由于发生了第二类错误，或者检验研究假设的测量不完备。

第三种对 p 值的误解是，认为当研究重复进行时获得相同研究结果的概率就是 p 值。例如，在.05 水平上，两组平均值间的差异显著，那么同样的差异值会在重复进行的 100 次研究中发生 99 次。然而，即使我们研究得到的平均数间的差异体现了总体间的真实差异而且非常显著，我们仍然会在多次重复研究中发现差异量巨大的变化。简而言之，显著性水平不能用来预测在与初始研究相同条件下进行的未来研究的结果，它只能作为接受或拒绝虚无假设的决策依据。

最后一类对显著性检验的误解最常发生，后果也最为严重。它混淆了 p 值与研究结果的实际或理论意义。正如我们本章后面将要讨论的，结果统计量的显著性水平在很大程度上受到研究样本容量的影响。样本量越大，达到规定的统计量显著性水平的结果就越少。例如，有 1 000 个被试的样本，在.01 水平，相关系数.08 较为显著。与之相反，对于只有 22 个被试的样本，在.05 水平，相关系数为.42 就很显著。但后者的相关对于提高教学效果更有意义，因为它的样本量较大。同样，如果研究是为了检验一项理论的假设，则后者的相关与前者的相比具有不同的含义。

正如我们以上看到的，统计量的显著性检验是从样本统计量推知总体参数。这样，当我们要判定样本间差异发生的概率，也就是样本所抽取的总体中差异的概率，我们就采用统计量显著性检验。因此，要想正确运用这种检验，我们只能选取从特定总体中随机抽取的样本，或只能在试验中随机地安排各种不同的措施和控制条件。但是由于有时研究者不确定总体的范围或不采用随机抽样的方法，他们的样本就不具有代表性。此时若再进行统计量显著性检验，其结果自然存在问题。

有时即使已经对全部总体都进行了研究，偶尔也使用显著性检验方法。例如，研究者设定某所大学的所有男生和女生分为两个总体。如假设所料，女生的平均成绩确实比男生高，这时进行显著性检验就失去了意义。平均积分(Grade Point Average)之间的差异正是全部总体间的真实差异，因为已经对全部总体都作为研究对象，而不仅仅是从总体中分别抽取的样本。

统计量显著性在教育科研中的应用曾因存在不少问题而受到质疑。① 其中之一，尽管随机抽样是显著性检验的基本要求，但教育研究者很少选取从特定总体中随机抽取的样本作为研究对象。另一个问题有关对检验结果的错误解释，这在上文已经详细介绍过了。p 值是对研究价值的评价，而不是判断实际情况的标准。也就是说，p 值是拒绝虚无假设的基础，第三个问题是教育研究中统计量显著性检验的力度较低。(有关统计效能的定义将在本章后面具体介绍)

我们认为以上所说的每条批评意见都是合理的，但它们不能被用作终止统计显著性检验的理由。当抽样随机和统计效能较高时，这些检验是相当有用的。不过，当抽样不随机，分配不随机，或统计效能较低时，最好慎用或者不用此种检验。

我们建议研究者，不论显著性检验的结果如何，应在某一研究的基础上谨慎地接受观测差异和相关关系。研究中出现较为显著的 p 值，虽然说明了研究前景乐观，但仍要多次重复试验从而进一步证实结果的准确性。雅各布·科恩(Jacob Cohen)对此解释较清楚：

> 在奇妙的.05水平上，从惟一一次研究中得到肯定的对或错的判断与从确凿根据中推出的判断，两者大相径庭。科学研究完全不是如此进行的。一次成功的研究不可能完全彻底解决一个问题，而只是在某种程度上阐述了自己的理论主张。只有通过未来在相同或不同条件下(元分析中也有这种情况)成功的重复研究才能真正

---

① 卡弗，R. P. (1978)，《质疑统计中显著性检验的实例》，《哈佛大学教育评论》第48期，第378～399页。还可参见奥克斯，M. (1986)，《统计推论：社会与行为科学的评论》，《实验教育学》1993，61(4)，这期的主题是有关统计量显著性检验。

找到问题的答案。①

另外，为了正确理解 p 值，还应计算其他一些指标，如效值、相关量和置信区间，这些都将在本章稍后予以介绍。

(四) 显著性检验类型

关于推断统计，到目前为止我们已经讨论了应如何判断两个样本平均数的差异是否反映了总体的差异。为此，我们通过计算出 t 值或 z 分数，再来进行统计量显著性检验。当然还可采用其他类型的显著性检验，可以检验由样本统计量推知的总体参数的结果。这将在第十章到第十三章中具体介绍。

(五) 统计效能分析

研究者并不希望检验的结果说明虚无假设是正确的，而且从技术上说这也不太可能。换而言之，他们不期望自己的研究结果表明组间无差异，变量间无相关，试验处理间无影响。相反，研究者进行研究就是为发现它们之间的差异、关系或相互影响。例如当研究者认为某项教学方法比传统做法既有效又优越，就会产生探究的兴趣。然而当他认为没有效果时，也就不会有兴趣进行研究。

正因为研究者对发现相互差异、相互关系和相互影响感兴趣，若虚无假设确实错误，他们总想尽力扩大拒绝虚无假设的可能。为此，就采用了**统计效能分析法(Statistical Power Analysis)**。这种方法研究统计量显著性检验能够拒绝错误的虚无假设的可能性。本文中**统计效能(Statistical Power)**就是指统计量显著性检验是否会导致拒绝错误的虚无假设的概率。以下列出了统计效能分析中所应考虑的四点因素：

---

① 摘自科恩，J. (1990)，《我(至今)所了解的》，*American Psychologist*，45，第 1311 页。

1. *样本容量*：很显然，假设下面将描述的其他三个要素保持恒定，统计效能会随着样本容量的增大而自动增强。这也就是说，样本容量越大，拒绝虚无假设所需要的差异、相关或影响效应就越小。例如，如果你在一个包括 47 位学生的样本中得到两个变量的相关系数为 .25，那么在 .05 水平你就不能拒绝虚无假设。但是当你在相关系数同为 .25 时，扩大样本容量（$N=62$），你就可以在 .05 水平拒绝虚无假设。

2. *显著性水平*：统计效能的第二个决定量是拒绝虚无假设时的 p 值。降低拒绝虚无假设所需的显著性水平，统计效能自然就会增强。这样说来，p 值定在 .10 水平的统计量显著性检验就比 p 值定在 .05 水平时的检验更有力一些。（“更有力”的意思是说更容易拒绝虚无假设）在实际操作中，p 值一般被定在 .05 水平。但是，像我们前面所谈到的，某些研究者认为在探索性的研究中为了提高统计效能，将 p 值定在 .10 水平更可行。虽然 p 值在 .10 水平会增加犯第一类错误的机率，但这也会使研究者发现那些在 p 值较低水平时常会忽略，但又很重要的差异、相关或影响效应。

3. *定向性*：研究假设中是否有明确的方向性是统计效能的第三个影响要素。定向性是指观测差异和相关关系呈相反的趋势。例如，试验中处理 A 比处理 B 优越（方向一），或者处理 B 比处理 A 优越（方向二）。然而，根据以往的理论或研究发现，处理 B 不可能比处理 A 效果好。如果在试验前我们就能确定某一方向是不可能的，我们就可以通过进行单侧显著性检验提高统计效能。但有些研究者不赞成使用单侧检验，而提倡双侧假设检验。他们认为坚持使用双侧假设检验“与不断发展的社会科学中元分析的观点更趋一致，并能够不断增长累积，为人们共享”①。

4. *效值*：效值是对研究总体中的差异量、相关程度高低或作用大小

① 摘自皮利默，D. B.（1991），《当代教育研究中单尾和双尾假设的测试》，*Educational Researcher*，20(9)，第 13 页。

的估计(本章后面会对此作详细介绍)。为了了解效值是如何影响统计效能的,我们必须明确两点。第一,观测的差异量、相关程度或影响程度越大,p 值会变得越小。例如,样本容量为 20 个学生时的相关系数为 .38 在 .10 水平上就很显著了。但同样大小的样本,在 .05 水平,相关系数为 .44 时才显著。这样一来,虚无假设在传统的显著性水平(.05)$r=.44$ 才会被拒绝,而不是 .38。

因为 r 的大小影响到显著性水平的高低,因此我们就有必要了解哪些因素决定了 r 值大小。这就是要考虑的第二个问题:当总体效值较大时,研究者就有较大可能抽取效值大的样本。回到我们刚才的例子上,假如 20 个学生的样本所抽取总体的 r 值为 .65。那么,对此样本的统计有可能会得到近似的 r 值。相应地,若总体的 r 值较小(如 $r=.30$),那么从此总体抽取样本的 r 值也会较小。简而言之,总体的 r 值越大,拒绝虚无假设的可能性就越大。

总体的效值不受研究者控制。例如,假设一位研究者想比较教学方法 A 和教学方法 B,并假设,总体上教学方法 A 的确比教学方法 B 有效;而另一位研究者决定比较方法 A 和方法 C,后者实际上比前者教学效果略优。为了提高学生的学习成绩,两位研究者进行试验分别比较两者间效果的差异。如果他们都采用同样大小的样本和显著性水平,第一位研究者比第二位研究者更有可能拒绝他的虚无假设(A=B),即使她的虚无假设(A=C)也是错误的。原因在于实际上方法 A 比方法 B 效果略好,而方法 A 又比方法 C 效果略好。

史蒂芬·奥莱杰尼克(Stephen. Olejnik)设计了许多表格,以介绍在统计效能分析中不同因素的不同值域下所需样本的大小。[①] 表 5.3 列出了这些表格的压缩版。它说明了统计效能的分析被广泛应用于各类常用的显著性检验中。

① 奥莱杰尼克, S. F. (1984),《教育研究规划:确定必要的样本量》, *Journal of Experimental Education*, 53, 第 40~48 页。

表 5.3　不同类型显著性检验所需样本的最小容量

α在.05或.10显著性水平

统计效能在.7或.5水平

假设检验	低效应[1] 统计效能 .7 N	.5 N	中效应[1] 统计效能 .7 N	.5 N	高效应[1] 统计效能 .7 N	.5 N
独立样本 T 检验						
α=.05	620	386	100	64	40	26
α=.10	472	272	76	44	30	18
相关样本 T 检验　(匹配变量 r=.7)						
α=.05	188	118	32	22	14	10
α=.10	144	84	24	16	10	8
相关样本 T 检验　(匹配变量 r=.7)						
α=.05	310	194	52	32	22	14
α=.10	238	138	40	24	16	10
方差分析,3 组						
α=.05	774	498	126	81	51	33
α=.10	600	357	96	60	39	24
方差分析,4 组						
α=.05	884	580	144	96	60	40
α=.10	692	420	112	72	44	28
协方差分析,3 组(协变 r=.7)						
α=.05	396	255	66	45	27	21
α=.10	309	186	51	33	21	15
协方差分析,3 组(协变 r=.5)						
α=.05	579	375	96	63	39	27
α=.10	450	270	75	45	30	21
3×4 方差分析,3 组主要效应						
α=.05	780	504	132	96	60	36
α=.10	612	372	72	72	48	24
3×4 方差分析,4 组主要效应						
α=.05	888	588	156	108	72	48
α=.10	696	432	120	84	60	36

续　表

假设检验	低效应[1] 统计效能 .7 N	.5 N	中效应[1] 统计效能 .7 N	.5 N	高效应[1] 统计效能 .7 N	.5 N
3×4 方差分析，交感效应						
α=.05	1 128	756	192	121	84	60
α=.10	900	564	156	96	72	48
相关系数(r)						
α=.05	616	384	66	42	23	15
α=.10	470	277	51	30	18	11
偏相关($r_{xy.z}$)						
α=.05	312	195	44	29	21	14
α=.10	238	138	33	21	15	11
卡方检验，2×4						
α=.05	879	576	98	64	35	23
α=.10	688	418	76	46	28	17
卡方检验，3×4						
α=.05	1 114	750	124	83	45	30
α=.10	884	553	98	61	35	22

1. 对于 *t* 检验，低效应、中效应和高效应分别指标准差为 .2，.5 和 .8。

对于方差分析、协方差分析和相关系数分析，低效应、中效应和高效应分别指在因变量的百分数差异量分别为 1%、6%和 13%。

对于卡方检验，低效应、中效应和高效应是指列联系数(contingency coefficients)分别为 .1，.207，.447。

【资料来源】摘自奥莱杰尼克，S. F. (1984)，《教育研究规划：确定必要的样本量》，*Journal of Experimental Education*，53，40～48 的第 44～45 页。

为了说明如何查阅上表，我们来假定我们正进行一项研究，以确定员工培训开发方面的专家是否比学校校长更熟悉课程设置。那么，研究中我们需要多大的样本呢？为了回答这个问题，我们就要参阅表 5.3。首先我们必须选择一种合适的显著性检验。我们最有可能选择对独立样本进行 T 检验，它位于表中的第一行，分为 α=.05 和 α=.10 这两个水平。为了减少发生第一类错误(即拒绝正确的虚无假设)的机率,我们希望对虚无假设进行严格的检验。因此我们选择 $\alpha=.05$ 一栏中的样本容量 。

我们会发现在 $\alpha=.05$ 的下面有六种样本大小:620,386,100,64,40 和 26。下一步就是要确定在样本所代表的总体中是否存在大中小的交互效应。换句话说,就是我们认为员工培训开发专家总体对课程设计的了解是比学校校长多很多(效应大),多一些(效应一般)或只多一点(效应小)呢? 表 5.3 显示,如果我们正确判断了两个总体间差异较大,我们不需要大容量的样本($N=40$ 或 26)就可进行检验。相反,若我们判断两个总体间差异较小,我们就需要更大的样本容量($N=620$ 或 386)。

如果我们判知总体间差异较大,因此将必要的样本容量控制在 40 或 26 个。最后一步就是要确定统计效能的水平,也就是确定当虚无假设错误时,我们将有多大的把握拒绝它。表 5.3 给出了两种水平:.7 水平和 .5 水平。要保证充分拒绝虚无假设,我们选择 .7 水平。这就意味我们的研究将需要 40 名参与者。研究设计分两组进行,我们挑选了 20 名员工培训开发专家和 20 名学校校长。

表 5.3 给出了为数不多的几个常用的 α 水平、估计效值和统计效能水平。有关这些变量更全面量值介绍的表格可以在其他一些资料中查到①。

七、显著性检验的补充

为了进一步探讨研究数据在统计和实践方面的意义,统计量显著性检验需要其他方法的补充。以下将介绍其中两种——置信限和重复研

① 有关统计效能分析的参考书为:《行为科学的统计效能分析(修订版)》, New York: Academic Press. 还可参阅书后加注参考文献中介绍的科普西、克雷默和蒂姆最新出版的专著。

究的计算——这主要是为了阐明研究结果的统计意义。另一种方法——效值的计算——则是为了说明研究结果的实践意义。

(一) 置信限

有时研究人员除了进行统计量显著性检验,还计算置信限(又称为置信区间)。**置信限(Confidence Limit)**提供了一个从已知样本值估计总体量值的方法。例如,某研究样本的平均测验成绩为75。样本的平均数和标准差可以用来估计一个量值的范围(置信限),而总体真正的平均数就可能包括在其中。如果我们计算得到样本平均数95%的置信限为从68到83,那么就可推知总体平均数在68到83之间的可能性很大。说得再清楚些,如果我们选取100名与实际研究类似的样本,那么由上面的置信限可知,100人中只有5人组成的置信区间,总体平均数不可能落入此区间。在实际应用中,我们一般研究单独的样本,但通过计算.95置信限,我们就有理由保证我们的样本不落入样本平均数的5%,它的置信限不包括真正的总体平均数。有时,还计算.99(99%)置信限。

一次典型的试验可得到两类处理后的平均数——一个是试验组的,另一个是控制组的。如果我们分别计算两类平均数的置信限,就可以得到一个很容易解释的变量,来说明两平均数之间的观测差异是否就是样本所代表的总体之间的实际差异。假设试验组平均数为24,.95置信限为20到28。控制组平均数为15,.95置信限为12到18。由此可判知试验总体的实际平均数不会低于20,控制组总体的平均数不会高于18。这就说明,研究中试验组样本所代表总体的测试成绩高于控制组所代表的总体的成绩。

再看看在不同条件下情况又会如何。如果实验组的平均数不变(24),但.95的置信限变为17到31。在控制组平均数同样不变,而.95的置信限为7到23。实验组总体的真实平均数就可能低到17,控制组总体的平均数就可能高到23。这样,我们就不能忽视两者的平均数可能会相等的情况,即两者的可能值在17到23之间。

置信限是推断统计的一个组成部分，它可使研究者从样本统计量推知总体参数。各类统计量显著性检验也是由样本统计量推知总体参数，但它们的目的是为拒绝或接受虚无假设。在公布研究结果时，总要介绍其中进行的统计量显著性检验。另外，一些研究人员也会报告关键统计数据的置信限。

（二）研究结果的重复

各类统计量显著性检验帮助研究人员判断在单独一次研究基础上所得观点主张的效度。也就是说，若拒绝虚无假设，就可推断研究主张（如研究假设）是正确的。若接受虚无假设，那么研究主张就是错误的。正如我们在本章前面所谈到的，研究者不应作出这样极端的结论。即使所得到的显著性水平很高（如 $p<.001$），仍应小心谨慎。一是因为很难举出对研究结果所有可能的解释。另外研究设计和运行中的失误也在所难免。这样一来，许多研究者不会在对单独一次研究的显著性检验基础上就作出最后的结论。显著性检验只会增强或减弱他们对研究主张的信心。他们自己或者其他研究者将进行多次重复研究，从而进一步验证它的效度。

重复试验（Replication）是指运用相同或近似的方法对不同组样本进行重复研究的过程。如果新的研究得到了相似的结果，或者当前研究重复了以往研究的发现，这都表明研究结果更加“显著”——即增强了它可代表总体中真正的差异、相关或影响的置信度。以优势学习为例，它的效果已经在很多试验中显现出来。① 如果你决定在以往尚未研究的条件下进行一次新的试验，比较优势学习和传统教法的优劣。如预测所料，按照优势学习原则授课的实验组在此后的考试中平均成绩优于比较组，不过，差异水平并未达到统计显著性的要求。但是，你

① 布洛克，J. H.，埃夫西姆，H. E.，& 伯恩斯，R. B.（1989），《建立有效的学习学校》，New York：Longman。

仍可推断这很有可能说明真正的差异，因为它重复了以往一直得到的结果。

实际上，统计量的显著性是在多次研究中逐渐增加的。[①] 虽然两次或更多次地使用同一种方法的研究每次产生的结果却不显著，但如果每次的结果趋势相同，那么统计量显著性检验中所得到的 p 值就会成倍增加。例如，若两次研究的 p 值都是 .20，它们的组合概率是 .04(.20×.20)。那么，虚无假设(两次研究的虚无假设相同)就可在 .04 显著性水平被拒绝。

如果有可能，你应试图重复你的研究计划，特别是当你的发现有希望对教育科学的发展作出巨大贡献时，你更应如此。如果你能得到重复的实验结果，那么它们给其他研究者留下的印象就远比第一次实验中所得到的统计上虽很显著但实际软弱的发现(例如，在 .01 水平上 .20 的显著相关)深得多。而且重复结果也可成为驳斥初始研究中发生的第一类错误(拒绝了实际正确的虚无假设)的有力证据，这要根据重复研究的不同类型而定。

戴维斯·李克肯(David Lykken)将重复实验划分为三类：

> *直接性重复*……是对第一位研究者在样本选择、实验条件、测量手段和分析方法等各方面的翻版。要求最初的研究者简单地扩大研究对象可能会使我们越来越接近完全重复，但是即使这样，在心理学研究中是无法做到彻底的完全的重复。
>
> *操作性重复*。与完全重复相反，操作性重复只是在抽样和实验步骤方面模仿第一位研究者的设计。这是为了验证他所列出的“实验菜单”——就是列在研究报告的方法栏中的他认为重要的条件和过程——是否能产生他所得到的实验结果。
>
> *建设性重复*。与前两类不同，建设性重复尽量避免对首位实验

---

① 在第四章回顾定量研究结果中也介绍了多次研究中组合 p 值的问题。

> 者的模仿。为了达到理想的建设性重复，就需要一位有能力的研究者。这位研究者除了清楚首位研究者所建立的经验性的“事实”外，对其他则一无所知。这样他必须构想自己的抽样、测量和数据分析方法。①

你自己进行的完全重复实验可用来检验最初研究是否存在第一类错误。而要想验证一些提高学习成绩方法的有效性，操作性重复就特别适用。例如，你训练教师使用教学思考方法，结果发现使用这一方法的老师培养出来的学生成绩优于传统教法培养出来的学生。如果其他研究运用你的培训方法和资料也获得了类似的结果，那么我们就可得出结论，这种教学方法的教学效果较好。如果操作性重复结果不支持原结果，我们就要认真考虑初始研究在多大可能上限制了培训方法和材料的效果。显而易见，经过操作性重复实验验证的教育过程或结果，与那些仅通过最初研究而获得的结果相比，对于教育事业的进步具有更大的实践意义。

第三类重复研究，即建设性重复，提高了教育理论研究的效度。例如你检验一种焦虑理论，并假设焦虑会降低学习成绩。为了验证这一假设，你就要选择或进行焦虑和学习成绩的测量。如果经过多次的建设性重复，每次重复中都采用了一个或两个变量的不同量值，结果显示两个变量间存在相关关系，那么假设的信度就会不断增加。如果某次焦虑测验预示被试此后每年的大学平均积分，并预示了某次考试成绩和某次能力测验成绩都呈递减趋势，这就增强了假设的效度以及其导出理论的效度。

在教育科学研究中，重复研究越来越多地被采用。像我们在第二章中谈到的，如果你刚刚开始搞研究，你应该认真考虑重复或发展以往的研究，而不是试图涉及一些尚未开拓的领域的研究。

---

① 摘自李克肯，D. T.（1968），《心理学研究的统计意义》，《心理学简报》，70，第155～159页。

(三)效值

上文我们谈到在对研究结果的现实意义进行推断时,不宜采用统计量显著性检验。那应选用什么方法呢?目前倍受推崇的一种方法就是计算**效值(Effect Size(ES))**。在前面介绍统计效能分析时,我们已提到了这个概念。而且,第四章中为了回顾对某一问题而进行的一系列定量研究,采用了*元分析*的方法,ES 就是其中一个组成部分,第四章介绍了它的计算和解释。

ES 还可用于解释一次单独实验的结果。戴维·贝克(David Baker)主持进行的美国和日本中学生数学成绩的比较研究就是一例。① 他利用了国际教学成绩评估协会在美国和日本数学课中所收集的样本考试成绩,并要求每个班级的老师估计他或她是否已经教授了回答考试问题所应掌握的全部知识。这样学生的考试成绩就有两个指标:(1) 教师已讲内容考试的正确率;(2) 教师未讲内容考试的正确率。贝克认为即使美国和日本的教学内容不尽相同,但这种分析仍可确定两者之中哪一个数学教学更有效果。因为只有在对老师已教授过的内容进行考试,并对学生的考试成绩进行比较时,这种比较才显公平。

表 5.4 美国和日本学生已教授课程和未教授课程考试成绩

(总体:八年级美国学生;七年级日本学生)

	美国 (N=5 459)		日本 (N=7 643)		
课程成绩	平均分数[a]	SD	平均分数[a]	SD	效应值[b]
所在年级已讲授课程	40.4	29.9	63.6	27.8	.81
所在年级未讲授课程	27.7	34.2	38.2	29.4	.33

a 分数为正确百分率,已扣除经猜测得来的分数。

① 贝克,D. P. (1993),《事实上,与日本相比,美国成绩较低:对于 Westbury 新证据的评论》,《教育研究者》,22(3),第 18~20 页。

$$b\text{效值} = \frac{\overline{X}_{Japan} - \overline{X}_{US}}{SD_{weighted}}$$

【资料来源】摘自贝克，D. P.（1993），《事实上，与日本相比，美国成绩较低：对于 Westbury 新证据的评论》，*Educational Researcher*，22(3)，第 18～20 页 Copyright 1993 by the American Educational Research Association. Adapted by permission of the publisher. 第 19 页。

表 5.4 列出了贝克的分析结果。对已学过考题（表上称“所在年级已讲授课程”），日本学生的答对率为 63.6%，而美国学生只有 40.4%。表中的最后一栏还列出了这一差异的 ES(.81)。脚注 b 标出了计算效值的公式。公式的分子是日本学生的平均成绩（63.6）与美国学生（40.4）的差，为 23.2。分母因为考虑到两类样本大小的差异而由两个标准差的平均数求得的加权标准差。为了估计分母，我们可忽略样本容量间差异，只算出两个标准差（29.2 和 27.8）的平均数，为 28.85。23.2 除以 28.85 得 .804，这同表 5.4 所列的效值 .81 很接近。

ES 越大，两组间的差异就越大。效值为 1.00 说明一组中普通学生的得分处于另一组分数分布的第 84 百分位。表 5.4 中效值 .81 说明普通的日本学生（如他的分数处于其所在组分数分布的第 50 百分位）会处于美国学生组分数分布的第 79 百分位。与平均成绩相比，这些百分位数更有助于我们了解美国学生与日本学生在数学学习中的差异。

表 5.4 还有另一个有意思的发现：对于未教授过的考题（表中称为“所在年级未讲授课程”），日本学生也比美国学生回答得好。但是，.33 的 ES 并不大。它说明普通日本学生得分处于美国学生分数分布的第 63 百分位。

效值有助于确定研究结果的实践意义，但并不是完备的指标。效值的大小受到所选变量、组间绝对差异、分数分布形态及样本中个体等其他因素的影响。总的说来，并没有一个确定研究结果实践意义的简单方法。效值尽管很重要，但也仅是一个解释途径而已。

八、心理测量统计学（Psychometric Statistics）

各种类型的统计量都可用来研究和描述心理测量学中变量的性质、

解释的合适性以及考试或其他测试结果的准确性。选择适合的统计量有赖于所需的心理测量信息。第七章谈到三类心理测量信息：测验效度、测验信度和项目统计量。

测验效度(Test Validity)指对测验得分判断的准确性、实用性和意义。通过对各种类型依据的收集,可以说明测验的效度,其中很多实质上都是统计量值。例如,预测效度就是其中之一,它表示通过被试在某一测试中的得分,可预测他在某一研究者需要的测试中的得分,如平均积分。预测效度是一个相关统计量,它可以反映测试成绩在多大程度上准确预测被试在某个目标测量上的成绩。

测验信度(Test Reliability)指测验得分的连续性、稳定性和准确度。任何时候当我们用分数反映考试或测验的特点时,总会存在测量误差。误差越大,可信度越低;误差越小,可信度越高。在统计上可用信度系数或测量标准误差表示测验分数信度的高低。估计信度系数或测量标准误差的方法也有很多种。

项目统计量(Item Statistics)描述了测试中各个项目的统计特征。最常见的项目统计量有项目难度描述符、项目判断力和猜测概率。项目统计量最常用于测验的修正,找出项目中的缺陷,如判断力差的项目。当这些缺陷被订正或换成更恰当的题目,信度值也就提高了。

第七章将详细介绍测验设计和测验使用中的各种统计问题。

九、统计分析中的一些问题

(一) 探索性数据分析的必要性

研究者常犯的一个错误是未仔细检查所收集的个体得分,就急于计算描述统计量(一般为平均数和标准分)。一些研究数据甚至未经“人手触及”就被立即输入电脑,统计软件包按照研究者的具体要求算出描述统计量和推断统计量。在这种情况下,研究者已经自己拒绝了检查原始数据的机会。这就有可能造成具体个体分数中重要模式或现象被忽略的结果。

目前已经出现了一些检查单个数据形式和现象的统计方法。① 这些方法尚未被广泛使用,而且需要进一步研究,但它们发现了有关认识教育学研究中常收集到的数据特征的新角度。这些方法被统称为**"探索性数据分析"(Exploratory Data Analysis)**,是为了"发现数据中不可预见或不可预测的模式,(是为了)最终获得对自然现象新的理解和认识"②。

表 5.5　原始数据计算机打印结果

学　　号	默读成绩	学　　号	默　　读
1	0.33	31	0.19
2	0.80	32	0.48
3	0.58	33	0.66
4	1.27	34	0.42
5	0.84	35	0.25
6	1.04	36	0.77
7	0.36	37	0.69
8	1.63	38	0.64
9	0.44	39	0.13
10	1.15	40	0.35
11	0.82	41	0.62
12	0.02	42	0.11
13	0.92	43	0.16
14	0.83	44	0.35
15	0.35	45	0.06
16	0.35	46	0.09
17	0.25	47	0.48
18	0.10	48	0.17
19	0.35	49	0.27
20	0.38	50	0.44

① 这些方法可详见约翰·图基的著作,书后的加注参考文献介绍了此书。
② 莱因哈特, G., & 莱因哈特, S. (1980),《探索性数据分析:实际经验性数据分析的新工具》,《教育研究评论》,第 8 期,第 85～157 页。

续　表

学　　号	默读成绩	学　　号	默　　读
21	0.44	51	0.32
22	0.52	52	0.69
23	0.32	53	0.49
24	0.27		
25	0.23		
26	0.16		
27	0.17		
28	0.38		
29	0.75		
30	1.13		

注：第一栏列出了学生的识别代号(ID)。第二栏为默读测试成绩。

【资料来源】摘自莱因哈特，G.，& 莱因哈特，S.（1980)，《探索性数据分析：实际经验性数据分析的新工具》，In D. C. Berliner（Ed.），*Review of Research in Education*，Vol. 8，第 85～157 页。Washington，D. C.：American Educational Research Association. 第 91 页表二。

一旦研究收集了数据并进行了量化，就可以进行探索性数据的分析。其中一个很重要的工具是**茎叶图示**，它是所有个体某次测试得分的简化式图表。表 5.5 是计算机程序以传统方式列出的某次默读测验原始成绩。数据是在一组学习有障碍的学生参加默读课程辅导后测得的。但这种表示法存在缺陷，它不能“充分观测”数据。原始数据形成的模式(规律)以及从模式偏离的现象都不易观测到。

现在让我们看一看图 5.2 中的茎叶图示。它将表 5.5 中的原始数据进行重新排列展示。图中一条竖线将开始部分或者称为*枝标*(竖线的左边)和每条*枝*(竖线的右边)分开。将枝标置于枝上的每片*叶子*之前，再乘以换算单位，图 5.2 中的换算单位是 .01，就可以将叶转换为最初的原始数据。

至于要了解**茎叶图示(Stem Leaf Display)**的作用，我们先看图中第四行的枝标为 3。枝标后面的枝上有 11 片叶子(2，2，3，5 等)。枝上的

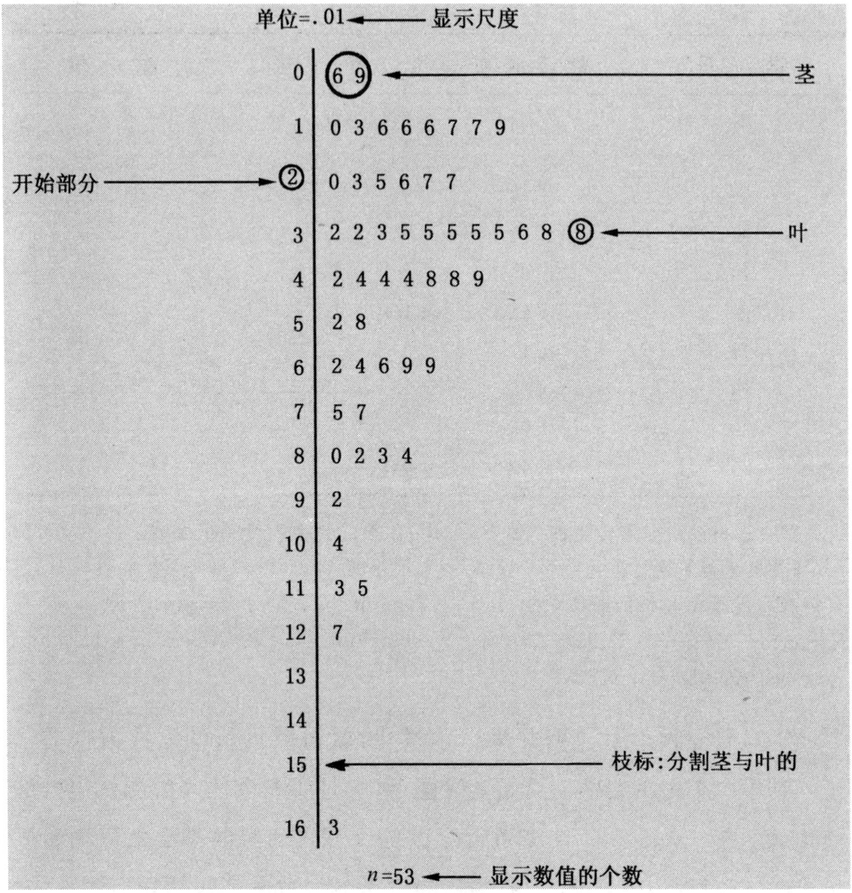

图 5.2　表 5.5 数据的茎叶显示图

【资料来源】摘自莱因哈特,G. 与莱因哈特,S 的《探索性数据分析：实际经验性数据分析的新工具》第 92 页，见 D. C. Berliner(Ed.),《教育研究评论》,卷 8,第 85～157 页,Washington,D. C.,美国教育研究协会出版。

第三片叶子是 3。如果我们将相对应的枝标置于叶前，就得到数字 33。将其乘以换算单位 .01,得到数据 .33,这是表 5.5 中第一个学生的成绩。再看图示中的最后一条枝，它只有一片叶子(3)。将枝标(16)置于其前，得到 163,再乘以 .01,就得到数据 1.63,它是表 5.5 中第八个学生的成绩。你还会发现在图 5.2 中，枝标 13,14,15 的后面没有茎叶，这就说明

1.63 这个数据与其他 52 个数据有很大的不同。

茎叶图示的一个优点就是能使你很容易发现数据分布的形状。图 5.2 中的数据显然不构成正态分布。大部分的数据都处于数值较低的水平，约集中在 .30 大小附近。由于数据分布朝此方向偏斜，茎叶图示就会提醒你采用不服从正态分布的统计量，如中位数和全距，以及各种非参数统计量。

它的另一个优点是可以激发我们对数据的许多思考。例如，通过图 5.2 你会考虑为什么大多数学生得分处于很低的水平，而少数学生得分很高。你就可以对造成这一现象的诸多因素作出研究假设，并运用可利用的数据进行检验，或许你的研究假设还会为你设计今后的研究提供基础。

探索性数据分析的第三个优点在于它便于发现游离者。**游离者(Outlier)**是指个体或其他实体（例如，20 个班级样本中的一个班级），他们的得分与样本中其他成员的得分有很大不同。图 5.2 中得分为 1.63 的学生显然是一个游离者。如果你识别出某个数值为游离者，你首先应该检查这个数值的计算是否有误。因为很多样本中之所以出现游离者，仅仅是由于研究者点错了小数点的位置，或者在准备进行计算机分析时将其输在了错误的变量栏中。

如果游离者的分数不存在计算或记录错误，你就应找出其他解释。或许此游离者没有在与其他样本相同的条件下进行测试。表 5.5 中原始数据所摘自的研究报告中就有这样一例：

> 对于数据来源的实际研究项目中单独调查发现，由于管理上的原因，出现游离者分数的学生脱离了教师的控制，因此他是在与班级其他同学不同的条件下进行测试的。他的成绩最终不能归入研究之列。①

---

① 莱因哈特，G.，& 莱因哈特，S. (1980)，《探索性数据分析：实际经验性数据分析的新工具》，《教育研究评论》，Vol. 8，第 85～157 页。Washinstion. D. C：American Educational Research Association，第 153～154 页。

研究中决定是否剔除游离者是很困难的。因为除非样本容量很大，只要有一个或两个游离者，都会歪曲传统统计方法得出的结果。但是，你又不能因此而简单地剔除游离者。只有具备充分的理由，你才可以决定剔除游离者，像上面例子中出现游离者分数的学生。但如果无法剔除游离者，就应考虑使用参数和非参数统计方法来分析数据。比较这些方法的分析结果会使你了解游离者是如何影响数据的。

上例中，得 1.63 分的游离者毫无疑问应该被剔除。但对于得 1.27 分，1.13 分和 1.15 分的学生又将如何处理呢？我们不清楚他们是否也应归为游离者之列。目前已经出现了通过计算定量决策规律来识别游离者的统计方法。① 在研究报告中，你应该一直注意指出数据中是否存在游离值，以及你在数据分析时是如何处理的。

（二）数据缺失

缺失的数据（Missing Data）是指那些研究者想要为研究设计收集，但实际未能用于数据分析的信息资料。收集信息时的疏忽大意可能导致数据缺失。例如在某研究中，需要测试数百名学生。即使某位学生参加了测试，但是他的测试卷在呈交给主考官，返还主数据收集中心，添加识别码或者计算机阅卷等过程中，都有可能丢失。这种数据缺失会使统计分析复杂化并削弱它对研究结果的贡献。因此，应该严格细致地收集数据，保证避免因人为失误而造成数据丢失。

如果被选中个体拒绝或者不能参加部分研究测试，这些情况都会造成数据缺失。即使个体同意参加，他也可能在真正收集数据时不能到场。数据缺失的可能性会随着数据收集时间段数的增加而增加，这只是因为随着时间段数的增加，参加者因生病或其他任务而缺席的可能也会增加。

---

① 莱因哈特，G.，& 莱因哈特，S.（1980），《探索性数据分析：实际经验性数据分析的新工具》，《教育研究评论》，Vol. 8，第 85～157 页。

学生经常被作为教育研究的对象。学生经常会同时生病。如果有大量学生缺课或不能参加已经计划好的数据收集活动，这时较妥当的办法是重新安排研究计划，而不应坚持收集不完备的数据。但这并不是一成不变的规定。对于某些研究，除非数据在特定的时间内收集，否则就无法解释。在这种情况下，较好的妥协方案是从部分样本中收集数据，这样做的前提是假设部分样本所得的数据结果仍然有助于阐明一些发现。

当对同组研究样本在几个不同时段进行不同的测试时，缺失数据就显得有些棘手。表 5.6 列出的是实验组和控制组在两个时段进行不同测试的结果。缺失数据由短横线代替。

表 5.6 实验组与控制组两次测试中的缺失数据

对象识别码	测试A				测试B			
	实验组		控制组		实验组		控制组	
	第一次	第二次	第一次	第二次	第一次	第二次	第一次	第二次
001	5	7	4	5	—	37	38	40
002	4	—	4	4	42	63	—	51
003	8	12	—	7	53	71	45	43
004	—	17	15	—	36	63	55	55
005	6	—	4	3	15	17	38	50
006	10	13	8	10	52	—	63	64
007	3	5	5	7	49	45	—	36
008	7	5	5	5	38	—	50	48
009	—	10	10	—	47	65	36	40
010	12	17	9	—	50	54	47	51

研究者曾经打算对每次测验都分别进行协方差分析。第一次得分为协变量，并分析实验组与控制组第二次测验平均分数的差异显著性。①

① 协变量是一个自变量(如例中测试 A 或测试 B 在第一次中的得分)，它对因变量的影响(如例中的测试 A 或测试 B 在第二次的得分)由协方差分析控制。

至于如何处理缺失数据?一个解决办法是剔除那些不足的数据。这样只有两次测试都参加的被试成绩才可用于统计分析。这样一来,测试A数据分析中将除去4位实验组被试和4位控制组被试。测试B数据分析中将除去3位实验组被试和2位控制组被试。但应注意,两类测试中不同的被试也应被排除,结果实验组和控制组的构成就会发生变化。如果我们希望只包括那些在两类测试的两个时间段都参加的,分数完整的被试,则又会失去大量的数据。如在实验组中,按照此方法就只会剩下三个完整的样本数据(003,007和010)!另一个方法是对缺失数据进行估计,在表中的空格中填入组平均数或运用回归分析(详见第十一章),以更准确地估计缺失数值。决定使用哪种方法需要综合的考虑权衡。对于上例中的情况,我们建议你去咨询一位统计专家。

显而易见,最佳的解决办法是避免数据的缺失。应多花些功夫以确保能为研究设计收集到其所需的所有数据,这样在统计分析阶段就会省时省力。另外,缺失数据量超过了一定程度,它将使研究设计无法正常进行。此时,惟一的选择就只能是放弃研究或者重新收集新数据。

(三)统计分析单位

教育科学研究者研究的个体学习方式存在许多不同,有的独自一人学习,有的虽然独立学习但属于某个群体,或者有的组成小组一起学习。尤其当确定是采用单独的学习个体还是学习小组作为统计分析单位的时候,这些差异需要认真考虑。**统计分析单位(Unit of Statistical Analysis)**指在研究中重复采用的样本单位。如果以学生作为样本单位,每个新加入到样本中的学生就被看做是对被描述、相关或实验操纵现象的重复。

下面的实例将说明统计单位对实验结果的影响。在不同班级试用两种教学方法A法和B法,从而来比较它们的相对效果。实验挑选了10个六年级班级,5所学校分别各抽两个班。在每所学校中随机地分配使用教学法A和B,进行两个月的时间。表5.7列出了实验结束后每位学生在假设的实验后测验中的成绩。班级原本有 20 到 30 名或更多的学生,但是为了简化数据罗列,表中显示每班只包括 5~8 名学生。

表 5.7 接受两种不同教学法之后学生的测试成绩

方法 A(N=32)				
学校 1 班级 1	学校 2 班级 2	学校 3 班级 3	学校 4 班级 4	学校 5 班级 5
18	25	28	17	22
22	18	27	19	24
27	29	29	23	30
15	30	30	18	15
9	19	24	24	27
24	M=24.2	26	M=20.2	21
M=19.2		31		29
		27		28
		M=27.8		M=24.5
方法 B(N=34)				
学校 1 班级 6	学校 2 班级 7	学校 3 班级 8	学校 4 班级 9	学校 5 班级 10
25	16	19	22	21
22	25	21	20	29
18	18	28	24	18
18	23	16	19	14
20	15	15	18	22
22	9	21	21	M=20.8
M=20.8	22	14	15	
	M=18.3	12	17	
		M=18.3	M=19.5	

实验中,统计分析的目的是判断接受 A 教学法的学生与接受 B 教学法的学生在测验中的成绩有显著差异。可用 t 检验检验显著性。但采用什么样的统计单位才合适呢?——是单个学生还是整个班级?如果以单个学生为单位,就有 32 名 A 法指导的学生与 34 名 B 法指导的学生的

比较。如果以班级为单位，就只有 5 个实施 A 法班级的平均值和 5 个实施 B 法班级的平均值用以比较。

另外，请注意描述统计量会随分析单位的变化而变化。当以学生为分析单位时，A 法得分的平均值和标准差分为 23.6 和 5.42。相反，若以小组为单位，组内平均值(19.2，24.2，27.8，20.2，24.5)的平均值和标准差分为 23.2 和 3.49。

一些研究者建议在表 5.7 的实验中采用班级平均值作为分析单位。但是，肯尼斯·霍普金斯(Kenneth. Hopkins)认为在进行显著性检验时应以单个学生作为分析单位。[①] 他建议进行某种类型的方差分析，其中以班级和实验处理为"因素"(因素的定义在第十三章中介绍)。在表 5.7 实验中，10 个班级组成一个因素，教学法 A 和 B 组成另一个因素。霍普金斯阐述了适合不同复杂水平的实验设计的方差分析形式。

有关统计分析单位的讨论使我们认识到教育可以作用于许多不同的层次，例如，单个学生接受教师个别辅导、班级内部的小型合作学习小组、班级、学校、学区、地区、州或一个国家。你需要决定的是哪个层次包括你最初感兴趣的现象。

利·伯斯坦(Leigh Burstein)认为，教育学研究者在进行研究设计时，每次应考虑多个层次：

> 教学活动发生在等级结构的组织中，而这类组织对学生教学效果的影响是通过个体所在群体实现的。这些群体(如班级中的学习小组、学校中的班级、学区内的学校、社区内的家庭、社区内的学校)会对其成员的思想、行为和感受产生影响。等级制结构就导致了多层数据的出现。[②]

---

① 霍普金斯，K. D. (1982)，《分析单元：群体方法与个体观察》，《美国教育研究杂志》，19，第 5～18 页。

② 摘自伯斯坦，L. (1980)，Issue in the Aggregation of Data. In D. C. Berliner (Ed.)，Review of Research in Education，Vol. 8，第 158～233 页。

对于*多层数据*，伯斯坦认为它指可以在一个以上的教学水平上进行分析的数据。例如，研究者从一个学校的三个班级收集数据，那么数据就可在两个水平进行分析：班级（每个班级有一个分数，或一组相关的分数）和学校（三个班级分数的平均代表了学校整体）。

教育研究中不存在一个正确的普遍适用的分析水平。而你需要对自己感兴趣的现象找到阐述的理论或解释。这种理论或解释可指导帮助你确立数据收集和分析的层次或所应包括的层次。例如，你对老师表扬学生的作用感兴趣，你就可以特别关注老师表扬整个班级的情况。此时，你应以班级作为样本单位和分析单位。另一种方法，就是注意老师对个别学生的表扬。你可测量老师在教室中表扬每个学生的次数。那么，学生就是分析单位，样本容量就包括班级中所有的学生。如果你的研究不止一个班级，那么每个班级就应视为对研究的独立重复。

还有一例是研究校长如何影响本校教师的行为。例如，你假设校长对教师的管理影响了教师的士气。检验这一假设就要以学校作为分析单位。你需要确立校长的样本，一所学校一位校长，然后评估校长对教师管理的重视程度，再测量教师员工的士气水平。反之，如果你有兴趣研究校长是否对不同教师采用了不同的管理方式，以及这些差异是否与教师的士气相关，那么，单个教师就比较适合作为分析单位。

重要的是记住分析的两种单位（校长和教师）都包含了多层数据，如果数据收集合理，则采用任一种单位都可以进行研究分析。如果你通过每学年校长进行监督访查的次数测量每位校长对教师管理的重视程度，你就可分别收集每位老师接受监督访查的次数。这样，你就可以检验这个变量与教师士气间的关系。你还可将数据合计在一起，得到每位校长对教师管理力度变量和每个学校教师士气的总变量。（此例中的合计包括计算每位教师在两个变量上的平均分——监督访查次数和士气）

如果数据是按上述方法收集的，就应对它们进行多层分析。例如，你可确定一个学校内部和多个学校之间教师管理和教师士气之间的关系；而且，你还可判断一个学校内或多个学校间教师管理或教师士气中是否存在越来越多的差异。

教育政策研究中使用的分析单位比上述实例的分析单位大得多。在国家教育发展评估(见第十章)中工作的研究者汇集各个州学生的数据,以便研究各州之间学生成绩的差异。参加教育成果评估国际协会(见第十章)的研究者则在收集各个国家的数据,以便研究世界各国教育实践和教育成果上的差异。

选择一个或多个合适的分析单位是一个复杂的过程。其中最关键的一步就是对你想要研究的现象进行深入的思考,直到得出结论。特别要注意的是,样本中的个体行为是否独立,或受到其所属团体的影响。一旦你形成了对现象的可行的推测,你就可选择合适的数据收集和分析的过程。*多水平数据分析*作为一种复杂专业化的方法,可被选用。

十、统计数据处理和贮存

教育研究中的多数统计分析需要复杂的计算。手工计算不仅烦琐,而且容易出错,因此,研究者通常借助计算机进行统计分析。

计算机有两个主要部分组成:硬件和软件。**硬件**指计算机本身。如果你有大量的数据需要分析,你需要一台主机,它具有每分钟进行数百万次计算的功能。这种主机一般价格昂贵,因此只有大学或学校计算机中心才具备。

如果你拥有个人电脑,你完全可以在上面进行统计分析。目前大多数的个人电脑具备对大数据进行复杂的统计分析的功能。与主机相比,个人电脑的最大优点是它的便捷。个人电脑允许你在任何时间、任何地点使用。而使用主机则需要你到计算机中心或计算机集散站去。而且,这种使用存在很多限制,还需付费。

一些手提式计算器也具有进行统计分析的功能,你只需正确地按一些简单的功能键即可。如果你要分析的数据量不大,或者只要进行简单的描述和推断统计，一些并不是很复杂的计算器也很适用。

计算机的另一部分是**软件**。软件包括对你输入计算机的数据进行管理和分析的各种程序。

教育研究中最常用到的计算机软件是 SPSS，它是社会科学用统计软件的缩写（Statistical Package for the Social Science）。① SPSS 全面综合地汇集了各种管理、分析和展示数据的计算机软件。它可以完成本书各章节介绍的统计分析过程。大多数大学的计算机中心拥有这套软件。适合个人电脑的 SPSS 版本也已出现。SPSS 的版本在不断更新，因此你应该检查一下你的 SPSS 软件是否是最新的版本。

另一种应用广泛的全套统计程序是 SAS（读作“sass”）。它的操作比 SPSS 复杂，但具有更多的统计功能。

目前出现了越来越多的适合个人电脑使用的统计分析软件。但在你使用这些软件前，应先确定一下它的可靠性。因为有的程序没有彻底检验“病毒”（误差），或者有的程序没有按照标准的算法得出结论。因此，它们都会产生虚假的结果。

（一）使用计算机

拥有主机的大专院校通常开设与操作这些计算机有关的课程，他们或许也讲授如何使用个人电脑进行统计分析的课程。如果你打算从事教育研究，我们建议你参加这些培训。教育中定量研究已经达到了一个复杂的水平，在这一水平上进行的大部分研究都需要使用计算机处理相关数据。

SPSS 以及类似电脑软件的使用十分复杂。许多研究生发现很有必要雇用电脑顾问协助他们对其论文中的数据进行分析。这位顾问既要熟悉电脑又要了解教育研究的统计和方法。但你将所有数据都转交给这个顾问的方法并不可取。这些顾问们不可能对数据与你有同样的感

① 诺鲁西斯，M. J.（1994），SPSS，Chicago，IL：SPSS，Inc.

受和认识。因此他们会作出笼统的、不恰当或不准确的分析。

你可以通过让顾问解释数据处理以及统计分析中的每一步骤的方法来避免这些问题。而且,你还必须能够确定检验你的假设或回答你的研究问题的最好的统计方法,而不是留给顾问去选择。

如果可能,你应该与顾问一起工作。例如,你可以观察顾问如何创立数据档案程序以及如何输入数字数据等。当你了解了这一过程,你就可以自己将剩余的数据输入。而且你还可以要求顾问交叉使用 SPSS 或相关的软件。当顾问键入每一套指令时,你可以询问它们是什么意思;这样你就能够看懂电脑屏幕上由这些指令得出的统计结果。这种方法比你没有参与而只是尽力去搞懂纯粹由顾问们得出的几沓电脑打印材料要有效得多。

(二) 检查数据分析的准确性

不论你使用计算器、个人电脑,还是主机进行数据分析,你都必须不断地检查数据分析的准确性。首先要检查数据档案,它是你存储于电脑中的数据。为了方便这种检查,一些计算器往往为每一个输入数据做一个纸磁带条。这些纸磁带条就组成了数据档案。计算机通过屏幕显示数据档案或借助于打印机把数据档案打印出来。通过查看这些显示就可以发现一些明显的错误,如过大或过小的极端变量值或者数据栏排列错误。一种称为数据输入程序的统计软件也可以识别出这些错误。

下一步就是对数据档案中的部分数据做实际核查。如果这类核查发现了不可接受的错误,你就必须重新输入数据。数据输入软件程序允许你保留原来正确的数据而只对错误数据进行重新输入。计算机会在任何一个原始输入和最新输入数据不一致的地方作出标记。你可以根据标记提示来检查两者的差异,确定正确的数据输入。

数据统计结果检查可采用多种途径进行。你可以进行重新分析,也可以检查命令文件中每条命令是否恰当。**命令文件(Command File)**是指你在用计算机进行统计分析时使用的一系列命令语句。而且,你还可以借助于计算器检查计算机的部分分析结果。例如,若计算机程序运算了大量的相关系数,你就可以在计算器上计算其中的一个。一般地说,如果两者的计算结果一致(允许四舍五入的错误),你就可以确信计算机计算的其他相关系数也是正确的。

如果统计分析的结果不合理,你就应该格外注意是否发生了错误。即使结果合理,你仍然需要进行检查。

(三)储存研究数据

当数据分析工作结束后,你应该对原始数据、手工计算结果和电脑输出结果分别进行归档整理。电脑输出结果应当包括统计分析结果、数据档案文件及关键分析部分的命令文件。另一种方法就是将信息保存在电脑记录磁带上。电脑记录磁带比一大沓打印纸方便并且便宜。一盘磁带就足够保存相当大的研究所得数据。如果你使用的是个人电脑,各种文件还可以保存在软盘上。

原始数据的保存特别重要,诸如测试的答题纸、观察记录表格、访谈记录表,以及其他从被试那里搜集到的研究资料等都应该认真保存。如果你需要对某一可疑数据进行复查,这时候就必须查阅被试的原始分数。而且保存研究数据还可以为今后的进一步研究提供数据参考。对所有数据重新进行再分析也是常用的一种方法。数据的再分析将会提供一些新的或者有趣的信息;可是,如果原始资料在最初分析后就被销毁,这些信息也就可能会随之消失。对于那些结果受到质疑的研究而言,原始数据更是进行核查时惟一令人满意的资料来源。

如果你对数据分析的每个步骤都记录得清清楚楚且条理分明,并为今后查阅做好标记,这样,检查过程将大大简化。花在这上面的时间是非常值得的,因为这要比寻找未做标记的原始数据或对已丢失的数据重新计算所需要的时间少得多。

十一、研究者在统计分析时易犯的错误

1. 选择的统计方法不适合所要进行的分析。
2. 在确定最适合的统计方法前就收集研究数据。
3. 当存在多种统计方法描述数据的不同方面时,只用其中的一种。
4. 当数据不符合所需假设时,采用参数统计方法。
5. 对求得的 p 值解释错误。
6. 夸大实际较小的统计量显著性差异。
7. 未仔细检查研究所收集的原始数据,就进行统计分析。
8. 未根据缺失数据的原因而调整统计分析。
9. 在应该以群体作为分析单位的时候,以个体为分析单位。

自测题

1. 不适合进行推断统计分析的一类变量是

   a. 原始分数　　b. 标准变量　　c. 百分位数　　d. 连续变量

2. 按测试成绩将个体分为两类的方法称为

   a. 人为二分法　　b. 自然二分法　　c. 等级划分　　d. 推演变量

3. 当________时,中位数比平均数能够更好地反映集中趋势。

   a. 研究者希望检验原始分数　　b. 分数分布呈偏态

   c. 分数呈正态分布　　d. 某一分数经常出现

4. 对虚无假设的恰当表达是

   a. 接受实验处理的一组比控制组得分高

   b. 研究样本与其所抽取的总体表现不同

   c. 样本平均数的差异真实反映总体平均数间的差异

   d. 某研究中,进行比较的小组间无差异

5. 进行统计量显著性检验是为了判断

   a. 两样本间观测差异的概率还会发生在它所抽取的总体中

b. 进行重复性研究时，会得到相同结果的概率

c. 研究结果是否对教育者具有实践意义

d. 两个总体在兴趣变量上的得分是否存在事实上的差异

6. 除________外，以下诸项将提高统计量显著性检验效能。

a. 更大的样本容量　　b. 采用更高的 p 值，以拒绝虚无假设

c. 估计的效值　　d. 采用无方向性假设

7. 研究中计算置信限是一个很好的主意，因为它

a. 提供了估计总体量值的方法

b. 允许研究者探讨数据中可能会被忽视的模式和现象

c. 增加了得到统计量结果显著的可能性

d. 提供了重复研究的统计方法

8. 在操作性的重复研究中，研究者

a. 有意避免模仿最初研究者的研究过程

b. 试图完全重复最初研究者的所有研究过程

c. 只试图重复最初研究者采样和实验的过程

d. 重新分析其他研究者收集的数据

9. 效值是有用的统计量，计算它是为了

a. 综合对相同变量多次研究的发现

b. 研究某个特殊 p 值足以拒绝错误的虚无假设的可能性

c. 估计研究发现的实际意义

d. 上述全部

10. 茎叶图示是为了

a. 估计缺失数据　　b. 发现游离值

c. 估计效值　　d. 估计发生第一类错误的概率

11. 如果研究者对学生学习成绩和班级大小间的关系感兴趣，合适的分析单位应为

a. 学生个体　　b. 班级

c. 学校　　d. 上述全部

薛　晴○译

第六章 选择抽样

一、概览

教育研究者很少能够对他们所感兴趣的总体中的每一个体进行调查。所以他们必须选择总体中的一个样本来研究。本章讨论定性研究与定量研究中选择样本的逻辑有何不同,然后我们再解释运用在各类研究中的主要抽样方法,以及在决定最佳样本取量时应考虑的因素。本章的末尾将讨论在使用志愿者样本的过程中会涉及的问题。本章描述的抽样步骤也同样适用于事件的选择、课程教材和研究者感兴趣的其他现象。

二、目标

在学完本章后,你应该能够:

1. 比较定量研究和定性研究中运用的逻辑,并能够推广到研究样本范围之外。

2. 解释总体效度和验证逻辑的意义。

3. 解释样本、目标总体和可抽样总体之间的关系。

4. 说出为了确保一个样本较高的总体效度而必须满足的 4 个效标。

5. 说出以下抽样方法的优点以及使用步骤：随机抽样、系统抽样、分层抽样和方便抽样。

6. 认清定量研究中决定样本取量时需要考虑的 7 个因素。

7. 解释目的抽样的理论基础。

8. 说出各种常用抽样的方法以及它们之间的区别。

9. 解释为什么在定性研究中，决定样本取量时要涉及到广度与深度的协调。

10. 说出作为参与者的自愿者和非自愿者之间的一般差异，并描述如何测试出自愿者对研究结果的影响。

11. 描述提高参与者自愿研究程度的几种技巧。

三、导言

本章描述了教育研究者普遍采用的抽样技术。虽然我们要重点阐述的是怎样为研究的样本选择学生、教师和其他**个体**，但是在选择**事件**和**事物**的样本进行研究时也会涉及相同的抽样程序及问题。例如，研究者也许想选择课时作为样本来观察，或是选择初级阅读课本作为样本来分析，课时和教科书都能用本章描述的抽样技术来选择。

定量研究报告传统上把样本中的个体称作**被试**。然而，美国心理学协会的《出版手册》这一教育研究报告的标准指南，已经建议在报告的风格上作出改变：

> “在你的研究报告中提及人时，应用一种能认可他们参与的方式写出来，只要可能，都应把非人称术语**被试**代之以一个更具描述性的词语——如**参与者**、**个体**、**大学生**、**儿童**或者**应答者**等。”①

① *Publication Manual of the American psychological Association*，第 4 版，Washington，D.C.：American Psychological Association。引文见第 49 页。

《出版手册》为这条规定制定了一条例外的原则:"在讨论统计时使用**被试**与**样本**这两个术语比较合适。"①定量研究的抽样逻辑是指以样本中获得的结果为基础,对总体的特征作出的统计推断。定量研究中的抽样就是这样与统计推断密切相关的。所以,我们已经使用**被试**这一术语来表示定量研究样本中的个体了。在定性研究报告中,通常用到**案例**和**参与者**两个术语。所以在本章中,每当提及定性研究的抽样方法时,我们都使用这些术语。

四、抽样逻辑

假设一个定量研究者想要了解教育者如何看待促进择校的举措,也就是说,提供教育经费使家长和学生能够在各种学校中更容易做出选择——公立或私立学校、教会或非教会学校,以及那些坚持这种或那种教育哲学的学校。研究者当然想研究全国的每一位教育者,然而他只能设置一个也许仅有200个教育者的调查问卷。

现在,让我们考虑一个不同的研究情况。研究者想要对前总统乔治·布什有关择校的观点作一次定性研究,他研究了布什某段时期中有关这个主题的演讲和文章,也许甚至能采访他。

这两例研究的抽样目的截然不同。在第一例研究中,样本的选择是为了代表更大的总体,换句话说,研究者感兴趣的是总体,而不是他偶然抽取的样本。然而第二例研究中的研究者基本上只对他的简单个案的样本感兴趣。他选择了前总统布什是因为他的领导和他的演讲对择校的辩论产生了影响。而把他从这位特定的总统身上发现的结果推广到更大的总统的总体中去是毫无意义的。乔治·布什是一个独特的个体,他的有关择校的观点不能作为其他总统或是其他政府官员的代表来

① *Publication Manual of the American psychological Association*,第4版,Washington, D. C.: American Psychological Association。引文见第49页。

分析。

上例表明，把研究结果推广到样本之外的逻辑在定性研究和定量研究中是截然不同的。下面就让我们更仔细地研究两者的差异。

(一) 总体效度

根据格伦·布雷切(Glenn Bracht)和吉恩·格拉斯(Gene Glass)所说，判断和评价实验的标准之一是总体效度。[①] **总体效度**是指一个实验的结果能被推广到实验样本所属的更大群体(即总体)的程度。尽管布雷切和格拉斯是参照有关实验方法的定量研究来分析总体效度的，这个概念同样适用于其他定量研究中的抽样逻辑。

为了得到一个好的总体效度，定量研究者必须从指定总体中随机地抽取样本，以便将结果推广到他们想要推广的总体。同时，随机抽取的样本一定要有足够的取量，以减少样本与作为样本来源的总体之间产生不同特征的概率。例如，俄勒冈州有大约 30 000 位教师。假设他们的平均年龄是 37.65 岁。再假设你从该总体中随机抽取 20 位教师作为一个样本，你也许会偶然得到一个平均年龄为 34.22 岁的样本。然而，假如你随机抽取的是 1 000 位教师的样本，得到的平均年龄肯定会比从几十位教师组成的样本中得到的平均年龄更加接近总体。样本平均数或其他统计(例如，标准差)与总体值之间的偏差被称为**抽样误差**。

我们将在本章稍后部分更加详细地讨论定量研究中选择样本的步骤，使样本具有更好的总体效度。

(二) 目的抽样

在定性研究中，样本取量一般是很小的。事实上，样本也许只是一个案例。选择一个或几个案例的目的是为了对所研究的现象进行更深

---

① 格伦·布雷切和吉恩·格拉斯，《实验的外部效度》，《美国教育研究》，5，第 437～474 页。总体效度的概念在第十二章也会讨论到。

刻的理解。一个相关目的经常是为了发现或测试某一个理论。例如：假设研究者想要了解老师是如何尝试教学一门新课程时，他们也许会设计一个定性研究，以便能深入地观察一些参与这项活动达一年之久的老师。因为研究者也希望了解新老师与有经验的老师在实施新课程时有何不同，为了进行研究，他们会有目的地在每种类型中各选择一位老师。

在这个例子中，选择老师的依据是他们符合研究的目的。因此，迈克尔·巴顿(Michael Patton)把这种类型的抽样程序称作目的抽样。[①] **目的抽样**的目的是为了选择包含与研究目的相关的案例。这样，我们拟定例子中的研究者决定为了案例研究至少需要确认一位新老师。假设在学区中有5位这样的老师。在与第一位老师接触时，他们发现：他紧张、不善交流。只有在要求他时，他才参与研究。研究者决定不去说服他作为一个可能的个案，在他身上花费更多的时间。第二位教师与前者相比，较为外向，渴望参加，并欣然接受了因数据收集需要而对他的时间提出的额外要求。这位老师就被选为研究对象。在这点上，研究者决定数据收集的深度，已排除了其他新教师被选为研究对象的可能性。这样他们就选定了一个新教师的样本。他们将用同样的推理步骤来选择一位或几位有经验的老师作为样本。

显然，目的抽样不是为得到总体效度而设计的。其目的是为了对所选择的个体作深入的了解，而不是为了选择一个能正确代表一个特定总体的样本。

(三) 重复逻辑

罗伯特·英(Robert Yin)的定性研究发展了一种重复的抽样方法逻辑。这与佩顿的目的抽样方法相类似。[②] 然而，英的逻辑特别强调定性

---

① 巴顿，M. Q. (1990)，《定性评估及研究方法》，第二版。Newbury Park，CA：Sage。
② 英，R. K. (1989)，《个案研究：设计与方法》，(rev. ed.)。Newbury Park，CA：Sage. 引文见第41页。

研究的理论构造目的。当以此为目的时，英认为研究者应该选择一个案例，以便发展或测试一种理论。并在随后把案例的研究结果推广到某个理论而不是一个指定的总体。要判断这个推导是否言之有理，关键在于决定理论能否被用来预测其他案例的结果。测试是通过一系列重复研究来进行的。

为了说明这种过程，假设研究者对教师在数学课程改革中如何能够起到有效的带头作用感兴趣。他选择了一位在这类改革中被视为带头人的老师作为案例研究。研究者基于这一个案的研究结果发展了一个理论：这位老师管理之所以有效是由于他管理有方。而且，这一领导方式与这一特定的有效带头作用的理论相一致。现在，研究者能利用理论来预测那些其他带头人老师。假如这些老师正如所预测的一样有效，这样第一个个案研究的结果就得到了重复，而理论也得到了进一步的加强。

英把这种从一个案例的结果推广到下一个案例的过程叫做重复逻辑。特别应该指出的是，**重复逻辑**是一种使用理论来决定一个案例的结果能否推广到其他案例的策略。理论的效度是通过一系列的试验性的重复加以测试的。且每项重复都包括一个或多个案例研究。假如理论受到重复研究较好的支持，该理论将确定个案所属的总体，并对总体实施一套独特的推断。

英区别了两类不同的重复：直接的和理论的。假如研究者正在做**直接的重复**，他预料到对下一个研究，将得到类似于先前的案例研究的结果。假如研究者正在做**理论的重复**，根据作为研究基础的理论，研究者将预测到下一个个案的研究结果，将不同于先前的个案研究结果。例如，假设某人作了几个合作学习小组的案例研究，并得出了结论：若两个或更多的学生有机会向其他小组成员解释课文中的概念，这能对小组的学习起到促进作用。这位研究者对这个结果所做出的解释是：不同的解释提供了不同视角来了解某一个概念的意旨。与仅提供一种视角相比，这些不同的视角又为每个学生提供了更为丰富的基础，并发展他或他们自己对概念的理解。在直接重复中，研究者将通过选择另一个合作学习小组的案例来测试理论，典型的做法是让新的学习小组的学生依次提供解释。而在理论重复中，研究者则会选择这样一个合作小组作为案例：在这个组中，将只让一个学生解释所有的概念，或是每一个概念只由一个学生来解释。

英的重复逻辑的概念在安塞尔姆·斯特劳斯(Anselm Strauss)和朱丽叶·科尔宾(Juliet Corbin)发展的定性研究方法"基础理论"中有所提及。① 他们也相信案例研究能用来建立理论，而且相应地，理论也显示了其适用的总体。

> "假如以此理论为基础的数据是综合性的，而且解释是概念性的、广泛的，那么理论应该相当抽象，并包含足够的差异，以使其适用于与此现象相关的各种背景。"②

这段话暗示了选择一个或几个案例的意义，这种案例本质上就是数据，而且是能够形成适用性理论的数据。皮亚杰的智力发展的理论就是建立在较少数目的案例(基本上是他自己的孩子)观察基础之上的。就是这一以少数案例的观察方式建立的理论，却适用于一个非常大的总体，即全人类。

现在，让我们进入对于定量研究者使用的特定程序的讨论：它们包括定量研究者用来选择代表一个指定总体的样本的程序，以及定性研究者用以选择能为建设或测试一种理论提供基础的个案的程序。

五、定量研究中的抽样技术

(一) 总体的界定

定量研究者想要通过研究较小的群体来找出一大群个体的一些特

---

① 斯特劳斯，A.，& 科尔宾，J. (1990)，《定性研究基础：背景理论与技术》，Newbury Park，CA：Sage，我们在第二和第十四章对背景理论进行了更详尽的讨论。

② 同上，见第 23 页。

征，他们想要了解的大群体被叫做**总体**，而他们事实上研究的较小群体叫做**样本**。在定量研究中，**抽样**是指从一个指定的群体中选择一个样本的过程，目的是使该样本准确地代表总体。

与抽样过程相关的总体有两类。第一类是**目标总体**，包括所有真实的或是假设的一群人员、事件、事物，或从中研究者想要推广他们研究结果的目标（有时，统计学家把目标总体称作是母体）。从一个大的目标总体中抽取一个小样本的优点是，节约整个总体研究的时间与开支。假如抽样恰当，你就能将样本信息以最小的误差或近似正确地推断到整个目标总体。例如，研究者如果希望调查成年人的观念，他能够通过随机抽样 1 000 人进行研究，进而在极为精确的意义上达到自己的目的。

抽样的第一步是界定目标总体。例如，在宾夕法尼亚州的学校管理人员；加拿大政府备案的教师教育计划中师范生的全体导师；圣安东尼奥学区小学各年级的双语学生；纽约市学校中过去三年所有的代数课考试不及格的学生。这些例子说明了目标总体怎样代表着散布在一个广大的地理区域内的大群体或集中在单一区域内的小群体。

几乎没有研究人员有那么多时间和经费能从一个很大、地理分布很散的目标总体中抽取一个样本，如美国公立学校所有一年级学生。相反，他们从能将所有个体现实地包含在内的**可抽样的总体**中抽取样本。例如，你计划调查高中学生最近是如何在学校或家中使用计算机的，你可抽样的总体也许是你住处周围的学区，也许再加上邻近几个学区。

尽管大部分样本是从可抽样样本中选取的，研究者通常想确定所得到的结果在什么程度上能被推广到目标总体。这种推导需要两个推导性的飞跃：首先，研究者必须把样本的结果推广到样本的可抽样总体中去；其次，他们必须从可抽样总体再推广到目标总体。

假如能够获得可抽样样本中的一个**随机样本**，即所有可抽样总体的成员都有同等的机会被抽取到样本中，那么，从样本到可抽样总体的推导的飞跃就将是顺利的。假如样本不是随机形成的，作为研究人员，你必须比较样本和总体的对研究具有重要意义的特征。你几乎无法为你想比较的所有特征收集到数据，但是你须努力获取比较信息，至少是关于重要变量的信息（这样的信息通常有：性别、社会经济地位、人种、年龄及学历等）。这些数据将表明，这个样本对于可抽样总体来说是否有代表性。假如样本是有代表性的，你就能安全地把研究结果推广到可抽样总体。假如样本有偏差，则需报告偏差的特征，并且讨论它影响研究结果的可能性。

为了实现第二次飞跃——从可抽样总体到目标总体，你必须收集数据来证明两个总体间的相关程度。当然，也可以在许多变量的基础上比较两个总体。无论如何，只要你能够表明可抽样总体与目标总体在几个与研究特别相关的变量方面上相似，在建立你的研究结果的总体效度的工作上，你已经做了不少工作。

受经费与时间等资源的限制，研究人员时常只能从一个十分小的可抽样总体中抽取一个随机样本。正如理查德·瓦格纳（Richard Wagner）和他的助手在一项有关阅读过程的研究报告中写道的：

> "被试是从佛罗里达州的德拉海西三所小学中随机抽取的 95 个幼儿园儿童和 89 个二年级学生。"①

建立在狭窄的可抽样总体基础上的研究当然比那些建立在更广泛的总体基础之上的研究具有更少的普遍性。假如能够表明可抽样总体（或从中随机抽取的样本）与更大的目标总体在重要变量上相似，它们对其他教育者仍起到启发暗示作用。在上面引用的阅读研究中，瓦格纳和他的助手描述了关于年龄、性别分布、人种分布以及语言熟练程度的样本。这样，报告的读者可以决定该样本是否与他们感兴趣的总体样本相似，以及其研究结果是否适用于目标总体。

假如可抽样总体相当大，你将需要一种确定所有成员的方式。研究

---

① 瓦格纳，R. K.，托格森，J. K.，劳芬，P.，西蒙斯，K.，& 拉斯奥特，C. A.（1993），《年幼读者的语言处理能力的发展》，*Journal of Educational Psychology*，85，第 83～103 页。引文见第 87 页。

者一般依靠一张称之为**抽样结构**的，印着他们感兴趣的总体的名单。例如，凯西·格林(Kathy Green)使用一张已公开出版的名单，选择了一个有关教师的随机样本：

> "调查问卷是寄给西部的一个农业州的700多位教师，他们是从国家教育部备案的教育者名单中随机抽取的。"①

研究者应该如何遵循界定一个目标总体和可抽样总体的逻辑，并从中抽取一个有代表性的样本呢？史蒂文·佩墨特(Steven Permut)、艾伦·米切尔(Allen Michel)和莫尼卡·约瑟夫(Monica Joseph)曾在研究中使用了4个标准来测评460个不同的市场研究报告的抽样质量。② 这4个标准如下：

1. 应对结果将被推广的**总体**作出清晰的说明。

2. **抽样的步骤**应该加以详细说明，以便其他的调查者可以重复这个过程。这些说明应至少包括以下几项：(1) 样本的种类(简单抽样、分层抽样、方便抽样等等)；(2) 样本取量；(3) 地理区域。研究所需的其他描述性的数据(如性别、年龄、年级、社会经济地位等)也应包含在内。

3. 应确定**抽样结构**，即名单、索引或是总体的其他与样本直接相关的记录。

4. 应提供**完成率**，即样本中参与所有研究步骤的人数比率。

佩墨特和他的合作者发现的研究中只有10%符合所有4个标准。在对已经发表的297份传播学研究报告所做出的类似分析中，丹尼斯·劳里(Dennis Lowry)也发现，只有10%符合4个标准。③ 在你自己的研究中，至少也应努力满足上面所列的4个标准。

---

① 格林，K. A. (1992)，《关于职前和在职教师测试的不同看法》，*Journal of Educational Research*，86，第37～42页。引文见第38页。

② 佩墨特，J. E.，米切尔，A. J.，& 约瑟夫，M. (1976)，《研究者的样本：在市场研究中应答者地选择的评论》，*Journal of Marketing Research*，13，第278～283页。

③ 劳里，D. T. (1979)，《传播学研究中的总体效度：样本的抽样》，*Journalism Quarterly*，56，第62～68，76页。

样本能用各种各样的方法从可抽样总体中或目标总体中抽取。下面将解释一些基本方法。这些方法复杂的变异基本上都用于大规模的调查研究,这在书后注释中都有所描述。

除了一个例子之外,我们所描述的方法都包括从一个指定的总体中**随机抽样**。也就是说,在可抽样的总体中每个个体都有同等的机会被选入样本。这些方法不应该与我们将在第十二章给予解释的**随机分配**相混淆。随机分配涉及使用随机化的程序给不同的实验组分配样本,样本也许是经过非随机化的程序**选择**的,但是仍能通过随机化的方法**分配**给实验组和控制组。当然,理想的情况是在实验中同时使用随机选择和随机分配。

(二) 简单随机抽样

简单随机抽样是指通过一种程序抽取一组个体,使指定总体中所有个体都能有平等、独立的机会被选为样本的成员。所谓"独立",是指把一个个体选进样本不会对其他个体是否会被选进样本产生影响。

这一简单随机抽样定义虽然清楚,但仍然有一个缺陷。在现实生活中,指定总体的所有成员并不具有同等的被选进样本的机会。要了解个中缘由,不妨让我们先假设可抽样总体中有 1 000 个六年级学生。我们想选择一个容量为 100 名学生的简单随机样本。当我们选择最初的被试对象时,1 000 名学生中每个人都有一次机会被选中。然而,一旦这个学生被选中,只剩下 999 个学生。999 个学生中每个人又都有一次机会被选为我们第二个被试,依次类推,随着学生被一个一个地选中,所剩其他人被选中的机率就会稍微大一些,因为我们选择的总体总比前一次少一个被试。

我们最初对简单随机抽样所作的定义的缺陷可以通过这样地定义来克服:简单随机抽样是一种可以为总体的所有成员提供均等的被选择为样本机会的抽样,这样的抽样包括一些特定的步骤,只要样本大小不变,这些步骤保证总体中的成员被选为样本的机会始终不变。换句话说,假设你的总体有 1 000 个成员,你想从中抽取一个 50 个被试的随机样本。无论你采用何种方法抽取这 50 个随机样本,总体中的任何一个成员都会有同等的机会成为你的样本中的一员。

随机抽取样本的主要优点是，所获得的研究数据能在由统计公式决定的误差幅度内被推广到一个更大的总体中去。随机抽样之所以受人欢迎也正因为它能满足这样一种逻辑：可根据它并使用可推断的统计来检测一个虚无假设。（参见第五章）

要获得一个简单随机样本，可以使用各种各样的方法。假设研究一个大城市的学校系统的课题组组长想从 A 学区刚升入九年级的 972 名学生总体中抽取 100 名学生。首先，他可以获得一份该学区九年级学生的统计数字的复印材料，并且为每一个学生编一个号码。然后他将使用随机数字表从统计名单中抽取一个样本。随机数字表通常由计算机随机产生的很长一系列的五位数系列组成。表 6.1 就是这种表的一部分。

使用这种随机数字表时，应随机选择一列作为一个起点，然后选择随后出现在那列的所有数字。因为 972 只是一个三位数(A 学区可抽样总体中的案例数)，而你只要使用每个五位数的最后三位数。假如需要更多的成员，则应进入下一列，直到选择了足够的个数补足了预期样本的容量。

表 6.1　随机数字表

	列									
排	**1**	**2**	**3**	**4**	**5**	**6**	**7**	**8**	**9**	**10**
1	32 388	52 390	16 815	69 298	82 732	38 480	73 817	32 523	41 961	44 437
2	05 300	22 164	24 369	54 224	35 983	19 687	11 052	91 491	60 383	19 746
3	66 523	44 133	00 697	35 552	35 970	19 124	63 318	29 686	03 387	59 846
4	44 167	64 486	64 758	75 366	76 554	31 601	12 614	33 072	60 332	92 325
5	47 914	02 584	37 680	20 801	72 152	39 339	34 806	08 930	85 001	87 820
6	63 445	17 361	62 825	39 908	05 607	91 284	68 833	25 570	38 818	46 920
7	89 917	15 665	52 872	73 823	73 144	88 662	88 970	74 492	51 805	99 378
8	92 648	45 454	09 552	88 815	16 553	51 125	79 375	97 596	16 296	66 092
9	20 979	04 508	64 535	31 355	86 064	29 472	47 689	05 974	52 468	16 834
10	81 959	65 642	74 240	56 302	00 033	67 107	77 510	70 625	28 725	34 191

在我们的例子中，假设研究者在表6.1中选择了第1排第5列作为他的起点，并使用了这一列及随后各列中的每一个数字最后三位数。这样，研究者将选择统计名单上的第732个学生，跳过数字983(总体中只有972个案例)，选择第970个，第554个……依次类推。这个过程将一直进行到选满100个学生为止。当然，随机数字表要大些。

一项以全美中学物理老师为总体的课程评价研究的随机抽样过程说明了简单随机抽样的方法。① 承担这项课程评价研究的韦恩·韦尔奇(Wayne Welch)、赫伯特·沃尔布(Herbert Walberg)和安德鲁·阿尔格伦(Andrew Ahlgren)想要避免因教师"自愿者"参加而产生的非随机样本。使用自愿者，这是许多课程评价研究的典型做法。但这使得评价的结果很难推广到其他教师群体中去，特别是很难推广到被要求教授新课程的非自愿者。

研究者首先购买了一张由全国科学教师协会编辑的16 911位物理教师的姓名与地址的名单。他们在报告中介绍说，这是目前所能得到的最全面的全国高中物理教师总体名单。然而这并不是一张完整的名单，因为它是以占美国所有中学总数81%的学校的回信为基础的。

这样，他们的总体不是"所有高中的物理教师"，而是"1966年全国科学教师协会名单上所有的高中物理教师"。他们根据每位教师在总体名单上所占据的位置分别为他们编了一个号码，然后用随机数字表选择了136名教师，接着给他们发出了邀请信，让他们参加研究，但是最终只联系上了124位。

最后，最初拟订的136名教师中只有72名教师按规定的条件参与了这项研究。由于各种原因，其他52名教师未能参与。为了决定最后的样本是否由于使用自愿者而产生偏差，研究者决定就几个特征对参与

① 韦尔奇，W. W.，沃尔布，H. J.，& 阿尔格伦，A. (1969)，《实验课程评估中全国教师随机样本的选择》，*School Science and Mathematics*，69，第210～216页。

的 72 名教师和未参与的 52 名教师进行比较。比较之后，研究者发现与未参与者比较，参与者更多地工作在规模较大的学校中；在认同物理科学研究委员会的物理课程并教授该机构的课程方面，参与者也明显多于未参与者。研究者对这些差异的理解是：参与的教师更可能是那些在较早推行改革的大型学校中执教的教师。因此，尽管他们都想获得一个真正随机的样本，实际上，他们的样本有些偏向于革新学校中的教师和自愿选择参与研究的教师。当然，研究者最后的样本也许比那时用在大部分课程研究中的样本更具有代表性。只要满足一定的条件，就有可能把研究的结果推广到全国物理教师的总体中去。

(三) 系统抽样

系统抽样比简单随机抽样更加简单易行。条件是：被选择的样本十分大，而且可以获得可抽样总体或目标总体的名单。假设总体有 100 000 个人，你想从中选取 1 000 个。再假设所有成员都会列在通讯录上。你若想使用简单随机抽样，你必须把其成员从 1 到 100 000 进行编号，而后使用随机数字表选择出 1 000 个人。

若使用系统抽样，你首先用总体数除以所需样本数(100 000÷1 000=100)，然后随机选择一个比你除得的商数更小的数字(在这个例子中，一定是一个小于 100 的数，如 36)。从表上第 36 个数开始，选择每隔 100 个后的人的名字。因为没有必要给每一个通讯录中的成员分别编号，并不停地在随机数字表与通讯录之间忙碌，所以可以节约大量的时间。

如果在名单中存在周期性的可能性(也就是说，名单中隔几个人总有一个总体所没有的特征)，则应该避免使用系统抽样。例如，你有 100 个班级的名单，你决定通过选择每张名单上的第一个名字来抽样。假如名字是按字母顺序排列的，那么你的样本成员极有可能大部分只是那些以 A 或 B 开头的姓氏的学生。这个样本不能代表某些很少以 A 或 B 作为姓氏首写字母的少数民族群体。

(四) 分层抽样

分层抽样涉及选择一个样本,以使总体中的某些小组能在样本中得到准确的体现。例如:假设总体中有 10 000 名学生,其中有 100 名是老挝人。如果你从总体中抽取一个 200 名学生的随机样本,极有可能发生在你的样本中不包含或只包含几个老挝人的情况。假如这对你的研究十分重要的话,分层抽样则确保了样本中有老挝学生的令人满意的代表性。

在**比例分层抽样**中,样本中每个小组的比例都与他们在总体中的比例相同。假设我们将学生在不同的种族背景中进行比较。每个种族背景——老挝人、非洲裔美国人、拉美人等等——都被认为是一个分支。再假设老挝人是总体中最小的种族组——10 000 人中仅有 100 名老挝学生,相当于总体的 1%。我们想在样本中至少包括 10 名老挝人。因此,我们从总体中所有的老挝人中随机抽取 10 名学生。因为老挝学生数占总体的 1%,样本需要按比例包含 1 000 名学生(10÷0.01=1 000)。这样一来,样本中其他分支的容量也将以同样的方式得以确定。例如,如果总体中包含 2 000 名非洲裔美国人(占总体的 20%),则样本应包括 200 名非洲裔美国人(占 1 000 名学生样本容量的 20%)。

这种方法的变异是非比例分层抽样。我们也许决定从总体中每个种族分组中选择 20 名学生,无论他们在总体中的比例如何,只要我们的研究仅仅需要包容每个种族背景,并且让每个种族在研究中的地位相同这种方法是相当可行的。在这样的研究中,我们不能根据比例抽样,因为按比例抽取的样本不能精确地代表总体的特征。

(五) 群集抽样

在**群集抽样**中,抽样的单元是自然形成的个体群。有时,将自然形成的群集确定为样本,比之从一个特定的总体中抽取个体样本更为方便,在这种情况下,就应该采用群集抽样。例如,假设你想对 4 个学区中的所有六年级学生总体随机抽取含有300名学生的样本实施一份问卷。总体中包括50个班级中的1 500名六年级学生，平均每个班30名学生。

随机样本选择的一个方法是从所有1 500名学生的统计名单中随机抽取一个容量为300名学生的样本。群集抽样则与此相反，你可以随机抽取一个10个班级的样本——假设平均每个班级有30名学生，把每班30名学生乘以10个班，你就得到300名学生这个乘积，而这正是预期的样本容量。这样，为了向一个300名学生的随机样本实施一份问卷，只要用10个班级就已经达到效果了。若用简单随机抽样，你将不得不接触所有50个班级，尽管有些班级也许只在随机样本中包含一个学生。

这一方法的变异是**多阶段群集抽样**，即首先分成群体，而后在群体中选择个体。现在，用刚才所考虑的例子来分析这一问题。假设你想用对个体学生的采访来补充问卷。要对10个班级中的每一位学生实施问卷调查，这做起来相当容易，但要采访他们中的300个学生，却十分耗费时间。所以，你可以制定另一种抽样步骤(多阶段群集抽样的第二个阶段)。例如，你可以在此分别从10个班级随机抽取5个学生进行采访，那么，采访的样本将包含50个学生。

用于统计计算研究数据的传统公式不能用于群集抽样的样本。我们可以得到特殊的统计公式，但它们对总体的差异不很敏感。这个缺点必须以相对于群集抽样可以节约的开支和时间等优点来加以权衡。

(六) 方便抽样

上面描述的每种抽样方法都涉及一个指定的总体、个体样本或从总体中随机抽取的群体。事实上，许多研究并不用这些方法来表达样本。相反，研究者选择一个适合研究目的和简便易行的样本。说其方便，这有几个原因：样本设定在研究者工作地或临近地区；批准进行数据收集的行政人员是研究者的朋友；研究者十分熟悉周围环境或甚至在该处工作；以及有些研究者所需收集的数据已被收集等。事实上，许多在研究期刊上发表的调查研究都有大学生参加，这是因为研究者本身就是教授,这些学生提供了一个方便的样本。鉴于大学生对一般成年人总体不具有代表性,人们将有理由对出现在课本或其他方面某些教学原则的普遍性提出质疑。

研究者经常需要一个方便样本,否则很可能无法进行研究。尽管人们期望最好能从总体中随机抽取一个样本,但是用一个方便样本作研究总比根本不作研究要好得多,当然,这样的样本必须适合研究的目的。

假如使用一个方便样本,其报告的研究者及读者都必须假设研究的结果能够推断总体。研究者能够通过提供一份详细的样本说明来支持推断的过程。尽管这个介绍看上去一目了然,在实践中有时也会事与愿违。例如,在最近的一份期刊中,我们看到了这样的一份样本说明(为了不暴露研究者的身份而稍微改变了一下说法):"此研究涉及到某一东南部大学的58名教育学本科专业的大学生。"这是对总体的说明。但这个说明中没有提供充足的信息来认定研究结果是否可以推广到所有大学,或是只能推广到有限的范围(例如:规模较小的私立大学),以及结果是否可以推广到所有的教育专业,或是一个有限的范围(例如,教育专业学生中至少完成了一年学业的学生或是那些将在高中段授课的学生)。

詹姆士·莱尼(James Laney)就一项采用两种方法给少儿讲授经济概念的实验写了一份研究报告,在报告中他对方便样本作了更完整的说明:

> 选择处于转变期的一年级学生作为旨在研究的总体,这有两个原因:第一,由于他们的年龄尚未成熟,处于转变期的一年级学生较易对基本的经济概念产生许多错误的理解。第二,处于转变期的一年级各班进行一些相当合理的练习,而本项研究的许多操作条件正是依据这些练习设计出来的。
>
> 在得克萨斯州中北部地区的一所小学的所有处于转变期的一年级学生都作为被试参与研究,样本由31个人构成。其中包括25个高加索裔白种人、5个非洲裔美国人及1个西班牙裔拉美人。这

> 些学生中20位是男性,11位是女性。没有一个学生在研究之前受到过任何经济学方面的教育。
>
> 学生是否适应处于转变阶段的一年级学习,这在他们幼儿园期间的最后一学年就决定了。能否被批准参加研究项目,取决于以下几点:(1)学生到9月1日已满6岁;(2)学生拥有5岁半儿童所具有的基本行为,这主要通过他们由学校顾问进行的成熟性测试所得的分数来判断。除了上面列出的两个主要选择效标,教师与家长的评语也应考虑在内。①

这极有可能是一份较完备的方便样本。因为学校位于得克萨斯的中北部地区,而研究者也在北得克萨斯大学工作。不过,研究者注意了以下几点:(1)明确一个结果能推广的总体;(2)描述样本中的有关特征;(3)对样本为什么适合研究目的作出理论说明。

推断统计常用来分析方便样本收集的数据,尽管推断统计的逻辑要求样本从指定的总体中抽取。有些研究者认为,推断统计无法从这样的样本中得到有意义的结果。其他研究者则认为有可能把样本代表的总体概念化。由此他们辩论道:因为样本代表总体,该样本相当于从总体中随机抽取的样本,所以,使用推断统计是合适的。

我们在这一问题上的观点是:如果样本已经过缜密的概念化后,并达到能代表一个特殊的总体的程度,那么推断统计就能够使用方便样本中收集的数据。然而我们还是相信,将一次单纯研究得出的结果加以推广,应保持谨慎的态度。结果能得到重复,这与一次性研究所得的某一具有统计意义的结果相比,更加有力地证明了结果的效度与类推性。

(七)估计所需样本的容量

在定量研究中,最普遍的规则是尽可能使用最大的样本。样本越

① 莱尼,J.D.(1993),《有经验的及以经验为基础的学习与教育》,*Journal of Educational Research*,86,第228～236页。引文见第14页。

大，被试的变量、测得的结果越易对总体具有代表性。同时，增加了样本容量，也就增加了拒绝一个虚无假设的可能性，特别是当这个假设确实虚假之时。然而，在大部分调查研究中，财力与时间等资源也限制了可抽样的被试的数目。所以，研究者已建立起经验法则来决定不同的研究方法最少需要多少个案例。在相关研究中，传统上一般使用的最小值是30。在因果—比较研究和实验性研究中，每组应至少有15个被试作比较。对于调查研究，西摩·萨德曼（Seymour Sudman）建议每个主要分组中至少分析100个被试，每个次要分组中至少分析20到50个被试的答案。①

当虚无假设确实发生时，放弃虚无假设所需的样本容量可以用数学程序作出更精确的估计，数学程序同时也用来决定总体参数的可能值（总体平均数和标准差的典型值）。这些程序被称为**统计的强度分析**。我们已经在第五章进行了讨论。总而言之，统计强度分析表明了通过增加样本容量到某个数字可以获得的好处。它也说明了应该增加多少样本容量——或者不需增加多少。增减与否，这都取决于：(1) 为放弃虚无假设而选择的统计意义的水平（如 α 水平）；(2) 虚无假设是直接说明的还是间接说明的；(3) 你想发现的效果的大小；(4) 预期的统计强度——它表示你所确定的概率水平，旨在避免你在数据分析后发现虚无假设事实上是错误的而且应该被拒绝之时而接受一个虚无假设。

除了这4个因素，另外有其他3个因素影响着你在设计某一定量研究时努力想获得的样本的容量：

1. 小组分析：在许多定量研究中，有必要将总体分成许多小组以便进一步研究。例如，一个实验的原始数据分析也许涉及实验组中所有学生与控制组中所有学生的比较。另外，有人也许会将实验组中的所有男性与控制组中的所有男性进行比较，并对女性也进行同样的比较。不幸的是，定量研究中的这类小组分析有时会表现为亡羊补牢之

① 萨德曼，S.（1976），《应用抽样》，New York：Academic Press。

举。发生这种情况时，可能是由于小组的太小而不能获得重要的统计结果。所以，最好将小组分析作为计划的一部分，以便选择一个充足的样本容量。

2. 损耗：有时，损耗会变成研究中一个长期存在的问题。例如，在对学校儿童的研究中，研究者经常发现在一学年中相当多的学生离开学校，这种现象在一些低收入社区学校尤为显著。根据罗伯特·古德里奇(Robert Goodrich)和罗伯特·圣·皮埃尔(Robert St. Pierre)估计，在规划研究计划时，现实的做法是把年损耗放在20%的水平。[①] 损耗可以通过一些策略减至最小，例如可以建立被试对研究的责任心；与他们构建一种良好的和谐关系。当然，最好是把样本的大小增加到某一百分比以消除可能出现的损耗。

3. 测量信度：低信度的测量将削弱统计意义，并对总体参数的估计产生影响。所以，如果你必须使用低信度的测量，你需要相应地增加样本。反之亦然。

在许多定量研究中，都存在着与样本容量有关的成本—效益之间的权衡。例如，在一些研究中，人们最好使用角色扮演、深度访谈以及其他一些耗时的测量方法。这些方法不能用在大样本研究中，除非能得到大量的财力支持。另一个选择是获取一个大样本，但要使用一个相对低廉的测量方式，如问卷或标准化测试等。然而，一个能对小样本的深刻的研究，常常比一个只能获得表面信息的大样本研究，对解决问题更有意义。

在某些研究中，在几个重要变量上进行被试间细致的比较是可能的。在这些条件下，小样本常常能有更好的统计强度，并能产生更重要的结果。由霍雷肖·纽曼(Horatio Newman)、法兰克·弗利曼(Frank Freeman)和卡尔·霍金裘(Karl Hokinger) 进行的有关双胞胎智商的经

---

① 古德里奇，R. L.，& 圣·皮埃尔，R. G.（1979），《研究机会跟随到底的后续影响》，Cambridge，MA：ABT Associates。

典研究就是一个很好的例子。① 因为双胞胎有相同的基因，就研究遗传和环境对人类各种特征的相对影响而言，他们是理想的被试。霍雷肖·纽曼和法兰克·弗利曼在研究期间，只有 19 对隔离的双胞胎，这个样本提供了有关遗传和环境对智力的相对影响的信息。如果所用的被试来自于较大的样本且没有那么匹配，这种信息就很难获得。

六、定性研究中的抽样技术

关于抽样技术，定性研究比定量研究更为灵活。这种灵活性反映了定性研究设计中的自发性。所谓自发性，是指在定性研究中，研究者拥有不断开发探索研究对象的新视角，和改进研究方法的自由空间。所以，这部分讨论的抽样技术与其说是规定性的，不如说是建议性的，而且他们不排斥用其他方法为定性研究抽样的可能性。

（一）目的抽样的种类

正如我们上面所解释的，佩顿使用的**目的抽样**的术语，描述就定性研究的目的而言的有可能产生丰富信息的抽样方法。他确定了 15 种目的抽样的方法，每种方法都在定性研究中起着不同的作用。② 下面，我们要对这些方法一一加以说明。

1. 极端的或不符合惯例的目的抽样：这种抽样主要集中在不同寻常的或特殊的案例上。极端案例的研究结果可以为更典型的案例提供解释。乔治·诺布里特（George Noblit）的关于教师如何在教学指导中使用的关心方法，以及关心与权利关系的研究就是一个例子。③ 为了研

---

① 纽曼，H. H.，弗利曼，F. N.，& 霍金裘，K. J.（1937），《孪生：遗传及环境的研究》，Twins：A Study of Heredity and Environment。Chicago：University of Chicago Press。

② 佩顿，《定性评估》，第 169～183 页。

③ 诺布里特，G. W.（1993），《权力及关注》，*American Educational Research Journal*，30，第 23～38 页。

究这些现象，他选择了一个特殊的例子——一位叫帕姆（Pam）的老师。她的特殊性包含在诺布里特对她的描述中：

> 她是这幢教学楼中提意见的人之一。她被非洲裔美国人及白人家长视为神圣。每当校长外出之际，她就负责这幢楼的管理。她被认为是这幢楼里应付“难对付的学生”与“难对付的家长”的最有效的教师（这是我后来总结出来的）。她从不错过与家长交谈的机会，并经常被学校秘书请去处理家长们的抱怨。她的能力如此高强，以至于在许多方面都是她主动找我来到她的班级进行关心研究，而不是相反。①

使用像帕姆这样一个非同寻常的案例是十分有益的。这是因为她作为研究对象的特征很容易被发现，且这样的特征时常发生。极端案例可能出现的问题是，教育者也许会仅仅因为他们是极端的案例或不符合常规而摒弃从他们身上得出的结论。

2. 深度抽样：深度抽样可以避免上面这个问题，因为它所选择的这个案例是感兴趣的现象，但又不是极端的现象。作为一种说明，假设研究者对在职的教师的特征感兴趣。假如用了极端案例抽样方法，研究者也许会选择在职的教育界中的佼佼者——那些经常在全国性会议上作重要发言并担任国内、国际的顾问的个体。这些案例也许有趣。但是与那些只在小范围内作在职教育经验发言的教育者关系甚小。因此，研究者也许可以考虑所选择的教育者应该是所在学区或地区的广受敬重的在职教师代表。这些教育者仍有资格作例外的案例，但他们更像在职人员的庞大主体。通过研究这些极端性较少的案例，研究者更易获得研究发现，并借此加深教育者们对关于在职教育经验发言的理解，从而改革在职教育方法。同时，这些发现使学校行政领导进一步明确那些希望被选为发言代表的教师应具备哪些资质，以及明确应对他们抱有哪些

① 诺布里特，G. W.（1993），《权力及关注》，*American Educational Research Journal*，30，第23～38页。

期待。

3. 典型案例抽样：正如人们所期望的，典型案例抽样是指抽取典型案例的研究。这种方法也许在实地测试新方案之时极其有用。开发者与决策者想使他们的方案有效服务于绝大多数个体，否则，方案将被认为不具有成本效益。典型案例抽样适应了这样的需要。而且，有关典型案例的故事也许会有助于把方案"出卖给"方案所涉及的各类个体。

这前三种抽样方法——极端或不符合惯例的抽样、深度抽样、典型案例抽样——互为补充。没有一种方法天生比其他方法强。在定性研究中，每种方法都为不同的重要目的服务。

4. 最大变异抽样：最大变异抽样指选择那些能揭示被研究现象中的变异广度的案例。例如，假设研究者想研究不同学区接受州基金资助，发展改革计划的经历。使用最大变异抽样方法时，研究者也许会选择极为不同的学区。这些学区规模不同，学生社会背景（如城镇、郊区）不同，是否邻近设有教育学院的综合性大学状况不同，学校关注的研究课题类别不同（如：课程设计、教职员工发展、为某类学生提供的服务）。使用这种方法主要是为了两个目的：用文件记录资助计划的变化范围；决定在这一变异之中是否有共享、共同的主题、模式、结果类型。

5. 分层目的抽样：分层目的抽样与最大变异抽样稍微有所不同。一个分层目的样本涉及被研究现象中说明了不同点上的几个案例（例如：平均水平、平均水平以上、平均水平以下）。通过包括每种水平的几个案例，研究者能够发展对每种类型特征以及类型间不同之处的洞见。相反，使用最大变异抽样的研究者可能只在每种类型中使用一个案例，而这不足以就这一类型作出结论。

6. 同质抽样：同质抽样是一种与最大变异抽样相反的方法。其目的是为了选择一个含有类似案例的样本，以便对样本代表的特定群组加以深入的研究。例如，假设研究者对即将入校的高中学生的入学教育方案感兴趣。在先导研究时，研究者发现许多高中都设有为全体学生制定的入学教育方案。但只有为数不多的高中才对学习差的学生实施特殊的入学教育方案。在策划主体研究时,研究者也许会决定把案例的样本限制在针对学习差的学生的入学教育上。这些方案能成为密集型数据收集及研究的焦点,而不是针对一般的入学教育方案所做的广泛研究的一个方面。

7. 关键案例抽样:关键案例抽样涉及如何选择一个可以对一个理论、方案及其他现象提供严格的测试的样本。巴顿对物理领域中的关键案例抽样就是这一方面的良好例证。

> 在伽利略的重力的研究中,他想要探知物体的重量是否影响它降落的速度。为了能推广到世界上的所有物体,他并没有随机抽取不同重量的物体,而是选择了一个关键案例——羽毛。正如他演示的那样,如果在真空管中,羽毛与其他更重的物体(如硬币)以相同的速度下降,那么他就能从这一个关键案例研究的结果以符合逻辑的方式推广到一切物体。他的发现十分有用而且可信。[1]

教育中的理论并不容易产生诸如人们在物理科学中发现的那种如此精确的预测,因此,关键案例抽样方法也许应用面更狭窄。然而,这种抽样方法可能有助于研究教育方案和相关的现象。例如,研究者设计了某一研究项目,然后寻找一个对该项目来说很难取得成功的环境实施它,并通过这样的环境评价该项目。假如该项目获得成功,人们将有理由要求普遍推广这一项目及其研究的结果,因为“假如这个项目在这里可行,那么,在哪里都可行”。

8. 链式抽样或“滚雪球”抽样:这种抽样方法是指要求恰当的人选推荐案例来研究。随着这个过程的开展,研究者也许会发现恰当的人选越来越多,推荐的案例数目越来越多。而且所有这些案例或其部分都可能被包含在样本之中。此外,少数个体的名字也许会在不同的案例推荐人那里反复出现。假如发生这种不谋而合的现象,这些被反复提及的个

---

① 巴顿,《定性评估》。

体将组成一个极为可信的样本。

9. 标准抽样：标准抽样涉及如何选择满足一个重要标准的样本。这种方法在研究教育方案中尤为有用。例如，假设研究者计划研究某一特定的以培养教育行政管理人员为宗旨的研究生教育方案。使用标准抽样方法，研究者也许会选择两种类型的案例来研究：(1) 用了十多年时间才获得博士学位的新近毕业的学生。(2) 只用了三年或稍多的时间就获得了博士学位的新近毕业的学生。对于满足了这些标准中的一个或数个案例的研究最有可能产生获得有关方案实施好坏等几个方面的丰富信息。

10. 以理论为基础的或是操作性的构建抽样：这种方法使用在研究的目的乃是为了理解理论指向的现实世界的表现。为了用例子说明，我们可以考虑皮亚杰的智力发展理论，它广泛地应用于对教育现象的解释。该理论的内涵之一是儿童发展的具体阶段。研究者也许想通过研究这种构建在特殊的环境中的表现，来发展对这种内涵的进一步理解。为了达到这个目的，研究者需要选择一个处于特定发展阶段的儿童的样本。然后，他就能够深入分析他们是如何在各种他感兴趣的情景下进行智力活动的。由此可见，在这个例子中，案例的选择是由特殊的理论构建决定的。

11. 证实的及非证实的案例抽样：这种抽样方法是为了使以往研究的结果有充分的依据。证实的过程能以两种方式展开。第一种方式是研究有可能证实以往案例研究中发现的模式、主题及意义的案例。假若一个或几个新的案例具有确证性，则模式、主题及意义的信度及类推性则得到了增强。第二种方式是寻找有望能否决先前研究发现的案例。如果这些案例的研究发现结果重复了有关模式、主题及意义等先前研究的结果，其效度及类推性则得到极大的提高。但是，如果新的发现事实上是否决性的，研究者也许就要对先前研究发现的类推性方面的局限性提出新的见解。

本书作者马克·高尔曾数次担任论文答辩委员会主席，这些论文涉及到对以下各种类型的教育改革者的案例研究：教职员发展专家①、计算机教育专家②、高中部各教学组长③、为促进数学教育改革而培训的教师④、以及学校改革之先锋的老师⑤。对第一类人（即教职员发展专家）的研究过程，将会为其他几类人中的每项研究提供确证性的案例。例如，所有的有成绩的改革者都拥有专业水平突出和人际关系能力较强（特别是倾听技巧和发挥间接影响的能力）的特征。所有改革成绩不理想者，要么两种能力都不具有，要么只具有一种。现在所需要的就是通过找出一个否决性的案例来对这些结果所体现的模式作严格的考验。例如，我们在回顾这些论文时发现，所有作为案例的改革者都主要是在由下而上这一教育改革的模子中推进改革的。这就使我们想到，一个良好的否决性案例将可能是一位遵循由上而下的模式推行教育改革的人士。只要在这一模式中运作的措施得力的改革者都具有上述两种能力，先前研究结果的类推性就得到极大的提高。如若不然，即他们不具有这种能力，或只具备一种，先前发现的意义及类推性则需再加以斟酌。

12. 有目的的随机抽样：有目的的随机抽样涉及使用定量研究的方法选择随机样本。然而，随机样本的目的并非是为了表明一个总体。只有在定量研究中才是如此。恰恰相反的是，它的目的是为了表明抽样过

---

① 比顿，C. R.（1985），《确定变化因素方法，技巧及结果：以区为基础的人员开发专家》，*Dissertation Abstracts International*，7（01），65A。University Microfilms No. AAG86—05828。

② 斯特拉德，N. B.（1987），《作为小学项目改革因素，以学校为基础，电脑协调者的作用》，论文摘要国际版 Dissertation Abstracts international，48(11)，2853A。University Microfilms No. AAG88—0554。

③ 亨德尔森，I. M.（1993），《作为新社会研究课程改革因素中学部门领导的作用》，*Dissertation Abstracts International*，54(09)，3309A。University Microfilms No. AAG94—05218。

④ 罗西，M. A.（1993），《加州数学项目：授权小学教师作为数学改革的领导及改革因素》，*Dissertation Abstracts International*，54(09)，3314A。University Microfilms No. AAG94—05218。

⑤ 法索尔德，Y. R.（1992），《校内改革及重建中作为领导及改革因素的个案研究》，*Dissertation Abstracts International*，54(03)，794A。University Microfilms No. AAG93—13288。

程没有偏差。例如：假如研究者检验一个研究项目是否有效，检验者使用随机方法抽取案例，而不是重复与原研究相同的抽样方法，并且通过随机抽取的案例，检验者得到了与原研究相同的结果，这说明，原研究是成功的。通过这一检验过程，原研究的结果将获得更高的信度。

13. 抽取在政治上具有重要意义的案例： 这种方法也许可以帮助研究者或基金组织达到某一目的。例如，假如研究者对受人崇拜的人所接受的教育方法感兴趣，他也许会考虑把大卫(Davidi)(他涉及1993年得克萨斯州韦科市的一场枪战)作为一个选择案例。大卫这一特定的偶像是一大群人，对这样的对象进行研究，其发现将激起广泛的兴趣。

14. 方便抽样： 正如我们在本章前面所提及的，方便抽样是仅仅基于某些案例可以获得而且易于研究的认识而采用的研究方法。它不具有上面所描述的其他13种抽样方法所具有的目的性，所以将单独列为一种抽样方法。

(二) 机会抽样

机会抽样被巴顿作为第15种方法进行了描述。**机会抽样**是指用从先前案例的研究发现来指导研究者选择下一个案例研究。在现实中，已经产生的研究发现对研究者具有很大意义，甚至会改变研究者的下一个案例研究的研究设计。

机会抽样在定性研究样本的选择中是最为重要的方法之一。尽管巴顿将机会抽样作为一种目的抽样的独立类型列出来，其所遵循的原则适用于许多上文描述的方法。例如，假如你要使用极端或不符合惯例的案例抽样方法，你也许会从一个你认为是极端的案例开始研究。随着你对这个案例理解的加深，你也许能逐步明确如何寻找另一个极端的案例。或者，这一理解也许会导致你转向另一个典型的案例抽样方法。机会抽样给予你作出这些改变的灵活性。

现在，让我们来考虑在研究的早期使用机会抽样会帮助研究者避免的一个典型问题。我们了解许多这样的例证：研究者在研究伊始选择了一个多项案例样本。他们获得了样本的合作，并得到了后者出具的表示同意的文书。这样，他们就感到有义务对样本所含的个体作深入的研究。不幸的是，研究者有时在分析开始的几个案例的数据后发现，他们可以从研究其他案例中获得更多的信息。然而到了那时，由于他们对先前选择的案例所作的承诺，他们也许会缺少资源，来选择新的案例。机会抽样主张，研究者可以根据自己对案例的认识，在适当的时候调整案例，这样，就可以避免或减少措手不及的情形。

（三）案例研究的合理使用

在定性研究中，样本容量的决定完全依靠研究者自身的判断，并无定规。巴顿指出，选择一个合适的样本涉及到一个深度与广度之间的权衡：

> 用同样数额的资金与有限的时间，研究者可能为多数人提供一套特殊经验（寻求广度），或为少数人提供更广泛的经验（寻求深度）。从少数人中得到的深度信息十分有价值，特别是当案例信息十分丰富时。从一较大的人群中得到的较为粗浅的（信息），这对于探讨某一现象，以及对于试图记录差异或理解变异则极为有用。①

巴顿认为理想的抽样过程是不断抽取案例直至达到了重复点，也就是说，直到新的案例不再产生新信息。

英提出了定性研究中增加样本容量的另一个目的。② 他建议为样本选择额外的案例以备重复试验之用。他认为每多一个能够产生与第一个案例研究相同结果的案例，新的研究结果的确定性将得到增强。

样本容量很显然将受你在计划定性研究时选择的有目的的抽样方法的影响。假如你使用一种严谨的案例方法，一个单一的、仔细选择的案例也就足够了，加上另外一个或两个严谨的案例作为检验研究结果之

---

① 巴顿，《定性评估》，第 184 页。
② 英，《个案研究》。

用，就可以说是很完善了。然而，使用一个最大变异方法，即使研究的目的是对研究者感兴趣的现象进行初步探索，那么，研究所需要的案例容量也许会需要10个或更多。

七、样本中的自愿者

所有的研究都会对样本选择的被试提出要求。例如，在计划一项实验时，研究者也许会选择一个教师的随机样本，但是他们中的一些人也许会拒绝参加，因为他们不喜欢实验性的干涉，或不希望打乱他们正常的计划等。有些被试也会拒绝完成一个哪怕是十分简单的问卷，因为他们非常忙，或是不喜欢听从详细的指示。剩余的被试也不再组成一个随机的样本，因为同意参加的个体可能显然不同于那些不愿意参加的人。

同样的问题也会出现在计划一次定性研究中。研究者也许会选择几个个体加入，因为他们组成了他们想调查的感兴趣的现象的案例。然而，其中的一个也许会因为各种原因而拒绝参加。

研究者几乎不能要求这些拒绝参与者成为样本成员。正如我们在第三章中讲到的，研究的道德标准规定，研究者应该得到研究参与者的同意。这样的规定保护研究参与者的是否接受参与研究的权利，包括拒绝参与研究的权利或是在研究中随时停止参与的权利。

假如一些被选定的参与者拒绝参与，样本中剩余的个体应该被认为是"自愿"的被试。例如，假如你向200个教育者分发问卷，只有130份完成并被回收，那么，70个没有交问卷的人就是不愿参加的人，而130名交回问卷的人就是自愿参与者。假如你用口头传达或是用张贴海报的方式征募样本(被试)，那么所得的样本中的所有成员都应被看成是自愿参与者。

(一) 自愿参加研究者的特征

研究者已经发现自愿参加的被试容易形成目标总体的偏见样本。

罗伯特·罗森塔尔(Robert Rosenthal)和拉尔夫·罗斯诺(Ralph Rosnow)检查了研究参与者状况，他们发现，在研究参与者中，自愿参与研究的个体与非自愿参与研究的个体始终存在差别。① 这些差别还得到其他更多的证据的支持。表 6.1 就列出了罗森斯尔和罗斯诺认为得到了研究结果极大支持的一些特征。

自愿者样本的特征是否会影响研究结果，主要取决于研究的特殊性质。诺曼·布雷德布姆(Normen Bradbum)和西摩·萨德曼(Seymour Sudman)称之为"糟糕透顶的抽样"是指这样一种方法，即抽样完全依赖被询问者愿不愿意成为研究样本——例如有这样一个电视节目：它们要求观众就某个电视或报纸上提出的问题用打电话的方式说出赞同与否。② 他们注意到的结果是，由于回答这一问题的答案涉及到自愿者必须拨打电话和为此付费，因而，自愿者的回答就表现出了由经济因素而产生的偏差。那些回答问题的人都是对此事极为关心的人，他们甚至通过一人打多个电话的方式来"填满投票箱"。

表 6.1　自愿研究者的特征

1. 自愿参与者大多要比不愿参与者受过更好的教育，这种现象特别明显地存在于研究者与被试没有个人联系的研究中。
2. 自愿者大多要比不愿参与者的社会地位高一些。如果把社会地位界定为个人的社会地位，而不是父母的社会地位，那么会发现，研究的自愿参与者更多的是个人社会地位较高。
3. 自愿者比非自愿者大多更聪明，这里是指一般的研究的自愿参与者，而不是指某些较不典型的研究的参与者，如：催眠状态、感官的隔离、性研究、小组研究或是个性研究等项目的参与者。
4. 自愿者比非自愿者更渴望得到社会认同。
5. 自愿者比非自愿者更加善于交际。
6. 自愿者比非自愿者更易引起注意，特别是在参与压力研究、感觉隔离研究与催眠状态研究中。
7. 自愿者比非自愿者更具开放性，特别是在参与性行为研究时。

---

① 罗森塔尔，R.，& 罗斯诺，R. L. (1975)，《自愿被试者》，New York：Wiley。

② 布雷德布姆，N. M.，& 萨德曼，S. (1988)，《了解他们所述》，San Francisco，CA：Jossey-Bass。

续 表

8. 女性比男性更易自愿参加一般性的研究，但是一旦涉及到体能或情感紧张化的研究（如电击、高温、感觉剥夺、对性行为的采访等），男性则多于女性。
9. 自愿者比非自愿者少一点权威主义色彩。
10. 犹太人比新教教徒更乐意参加，而新教教徒又比罗马天主教教徒更乐意参加。
11. 当参与一般研究时，自愿者不及非自愿者来得顺从，但当被试是女性而且任务相对来说具有“临床的”（如催眠、睡眠或是咨询研究）性质之时，则并非如此。

当计划一项使用所有自愿者被试的研究时，应仔细考虑表 6.1 中列出的 11 种自愿参加者的特征。在为你的研究选择样本之前，建议你能先回顾一下这些特征，并在研究每个人时都问这些问题：

1. 这种特征与我想研究的变量之间有多大相关？

2. 假如相关，自愿者与非自愿者之间的这种特征上的差异将会怎样影响研究结果？

3. 我们所研究的目标总体有没有现成数据可以用来检验这些特征是否出现在我想使用的自愿者被试身上？

为了说明如何使用这些问题，假设我们做一个实验，来测试一下计算机生成的控制方法对增加三年级学生对数学概念的理解上产生了多大的效果。该实验要求教师随机将学生制定为实验组和控制组。实验组将每星期去学校计算机实验室 3 次，共去 6 星期，使用与计算机生成的控制方法有关的软件；而控制组则做一般的数学课堂作业。这个学区有 40 位三年级教师，我们希望有 10 名教师能参加实验。尽管我们想随机抽取 10 名教师，学区的督导则告诉我们参与的教师必须是自愿的。那么，我们的方法是随机抽取 10 名教师，邀请他们参加；假如他们拒绝，再随机选择另外的教师直到我们达到了预期的样本大小。当我们遵循这种选择过程时，我们发现有些教师拒绝了邀请，有些接受了。

上面所说的第一个问题要求我们考虑这样的可能性：一项实验需要使用计算机，也需要使用一个通过新式的计算机软件程序，而不是通过传统的纸笔式的教学技术来讲授数学，那么，这一实验中是否会产生自愿参加者的偏差。从这张自愿者的特征表中来看，我们推断实验也许会选择到一些受过更好的教育的、更聪明的、更有好奇心(易引起注意的)并且更灵活的(少一点权威主义的)教师。

至于第二个问题,我们推断假如这种类型的教师更易成为样本的成员,这种自愿者的偏差会支持实验的处理。我们认为,那些受过更好教育的、更聪明的、更有好奇心的教师会更易看到一般性的操作手段的优点以及计算机生成的特别的操作手段的优点。所以,他们在行动及精神上也许会付出更多的努力以完成实验。而且,因为这些教师很可能更为灵活,他们对于在部分课堂时间内把孩子们送到计算机实验室的担心也许大大少于一般教师。

推理到这里,我们认为我们的自愿的教师的样本将与一般的教师在某些方面有所区别,而且这些不同会对实验的结果产生影响。所以,让我们转向上面提及的第三个问题。我们应该检验一下,看看在智力、教育、好奇心以及灵活性等方面,自愿者教师是否不同于本学区的其他教师以及一般教师。尽管这是一个困难的任务,有些方法也许会起作用。例如,我们也许能为每种特征发展一种分级尺度,而后要求学区校长们把每一位三年级教师填入〔各个等级〕,然后把 10 个自愿者教师的等级与本学区其他 30 个教师的等级相比较。一个更加简单但也许是不太精确的方法是,分别要求 10 个教师的校长完成下列形式的分级尺度:"这位教师与这个学区的其他教师相比,具有(更多的＼相同的＼较少的)灵活性。"

假如我们有证据说明这 10 个自愿参加的老师与一般的老师有差别,这并不会导致最终放弃实验。不过,这确实意味着在我们最后的报告中,我们应该讨论样本中的自愿者的特征;这些特征已经对我们的结果产生了一些什么样的影响;以及对具有其他特征的教师的实验又将如何处理等问题。

(二) 提高自愿者参与率

在研究中,有两种典型的招募研究被试的情境。在第一种情境中,你先选择一个样本，然后邀请每个成员参加。在第二种情境中，你写一份研究的概述，发送或邮寄这份概述，并争取使目标总体中有尽可能多的个体作出答复。无论采用何种情境，你的目标都是设计一份招募程序，它能使接受邀请参与研究的个体或作出回应的个体尽量多些。

在他们的研究论文中，罗森塔尔和罗斯诺在他们所写的研究综述中区别出10种趋于提高或降低自愿参与率的情景变量。① 他们的发现结果形成了表6.2中所列建议的基础。这些所提建议，目的是提高自愿者参与率，从而减少研究中的抽样偏差。研究这些建议能帮助你设计一份有效的研究招募程序，以便尽量减少自愿者偏差的可能性。

表6.2　关于提高研究中的自愿参与率的建议

1. 为研究招募群体而提出的要求应尽可能具有趣味性。
2. 对自愿者的要求要尽可能没有威胁性。
3. 明确表明研究的理论与实践的意义。
4. 明确说明你想包括的群体是怎样代表一个与研究特别相关的目标总体的。
5. 强调指出，通过自愿参与研究，个体有可能为他人增益。
6. 只要有可能，除应向参加者支付服务费外，还应赠送一些礼节性的小礼物，以感谢他们花时间来考虑是否参加。
7. 请具有较高地位的人向自愿参与者发出参与研究的邀请。
8. 尽量避免会造成心理或生理紧张的研究任务。
9. 尽量传达出自愿参加研究纯属正常之举这一事实。
10. 在自愿参与被目标总体认为是正常之举的情况下，请每个个体就自愿参与作一个公开的允诺；而在不愿参与被认为是正常之举的情况下，则应创造一个能使每个个体在私下自愿参加的环境。
11. 当一个目标总体被指定之后，应该让总体人群所共知的某一人员发出请个体自愿参与的诉求。

【资料来源】本表所含信息基于下述研究报告中的研究成果：罗森塔尔，R. & 罗斯诺，R. L. (1975)，《自愿被试对象》，纽约：Wiley。

八、抽样中有时会发生的错误

1. 选择仅仅出于方便考虑确定研究的参与者。

① 罗森塔尔，R.，& 罗斯诺，R，L，(1975)，《自愿被试对象》。

2. 不采取措施使选择的样本对总体的代表性达到最大限度以便可以推广结果。

3. 当分层抽样或群集抽样更适合于研究目的时，却选择一个简单的随机样本。

4. 没有充分而详细地说明一个方便样本的特征，使其他人不可推知它所代表的总体。

5. 在定量研究中随便选择一个样本容量，而不是选择一个在统计上能令人满意地推翻虚无假设的样本。

6. 选择一个或多个用于定性研究的案例前，未能周密考虑各种类型的目的抽样。

7. 没能区别自愿参加研究中的被试与不愿参与研究的被试之间的不同，也没有考虑这种不同是否会影响研究的结果。

自测题

1. 目的抽样涉及
   a. 选择一个能精确代表一个指定总体的样本
   b. 用有限的经费选择一个尽可能大的样本
   c. 选择就研究目的而言具有丰富信息的案例
   d. 上面所有答案
2. 研究者想要将结果推广到的真实的或假设的人、物或事件中的所有成员称作
   a. 目标总体　　b. 随机样本
   c. 可接近总体　　d. 自愿参与被试群
3. 假设研究者从一个很狭小的可接近总体中抽取样本，研究结果也许
   a. 不可靠　　b. 可推广到有限的总体
   c. 可推广到更大的总体　　d. 没有理论价值
4. 一个简单随机样本最好定义为这样的一群个体
   a. 其中，每个人都有平等的、独立的被选机会
   b. 他们能准确代表目标总体而不是可接近总体

c. 他们能准确代表可接近总体而不是目标总体

d. 他们是通过给每个具有一定容量的样本提供均等被选概率的过程选择出来的

5. 随机抽样的主要好处是样本更易

a. 包括正确的被试数目

b. 同意参与研究

c. 获得可推广的研究数据

d. 获得有统计意义的研究发现结果

6. 系统抽样最合适的时间是

a. 必须从一个非周期性表上选择一个大样本

b. 必须从一个周期性表上选择一个大样本

c. 目标总体表现为异质性

d. 预期的实验组与控制组之间的差异很小

7. 有理由使用根据从一个方便样本中所收集的数据作出的推理统计,只要

a. 样本经过仔细的概念化并达到能代表一特定总体的程度

b. 研究者不想推广研究的发现结果

c. 样本足够大

d. 样本由自愿者组成

8. 在群集抽样中,抽样单元是

a. 被试个体

b. 目标总体

c. 一个自然产生的个体群

d. 在兴趣变量上获得的极端分数的被试所占的比率

9. 在定量研究中应使用大样本,尤其是在

a. 预期的损耗很小的情况下　　b. 使用低信度测量之际

c. 不准备分析亚群体的情况下　d. 总体具有高度的同质性时

10. 选择一个对某一现象作出严格测试的单一案例,这是定性研究所使用的一种

a. 异常案例抽样方法　　b. 典型案例抽样方法

c. 重要案例抽样方法　　d. 随机案例抽样方法

11. 运用某一案例的研究成果来指导用于下一个案例的选择，这被称作

a. 方便抽样　　b. 滚雪球抽样

c. 效标抽样　　d. 机会抽样

12. 与不愿参加者相比，自愿参加者更

a. 具权威主义色彩　　b. 传统

c. 不合群　　d. 引人注目

13. 为了提高一个研究的自愿参与率，最好能

a. 强调研究者对于获得一个足够的样本容量的需要

b. 为参与者提供礼物

c. 请男士向人提出自愿参与的邀请

d. 详细解释参与研究所可能导致的危险

顾梅芳○译

第七章 利用测验和自我报告法收集研究资料

一、概览

研究人员收集有关个人资料的主要方法之一是运用测验和自我报告法。这些手段能够显示有关能力倾向、学习成绩和性格上许多方面的信息。本章一开始，我们描述一个好的测试和自我报告法的特点，着重强调效度和信度标准，然后我们讨论许多种可供使用的方法以及如何去获得有关这些方法的信息。由于电脑技术对测验方法的巨大影响，因此本章中也包括了一节有关这一领域发展情况的内容，在本章的最后一部分，我们解释了如何设计测试和自我报告法以及如何在一项调查研究中有效地运用它们。

二、目标

学习本章后，你应该能够：

1. 了解一项好的测验方法的 5 个特点。

2. 了解如何通过测验分数得出有效的推论，并能描述判断推论有效性的 5 种方法。

3. 了解如何从一项测试中，获得有效的分数，并能描述判断测试分数信度的 4 种方法。

4. 了解概括化理论和测量标准误差中有关测试分数信度的内容。

5. 描述在调查研究中标准化测试优于某一地区自行建构的测试的情况。

6. 比较常模参照测量、效标参照测量和个体关联测量各自不同的优势。

7. 比较个体测试和群体测试各自不同的优势。

8. 列举 5 种作业测试法，并描述每种方法的主要特点。

9. 描述判断作业评估的有效性和可靠性的程序和标准。

10. 列举 7 种个性测试方法，并描述每种方法的主要特点。

11. 描述至少两本能用来查找可使用的测试和有关信息的参考著作。

12. 描述如何使用测验手册、测验本身及如何与设计测验的人员取得联系从而决定该测验是否与你的调查目的相吻合。

13. 描述电脑技术将如何改变测验的发展和使用 。

14. 解释何为项目反应理论及该理论在计算机适应测试中如何使用。

15. 描述设计一项研究中所用测试的 7 个步骤。

16. 描述至少 3 种你可采取的行为。这些行为适合于在公众或专业人士对调查研究中所必须使用的测试方法有抵触时采用。

17. 描述你可采取的几种程序，这些程序能帮助测试者发挥出最佳水平，给出最真实的回答。

三、教育研究中的测量方法

本章中有关测量方法的想法主要来源于教育研究中通常使用的定量法。根据这种传统，研究人员在测量过程一开始就对他们感兴趣的概念加以定义，例如数学成绩。他们在运作中对概念加以定义，即具体说明用来测量该概念的各种活动,因而,数学成绩可以被定为在特定运作条件下,个人参加一套特定测试的表现。测试条件应设计为每个人的表现都可用一个量化的分数来表示,例如一个有 50 个题目的测验,分数为 0—50 分。

相反,定性研究人员通常并不把个体置于设计好的作业情景中,他们更愿意在自然发生的情景中研究个体。当然,定性研究人员也会设计一些问题,这些问题需要在两种情景中都收集数据资料,在这种情况下,测验能够对定量研究中数据收集的两种主要方法,即观察和访谈加以很好的补充。在第八章和第九章,我们将详细讨论这些测量方法。

本章的焦点是如何通过进行一项测验来测试个体的行为。测验是指任何一种预设好的、可进行分析并得出量化分数构造的作业情景,从测验所得的量化分数中可判断个体在测验测量某个概念上的不同。例如,校内一般进行的成绩测量即为测验,因为学校把学生置于一个设计好的情景中来测试一个特定的概念(如:代数课上所教内容的掌握),得出的分数用来对学生进行比较。

在本章中,我们使用"自我报告法"这一名称来代表以纸、笔为工具的测量方法。在这种方法中,个体对题目作出反应,这些题目显示出个体的个性、自我观念、学习方式、倾向、价值、兴趣和其他相关概念等方面的情况。与测验不同的是,这些方法并不要求个体"作出表现",相反,这些方法通常要求个体显示是否具有题目中所提的特点、想法和感受,除这点之外,自我报告法与测试法在构造设计和实施中都非常相似,所以,虽然我们在解释各种方法的概念和用法时经常使用"测验"这一名称,这种解释也同样适用于自我报告法(除非明确标明不适用)。

四、好的测验应具备的特点

(一) 测验选择的标准

我们已确定了 5 项标准,这 5 项标准可用来判断一项测验是否具有适用于教育研究的品质,下面将详细解释每一项标准。

1. *客观性*。一项测验的**客观性**是指测验分数是否由于测验实施者和评分者的偏见而受到歪曲。事实上，测量的科学化程度，可以通过承认测量中个体差异存在的可能性，并尽可能排除偏见来逐步提高。

有些测验，如罗斯夏克的墨迹测试法(Rorschach Inkblot Test)的客观性较低，因为实施的条件和评分都很灵活，在这些条件下，测试者偏见很容易产生，相反，多项选择测验通常要客观得多，因为它们绝大多数是自我实施的测验，所有的评分者可使用统一的评分标准，因而很容易取得一致 。正因为这个原因，多项选择测验通常被称为客观测验。

2. *实施和评分的标准化条件*。如上所述，一项测验最好具有标准化的实施和评分条件，因为这些能增加该测验的客观性。因而，一项设计完善的测验将包括一本手册，该手册明确规定在出现会影响个体测验表现的情况时应遵循的步骤，例如，设计者会规定允许个体完成测验的时间，指令是否可重复，如何回答受试者的问题以及测试者和受试者之间允许存在多大的个人接触；设计者也会详细说明评分程序，包括特殊情况下的评分程序，如个体在多项选择题中选择了两个答案。

一项拥有在所有测验情况下确保实施和评分一致性步骤的测验叫作标准化测验。它的一大优势是，如果你在你的研究中获得了有意义的发现，其他研究人员可以重复这些发现，并在它们的基础上进行扩展，因为通过查看测验手册，研究人员可以创造出同样的实施和评分条件。

3. *常模数据资料*。客观测验的分数本身无法进行分析，它们通常是根据测验以外的某种东西——一个效标或一套常模来分析的。在**效标参照分析**中，分数是根据某些绝对作业标准而进行分析的，本章在后面将解释效标参照测量。在**常模参照分析**中，分数是根据某一确定小组中其他个体的成绩进行分析的。

为了设计一项应用于常模参照分析的好的测验，可选用一个大样本参加测验，它们代表了一个明确规定的人群(另一种选择是使用几个样本，每个样本代表不同的人群)，利用从该样本中获得的分数来建立测验常模表，**测验常模表**使研究人员能把一个个体的分数(或其样本的平均分数)与确定人群的分数联系起来。

用来建立测验常模表的样本同时又叫常模样本,常模样本在测验中的原始分数通常会被转化为百分位数的顺序排列。有了一个原始分数,我们就能利用百分位数排列的测验常模表来确定常模样本中同样分数或低于原始分数的个体比例,表7.1显示了一个将原始分数转化为百分位数排列的测验常模表,让我们来看一下如何使用这张表格:假设我们对一个研究样本实施了一次假想测验,我们发现他们的平均分数为33分。通过查询这张测验常模表,我们发现在常模样本的分数排列中,该样本为第40百分位数,那么我们就能得出这样一个结论,即我们研究样本的表现低于常模样本所代表人群的平均水平。

表7.1　测验常模表

原始分数	百分位数排列	原始分数	百分位数排列
48		34	44
47		33	40
46		32	36
45	99+	31	30
44	96	30	22
43	93	29	18
42	90	28	15
41	87	27	11
40	81	26	7
39	76	25	4
38	71	24	3
37	65	23	1
36	56		
35	49		

一个测验常模表同样可包括年龄和年级的等值因素,这在第五章中已涉及。

4和5. *效度和信度*。通过好的测验,我们能得到可靠的分数,并从中可作出效度极高的推断。由于测验的特点很复杂,我们将在下面两节中详细讨论。

（二）测验分数的效度

《1985年教育和心理测试标准》（以下简称《标准》）是一本有关测验效度和其他测验事宜的权威性参考书籍[①]（曾有1966年版和1974年版），该书由教育和心理测试联合委员会编写。该委员会是由美国心理学协会、美国教育研究协会和国家教育测试协会的代表组成，《标准》把**效度**定为“测验分数特定推论的适当性、意义性和有效性”。[②] 该定义强调了一点，即测验分数既非有效，亦非无效。有效或无效是我们从分数中作出的推论，例如，我们对一组学生进行一项历史测验，每个学生都得到一个测验分数，然后我们可以推断出每一个学生与其他学生相比学到的历史知识。这有助于我们把该推断看做是我们关于测验分数所作的一项说明。

我们能提出什么证据来支持我们有关分数的推断呢？《标准》承认四种证实测验分数推论效度的证据：(1) 与概念有关的证据；(2) 与内容有关的证据；(3) 预测证据；(4) 同时效度证据。应记住，这些并非四种效度，效度是一个单一的概念，但是还存在其他不同的方法进行有关测验分数推论效度的证据收集，下面我们将讨论确定效度的这四种方法。随后是有关名为“结果效度”的一种较新方法的讨论。

1. 概念效度

《标准》把概念定为“一个有关人类行为性质的理论构造”[③]。自我观念、学习方式、内向性格、成绩动机都属于概念，因为这些都无法直接观察到，而必须通过它们对行为所发生的可观察到的作用才能进行推断，因而，**概念效度**是指一项特定的测验显示出的对要测量的概念的评

---

① 美国教育研究协会，美国心理学协会，国家教育测试协会编，1985年，《教育与心理测试标准》。

② 同上，第8页。

③ 美国教育研究协会等编，《标准》(Standards)，第9页。

估程度。塞缪尔·梅西克(Samuel Messick)认为概念效度证据是我们要搜寻的有关一项测验的效度的最重要的一种证据,因为归根到底一项测验的效度与测验分数的意义有关。①

为了收集概念效度证据,测验设计者经常一开始所要做的工作是,假设掌握概念程度不同的个体会有不同的行为表现。例如,假设一个测验设计者声称他的测量用于测试学习的内在动机,那么我们如何确定该测验是否真的测试这一概念呢?一些理论学家假设,具有内在学习动机的学生学习并不需要外部奖励(如教师的称赞或评分),因而我们可以研究该项测验能否把在缺乏外部奖励情况下仍显示出很高学习程度的学生和在同样情况下显示较低学习程度的学生区分开来,这不失为一种确定概念效度的方法。如果测验分数能把这两组学生区分开来,那我们就拥有一些证据可说明该测验衡量了学习内在动机这一概念。

一项证据是不足以确立概念效度的,需要有多种证据来加强这一项测验,正如测验设计者所声称的,它测量了某种概念。所需的证据可包括对测验进行的研究结果,这些测验提供了内容效度证据、预测效度证据和同时效度证据,如果要把研究发现用于这方面,测验设计者必须证明可以用测验所衡量的概念来解释这些发现。

2. 内容效度

内容效度是指应测量的内容或观念,在测量中所获得的分数有效度。例如,一个中学教师给他的学生做一次西班牙语的测验,如果测验题目的内容涵盖了学生接触到的指定的课本内容,补充材料的内容和老师课堂讲解的内容,那么测验分数具有内容效度。

内容效度不应与**表面效度**相混淆,表面效度仅仅涉及对试题进行随意的、主观的检查来判断它们是否涉及该测验应衡量的内容②,内容效度

① 梅西克,S.(1989),"效度",见 R. L. 林(Ed.),《教育测量》,第3版,第13~103页。纽约:麦克米兰。

② 利沃,B.(1985),"外观效度重访",《教育测量杂志》,第22期,第287~293页。

是由专家系统化地确定的，他们用精确的语言描述该测验应代表的特定内容的范围（或称为"领域"），然后确定试题代表内容范围的程度，测验并不一定要涉及某一学科的所有内容，分数才具有内容效度，但是测验一定要涉及内容领域中有代表性的样本内容。

有一项研究充分说明了检查内容效度的重要性。该研究把四本最常用的数学课本的内容与四种最常见的标准化数学成绩测验进行比较。[1] 分析显示课本内容与测验内容的重叠部分只占21％到50％。从最坏的角度来考虑，学生只有机会学到测验内容的21％。由于内容效度这么低，该成绩测验显示出的学生在数学课上所学内容的情况是相当不准确的（假设老师根据教科书讲课）。

在选择测验应用于研究教学方法对成绩所起作用的实验时，内容效度特别重要，例如，假设你在进行一项研究，试图确定概念教学方法是否比传统教学方法先进，为了能进行适当的比较，在教学结束后进行的成绩测验必须能代表教学时所涉及的内容，换言之，我们应该能够通过测验得到内容效度较高的推论。如果假设声称概念方法会导致高层次的学习而成绩测验却并没有用来衡量教师所讲授的特定内容，那就无法使用研究结果来证实或推翻研究假设。

在许多实验中，用来相互比较的处理条件具有不同的学习目的，因而明智的方法是为每一个处理条件都选择能得到内容效度推论的测验，并让受试者接受所有处理条件下的每一种测验。我们当然认为受试者在参加有最高内容效度的测验时，成绩会最好，但是如果处理条件之一特别有效，那么在内容效度不那么高的测验中，受试者的成绩也会不错。

3. 预测效度

预测效度是指测验所作出的预测被后来参加测验的个体行为证实的程度，对以后行为的衡量构成了证实预测有效的效标，因为预测效度涉及一个明确的效标，所以《标准》称它为"**效标关联效度**"的一种（另一

① 波特，A.（1985，4月），《内容决定因素研究纵览》，美国教育研究协会提交的论文。

种效标关联效度，即*同时效度*，将在下一节中讨论)。

马文·西姆纳(Marvin Simner)进行了一项判断测验分数推断的预测效度的研究。[1]他发展了一种简化了的“学前儿童入学预备测试”(APPSRT)，用以替代原先的较为复杂的测试。这种测试用于预测在一开始上幼稚园预备班就可能跟不上的或几乎要不及格的孩子。然后他又进一步确定这种简化方式能否具有与原先较长试卷的同等效度。得出具有足够效度的预测，以便能代替使用原先较长的试卷。他先对两组含有171个幼稚园预备班早期孩子的样本进行了测试，随后对他们跟踪调查了三年，接着把APPSRT测验的分数与日后的成绩测试联系起来：(1)一年级时学生的阅读和算术成绩；(2)一年级学期结束时参加两个标准化成绩测验的原始分数。APPSRT的分数与阅读、算术成绩的关系在－.42和－.58之间，而与标准化成绩测试分数的关系在－.40和－.60之间，通过使用APPSRT的扣除分数，西姆纳准确地发现了70%—78%的学生日后被老师认为成绩差，而原先的更长的测验(PPSRT)是81%。所以，西姆纳证明了存在足够的证据说明APPSRT的预测效度，可用来取代原先的更复杂的测验。

在第十一章中我们描述了对测验分数推断的预测效度进行研究的步骤。

4. 同时效度

同时效度是第二种效标关联效度，同时效度可定为个体参加一项新测验的分数与在新测验的稍前或不久进行的同类概念的测验得分一致的程度，即现存测验与新测验有效度的一致性。

作者之一的马克·高尔进行了一项研究来确定心理焦虑的大学生是否比心理不那么焦虑的大学生显示出更多对女性化行为的偏好。[2] 为

---

① 西姆纳，M.(1989)，“学前儿童入学预备测试简化本预测效度”，《学校心理学杂志》，第27期，第189～195页。

② 高尔，M. D.(1969)，“男性、女性及所显示的焦虑差异”，《临床心理学杂志》，第25期，第294～295页。

了找出两组截然相反的焦虑与不焦虑的学生,可能需要经验丰富的临床心理学家对大量大学生样本进行评估,然后,高尔找到了一种简短的测验叫做泰勒焦虑显示刻度,目前已证实这种测验的分数在对大学生样本进行临床焦虑评估时具有较高的同时效度,使用这种测验进行研究比使用费时且容易受评估者偏见影响的临床程序要省时得多。

5. 结果效度

上面描述的四种效度侧重于测试分数的意义,例如,强调特定测验得分的概念的意义,但是塞缪尔·梅西克认为测验分数除了它们的意义外,还有着其他更多的东西。[①] 他使用**结果效度**这一术语来说明该情况,即当我们使用试验分数、使用测试设计的理论和信仰和测验设计语言来就个体作决策时,它们同样体现了某种价值和极有价值的结果,我们必须对这些价值和结果进行检验以确定我们根据测验分数所作的推论,以及我们运用这些分数作决策的方式是否对某种特定用途极有效果。

细想一下,我们会发现通过智力测验、学术成绩测验和个性测验进行衡量的概念是有价值的,最明显的例子是智力测验。智力不是一个中性的概念,它是我们社会所珍视的。最常用的智力测验衡量的是那些在学校中表现出色所需的能力,因而这些测验暗示了学校表现是重要的,另外一些智力测验着重于其他能力,如社会上某些成员很重视而另外一些人则不以为然的创造力。由个性自我评估式衡量的概念同样有价值。例如,领导能力、社交能力、独立性、沮丧、焦虑的测量方法,每一种测量方法对不同的社会成员来说,都具有不同的价值内涵。

正如测验分数衡量的概念具有价值那样,测验分数使用的社会结果同样具有价值。测验分数可能会被运用得十分合理或不那么合理,可以会出现希望达到的或意料之外的结果,例如,能力测验能起到预计的作用,即发现有天赋的学生并促进他们的学术水平,而不计较他们的社会

---

① 梅西克,S. (1989),“效度”,见 R. L. 林 (Ed.),《教育测量》,第 3 版,第 13～103 页。纽约:麦克米兰 (New York: Macmillan)。

阶层和地理位置,但是能力测验也会起到并不希望起到的作用,即在某些工作环境中得到提升的白人的比例(如:警察局)和美籍非洲人、拉丁美洲人的比例之间的差异。

结果效度的概念,是测验中相对较新的概念,填补了我们在考虑测验效度时的一项重要空白。它提示我们应该同时考虑测验分数的意义和价值。事实上一种新的测试形式,通常叫做作业评估(在本章中稍后描述)的支持论据就是这种新的测试形式,体现了期望获得的教育价值,并具有在传统的标准化测验中无法找到的对教学和学习的肯定的结果。

(三) 测验分数的可信度

假设我们在两个不同的场合对同一个学生进行一项论文测验,该学生第二次的分数与第一次略有差异,学生的真实分数究竟是哪一个呢?或者假设该学生的一篇论文是由五个评分者打分,三个评分者给出了同样的分数,而第四个评分者给出了一个略高的分数,第五个评分者给出了一个略低的分数,哪一个是该学生的真实分数呢?

在传统的测验理论中,这个问题是通过几个假设来回答的,一项假设是每一个受试者在一项测验中确实有一个**真实分数**,该分数是其测验衡量的实际的特点量(如:能力、倾向、个性特征);第二项假设是任何这种特点的测量都容易产生一定量的测量误差;第三项假设是这些测量误差是偶然的,这就意味着,如果100个评分者对上述论文测验进行评分,测量误差是随机分布的,那么,有些评分者可能会给某些特定的受试者打较高的分数,但是有些评分者会给这些受试者打较低的分数,这样就平衡了。

从这个分析中我们可得出结论,即进行一项测验获得的分数都包括了一个真实分数的部分和一个误差分数的部分,如果一个学生的论文测验由100个评分者打分,那么这100个分数的平均数就是其估计的真实分数。这些分数的标准误差能显示在这次测验中存在的测量误差的估计数,如果标准误差为0,这就意味着在100次测验中,该学生的分数是相同的，但是，假设标准误差为5.0，平均分数是7.5，相对于这个平均分数来说，这个标准误差很大，因而我们可以下结论说这次测量具有相当大的测量误差。

在传统的测验理论中，一项测验的信度指的是该项测验得分中存在的测量误差的数量（请注意，在该定义中，信度是测验分数的属性，而非测验本身的属性），我们可把**测量误差**定为个体在一项测验中的真实分数和其在不同条件下实际获得的分数之间的差距。真实分数和测量误差都是假想概念，也就是说我们可以通过各种程序（说明如下），对它们进行估计，但我们无法直接对它们进行测量。

估计真实分数和测量误差的每一种程序都涉及一个信度系数的计算。信度系数从.00到1.00不等，1.00代表测验分数的绝对信度（在实际中无法获得），而.00代表不具信度，一般来说，一项测验得分的信度在.80甚至更高，那么该测验对绝大多数的研究来说，都具有足够的信度，测试和自我汇报测量的信度可高达.90甚至更高。[①]

在选择研究中使用测验时，必须考虑信度，最好是选择高信度测验。实际上，如果测验信度的分数为零，你是无法从这些分数中作出有效推论的。原因很显然，信度为零的分数全都为测量误差，因此不存在真实分数成分，就好像参加测验的个体都被任意地评了分。

虽然对效度来说信度是必须的，但这并不意味着从信度高的测验分数中就一定能得出有效的分数推论。为了理解这一点，让我们假设我们有一种具有奇怪的刻度单位的仪器，它可能会得出非常一致（如：可靠的）的测量结果，但我们对这些测量结果的含义一无所知，换句话说，我们无法从这些分数中得出有效推论，尽管这些分数很可靠。

测验分数所需的最低信度水平依特定的研究而定，例如，你打算用一个小型样本做实验，而且你希望实验人群和控制人群在某一个特定变

---

① 赫尔姆斯塔特，G. C.（1964），《心理学测量原理》，Englewood Cliffs，NJ：Prentice-Hall。

量上的平均分数的差异较小,那么你就需要使用一个能得出高信度分数的测验。而相反,如果你打算用一个大型样本做实验,而且预计实验人群和控制人群的平均分数差异较大,那么即使一个得出低信度分数的测验也足够用来分辨出特定的统计意义水平的差异。

除了总分外,许多测验还能得出单项分数,例如,成绩测验能得出阅读、写作及数学的总分和单项分数。然而,通常汇报的信度只是指总分。在这种情况下,必须谨慎使用单项分数,因为它们的信度通常比总测验分数的信度低。

我们可以对可能引起测量误差的因素作进一步的信度分析,这些因素包括:

1. 一项测验中的项目只是所有可用来代表能力、个性、倾向和其他被测量的概念项目总领域的总代表,如果测量中的不同项目在代表概念范围的程度上不等同,就会产生测量误差。

2. 如果在进行测验时,测验实施者未能做到一致,也可能产生测量误差。

3. 如果测验评分者未能按照一致的评分程序评分,会产生测量误差。

4. 测验条件,如噪音大或房间过热,会使个体在测验中表现异常。

5. 个体感觉的不同(如:测验当天生病)会引起反常表现。

传统测验理论假设,获得的测验分数的测量误差是随意分布且无法具体确定时,测量专家在这些假设下,研究出了估计测验分数信度的不同方法。下面我们具体讨论每一种方法。

1. 替换式信度

替换式信度是一种通过研究测量实施的特定方式来估计测验分数信度的方法。例如,假设两个研究人员分别设计出各自的测验,并测量同一个概念,每个测验项目的数量相同,但在内容和风格方面有差异。在这种情况下,在估计测验时用于测量概念方面的个体真实分数时,会出现测量误差。

替换式信度可以估计出这些误差，这是通过计算同种测验的两种相同形式的个体分数的相关系数而做到的，这种相关系数叫**等值系数**，这两种形式的测量可以一次性进行，也可以在中间有一定事先规定的时间间隔。

因为设计一项测验的两种替换形式涉及时间和开支，所以通常不对替换式信度进行确定，下面描述的其他种类的信度只要求一种测验形式。

2. 测验-再测验信度

测验-再测验信度是通过研究测验实施的场合来估计测验分数信度的一种方法。要确定测验—再测验信度，你可以计算在两种不同测验场合中个体进行同种测试得分的相关系数。这个相关系数叫做**“稳定系数”**。如果不存在替换形式的话，这是最常用的测验信度类型。

在计算测验—再测验信度时，最关键的问题是决定在两次测验之间合适的间隔。如果在第一次测验结束后很快进行第二次测验，人们就会记起许多刚做过的答案。那么稳定系数就会被认为偏高。相反，如果第二次测验进行得太晚，人们对测验测量的变量的认识可能产生实际的改变。在这种情况下，由测验场合引起的测量误差会与真实的分数变动相混淆，从而很难获得稳定的系数。

3. 内部一致性

内部一致性是一种通过研究测验中的单个项目来估计测验分数信度的方法，有几种方法可以用来估计一个测验的内部一致性。

一种估计内部一致性的方法涉及计算一种系数，即**“内部一致性系数”**。要计算这一相关系数，测验设计者必须对一个适当的样本进行测验，然后把该测验分为两部分，作进一步测验。通常是编号为奇数的项目组成一个小测验，编号为偶数的项目组成另一个小测验。

内部一致性系数只代表一半测验的信度，当测验长度减小时，信度便下降，所以斯皮尔曼-布朗预测公式（Spearman-Brown Prophecy Formula）被用来对信度系数进行修正，以便在进行整个测验时，能获得测验分数的信度。

理性等量法是测验内部一致性的另一种方法。它运用几种公式中的一种对测验中的单个项目进行分析。最常用的公式之一是库理公式(Kuder-Richardson Formula),以第一篇讨论这些公式的文章的两位作者的名字命名。[①] 文章对这些公式进行了编号,最常用的两种是**K-R20**和**K-R21**。K-R21公式是K-R20公式的一种易于计算的、简易的类似公式。要求K-R20或K-R21中的任何一种都必须以二分法的方式对项目进行评分(如:正确-不正确或对-错)。库李公式得出的信度系数通常比用其他方式得出的信度系数要低。

克龙巴赫**系数(α)**是K-R20公式的一种常用方法,可在测验项目未以二分法评分时使用,例如,有些多项选择和论文测验中的项目有几个可能的答案,而每一个答案各有侧重。克龙巴赫α系数是一种常用的计算测验分数信度的方法。

4. 测验者内部信度

为了得到测验分数,需要有人实施测验,有人对测验进行评分,如果两种类型的测验工作人员(即测验实施者和测验评分者)未能完全按照预先设计的程序进行,就会引起测量误差。我们可以通过几个测验工作人员对样本个体进行测验,然后把他们的得分相互关联起来,从而用类似程序估计测验评分程序。

当测验工作人员未能得到很好的培训,或测验由单个工作人员实施,而该测验又要求测验工作人员与受试者之间有所交流时,最容易发生测验实施误差,如果没有评分标准答案,而需要主观判断去评分,则最容易出现测验评分误差。即使有评分标准答案的话,如果使用标准答案的人粗心,也会出现测量误差 。如果测定不准确,或者学生写下了机器无法识别的铅笔记号,机器评分也会引起测量误差。

---

① 理查森, M. W., & 库德, G. F. (1939), "基于理性等值法的测试系数计算",《教育心理学杂志》,第30期,第681~687页。

5. *泛化理论*

我们上面描述的估计信度系数的不同方法并没有把测验分数中系统化测量误差的来源区分出来。泛化理论则试图解决这一局限性。[①] **泛化理论**提供了一种方法，使我们能把测量误差的不同来源对所获样本的分数的相对影响概念化并作出估算，运用了泛化理论，研究人员能设计出一项系统，调查测量误差的几个来源的研究（如：项目的不同和评分者的不同），可使用方差分析来研究数据，以便估算出每个测量误差来源的影响和它们之间的相互作用（第五章和第十章解释方差分析）。而且，研究人员还能计算出**泛化系数**，这一系数与信度系数相似，但可反映经检验的所有来源引起的组合测量误差。

诺林·韦伯（Noreen Webb）和她的同事描绘了一个涉及两种测量误差来源（项目和场合）的假想研究。[②] 她们解释了根据个体的一次有五个项目的职业兴趣测验所得的分数，如何作为相对决策（如个体等第排列）或作为绝对决策（如及格-不及格判断）而计算方差。误差方差和泛化理论通过为不同的假想研究设计来计算方差成分和概括性系数。韦伯和她的同事们证明了可以通过提高项目的数量或测量场合的数量来进行预先的计划，从而加大在各项研究中得出的概括性系数。在她们的假想研究中，可以看到增加测验项目比只在两种场合实施测验更能提高信度，而且节省开支。

泛化理论还未能被广泛使用，因而在文字测验中，你更有可能找出信度系数而非泛化系数，但是你要记住，信度系数无法区别出不同来源的系统化测量误差，因此，信度系数的值应足够大，以供选择。

6. *测量标准误差*

在传统的测验理论和泛化理论中，个体的一次测验分数可被视为他

---

① 谢韦尔森，R. J.，& 韦伯，N. M.（1991），《普遍性理论入门》，Newbury Park，CA：Sage。

② 韦伯，N. M.，罗利，G. L.，& 谢韦尔森，R. J.（1988），"方法，简单地说即：咨询及开发中使用普遍性理论"，《咨询及开发中测量及评论》，第 21 期，第 81～90 页。

的真实分数和测量误差的结合体,标准测量误差(也叫得分的标准误差)使你能够确定个体真实分数下降的大致范围。例如,假设一次代数测验的测验手册报道由 300 个九年级学生组成的常模团体的替换形式信度系数($r_1 1$)为 .85,而测验成绩的标准偏差为 14,则测量标准误差(Sm)可通过下面的公式计算出来。

$$Sm = S\sqrt{1-r_1 1}$$

把已知值代入该等式,可得

$$\begin{aligned} Sm &= 14\sqrt{1-.85} \\ &= 14\sqrt{.15} \\ &= 14 \times .387 = 5.42 \end{aligned}$$

因为 Sm 是正常分布的,我们能估计出已知大小的误差发生的可能性。若常态分布曲线的性质为已知,我们能假设所有测验分数的大约 2/3 在个体真实分数的 $\pm 1Sm$ 之内(加上或减去一个测量标准误差),而测验分数的 95%会在它们真实分数的 $\pm 2Sm$ 之内(加上或减去两个测量标准误差)。因而,在上述例子中,如果一个学生在代数能力测验中的分数为 86,2/3 的可能性是该学生的真实分数在 80.58 和 91.42 之间(即 86±5.42);95%的可能性是该学生的真实分数是在 75.16 和 96.84 之间(即 86±2×5.42 或 86±10.84)。

从上述公式中可以很清楚地发现 Sm 的大小正好与信度系数相反,也就是说,随着信度系数的增加,测量标准误差会变小。如果代数测验的信度是 .96,那 Sm 会是 2.80,但是,如果信度是 .57,那 Sm 会是 9.18。因而,你会发现从一次测试中所得到的信度系数越低则测量误差越大。

测量标准误差使我们意识到通过教育测试得到的分数只是估算,会与个体的假设真实分数差别极大。因而,我们必须避免仅看测验分数的表面价值或者太重视平均测试分数之间的微小差异,例如,两个学生参加了一次测量标准误差较大的智商测验，虽然他们的分数分别分 97 和 102，但他们两个在智力上可能并无差异。在另一次测验中，他们两个人的分数可能会倒过来。

五、测量方法

教育测验可用来估计学生所学的数量或评估为促进学习而设计的教育计划的质量。测量还被广泛用来在教学机构或工作场所中作选择和场所决策。以下我们讨论为这些目标设想用于测验的三种对比测量方法：(1) 标准化的当地设计的测量；(2) 常模参照，效标参照和个体关联测量；(3) 个体实施和团体实施的测量。

(一) 标准测量和自编测量

通常商业出版商或政府机构设计标准化测验以供许多地区使用。这些测验有许多优点：通常有设计良好的测验项目，有标准化的实施条件和评分条件，并提供常模表。

标准化测验的这些优势被一些缺点抵消了。猜测，反应倾向，随便或粗心大意的回答都会曲解分数，因为标准化测验通常有严格的时间限制，因而就无法准确地反映出那些与他人相比反应速度较慢、较谨慎、考虑较仔细的受试者的特点。由于标准化测验是用来在人群大范围内对个体进行比较(如：美国目前所有在校学生)，因而测验分数就无法反映出不同种类的个体所特有的经历，例如，标准化成绩测验的分数倾向于与学生的社会经济地位发生很大的联系。但与学生受到的指导的关系很小①，另一个问题是，人们指责标准化测验继续了对少数民族和其他群

① 英格利希，F. W. (1992)，《决定教学及测试内容》，Newbury Park，CA：Corwin。

体的偏见①,忽视了去测量在一个客观的、文字测验形式很难衡量的许多个性和智力素质。

标准化测验的优点通常掩盖了它们的缺点,正因如此,在教育研究中被广泛使用。

自编的测验是相对于标准化测验来说的另一种选择,它们通常是由教师为给自己的学生使用而发展的,但是这些测验通常不适合用于研究。罗伯特·桑代克(Robert Thorndike)和他的同事们认为很少有教师在测验技巧方面训练有素,而且他们在运用所学的知识时有困难。②由于这个原因,在研究中,你应该谨慎使用教师自制测验中获得的分数,除非你事先对该测验的效度和信度另外作出检查。对教师的指导目的来说,该测验可能极好,但是要在研究中使用的话,测验数据必须能满足可以接受的不同效标。通常标准化测验能更好地满足我们在本章一开始就描绘的这些效标。

(二)常模参照、效标参照和个体关联测量

假设某个学生参加一次有30个项目的测验,得分为20,我们该如何来理解这一分数?测量专家研究出了三种不同方法来回答这一问题,每一种方法都涉及了一套不同的参照依据,测验分数可根据这些依据进行理解,我们下面描述这些不同的参照依据。

1. 常模参照测量

常模参照测量是指通过把个体的分数与其他个体分数相比较来诠释个体分数,为这一目的,我们使用常模表。

当测验项目涉及的内容广泛,测验分数分布广泛时,这种测量方法最有效,例如,一次常模参照的算术测验通常包括加法、减法、乘法、除法

---

① 科尔,N. S.,& 莫斯,P. A.(1989),《使用测试的偏见》,见 R. L. 林(编),《教育测量》,3rd ed.,第201～219页。New York: Macmillan。

② 桑代克,R. M.,坎宁安,G. K.,桑代克,R. L.,& 哈根,E. P.(1991),《心理学及教育的测量及评估》,第五版。New York: Macmillan。

的测验项目，每一项运算项目由易到难不等。项目难度的范围使我们有可能把算术水平有很大区别的学生区分开来。

常模参照理解的缺点是使我们对学生具体的优缺点知之甚少，例如，我们来研究一下这两个学生的测验表现：甲生在加减法方面表现出色，在乘法方面表现一般，除法则表现较差；乙生在四类运算中均表现平平，这两个学生各自的优缺点差别很大，但是在一次常模参照的算术测验中却能取得相同的分数。

在常模参照测量中可能出现的主要问题是**测验分数污染**，即随着时间的推移，受试者的成绩会由于种种原因得到提高，这就使常模不再具有意义。[①] 约翰·坎内尔(John Cannell)在20世纪80年代后期进行了一项研究。该研究显示了美国所有各州和绝大多数的学区，在标准化成绩测验中所得的分数均在中等以上。[②]这一现象也被称为*成绩污染*和*沃柏冈湖现象*(Lake Wobegone phenomenon)，显而易见的解决方法是通过对由一个在校学生组成的常模样本进行测验来建立一个新的供测验用的常模表。

在教育领域中，即使不是绝大多数，但也有许多研究都依靠常模参照测量，这是因为教育者对由教育指导产生的，或对其有影响的学生的个体差异极感兴趣。在我们描述下面两种测量方法时，你可以考虑一下这两种方法是否更适合于有关其他教育现象的研究问题。

2. 效标参照测量

效标参照测量是指通过把个体分数与预先制定的成绩标准进行比较而对个体分数进行诠释。为效标参照诠释而设计的成绩测验通常着重于知识或技能的某一狭隘范围，例如，在数学范围内可能是“三个两位整数相加的算术题目”。请注意这一范围比“常模参照测量的算术成

---

① 见哈拉迪纳，T. M.，诺伦，S. B.，& 哈斯，N. S. (1991)，“提高标准化成绩测试分数及测试分数污染的起源”，《教育研究者》，20(5)，第2～7页中描述了测验分数污染。

② 坎内尔，J. J. (1988)，“美国公立学校国家标准基础成绩测试：如何使全国五十个州超过全国平均成绩”，《教育测量：问题及实践》，7，第5～9页。

绩”,要狭隘得多,定义也准确得多。

效标参照测量的一个目的是准确地估计出在测验涉及的领域内学生的成绩水平和具体的不足之处。另一个目的是为根据测验得分作出绝对决定(如及格/不及格)提供正确的理论根据,就如掌握教育中的模式一样。一旦确定了范围,设计了题目,就可以制定一项作业标准,如“已知题目的样本需要三个二位数的总数之和,所有学生都会达到或超过90%的准确水平”。[①] 我们就可根据这个效标对分数进行诠释。

效标参照测量中的两种类型是领域关联测量和目标关联测量,**领域关联测量**涉及试题的随机样本选择,该样本代表在确定的内容范围内从题库中抽出的所有可能测验的试题。**目标关联测量**就学生在测量具体教学目标实现情况测验中的表现提供信息。

在效标参照测量的基础上决定测验分数的信度和效度会出现特定问题。**效标参照测量信度**可被用来估计每个个体在测验范围内掌握测验内容程度的一致性,并被用来测量这种估计的准确程度。用来决定常模参照分数信度的相关方法不适合这一目的,因为它们需要几组差异程度较大的分数。由于常模参照测验的目的是明确地区分出掌握程度不同的学生,所以这类测验的题目是为了在个体中产生最大的分数易变性而选择的。事实上,那类几乎所有的学生都能回答准确的题目不会出现在常模参照测验中。相反,即使是每个人都能准确回答的某些题目还是适合出现在效标参照测试中。

确定效标参照分数信度的程序大致类似常模参照测验中所用的折半、测验-再测验和替换式方法。你们应当记得测验使用者在效标参照测量中主要关心的问题是学生是否达到了所设标准。信度估计用于对不同形式的测量进行比较,即同时把学生分为两组——达标的一组和未

---

① 伯克,R. A.(1986),“参考标准测试规定成绩标准的消费者指导”,《教育研究评论》,56,第137～172页。

达标的一组。信度一般都以百分比而非以相关系数来表示的。①

4. 个体关联测量

个体关联测量涉及把个体在某一时点进行的测验的成绩与在另一时点或几个时点进行的相同测验的成绩相比较。这一方法可用来找出学生经过一段时间后的成绩变化以及学生如何对具体的教学干涉作出反应。例如，如果一个学生在一次考试中成绩较差，那么在经过一段时间的补习后，我们可以发现在以同样的试题进行测验时，他将有多大提高。

个体关联测量特别适合于单个对象的实验，具体内容将在第十三章中说明。在这类试验中，受试者对一次或重复实施的行为作出反应 。在这一过程中，会要求个体在不同的时点进行同样的测验，以便测量成绩的变化。

（三）单独进行和集体进行的测验

许多智力和个性特点都可通过个体或集体进行的测验测量出来，集体测验是指设计成一组个体可同时参加的测验，测验实施者分发测验题目，朗读指令，如果是限速测验的话，进行计时。测验通常包括客观题(如：是与否，多项选择或对与错)。相反，一项单独进行的测验涉及测验者每次对单个受试者的测试，一些智力测验和绝大部分项目测验都是这种类型。

如果研究人员除了对测验结果(如，他们的总分是多少)感兴趣外，还对学习过程感兴趣(如，个体是如何回答某些测验题目的)，那么单独进行的测验能够对研究项目提供必要的帮助。如果你对这类话题感兴趣，如五年级学生的题解方法或低分数学生阅读理解方面的一般问题，那么你可能希望在你的研究中使用单独进行的测验。

样本的性质同样决定是否有必要进行单独的测验，例如，通常不应把年龄很小的孩子作为一个集体来测验，因为他们注意力集中的时间有

① “提高标准化成绩测试分数及测试分数污染的起源”，《教育研究者》，20(5)，第2～7页。

限,而且也缺乏集体测验要求的阅读能力。

为许多重要的教育概念而进行的单独测验或集体测验形式中,有标准化测验。单独测验通常要求实施者接受更多的实施培训,对于具备适当诠释分数能力的要求也更高。

六、测验类型

在这一章节中,我们描述在教育研究中普遍使用的10种测验,它们可分为两组:(1)作业测验,包括智力、能力倾向、成绩和诊断测量;(2)个性测量,包括个性特点、创造力、自我观念、倾向和兴趣的测验。由于测验数量众多,每一种类型,我们只描述几个例子。有一些是几十年前设计的,但至今仍很普遍。如果一个测验所得的分数推论具有适合于你的研究项目的效度和信度特点,那么这种测验的出版日期就不应成为你考虑选用该测验的障碍。

(一)成绩测验

标准化的成绩测验有许多种。表7.2列出了每一种的小样本,以便对你选择的测验有所说明,要确定可供选择的测验的所有范围,你们必须阅读所提及的有关测验的参考书。

1. 智力测验

智力测验通过对个体参加的各种智力任务的成绩进行取样来对个体的总的智力水平作出估计。这些测验经常包括与下列任务有关的题目,如词汇选择、数学解题、阅读理解和数字短期记忆。

大多数智力测验都列出一个智力成绩的总分,叫做智商(IQ)。有些智力测验也列出分项分数,如语言智商和数学智商。有时也可为特定的智力功能列出分项分数,如空间关系、语言能力、数字推理和逻辑推理。但是,如果你打算在研究中运用这类分项分数进行推论的话,你必须检查确定是否有充足的信度和效度的设计证据来确认分项分数。

2. 能力倾向测验

能力倾向测验的目标是对个体将来在某个具体的技能和能力范围的表现作出预测。在许多学术课题、职业和创造力成绩领域方面都有测验来衡量能力倾向。由于能力倾向测验主要对将来行为的预测有关,所以测验预测效度的证据特别重要。

3. 学业水平测验

有许多标准化的学业水平测验可供选择。有些测验是为了测量学生对具体事实的知识,有些则是为了测量学生的理解能力和解决问题的能力。学业水平测验的进行时间和内容范围有较大的差别,例如,全面水平测验包括阅读、拼写和算术,并要求在 30 分钟以内进行;与此相反,"都市学业水平测验"的中等水平测验则提供了 7 个阅读分数、6 个语言分数和 8 个数学分数。这个测验需要 10 个小时完成。

选择水平测验的主要问题是内容效度。你必须对测验进行检查,以确定测验题目的内容是否与你的研究的内容,即,教学计划的内容相似。选择一项具有适当内容效度的水平测验比在别的领域中选择通常要困难得多,如社会学研究,因为该领域所涉及的内容差别很大,但在另外一些领域的内容则相对较简单,如算术领域,在这一领域中的内容和学习顺序通常是标准化的。

学业水平测验对许多教师来说,被认为是具有心理上的威胁性,因为他们害怕学生测验成绩不好就会对他们作为教师的能力起着负面反应。① 有些教师被发现就测验涉及的内容,有时甚至就具体的测验题目,对学生进行特别辅导。② 因此,选择一个不同于那些通常被用来评估学业成绩的测验方法,能减少教师通过辅导或教学来影响学生分数的可能性。

在选择学业水平测验时,你还应该考虑到测验的难度。一项低难度

① 史密斯, M. L. (1991), "用于测试:对教师外部测试的效果",《教育研究者》,20(5),第 8~11 页。

② 哈拉迪纳 et al.,《提高测试分数》。

的测验对你打算进行测验的一部分学生来说，极为容易，因而这种测验无法反映学生在经过旨在提高他们成绩水平的研究处理后的成绩。

4. 诊断测验

假设你的研究项目涉及对学生学习困难的纠正或对一个纠正计划有效性的评估。在这些情况下，诊断测验可能会有助于确定一个合适的研究样本。诊断测验是水平测验的一种形式，用来确定学生在某个学校科目学习中的优缺点。诊断测验通常着重于成绩范围的低级领域，并对学生在该科目所涉及的各种技能方面的成绩水平作详细的描述。

有些诊断测验的不利条件是分项分数的信度低，而且它们相互之间联系紧密。对诊断目标来说，相关科目的效标参照测验可能是一个更好的选择，因为效标参照测验可以对学生在一个特定内容范围内的成绩水平作出衡量。

表 7.2 操作测验的示例

测验类别	内容描述
智力测验	
奥第斯—列农学校能力测验	集体进行。有不同的版本可供幼儿园到中学的学生使用。
斯坦福—比纳智力表	单独进行，适用于 2 岁～成人
韦克斯勒儿童智力表	单独进行，适用于 6～16 岁儿童，另有其他版本供 4～6 岁儿童和成人使用。
能力倾向测验	
能力区别测验	测量 6 种能力倾向，包括机械、语言、抽象推理和文职能力，供学生和成人使用。
都市准备测验	测量幼儿阅读和数学能力，分两级供学前到一年级使用。
西肖尔音乐才能测验	测量个体对音高、音量、拍子、音色、节奏和音调记忆的鉴别能力。
水平测验	
基本技能的全面测验	涵盖从幼儿园到中学的各种学校课程，有西班牙文的版本。

续　表

测验类别	内容描述
斯坦福水平测验	涵盖从幼儿园到中学的各种课程，有大字体版本和布莱尔盲人版本。
大范围水平测验	测量从5岁到成人学生的阅读拼写，算术成绩，经常对有轻微学习障碍的学生使用。
诊断测验	
诊断性数学表	测量学生对数学中170个教学目标的掌握，适合幼儿园和更大一点的儿童使用。
社会和职前信息表	测量学生在下列领域中的能力如，预算、寻找工作、个人保健，为有轻微学习障碍的中学生设计。

5. 作业评估

作业评估是通过对具有内在价值的任务的完成表现进行直接检查来估价学生的方法（作业评估可称为真实评估或选择评估）。作业评估中使用的任务被设计成能代表复杂、全面的真实生活中的任务。与此相反，在许多笔试中使用的任务，特别是多项选择题，并不具有内在价值，它们的价值只能来源于与真实生活中的任务可能存在的关系。作业评估中的一个熟悉的例子是获得一张机动车驾驶证所需要进行的驾驶考试。这种考试与交通规则的笔试不同（目前它以计算机形式出题），有些人可能笔试成绩很好，但在真实生活中的驾驶情况却不能或不愿把掌握的知识表现出来。①

在作业评估中，研究人员可以在个体完成任务时对个体的成绩或对作业的产品进行评估。**代表选作**是对学生作业的有意识收集。这些作业记录了个体对某个课程领域的掌握过程，如以多种形式写作或解决选自不同范围内的数学题和对他个人进步的评论。② 这种评估过程必须与

① 有关传统笔试和作业评估的相对优点见：沃森，B. R.，博格，W. R.，& 怀特，K. R.（1993），《学校的衡量及评估》，第十五章，纽约朗曼出版社。

② 有关代表选作的更多内容，见沃尔夫，D.，比克斯比，J.，格伦，J.，Ⅲ & 加德纳，H.（1991），“动好脑筋：调查新的学生评估形式”，见 G. 格兰特（Ed.），《教育研究评论》，Vol，17，第31～74页。Washington，D. C.：美国教育研究协会。

教学紧密配合,而师生必须共同合作来挑选代表选作的内容和评判标准。效标被用来得出一个**成规**,它确定了代表选作体现的不同掌握程度的效标和衡量尺度(除了代表选作外,其他形式的作业评估也使用成规)。

罗伯特·林(Robert Linn),伊夫·贝克(Eva Baker)和斯蒂文·邓巴提议用8个一组的效标来判断作业评估所得推论的效度。[①] 图7.1列出了这8个效标。对这些效度效标进行研究,证明作业评估对实践人员和研究人员都很有用,但也有潜在的缺点。有趣的是,有些缺点,例如很难涵盖足够的内容范围,恰恰是传统笔试的长处 。该评论意味着在教育研究中应同时使用笔试和作业评估,特别是在教学方法对学生学习的效果和评估实验中。

---

1. 结果 使用作业评估的结果是否合理?例如:当有些教师在评估他们学生的代表选作时,是否对学生提供了过多的帮助,以致其他教师的学生处在一个相对不利的地位?代表选作的选取过程中是否花费时间太多,以致占用了指导的时间?

2. 公平 是否所有的学生都有平等的机会来获取作业评估衡量的知识技能?不同判分者在对学生作业进行评估时,是否使用了不同的标准?

3. 概括化 是否有证据显示个体在一次评估任务中的表现水平能概括代表其他相似任务的表现水平?

4. 认知复杂性 能否做到通过专门设计作业评估来衡量学生在高层次思维技能方面的掌握程度?还是通过学生回忆以前进行过的相似的任务,获得帮助?

5. 内容质量 作业评估任务和评分标准是否真实可靠,因而能代表现实任务和质量显示?

6. 意义性 除了设计作业评估任务和评分标准的专家外,其他团体是否也认为它们真实可靠?

7. 内容范围 作业评估是否能充分代表指导期间涉及的内容范围?指导的内容的数量是否不恰当地受到作业评估所要求的时间的限制?

8. 费用和效率 实施作业评估是否很麻烦,而且费用很高?在设计或选用作业评估时必须考虑费用和效率?

图7.1 判断作业评估有效性的8个标准

【资料来源】选自:林,R. L.,贝克,E. L.,& 邓巴,S. B.(1991),"绩效为基础的综合评估:希望及确认标准",《教育研究者》,20(8),第15~21页。

---

① 林,R. L.,贝克,E. L.,& 邓巴,S. B.(1991),"绩效为基础的综合评估:希望及确认标准",《教育研究者》,20(8),第15~21页。

作业评估的信度与效度同样重要，如我们在本章开始时所解释的，当测验分数中达到没有测量误差水平时，该测验是可靠的。通过正在进行评估的概念进行重复的、独立的测量可以测出测量误差。由于大多数作业评估任务的复杂性，对学生进行几个平行形式的作业评估不可行，也不需要。而传统的标准化测验是通过包含许多题目来做到这一点的，例如，个体如果通过了驾驶考试的话，那么他们只须参加一次驾驶考试。不会因为要证实及格-不及格分数的信度而要求他们重复地参加考试，同样，一个大学生只需要完成一篇优秀论文就能让委员会判断他能否成为优秀毕业生。

帕米拉·莫斯(Moss)提出了达到信度的方法。这种方法并不要求受试者证明以不同形式完成任务时作业信度的一致性。① 这种方法的根据是解释学(hermeneutics)，这是一个调查领域，试图通过理解不同局部与整体的关系来解释人类现象(解释学在第十五章中有进一步的描述)。我们来考虑一下对学生在一次艺术课上完成的一项作业的评判。假设这是一幅水彩画，不同的评分者对这幅画的评分可能不同，因而人们很关注这种评分制度的信度。从解释学的角度看，评分的不同并不一定是个问题，可以对不同的评分(“局部”)进行讨论并最终达成一致，直到得出双方同意的(“完整”)分数。

如莫斯所说，这种方法经常在现实生活中使用，例如，为一教师职位校方寻找合适人员而组成委员会，其成员很可能对如何评判不同候选人的意见不一致。而他们并不会把“不可靠”的成员排除出委员会，相反，他们将不同的观点加以讨论，直到他们达成一致，对不同的意见加以解释使他们能选出他们认为最适合这一职位的人选。

解释学原则同样能被用来处理对学生的各种水彩画的不同评分或者对其他作品，比方说雕塑的不同评分。在传统的测量方法中，这些评分的不一致被视为是信度低的证明，但解释学的观点却把这些不同视为需要解释的局部，直到它们能被协调为一个令人满意的全面解释(“完

① 莫斯，P. A.(1994)，“没有信度也能有效度吗?”《教育研究者》，23(2)，第5～12页。

整”),使人能很好地理解这些异议。

在这种诠释过程中,解释学的观点赋予教师特殊的权利,这是因为持该观点的理论学家们认为人类现象(视为“课文”)的“读者”在诠释这些现象时会受他自己以前的观念、知识的影响。因为教师比专家更了解学生,而专家们只是通过学生参加作业评估的作品了解学生,所以教师的诠释有特殊价值 。莫斯运用该理论的原理来为那些使用教师委员会——或者教师、家长、其他学生、社区成员组成的委员会——对学生作业评估作品进行了评判。

(二) 个性测量

个性测量是对个体的个性特点,如需求、心理障碍、价值、倾向的不同进行一次性评估。绝大多数是笔试形式作的自我汇报。笔试要求个体对有关在生活中特定行为的发生、想法以及感受等这些问题作出反应。表 7.3 列出了各种衡量方法。书后描述的有关测验的参考书,以及有注释的参考书目中列出了每一种类型的更多的衡量方法。

1. 个性调查表

个性调查表是一种简单的自我评估形式,通常是笔试,用来对不同的个性特点进行评估。它们的优点是低成本,易进行,易评分。由于同时测量许多变量,一张调查表的项目可能会达到 100 个或 100 个以上。这些题目通常以客观题形式出现,如是非题或多项选择,并能用计算机或标准模板评分。

个性调查表的主要局限性在于依赖个体自我汇报的真实性和勤勉性。许多调查表都有“谎言尺度”和“粗心指数”用来发现某些答案导致研究人员和实践人员作无效推论,例如 J. W. 奥戴尔(J. W. O' Dell)为 16 个个性因素问答表设计了一个粗心指数,能准确地选出 88%随意完成的答卷纸。①

① 奥戴尔, J. W. (1971),“有关个性问卷的随机检测回答方法”,《应用心理学杂志》, 55 期,第 380～383 页。

导致个性调查表出现无效答案的另一个因素是“反应倾向”，这是指一个个体的答案反应总体倾向，并非对每个题目的内容作出仔细反应的程度。我们对三种反应倾向进行了广泛的调查研究，它们是：社会性愿望倾向或争取认同的倾向；默认，不管具体内容，肯定题目的倾向；偏差，以不同于传统或正常答复的方式进行反应的倾向。如果你认为你的样本中的个体倾向有任何一种反应倾向时，你就不应使用自我汇报调查表。

有人指责个性调查表侵犯了参加测试的个体的隐私，所以你必须对你准备使用的个性调查表进行仔细检查，因为它可能导致需要其父母和社区组织合作的人际关系的破裂。例如对中学生进行的个性调查表中含有关于经历的问题，这就可能引起许多人的反对，以致威胁到你的整个研究。

2. 投射技巧

劳伦斯·弗兰克（Lawrence Frank）使得投射技巧这一名称得到了普及。[①] 投射技巧提供了不定型刺激和反应的自由度，其理论根据是这种测量方法与普通测验相比能更好地反应个体的内在思想，幻想和现实的独特构造。而普通测量的反应选择有限或已成定型。投射技巧的一个设想的优势是它们与自我汇报相比，不容易作假。

被大量使用的投射技巧之一是主题统觉测验（TAT）。这种方法由一组有关个体的图画构成，画中的人物处在各种人物关系情形中；受试者根据每个情形编造一个故事，这些故事被认为反应了个体的内心世界。正因如此，TAT 和其他投射技巧有时会被定性研究人员采用。

卡罗尔·吉利根和苏珊·波拉克（Carol Gilligan & Susan Pollak）对这类使用的一个实例进行了研究[②]，她们为一个女性研究机构工作。

---

① 弗兰克，L. K.（1939），“个性研究描述方法”，《心理学杂志》，8 期，第 389～413 页。

② 吉利根，C.，& 波拉克，S.（1988），“脆弱及强健的医生”，见 C. 吉利根，J. V. 沃德 & J. M. 泰勒（编），《圈出道德的领域：妇女对心理学理论和教育看法的贡献》，第 245～262 页。哈佛大学出版社。

在一次男子和女子道德发展的研究中,吉利根和波拉克对两所大学刚入学的236名一年级医学系学生进行了TAT测验。

> TAT是根据标准形式进行的群体测试。惟一不同的是试卷中有图片,且测验时间并不严格控制。当每一张图片作为故事线索而出现后,下列问题也出现了:发生了什么事?这些人是谁?是什么导致了这种情况的出现?过去发生了什么?还在想什么?需要什么?谁需要?学生被告知没有"对"或"错"的答案,并按要求编造"有趣并富有戏剧性"的故事。①

在评分过程中,使用了简单的存在-不存在的评分系统对含有暴力想象进行评分,以表示暴力想象是一种对个体的完整构成威胁的想象。

吉利根和波拉克发现男性把暴力同接近、亲密有关的危险联系起来,而女性把暴力与孤立有关的危险相联系。她们运用劳伦斯·科尔伯格(Lawrence Kohlberg)的理论来解释这一发现。该理论认为男性的道德发展倾向于根据理性的自由观点发展,这种观念证实了独立和自治的理想,而女性的道德发展与养育、合作和相互依赖的女性理想相联系。

3. 具体个性特点的测量

有些个性测量着重于单个个性特点或有关的数个个性特点的研究。如果你对单个个性特点的测定有兴趣的话,我们建议你查阅一下参考书来确定是否有已出版的测定方法。如果你无法找到合适的方法,查阅一下普通调查表,看是否有调查表包括你想测量的那种个性特点。如果有的话,你可以使用整个调查表或使用评分标准答案把测量这一个性特点的题目抽出来单独进行测量。但在使用第二种方法之前,你必须获得出版商的允许,而且,如果你只进行调查表中的一部分,请小心使用测试常模,因为当题目仅仅测试个性特点而缺乏整个调查表的内容时,所得的

① 吉利根,C.,& 波拉克,S.(1988),"脆弱及强健的医生",见C.吉利根,J.V.沃德 & J.M.泰勒(编),《圈出道德的领域:妇女对心理学理论和教育看法的贡献》,第247~248页。哈佛大学出版社。

答案可能会有所不同。

4. 自我观念的测量

自我观念被定义为每个个体对有关他或她自身的一组的认知和感受。许多自我观念测量方法都包括对自尊的测量。这是指个体对自身的总体肯定程度或对某个特定方面的肯定程度，如自己的身体或作为社会一员或学生。

5. 学习方式和习惯的测量

经过一段时间，学生会以形成某种个性化的方式进行学习，当这些方式内化时，就构成了教育者感兴趣的个性特征，例如，罗纳德・希麦克(Ronald Schmeck)用他自己设计的方法，即“学习过程调查表”把学生分成深思熟虑型和浅显重复型。[①] 在读和听的过程中，深思熟虑型的学生好争论，并倾向于把课程的内容与他们的个人生活相联系。浅显重复型的学生对课程内容只进行表面的消化，而不进行思考或把内容个人化。

6. 态度量表

可以把态度定为个体对某个特定“目标”(人、事、主意等)的观点或处理。态度被认为具有三个组成部分：(1) 由个体对倾向目标的感觉组成的影响部分；(2) 由个体对倾向目标的信仰或知识等的认知部分；(3) 由个体以某种特定方式对倾向目标产生行为倾向的行为部分。

可通过几种程序对倾向进行测量，**瑟斯顿量表**(Thurstone Scale)要求个体对一系列有关倾向目标的陈述表示同意或不同意，**利氏量表**(Likert Scale)要求个体检查一下他们同意各种陈述的程度(例如，非常同意，同意，未决定，不同意，很不同意)。而在**语义分化量表**中，个体用对应的形容词来评估倾向目标，例如：公平-不公平，有价值-无价值和好-坏。

---

① 希麦克，R. R. (1988)，“个体差异及学习方法”，见 C. E. 温斯坦，E. T. 戈茨 & P. A. 亚历山大(Eds.)，《学习及研究方法：评估，教学及评价方法》，第 171～191 页。San Diego，CA：Academic Press。

7. 职业兴趣测量

在教育研究中,职业兴趣量表已被证实具有相当的价值,它们可用来调查学生是如何形成具体的职业兴趣,同时也可提供个性特点的间接评估(例如,对银行业有兴趣的个人很可能与一个愿意以艺术为职业的个体的个性特点不同)。职业兴趣量表,通常要求个体表示对各种活动、运动、业余爱好、书籍和日常生活中其他方面的兴趣程度或偏好程度。

表 7.3 个性测量实例

测量类别	内容描述
个性调查表	
形容词核查表:	测量 37 种个性特征,仅需 20 分钟就可完成。针对中学生和成人。
加州心理调查表:	测量 18 种个性特征,如支配力、社交能力和由独立性获得的成就。针对中学生和成人。
投射性技巧	
霍茨曼墨迹测试法:	罗氏态的一个标准化版本。测量 23 种个性特征,包括焦虑和敌意。
主题统觉测验:	评估人类各种需求的主要评分系统,包括成绩需求、认同需求和支配需求。
具体个性特征的测量	
学习成绩责任量表:	测量学生所感觉到的他们控制学业成绩的程度。供三~八年级学生使用。
罗氏教条主义量表:	测量个体思维狭隘的程度。
句子完整性测验:	测量个体自我发展的阶段,针对 11 岁或以上至成年的测量。
自我观念量表	
皮尔斯一哈里斯儿童自我观念量表:	测量总体自尊和自我观念的各个方面,包括在学校中的地位、受欢迎的程度和外表。针对 8~18 岁的学生。
田纳西自我观念量表:	提供自尊的总体测量并加上 5 个自我观念类别的测量:生理自我,伦理-道德自我,个人自我,家庭自我及社会自我,学习方式和习惯的测量。

续　表

测量类别	内容描述
学习和研究方法调查	
学习策略调查表：	测量学习的10个方面，包括注意力集中，信息处理，要点选择和自我测验，针对中学生和大学生。
学习方法调查表：	测量学生愿意选择的学习方式和各种方面，针对三～十二年级的学生。
态度量表	
对数学的态度：	全国教育测试配套练习：数学部分，针对9岁、13岁和17岁学生的不同的测量方法。
教师态度调查表：	测量教师对传统的、以教师为中心的方法与先进的、以学生为中心的方法的态度。
职业兴趣测量	
库德职业兴趣调查表：	测量对各种职业和大学专业的兴趣。
斯得朗—肯贝尔兴趣调查表：	测量基本兴趣和对通常需要大学学历职业的兴趣。

七、寻找有关测验的信息

在设计一项研究的过程中，研究人员有时会选择他们找到的第一个概念，它似乎能测量他们希望研究的测验，以后，他们可能会受到批评，认为测验对该概念无效或者不适应样本。避免这个麻烦的方法是在选择之前，先确定可供选择的测验范围，并且收集每个测验的详细材料，下列这些问题能帮助你收集相关的信息。

1. 有无证据证实该测验对你希望达到的用途来说是有效和可靠的？

2. 测验的阅读水平是否适合你的样本？

3. 能否在你数据收集情况的时间限度内进行测验？

4. 如果该测验测量成绩或能力倾向，那么就你的样本来说，难度是否合适，即既不太难，也不太容易。

5. 测验的常模,如果有的话,是否来自与样本提取相似的人群。

下面的章节描述了解答这些问题的四个信息来源:参考书,测验手册,测验本身和测验设计者。

(一) 有关测验的参考书籍

你可以查阅参考书来确定是否有能测量你感兴趣的变量的测验。在书后的参考书中,有对这类书的描述。这类书中最重要的是《心理测试年鉴》(MMY)和《已出版的测验》(TIP),所以我们在此进行介绍。

《心理测试年鉴》。该书有新版本定期出现。对每一个收进 MMY 的测验你将能找到实际信息的简短总结,如适合该项测验的个体类型,测验所得的分数,出版商和测验的费用以及进行的时间。此外,还能找出每一个测验的出版书目(例如,测验效度和可信度的调查研究)。对许多测验来说,MMY 还包括由评估领域的权威人士就测验的优缺点所作的评述。

可运用三个索引用人工来查找 MMY:通过标题索引可查找具体的测验;通过分类主题索引可在特定的主题范围内查找可供选择的测验;通过分数索引可确定能测量特定变量的测验。

《已出版的测验》。最新一期 MMY 中有些测验在以前的 MMY 中没有出现过;以前 MMY 中有些测验在最新一期中没有再出现。意识到这一点很重要,查阅《已出版的测验》会对你有帮助。TIP 是在所有 MMY 中被用作测验的较全面的书目。它还包括其他英语测验 ,包括 500 多家测验出版商的地址。1993 年该参考书的第四版出版了。TIP 中大部分的条目包括下列信息:测验的说明和测验的目的,适合测验的人群,测验的实施和评分的程序,有关测验的参考文章,测验可供选择的测验版本和价格以及出版商的名称。如果在 MMY 系列丛书中有对该测验的评论,条目中也会包括这一内容。

《计算机数据库》。现在可以通过 ERIC/AT 测验查询服务来对测验

进行全面的搜索。[1]该项服务现在是由 ERIC 测量和评估交换所，布鲁诺斯机构（MMY 出版商）以及 PRO - ED（测验评论的出版商）合作提供的。

假设我们有意寻找焦虑的测量方法[2]，使用 ERIC/AE 测验查找服务，我们能够搜寻 ETS 测验收集中的测验档案，（请看本章的注释参考）。对这一数据库的最近一次搜索，查到 243 个不同标题的测验，它们能测量焦虑的某些方面以及有关每个测验的基本情况。另一次对 ERIC/AE 测验查找服务的研究涉及布鲁诺斯测验回顾查寻。这是一个 MMY 和 TIP 测验的数据库。通过这次研究，我们找到 18 个测量焦虑的测验和每个测验在 MMY 中的评论位置。在 ERIC/AE 测验查找服务中的另一个数据库是测验评论（请看本章的注释参考）。搜寻这一数据库时，我们得到 13 个与焦虑有关的测验。在测验评论中有对它们的评论。如果我们选择一种常用的焦虑衡量方法，我们可能在这三个数据库中都能找到有关信息。

如果你能上因特网，那么 ERIC/AE 测验查找服务很可能是你选择适合你研究测验的最佳起点。

（二）测验手册

测验手册是测验出版商提供的小册子，用来帮助测验使用者确定该测验是否适合他们的目的，如果可以的话，如何使用。好的测验手册将提供有关这类问题的信息，如测验所根据的理论概念或理论基础，被推荐的测验用法，效度和信度的根据，常模的提供，对测验的简易形式或其他形式的提供。手册还应提供有关测验的实施、评分和测试说明等

---

① 目前你可以通过电话网络“ericir. syr. edu”（口令是 gopher）并选择出现在电脑视屏上的这些随机选择内容：ERIC 交换所/评估及评论/测试定位来接触这项服务。其他信息，见杜利特尔，P.，哈尔彭，M.，& 拉德纳，L. M.（1994），《ERIC/AE 测试定位服务》，《教育研究者》，23(7)，第 34～35 页。

② 该例子选自杜利特尔 et al.，《ERIC/AE 测试定位服务》。

程序。

《教育和心理测验标准》规定测验设计者对设计质量差的测验和不恰当的测验手册负责，但是研究人员有责任确定测验是否适合他们的研究项目。

（三）测验本身

在评估你们的研究中所使用的测验时，所使用的最重要的一类信息是测验本身。在回答有关测验的表面效度和内容效度，以及对你研究样本的适应性这类总体问题时，对测验的检查特别重要，例如，测验手册可能声称该测验适合五年级学生，但是当你检查这一测验时，你的结论可能是所要求的阅读水平超过你打算研究的五年级学生的水平。

除了检查测验外，你应该考虑自己先做一遍。这会增加你对测验在进行过程中可能出现的问题的理解。

（四）测验设计者

因为在研究的完成和正式出版之间会有相当长的时间间隔，测验设计者经常会掌握一些还未出版的信息，也有可能获得一些最近使用过该测验的其他研究人员的信息。因而，我们建议你直接与测验设计者联系，要求获得有关测验的信息。如果你解释一下你打算使用测验的目的，大多数的测验设计者都会与你合作。事实上，他们可能会要求你寄上一份你的研究发现的报告，作为他们已经收集到的部分资料。

八、电脑在测验中的使用

电脑的日益普及给测量带来了许多变化。下面我们简单地总结一下电脑是如何便利了测验的各个方面。从测验设计到测验分数诠释，你打算研究的特定情况可能会涉及测验实施的电脑使用，因而你需要懂得它们是如何工作的，而且，你可能有机会进入一个具有下述电脑能力的研究中心。这些能力会帮助你在测验设计、数据收集和数据分析方面，取得显著的效率。

(一) 测验的开发

利用计算机储存和处理可用的测验题目能大大地帮助测验的构造。在测验构造中可以使用一个文字处理系统，但无法解决对测验题目重新编号的问题，特殊软件系统不仅能按需要为项目重新编号而且能把它们编排为一个理想的测验形式。计算机大大地缩短了题目分析的过程，使测验开发者能确定许多方面的内容，如每个题目的难度和供选择的样本中各种回答的百分比。

计算机在其适应测试中起基本的作用。**计算机适应测试**是指让每个受试者参加不同的测验，根据每个受试者在回答以前各种试题时的表现，把测验题目的难度与他的能力水平一致起来。因而，随着测验的进行，一个对所有或大部分试题都回答准确的个体在后面的阶段就要接受更难的试题，以便确定他的准确能力水平，而一个对所有或大部分试题都没能答对的个体就要接受较容易的试题。

计算机适应测试的使用基础是项目反应理论，也叫*潜在特质理论*或*项目特性曲线*。[①]项目反应理论假设存在一个相对统一的潜在的特质，这一特质决定了个体完成一个特定认知任务的能力。特质(如词汇意义的知识)可被视为一个线性量表，它对任务和个体两者都适合。对任务而言，这一量表可被视为是一个难度指数，很简单的题目在量表的底部，很难的题目在量表的上部。对个体而言，量表可被视为能力指数。个体的能力水平是通过个体准确回答特定试题的可能性来确定的。因而，高能力水平的个体——具备更多测验测量的潜在特质的个体——将要准确回答一个特定试题的可能性高于一个低能力水平的个体。

---

① 有关项目反应理论的更多信息，见汉布尔顿，R. K. (1989)，“项目理论选择应用原理”，及 R. L. 林(编)，《教育测量》，第三版，第 147～200 页。纽约：麦克米兰出版社。

一旦确定了许多试题水平的难度，就有可能让测验去适应每一个个体而非让每个个体去参加同样的测验。通过这种方法，就能有效地进行测验，并避免因试题过于简单或过于困难而挫伤受试者的积极性。

以项目反应理论为基础的计算机适应测试还有一些其他的优点，所得分数的信度的确定可以比传统概念的测验更准确，而题目特性并不依赖于那些习惯猜题的个体样本。而且，测验设计者可以准备真正的同样的测验形式，即不管测试根据什么形式，所给的原始分数都代表同样的受试者水平。

（二）测验实施、评分和解释

许多标准的笔试被改编为电脑形式，其优点包括：(1) 能够随机或系统化地变更试题的顺序；(2) 能够限制受试者为每题所花的时间；(3) 避免受试者前后翻阅所测验的其他章节；(4) 减少评分误差；(5) 加快评分速度。甚至有人认为在获取极端个人化信息时(如自杀倾向)，电脑化测验可能比笔试或面试更有效。

尽管电脑化测验速度快，效率高，但是还是有必要考虑一下这种测验对那些对电脑不熟悉或不喜欢电脑的个体来说，是否会妨碍他们的成绩 。正因如此，有些州的机动车部门尽管已用电脑化测验取代了驾驶考试的笔试，但如果有人要求，会让他们参加传统的笔试。

如果测验是用电脑进行的，就可把电脑的程序设计为能直接对数据评分和解释。如果这是一个传统的笔试，先学会使用扫描器就能读出受试者在答卷纸上作的铅笔标记，并把它们制成一个电脑档案。电脑可产生原始分数、百分位数和个体的其他分数，电脑还可得出班组、学校、学校系统的总结性统计以及测验单项分数和单个项目的分析。

测验实施者现在也越来越多地使用电脑来写诠释测验数字分数的叙述性报告。电脑内存有一个陈述目录，并对电脑进行程序设计，这样，某种组合分数或对单个项目反应的某种组合就会引出一个或多个这样的陈述，这种报告可能只是描述性的(如“约翰在语言推理方面有点超出中等水平"),也许这种报告会涉及诠释,这在个性测量中尤其如此。

九、设计你自己的测验

设计测验是一个复杂和困难的过程,这个过程对在教育测量和心理测量方面的训练要求很高。因而我们的建议是:在设计你自己的测验前,先要肯定确实没有合适的测验可供选择。而且,如果你必须为你的论文研究设计一项测验时,我们建议把你的研究设计成只需利用已有的测验,并使之增加效度。不然,测验设计的过程会占用你太多的时间和精力,以至于你无法利用你设计的测验来回答你的研究问题。事实上,一些论文和论述完全把重点放在新测验的发展和使之有效上了。

图 7.2 显示了设计测验的主要步骤。然而,你要记住,每一种类型的测验同样涉及专业化的设计程序。[①]

测验设计中的重要活动之一是项目分析,并在图 7.2 的第三步骤中提到,**项目分析**是指确定测验中每个项目的难度、效度和信度的一组程序。具体程序由测验的性质决定。进行成绩测验时,我们习惯于计算难度指数,即答对每个项目的个体人数除以参加测验的总人数。进行成绩测验和个性测量时,我们通常计算每个项目的项目效度系数和项目信度系数,**项目效度系数**是个体对某个项目的反应与他们在效标测量中所得总分之间的相互关系。这个效标测量可以在进行测验的同一个时间段进行(同时效度),也可以是在以后一个时间进行(预测效度)。项目信度系数是指个体对某一项目反应与他们的测验总分之间的相互关系。

---

① 此类信息可见:德韦利斯,R. F.(1991),《量表开发:理论及应用》,Newbury Park,CA:Sage。与成绩测验设计有关的两个主要来源是:奥斯特林,S. J.(1989),《结构测试项目》,Boston:Kluwer;以及 格朗伦,N. E.(1993),《如何进行有效测试》,第五版。另见书后的加注参考文献。

步骤 1. **明确测量概念** 仔细考虑测量的特定的概念或概念群。考虑目标概念是否具有理论基础。

步骤 2. **定义目标人群** 在作涉及测验概念的许多决定时,必须考虑目标人群的特点,因而,需对目标人群详细地加以定义。

步骤 3. **评论相关测验** 评论测量相似概念的测验,以便产生有关测验形式,并建立效度的方法等问题的构思。

步骤 4. **设计一种原型** 准备一份测验的初稿(即原型)。一些已出版的资料能提供项目写作的大纲。

步骤 5. **评估原型** 要求专家就测验设计和测量概念对原型进行批评性的评论,然后从目标人群中抽出样本对原型进行实地测验,并对所获数据作项目分析。

步骤 6. **修改测验** 修改测试原型,并对修改后的测验进行实地检验。从实地检验到修改过程的周期可能要重复几次。

步骤 7. **收集有关测验效度和信度的数据** 收集证据,以证明测验分数的信度以及你想从这些分数中得到的推论的效度。

图 7.2 设计测验的主要步骤

十、测验在研究项目中的使用

在实施你为你的研究项目所选择的或设计的测验时,你会面临几种挑战,如果你能意识到这些挑战,你就能对它们的到来作出预先的估计并找出方法去迎接它们,在本章节中,我们讲述在安排测验时会遇到的常见的困难,以及为了避免或解决这些困难,你能采取的步骤。

(一) 处理来自大众和专业人士对考试的抵触

在过去 50 年中,标准化考试对美国社会有很大的影响。每年都进行上万次的考试,以便作出有关个体的重要决定,例如,谁该上大学?上哪所大学?谁应该为他们的学术成就获得特殊奖励?谁因为学业不及格而必须重读一年?为了解决这些问题就广泛地使用了测验,这就使测验成了公众审查和批评的目标,即使你仅仅是为了一个研究项目而打算使用多种测验,有些团体或个体对一般测验的不良倾向也可能会给你造成困难。

如果你打算进行的测验受到了抨击，你应该考虑几个要点：首先，有些反对者内心所想可能与他们的口头表达并不是一回事。

其次，公众代表缺乏专业知识去理解心理测验中所用的许多题目的作用。所以，与他们就具体测验题目的优点进行争论很可能是不明智的。相反，你应该解释测验是如何设计的，并试图举例说明测验作为一个整体是有效和有用的。

第三，在你打算使用的测验在一开始就受到挑战时就采取一切适当的行动，这一点很重要。如果研究项目设计完善，就能够说服受试者和其他相关个体认清研究的价值。如果报社记者或其他媒体人员提出问题，应予以合作并使他们了解你的研究目的和潜在价值。而且，如果个体或他们的父母以书面的形式要求退出，就应让他们从研究中退出，即便他们早先已在同意书上签了字(见第三章)。

最后，你必须熟悉**教育和心理测验标准**中的大纲内容，该书我们在本章前面部分描述过。你可以向反对者和其他相关人员指出存在测验的专业标准，而且你完全遵守了这些标准。①

(二) 实地测验

如果作为研究的一部分，你打算在一个学校或其他机构进行测验，你必须与学校或机构当局就下列问题达成一致：机构将为测验项目提供什么样的帮助？测验时间表如何制定？谁来主持测验？机构人员将在测验项目中起的作用是什么？你应如何处理测验中可能发生的纪律问题？而且，你还应该仔细安排测验，使之能与该机构的日常工作协调，例如，学校通常对每一个课时都有固定的时间表。如果你的测验时间超过

① 莫兰，K. L.，艾德，L. D.，罗伯逊，G. J.，普里莫夫，E. S.，& 莫斯特，R. B. (2995)，“测试使用者资料评估：以研究为基础的测量程序”，《美国心理学家》，第 50 期，第 14～23 页。

了这一个课时，那么对教师来说可能会产生麻烦。

如果你的样本容量很大，对整个样本同时进行测验会使测验实施者很难回答问题或收集材料，即使只是一件很小的事情，如一声笑，也会打扰许多人的测验环境。所以，明智的做法是把受试者分成几个小组，然后对每个小组进行单独测验，但是不要把测验时间拉得过长，以至超过几个星期。不然，可能有这种危险，即最后接受测验的测验环境与最早测验的测验环境差别太大。而且，应该使每个小组的测验条件尽可能相同。如果你正在进行一项实验，要对实验和控制小组分别进行测验（这种情况很多），这一点尤其重要。

避免在重大节日前后或学期结束时进行测验是一个好主意。迎接节日和学期结束的兴奋心情会使许多研究参与者的倾向发生显著变化。

（三）获得受试者的合作

研究参与者的合作对获得有意义的测验分数是至关重要的。在进行一项测验之前，先自问一下，如何才能获得他们最大程度的合作？如何使他们发挥最高水平（例如在能力测验中），或以诚实的倾向参加测验（例如在个性、倾向或兴趣测验中）？

为了增加你能获得个体在倾向或成绩测验中最佳表现的可能性，应尽可能使测验成为一种有积极意义的经历。对小学生和中学生来说，达到这一目的的一种方法是要求老师告诉学生，这个测验很重要，他们应该尽全力。在有些情况下，把研究项目所要求的成绩测验也算作学生的课程成绩是恰当的。

增加成人合作度的一种方法是告诉他们，在测验完成后，你会揭晓研究的目的和结果，这样就满足了他们的好奇心和要求对研究尽一份力的欲望。另一种有用的策略是强调测验过程的正规性，以及仔细地根据考试手册朗读指令等方法。

在进行个性测验时，监考者需要创造出一种气氛，这种气氛会令受试者轻松而真实地反映自身情况。如果某些测验项目是有关非常敏感的问题的话，这种气氛尤其重要。一种有效的做法是在测验开始之前就声明测验所得的信息决不会外泄，而且只会以小组为单位来计分（如果确实如此的话）。另一种方法是让所有受试者都使用代码。如果你事先有准备，只需要求受试者在试卷上填写本人的代码而非姓名。

舒适的外界环境，对受试者的心理和生理状态的关心，很可能增加受试者的合作度。监考者必须掌握测验指令。如果监考者在分发材料时显得很笨拙，很迟疑，或者出现明显的差错的话，会令受试者感到烦躁。

十一、使用测验和自我报告手段来收集研究资料时易犯的错误

研究人员

1. 在选择研究中使用的测量手段前，未能对它们进行彻底的评估。

2. 使用了对研究样本不合适的常模表。

3. 在试图测量特定概念时，只根据测验的名称而非测验所显示的概念效度来选择测验。

4. 使用了信度极低的测量方式，以致于未能察觉研究小组之间的真实差异。

5. 在未具备测验构造技艺前就试图设计自己的测量。

6. 未能对监考者影响进行控制，特别是当测验单独进行时。

7. 在进行一次测验之前，未能仔细研究测验手册。

8. 试图在一个测验阶段进行太多的测验。

9. 未能预测可能出现的反对意见。

自测题

1. 如果测验题目的一个样本恰当地代表了已知科目的主要内容，我们认为这一测验具有好的________效度。

a. 概念　　b. 预测

c. 内容　　d. 同时

2. 为了计算测量的________,首先对由个体组成的样本进行测量,而稍后,再对该样本进行同样的测量。

a. 选择形式信度　　b. 测验-再测验信度

c. 内部连续性　　d. 分项分数的信度

3. 效标参照测量的一个重要目的是

a. 把一个个体的成绩与其他几个个体的成绩进行比较

b. 把一个个体的成绩与一个绝对熟练标准进行比较

c. 广泛地对一个大致规定的内容范围进行取样

d. 把一个个体的成绩与他以前的成绩进行比较

4. 对________测验而言,对包括单词定义、数学解题、一般知识和短期数字记忆在内的各种要求的成绩进行取样,这是一种常用的做法。

a. 成绩　　b. 特殊才能

c. 智力　　d. 创造力

5. 为一个研究项目选择一个成绩测验,你首先应该

a. 对自己测验

b. 对你希望进行测量的概念下定义

c. 检查目前可供选择的成绩测验

d. 对与你预想中的样本具有可比性的人群进行预试

6. 检验作业评估的好方法是使用

a. 选择测试形式　　b. 概括化理论

c. 解释学理论　　d. 项目反应理论

7. 普通个性调查表潜在的严重的缺点通常是

a. 购买的价格高　　b. 评分困难

c. 实施困难　　d. 以自我汇报为基础

8. 使用心理测量年鉴来获得测验信息的一大好处是

a. 许多测验都有评论性回顾

b. 在该书中,每个测验的内容十分完整

c. 在其他来源中无法找到的许多测验都能在该书中找到

d. 上述三点

9. 就________而言，计算机适应测验(CAT)与传统的标准化测验全然不同。

a. 随机分布测验题目顺序的机会

b. 机器评分的可行性

c. 数字化测验评分的计算机诠释

d. 每个受试者进行不同形式的同一种测验的可能性

10. 项目信度的根据是

a. 对准确回答每个问题的个体的比例计算

b. 个体对一个测验中某个题目的反应与他们在另一次测验中的总分之间的相互关系

c. 个体对一个测验中某个题目的反应与他们在该次测验中的总分之间的相互关系

d. 上述三点

11. 可以通过________来提高获得个性测验中诚实反应的可能性。

a. 向个体保证他们的答案决不向外泄露

b. 告诉个体，在评分后他们可以看到他们个性测验的成绩

c. 使用计算机适应测验

d. 使用解释学中的理论

顾　薇◯译

第八章　研究资料的收集：问卷及访谈

一、概览

本章阐述在定量研究与定性研究中运用问卷与访谈形式收集资料的方法，讨论每一种方法的主要特点，比较它们的优缺点，提供问卷与访谈设计与实施的方法。

二、目标

学习本章后，你应该能够：

1. 描述教育研究中问卷与访谈相应的优点与局限。

2. 描述问卷设计与实施的每个步骤。

3. 描述对问卷调查对象保密的几个步骤。

4. 描述问卷中封闭式与开放式题目的优缺点。

5. 解释被访问者的知识水平和问卷题目数量对态度问卷效果的影响。

6. 说明在问卷寄发前，预先同抽选的调查对象取得联系的好处。

7. 说出问卷附信的几个特点，此信有助于提高所寄问卷的返还率。

8. 阐述几种追踪不回答问卷的调查对象的策略，尽可能地提高问卷返还率。

9. 说出在准备和进行研究性访谈过程中所采用的具体步骤。

10. 陈述信息提供者访谈、调查访谈和群体访谈的主要特征。

11. 分别阐述定量研究和定性研究访谈中的三种结构。

12. 讨论使用电话采访和计算机辅助电话访谈的优点。

13. 描述挑选科研访谈者时应考虑的几个因素。

14. 说出对科研采访人员进行培训的两个阶段。

15. 说出访谈实施过程中的四大任务。

16. 分别说明笔录访谈和录音访谈的优缺点。

17. 阐述应用定量研究和定性研究方法来分析问卷或访谈资料的具体步骤。

三、收集数据资料的方法：问卷与访谈

问卷与访谈在教育研究中被广泛应用于收集那些不能通过直接观察得到的信息资料。这些收集资料的方法主要用来调查人们的情感、动机、态度、成就以及经历。这些方法近期在教育领域中的使用说明，有关教育方面的许多问题都可以运用它们进行调查。

应用问卷进行的研究

坎特韦尔，Z. M.(1993)，“校级领导与副校长职业社会化”，《城市教育》，28，第49～68页。

邓恩，K. F.，& 考恩，G.(1993)，“日本及美国学院女性社交策略之影响”，《女性心理学季刊》，17，第39～52页。

德怀尔，H. J.，& 沙利文，H. J.(1993)，“学生对老师和计算机写作计分的选择”，《教育研究杂志》，86，第137～141页。

杨，J. H.(1993)，“协作课的发展：出现在中小学?”《课程及管理杂志》，8，第239～254页。

应用访谈进行的研究

霍斯勒，D.，& 维斯珀，N. 1993，“对影响父母为其子女中学后教育储蓄因素的探索性研究”,《高教杂志》，64,第140～165页。

卡根，D. M.，丹尼斯，M. B.，艾戈，M. 穆尔，P.，& 斯帕克斯，K.（1993),“住校教师的经历”,《美国教育研究杂志》，30,第426～443页。

托基德森，T. A.（1993),“谁能做家教:高水平学生对组织学习一般方法的认识”,《教育心理学杂志》，85,第182～190页。

尤利克，M.，& 奥伯赫尔默，P.（1993),“家庭成员形象:幼儿社会观念访谈录”,《国际早期教育杂志》，1,第13～21页。

问卷(**questionnaires**)指对所有的抽样调查对象提出若干个同样问题的书面调查材料(如果调查对象被分成几个小组,那么,对每组提问的问题就会有所不同)。虽然像本章后面所说的那样,调查对象对每一个问题做口头录音答复也是可以的,但一般要求做书面答复。而且,调查对象对问卷的回答可自行安排:他们可以在方便时填写问卷,可以按任何顺序回答问卷中提出的问题,可分几次来完成,可在边页上加评注,有的问题可跳过或做出独特的回答(如:在五分制表中,答案要求在0～5分的范围内进行选择,但人们仍可给某一问题打10分)。

访谈(**interviews**)由采访者的口头提问和被采访者的口头回答两部分组成,访谈以对个人进行采访为主,但正如我们在本章后面所说的那样,人们对集体访谈越来越感兴趣。被采访者主要用自己的话来陈述,他们的回答由采访者记录,记录方式可以是录音或录像,也可以是笔录或电脑记录,还可先记在脑子里,随后再加以整理。采访者主要是对访谈形式加以控制,安排一个采访者与采访对象都认可的、合适的时间和地点,把握好提问的节奏和顺序,使其适合采访环境。

调查(**survey**)这一术语会频繁地用于描述使用问卷或访谈形式的研究。调查的目的是使用问卷或访谈的方式从抽样调查的人群中获取诸如他们的特征、经历和观点之类的资料,以便对抽选的调查对象所代表的人群加以分析。对所调查人群进行概括是定量研究的特征，而不是定性研究的特征。由于本章既谈到了定量研究，也谈到了定性研究，所以我们决定不使用"调查"这一术语作为信息资料收集法的通称。

(一) 问卷与访谈两种方法的选择

在收集研究资料方面，问卷较访谈有两大优点：第一，在大范围内抽选调查对象所需费用较低；第二，收集资料所花费的时间要少得多。不过，问卷的方式不可能深入调查出答卷人的真实观点和情感，而且，问卷一旦发出，即使某些答卷人对有些问题不大清楚，我们也无法去修正它们。

现场采访的主要优点是适应性强。老练的采访者可以对调查对象的回答作进一步的追踪调查，以获取更多的信息并对含糊不清的问题作出解释。他们还可以同调查对象建立起相互信任和友好合作的关系，从而获得在其他资料收集法中人们不愿表述的信息资料。

罗伯特·杰克逊(Robert Jackson) 和 J. W. 罗斯尼(J. W. Rothney) 对 890 位高中毕业 5 年的对象作了广泛的追踪调查。① 他们给所有的抽样调查对象都寄发了一份四页的问卷，有 50 位被抽选出来进行私人采访，有些问题同问卷中的问题完全一致。研究者们发现问卷的返还率为 83%，而访谈计划的 98%得以完成。这两位经验丰富的专家对所有问卷和访谈中所出现的有关个人问题的信息都进行了评估。由问卷形式产生的问题平均数是 2.8，而通过采访所产生的问题的平均数是 8.8。所以说，访谈能产生更为完整的信息，特别是有关个人本身的负面信息。②

访谈方法具有一定的优越性，但也有其局限性 。其中之一是很难做到采访情景标准化，以便不影响采访对象回答问题。另一局限是采访方

① 杰克逊，R. M.，& 罗斯尼，J. W. M. (1961)，"所寄问卷研究比较与跟踪访谈研究"，《人员与指导手册》，39，第 569～571 页。

② 这一成果被另一研究支持：勒加西，J.，& 贝内特，F. (1979)，"邮寄问卷与私人访谈方法比较——职业教育课程设计资料收集法"，《职业教育研究杂志》，4，第 27～39 页。

式无法对访谈对象的姓名保密。换言之,采访对象不得不将自己的身份暴露在采访者面前。当然,采访者可以通过分析和报告访谈资料,而不暴露调查对象的身份。

在定量研究中一般使用问卷形式,因为问卷的标准化和高度结构化设计与这种方法相一致。采访较为普遍地应用于定性研究中,因为,访谈允许随意地探讨话题,并能捕捉到隐含在采访对象言语中的一些独到的东西。不过,两种方法可应用在任何一种类型的研究中。罗伯特·英建议在进行个案研究时两种方法都采用。[①] 例如,研究父母对子女的养育问题,可以从观察一些家庭入手,然后对一小部分的父母进行采访,再把问卷寄发给大多数的抽样调查对象。

(二) 效度与信度

在教育研究中,问卷与访谈必须像其他资料的收集手段一样,要符合效度和信度的标准,正如我们下面所说的,这些标准在书中会详细地论述。因此,不要把我们这里对效度和信度的简要说明看作与问卷和访谈的精心设计关系不大。你要牢记问卷和访谈的形式都属于衡量性的,就像对标准测试和其他测量的应用一样,它们必须符合效度与信度标准。

在定量研究中,如果你要采用问卷或访谈形式,可以采用第七章所描述的测试效度与信度的标准。例如,问卷常就某些论题及问题征求调查对象的意见。如果研究者想说明这些就是调查对象的真实观点,他就得收集资料证明所有的调查对象都对该论题有一致的认识(构念效度),他还可以检测这些调查对象是否在陈述他们自己真实的观点,那就得看他们是否就同一概念的其他方法阐述相似的观点(同时效度)。

实际上,研究者在问卷和访谈中所应用的效度和信度标准不像测试

① 英,R. K. (1989),《个案研究:设计与方法(修订版)》,Newbury Park, CA:Sage。

中使用得那么严谨。因为研究者主要是收集那些高度结构化、可能有效力的信息资料（如：调查对象的学龄），而且，他们对整个群体的一般反应感兴趣，而不是对某个人的反应有兴趣。要分析信息资料并将其转述给群体的调查对象而非具体的调查对象时，信度较低是可以的。

在定性研究中，如果使用问卷或访谈，可以采纳第十四章中描述的效度与信度标准，例如，问卷或访谈效度可以用第十四章描述的三角剖分法来检测。

四、设计和实施研究性问卷的步骤

在这部分，我们描述采用问卷形式进行研究的主要步骤：(1) 确定研究目标；(2) 选择调查对象（样本）；(3) 设计问卷格式；(4) 预先测试问卷；(5) 提前同抽样调查对象联系；(6) 写问卷附信，寄发问卷；(7) 跟踪调查不回答问卷者；(8) 分析问卷的数据资料。

（一）第一步：确定研究目标

有些研究者设计好问卷之后才认真考虑他们希望从问卷结果中获得什么。重要的是你要设计出你要研究的问题，并列出通过问卷调查可能达到的具体目标或有待验证的假设。[①] 你可以从一个宽泛的论题着手（如教师在员工队伍中的参与情况），但应该在开始设计问卷之前就明确目标。

D. A. 德瓦斯（D. A. DeVaus）设计了五种问题，建议你用它们问问自己，以确定你的目标。[②] 例如就上面提到的论题（教师在员工发展中的参与情况），你可以这样来问自己：

---

① 讨论问卷研究中假设的作用，请参阅拉伯，P. (1980)，《优秀问卷设计》。Cambridge，MA：Abt。

② 德瓦斯，D. A. (1986)，《社会研究调查》。Boston：George Allen & Unwin。

1. 你喜欢什么样的“时间框架”？你对目前教师参与员工发展是否感兴趣，或是否想研究未来几年教师的参与趋势？

2. 哪一种“地理位置”是你的兴趣所在？你想了解某一州或某一地区的教师还是想把不同区域的教师进行比较？

3. 你对广泛的描述性研究感兴趣，还是想详细说明并对不同的亚群进行比较？如：你愿意对小学、初中、高中的教师进行比较还是愿意对教师进行总体研究？

4. 你想研究哪方面的论题？你对教师参与某种类型的活动感兴趣（他们的参与是勉强的还是自愿的），还是对他们在设定的时间内的参与程度感兴趣？

5. 你兴趣的抽象程度如何？如，你仅仅对陈述事实有兴趣，还是想把事实与广泛的社会背景联系起来作出解释，或是想从研究结果中发展理论？

在描述问卷研究所涉及的步骤时，我们还得参考科林·格莱生(Corrine Glesne)和罗德曼·韦布(Rodman Webb)所从事的一项研究。[①] 两位研究者热衷于追踪美国高等教育中定性研究日益增长的重要性。他们想了解谁在教授定性研究法课程，课程内容是什么，采用什么教学法。他们为获得这一信息而设计的问卷如下：

> 该问卷欲了解从事定性研究的教授们的培训情况和学术背景、课程内容、规划要求、教师的认知情况，还有与从事定性研究课题的学生们之间的关系。[②]

格莱生和韦布注意到了把定性研究法课程教学的研究建立在趋于量化的问卷调查之上的荒诞性。他们选用问卷方式是由于在大范围的调查对象中收集封闭式及开放式的资料时，这种方式才有用。

---

① 格莱生，G.，& 韦布，R.(1993)，“定性研究教学：谁该做什么？”《教育定性研究国际杂志》，6，第253～266页。

② 同上，第254页。

(二) 第二步：抽样选择

研究目标或设想一旦确定，你就得确定目标人群，从中抽选调查样本(这些及其他的抽样方法详见第六章)。如果你在这方面没有足够的知识，你就有可能出错，将问卷寄给那些无法提供你所需资料的人群。如，一位收集学校财政资料的研究生把问卷寄给了中小学校长，结果是许多返还的问卷都不如人意，从中很难发现调查者所需的具体事实。这种问卷调查是失败的，因为那些有关学校财经方面的问题大多由学校的主管人及校区专家着手处理，而收到问卷的那些校长对这一问题几乎没有专门的知识，他们无法提供你所需要的信息。

问卷内容对调查对象而言重要与否既影响反馈信息的准确性，又影响问卷的返还率。对181份被认为“重要”、“比较重要”或“不重要”的问卷的观察显示，被认为重要的问卷，平均返还率为77%，被认为比较重要的问卷，平均返还率为66%，被认为不重要的问卷，平均返还率却只有42%。[①] 这些调查结果说明，有必要从调查对象中选取那些认为问卷内容比较重要的人做样本。

在格莱生和韦布所从事的研究中，研究人员搞到了《教育定性研究国际杂志》的通讯录，然后把自己的问卷给通讯录上的360位教授各寄了一份。研究者评论说：

> 这种方法被公认为是一种撒网式方法。我们假设，这份杂志的读者群中应该包括教定性研究法课程的人。[②]

使用这种公认的带有侧重点的抽样方法，他们收到的有用的问卷来自37个州的73位调查对象。其中男性40人，女性33人；25人是教授，28人是副教授，18人是助理教授，2人是讲师。

---

① 赫伯林，T. A.，& 鲍姆加特纳，R.(1978)，“影响问卷反馈率的因素：对出版文献的定量分析”，《美国社会学评论》，43，第447～462页。

② 格莱生 & 韦布，《定性研究教学》，第254页。

(三) 第三步:问卷格式的设计

教育研究中的许多问卷都爱拼凑得很长,以致调查对象需用一两个小时才能完成。多次收到这类拼凑起来的问卷后,许多教育工作者便对问卷持消极态度,对它看也不看就扔进了垃圾箱。要避免这种现象,就得认真构想和设计问卷。

1. 尽可能使问卷简短。
2. 不要使用调查对象有可能不理解的术语、行话或复杂的措词。
3. 避免使用"问卷"或"清单"之类的措词,许多人对这类术语持有偏见。
4. 用诸如鲜艳的彩色墨水或彩纸及激光打印技术等使你的问卷产生吸引力。
5. 使问题条理化,使其便于阅读或完成。
6. 给问卷编上页码,题目编上数码。
7. 把问卷返还人的姓名、地址写在问卷的开头或末尾,即使是附有注明发信人姓名、住址的回信信封也要这样做。
8. 说明要简洁明了,用醒目的大小写印刷字母(全部使用大写字母的词很难读)。
9. 问卷按逻辑顺序排列。例如,你可以把内容相同或答案相同的选择项目放在一起。
10. 当论题转换时,用上个转折句,以帮助调查对象转换思路。
11. 用一些有趣但不带威胁性的问题作开头。
12. 把难题放在问卷末尾。
13. 不要把重要的项目放在较长的问卷的末尾。
14. 给这些题目提供理论依据,让调查对象明白他们同该研究的关系。
15. 对那些可能会搞错或难于理解的题目,要举例说明。
16. 避免使用像"几个"、"大多"及"通常"之类意思不明确的词语。
17. 以尽可能简洁的形式说明每一个题目。
18. 避免消极陈述的题目,因为这会使调查对象产生误读。忽略了这一点,调查对象可能作出的回答就会与他们真实的想法相悖。
19. 避免"双重意义"(要研究对象用一个答案说出两个观点)的题目,例如:"尽管工会在大部分领域是需要的,但是,在教学领域却没有一席之地"之类的回答。
20. 当一般性问题和相关的具体问题一起提问时,倾向于先问一般性问题。如果先问具体问题,再回答一般问题,就有可能限制调查对象的视野。
21. 避免带有偏见的或引导性的问题。如果就回答类型给调查对象以某种类似答案的暗示,那么就有可能出现与暗示一致的答复。

图 8.1　问卷设计须知

引自:伯迪,D. R.,& 尼布尔,M. A.(1986),《问卷:设计与应用》(第二版)。Metuchen,NJ:Scarecrow Press。

1. 身份保密

在大多数教育研究中，都要求调查对象公开身份，但是，如果要提供属于个人隐私或具有威胁性的信息资料，隐蔽身份是有必要的。例如，一份涉及性行为的问卷，如果为调查对象隐蔽身份，那么，就有可能得到可靠的信息反馈。

匿名问卷的主要问题是继续跟踪调查提高返还率不大可能。有几种解决问题的方法，其一是设立一个总的密码单，上面存有每一位调查对象的密码。这些密码被设在问卷上。当某某返还问卷后，研究者可以把密码单上那位调查对象的姓名找出。到了规定时间，研究者就能判断出哪些人还未返还问卷，并给他们再寄一份新的问卷。

这种方法不能彻底保密，因为研究者可以通过总密码单把问卷（上有密码）同答卷人的姓名联系起来。要做到完全不暴露身份，这种方法稍加变动便可使用。研究者给每一位答卷人寄一张带有密码的预付邮资的明信片和一份不带密码的问卷，当有人完成问卷后，他会把问卷和明信片分别寄还给研究者。明信片会告诉研究者谁完成了问卷，但他不知道寄回的问卷哪一份是由哪一位完成的。

2. 问卷题目的形式

设计问卷（访谈也一样）似乎较直截了当，其实，那是一种艺术。你要能写得简洁明了，这并不容易。更重要的是，你需要对你所调查的对象有一个很好的了解，以便使用他们能理解的语言，获得你所需要的所有信息，而无须耗尽他们的耐心。让问卷所设计的问题激发他们的兴趣，使他们愿意真实地回答。

问卷题目既可以是**封闭式（closed form）**的——指只许提前定好答案的那种问题（和选择题相似），也可以是**开放式（open form）**的——指调查对象可以任意发挥的那种题目（同论述式的问题相似）。使用哪种形式取决于该问题的目的。不过，封闭式和开放式问题各自的长处表明两种形式都能产生相似的效果，获得类似的资料。①

① 布拉德布恩，N. M.（1982），“调查研究中问题措词之效用”。见 R. M. 霍格思（编），《问题设计与反应的一致性》，第 65～67 页。San Francisco：Jossey-Bass。

在一些研究中，所需资料的定性特点要求使用开放式提问，如果你的问卷有许多这样的问题，你就得考虑伊斯梅尔·亚希(Ismail Yahya)和加里·穆尔(Gary Moore)①在研究中使用的方法。他们设计研究问卷，收集定性资料，问卷含有开放式问题，要求回答的篇幅有一定长度。他们寄给调查对象一盒录音带和问卷，并要他们把自己的回答录在磁带上。连续追踪调查四次之后，可达到97%的反馈率。

征求调查对象对录制答案的反应时，他们说：(1)录音节省时间；(2)这一方法适合大量收集资料；(3)他们可轻松地提供信息；(4)他们觉得这种方法可有效地促进自己回答问题。这种用开放式问题收集定性资料的问卷方法具有一些访谈式方法所特有的优点，而且花费更少，特别是调查对象分布在各个不同区域时尤其明显。调查对象必须有录音机，不过在教育领域录音机的使用很广泛，所以这几乎不是什么问题。

封闭式问卷设计的优点是使量化和分析结果变得较为容易。如果你想知道某教师家乡的大小，大概你会这样问：你的家乡是哪儿？这类问题要求你先查看每位教师的答案，然后查阅地图册，判断人口情况。稍微高明一点的问题是：你家乡的人口情况怎样？在这种调查中，你可以根据回答把人口加以分类，就像美国的审计局使用的分类一样。这样问会更好一些：你家乡的人口分布情况怎样？(选一项)，提供下面的选择答案：

——乡村，非工业化人口

——企业人口，不到1 000人

——1 000到2 500人

——2 500到5 000人

——5 000到10 000人

① 亚希，I. B.，& 穆尔，G. E.(1985，3.)，“论研究方法：作为资料收集媒体的盒式录音带”，《南方农业教育研究协会论文集》。Mobile，AL(ERIC Document Reproduction Service No. ED262098)。

——10 000 到 50 000 人

——50 000 到 250 000 人

——250 000 人以上

——不知道

这种题目使你在分析数据时不需费力，调查对象也无需费力。

用封闭式题目确定多种选择类型，你可以先用开放式问题对小部分调查对象进行提问，作小规模实验。他们的回答可被用来改进封闭式题目的类型。如果你希望得到非一般性的答复，可提供另外的选择。

在有关定性研究教学的问卷研究中，格莱生和韦布一开始就对几位定性研究专家进行了采访，谈到了有关的培训、教学及研究。他们用访谈形式得到的资料来完善随意性的实验问卷并把问卷寄给 6 位搞定性研究的教授，反馈表明随意的提问很有趣，但却很费时。有一个麻烦是没几个教授愿意花费一两个小时来完成问卷，基于这种信息反馈，研究者们重新将问卷设计成封闭式的格式，大部分题目都附有开放性的选择。

3. 用问卷形式了解人们的观点

问卷主要由若干个问题组成，每一个问题都可引出一些不同的信息资料。实际上，每一个题目都属于一个单项的测试。当你要获取一具体事实时，诸如多年来的专职教学经验，任橄榄球教练期间的输赢次数或期中考试代数不及格学生的比例，使用单项测试是比较令人满意的。不过，若借助问题来确定一个人的态度，单项测试法就靠不住了。一般测量人们的态度的问卷一定要设计成一个态度量表。必须多设计一些问题（至少 10 个问题），以便对某人的态度获得可靠的评定。①

如果准备收集有关人们的态度方面的资料，你首先应该仔细查阅相关的研究资料，看有没有现成的适合你意图的量表（见第四章）。如果某

---

① 通过问卷进一步探讨衡量调查对象的观点问题，见：舒曼，H.，& 普雷瑟，S.（1981），《观点调查中的问题与回答：有关提问形式、措词及内容的实验》。New York：Academic Press。

个量表设计得不太理想，你有必要对它加以改进。**利氏量表（Likert scales）**要求达到态度项与人们的实际态度相一致的程度（比如，采用从“决不同意”到“坚决同意”的五分制量表），是态度量表的一般类型。如果你为问卷制定了一个态度量表，你要对它预先加以测试，以检验其信度和效度。还要通过预先测试来断定抽选的调查对象是否有足够的知识和理解力，就有关的论题阐述有意义的观点。否则，他们对量表的反应价值就是不可靠的。

调查对象可能对某论题不熟悉，一种解决方法就是把“没有意见”这一选项包括进去，作为对每一态度项的选择之一。即便这样，对该论题一无所知的人仍可能会发表意见以掩饰他们的无知，或由于一定的社会压力而不敢阐述他们独到的见解。欧文·艾伦（Irving Allen）进行了一项问卷研究，以考察调查对象对重要媒体特别关注的个人与组织的态度问题。[①] 调查对象可以使用6种利氏类型表达赞成或反对的观点，如果他们对具体的人或组织不了解，他们可以用第7种类型表示。抽选对象中的10%对虚构的组织表示赞同或反对态度，但事实上他们不可能对这一组织有任何了解。人们发现，对虚构的问题作出回答的那些调查对象所受到的正规教育比其他的调查对象少。他们也更有可能对列在问卷上的其他的组织和个人更多地表达赞同的态度，而忽略“不知道”类。

如上所述，“没意见”这一选项可以多少避免艾伦在其研究中所发现的问题。另一策略是在问卷开头设计几个知识性的问题，可以用来筛选掉对所研究的论题缺乏知识或无知的调查对象。

（四）第四步：预先测试问卷

在你的研究中，正式使用问卷之前，应预先对它进行全面的测试。你应该从你计划抽取调查对象的人群中选出一个样本进行测试。问卷

① 艾伦，I. L.（1966），“监督调查对象谨防调查中对所提问题捏造和篡改事实”，《应用心理学杂志》，第50期，第523～528页。

的预先测验表还应给调查对象留有空间，以供填写批评和改进意见。另一个有效的预测方法是要求调查对象用自己的话陈述他们对每一个问题的含义的理解。问题要重新修改和测验，直到全部或大部分参加预测者准确无误地理解这些问题为止。

在这个研究过程中，威廉·贝尔森（William Belson）从调查对象所面对的在卷题目中经常出现的29个相关的解释性问题中得出了答案。[①] 他接着又进行了一次深入细致的访谈，研究调查对象对这些问题的解释说明。平均只有29%的调查对象在允许的解释范围内对问题进行了阐述。这一调查结果表明问卷措词的重要性和预测核实的必要性。

当对两个问题或方法中哪个是最好的有疑问时，你可以就这两者将参加测试的调查对象进行分组试验。预测中，调查对象人数不需很多。如果调查对象是从明确的同质群体（如：校主管人）中抽选产生，通常20人就足够了，对异质群体（如：在地方付财产税的人们）来说，预测人数最好多一些。

上面描述的那些步骤可通过两种方式来完成，即在预先测验中同调查对象面对面进行测试，或通过邮寄方式进行。如果你对问卷格式及题目都感到满意，你应该将其寄发给另一参加预先测验的调查对象，采用你在主要研究中计划使用的同样的方法来进行。这一过程有助于你验证并提高你的返还率。一般寄给教育工作者的问卷可能比寄给普通人群中的调查对象的问卷返还率要高。教育方面的问卷返还率较高，原因是问卷通常将同质群体作为目标，这就使它能够吸引人们有效地参与。如果你从预测调查对象那儿收到的问卷低于66%，你就得修正问卷或更改运行步骤，然后再把问卷寄发给你的研究对象。

很明显，没有一项预测是按格莱生和韦布所使用的问卷操作的。作者们说：

---

① 贝尔森，W. A.（1981），《调查问题的设计与理解》。Aldershot，England：Gower。

> 我们的采访及随后为调查所设计的问题是来自我们的切身经验和教学定性研究方面的一些书面资料。我们现在意识到，我们该收集更多的人口统计资料，诸如种族特点、薪水、服务年限及达到目前级别的年限等。如果我们能够征询到更多的调查对象的资料，我们本来还有可能发现其他的问题。①

研究者的这些说明强调了预先测验问卷的必要性。

(五) 第五步：预先同调查对象联系

研究人员发现寄发问卷之前先同调查对象(或应答人员)取得联系会提高反馈率。预先联系包括研究者公开其身份，说明研究目的及合作要求。**预先联系(precontact)**可以采用写信、寄明信片或打电话等形式，不过，实验证据表明电话联系是最有效的方法。② 可以要求调查对象返还寄给他们的明信片以示他们愿意合作。

预先联系的有效性在于这样做会提醒调查对象注意查收将到的问卷，降低把它当作邮寄宣传品而扔掉的可能。而且，预先联系还使研究具有了人情味，即涉及到一个面子问题。最后，一旦同意合作，在收到问卷后，调查对象就会在一些心理压力下认真去做。

(六) 第六步：问卷的附信和寄发

问卷调查的主要目的是得到较高的返还率。我们知道，返还率若低到 20%，从部分调查对象的数据资料来对群体进行概括总结就实际上变得不可能了。

由于问卷的附信对返还率影响很大，所以要精心设计。附信要简明扼要，但必须能传达一定的信息和思想。研究目的要解释清楚以便告诉调查对象说该研究意义重大，他们的回答是极其重要的。当使用含有敏

---

① 格莱生 & 韦布，《定性研究教学》，第 254～255 页。

② 林斯凯，A. S. (1975)，“评激发对所寄问卷的答复”，《大众舆论季刊》。

感或带有威胁性问题的问卷时，你应该详细阐述如何保护隐私，你也该解释说明你确立实验认同的条件(见第三章)。问卷附信样本如图 8.2 所示。

信头　　俄克拉荷马州立大学
学院城，俄克拉荷马
M. A. 布朗，校长

教育学院
I. B. 史密斯，院长
1995 年 2 月 1 日

使用文字处理机邮件合并特点使地址个人化 → A. B. 琼斯先生
校方主管人
中介城，俄克拉荷马

使用文字处理机的复制或图像转换功能使信件好似人工打印的 → 亲爱的琼斯先生：

这一调查方法涉及到了选拔小学校长所采用的步骤，这一调查是由民众教育部门及俄克拉荷马州联合进行的全国范围内的研究调查的组成部

研究目的 → 分。我们州的这一项目主要与目前校长选拔有关。调查研究的结果将有助

研究的重要性 → 于制定标准，用于更好地完善选拔机制，改进俄克拉荷马州行政管理人员的培训计划。

应答人员的重要性 → 我们热切地希望得到你们的支持，因为你们选拔校长的经验将有助于我们解决在教育界所面临的一些问题。校行政管理人员抽样调查的方法已得到检验，我们对其进行了修改，以便占用你们最少的时间来获得我们所有必要的数据资料。行政人员参加调查所需平均时间为 9.5 分钟。

合理而具体的限期 → 如果你在 2 月 10 日前填完此表，并用附有邮票、发信人姓名、地址的信封将其

便于寄还问卷 → 寄回，我们将不胜感激。如果我们完成不了对调查资料的分析，其他研究步骤将无法进行。

确保保密 → 我们欢迎你们就校长选拔问题开诚布公地提出看法。你的答复将会被最严格的加以保密。

信息认同 → 该项研究的实验认同步骤在所附页码上有说明，请抽时间读一读。

提供调查结果 → 如果您愿意，我们将乐意给你寄去调查结果的概要，谢谢合作。

感谢应答人员 →

您真诚的

I. B. 史密斯

用另一颜色签名 → I. B. Smith

高层教育工作者签名 → I. B. 史密斯，院长

图 8.2　邮寄问卷附信样本

在问卷附信里对调查对象适当地加以恭维会产生积极的效果。若必要的话，你可以对调查对象的相关职业的重要性和只有他们才可以提供的资料的价值加以强调。承诺给调查对象寄一份调查结果的做法也是很可取的。不过，一旦承诺，就应信守诺言，否则就是不道德的，并会削弱调查对象参与其他研究项目的自主性。

把你所从事的研究同某一专业机构结合起来不失为一个良策,借此你可以找到预期的应答对象。比如说,某个州的主管人员非常愿意对由州立学校负责人或校管理者协会会长签署的信件作出回答。如果你的研究设计得很好,涉及了重要的问题,一般就有可能使权威人士为你的问卷附信签字。

要获得非专业目标群体问卷的反馈信息尤其困难,因为它具有一定的感召力。同异质人群在一起,你也许能够用简洁的语言,用你认为大多数人都具有的一般标准来描述你研究的价值,诸如,教育的重要性及社区改进的重要性。

研究者发现,在问卷中附上一点奖金可产生一定的效果。① 这些奖金,通常从 0.25 美元到 1 美元不等,它们像小礼物或奖品产生的效果一样无疑提高了反馈率。因为大多数的研究是 20 多年前就开始进行的,所以物价上涨可能削弱了小奖励的作用。最近一项研究提供的奖品是两美元,完成问卷的页数是 25 页,这一最新研究得到了获奖人较为迅速的答复,但是,反复几次后,最后不管收到或没收到奖品,问卷返还率大致是一样的。② 如果你要设立奖品,就应该有所说明,把它作为一种鼓励、感谢的标志,而不是作为小费来支付应答人员。

问卷附信中有一个项目要求问卷要在截止日期内返还,规定一个日期以便应答人员有充分的时间填写,而无需仓促寄回问卷,但是,不要把它扔在一边待以后完成。如果时间期限拉得过长,人们很容易拖拖拉拉,凭经验算好大致邮寄的时间,另外再给人们一周的时间填写好问卷并将其寄回。问卷中要附上贴有邮票、写明姓名地址的回信信封。

问卷设计得好一些、卷面整洁一些及附上恳切的信件都可以提高反馈率。较为昂贵的复印方法通常需要额外的费用,但还是值得的。用平

---

① 欲了解给予现金奖励和其他奖励的研究项目,见:林斯凯,《激发反馈》,及 赫伯林 & 鲍姆加特纳,《影响反馈率的因素》。

② 沙克尔顿,V. J. ,& 怀尔德,J. (1982),“刺激的作用与(有关)问卷反馈率的私人联络”,《心理学报告》,50,第 365～366 页。

版印刷加工信头并用不同颜色墨水签字的问卷附信比用廉价的纸张复印出的问卷附信更能引人注目。用文字信息处理机可以一下子打印一批相同的信件，这样的信件，只有收信人的姓名和地址有所不同，所以成本相对低廉。这种信比复印件要好，而且还有其他优点，就是每封信在价格合理的情况下可做些小小的变化，使其更具特色。

（七）第七步：追踪不回答问卷的调查对象

在超过问卷附信中明确规定的时间期限几天之后，最好再给尚未应答的调查对象发封信，并附上一份问卷和写有发信人姓名、地址的信封[①]，因为你原先的问卷附信对调查对象是不成功的，所以不必再发同样的信件。你应当尝试一种不同的方法寻求合作，例如，你在最初的那封信中是以个人的名义要求与之合作，那么在随后的继续跟踪调查信中，你可以试着从业务的角度提出要求，请求合作。

成功的追踪信要采取一些有效的、使研究者对返还问卷充满自信的方法，然而，或许由于研究者自身的疏忽或差错，这一点未曾引起重视。追踪信应重复强调该项研究的重要性和人们填写问卷的重要性，不过，所使用的语言和强调的语气要与最初的那封信稍有不同。

人们也尝试过用邮寄明信片的方法提醒调查对象，在某些情况下这种方法同寄信一样有效。但是，布莱恩·沃森(Blaine Worthen)和 E. J. 布雷泽津斯基(E. J. Brezezinski)发现，打印信件附上另外一份问卷比明信片附上问卷获得的信息反馈多 7%。[②]

图 8.3 表示的是所报道的 98 例实验性研究项目的反馈样板。虽然复查者指出调查结果在相当大的程度上根据研究情况而定，但这些平均百分比表明了我们从很多不同的追踪调查中所期望的效果。有几项研

---

① 赫伯林，T. A.，& 鲍姆加特纳，R. (1981)，“问卷有必要再度投寄?”《大众舆论季刊》，45，第 102～108 页。

② 沃森，B. R.，& 布雷泽津斯基，E. J. (1973)，“问卷调查中提高反馈率技巧的实验性研究”，《美国教育研究协会年会论文集》。

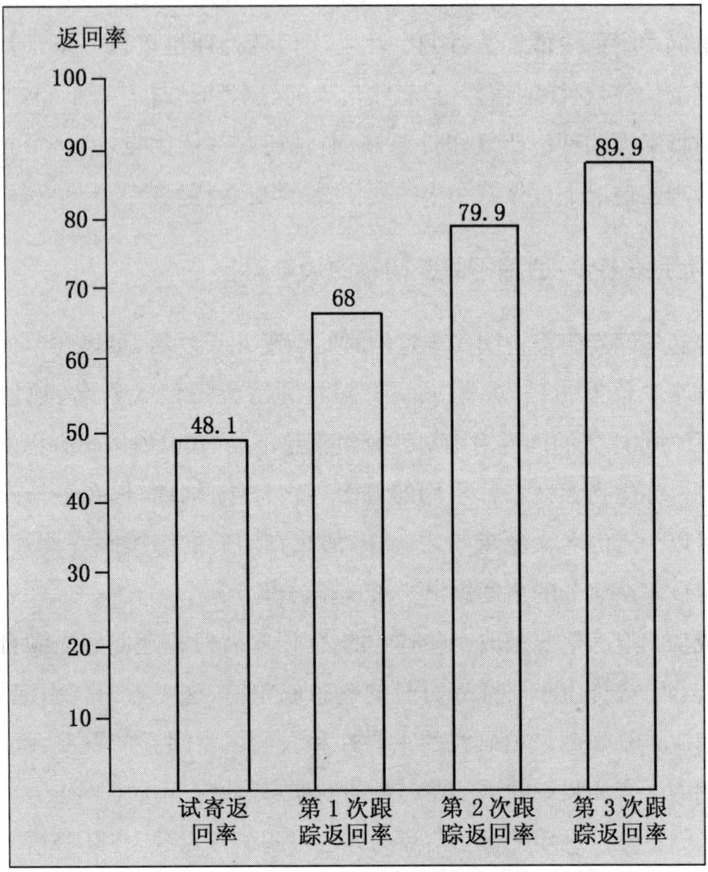

图 8.3　跟踪次数与问卷返回率

究经过了连续四次或更多次的调查，但是，超过三次追踪调查之后，返还率就不再会明显上升了。

如果到返还问卷的截止日期，还有大量的问卷没有返还，以致你无法进行数据分析，你就该问问自己：如果所有的调查对象都交还了问卷，调查结果将会有什么不同？如果仅仅是一小部分调查对象不响应，问题就不严重。如果20%以上的人不响应，你就有必要提出这个问题，因为这些抽选的调查对象可能不再是你想进行分析的那群人的代表。研究者发现问卷的响应者和非响应者在大部分个性特征上没有什么不同，但是，未回答问卷者在学术上取得的成就相对比回答问卷者要小。①

判断响应者与不响应者是否不同的理想方法是从不响应者中随机挑选一小部分人。你通过亲自递送或通过电话访谈将问卷交给他们，以此来恳求他们合作。通过这种方式，那些不愿意填写问卷的人们或许会因此而改变态度。

随机抽选 20 人就足以对不回答问卷的那部分人进行检验。把他们对每一个问题的回答与第一批返还者的回答进行比较，将会有助于你判断不肯回答问卷的调查对象是否有什么偏见。在这种情况下，你应该注意这些差别并在调查报告中就其意义展开讨论。

(八) 第八步：问卷数据资料的分析

考察美国高等教育机构定性教学研究状况的学者们用一种重要的方法来分析问卷资料：

> 在调查中所有的选择答案都编有代码，并输入命名为狂喜(Ecstatic)的分析程序进行定量数据分析。该程序可以较为容易地转成百分比、手段、范围及交叉报表。所有评论性的和随意性的回答都可全部输入被命名为人种史 (Ethnograph)的文本分析程序中，这一程序协助对调查对象的语句进行编码和分类，以便确定其类型。②

通过检验具体的封闭式问题的每种回答类型，来分析定量研究的数据，从而产生应答人员的回答频率和百分率，如：表 8.1 说明从事定性研究法课程的教授们在定性研究中所上的正规课程情况。格莱生和韦布从这些结果中推论说：

---

① 《研究结果概论》，见第六章“论自愿者与非自愿者之差异”。

② 格莱生 & 韦布，《定性研究教学》，第 254 页。Ecstatic 是计算机数据统计分析编码程序，Ethnograph 是分析文本与打印的计算机程序，详见十四章。交叉表是说明两个变量间相互关系的统计分析。

负责定性法研究课程教学的新教师一般在定性教学法中所承担的正常课程比老教授们多……这些百分比并不令人吃惊，因为在大部分教育学院，定性研究课程只不过刚刚起步……令人吃惊的是在各个教授级别中，受过训练的从事定性研究的女性比率比男性高。①

格莱生和韦布还从回答具体问题的答卷人那里收集了一些评论。这样可提供给读者一局内人的看法，即，应答人对所研究现象的看法。例如，在“定性研究法课程中可以激发你们什么兴趣”这样的开放性问题中，应答人员所作的评论如下：

我非常高兴，我感到支持学生的研究和对新型领域的尝试是一种挑战——当他们了解到研究的实质，当他们从“我认为它比较容易”转变为“啊，我从不知道它包括什么内容”这一阶段时，我们看到他们的眼里露出了喜悦的光芒。②

问卷中所收集的定量研究资料可以用第五章描述的统计分析法来分析。定性研究资料的分析方法见第十四章。

表 8.1　从事定性研究课程教学工作的教师所承担的正常工作量

职　　称	工作量(%)	无工作量(%)	总　　量
正教授	6(24%)	19(76%)	25
男*	2(8%)	17(68%)	19
女	4(16%)	2(8%)	6
副教授	16(57%)	12(43%)	28
男	5(18%)	7(25%)	12
女	11(39%)	5(18%)	16
助理教授	15(83%)	3(16%)	18

① 格莱生 & 韦布，《定性研究教学》，第 255 页。
② 格莱生 & 韦布，《定性研究教学》，第 262 页。

续　表

职　　称	工 作 量(%)	无工作量(%)	总　　量
男	6(33%)	1(5%)	7
女*	9(50%)	2(11%)	11

*　表示一位调查对象没有回答这一问题。两位讲师不包括在此表内。

【资料来源】　格莱生和韦布，R.(1993)，“定性研究教学：谁做什么？”《教育定性研究国际杂志》，6，第253～266页。格莱生和韦布还加入了一些对被访者问题的评论。

五、准备和进行研究访谈的步骤

教学研究使用访谈的步骤与使用问卷相同。(1)决定研究目的；(2)取样；(3)设计访谈模式；(4)设计问题；(5)挑选和训练访谈者；(6)就访谈程序进行先导测试；(7)实施访谈；(8)分析访谈数据。[①]

(一) 第一步：决定访谈目的

在通过访谈收集数据的研究中，第一步就是决定研究目的。你的目的将决定访谈的性质，因为，不同的目的要求相应水平的问题结构、形式和访谈者资格。

研究者不同的兴趣和方向决定了不同的访谈类型。为了特定目的和内容已产生多种形式，你可以在调查研究中采用。以下是三种主要访谈形式：关键信息访谈；调查访谈；分组访谈。

1. 对关键信息提供者的访谈

在关键信息访谈中访谈者从那些具有特别知识和感性知识的个人处获取信息，重要的提供信息者通常具备更多的知识、更好的沟通技巧

① 这些步骤摘自斯图尔特，C. J.，& 卡什，W. B. Jr 的《访谈的原理与实践》(第七版)。Madison，WL：Brown & Benchmark。

以及与特定人群中其他成员不同的感性知识。

一个由埃莉诺·林奇(Eleanor Lynch)、里纳·刘易斯(Rena Lewis)和黛安娜·墨菲(Diane Murphy)进行的研究说明了关键信息访谈在教育研究中的运用。① 研究者将其研究目的描述如下:

患慢性病儿童不断变换的需要提出了一些重要问题:

* 学校制度该如何有效地满足患慢性病儿童的需要?

* 孩子们该受特殊教育吗?如果答案是肯定的,考虑到儿童每周不同的教育需要,该采用何种程序?

* 我们该如何确保教育患慢性病儿童的教师及其他个人能获得足够信息呢?

* 患慢性病儿童的家人需要什么?学校又如何帮助他们?②

研究人员确定了两组关键的提供信息者,从他们那里收集到了上述问题的访谈信息数据。一组为学区负责患慢性病儿童服务的个人,此组应具有访谈问题的专业知识。另一组包括患慢性病儿童的父母。父母为重要信息提供者,因为他们具有对患慢性病儿童的直接了解。我们在后面提及此项研究以说明在研究中使用访谈的不同步骤。

2. 调查访谈

调查访谈的目的是补充通过其他方法收集的数据。朱迪思·戈茨和玛格丽特·勒孔特(Judith Goetz & Margaret LeCompte)描述了三种形式的调查访谈。③ 第一种为验证性调查访谈,即结构式访问,为早期的发现提供证据。此种访谈在大范围的、所有应答者不必进行有深度访谈的问卷调查中特别有效。

第二种为参与者建构访谈,此方法用于了解信息提供者如何建构起

---

① 林奇,EW,刘易斯,R. B.,& 墨菲,D. S.(1992),"为患慢性病的儿童服务:教育者及家庭的展望"。《特殊的儿童》,59,第210～220页。

② 同上,第211～212页。

③ 戈茨,J. P.,& 勒孔特,M. D.,《教育研究中的人种史与定性设计》(1984)。Orlando,FL:Academic Press。

物质及社交生活。结果为参与者使用了一套范畴分类法。例如：勒孔特进行了一种研究调查，她让幼儿园的孩子告诉她他们认为自己和老师们能在幼儿园所做的一切。① 回答被用于发展一种孩子对学生和教师作用直觉的类型学。

第三种调查访谈涉及投射技法。投射技法运用模糊刺激以引出无法在正常环境中观察到，也无法通过常规访谈征集的潜意识感觉。

投射技法已在第七章详述。

3. 分组访谈

分组调查包括向一组以此特别目的集中起来的人进行提问，这些人被选中是因为他们对研究话题十分熟悉。

分组调查被社会科学研究者和市场调查人员广泛运用，他们称之为中心小组访谈，或简称中心小组。理查德·克鲁格(Richard Krueger)将中心小组的特点定义如下：

> 一次计划周全的讨论，为在允许的特定兴趣范围内获取感性认识。一位熟练的访谈者指导大约七至十人，讨论是轻松的、舒适的，当参加者们分享其想法和感觉时，常常从中得到乐趣。小组成员在讨论中对各自的想法和评论产生共鸣和相互影响。②

近年来定性研究者对使用中心小组收集数据很感兴趣，他们发现参与者之间的相互影响激发了他们表述自己的情感、直觉及信仰，这些在个别访谈中他们是不会谈及的。同样，中心小组法避免了访谈者起直接作用。他们通过提问使讨论开始，然后让参与者表述自己的观点，引出组内他人的观点，进而发挥主要作用。

选择中心小组的过程将在下一部分详述。

---

① 勒孔特，M. D.(1980)，“儿童的文明化：儿童如何成为一名学生”，《思维杂志》，第 15 期，第 105～126 页。

② 克鲁格，R. A.(1988)，《 中心小组：应用研究实用手册 》。Newbury Park，CA：Sage。引言摘自第 18 页。

(二)第二步:选样

应答对象的选择应运用第六章中描述的定量或定性取样法进行。为研究患慢性病儿童所需的服务,林奇和她的助手们选择了两个样本:(1)一个加州学区的分层样本;(2)一个有此类儿童的家庭的非随机样本。对两个样本运用不同的访谈指导。

与林奇的研究一样,访谈者们每次象征性地访问一位对象,也可以进行我们在前面所说的中心小组访谈。中心小组可以由确定的小组组成,如:一个特定学校的教师。在使用确定小组时,研究者需要十分注意小组成员间的平等关系。当所有成员均处于相等的地位,比如,中心小组为一所幼儿园的全体教学人员时,效果最佳。若校长也参加,教师们可能会感到对所调查现象的实际感觉的表达受到约束。

中心小组通常有七至十人,这个规模有益于对各种观点的广泛选择,但又不至于使有些人没有机会发言。

访问个人时,你可在对象方便时安排见面;然而,在中心小组中所有对象必须在同一时间与地点集合,这并非易事。所以,你需要采取有条不紊的步骤确保其成功地进行。①

(三)第三步:设计访谈形式

在定量研究中通常将所有对象组织于一个完全相同的经历中,开场白、访谈提问和结束语都要事先仔细指定以确保来自所有对象的数据能进行有意义的对比。然而,在定性研究中,访谈形式不必如此严格组织。因为,研究者的目的是帮助对象根据自己的情况就一种现象表达观点。

定量和定性研究访谈在变量是否预先指定上各不相同。定量研究中研究者对变量的兴趣通常是预先指定的。例如:假设研究者希望找到影响学生在大学选择特别专业的因素,研究者通过查阅文献可能会发

① 安排中心小组会面的程序在 Kruegerde 的《中心小组》第六章中有讨论。

现：父母、父母的朋友们、亲戚们、老师们以及同学们都是影响的来源。设计访谈时可就各影响源提问，如："你父亲影响你对专业的选择吗？"

相同的研究若用定性研究的方法可能就很少存在甚至不存在变量的预先指定；相反，访谈中提的问题实际会更广："你怎么会成为一个经济专业学生的呢？"在分析数据阶段，研究者可对定量的变量或更广主题、模式进行选择。

1. 定性研究中的访谈形式

迈克尔·巴顿描述了三种通过随机访谈收集定性数据的基本方法[①]，这三种方法的结构程度不同，描述如下：

非正式谈话访问　完全有赖于相互影响而自发产生的问题，最典型的就是发生在进行中的现场调查中参与者的言论（参与者的言论将在第九章叙述）。因谈话自然，研究参与者甚至没有意识到自己正受到访问。

一般谈话法　要求列出一套与访谈对象探讨的话题。话题的次序和问题措辞并不预先指定，访问者可视情况而定。

标准随机开放式访谈　包括对每个对象提出预定的顺序和措辞相同的一套问题以便将偏差降低到最低限度。在多位访问者收集数据时此法特别合适。

2. 定量研究中的访谈形式

和定性研究访谈一样，定量研究访谈在结构程度上相异，三种基本方法描述如下：

结构式访谈　包括一系列既有是非题又有简短回答选择题的封闭式问题，对象的回答无法达到更深层次，因此与问卷调查得到的相似；然而，在此情况下访问优于问卷之处在于应答比率增高，因为访问者能与对象相互影响以降低不适用和"不知道"之类回答的比率。

半结构式访谈　包含提出一系列结构式问题，然后使用更深层次的启发式问题以得到额外的信息。例如：假设一位研究者正在调查学生们

---

① 巴顿，M. Q.《定性评估及科研方法》(第二版)(1990)，Newbury Park，CA：Sage。

在中学的经历与他们随后在大学里成就之间的关系。一次访问中，访问者可能会问所有对象："你们最喜欢的课程是什么？"以引出有意义的学习经历。对象如回答："我最喜欢化学课，因为老师上得有趣。"到此访问者可引出："老师怎样使课上得有趣呢？"另一位对象可能说："我喜欢上政治课，因为我们谈论了真实的问题。"访问者可引出诸如："举例说几个此类问题好吗？"以及"你为什么认为这些问题有趣？"在以上两个例子中，访问者开始提出了同样的问题，但在对象不同回答的基础上提出了不同的探索题。这种访谈法的长处为对象能提供合情合理的标准数据，但要达到更深层次可使用结构式访谈。

在对患慢性病儿童的研究中，我们已经描述了有关半结构式电话访谈，当学区每一个合适对象确定后，此人会拿到一袋包括访谈原始记录的信息资料。这个程序为对象提供了复习问题和为访谈作准备的机会。专门的问题由三人一组的研究人员提出和设计好版面，并经州教育部精通此业务且具有研究专长的个人过目并修改，再提交给由专家和全区居民中各种代表组成的顾问委员会（例如：一位特殊教育专家、一位教师、一位患慢性病儿童家长和一位患慢性病的大学生）进行最终审定和修改。

非结构式访谈并不包含具体的访谈指导，相反，由访谈者提问而导致对象逐渐提供所需信息，此类信息通常是对象难以表达或在心理上敏感的，由于此原因访谈者必须不断使访问适合对象的思维状态。该法十分主观省时。

3. 电话访谈

电话通常被用于访问是因为其比面对面访问价廉，特别是在对象居住分散时。① 电话访谈的长处不仅仅是因为其相对低的价格，还有其他重要优点：

---

① 有关调查研究中电话访谈的使用可参照 Lavrakas, P. J. 编：《电话调查方法：抽样，选择及指导》。

1. 你可以进入更广的人群中挑选对象，访问者不必辗转去每个对象处。

2. 由于所有访问者可以在中心工作，对访问的控制和质量管理更为容易。

3. 没人接电话时不必花钱，而对象可能常常会回电话。

4. 许多研究对象如商人、学校职员和家长用电话联系比上门更容易找到。

5. 电话访问使访问者能安全进入不被允许进入的危险场所和受限制场所。

有证据显示电话访谈可被用于收集敏感的数据。一项研究发现：对象对非威胁性问题的曲解，电话访谈稍高于面对面访问[①]；而对威胁性问题的答案却相反。尽管在面对面访谈中似乎更容易建立融洽气氛，但访问者的出现增加了对敏感话题说假话的可能。挂上电话显然比从家里或办公室里将访问者逐出更为容易。一些调查人员已成功地完成高比例的电话访谈，甚至是一些敏感话题。在一项研究中，完成了对样本74％的私人访问和70％的电话访问。[②] 由于个人访问和电话访问所用项目相同，对使用两种结果的反应的比较成为可能。通常，对涉及面广的话题和项目形式结果十分相似。

当你为电话访谈选样时需要所选个人的电话号码，你若使用一个组织的通讯录来选择，各位成员的电话号码可能会列出；如果没有，你需要通过其他程序来决定电话号码。城市的电话号码簿很有用，除了那些未将号码列入其中的个人（列出美国所有电话号码的可读光盘也能得到）。记住一些人，特别是那些低收入、没有电话的人。

你不能因为所选样本中有些人电话号码未列出或无电话而将其去

---

① 格雷夫斯，R. M.，& 卡恩，R. L.（1979），《电话调查：全国个人访谈比较》。纽约，学术出版社。

② 同上。

掉,这样做会造成偏差并削弱你的研究结果的广泛性。

正如我们上面提到的,林奇和她的助手们有关患慢性病儿童受教育的需要的研究是通过电话进行的。

4. 计算机辅助电话访谈

计算机辅助电话访谈即用计算机帮助收集电话访谈得来的信息。① 此方法实际上消除了访谈中常见错误的主要来源,也就是将数据填错和问错问题。多数电话访谈要求访问者根据对象的回答从表格的一处跳至另一处。例如:若问题是"你被雇用了吗?"一个"是"的回答或许要求访问者在访谈指南上核对,然后翻过三页到一套有关就业模式的问题;若页码翻得不对 ,随后的提问不得当就可能使访谈内容大大减少。

这个问题可通过编制一个计算机程序来解决。这个程序不仅记录下问题的回答,也将接下来该问的问题分类列出。例如,访问者在计算机上打出"是"(或诸如"Y"的代码),回答将被记录下来,计算机所编程序将在存有访谈指南的文件中跳过三页,并显示有关就业项目的第一个问题。访问者不必考虑翻动页码,他甚至不会看到任何不合适的问题。下一个出现的问题正是所需要的。运用计算机辅助电话访谈技术,回答的准确率提高,因为访谈者可以致力于对象的回答而不必为后面问什么问题担心。同样,由于访谈者的回答在访问进行时已被输入计算机,所有用于进行统计的资料在访问结束时已准备就绪。

(四) 第四步:设计问题

访问的问题是预先准备好,还是在每次访谈中现场提出,主要是看访问的类型。定量研究中的非结构访谈和定性研究中的非正式访谈包括基于总计划和访谈者对每个对象相应的性格特征(如:平衡水平,是否健谈和智力水平)的了解,在现场系统地提出问题。其余访谈形式更多地使用预先选定的封闭式和启发式问题。例如,在患慢性病儿童需要的

---

① 弗雷,J. H.,《电话调查研究》. 加州贝甫立希尔出版社。

研究中就使用了一系列封闭式和启发式问题。

在非结构访谈过程中系统地提出问题有赖于访问者在访谈过程中的自主思维。在更多结构式访谈中提问时最好先设计并预列一份访问指南。访问指南是对所提问题、提问顺序以及访问者在每次访谈开始和结束时说话的提示。访谈指南应列出对每个封闭式问题回答的选择并留出空白记录与答案不符的回答内容。

1. 背景
a. 姓名
b. 职位名称(或角色)
c. 简要介绍你的工作、你干什么、和谁一起工作。
d. 你教书教了多久?
e. 你在这个学校待了多久?
2. 我对学校的特色或氛围感兴趣。
a. 你能用三至四个形容词描述一下吗?
b. 你能回顾一下贵校何时首次开始参与数学的教学活动的?
● 何时?
● 学校为何参与?
● 你自己如何参与的?
● 你期盼着什么?
● 你认为教师管理人员期盼着什么?
c. 你能简要介绍一下目前贵校数学教学的任何改变吗?
● 教师个人参与吗?
● 多少人参与?
● 校长起何种作用? 他支持改变吗? 或者是阻挠?
● 变化的目的是什么?
● 遵照什么程序和标准,使用什么方法?
● 教师管理人员干些什么?
3.
a. 描述你参与的情况。
b. 你和其余参与者的接触情况(特别是联络、合作、同级辅导方面的探索)。
c. 你能确定参与改变的步骤或阶段吗? 贵校的参与情况?
4. 一般来说,你认为教师管理人员主要起什么作用?
a. 他对贵校的教学计划的主要贡献是什么?
b. 你能用几个形容词描述一下他的风格、他与人共事的方法吗?
c. 你认为他的特殊力量是什么?
d. 你能用一件特殊事件说明吗?
● 他做了什么?
● 为什么你认为这对你帮助很大?
● 在此情况下你看到他使用了什么技巧?
e. 现在让我们再谈谈另一件事。
● 具体地说,他做了什么?

● 你为什么认为此事很有帮助?
● 在此情况下你看见他使用了些什么技巧?
f. 你认为他的技巧和实力自你与他相识以来有变化吗?(举例说明)
g. 问 d、e、和 f 题,将有助改为实用。
5. 我对计划的结果感兴趣。对(1)你、(2)其他教师们以及(3)学生们:
a. 产生什么结果?
b. 你为何认为会产生这些结果?
c. 在你看来对这些结果的产生有什么关系?
6.
a. 你认为此类项目成功的必要因素是什么?
b. 你对管理人员参加数学项目的工作有何特别建议?谁可以选入该项目?
7. 你还有什么要补充的?

图 8.4　如何访问曾与教师管理人员共事过的教师

图 8.4 列出了迈克尔·罗西(Michael Ann Rossi)一项研究的访问指南。她的研究项目是有关研究"数学教师管理人员"的个案,即那些在数学专门学院学习过的教师回到他们的学区起骨干带头作用并改进数学课的教学。罗西对这些管理人员的策略和技巧以及他们取得的成果很感兴趣。她收集信息的方法是通过访问各位管理人员、管理人员的上司以及那些和管理人员一起共事的教师们。各组访谈均有各自的访问指南。图 8.4 显示的访问指南用于和管理人员一起共事的教师们。

(从提及校领导的介绍开始)这是一次了解情况的访问,不是对你、贵校的课程设置或校领导进行评价,我想大致了解一下你校数学课的教学情况。我重点想了解的是你和其他人在数学课教学中得到什么帮助,我想知道的是从……至今的情况。我有一些具体的问题要请教。

(五) 第五步:挑选和训练访谈者

你必须决定雇多少访谈者以及他们是否必须具备特别的资格。最重要的挑选标准是访谈者主动与对象友好相处的能力。如一位能成功地访问有成就的教师们的访谈者很可能根本不适合去访问未婚先孕的少女。

有证据表明：访谈者和访谈对象若在诸如社会阶层、种族、年龄及性别等变量上相仿就更能得到正确的回答。[①] 对一些研究人员来讲，访谈者的性别尤其重要。传统上男女两性分别处于主从关系模式中，此模式会影响访谈者和访谈对象的关系，当访谈者为男性，访谈对象为男性时尤其如此。

为了阐述性别的影响，安·奥克利(Ann Oakley)举证了访谈中男性范例和女性范例。[②] 在男性范例中，访谈者对访谈对象保持着主导的、情感上中立的姿态，他们控制着对象谈话内容；相反，在女性范例中此类情况就降低到最低限度，访谈者更富有人情味，他们给对象更多的自由说他们想说的话。在选择访问者时你应考虑这些范例的区别对你的研究是否影响。若有影响，你应决定何种性别对你的研究对象最为合适，是男性还是女性。当然，你不应认为只有男子才能从事男性范例的访谈，只有女子才能从事女性范例的访谈。

有些研究人员提出应从访谈对象的目标人群中挑选访谈者。由埃德温·法雷尔、乔治·佩格罗、拉西德·林赛和罗纳德·怀特 (Edwin Farrell, George Peguero, Rasheed Lindsey & Ronald White)所作的对城市中学里跟不上班、有退学倾向的中学生的调查即为使用这种方法的范例。[③] 该研究包括人种透视，而访谈所用方法是数据收集法。在设计研究项目时主要调查者(法雷尔)提出了他的困难："白种的、中产阶级的学者"在"多数来自低收入、黑人或拉美人社会环境的青少年"中收集数据[④]。法雷尔通过征募来自目标人群(被证明有退学倾向的学生)作为访谈者。七位学生收集了证据也参与了数据分析。三位参与项目全过程

---

① 有关探讨该变量的研究例子，可参阅尼德霍夫，A. J.，"访谈者的性别对女性自愿接受采访的影响"，《知觉及动觉技巧》，52，第 25～26 页；及肖斯塔克. H(1979)，"用做控制变量的被访谈者的态度及访谈效果"，《社会问题杂志》，33，第 36～45 页。

② 奥克利，A.，"采访妇女：言词的矛盾性"。见 H. 罗伯特编《从事妇女研究》。

③ 法雷尔，E.，佩格罗，G.，林塞，R.，(1988)，"给高中生发言的机会：压力和烦恼，'你知道我在说什么?'"《美国教育研究杂志》，第 25 期，第 489～502 页。

④ 同上。

的学生被列为报告此研究结果的学术论文的共同作者。

一旦访谈者被确定，所有的人将受到训练。访问的层次越深，结构越复杂，训练时间就越长。训练一般分两个阶段进行：第一阶段受训者学习访问指南并了解访谈条件（例如：符号逻辑、必要的控制方法和保护措施、访问话题）。研究者的前提或期盼结果不该在此时与访谈者讨论，因为可能会使访谈者带有倾向性。访谈者应对访问指南十分熟悉（用词的方法、记录程序及可允许的探究）使他们能在访问中十分熟悉、不需要重读或重新研究指南，以谈话形式进行访谈。

在训练的第二阶段，受训者应进行访问练习并接受正确的反馈信息，直到他们的表现达到标准或结构、客观性、可靠性均完美无缺的理想水平。① 访谈练习的录像带在提供可接受的访问技巧的范例和提供正确的反馈信息方面十分有效。录像带可多次重放使受训者能发现程序上的错误、提出更好的程序并商讨由此引起的问题的其他解决方法。根据访问任务，某些受训者不能达到表现的标准尺度，其他受训者可能无法自始至终参与项目。例如，在上述危险学生的研究中，四个学生访谈者在不同时间退出项目。你若认为在你的研究中可能会出现这些问题，就应考虑征募和训练比实际需要更多的访谈者。在对患慢性病儿童的研究中，一位研究组成员、两位研究生和一位职业访谈者受到了电话访问的一般技术的训练，使用了两份访问指南和记录答案的程序。一位研究组成员首先检查所有的访谈者以确保他们能准确地、恰当地，以及始终如一地运用方法。研究过程中还要进行阶段性检查。

进行典型的非正式和非结构性定性研究访谈的访谈者需要受特殊训练。他们应成为能传授访谈技巧和经验的高级研究者，当然，高级研究者要使访谈过程模式化并能在新访谈者练习过程中起监督作用。

---

① 有关评论如何训练采访者的研究，见斯普尔，M. D.（1978），"论行为观察员的训练计划"。《人事心理学》，第 31 期，第 853～888 页。

(六) 第六步：访谈预测

尽管访谈提供有价值的数据，但仍有出偏差的可能。因此，要对访问指南及程序进行先导测试以确保其提供可靠正确的数据。在先导访问中研究者应密切注意存在的交流问题、对象缺乏积极性的现象以及其他显示改换措辞或修正程序需要的线索。还应使用先导研究来确认某些棘手问题。诺尔曼·布莱本(Norman Bradburn)和他的助手们把有20%或更多的人感到不自在的话题定义为敏感问题。[①] 该标准可用于确定此类问题的先导测试中。若存在棘手问题应设法降低或消除其影响。

应尝试多种开始访问的方法以便决定能确立融洽和谐的关系及合作的方法。研究者还应评估访谈数据的记述方法以便决定是否记下了充足的信息，记录方法是否引起访问中过多的停顿，以及编码和分析访问数据的方法是否合理。

若在常规访问过程中不使用录音机，那么将先导研究录制下来便很重要。在重放访问过程时，访谈者会对要处理的问题豁然开朗并意识到访问中疏忽的问题。

访谈者还应考虑从先导样本中挑选一小组范例来核对访谈项目中的措辞是否合适。正如我们在问卷预测中讨论过的，不同的对象对相同的项目实际上可以有不同的解释。若发生此事，访谈的有效性就值得怀疑。通过预测项目，你可以确定那些有歧义的问题并进行修正直至所有或大部分对象达成共识。

(七) 第七步：实施访谈

研究者发现许多访谈者的举止行为对运用访谈方法获得的数据质量有影响。图 8.5 列出了从不同渠道收集来的推荐行为。大多既适用

---

① 布莱本，N. M.，萨德曼，S. et al. (1981)，《改进采访方式及问卷设计》。旧金山乔西巴司出版社出版。

于定量研究的访谈又适用于定性研究的访谈。

1. 访谈任务

研究者应重温图 8.5 列出的访谈举止行为，决定哪些对他们将进行或指导他人进行的访谈很重要。此外，他们应考虑如何对付下列访谈任务①：

1. 访谈前以日常小对话的形式营造融洽的氛围。
2. 造出融洽氛围后将复杂或有争议的问题留到访谈后期阶段。
3. 向对象解释研究对其潜在的好处。
4. 访谈者应比对象谈得少，常规讲访谈者说得越少，所获信息就越多。
5. 用适合对象的、清晰明了的语言提问。
6. 提问仅含一种简单内容的问题。
7. 在问题的措辞方面强调你想要对象回答时使用的参考结构，例如，问“你认为你孩子的老师处理家长会的方式如何?”而不是“你认为你孩子今年的老师怎么样?”后者在访谈目的为决定对象主要参考模式的谈话中可能是合适的。
8. 尽可能使用简单询问，例如，“你能告诉我更多的情况吗?”
9. 避免反驳和盘问对象。
10. 不要暗示(不要通过特别的言辞、声调或非语言暗示，诸如摇头等) 对某一问题的回答表示偏爱或期盼。
11. 对象如对某一话题感到威胁，换一个话题。试着呆会儿再换一种措辞回到该话题。
12. 当提出忌讳或敏感的问题时，询问采访者的朋友的表现和采访者自己的表现。
13. 不要连续问许多“是” 和“不是” 的题目。
14. 不要经常更换访谈话题。
15. 避免诱导性询问，例如，问“你对联邦政府对教育的资助如何看?”而不是“你赞成联邦政府对教育的资助吗?”然而，在某种情况下为了从对象处得到某类问题的真实答案也需诱导提问。

图 8.5　进行研究访谈的指导方针

开始访问前向对象保证绝对的保密性，若有必要应向其讲解确保机密的程序。

决定如何推出自己。访谈者需决定以何种个人形象出现在对象面

① 这些采访规则选自：方坦纳，A.，& 弗雷，J. H.（1994)，“作为科学艺术的采访”。见 N. K. 登因及 Y. S. 林肯编，《定性研究手册》，第 361～376 页。加州塞奇出版社出版。

前。例如，假设访谈者的对象是教师，访谈者或许会决定自己以研究者和教师的面目出现（假设他有教学经验）。那么，在开始访问时他介绍自己成为研究者的原因和他从事教学的背景，后一条信息将有助于和对象之间建立信任和融洽和谐的关系。

访谈者形象的其他方面亦应考虑，如：着装、公关能力、品位和生活经历等。研究者要仔细考虑访谈者形象的哪些方面对访谈对象是重要的，哪些方面会对访问过程起不利的或积极的作用。

建立融洽和谐的关系。访谈者应决定与访谈对象建立融洽和谐的关系的程度。在访问过程中对象只要感觉舒服，这种表面的融洽和谐的关系就够了；访谈者若想要对象表露更深层次的个人的或敏感的信息就需更深的融洽和谐的关系。然而，融洽和谐的关系的建立在某种程度上可能会对访问者不利，例如，对象有时感觉太舒服了而把访谈时间花在谈论同研究目的无关的事情。

争取信任。如若讨论敏感话题，信任会成为访谈过程中的重要因素。比如，学校领导可能十分愿意流露自己对改善学校气氛的最佳方法的看法，而对学校是否应为那些对两性情况迷惑不解的学生提供专业建议的话题就该另当别论了。如果所谈重点是敏感话题，访谈者就需要建立更深层次的信任以获得所需数据。

了解对象的语言和文化。访谈者应很好了解对象的语言和文化，特别是语言和文化的细微差异对理解所调查现象十分重要时。例如，假设访谈者正从计算机教师那里收集各种各样的基本环境的数据，计算机教师可能会使用技术术语谈及自己工作场所的各个方面。访谈者若不了解术语和工作场所，他探究对象的回答和记笔记的能力将受到一定程度的损害。只有在访谈者知道何时发问该问题才能得到澄清。

对非言语信息保持敏感。访谈者在访问过程中需决定该注意对象行为的哪些方面。访谈者只应关心对象所说的话，还是也应注意其非言语交际方面的信息？

雷蒙德·戈登(Raymond Gorden)区别了四种非言语交际类型：

*空间交际法*是利用人际交往时的空间距离来传达交际态度；语调交际法是利用谈话中说话的节奏和停顿长短来表情达意；*体态语*交际法是利用身体的动作和姿势来转达说话人的意思；*副语言学*交际法包含声音中所有的音量、音高和音质的细微变化所传输的信息。①

任何一种非言语交际形式都能成为研究数据的重要来源，如果需要，访问者应受到训练来观察和记录访谈过程中它们的显露。

2. 记录访谈数据

记笔记和录音是保存访谈中收集到的信息的常用方法。在选择这些方法时访谈者应充分考虑其长处和短处。

若使用访问指南，访谈者或许应该在访问指南上直接作记录。另一可选方法为使用便携式计算机，对象回答问题时可将答案直接键入计算机文档中。记笔记的主要长处是分析数据时省事，信息可直接使用，可能答案已经由访谈者分门别类备用了。

记笔记的不足之处在于其可能扰乱访问者和对象沟通的效率，问题涉及简单的事实时，对象显然希望他们的回答被记下，不记的话，他们会感到沮丧；另一方面，要求对象透露敏感或机密信息时，记笔记可能会分散其注意力，使他不再提供本来要说的信息。在此情况下，访谈者应考虑在访谈结束对象离开后再记笔记，风险是访谈者忘记了重要细节，特别是那些出乎其意料的分歧。

使用录音机记录研究用访谈信息比记笔记更好，最重要的是避免了访谈者无意识地选择有利于自己偏见的数据。录音记录提供了完整的语言记录，对它的研究比访谈笔记更彻底。录音机也加速了访问进程，因为无须进行大量的记录。此外，访谈若被录下，在数据分析阶段接受训练的两个或更多的个人可以听磁带——或者读录音文字材料——并独自分析。

---

① 戈登，R. L.，(1980)，《访谈：方法、技术及战术》(第三版)。Homewood，Il：Dorsey。

用录音机记录访谈的主要不足是面对录音机在某种程度上改变了访谈情形。在涉及高度个人机密的访问中，对象若知道回答将被录音，可能会在情感表达时犹豫不决。访谈者应仔细解释录音目的并获得对象的信任以降低访谈被录音引起的不良效果。

在进行电话访谈时，你可去购买一个双联录音启动装置将你要使用的录音机和电话接上。你一拿起电话录音机就开始录音直至挂上电话为止。此种录下电话对话的方法只要通话双方有一方知道发生的事就是合法的。当然，研究道德规范要求你告诉电话访谈对象通话正被录下。

(八) 第八步：分析访谈数据

对封闭式访谈问题回答的分析是直接的。典型的是计算对象就各个问题的选择答案的百分比。例如，在研究患慢性病儿童时，林奇和她的助手们用计算机计算了提及为此类儿童服务有障碍的学区职员（$N=80$）和家庭成员（$N=72$）的比率。此百分比见表 8.2。注意：某一不利因素在样本中需至少有 5 个人提及，才被列出。

表 8.2　被引证 5 次以上的慢性病患儿未获得正常治疗的家庭及社区原因

不利因素	百分比	数目
学区		
缺乏足够的资助	28.8	23
未引起公众的意识	27.5	22
服务不足	12.5	10
师资缺乏	11.3	9
儿童学习成绩差	8.8	7
儿童缺席	8.8	7
家长不合作	8.8	7
缺乏明了的儿童教育责任制	7.5	6

续 表

不利因素	百分比	数目
家庭		
教师不了解儿童的需要	9.7	7
学校部门和教师得到不可靠的消息	8.3	6

【资料来源】 见表2林奇,E. W.,路易斯,R. B.,& 墨菲,D. S.(1992),《特殊儿童》,第59期,第210～220页。

欲分析开放式问题的答案,需制定某种范畴。乔治·库(Geroge Kuh)关于大学生课外经历对他们生活、学习的影响的研究即为一例。① 8位训练有素的访问者用半结构方式访问了来自12所高校的149位大学高年级学生,访问内容被译写并试图分析出该因素可归入哪类范畴。分析包括5个步骤:

1. 一位博士生阅读所有译写本并把大学生所提及的结果分别归入8个范畴中。

2. 另一个人阅读该副本,基于她的分析修正结果后将其扩充为10个类别。

3. 4位读者运用第二步中的类别分析1份副本,他们的工作结果被扩充成13类。

4. 4位读者运用第三步中的类别分析另4份副本,稍作修正后再加上“其他”类别。

5. 研究者运用这种范畴系统对149份译本进行了分析,也就是说,访谈中的每一个结果均被规范为一个特别种类的范例。

以下三种类别说明了学生提及的结果:(1) 自我意识(包括精神上的自我检测),(2) 社会竞争力(包括交往能力、与人共事、协同合作能力、领导才能、应对能力、自信、灵活性、公开发言、交际、耐心);(3) 知识的获取

① 库,G. D.(1993),“学生们的亲述:课外活动学到了什么?”《美国教育研究杂志》。

(包括学术和与课程相关的学问、内容的掌握)。库报告样本中的149位学生每位都提及结果范畴的平均次数和提及0、1、2、3、4或5次及更多次的学生的百分比。例如，列为自我意识这一编码的陈述平均数是1.07(标准偏差=1.19)。40%的样本根本未提及这一编码，33%提到一次，11%提到两次，11%提到三次，4%提到四次，1%提到五次或更多。

访谈数据如果是在定性研究背景下收集的，可用多种方法分析，包括第十四章描述的背景理论方法。数据分析方法的选择很大程度上是由进行的定性研究决定的。例如，一位进行人种访谈的人类学家研究的访谈数据的角度和进行口头历史访谈的历史学家的角度不同。这些不同的透视法在有关定量研究传统的章节中讨论(第十五和十六章)。

六、问卷测试及访谈研究数据收集中易犯的一些错误

一般错误

研究人员

1. 把与研究目标无关的项目包括在问卷或访谈内。
2. 并不对问卷或访谈进行探索性测试。
3. 问卷或访谈用语不易为应答人所了解。
4. 所问信息并非为应答人所具有。
5. 并不建立问卷或访谈效度及信度。

问卷研究

研究人员

1. 所写随函缺乏说服力。
2. 提问过多，对应答时间要求不合理。
3. 忽视一些细节，如格式、语法、印刷，给应答人员留下不利的初次印象。
4. 并不连写数封随函增加应答率。
5. 未能检查样本不回信是否出于偏见。

访 谈 研 究

研究人员

1. 并不进行充分实践性访谈以获得所需技巧。

2. 未能建立对付访谈者偏见的准备。

3. 笔记不全或录音不清或难以听懂。

自测题

1. 研究中，访谈与问卷不同之处在于

a. 应答人员控制了应答场面　　b. 应答人被要求提供个人信息

c. 问题程序及用词随应答人改变　　d. 实际问题的应答要求更准确

2. 选择应答人做问卷研究时最基本的考虑是

a. 决定样本题量　　b. 选择具有信息来源的群体

c. 选择应答人喜爱的数据收集方法　　d. 研究你所熟悉的人群

3. 同应答人已明确的问卷相比，匿名问卷的主要问题是

a. 反馈率低　　b. 应答人不太可能提供有效信息

c. 不能使用跟随程序　　d. 以上三项

4. 问卷研究中预试可以用来

a. 决定将被抽样的个体是否具有足够知识进行有意义的应答

b. 决定问答的可能应答率

c. 修改问卷项目以减少错误解释的可能性

d. 以上三项

5. 当邮寄问卷随函时，研究人员最好

a. 要求问卷按时寄回

b. 避免寄回问卷的限期

c. 描述问卷如不按期寄回的后果

d. 避免把研究项目同专业机构相联系

6. 研究中曾发现应答人不将第一份问卷邮寄回的原因是

a. 除非附上现金后才会回答随后的问卷

b. 要多收到一些随函后才会回答

c. 应答人个性特点与会回答全部问卷应答人的个性特点完全不一样

d. 阅读能力差

7. 与邮寄问卷相比，访谈的主要优点在于

a. 收集数据费用低　　b. 可收集深入的信息

c. 管理容易　　d. 获得高信度的信息

8. 研究访谈具有下列缺点

a. 应答人需要高度的语言技巧　　b. 不可能探讨不清晰的语言技巧

c. 易有偏见　　d. 上述三项

9. 研究性访谈录音的缺点在于

a. 重放录音时改变了访谈情景

b. 所需设备的费用

c. 所得数据的表面化

d. 录音数据的效度比笔记得到的数据效度低

10. 良好的访谈技术在于

a. 问题是诱导性的

b. 避免在正式访谈前进行小谈

c. 若发现应答人不真实时，可以交叉测试应答人

d. 确信应答人了解所问每题的目的

郝结环
陈万瑶〇译

第九章　通过观察和内容分析收集研究数据

一、概览

许多研究者喜欢自己进行观察，而不仅仅依赖于人们对事件的自我报告。本章大部分内容是有关定量和定性研究者在对其他人作系统观察时所采用的方法，并描述了在研究参与者不知情的情况下收集观察数据的程序。本章最后一节解释了怎样分析自然背景中发现的各种人工制品和书面传播信息，以提供有价值的研究数据。

二、目标

学习完本章后，你应该能够：

1. 说明观察法较之于其他数据收集方法的优势与局限。

2. 解释叙述性、推论性与评估性观察之间的区别。

3. 解释记录观察中的持续时段、计算频率、间隔和继续程序之间的区别。

4. 说明在研究课题中使用标准观察表格的优缺点。

5. 说明怎样使用录像机、放映机和计算机记录观察的数据。

6. 描述挑选和培训研究者进行定量研究的有效程序。

7. 解释研究者标准信度、研究者内部信度及研究者间信度的区别。

8. 描述削弱定量观察数据的效度和信度的7种研究者效应，以及用来减小或避免每一种效应的程序。

9. 说明定量研究观察和定性研究观察三个方面的差异。

10. 描述研究者在定量研究中所起的各种作用。

11. 确认定性研究课题中进行观察的三个阶段。

12. 说明定性研究课题的研究者怎样作好准备进入实地调查环境。

13. 描述定性研究中记录观察数据的各种方法。

14. 描述定性研究中的四种研究者效应及用于减小每一种效应的程序。

15. 阐明非强制性测量和物质文化研究的优势和局限。

16. 描述定量研究者在进行内容分析中遵循的步骤。

17. 描述定性研究者在分析文献和记录中遵循的步骤。

三、观察性数据的优势与局限

在第七、八章里，我们考虑把测试法、问卷法和访谈法作为收集研究数据的方法，它们都建立在研究参与者的自我报告的基础之上。虽然通常易于获得自我报告，许多人仍歪曲了所提供的信息，或者不能向研究者准确反映他们感兴趣的事件。①

除自我报告外，还可以观察被研究的个人的行为与环境。传统的定量和定性研究者为此已形成了系统的方法，如果使用得当，这些观察法可避免自我报告数据的一些误差与偏见。例如，李·西克雷斯特（Lee

① 胡克考察了六项针对同样规定的行为收集观察性数据和自我报告数据的研究课题，但他发现没有一项研究清晰地说明了两类数据的关系。请参考：胡克，C. M.，& 罗森夏因，B. V.（1974），“教师课堂行为报告的准确性”，《教育研究评论》，49，第1～12页。

Sechrest)指出,通过在自然、真实的环境中观察(称为*自然观察法*)来研究诸如偏见等社会态度可达到的最佳效果。如果受试者为了达到一定的社会效果,在有关个人性向、态度的自我报告中未给出真实的回答,结果就可能失之偏颇。[①]从这一观点出发,一些研究者通过直接观察大学里的某些现象,如黑人与白人就坐模式的情况,来避免研究出现偏见。[②]

即使自我报告数据中没有偏见,观察方法也可获得比自我报告更准确的数据。例如,教育者曾注意到,教师利用学生不参与课堂发言的机会垄断课堂讲话。但是课堂中师生说话的实际比例是多少?由教师或学生作的自我报告不太可能产生对这个问题的正确答案,但对磁带或录像带记录的观察分析则可达到此目的。

尽管为了研究的某些目的,观察法要比自我报告好,但它仍存在局限性。例如,一些中学辍学生说,因为无人关心他们,他们才离开学校。这些自我报告数据表明,有必要进一步研究观察学校员工的关心和不关心行为。在某一定量研究中,研究者会努力确定可以客观地观察到的关心行为的指示值。然而,有关这些行为指示值的观察数据可能与"关怀"的复杂构造只是部分相关。或许可通过使用定性观察方法来确定更为微妙的关心范围及产生的情境,从而克服该局限性。

观察的另一个问题是观察者常改变被观察的情境,尽管这不是有意的。例如,当一观察者进入教室后,师生都可能改变他们的日常行为模式。解决这一问题的方法之一是找到一间配备有单面镜的教室,这样,观察可以在不打断日常教室常规的情况下进行。这样的教室很少,但另有一个解决方法:观察者可在记录任何观察数据之前参观几次教室,故当收集观察数据时,师生将习惯于被观察,并表现出日常的行为。

观察法比其他收集数据的方法更费时,这是因为需要对个体观察一

---

① 西克雷斯特, L.(编)(1979),《今日非强制性测量》, San Francisco: Jossey-Bass。

② 坎贝尔, D. T., 克鲁斯科尔, W. H., & 华莱士, W. P. (1966),"抢占坐位作为态度标志",《社会测量学》,第 29 期,第 1～15 页。

段时间才可获得可靠的数据。即使只在某一时刻收集数据，测试、问卷和访谈一般都可产生可信数据。另外，如果在定量研究中使用观察法，要使独立的观察者记录观察情境中的数据，则应建立起观察者内部信度；如观察者必须完全依靠自己的资源来收集数据，这是个十分艰巨的任务。

对于大多数教育问题的研究来说，观察法的优势要大大超过它的弱处。它是自我报告法的有益补充，在不能获得自我报告或在自我报告的价值值得怀疑时，它可充当主要数据资料。

在本章描述观察法时，我们强调它们在自然背景下的用处。但值得注意的是，某些观察者为了观察特定过程而创造了人为环境。他们可能创设一种研究者介入其中的情境，但被观察的个体注意不到这种介入。例如，某研究者可能要求教师采用某些在课堂背景中通常不发生的行为，以便他观察这些行为对学生的影响。教师，而不是学生，会意识到教师行为是策划出来的。

另一种选择是创设一种各参与者都明白的情境。例如，研究者可能会给每个学校改革者一组假设的问题来解决，以研究它们的不同意义。我们在本章描述的观察技术可用于在这些假设情境及自然情境中收集数据。

四、定量研究的观察程序

(一) 界定观察的变量

在定量研究课题中，观察的第一个步骤是界定将被观察的变量。为说明这个过程，我们将参考希洛卡佐・萨卡古切(Hirokazu Sakaguchi)的一项研究。[①] 该研究的目的是确定在日本大学里怎样教授英语语言。

---

① 萨卡古切，H.(1993)，“日本大学作为第二语言的英语会话及阅读课程教学法的比较”，《国际论文摘要》，54(10)，3692A。大学微胶号 AAG94-05220。

尽管英语在日本高等教育中是一门重要的学科，教授们使用的指导方法却鲜为人知。正如萨卡古切所解释的：

> 本课题用于检查学院层次英语课的进行情况，并通过经验主义的观察而不是用语言学理论来得出结论。以日本为背景，这种方法有点不同寻常。在日本，就如何使课堂教学更有效方面曾做过研究，但这些只是停留在理论层面上，很少有研究者把实际观察和分析用作研究方法。重要原因之一是因为难于接近课堂：教授们有一种倾向，即认为课堂活动是极神圣的，部分原因可能是因为对外部批评太敏感，他们一般极不愿意与研究者合作。在这方面，该研究开辟了新的领域。①

萨卡古切选了两类英语班级作为观察对象。一类是由日本本国教员教的英国文学课，另一类是由母语为英语的教员所教的英语会话课。

当萨卡古切决定采用直接观察法后，他需要决定观察课堂指导哪些方面。他决定采用由弗兰德斯(Flanders)相互作用分析系统② 改编而成的方法。这种观察系统用来收集 10 个变量的数据；萨卡古切采用了这些变量，并另增加了 15 个。它们的简单定义见图 9.1。萨卡古切用更精确的定义来训练自己及另外一个人进行观察，每个定义都配有范例。

在决定观察课堂行为的哪些范围后，萨卡古切需要一种记录观察内容的方法。遵循弗兰德斯的程序，他决定在每节课内以每三秒钟为一个间隔，编码为 25 类行为，见图 9.1。这样，一节 60 分钟的课需要 1 200 次编码。(60 分钟＝3 600 秒÷3 秒间隔＝1 200 个间隔。)

最后，萨卡古切需决定应观察每位教员几节课。将观察限于一节课可能会对教师产生非典型的教学风格图像。因此，萨卡古切决定观察每位样本教员 6 节课，所有教员的观察数据在学年的同一时候收集。我们下面将描述这些观察数据分析的部分结果。

---

① 同上，第 13～14 页。

② 弗兰德斯(1970)，《分析教学行为》。Reading，MA：Addison-Wesley。

类目 1(*教师接受情感*)反映某种意识及无条件接受学生情感的教师陈述。
类目 2(*教师鼓励学生*)对学生提问、回答及评论的表扬和鼓励。
类目 2F(*教师给予反馈*)教师在学生陈述后的迅速、几乎自动的反应,一般意味着赞成或否定。
类目 3(*教师使用学生的主意*)教师将学生的主意融入讲课。
类目 4(*教师提问*)教师的提问。除那些与英语对话练习直接相关的问题外。
类目 4C(*教师问对话问题*)指作为对话或会话练习之一部分的问题。
类目 5(*教师讲课*)这包括讲解、发表观点、提出事实、插入思考及即席评论等。
类目 5Cr(*教师纠正学生错误*)这包括纠正语法、用词、翻译、发音、节奏和语调等方面的错误。
类目 5W(*教师给予提示*)当学生在回答或翻译中遇到困难之时,用单词、词组或句子给予提示。
类目 5C(*教师回答会话问题*)
类目 6(*教师指出方向*)
类目 7(*教师批评学生*)
类目 8(*学生反应*)这是指学生对类目 4 中问题的反应。
类目 8C(*学生作出会话反应*)这是学生对类目 4C 中问题及一个学生向另一个学生所提问题的反应。
类目 8R(*学生朗读*)这主要发生在文学课上教师要求某学生朗读课文中的一段之时。
类目 8SR(*学生默读*)
类目 8D(*学生画画*)
类目 8T(*学生翻译*)
类目 8S(*学生小结*)这主要发生在文学课上,教师要求学生用日文写出英文课文某段的主要意思的时候。
类目 9(*学生开始说话*)这是学生主动的提问、回答、评论及发言,而不是对老师提问的回答。
类目 O(*沉寂或混乱*)无助于教学的暂时混乱和某些有助于教学的暂时沉寂,如允许学生有时间抄下黑板上的信息。
类目 OS(*学生做书面练习*)这是学生安静地做书面练习的时间。
类目 OT(*教师使用录音机*)这主要发生在文学课上教师要求学生听由母语为英语的讲话者灌制的录音带时。
类目 OD(*教师分发材料*)
类目 OB(*教师或学生在黑板上书写*)

图 9.1　日本大学的英语课研究中使用的观察变量列表

【资料来源】 根据萨卡古切(1993),“日本大学作为第二语言的英语会话及阅读课程教学法的比较”,《国际论文摘要》,54(10),3692A。大学微胶号(University Microfilms No.) AAG94－05220 改编。

(二)观察变量的类型

在定量研究中可辨别出三类观察变量:描述性的、推论性的和评估性的。**描述性观察变量**是指观察者几乎不需要推论的变量,因此它们有时被称为低推论变量。它们的一大优点是通常能产生可靠的数据。图9.1所示变量会被认为是描述性观察变量。

推论性观察变量是指需要观察者根据行为推论出一种概念的变量,它被假定是行为的基础。例如,观察者可能会被要求记下某教师解释一数学概念时的自信。一些教师可能带着十足的自信讲解,而其他人可能因为不很理解主题而不确定、混乱或担心。自信、不确定、混乱和担心并不是行为,而是从行为推导出的心理。因此,它们有时被称为高推论变量。收集推论性观察变量的数据比收集描述性观察变量的数据要困难得多。

评估性观察变量不仅需要从观察者行为得出推论,而且需要作出评估性判断。例如,我们可能会对取得教师解释一数学理论的质量感兴趣。质量并不是一种行为,而是从行为推论出的一种推定。另外,这是一种性质明显的评估性行为。因很难对评估性变量进行可靠的观察,我们需收集已界定的从优秀到劣等的连续性解释要点的范例,并利用它们来培训观察者。

(三)记录观察内容

为保证准确记录,观察者应每次只记录一个观察变量的数据。比如说,大多数观察者会发现很难同时记录教师行为的各个方面和记录注意教师的儿童百分比率。在这种情况下,两组观察的信度很可能都会较低。因此,应指派不同的观察者记录每一个变量,或单个观察者应轮流记录某一特定时段的教师行为,然后再记录下一时段的学生行为。

记录的过程可分为四种主要类型:(1)持续时间;(2)频数计算;(3)间隔;(4)继续。

持续时间记录。在**持续时间记录**中，观察者测量每一目标行为发生的时间。为此，通常使用秒表记录。记录单个观察变量的持续时间较易，例如某学生离开座位的时间。如它们不同时发生，观察者还可记录不同的观察变量。例如，观察者可记录某学生执行任务时或不执行任务时的时间段，但不能中断、轻微中断或严重中断学生的活动。

频数计算记录。**记录频数计算**时，目标行为一发生，观察者就做记录。为此，通常使用一张记录页。频数计算在记录短时行为或不重要行为时尤其有用。例如，作者之一的博格（W. Borg），进行了一项研究，训练每位观察者记录 13 项与课堂管理有关的教师行为，如目标导向提示、一致的表扬和警觉的暗示等。① 这些行为都是短期的，且没有两种行为同时发生。13 种行为的观察者内部信度从 0.71 到 0.96 不等，较令人满意。

间隔记录。间隔**记录**指在特定间隔观察某个体的行为。萨卡古切对弗兰德斯相互作用分析系统的采纳是这种记录过程的一个范例。教员或学生的行为每三秒钟被编入 25 项观察类目之一。

当以这种方式记录某行为样本后，必须概括和报告数据以提供发生行为的有意义描述。在萨卡古切的研究中，主要研究目标是判断样本中 6 个教员的教学风格怎样不同。对于每一节观察课，他的主要数据是图 9.1 中三秒钟的时间间隔次数中所发生的每一观察变量，并将每个变量发生的时间间隔次数除以记录的所有变量的时间间隔次数。计算的结果是一个百分比，即每个变量发生的时间占上课总时间的百分比。分析的最后一步是求出每位教员 6 节观察课中每个变量百分比的平均数。

表 9.1 显示样本中两位教员的结果比较——一位是教授英国文学课的日本国教员，另一位是教授英语会话课的以英语为母语的教员。我们发现，在两位教员的差异中，会话课教员花费课堂时间的 4.38％鼓励

---

① 博格，W. R.（1977），“用原始记录改变教师及学生行为”，《经验教育杂志》，第 45 期，第 9～18 页。

学生，而文学课教员只花了0.62%的时间从事这项活动。正如所预期的一样，会话课教员的学生没有花费时间从事口头阅读或翻译，而文学课教员的学生花了19.58%的时间进行口头阅读，花了37.98%的时间翻译指定课文的段落。

连续记录。**连续记录**指记录在特定观察时段目标个体的所有行为或全部个体的特定行为。这种方法往往不着重一组特定的观察变量；相反，观察者往往写一份**原始记录**，这是对某个体所做每件事的时间先后顺序描述。这种方法常用于探索性研究，来帮助研究者确定重要的行为模式，随后使用一种其他的观察记录法对之进行研究。

因为不可能将每件事情记录在原始记录页中，观察者必须把重点放在与研究问题相关的事件及其环境特征上。为分析原始记录页，研究者进行阅读，创造出适合数据的内容分析系统，然后再阅读，并将记录的行为按这种系统分类。这个过程与将在本章稍后部分加以描述的文献及其他传播信息的定量内容分析相一致。

表9.1　日本一大学被观察的一英国文学课教员和一英语会话课教员的教学风格比较

编 码	类　　目	会话教员(课堂百分比)	文学教员(课堂百分比)
1	教师接受感情	0.8	0.4
2	教师鼓励学生	4.38	0.62
2F	教师给予反馈	3.65	1.56
3	教师使用学生的主意	0	0
4	教师提问	13.17	7.78
4C	教师问会话问题	12.25	0
5	教师讲课	25.33	8.30
5Cr	教师纠正学生错误	1.85	4.58
5W	教师给予提示	0.92	3.44
5C	教师回答会话问题	1.30	0

续 表

编 码	类 目	会话教员(课堂百分比)	文学教员(课堂百分比)
6	教师指出方向	2.53	3.44
7	教师批评学生	1.03	1.44
8	学生反应	1.78	2.75
8C	学生作出会话反应	22.78	0
8R	学生朗读	0.13	19.58
8SR	学生默读	0	0
8D	学生画画	0	0
8T	学生翻译	0	37.98
8S	学生小结	0	0
9	学生开始说话	0.20	2.08
O	沉寂或混乱	2.05	5.20
OS	学生做书面练习	6.03	1.18
OT	教师使用录音机	0	0
OD	教师分发材料	0.39	0
OB	教师或学生在黑板上书写	0.22	0

【资料来源】 摘自萨卡古切(1993),"日本大学作为第二语言的英语会话课及阅读课教学方法的比较",《国际论文摘要》,54(10),3692A。大学微胶号 AAG94-05220。第52和87页表1和表4改制。

(四)选择一种观察记录程序

一旦确定了有关的观察变量及其行为方面的指示值,你需要选择或开发一种记录观察的程序。若不能获得一种合适的程序,你可考虑开发一种纸-铅笔表格(有时称为*观察日程表*),因为它极易建立,且可容纳许多观察变量。

图 9.2 所示观察表格样本要求观察者不仅要记录所发生的特定行为，而且要在评估标尺上记录部分行为。图 9.2 所示观察表的第二项属于后一类。

1. 核实教师所问的每一个问题，并填入下列栏目之一（观察课时的前 15 分钟）：	频数	共计
a. 要求学生在黑板上解决问题	√√√√	4
b. 要求学生在座位上解决问题	√√√√√√√	7
c. 问学生是否有问题或他们是否能理解	√√	2
d. 其他	√√√√√	5
	总计	18
2. 教师每次问学生问题时，在五点量表上记下问题的难易程度。	频数	共计
1. 难	√√√	3
2.	√	1
3. 一般	√√√√√	5
4.	√	1
5. 易	√	1
	总计	11[a]

图 9.2　观察表格样本

[a] 这里的数目应与第一项中 a 和 b 类目的数目相同。

开发观察表格的原型样本后，你应在与收集数据时观察的情境相似的一些情境中试用它，并纠正所发现的缺点。例如，观察表格的常见缺点是它们要求观察者记录更多的行为种类或观察超出能力范围的更多个体。当然，可能用不同的方法来解决这些问题，例如，雇用不同的观察者记录不同的行为，或在特定时段内从观察某一变量转向观察另一变量。

1. 标准观察表格

也许你不想开发自用观察表格，而想用可得到的许多标准观察表格中的一种。这些表格有几大优点：首先，标准观察表格通常达到一定的发展阶段，包括效度和信度的证明；第二，使用标准表格节省了你将用于设计自己表格的全部时间;第三,大多数标准表格在先前的研究课题中已使用过,所以你可把你的结果与它们的结果作比较。

标准观察表格的明显不足之处是,它可能不包括你有意测量的所有变量。在这种情况下,你可使用你所需要的部分表格,并加上自己的程序来测量其他变量。但务必牢记,如仅使用部分仪器,先前报告的信度和效度数据可能不适用。

标准观察表格的变化在于其复杂性、所记录的行为类型及可被使用的情境等。在《行为三的反映:观察工具文选》和题为"系统观察技巧"的《ETS测试书目大全》等参考著作中,有考察班级时所用表格的详尽描述,将在全书末加注参考资料部分介绍这些参考著作。

寻找新近开发出来的标准观察表格的好办法是对ERIC和PsycINFO的数据库进行计算机查找。你应将与观察有关的关键词(ERIC为"观察",PsycINFO为"观察方法")和欲观察的特定行为主字码用连词"和"连接。这已在第四章中作了描述。

2. 使用录音机和摄像机

有时在关键行为发生时收集观察数据是不切实际的。有这样一种情形:进行记录时许多行为同时发生或相继发生。用录音机或摄像机记录的情景可重播几次以便仔细研究,研究者也可在方便时加以评估。另一个优点是它可使你记录研究开始时未能预料到的行为。例如,在一项关于教师表扬的研究中,你可能会在观察中注意到教师使用了你在设计观察表格时未预料到的某些类型的表扬语句,如果你录下了观察过程,你可重放磁带或录像带,并把这些表扬重新分类并列入你原先观察表格中未列出的表扬类型。

要是你决定使用录音机或摄像机收集观察数据,请牢记你需具备操作这些设备的技能。举例来说,你可能需要具备使用两个以上的麦克风和经常调整摄像机焦距的技能。

上述萨卡古切在日本大学教学指导的研究牵涉到录音的使用。磁带可按需要重放多遍以确定图9.1中所示观察变量的可信编码。

3. 使用计算机和其他电子设备

与计算机连接的各种电子设备可用于记录和分析观察数据，这些设备担任的特定任务说明如下：

1. 记录和核算事件的时间，并把数据誊写进编码页；

2. 将编码页中的数据转换为计算机文件，然后可用统计程序包分析；

3. 通过鉴定编码错误和发现"乱码"来清除数据，后者为所使用的编码系统中无意义的编码；

4. 阐释数据分析结果。计算机能产生各种图像数据表象，有助于阐释分析结果。

你若正计划收集观察数据，可查阅文献以确定其他研究者是否已开发并使用了合适的设备。例如，内德·弗兰德斯(Ned Flanders)和他的同事开发了计算机技术记录课堂内互动变量类型的数据[①]，与图9.2所示有关。观察者使用的是一种类似钢笔的设备和专用记录纸，这种纸能记录每一互动类目和指定的学生可能需要的栏目编码。通过"钢笔"在恰当的栏目编号间的移动，观察者可记录教师或学生进行特定行为的时间。该过程类似许多商店收银台上收取各项货款的程序。

观察者完成观察后，将"钢笔"插入一种计算机分界面设备内，后者把观察内容储入计算机数据文件，利用一种计算机程序分析该数据文件，并产生出显示各种形式结果的打印件，这些结果就如上课时的互动作用或各互动作用类目发生时的时间量。

(五) 挑选和培训观察者

研究者可自己进行观察，训练其他人进行观察，或与别人共同承担该任务。利用他人的长处在于它可控制观察者的偏见，即在设计研究课

① 此类计算机辅助观察可参考艾奇逊，K. A.，& 高尔，M. D.(1992)，《教师分析观察技术》(第3版)。New York：Longman. 第164～170页的描写。

题和框定假设的某一人同时也作观察之际，可能产生的这种偏见。此外，如两个或更多的接受了同等培训的观察者各自作独立观察时，你可确定观察者内部信度的层次。研究者已经发现，最可靠的观察者较聪明、善谈，且能踏踏实实做好一份工作。①

培训观察者的第一步是和他们讨论观察方式。在此，应详细地描述每一题目，以便对被观察和被记录的内容及方法形成透彻的理解。另外，请考虑用摄像机记录的方式记录与课题中被研究的情景相似的内容，以便把每一行为的实际例子与它的定义联系起来。

下一步是建立实践观察，这时，所有观察受训者都参加。先前制作的录像带可用于实践观察，方法是播放录像带的简短片断，指导受训者在每一行为发生之际把该行为填入观察表格。然后检查每位受训者是否正确记录了这些行为。如观察者意见不一致，或与标准不符，则应重放录像带，在每一行为发生之际暂停播放，讨论最佳记录方法并说明道理。在这些讨论中，应修改观察者的指导记录纸，包括澄清培训过程中出现的分歧。在开发观察表格时，一般需要一些特殊的规则来帮助观察者决定如何记录未曾预料到的不寻常的行为。

确定观察者意见一致

观察者的数据应由可信赖的观察者收集，否则毫无用处。所谓观察者信度，这是什么意思呢？特德·弗里克(Ted Frick)和梅尔文·塞姆(Melvyn Semmel)通过区分三类观察者信度，回答了这一问题。② 首先，是**标准关联观察者的信度**，它是指受过训练的观察者的分数与专业观察者的分数达到一致的程度。这种信度很重要，因为它确保由观察工具测量的受训观察者对变量的理解与专业观察者的理解相同。要建立**标准关联观察者的信度**，一般先由一专家给包括那些由观察工具测量的变量

① 哈特，D. P. 编(1982)，《使用观察者研究行为》，San Francisco：Jossey-Bass。

② 特德·弗里克、梅尔文 · 塞姆 (1978)，“观察者对于课题观察测量的一致意见及信度”，《教育研究评论》，第48期，第157～184页。

的事件在内的磁带或录像带编码；接着，让受训观察者给同一盘带子编码，这样一来，就能检查他们的数据与专家的数据的一致性。对关联观察者的信度的核实，应在数据收集之前进行，若能在数据收集过程之中进行，当然更好。

第二种观察者信度是**观察者内部信度**，它是指观察者在其观察编码中保持一致性的程度。要建立这种信度，可由每个观察者给那些与他将被要求在其现场观察的事件相似的录音磁带或录像带进行两次编码。例如，观察者可能需要在星期一给一盘录像带编码，几天后再给同一录像带编码。这种信度通常难以建立，但要尽可能核实这一信度，因为它提供了你的观察者可靠的保证。观察者内部信度应在收集数据前加以核对，如可能，也应在收集数据时加以核对。

第三类观察者信度是**观察者间的信度**，它指观察者彼此之间在实际数据收集中的一致程度。为建立观察者间的信度，你需训练几个观察者收集同一事件的数据。例如，假设你已培训了 5 名观察者收集不同老师讲授的 60 节课的数据，为提高效率，你可能会让每位观察者分别收集 10 节课的数据。这一过程所关心的是 60 节课中的 50 节课的数据的收集，另外 10 节课可由全部 5 位观察者共同观察，以便判断观察者间的信度。

弗利克和塞姆描述了几种过程来计算**标准**关联观察者信度和观察者内部信度的水平。这些过程涉及到一致的百分比或特殊化相关系数的计算，程序的选择取决于观察变量的类型和需要加以确定的观察者信度的类型。

尽管确定观察者信度很重要，它并不确保最后所得整套观察数据的可靠性。观察者在培训中或实地中可能很一致，然而，由于他们观察的典型情景可能会很不稳定或彼此间存在差异，因此，他们不可能精确地观察到这些差异。换句话说，观察者的信度是必要的，但不足以成为收集可靠观察数据的条件。

(六) 减小观察者效应

观察者效应是观察者对其收集的数据的效度或信度有负面影响的行为。观察者应觉察出可能发生的观察者效应,并应采取措施避免或减小它们。为帮助研究者进行该项工作,卡罗琳・埃弗森(Carolyn Evertson)和朱迪思・格林(Judith Green)指明了很多种观察者效应。[①]下面我们将一一描述,并说明控制的方法。

*观察者对被观察者的影响。*除非隐藏起来,否则观察者很可能影响被观察者。例如,第一次走进某教室的观察者可能会引起师生的好奇心。他们因此而产生的不专心可能会产生非代表性的观察数据。降低这种影响的方法之一是观察者事先来访多次,以使师生将这种侵扰视为正常,从而表现自然。

当被观察的个体受到观察者意图的影响时,会产生更严重的问题。例如,假设课题的研究目的是记录师生在艺术课上二元互动作用的次数和持续时间,当他们相信这是一种期望行为时,尤其是如此。为避免这种问题,研究者应考虑在开始就告知教师说在研究项目结束前不可能告诉他们本研究的性质,因为这可能影响他们的行为;另外,研究者也应保证数据将被保密,而且不会对参加者产生不利的影响。

*观察者个人偏见。***观察者个人偏见**指可追溯到观察者性格反映在观察数据中的误差。有人会辩解,任何人为观察总会包含一些个人偏见,因为我们都会受自身经历和信仰的影响。这一说法也许是对的,但一些研究课题的设计本身就提高了观察者偏见发生作用的潜在可能性。[②]

---

① 卡罗琳・埃弗森、朱迪思・格林(1986),"调查及方法观察",见 M. C. 威特罗克 编:《教学研究手册》(第 3 版),第 162～213 页。New York: Macmillan. 埃弗森与格林确定了 10 类观察者效应,在这儿我们将它们组织成 7 类。

② 萨尔维,J. A.,& 默塞尔,C. J.(1980),"观察者偏见:特殊教育研究方法论",《特殊教育杂志》,第 14 期,第 261～270 页。作者查阅了 153 个可能含有高度偏见的课题,发现只有 22%报告了充分的偏见预防措施。

应该探出观察者个人偏见的根源，并在找到后加以消除。例如，在一项关于幼儿园中的非洲裔美国儿童和其他儿童的创造性努力的研究中，对非洲裔美国儿童持消极态度的观察者很明显是不合适的。观察者的偏见无疑会导致他们看到其他儿童更多的创造性行为，从而忽视、错误地阐释或降低同一人群中非洲裔美国儿童的创造性努力。

人们已发现，在研究参与者被贴上"精神不安"或"智力迟钝"、外表吸引力高或低的标签时，或者具有一定的种族或社会经济背景时，研究者会产生有偏向的数据。① 这样的特征如果在被观察的个体身上很明显，或许你可以找出一些方法减少它们对将要收集数据的观察者的影响。

*评估误差。*一些观察者在使用观察评估表时，形成了一套反应趋势，它在这些表上评估时会产生误差。**反应趋势**指观察者在评估任务概括化倾向的基础上，而不是在个体实际行为的基础上进行评估的趋势。现将该三种反应趋势误差陈述如下：

1. 宽大误差(error of leniency)指即使观察者在测量变量表现出明显的误差之际也较高地评估多数研究参与者的趋势。

2. 集中趋势误差(error of central tendency)指观察者在观察表的中心部位评估所有或大多数被观察个体的趋势。有时，观察者作这样的评估是为了避免判断发生困难。

3. 光环效应(halo effect)指观察者对被观察个体的早期印象影响他对该个体全部行为进行评估的趋势。例如，如观察者对被观察个体先前留有较好的印象，他可能会在随后的观察中对该个体评估较高。

在观察高推论变量时，这些观察者评估误差的幅度会很大，以至使得随后的评估实质上无甚意义。例如，一项由合作教师对研究生教师进

---

① 萨尔维，J. A.，& 默塞尔，C. J.(1980)，"观察者偏见：特殊教育研究方法论"，《特殊教育杂志》，第 14 期，第 261～270 页。作者查阅了 153 个可能含有高度偏见的课题，发现只有 22%报告了充分的偏见预防措施。

行评估的研究显示如此众多的光环效应和宽大误差，使得整个评估系统都遭到质疑。① 例如，161 位被观察的研究生教师的“态度”评估项的平均值是 4.85，而可能的数字应为 5.00，这表示宽大误差很大。如发生这种反应趋势，你需要或者重新构思评估表，或者更仔细地挑选和培训观察者。

观察者污染。当观察者对某一课题特定数据的理解影响到他记录其他变量的数据时，会产生**观察者污染**。例如，假设我们正研究管理有方的小学校长的人际关系技巧。首先，不成功的和成功的校长可由教师、家长和学校管理者提出的一组合成指标体系加以辨别，然后，观察者接受培训以观察教职工会议上成功与不成功校长的表现，并在人际关系技巧上评估他们。观察者如果事先了解到哪些校长已被归入成功的一类，哪些又属于不成功的一类，当他们收集这些校长行为的观察数据时，几乎都会受到影响。要解决这一问题，就得使观察者远离污染性的信息。

观察者遗漏。**观察者遗漏**指没能记录与观察日程表某类目相符的行为。这种遗漏有几个原因。原因之一是我们上文讨论的个人偏见。由于个人偏见，观察者可能会忽视他对之持有消极偏见的个人的良好行为。另一种可能性是被观察的行为同时发生或消逝过快，使得观察者没能全部记录下来。相反的情形也有可能：被观察者的行为很少发生，使得观察者没能注意到。

由于遗漏而产生的观察误差可在开发观察表格或培训观察者时检查出来。你可能会发现有必要简化观察进度或将许多观察者指派到某一背景中去，让每个观察者负责记录不同观察变量的数据。若变量发生频率太低时，你可能需提供线索或提示以保持观察者的警惕。

观察者倾向。观察者一旦经过受训达到预期的一致和精确的层次

---

① 费尔普斯，L.，施末茨，C. D.，& 博特赖特，B.（1986），“关于使用理克特型评估表的合作教师报告光环及宽容效应”，《教育报告杂志》，第 79 期，第 151～154 页。

时,应立即开始收集数据,因为延误将导致观察者丢失某些观察技巧。此外,如果观察要延缓一个星期以上,你应在每周让所有观察者复习进修。不然由于**观察者的倾向**,即观察者逐渐重新定义观察变量倾向的影响,观察变量将变得不那么可信,结果,他们收集的数据不再反映他们在培训期间学到的定义。

信度衰减。研究现象表明,在研究过程中应经常考核观察者以确保他们的工作保持在令人满意的水平;否则,观察数据的**信度**将**衰减**,即在数据收集后期所记录的观察数据比前期收集的数据信度较差。

保罗·塔普林(Paul Taplin)和约翰·里德(John Reid)比较了三组观察者信度上的衰减:(1) 那些被告知不会被考核的人;(2) 那些被告知将受定期现场考核的人;(3) 那些被告知将被随机考核的人。[①] 接受随机考查的小组保持了最高的信度,其次是接受现场考查的小组,而不被考查的小组信度最差。当得知会被考查时,接受现场考查的小组在进修期间表现很好;当想到不会被考查时,他们在进修期间表现很差。因此,问题似乎出在动机方面。所以你应尽一切可能保持观察者的动机。例如,你可努力说服观察者相信任务的重要性,安排好进修进度以避免观察者疲劳,告诉他们你将对他们的工作进行随机考查,经常进行随机考核并经常给予他们信度反馈。

五、定性研究的观察程序

定性研究观察与定量研究观察的不同之处有三点:一是观察者对被观察现象不保持中立或“客观”,他们在阐释观察内容时可能会融入自身的情感和经验。例如,卡西·埃文斯(Cathy Evans)和唐娜·埃德(Donna Eder)对社会封闭现象进行了研究,它包括了对中学生午餐时非

① 保罗·塔普林及约翰·里德(1973),“教育方向的影响及实验者对观察者信度的影响”,《儿童开发》,第44期,第547～554页。

正式活动的深入观察。[1] 对餐厅的观察包括记录坐在一起吃饭的学生对“孤独者”——那些吃饭时大多数时间独坐一处的学生的行为。

研究者观察了嘲笑孤独者的许多例子，4 个观察者都“报告说看到这类事件后，他们都感到不安”[2]。在此之后，埃文斯在研究报告中写下了已发表的实地调查笔记：

> 我感到极度、彻底的厌恶。我想我的部分问题在于我从幻想中觉醒了——我想贾尼斯(Janice) 和帕蒂(Patty)仍超然于此。我没有对詹尼(Jenny)打开话题，因为这将更针对她；我也没有责备组里的女孩子们，因为詹尼可能会因此觉得更尴尬，而且我最好还是遇到什么就看什么，尽管这些全部都是令人不快的情景。[3]

因此，这些定性研究者寻求避免批评或支持特定的参与者，但仍显然地认为他们对事件的反应是研究的合法部分，并值得报告。

定性和定量观察的第二大差异是定性观察的重点更明确。相比之下，定量研究的数据收集通常是由较早的假设、问题或目标所驱动。在过程中的任何一个时刻，定性观察者可以在新研究的问题出现之际将注意力任意转移到它所要求观察的新现象。

第三个差异是定性研究观察的重点通常要广泛得多。在定量研究中，观察者倾向于注意行为的具体方面而忽视其背景；而在定性研究中，观察者从整体的角度看待行为及其环境背景。

(一) 定性研究的观察目的

定性研究中数据收集的两个常见方法——访谈和文献分析——涉及到自然环境中参与者所说或所写的文字。该信息既受到参与者的知

---

① 卡西 ·埃文斯、唐娜 · 埃德(1993)：“‘没出路’：在中学脱离社会的过程”，《当代人种史杂志》，第 22 期，第 139～170 页。

② 同上，第 146 页。

③ 同上。

识、记忆力及有无清晰准确地传达信息的能力的限制，又受到参与者希望像研究者这样的外界人士所理解的因素的制约。相比之下，观察能使研究者不受参与者的影响，而独自形成对所发生事件的看法。含有选择性观察的研究者的报告对现象的描述更趋完整，而不仅仅是参考访谈报告或文件。同样重要的是，观察提供了另一种数据来源，用于证明用其他方法获得的信息。他们使用的被称为“*三角测量术*”(*triangulation*)，在第十四章有说明。

凯瑟琳·罗齐尔(Katherine Rosier)和威廉·科萨罗(William Corsaro)所从事的一项人种学课题研究提供了观察作为几种数据来源之一的范例。① 在研究中，他们检验了一些老一套的说法：许多黑人少年的教育和经济问题的根源在于抚养家庭的贫困。课题的一个方面涉及到在扶贫学前班(Head Start)就学的孩子家中访问家长和进行观察。访问家庭时，研究者使用直接的观察来检验家长声言的信度，他们声称，他们定期要求他们的孩子参加家中涉及构造的学习活动，并且不顾经济多么拮据还是提供教育玩具和必需品。研究者发现了大量的观察证据支持这些声明，包括冰箱上和墙上的已完成的计划，桌子上堆满了书写工具、纸和进行之中的项目，以及教育玩具和书籍等。家长还向研究者展示孩子们在校的作业样品。

研究者描述了他们观察赛米拉——黑德·斯塔特的一名孩子和其他由赛米拉母亲郎达照顾的四个孩子用了一天的时间。当孩子们在室外玩耍时，郎达拿出很多她购买的和手工制作的适合于不同年龄孩子的教育材料。在她把 5 个孩子叫进屋里之后，郎达“检查和表扬了孩子们的工作，年长的孩子帮助年幼的孩子”②。他们对现场的仔细观察使得研究者肯定了家长访谈所中得到结果的效度，即大多数穷苦黑人孩子的父

---

① 凯塞琳·罗齐尔、威廉·科萨罗(1993)，“能干的父母，复杂的生活：管理贫困父母的权力”，《当代人种史杂志》，第 22 期，第 171～204 页。

② 同上，第 182 页。

母期望在早年将教育技巧和价值观灌输给孩子们。

在第十五章，我们要说明定性研究怎样反映各种传统，如人种学、文化学研究及认知心理学等。观察的目的和形式在这些传统中各不相同。在接下来的几部分里，我们将描述用于收集定性观察数据的一般方法。假如你的预定课题遵循定性研究的特定传统，你应学习在那个传统中工作的研究者怎样使用数据收集法之一来观察的具体方法。

(二) 确定观察者及其角色

定性研究过程中的观察者角色多有变化，如可以从完全的观察者变成完全的参与者。扮演**完全的观察者**这一极端角色时，研究者保持与其研究背景完全分离的姿态；而当扮演**完全的参与者**这一极端角色时，在研究者的研究背景中，本身已是其中一员或在研究过程中已转变为真正一员。例如，戴维·海耶努(David Hayano)报告了他作为加州通宵开放的纸牌赌场常客对居民进行的观察。[①]

处于两个极端角色之间的是观察性参与者和参与性观察者的角色。在**观察性参与者角色**中，研究者主要扮演观察者的角色，仅为收集数据进入背景，并只是随意地、非直接地与参与观察的个体或人群发生作用。在**参与性观察者角色**中，研究者密切观察并与个体发生直接互动，以便在他们的人群中建立起有意义的身份；但是，研究者不参加人群核心成员的活动。例如，社会学家兼教授彼得·艾德勒(Peter Adler)在一项关于他所在大学的学院运动员的研究中扮演了参与性观察者的身份。[②] 当与篮球队一起积极活动时，他都保持着研究者的身份，但他不以教练、训练员或运动员等核心角色出现。

设计定性研究的研究者很可能会成为数据收集阶段的观察者，另一

---

① 海耶努，D. (1982)，《无表情的面孔》，Berkeley，CA：University of California Press。

② 艾德勒，P. A.，& 艾德勒，P. (1991)，《篮板和黑板》，New York：Columbia University Press。

种可能性是让一个可能包括研究者在内的小组进行观察。使用多个观察者可减轻每个观察者的负担,全部的观察时间也会增多。此外,如果观察者在与被研究现象相关的因素(如性别和年龄)方面各有侧重,他们可通过互相检查结果、除去不准确的阐释等方法来提高观察的效度。在前文所述平等对待社会孤独者的研究中,另有两个年轻的成年人与两个研究者一起充当了餐厅观察者的角色。

(三) 为观察作准备

作为准备,定性研究课题中的观察者可充当此类观察计划中专家的学徒。一段学徒期是必需的,因为定性观察技巧错综而微妙,它们并不适用于本章早先描述的定量观察的培训过程。通过与专家一起工作,一个观察者新手可逐渐了解到怎样找到观察的重点并在下述的三个阶段(描述性、重点性及选择性)转移重点。

一些大学计划提供了定性观察所需的特定技巧的培训课程,当然,这替代不了学徒期。这些技巧包括客观地而不是解释性地描述被观察事件的能力,它们将被观察的事件丰富、细致、客观地而不是解释性地综合为实地调查笔记的能力,并将杂乱的、手写的实地调查笔记转化为润饰过的打印报告的能力。一些大学也许还提供录像带和磁带记录设备的使用以及实地调查技巧的培训。

一旦着手一项定性课题研究,你可能会遇到的困难和问题只有你所研究的实地环境中才有。在这种情况下,与为你出谋划策的专家保持联系是大有裨益的。该咨询过程并不与课题的完整性相冲突,因为在定性研究中,观察法可随着研究者就被研究现象获得的新见解而自由改变。

(四) 确定观察重点

定性研究者观察的重点从研究早期到后期可能会转移。根据詹姆斯·斯普拉德利(James Spradley)的说法,这种转移的过程通常包括三个阶段。[1] 第一阶段是**描述性阶段**，此时，观察没有重点，范围较广，但它提供了一个观察者可向许多方向发展的基础。第二阶段是**重点性阶段**，此时，观察者已确定了研究具有重大意义的现象的特征，并将注意力转向收集较小范围内特征的信息。最后阶段称为**选择性阶段**，此时，研究困难或问题终于出现，观察者的重点转向提高与加深他们对已出现的从理论上或实验主义角度来说当属最基本的具体要素的理解。当研究者获得**理论饱和**，即当新收集的发现结果基本上是对以前的发现的重复之时，就不用再收集观察数据了。[2]

研究重点的问题还关系到决定在特定时候的观察内容，以及如何确保不放过一切对研究具有潜在意义的细节。对如何保证能涵盖所有有趣现象这一问题，诺曼·登津(Norman Denzin)建议所有实地调查的观察笔记都应明确提及下列要素：参与者、相互作用、常规、仪式、暂时要素、阐释及参与者的社会组织等。[3] 施兰·梅里安(Shran Merriam)开出了一张类似的清单，但还包括环境(即物理环境、背景以及受环境鼓励、许可、阻碍或制止的各种行为和微妙因素)。[4] 微妙因素包括非正式的与非计划性的活动，词类的象征性和含蓄性意义，如衣着及物质空间等非语言交流，以及未发生之事，特别是应发生而未发生之事。

罗伯特·普罗菲特(Robert Prophet)和帕特里夏·罗厄尔(Patricia Rowell)描述了观察者可能会注重的现象特征，以及观察的重点随研究课题的进展而转移的情况。[5] 普罗菲特和罗厄尔调查了博茨瓦纳这一非洲国家的科学课上师生间的互动关系。选的是初中课程，且用英语讲授。他们所描述的研究的起点如下：

---

① 詹姆斯·斯普拉德利(1980)，《参与者观察》，New York：Holt，Rinehart & Winston。

② 格拉泽，B. G.，& 斯特劳斯，A. L.(1967)，《有根据的理论的发现：定性研究方法》，Chicago：Aldine。

③ 诺曼·登津(1989)，《研究条例》(第3版)，Englewood Cliffs，NJ：Prentice Hall。

④ 施兰·梅里安(1988)，《教育个案研究》，San Francisco：Jossey-Bass。

⑤ 罗伯特·普罗菲特、帕特里夏·罗厄尔(1993)，“适应及控制：博茨瓦纳的科学教学方法”，《教育定性研究国际杂志》，第6期，第197～209页。

（我们）渴望获得初二科学课的信息，并能洞察其现实生活。为此目的，我们使用了一种概念框架，其中所包含的教学方式和知识的运用证明了课堂中的权力关系。①

在他们观察的描述性阶段，他们谨慎地坐在教室后面记大量的笔记。研究报告中含有这些实地调查笔记的摘录，这些笔记主要记载了教师、个别学生或学生的齐声说话。不过，观察者还记录了具体行为，例如，学生为了被老师叫到而举手的行为，学生的评述为老师所忽视的行为或老师在黑板上写字的行为等。

普罗菲特和罗厄尔声明，他们最初的观察和访谈表明如下：

……教师们创造了一些学习经验：以教师为中心，置学生于知识被动接受的地位……作为教学模式基础的实际教学法原则……似乎建立在死记硬背的学习基础上……这些实践的传播如此之广，所有参与者都视之为理所当然，因此，很容易得出这种结论："这就是学校里发生的一切。"②

在报告中，普罗菲特和罗厄尔表达了他们愈发强烈的感觉：在所陈述的课程目的（即：教学情境应以学生为中心）与他们一直在观察的实际上存在的权利主义的、以教师为中心的课堂环境之间存在着极大的差异。

在博茨瓦纳大学一同工作的经历使普罗菲特和罗厄尔意识到，科学教育课程的岗前培训班教师发现"动手性"科学（如：在实验室做实验）很困难，于是在自身的教育努力中更多地依赖死记硬背的教学。普罗菲特和罗厄尔因在研究课题中发现中学生也有类似问题，他们推测："在师资培养项目中正播下将来困难的种子。"③

在研究最后的选择性观察阶段，普罗菲特和罗厄尔特别关注了为发

---

① 罗伯特·普罗菲特、帕特里夏·罗厄尔（1993），"适应及控制：博茨瓦纳的科学教学方法"，《教育定性研究国际杂志》，第6期，第198页。

② 同上，第201页。

③ 同上，第205页。

展学生操作技能而设计的课堂活动。他们还进行了进一步观察,其中之一在研究报告中得到了描述,这些观察表明:

> ……操作技能的教学同样遵循早先以教师为中心的常规,学生总是不参与,而教师用不清晰的口头方式提出指导及信息。很少观察到以学生为基础的实际工作……①

这种教学方式与科学教育的教师岗前培训班课程的教学大纲很不相符。作为研究选择性阶段的另一部分,普罗菲特和罗厄尔开发出了一种科学技能测试,并在对各校每个在校学生样本进行测试。学生一般在操作技能测试方面表现较差。在研究报告的结束部分,普罗菲特和罗厄尔概括并解释了与先前作系统性讲述的课堂上的权力关系有关的成果。

我们从该课题研究中看到,缩小或加深实地观察的重点能助长定性诠释的显现,正是这样的诠释构成了课题研究的主要成果。

(五) 进入实地环境

正如人们对定性研究的必然性所期待的那样,对于怎样进入实地环境进行观察并无严格规定。你需根据实地环境和成员的特点及你想使自己连续地处于从完全参与者到完全观察者的地位来设计程序。

你可咨询专业定性研究者或阅读他们的研究报告,以深入地了解设计程序。例如,本章早先描述的、由埃文斯和埃德斯所作的关于中学内社会孤独者的研究颇具指导意义。他们所描述的进入学校餐厅的程序如下:

> 当时我们的方法是作为同辈而不是权威人士进入餐厅环境,我们和大多数学生一样穿着牛仔服或其他一些随意的服装。我们坚持在这种环境中不同教师或其他成人往来,我们刚进入餐厅环境时,把自己想象为新生,或是独处,或是挨着某人坐,并与坐在附近的同学交谈……虽

---

① 罗伯特·普罗菲特、帕特里夏·罗厄尔(1993),“适应及控制:博茨瓦纳的科学教学方法”,《教育定性研究国际杂志》,第6期,第205页。

然我们告诉每个人,我们来自本地的一所大学,正在研究青少年友谊,但我们并不公开记笔记……我们不把年龄告诉学生,尽管学生与研究者年龄相差 10 到 20 岁,学生的评述自始至终都表明他们普遍认为我们是……大学生和研究生……研究者对其所在小组所持的典型立场是成为该小组中的"一名安分守己的成员"。我们对其他成员采用倾听、接受、不判断的态度……当我们不报告他们的谩骂或其他违反校规的行为时,他们对我们的信任急剧上升,并向其他学生夸奖我们"很棒"。①

这段描写表明研究者了解到需要向调查中的青少年表现出不具威胁性的、友好的姿态。人们希望,在同样的研究者将研究重点转移到同一学校的教师或管理者身上之际,他们会采取更专业、更成熟的姿态及方式,但也应像他们针对学生小组所做的那样,保持中立、谨慎的态度,以证明他们诚实可信。

(六) 记录观察内容

定性研究者可利用定量研究者所使用的同样的方法来永久记录观察内容。例如,他们可使用一台可放在膝上使用的电脑做书面笔记。② 另一个办法是将笔记录入录音机。一种成为"留声伪装"的话筒在此值得一用。③ 它是一种隔音式麦克风,与手提录音机相连,可用背带挂在肩上。在发生某行为时观察者可对着麦克风讲话,而附近的人们不会听到声音。

在一些实地背景中,在拍纸本上或笔记本上记录的观察者可能会使参与者分心,或使观察者错过事件的重要方面。在这种情况下,也许可以进行暗中记录。听说定性研究者甚至在手纸上或在火柴纸板上书写实地调查笔记以隐瞒他们的观察者身份。

在实地背景中你如不能记笔记,你需牢记所发生的情况,并在离开

---

① 埃文斯和埃德斯,《脱离社会的过程》,第 145～146 页。

② 法伊芬伯格, B. (1988),《微电脑应用在定性研究中》,Newbury Park, Ca: Sage。

③ 巴顿, M. (1990),《定性评估及研究方法》(第 2 版)。Newbury Park, CA: Sage。

现场后立刻写出笔记。即使你不能马上做出完整的实地调查笔记，至少应试图写一下事件过程的概述和一些有价值的陈述；以后你可根据这种小结激发你写成一套更为广泛详尽的笔记。

下面是某定性研究课题的较好的实地调查笔记的特点：

*实地调查笔记应是描述性的和反思型的。*描述性信息包括研究参与者的口头描写、对话的重组、物理环境的描述、特定事件的叙述及观察者行为的描述。反思型信息包括研究者自身对询问过程的个人叙述，也可能包括下列因素：对数据收集和分析的反思、对伦理困境和冲突的反思、对观察者思维框架的反思及由此而来的诠释等。图 9.3 提供了包括两类信息在内的实地调查笔记的范例。本质上属于反思型的记录用斜体书写。

> B 打开悬顶的投影仪，并展示一些例子。第一例是行星的彩色的幻灯片。
>
> *OC—B 肯定喜欢行星。在 B 的办公室里有一个颜色一样的太阳系的模型。*
>
> B 指出该幻灯片对学生辨别行星是有用的，但在解释行星运动方面无甚帮助。学生们还看了遮掩的例子(行星的名字用木板遮掩住以便按需要由老师揭示)。
>
> *OC—学生很专心，但沉默不语，我想太安静了。这里所发生的问题是老师提问不充分。例如，B 本可问学生幻灯片有什么用处？你为什么要这么做？而不是告诉学生幻灯机的用处，问学生它会有什么好处，控制问题要恰到好处。*
>
> 第二张幻灯片的主题是水循环，它由一个主循环与两个重叠的循环组成。
>
> B 解释了可以使用这种投影仪来描述某过程。
>
> *OC—学生很安静，没有问题。*

图 9.3　附有观察者评论实地调查笔记之示例

【资料来源】　布兰特，R，《B 的一般性透明度的课堂观察》，未出版的报告，University of Georgia，1987 年 4 月 30 日，Reprinted in Merriam，S. B. (1988)：《教育个案课题研究：定性方法》，San Francisco：Jossey-Bass。

注：斜体实地笔记是观察者的反思型评论。OC 是“观察者评论”(observer comments)的缩写。

*实地调查笔记应详细而具体。*观察者应努力写成详细、具体而不是模糊、概括的实地笔记，迈克尔·巴顿(Michael Patton)提供了下列两个极端的实地笔记的例证①：

① 巴顿，Qualitative Evaluation，第 240 页。

模糊而过于概括的实地笔记	*详细而具体的实地笔记*
委托人对职员相当敌视	当高级职员朱迪告诉委托人她不能随心所欲时，委托人开始向朱迪大吼大叫，说她不能控制她的生活，而且她只是处在"权力之途"的地位，说想"把她打得屁滚尿流"，她应该"下地狱"。她挥拳打在朱迪脸上，跨出房间，只剩下朱迪目瞪口呆地站在那里。

很明显，右边的摘要比左边的具体，描述更详细。另外，语言反映出低推论观察，当研究者想从实地调查笔记和其他数据来源中找主题和模式时，它比高推论观察要有用得多。

在适当的情况下，*实地调查笔记应包括视觉情节*，并不必限于文字。例如，观察者可画一幅被观察行为发生之际的物理环境布置的平面图。如视觉情节更值得注意，研究者可用摄像机记录或用照相机拍摄，以创造一种记录型视觉记录。人类学家和社会学家经常在实地调查中使用这些数据收集方法。① 最好的视觉记录能说明文化和社会互动作用的重要方面。但是，一些批评家却争辩，记录型视觉记录虽然貌似中立，实际上是"政治上反动的窥淫癖"②。这种批评认为，定性研究者有必要分析他们使用视觉记录设施来选择作为记录形象而保存的、特定事件和事物的动机和观点。

由特里·伍德(Terry Wood)、保罗·科布(Paul Cobb)和厄纳·雅克尔(Erna Yackel)所做的一项个案研究说明了在定性研究中使用摄像带记录的情况。③ 研究者审查了一位小学教师在参与正在进行的研究课

① 哈珀，D.(1994)，"图像的权威性：困境中的视觉方法"，In N. K. Denzin & Y. S. Lincoln 编：《质化研究手册》(第403～412页)。Thousand Oaks，CA：Sage。

② 同上，第410页。

③ 伍德，T.，科布，P.，& 雅克尔，E.（1991），"改进数学教学：案例研究"，*American Educational Research Journal*，28，第587～616页。

题时转变了她的数学教学方法的原因，该课题涉及到有关教学的结构主义观点。这位老师一学年中的每一节教学课都被拍摄下来，共用了两台摄影机重点拍摄四对被挑选出来的学童的小组活动表现。摄像记录再加上实地调查笔记和学童课堂作业的复印件，共同构成了用来证明学生数学理解能力及小组中社会互动转变的主要数据来源。

（七）处理观察者效应

定量研究的进行基于这样一个前提：观察的内容应与进行观察的特定个人相分离。因此，应努力减少观察者偏见并控制观察者对所观察事物的影响。定性研究者关于他们对被观察现象的影响有不同的看法。作为观察者，他们认为自身偏见及个人反应是被观察“场景”的一部分，所以，定性研究者不用实证论的客观性标准判断他们的观察质量的高低。相反，他们用下述程序处理定性研究中出现的效度问题。①

*项目参与者及成员对观察者在场的反应。*建议定性研究者应努力避免高估或低估他们对被观察情况的影响，但他们应描述和分析这些影响作为课题研究的一部分。

研究过程中对观察者的影响。建议采用类似上述的方法处理这个问题，即应意识到观察者会有反应并把这些反应记录下来。埃文斯和埃德斯实地调查笔记中摘要表明，观察者记下了他在目击社会孤独者受到中学同辈的不公正待遇时所感到的不安，它代表定性研究者注意到了观察对自身的影响。

*观察者的个人倾向或偏见。*要处理这个问题，研究者应使用既定程序论证说明数据分析，以减少研究者的可能倾向导致的任何歪曲。这些程序包括积极努力检验对研究结果所作的相反解释，使用定性和定量研究方法来查验现象，使用多位观察和研究者，从各种理论角度检查结果，以及充分详尽地报告研究项目以使读者能“审查”结果。

---

① 这些主题和程序在巴顿：《定性评估》中有所讨论。

观察者无能。若观察者对研究的问题和方法所要求的数据收集类型准备不足,定性观察数据将无效,甚至误导。解决这一问题的方法显而易见:在从实地收集数据之前,观察者应接受过充分的培训,或者通过其他方式做好准备。

(八) 分析定性观察数据

定性研究课题的实地调查阶段结束后,研究者可能会有大量的实地调查笔记和作为他们观察记录的可视数据。所有这些数据都需得到分析、解释和报告。我们将在个案研究方法章节中描述这一过程的每一节(第十四章)。你会发现,分析、解释和报告观察数据的程序与用于其他类型的定性数据的程序一样,例如,访谈笔记和实地环境中发现的文献。

六、非反应性观察

(一) 定量研究中的非强制性测量

上面,我们解释了观察者效应怎样削弱观察数据的效度和信度的情况。例如,一位观察者的出现会影响被观察个体的行为,使它变得不典型。这种或那种观察者效应可通过使用非强制性测量(有时称为*非反应性测量*)得以避免。**非强制性测量**有这样一个特点:在自然环境中收集数据,且个体未意识到他们本身正被观察。

假设我们对学生在学习中使用计算机技术感兴趣。在不了解他们是否会以及什么时候会使用计算机的情况下,要全天观察学生是很难的。但非强制性测量能帮助我们解决这一问题。我们可设想一种学生在其中可能会使用计算机的情境,并考虑这一情境是否会产生一个我们可在稍后阶段进行检验的结果,他们很明显可能会使用计算机对学校布置的作业进行文字处理。我们可请示学生的老师们允许我们检查学生作业,以便发现哪些是文字处理过的文件,哪些不是。

使用了这种方法,学生就意识不到他们正被观察,但他们的老师知道。我们也许可设想出对两组来说都是非强制性的有关计算机使用的情境。假设我们正在观察的学校的技术中心和图书馆的计算机向学生开放，我们可获得非强制性软件并把它们安装于这些电脑之中，以记录他们的使用时间，甚至使用者的击键次数。当然，这种方法提出了下面要讨论的道德问题。

在研究课题中已经使用的非强制性测量例证见图 9.4。把这类测量结合于传统的反应性测量尤其有用，这是因为两者的结合产生了一种如此殊异的测量方法。我们如使用几种不同的工具测检相同的变量，而它们产生相同的结果，我们可更自信地说，我们的结果是有效的。

1. 芝加哥理工博物馆孵小鸡展览附近的地砖每 6 周需更换一次，而博物馆其他地方的地砖多年都不需更换。通过有选择性地更换磨损地砖的频率，表示各展览受到相对欢迎程度的量度。
2. 一位调查者想了解官方无法查到的某城镇威士忌消耗量的水平，他通过计算垃圾桶里的空酒瓶来进行调查。
3. 通过记录坐着的孩子们围成的圈子直径的缩小可测量在讲鬼神故事这段时间所引发的恐惧程度。
4. 中国玉石商人曾把他们顾客瞳孔的扩大作为顾客对特定玉石感兴趣的量度。1872 年，达尔文用同一个量度作为恐惧的指数。
5. 图书馆减少被用来证明电视进入社区所产生的影响，小说书少了，而非小说类文学作品则未受影响。
6. 通过球赛季节担任内场球员或守球员（高互动位置）的棒球经理的过分表现可揭示经理招聘过程中互动率的影响。
7. 因为弗朗西斯·卡尔顿先生不懂非洲女性的语言，他使用调查硬件去推算她们的三围。
8. 通过歪曲圣诞老人图片的大小可证明孩子们对圣诞节感兴趣的程度。
9. 通过记录学术大厅里非洲裔美国人及白人聚集的程度来比较两个学院的种族态度。

图 9.4　研究课题中非强制性量度的范例

【资料来源】 根据韦布，E. J.，坎贝尔，D. T.，施瓦茨，R. D.，西克里斯特，L.，& 格罗夫，J. B.（1981），《社会科学中无反应测量》（第 2 版）。Boston：Houghton Mifflin。

非强制性测量的潜在局限

效度（validity）　一些非强制性测量的效度是难以确定的。例如，人

们曾在研究课题中用过遗失信件技术这一非强制性方法。① 这种方法指制作大量各种伪造信件，给在某一问题上持不同意见的机构各寄一封。其假设是：收到信件的个体如觉得信中所说正是他/她所支持的意见，就会寄出回信。若果真如此，代表不同意见的信件的返还率将反映出在所调查的社区中个人持有每种意见的百分比。但是，在几项有关竞选的课题中，返回的信件比例并未能预测选举结果，因此对该技术的效度提出了疑问。

信度(reliability) 非强制性测量的信度常常难以建立。甚至是对那些可计算出信度的非强制性测量而言，数据对其他研究者来说其用处也有限，因为大多数设计的此类测量都用于研究一种很具体的态度或行为模式，其使用的频率很少超过一次以上。与此相反，惯用的测量，诸如成就测试、个性细目及态度量表等在许多研究中使用过。每过一段时间，就会开发一批有关这些测量的有用知识，估计其信度也比较容易。

道德因素(ethical considerations) 非强制性测量的使用提出了包括征得同意与否及侵犯隐私等问题在内的道德问题(在第三章讨论了这些问题)。通常，在公共场合收集非反应性数据不被视作侵犯隐私，但个体在纯属私下性质的一些公共休息室等公共地区收集数据的行为已被指责为侵犯隐私。侦察个人私下行为(如在个人家里或办公室放置窃听设备)明显是对隐私的侵犯。

信息认同为非强制性测量提出了难题，因为它的主要目的是不为被研究的个体所注意而收集数据。信息认同的行为使个体意识到他们将会被研究，而使随后测量的非反应行为陷入险境。所以，在一些情况下有必要在信息认同前进行研究。

一张机构回顾板(见第三章)可能对要求先于征得同意前的研究看好，条件是研究者能展示下列条件：被研究个体不会蒙受危险，坚持不公

① 关于这种技术的颇具启发性的应用，可参考：法林顿，D. P.，& 奈特，B. J. (1980)，"从丢失的信中行窃：受害者性格特征"，《刑事司法及行为》，第7期，第423～435页。

布参与者的姓名，在未征得同意情况下不可能进行此研究，此外，研究保证会产生重要效益。①

（二）物质文化的定性观察

定量研究者所研究的同样物质性客体和人类行为的剩余物都可能成为定性研究者感兴趣的现象。在定量研究者使用重点狭隘的数字测量（最典型的是计算频率）来分析这些现象时，定性研究者则从整体的视角审查这些现象，认为它们表现了个体和人群如何建构社会现实的方法。

伊恩·霍德（Ian Hodder）用**物质文化**（material culture）这一术语来指历史上不同人群创造的各种物体。②（一些研究者把它们称作“人工制品”。）他区分了两类物质文化，第一类是履行交流、表达功能的物质文化。文本和标记是此类物质文化的范例。我们要在本章后面讨论定性研究者对文本和标记的研究。

第二类物质文化，即我们称之为**实践导向的物质文化**，因其与特定实践和意思的联系而得名。工具是实践导向物质文化的良好例证。例如，锤子没有交流功能，然而，它与特定用途有关，特别是与建筑也有关。而且，锤子对不同的人有着不同的意义：某人可能联想到伤害，另一人可能有正面的联想——制造有用产品按劳取酬，而其他人还可能有象征意义上的联想，例如，可能会想到《如果我有一把锤子》这首歌。

除工具外，物体也可表示实践导向的物质文化。例如，百合花在我们的文化中用于装饰之用，但在一些人的心中则可能联想到葬礼。

观察实践导向的物质文化很重要，因为它使定性研究者接近那些话语处于湮没的人们，例如，那些不曾为主流文化以书面形式加以记录的

---

① 关于与非反应性测量有关的道德问题，请参见书末加注参考资料中的韦布等人的讨论。

② 伊恩·霍德（1994），《文件及物质文化的解释》，见 N. K. 邓津 & Y. S. 林肯编：《定性研究手册》第 393～402 页。Thousand Oaks, CA: Sage。

人群的经历。另一个例子是已消逝的社会，特别是那些未留下任何书面记录、而只留下实践导向的物体及使用的物质剩余物的社会。

虽然实践导向的物质文化有其重要意义，它仍存在问题，因为定性研究者通常不能通过访谈来检查他们对物质所代表的社会现实所作解释的效度。人类学家在开发有助于解决这一问题的方法中起了带头作用，因为他们经常发现自己处于解释远古文化遗留下来的物体及物体碎片的情境中。①

实践导向的物质文化很值得教育研究者观察。教育者长期以来已发展或采用了许多专业化工具，其中有黑板、课桌、教室、公告板、计算机和投影仪。学生也已发展或购买了某些工具，如笔记本、活页封面、铅笔、计算机和橡皮。对这些工具的研究可提供有价值的信息以深入考察这些人群怎样构建社会环境，正是在这一社会环境中，这些人群忙于认知任务的处理并解决其集体与个人生活的其他方面的问题。

七、文献及其他信息媒介的内容分析

到目前为止，我们把本章的重点一直放在观察人类行为的方法及发生行为环境的特征方面。人类环境的一个重要特征是人们用各种方式来编码的信息。

书面文件：书面材料包括教科书、学生完成的家庭作业、试卷、学校数据的计算机打印稿、报纸及备忘录等。

视觉媒介：照片、告示及图片是可分析的视觉材料的范例。

听觉媒介：研究者可分析录像带记录、激光碟片记录或无线电节目。

综合媒介：有时可能需要分析许多类型的媒介，如电视节目和集打印、视觉图像和声音为一体的CD-ROM碟片。

---

① 伊恩·霍德(1994)《文件及物质文化的解释》，见N. K. 邓津 & Y. S. 林肯编：《定性研究手册》第393～402页，Thousand Oaks，CA：Sage。

这些材料的内容由某个人或团体向另一个人或团体传递的信息组成,这些信息在一些研究项目中是研究的目标。教科书因传达学校课程的许多信息而尤其受人关注。教科书和其他书面材料通常被研究者称为*文献*。我们在这里使用的这一名词及“信息媒介”这一名词是指文献和主要表现为视觉的或听觉信息的材料。

你如想把信息媒介作为一种数据来源收入研究之中,你需系统地鉴定和分析它们。在下面各节中,我们要描述这一程序,以适应你在定量或定性研究方面的要求。

(一) 定量研究中的内容分析

在定量研究中,文献分析一般都牵涉到内容分析。**内容分析**已被定义为“客观地、系统地、定量地描述明示的信息内容的一种研究技术”①。内容分析的原始材料可以是任何一种文献或其他信息媒介。

教育中大多数内容分析关系到收集编码在信息产品中的信息,它们涉及各个方面的数据。这些分析通常只是对具体信息的相当简单的分类或制表。例如,对语言艺术课上的学生作文进行的内容分析可用来开发语法和拼写错误方面的类型学,以及用来发展关于不同类型错误频率的信息。该信息可用来修订语言艺术课程或开发矫治方案。

在教育领域中,早期开展的重要内容分析之一是单词的频率计算,其目的是鉴定英语中最常用的词汇。② 所得的词汇表成为确定教科书可读性和发展基础阅读教科书及拼写书单的基础。然而,可读性除指词汇出现频率之外还起了其他功能。因此,研究者随后对教科书所用材料作了更精辟的内容分析,并根据发现结果开发了可读性的公式。③

---

① 贝雷尔森，B. (1952),《沟通研究中的上下文分析》,Glencore，IL：Free Press，引文见第18页。

② 桑代克，E. L. (1932),《青少年常用二万单词教师手册》(修订版)，New York：Teachers College Press。

③ 此类研究的例证之一见：弗莱斯克，R. (1951),《可读性测试法》,New York：Harper & Row。

进行一项内容分析的步骤

在描述内容分析程序时，我们将参考布恩斯利·奇瓦库琼（Boonsri Cheevakumjorn）对目前泰国儿童文学的研究。[①] 虽然该例涉及到文献，我们描述的步骤对分析其他信息媒介同样适用。

确定与你的研究目的相关的文献。奇瓦库琼的研究课题始于她的兴趣：为泰国儿童写的故事书是否提出与泰国社会目前所关注的亲社会的行为和侵犯性行为相关的问题？她在查阅文献时发现，儿童读本反映了社会价值观，并在塑造儿童的态度、价值观、行为等方面起了辅助作用。因此，她相信，为了儿童本身的利益，儿童故事书值得研究。也就是说，她认为这些文献是儿童环境的重要因素。

奇瓦库琼收集了泰国儿童故事书的样本，以确定它们是否包含她主要感兴趣的变量的内容，即赞成亲社会的行为和侵犯性行为。她对这些材料的检查表明，它们确实包含了相关内容，因此，她决定把这些材料作为研究的主要数据来源。

规定研究问题、假设或目标。奇瓦库琼修订了她的研究目的，将之扩大到一组研究问题，它们确认了相关类型的故事书内容以作分析。研究问题如下：

1. 在泰国儿童读物中，亲社会的和侵犯性主题占多大比重？

2. 哪些故事人物会产生亲社会的行为和侵犯性行为？他们与行为接受者的关系怎样？

3. 哪些类型的人物是亲社会的和侵犯性行为的接受者？

4. 故事书中的男性和女性是否产生不同类型的亲社会的行为和侵犯性行为？

5. 故事中的少年人物是否参与较成年人故事人物更多的不同类型的亲社会的行为和侵犯性行为？

---

① 布恩斯利·奇瓦库琼（1993），"泰国儿童文学及其对于泰国当代社会问题的关注"，《国际论文摘要》，54(10)，3669A。大学系统微形胶影号码 AAG94－05150。

6. 高、中、低阶层故事人物是否参与不同类型的亲社会的行为和侵犯性行为?

7. 故事人物在参与亲社会的行为和侵犯性行为时会怎么表现?

8. 故事人物参与亲社会的行为和侵犯性行为时会得到什么奖励或惩罚?

9. 故事中人物参与亲社会的行为和侵犯性行为的动机是什么?

10. 故事中人物参与亲社会的行为和侵犯性行为的环境类型有哪些?①

奇瓦库琼把儿童读物定义为包括适于4～8岁儿童的由一个或多个故事组成的读物。故事被定义为一篇"简短的、虚构的文学作品,它讲述了有关人或动物的某事件或一系列事件"②。

选择文献样本来分析。 为内容分析而做的抽样程序与第六章所描述的选择研究人群样本的程序相似。你需确定对象总体,然后或选择全部总体或从总体中抽取样本。

奇瓦库琼先把她的对象定义为由两类出版者出版的儿童书籍:(1)泰国教育部出版部;(2)私人出版公司。她修订了总体的定义,使它限定于指包括故事书在内的书单,而这些出版商在1992年6～8月间向各书店和学校供应了包括故事书在内的一系列的图书。

奇瓦库琼从该总体中抽取故事书样本。因为她想重点对儿童最可能阅读的故事书进行内容分析,故样本不是随机抽取的。同是出于这样的考虑,在抽样过程中,她请家长和老师选择他们使用的书,请学校图书管理员指明哪些是馆藏图书,以及亲自辨认哪些书是书店里的畅销书。在最后形成的100本书的样本中,42本由教育部出版,58本由6个私人公司出版。

① 布恩斯利·奇瓦库琼(1993),"泰国儿童文学及其对于泰国当代社会问题的关注",《国际论文摘要》,54(10),3669A。大学系统微形胶影号码AAG94-05150。第13～14页。

② 同上,第45页。

形成类目编码程序。 内容分析的本质是将文献信息编码归入类目。每一类目应体现与你的研究目标相关的一个独立变量。你应考虑采用某一在先前的研究中已使用过的编码系统，这样一来，可以节省时间，用不着你形成自己的编码系统；再者，使用了标准编码类目，你就可与先前用过同一系统的其他研究相比较。结果，研究项目更可能对研究领域的理论及知识作出贡献。

已有数本内容分析的词典问世。例如，《哈佛社会心理学辞典第三卷》已被研究者用来进行心理学和社会学的内容分析。① 该词典包括诸如个体、角色、文化目标、文化过程、心理过程和社交-情绪活动等领域的内容类目。

奇瓦库琼一方面使用了先前关于儿童文学的几个研究课题编制类目，另一方面开发了自己的类目。她使用了不同的类目组来分别涵盖亲社会行为、侵犯性行为、故事人物性格及研究问题中指明的其他因素。

在形成早期内容分类系统后，你应确定几个评估者来使用它并了解该系统是否可达到较高的一致性。为此，你可就不同的评估者分类来计算评估者间信度的相关系数。如评估者之间信度较低，你需辨别出内容分类系统中模棱两可之处并澄清它们。这样，为提高可使用的分类系统的信度，形成一套明确的打分原则不无益处。

奇瓦库琼通过培训第二个人使用类目编码系统检查了它的评估者间信度。此人有教育硕士学位，熟悉儿童文学。她和这位硕士分别用类目编码系统分析了含 100 本书的样本内容。她还使用了司各特的评估者间信度公式②，确定他们编码的信度达 82%。

进行内容分析。标准的内容分析由样本中各文献的每个编码类目

---

① 使用该内容分析词典的课题范例之一是：蒙塔古，J. C.，Jr.，哈钦森，E. C.，& 马特森，E. (1973)，《机关化的电脑化语言内容分析与社区有障碍儿童的比较》，Little Rock：University of Arkansas。(ERIC 文献复制业务号：ED 085 949)

② 司各特，W. A. (1955)，“内容分析信度：主要代码案例”，《舆论季刊》，第 19 期，第 321～325 页。

出现的频数所组成。通常的程序是建立计算机文件来复制文献正文(你可打印正文或使用扫描仪直接将正文读入计算机文件),然后阅读计算机文件并给每条适合内容分析系统的特定类目的信息打印编码。可使用计算机程序计算每个号码的频数或将所有适用于每一特定编码的正文信息列在一起。这类计算机程序将在第十四章加以描述。

在研究报告的结果部分可显示频数统计,也可在这一部分报告描述性统计数字,如样本中所有文献的每一编码类目出现次数的平均值和标准离差。由不同类目代表的变量之间的关系也可在此加以分析和报道。

表 9.2 系从奇瓦库琼的论文中复制而来。第一栏数据显示总样本 100 中包括至少一个表示特定类型的亲社会行为的情节故事数。例如,我们发现,有 43 本书包括至少一个分担行为的情节,但只有 3 本书包括至少一种奉献行为(即:为公益而工作)的情节,第二和第三栏数据表示每个亲社会的类目的频数统计的平均值和标准离差。例如,我们发现,有 43 个故事提及分担行为,平均每个故事包括 2.05 个此类情节。

奇瓦库琼还分析了由她的类目代表的一些变量间的关系。例如,她分析了故事人物性别与他们亲社会行为之间的关系。她发现,男性比女性更易产生各种亲社会的行为。

诠释结果。内容分析的最后阶段是解释结果的意思。诠释过程将基于研究目的及它的理论或概念框架。在我们讨论的内容分析例证中,诠释的重点之一是泰国的传统价值观和社会需要。例如,奇瓦库琼解释了儿童故事中亲社会行为的高频数反映了泰国传统的价值观——慷慨和仁慈。她解释过程的另一重点是依据科尔伯格(Kohlberg)关于道德发展和道德教育的理论来理解结果,她使用这种框架批评了那些以说教方式传播关于亲社会行为的道德信息的故事。她建议,泰国儿童文学的发展方向应该是:通过展示亲社会行为产生于社会矛盾及道德说理过程之中,从而促进儿童的道德发展。

表 9.2　泰国儿童读本的赞成社交行为的类型

亲社会行为类型	包含此类行为的读本数	每本发生次数	
		平均值	标准离差
1. 分担	43	2.05	1.69
2. 传递	19	1.53	1.07
3. 安慰	22	1.91	1.41
4. 关心	52	2.12	1.63
5. 解救	39	1.59	0.82
6. 帮助	38	1.74	1.00
7. 奉献	3	2.00	1.00
8. 合作	16	1.63	0.96

注:发生次数总计 429

【资料来源】 布恩斯利·奇瓦库琼(1993),“泰国文学中亲社会及侵犯性的内容分析,以及它同当代社会问题的关系”第 63 页表 1,《国际论文摘要》,54(10),3669A。大学微胶号 AAG94-05150。

(二) 定性观察中文献和记录的分析

定性研究者经常研究自然情境中发现的书面传达的信息。这些书面信息有各种类型。伊冯纳·林肯(Yvonna Lincoln)和埃贡·古柏(Egon Guba)将**文献**(ducuments)定义为为了个人而不是官方的目的而准备的书面传播信息。① 相反,**记录**(records)是有官方目的的书面传播信息。例如,私人信件、私人日记和文章草稿是文献,而法定合同、在公众中广为传播的委员会的报告、纳税申报单和报刊文章则是记录。

文献和记录主要依赖语言传递意思,而其他传播信息,如数学、音乐和高速公路上的路标等,则依赖各种符号系统来传递意思。**符号学**

① 伊冯纳·林肯、埃贡·古柏(1985),《自然主义调查》,Beverly Hills, CA: Sage。

(semiotics)就是研究这些符号的探究学科。[①] 例如,彼得・曼宁(Peter Manning)和贝齐・卡勒姆-斯旺(Betsy Cullum-Swan)在麦当劳餐馆对不同符号系统传达的各种意思进行了符号学分析,其中有菜单板、光线、间隔安排、器具和食品包装袋、室外游乐场及在各种食物上贴有的一个"Mc"标签等。[②]

在传统的定量研究中,假设文本意思在不同的读者和时间中都是恒定的。也就是说,意思存在于文本本身,它可表现为独立的内容变量,并用内容分析方法加以研究。相反,定性研究者则认为,文本的意思存在于作者及读者的头脑之中,因此,特定文献或记录的意思可因读者或历史阶段的不同而变化;再者,在分析的不同层次,一种文献或记录可能具有不同的意思。例如,可以通过对一本教科书内容的分析来确定它所涵盖的主题。不过,它也可被看作从原始资料而来的二手资料(原始资料和二手资料在第四章有说明)。教科书和其原始资料之间的关系因而成为定性研究者研究的重点。

因此,为完全理解某文献或记录,定性研究者需研究它所产生的来龙去脉——作者写作的目的、作者的工作条件、作者的预期读者及真正的读者以及读者阅读的目的等。定性研究者还应明白,在阅读正文的过程中,读者还创造了自己的意思。

因不可能访问作者或读者,以前留下的文献和记录给定性研究者设置了特殊的障碍。此外,研究者不可能观察使用这些书面信息的情境或它们怎样到达不同的读者手中的过程。历史学家已发展了多种研究方法来解决这些问题,我们将在第十六章描述他们的方法。

定性研究者遵循了定量研究者把文本和其他传播信息用作数据来源的一些相同步骤。他们一般先鉴定文献和记录,这些也是他们计划研

---

① 彼得・曼宁、贝齐・卡勒姆-斯旺(1994),《叙述、内容及符号分析》,转引自 N. K. 邓津 & Y. S. 林肯编,《定性研究手册》第 463～477 页,Thousand Oaks,CA:Sage。

② 同上。

究的情境中的一部分。他们一旦鉴定了这些材料，下一步就是要确定哪些材料可能与研究课题有关。接着，他们确定怎样才能遵循与研究有关的道德行为标准来收集这些供分析之用的材料。材料如不能脱离自然情境，也许可以制作照相复制本并把显示情境的照片用于日后的分析；否则，研究者将需设计一种对之作现场分析的方法。最后，他们需考虑材料的效度。适用于文件和记录的几种效度概念(即内部和外部批评)已在第六章中描述。

在定性研究中对作为数据来源的文献和记录的使用在分析阶段与定量研究差异最大。在定量研究中，人们要界定一组变量并把它们一律用于样本中所有的书面传播信息。人们如此测量变量的目的是为了得到产生可用传统统计学分析的量化数据。在定性研究中，分析过程可能是自然发生的。同一种文献或记录可在研究工作的不同阶段上加以分析，且每一次分析都产生新的假设和洞见。分析结果不必用数量化方式表达。再者，同一种文献或记录可从不同的视角、为不同的目的而加以分析。

定性研究者的分析结果采用解释和假设的形式。伊恩·霍德(Ian Hodder)建议，这些假设和解释需要根据两种不同背景的关系来衡量，即文献和记录产生的背景与出于研究目的正在进行诠释的背景。[①] 研究者应考虑它们在不同空间、时间和文化中的意思的差异。霍德提出了5个准则，用以确证从文献和记录中获得的数据进行解释：(1) 内部一致性，它表示理论论证的不同部分不互相冲突，且结论是前提的必然结果；(2) 外部一致性，它表示解释符合学科内外所接受的理论；(3) 理论和数据之间的一致性；(4) 理论假说的多产性，即：开拓了多少个新方向、探究领域或视野；(5) 某一解释的作者和支持者的可信度、专业资质及地位。

在定性研究中，使用文献、记录和标记的一个范例是G. 吉纳维夫·帕蒂-查维斯(G. Genevieve Patthey-Chavez)所作的一项研究，该研究有

① 霍德，《文件解释》。

关她对洛杉矶一所中学中拉丁美洲学生和主流教师之间文化冲突的感觉。① 帕蒂-查维斯把中学放在它所在的社区背景之中，她的观察包括社区中各种公共传播信息：

> 本地商家现在炫耀地把巨大的西班牙语招牌挂在并不显眼的英语招牌旁边；音像商店为他们的西班牙版专辑大做广告，几家西班牙语报社、电台和电视台与英语媒体进行着卓有成效的竞争。②

她从观察中得出结论：萨尔瓦多和墨西哥文化网络已在这个社区坚定而成功地扎下了根。

帕蒂-查维斯对学校课程的观察重点是作为第二语言(ESL)项目的英语。她在审查学校使用的ESL课程的教科书时发现，它们强调英语语法结构。她指出，这种强调与目前备受推崇的ESL教学法相违背，后者强调的是学生口语交际的娴熟程度的开发。

帕蒂-查维斯根据一家地方报纸关于中学的一篇文章的内容，她认为它是传播同化的机构，描述了她认为乃属该校的社会整化主义的使命，即把该校当成“教育机会和美国方式的进口港——除一些无赖之外，所有学生都急于通过的进口港”③。在帕蒂-查维斯的研究报告中，她引用这篇报刊文章中的摘录描述这个问题：

> 学生西莉亚·托切，17岁，5年前随家庭从萨尔瓦多移民美国，来时不懂英语。现在她是中学优等生，希望进入大学学习。她通常埋头于物理测验、经济理论、三角题练习和英国文学，以至于她很少想到当全副武装的游击队伏在她所在学校屋顶上时她所蒙受过的痛楚与可怕的时刻。

---

① G. 吉纳维夫·帕蒂-查维斯(1993)，“作为拉丁人及安吉利人文化斗争的战场——中学”，《人类学教育季刊》，第24期，第33～60页。

② 同上，第40页。

③ G. 吉纳维夫·帕蒂-查维斯(1993)，“作为拉丁人及安吉利人文化斗争的战场——中学”，《人类学教育季刊》，第24期，第50页。

> 然而，有时她会想起："我父母没有机会接受教育，我在这儿接受教育成了我家的至宝，我确实很珍惜它。所以，当我看到人们浪费他们在这儿获得的机会和各种选择时，我就想到萨尔瓦多。现在在利马中学，我们懂得我们拥有的一切——我们珍惜这一切。"①

帕蒂-查维斯声称，这名学生的经历所反映的只是有关中学有效性的一种曲解。她在和萨尔瓦多来的其他学生一起工作时发现，他们中的一些人认为萨尔瓦多学校比美国学校更严格、更讲道德。

这项研究使用了一篇报刊文章作为资料来源，这样做是有意义的，理由有两点：首先，它揭示了被研究的中学中一名学生经历的有关信息；其次，报纸有其独特意义，它与那些研究者与学生私人访谈所产生的意义不同：访谈只是个人事情，而报纸提供了广为传播的公众对话记录。事实是：报纸新闻记录选择收入该特定对话，支持了柏蒂-查维斯所作的关于该学校支持的社会整化主义的使命——一个报社记者明显支持并希望公众了解的使命——的声明。实际上，我们可以认为，报刊新闻记者说了读者想听的话，即他们的公立学校正努力整化移民并成功地做到了这一点。把这篇报刊文章作为数据来源的做法扩大了研究的背景，并就柏蒂-查维斯收集的其他一些对学校整化作用的使命提出了质疑的数据，并提供了相反的例证。

八、观察和内容分析研究中易犯的错误

定量观察

研究者

1. 未充分培训观察者。
2. 使用一种要求观察者立刻给许多行为编码的观察表格。

① 沃，E.（1986年9月28日）："利马中学重返市中心的展示"，《洛杉矶时代杂志》，第14页。

3. 不能采取足够的预防措施避免观察者干扰或改变他们将观察的情境。

4. 要求观察者极准确地辨别不同行为。

5. 不确定观察数据的效度和信度。

6. 不能保证观察者彼此独立地工作。

7. 允许数据收集观察者产生污染。

8. 允许产生观察者倾向和信度衰减。

定性观察

研究者

1. 未通过三角剖分程序使观察数据有效。

2. 未采取充分步骤把自己培养成为观察者，这些步骤包括在计划的研究中拜某专家为师。

3. 实地调查笔记的范围、细节不足，并使用了低推论描述。

4. 未考虑观察者对研究参与者的影响及观察者对目击情境的个人反应。

内容分析

研究者

1. 在定量研究中所收集的用于分析的文献不能代表确定人群。

2. 在定性研究中未考虑特定文献或记录的其他涵义。

3. 未考虑从非强制性测量、内容分析及物质文化的定性研究中获得的数据的效度和信度。

自测题

1. 恐考症是一种________的范例。

a. 描述性观察变量　　b. 推论性观察变量

c. 评估性观察变量　　d. 非侵扰性变量

2. 在西班牙语课堂上记录老师叫学生回答一个语法问题的次数是________的

范例。

a. 持续时间记录
b. 频率计算记录
c. 间歇记录
d. 连续记录

3. 在观察研究中计算机被用于

a. 记录事件持续时间
b. 探寻记录观察性数据的观察者误差
c. 展示观察性数据的图片
d. 上述各点

4. 大学生被培训来使用一份观察儿童玩耍行为的标准日程表。他们在这张表格上记录下观察内容，其数据与一位儿童心理学专家的数据相比。这种比较的目的在于检查

a. 效标关联的观察者信度
b. 观察者内部信度
c. 观察者间信度
d. 内部信度

5. 同样的观察者被要求通过检查学校记录来记录学生平均成绩，并在三节不同的课上观察学生的在场学习行为。这一过程容易导致

a. 信度衰减
b. 宽容误差
c. 观察者污染
d. 观察者偏离

6. 一研究者观察某教师工会的会议。她是该会成员并定期参加会议，该研究者的角色是

a. 完全观察者
b. 观察参与者
c. 参与观察者
d. 完全参与者

7. 定性观察的选择性阶段

a. 会涉及理论饱和
b. 肯定会发生从参与观察者到完全观察者的角色转换
c. 发生在重点阶段之前
d. 以上各点

8. 定性研究的实地调查笔记应

a. 强调高推论观察
b. 强调低推论观察
c. 避免个人的评论和看法
d. 有相当的选择性重点

9. 定性研究者相信物质目标和剩余是

a. 有关个体及总体怎样构建社会现实的内容的表示

b. 一种文化中支配总体的表达

c. 超出他们应该研究的范围之外的现象

d. 有益于研究的，前提是它们属于交流性、表达性的功能范畴

10. 一位定性研究者正在分析俄罗斯学校目前正使用的教科书。为判断教科书内容的意思，研究者有可能

a. 研究教科书的作者

b. 研究使用教科书的教师

c. 研究教科书所面向的学生

d. 以上各点

谢竹艳〇译

第四编

定量研究设计

你必须设计你的研究课题，以便找到问题的答案或检验你的构想的假设。为了完成该任务，你可以参考长期以来定量研究人员创造和不断改进的标准研究设计。这些设计在第四部分予以说明。你必须全部熟悉它们，以便选择最适合你科研项目的设计方法。

第十章说明描述性及因果-比较的研究设计。当科研目标是进行详细的现象描述时，以描述性研究设计为最宜，例如，人们对教育问题的看法，教师和学生在特定情景中的行为，或个人在某段时间发展变化的过程。在因果-比较研究设计中，研究人员把研究对象编成两组或更多小组，并将它们加以比较，以便探讨现象的可能原因或效应，例如，有人喜欢研究历史，其他一些则不喜欢。因果-比较设计可用于调查导致其差异的原因。

第十一章讨论了一些主要的相关研究设计，用来解释因果-比较设计中所提到的类似问题和假设。然而，相关研究设计涉及另一种取样、测量和统计分析的方法，而且通常它们较为复杂。

教育者不断地开发新的介入教学法，例如，课程方案和教学方法，它们极有可能改进学生的学习。在探讨这些教学法时，研究人员针对人们关心的各种问题和假设开发了许多实验设计。每项实验设计都要介入某种情形中，只是描述性、因果-比较及相关设计用于研究已存在的情形。主要的实验设计方法将在第十二章和第十三章内说明。

每项定量研究设计都需要具体的方法进行取样和统计分析。因此，在第四部分内，每项研究设计的这些特征都被加以强调。

第十章　描述性研究和因果-比较研究设计

一、概览

描述性研究方法是定量研究方法中最基本的方法，它要描述的是个体或其他现象的特定样本的特征。我们将解释两类主要的描述性研究方法：对某一时间点上的样本特征的描述；以及纵向研究，即描述一个样本随时间发生的特征的变化。然后，我们将讨论因果-比较的研究方法，这种方法是用来探讨变量间可能存在的因果关系的。我们将解释这种研究方法的优缺点，以及采用这种方法所涉及的步骤。

二、目标

学习本章后，你应能够：

1. 解释描述性研究和因果-比较研究的关系。

2. 叙述描述性研究中常用的测量工具类型和统计技术。

3. 解释对某一时间点上的样本进行研究的描述性研究目的。

4. 解释趋势研究、队列研究和专门对象研究间的区别，以及每一类型的优点。

5. 陈述横截面研究设计的两个问题。

6. 描述因果-比较研究中发现的变量 A 和变量 B 之间关系的三种可能的解释。

7. 解释因果-比较研究中极端值抽样方法的使用。

8. 已知始定组具有某一特征，确定适当的对照组。

9. 解释如何把 t 检验试用于因果-比较研究。

10. 解释因果-比较研究中的一种状况，即应用相关平均数而不是独立平均数进行 t 检验。

11. 说明单一平均数 t 检验得出的 t 值，描述这种检验怎样应用于因果-比较研究。

12. 描述方差分析、协方差分析以及多元方差分析应用于因果-比较研究的情况。

13. 描述使用非参数显著性检验比参数性检验更适合于因果-比较研究的情况。

14. 描述 χ^2 检验(Chi-square)，曼-惠特尼 U 检验(Mann-Whitney U test)、威尔科克逊(Wilcoxon)符号秩次检验以及克鲁斯卡-沃利斯(Kruskal-Wallis)检验怎样应用于因果-比较研究。

三、描述性研究方法

(一) 描述性研究的目的

研究就其最基本的形式而言，涉及对自然或人造的现象的描述——它们的形式、动作、时间上的变化，以及与其他现象的相似性。科学家通过自己的努力在描述现象方面已取得了许多重要发现。例如，天文学家曾运用望远镜对宇宙的不同部分进行了进一步的描述，这种研究为其他许多发现提供了基础，诸如太阳系的结构，以至能够预测像日食这样的天体现象。

描述性研究在教育中也同样重要。描述性研究(descriptive

research)是一种定量研究,涉及对教育现象作出仔细的描述。另一类定量研究——关系研究——既涉及描述现象,又涉及探讨不同现象间的可能的因果关系。关系研究既包括因果-比较的方法,这将在本章后面予以讨论,又包括相关方法(见第十一章)。第三类定量研究——实验——不仅涉及描述现象,而且要操纵这些现象并确定它们间的因果关系(见第十二、十三章)。所有三种类型的研究都涉及到描述,所以描述对定量研究来说是必不可少的。正像我们将在本书的第五编看到的,描述被看作是对人或事物意义的理解,它也是定性研究的一个重要目标。基于这一原因,当你打算进行一项描述性研究时,你应当对定量研究和定性研究方法都很熟悉,以便选择最适合你的研究目的的研究方法。

描述性研究关注的主要是确定"是什么"。例如,描述性研究中可能要研究的问题有:本州有多少教师对整体语言教学持支持态度?六年级艺术课中通常出现什么种类的活动,以及每一种活动发生的频率怎样?对自然科学教学中的革新,学校行政人员的反应是什么?在过去的50年里,一年级课本的可读性方面发生了变化吗?

多数教育研究人员十分倾向于进行因果推断,以及对新教学方法和课程方案进行检验。然而,除非研究人员首先对存在的教育现象进行准确的描述,否则他们就缺乏解释或改变教育现象的坚实基础。一些最有影响的呼吁改革教育制度的报告,就采用了描述性研究的结论作为其案例,像菲利浦·杰克逊(Philip Jackson)的《课堂生活》、萨拉·劳伦斯·莱特富特(Sara Lawrence Lightfoot)的《好中学》,以及约翰·古莱德(John Goodlad)的《一个名叫学校的地方》等书,就报道了这种类型的研究。①

---

① 杰克逊,P. W. (1968),《课堂生活》,New York: Holt, Rinehart and Winston; 莱特富特,S. L. (1983),《好中学》,New York: Basic Books; 古莱德,J. (1983),《一个名叫学校的地方》,New York: McGraw-Hill.

（二）描述性研究的工具

描述性研究会受到现有测量工具的类型和质量的限制。因此，许多研究人员精心开发新的测量工具或完善已有的测量工具。测量工具有许多类型，例如标准化成绩测验、课堂观察测量工具、态度量表以及访谈表。如果你打算进行定量研究传统中的一项描述性研究，你就应该熟悉第七章至第九章中讨论的各类研究测量工具。

（三）描述性研究中的统计资料

为了从整体上描述一个样本，研究人员一般要确定变量，测量变量，并为每一次测量计算出第五章提到的一种或更多种描述性统计数字，即集中量（平均数、中位数和众数）和差异量（标准差、方差和全距）。研究人员还应该计算派生性分数，作为解释所测量变量的样本分数的一个辅助。派生性分数（derived scores）是通过对每一个个体的测量，并根据对比组（如一个标准样本）的成绩，而得出的分数，它对解释变量具有辅助作用。年龄组、年级组、百分位及标准分，就是常用于描述性研究的派生性分数的例证。

有些描述性研究意在得出决策者和教育工作者感兴趣的教育统计信息。“全国教育统计中心”擅长这类研究，它的许多结论都公布在每年一卷的《教育统计汇编》[①]中，该中心还管理着一个“全国教育发展评估”（NAEP）组织，该组织收集关于公立学校各学科不同年龄学生成绩的描述性信息。“全国教育发展评估”的定期出版物是“阅读报告卡”，登载了关于几个不同年级学生阅读成绩的描述性信息。[②]“国际教育成就评价协会”（IEA）在更大的规模上进行了这种研究，它对许多国家，包括美国

---

① 《教育统计汇编》(1975 年至今). 华盛顿，D. C.：U. S. Department of Education。

② 马林斯，I. V. S.，坎贝尔，J. R. & 法斯特鲁，A. E. (1993)，《全国各州 *NAEP*1992 年阅读报告卡执行简略》华盛顿，D. C.：U. S. Department of Education。

学生的学业成绩进行了描述性研究。[①]

研究文献中可以找到两种主要类型的描述性研究，其主要区别在选择测量变量的时间上。第一种类型涉及测量某一时间点上的样本特征。第二种类型是纵向研究，一个样本要追踪研究一段时间。下面我们将分别讨论每一种描述性研究。

(四) 对某一时间点上的样本的描述

描述性研究常常只涉及报告某一时间点上的样本的特征。民意测验就是这种研究的例证；对人的行为调查是另一个例证。例如，地方报纸报道了对大学校园新生的调查结果，发现他们喝酒的比例很高。[②] 哈佛公共健康学院的研究人员发现，在入学第一周期间，有三分之一以上的新生在社交集会上狂饮；在第一学期结束时，有68%的学生曾滥用过烈性酒。

教育中的描述性研究，虽然在设计和实施方面十分简单，却能提供重要的信息。例如，约翰·古莱德对美国课堂教学的描述性研究就对决策者和行政人员如何看待教育产生了重大影响。[③] 本书的两名作者W.博格和M.高尔曾在更小的规模上，开发了改进教师提问技巧的培训方案。我们还找到了一项对教师样本的研究，研究者曾直接观察教师的提问方法。[④] 这项描述性研究的结果，对我们决定最初的培训方案应包括哪些提问技巧很有帮助。

如果你计划做一项描述性研究，你就应遵循定量研究的一般步骤：设计研究问题；陈述研究假设、疑问或目标；选择适当的样本和测量工

---

① 要查找这些研究的概况，参见：波斯尔思韦特，T. N.（1994），《教育成就：比较性研究》，载：T. 胡森，& 波斯尔思韦特，T. N.（Eds.）.《国际教育百科全书》(2nd.，第1 762～1 769页). Oxford：Pergamon。

② 赫吉，B.（1995，April 6），《聚会狂饮不可饶恕》，《注册一卫兵》，第1、4页。

③ 古莱德，J.（1983），《一个名叫学校的地方》New York：McGraw-Hill.

④ 弗洛伊德，W. D.（1960），《科罗拉多几所小学课堂口头提问活动的分析》，(未出版的博士论文)，Colorado State College。

具；收集并分析数据。

(五) 对延续一段时间的样本的描述

1. 纵向研究

纵向研究(longitudinal study)涉及收集样本在不同时间点上的数据，从而研究样本特征的变化或连续性。纵向研究设计难以实施，但对探索人的发展问题是重要的，正如戴维·马格努森(David Magnusson)、拉斯·伯格曼(Lars Bergman)、乔格·吕丁格(Georg Rudinger)和伯蒂尔·托勒施塔德(Bertil Torestad)所解释的：

> 个体从出生到一生的正常发展过程本身，就是一个有趣的研究对象。理解和解释这一过程，对理解影响身心健康和揭示一生中的心理、社会和生理问题的产生原因都是重要的……如果不使用纵向研究的方法，个体的发展就不可能得到适当和有效的研究。①

纵向研究中有三种主要的研究设计：趋势研究设计、队列研究设计和专门对象研究设计。它们的主要区别是，怎样在不同时间点上选择要研究的样本。

趋势研究(trend studies)是从不固定的总体中，在每个数据收集点上选择不同样本，从而来描述变化。例如，如果你想研究中学数学教学中采用图表计数器的趋势，你可以将全国数学教师协会的年度人名录确定为总体，然后从中选择一个样本，向他们收集关于使用图表计数器的数据。由于新教师的加入和现有成员因各种原因脱离了该协会，下一年度的人名录成员名单就有所不同了。因此，这一总体将有所变化，你可从这一成员名单中选择一个新样本，向样本中的教师提出与前一个样本中所提出的相同的问题。通过多年重复这一过程，你就可绘制一张反映教师使用图表计数器的变化状况的图表。

---

① 马格努森，D.，伯格曼，L.，吕丁格，G. & 托勒施塔德，B.（Eds.）(1991),《纵向研究中的问题与方法：稳定性及变化》,New York：Cambridge University Press. 引文见第 13 页。

趋势研究对研究总体的成员常常发生变化的一般变化情况是有用的,如中学生或学校委员会选举中的投票人等。一个得出重要结论的趋势研究例证是由"全国教育发展评估"(NAEP)组织进行的,①该组织的研究小组为了确定全国教育系统的有效性是否得到改善,定期对全国不同年级的学生样本进行了成绩测验。

队列研究(cohort studies)是从固定总体中,通过选择每一数据收集点的不同样本,来描述变化的研究。例如,假定我们要研究 1992 年获得加利福尼亚教学证书的所有小学教师的年工作状况,我们要列出该总体的所有成员的名单,并在每一数据收集点上随机从名单中选取一个样本。这样,总体仍是相同的,但每年将有不同的个体被抽样。而在趋势研究中,每一数据收集点上的总体可能会发生变化。

C. C. 卡森(C. C. Carson)、R. M. 许尔斯坎普(R. M. Huelskamp)和 T. D. 伍德尔(T. D. Woodall)在"桑迪亚国家实验室"所进行的研究就包含了对单一学生群体(1982 年毕业班)的中学毕业率进行的队列研究。②这项研究根据"全国教育统计中心"的数据,对 1982 年将要毕业的中学生制定了一个全国性样本,研究人员从 1980 年到 1986 年对这些学生进行了追踪。这一研究的目的是为了尽可能准确地提供美国中学生目前的流失数量。

他们的研究结论概括在图 10.1 中。该图展示了 1982 年毕业班在三个时间点上——1982、1984 和 1986 年,完成中学的百分比。在 1982 年的调查中,只有 82.7%的学生按时中学毕业(截至 1982 年);截至 1984 年,这一队列学生完成中学的比例比 1982 年增加 5.2 个百分点;而 1986 年的又比 1984 年增加 2.8 个百分点。这些学生或者从常规中学毕业,或者取得了"普通等值学位"(GED)。所以,根据这一延长的时间框架,

① 对这项进行中的研究目的的描述,参见:沃默,F. B. & 马丁,W. H. (1979),"全国教育进步评估",《教育评估研究》5,第 27~37 页。

② 卡森,C. C.,许尔斯坎普,R. M.,& 伍德尔,T. D. (1993),"对美国教育的看法",《教育研究杂志》,86,第 259~311 页。

这一队列中只有不足10%的学生被归类为流失生，这比非纵向研究所报告的结果(通常在25%—30%之间)实际上要低得多。

有些趋势研究和队列研究是根据其他研究人员以前收集的数据进行的。例如，1985年曾有人对芝加哥中学毕业生的职业兴趣作过一项调查，另一名研究人员则可通过收集1995年的可比性数据，并对比两组数据进行一项趋势研究。在进行这种类型的复测时，研究人员应采用同前次调查相同的问题和形式。一些证据和许多实际经验表明，调查问题措词上的细微变化都会对回答产生很大影响(见第八章)。

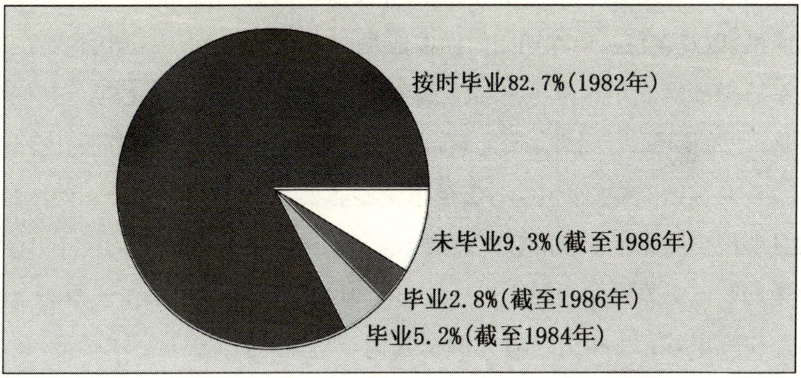

图10.1　美国1982年毕业班中学毕业的全国性样本，从1980至1986年的追踪

【资料来源】　C. C. 卡森(C. C. Carson)、R. M. 许尔斯坎普(R. M. Huelskamp)和T. D. 伍德尔(T. D. Woodall)(1993)，"对美国教育的看法：一个注释性简要情况"，《教育研究杂志》，第86期，第259～311页。

第三类纵向研究设计是专门对象研究。专门对象研究要求在研究初就选定一个样本，并在以后每次收集数据时都要调查同一样本。因为专门对象研究要在一定的时间里追踪相同的个体，因而你就可发现具体个体的变化，并可探讨这些个体变化的可能原因。而在趋势研究或队列研究中，就不能探讨个体的变化，因为在每一数据的收集点上，它们的样本是由不同的个体组成的。

对专门对象样本进行复测，可能产生被忽略的副作用。由于个体曾接触过特定的测量工具或接受过访谈，他们对下一数据收集就有时间去思考自己的答案了。另外,由于知道自己是专门对象研究的对象,这就可能会引起某种期望。例如,特曼(Terman,L. M.)对才能进行的著名研究,就选定了一群天才儿童作为专门研究对象,并从儿童期到成年期追踪他们的发展。[①] 这种选定研究对象的过程本身就可能会引起自我实现的期望,因而改变了研究结果的性质。

被试对象的流失可能是专门对象研究中的一个问题,特别是这种研究时间跨度很长时。劳里斯·怀斯(Lauress Wise)曾进行过一个大规模的专门对象研究,对十二年级学生的全国性样本追踪研究到成年。[②] 为了鼓励人们继续参与这项研究,研究者采取了多种措施,包括一份年度新闻通讯,以及在每一追踪期间向样本成员邮寄四封信函。一年后追踪的回收率是61.9%;5年后为37.9%;11年后为27.9%。由于存在长期保持一个完整人群的问题,专门对象研究倾向于比其他纵向研究更短的时间跨度。

在对被试抽样研究中,不仅存在受测者的数量会随时间减少的问题,而且即使仍然保留下来的被试,他们也会倾向于成为有偏见的样本,因为流失的被试对象可能不同于仍继续参与研究的被试对象。在怀斯的专门对象研究中,第11年追踪研究的回收被试对象,按一般的学术标准,要比非回收被试对象的标准差高出0.5,这反映了很强的样本偏见(在第六章,我们讨论了自愿接受研究的人员和非自愿接受研究的人员间的典型差异)。

采用专门对象设计的纵向研究尽管有样本流失和复测的问题,但它仍比趋势研究和队列研究更具有自己的优势。因为专门对象研究在每一数据收集点上测量的都是相同的个体,它的设计就能比相同规模的队列研究或趋势研究,对更小的变化,作出更灵敏的判断。专门对象研究的优势还在于它能断定谁发生了变化以及变化的方式,然后我们就能回溯造成变化的情况和个体特征。

---

① 特曼的研究结论发表在一系列的书中,包括:特曼,L. M.,奥登,M. M.(1959),《有天赋的中年人群》(第五卷),Stanford,CA:斯坦福大学出版社。

② 怀斯,L. L.(1977),《与纵向研究中的样本流失作斗争》,提交"美国教育研究协会"年会的论文,纽约,1977年4月。

2. 横截面研究

纵向研究的难度较大，因为要持续一段时间来收集数据，并在每一数据收集点上需要获得可供比较的被试对象。为了解决这些问题，研究人员可模仿纵向研究的方法，来进行横截面研究。在横截面设计中，数据是在同一时间点上取得的，但却来自于不同的年龄组或不同的发展阶段。例如，假定你对七～十二年级学生学数学的态度的变化感兴趣，为了用横截面设计研究这一问题，你可在每个年级选一个学生样本，并在同一天或相接近的几天中对他们进行问卷测试。这样，数据收集期短，样本流失就不再是问题了。

然而，横截面研究也有几个局限。一个主要的问题是，在时间上所发生的人群的变化，会对研究效果产生影响。例如，在上面的例子中，七年级的样本可能代表了所有适合上七年级的学生，因为在这个年级几乎没有流生；而十二年级的样本则不可能代表所有适合上十二年级的学生，因为许多学生在中学毕业前就已流失。如果采用专门对象研究设计，我们就能从七年级的样本开始，追踪几年他们对数学的态度。样本中的有些学生可能在一定时间后辍学了，但他们在学校期间的态度变化是可以分析的。

四、因果-比较研究方法

(一) 变量间关系的研究

正像我们在第一章所陈述的，教育研究主要是为了描述教育现象或探讨不同现象间的关系。教育研究人员最感兴趣的关系是因果关系，因果关系的发现对理论发展和教育改进都是有益的。例如，如果研究人员发现特定类型的教学可提高学生的问题解决能力，以此为基础发展一种能够解决问题的教学理论，还可以用来开发将这种解决问题的教学法贯串其中的有效课程。

因果-比较方法是探讨现象间因果关系的最简单的定量方法，它涉及发现变量间关系的特定数据分析方法。相关研究方法，将在第十一章讨论,它是为了实现相同目标的另一种方法,正像因果-比较研究方法一样,相关研究方法的显著特征也是它的数据分析方法。我们将在本章末讨论因果-比较研究和相关研究间的关系。我们建议你把本章和第十一章放在一起阅读,以提高你对这两种互相联系的研究方法的理解。

(二) 因果-比较研究的优缺点

因果-比较研究方法(causal-comparative method)是一种定量研究的方法,它试图发现一种行为方式的可能原因和结果,或者通过比较具有、不具有或较少具有某种个人特征的个体,来发现个人特征的可能原因和结果。例如,因果-比较研究方法可以用来研究学业成绩高的原因(一种行为方式)或种族背景的影响(一种个人特征)。这种方法有时被称为事后回溯研究(*ex post facto research*),因为对原因的研究是在它们可能对另一变量已产生影响之后进行的。

采用因果-比较研究方法(或相关研究方法)的主要理由是:我们要研究的教育中的许多因果关系是不能进行实验操作的。加里·格林(Gary Green)和休·贾克斯(Sue Jaquess)所进行的一项因果-比较研究就证明了这一点。① 这些研究人员的兴趣在于发现中学生兼职对其学业成绩的影响,其样本包括477名初中生,他们在被研究时要么没有参加工作,要么每周至少参加工作10小时以上。

值得注意的是,研究人员并没有对学生兼职进行实验性的操纵,他们为了观察兼职对学业的影响,实际上不可能叫某些学生半工半读,或叫其他学生不参加工作。研究人员的惟一依靠就是观察学生兼职中的自然变化情况。这里自然变化情况的含义是,在不涉及任何人为的安排,包括研究人员的操纵的条件下,对学生兼职变化的观察。

在这一例证中,对照组是根据假定的因果因素(即兼职)来确定的,

---

① 格林,G.,& 贾克斯,S. N.(1987),"半工半读对学业成绩的影响",《教育研究杂志》,80,第325~329页。

然后对这种因果因素的可能结果予以概念化并予以测量。你也能倒过来做这项研究，可先找出你感兴趣的现象，然后确定它的可能的原因。在这种情况下，那种感兴趣的现象是假定的结果。例如，你对某些学生比另一些学生参加更多的课外活动感兴趣，你可把参加课外活动作为假定的结果予以概念化，并根据这一变量的高低来组成学生对象组，然后去发现并测量参加课外活动的可能原因。兼职或许是一个可能的原因，但我们还可想出其他可能的原因。这些对象组就可以根据这些可能的原因予以比较。如果你发现特定测量变量存在统计上的显著性差异的话，你就可把它看作是你可能的主要研究兴趣，即参加课外活动的结果的可能原因。

因果-比较研究方法的缺点在于，根据收集的数据难以确定因果关系。例如，学生兼职研究的结果，如表 10.1 所示。其中，兼职和非兼职学生获得的平均积分点(GPAs)是相近的，但非兼职的学生在“美国大学测试”(ACT)中的得分却高得多(ACT 是根据“美国大学测试方案”制定的，类似“学术能力考试”(SAT)，这是许多中学生申请上大学要参加的测试)。

表 10.1　兼职和非兼职学生的学业成绩及参加课外活动的情况

变　量	兼职的学生	非兼职的学生	t 值	p 值
	平均数(M)	平均数(M)		
1. 平均积分点(GPA)*	2.66	2.78	0.81	0.42
2. 美国大学测试(ACT)分**	17.13	18.93	2.22	0.02
3. 参加课外活动(每周小时数)	6.2	8.30		0.05[a]

* GPA(Grade Point Average)：平均积分点。

** ACT：根据“美国大学测试方案”制定，是一种类似于学术能力测试(SAT)的测试。

a　研究人员未报告该变量的 t 值，只提供了 0.05 显著性水平上的统计显著性检验。

【资料来源】 选自格林，G. & 雅克，S. N. (1987)，“半工半读对学业成绩的影响”，*Journal of Educational Research*，80，第 325～329 页。表 2 和表 3 以及第 327～329 页的文本。引用得到华盛顿特区第 18 大街 1319 号海尔德雷夫出版社的允许，版权所有号 20036－1802，1987。

难道这种结果表明中学生兼职(原因)与学生学业成绩(结果)之间不存在因果关系吗？表10.1的结果支持这样一个结论，即不存在因果关系，因为兼职和非兼职群体间的平均积分点的差异是微小的，并且在统计上是不显著的。然而，兼职学生比非兼职学生有可能选上了更容易的课程，如果他们选上了和非兼职学生同样难度的课程，他们的平均积分点就可能明显地低。因为研究人员没有考察课程难度变量，我们从观察到的结果，不能一定得出兼职对平均积分点没有影响的结论。①

"美国大学测试"变量的显著性结果表明，中学生兼职导致了"ACT"成绩的下降。然而，这种情况可能有其他几种因果方面的解释，一是那些上大学学习能力低的学生，可能对工作有兴趣，所以他们在中学期间就半工半读。根据这一解释，第三个变量(学习能力)被看作是中学生兼职和"ACT"成绩两方面的原因。另一种解释是，家长行为是主要的动力因素。有些家长可能鼓励其子女不去兼职而为上大学作准备，而其他的家长可能不鼓励其子女为上大学作准备(或许是因为涉及费用问题)，反而鼓励他们通过兼职去挣钱。

尽管这些不同的解释都是合理的，我们却认为，如果兼职的学生要提高其"ACT"的分数，他们就应停止工作。要检验不同解释的价值仍需要进行进一步的研究。如果他们作出反驳，我们就要提供可证明兼职会导致"ACT"成绩下降的一个更为可靠的根据。

要解释表10.1所示的兼职与参加课外活动间的显著性关系，还得考虑不同的解释。导致学生花费较少时间参加课外活动的原因可能是兼职。然而，另一个似乎合理的解释是，那些对课外活动不太感兴趣的学生(参加课外活动的时间量低)可能将其精力投放于其他方面，包括兼职。根据这一解释，参加课外活动少导致了兼职，而不是相反。

总之，因果-比较研究方法的主要优点是，我们可以在实验操作困

① 研究者比较了一门必修课中兼职学生与非兼职学生的积分点，以此来控制课程难度的差别。然而，这项对课程难度差别假设的证据是不充分的。

难和不可能的条件下研究因果关系。另一个优点是，许多因果关系可以在某一单一研究设计中进行研究，例如，表 10.1 展示了涉及 4 种不同变量的关系。因果-比较研究设计的主要缺点是，要较为肯定地确定因果关系的模式是有困难的，变量 A 和变量 B 间的观察到的关系可能是 A 导致了 B，B 导致了 A，或者第三种变量导致了 A 和 B 这两种变量。

（三）规划一项因果-比较研究

1. 研究问题的陈述

因果-比较研究的步骤在一项关于初中程度科学素养的研究中得到了说明。亚历克西斯·米特曼（Alexis Mitman）、约翰·默根多拉（John Mergendollar）、弗吉尼亚·马奇曼（Virginia Marchman）和马丁·帕克（Martin Parker）考察了涉及教师教学（假设性原因）和学生科学素养（假设性结果）的变量间关系。[①] 科学素养，正像该研究人员在研究中所界定的，包括 5 个部分：（1）科学内容的掌握；（2）对科学的积极态度；（3）理解科学对社会的影响；（4）掌握科学的推理过程；（5）科学的社会历史发展的知识。

因果-比较研究的第一步是推测你感兴趣的现象的原因或结果。你的推测可以建立在以前的研究发现和理论上，以及你自己对该现象的观察基础上。在上述这一研究中，米特曼及其同事推测，学生科学素养的提高可能受到教师的口头和书面教学的影响。他们推测：

> 典型的课堂教学，在背诵和课堂作业活动期间，会强调科学内容的传播。假定情况是这样的，教师促进学生科学素养的主要机会是在口头陈述时，提出有意义的科学内容，该陈述通过对同一内容的书面作业而得到强化。在进行教学内容的解释期间，教师提供的

---

① 米特曼，A. L.，默根多拉，J. R.，马奇曼，V. A. & 帕克，M. J.（1987），“关于科学素养要素的教学及其与学生成绩的关系”，《美国教育研究杂志》，24，第 611～633 页。

关于课文概念的有意义内容,可提高学生掌握其他学科领域的概念的能力。(Duffy,Roehler,Meloth 和 Vevrus,1986)①

在现象的可能原因或结果被确定后,就应把它们具体化为研究问题的陈述。你可以想到,研究问题通常是以研究目标或假设的形式来陈述的。在我们所考虑的这项研究中,研究人员系统地陈述并检验了教师行为的可能结果,并作如下假设:"教师使科学内容情境化的范围和持续性,会对学生科学素养的 5 个方面产生直接的和可测量的影响。"②。

假设中的"情境化"这一术语是指,教师在一个让学生觉得有意义的情况下把科学内容陈述给学生。例如,教师可通过向学生说明本地工业与本地自然资源的关系,来反映一种正在活动中的生态系统,来使生态系统的科学概念情境化。在研究者的假设中,教师在情境中对科学内容的陈述是原因,而科学知识的获得则是结果。我们将在本章后面讨论研究者对这一假设所作的经验性检验。

在因果-比较研究中,研究者应该试图陈述和检验有关其他因素的不同假设,这些因素也可用来解释所观察到的两个观察组间的差异。例如,在米特曼及其同事的研究中,学生在学年末的科学素养的水平,可能不仅受到教师教学质量的影响,而且受到学年初他们的科学素养水平的影响。换言之,在开始时就了解更多科学知识的学生比知识基础差的学生对学习新内容可能更容易些。所以,9 月份学生科学素养的水平(原因)可能会影响到他们下一年 6 月份所达到的科学素养的水平(结果)。

研究结果可论证一个以上的假设,这是一种常见的情况,因为复杂行为,诸如学生学习,是由多种因素决定的,可考察每一种方案的两个对照组的差异量,确定哪一种因素或哪一组因素最可能会导致要研究的

① 米特曼,A. L.,默根多拉,J. R.,马奇曼,V. A. & 帕克,M. J.(1987),"关于科学素养要素的教学及其与学生成绩的关系",《美国教育研究杂志》,24,第 613 页。

② 同上,第 614 页。

现象。

对似乎合理的不同假设的检验有时被称为强推断。① 只要有可能，因果-比较研究中就应使用强推断，来确定两个对比组进行对比的变量。这样做的意思是，你应该选择并测量你可检验的那些似乎合理的不同假设的变量。这比猎枪式方法（shotgun approach）更可取，猎枪式方法涉及使用大量测量手段，仅仅是因为这些手段似乎有趣或有效。

2. 选择确定的研究对象组

在陈述了研究问题后，因果-比较研究的下一步是界定研究对象组。这些组要具有被研究的特征。界定必须精确，以便对研究结果作出有意义的解释。

在上述科学素养的研究中，米特曼及其同事选定了两组教师，他们在有意义的情境中教授科学内容方面存在着差别。选定两个小组的程序始于对 11 名教师的总样本的选择，他们都教七年级生命科学，并从每一个教师所教班级中选择一个班的学生。每一名教师在教授两种不同的生命科学的主题时受到观察。受过训练的观察人员记录下每一位教师在教授每一主题时，对有意义科学情境作出明确陈述所花费的时间量。下面是"内容丰富的"陈述例证。

> 好吧，现在我们了解了 4 种不同的血型。能够确定每个人的血型是今日医学——我们的医学技术的一个重要部分。这是因为人们生病并需要输血时，接受合适的血液是非常重要的。为了理解确定血液的作用，我们打算检验我们自己——就像他们在医院里所作的一样。②

研究人员记录了每一位教师用于情境丰富性陈述所占总教学时间的百分比。百分比最高的 5 位教师被确定为采用高情境教学的教师，而百分比最低的 6 位教师被确定为采用低情境教学的教师，如表 10.2 所示。

---

① 普拉特，J.（1964），"强推断"，《科学》146，第 347～353 页。

② 米特曼 et al.，《关于科学素养要素的教学及其与学生成绩的关系》，第 617 页。

表 10.2　教师用于科学情境讲解时间的总百分比

分　组	教师编号	用于情境要素讲解时间的百分比
采用低情境教学的教师	2	0
	3	0.2
	6	0.7
	7	0.5
	8	0.5
	10	1.2
采用高情境教学的教师	1	11.0
	4	3.8
	5	4.0
	9	4.0
	11	3.5

【资料来源】 Adapted from table 5 on 第 625 页 in：米特曼，A. L.，默根多拉，J. R.，马奇曼，V. A. & 帕克，M. J. (1987)，“关于科学素养要素的教学及其与学生成绩的关系”，《美国教育研究杂志》，24，第 611～633 页。

由于样本小，研究者并没有把原定小组再分成次级小组。然而次级小组的形成却能提供重要的结果。例如，假定情境丰富性陈述改进了学生的科学知识，但条件是教师对科学要有较好的理解。这种假设可通过把两个大组(采用高情境教学的教师和采用低情境教学的教师)分别分解为两个次级小组，即对科学有较强理解的教师和对科学有较弱理解的教师来检验。

表 10.2 表明，样本中只有一名教师(编号为 1)十分强调科学情境(占讲解时间的 11%)。如果研究人员选了一个大得多的样本，例如 100 名教师，样本中这类教师的数量就会增加。然而，要收集这么大一个样本的观察和检验数据，研究计划的费用就会无法接受。

3. 选择对照组

一旦你选定了具有你所要研究的特征的研究组，下一步就是选择一个不具有这些特征的组，或者具有这些特征程度较低的组。选择样本时，除了要研究的变量外，通常要求它与具有特征的研究组相似。在上述科学素养的研究中，采用低情境教学的教师对照组，同采用高情境教学的教师，都来自同一教师群。假设除了在教授科学时所用的情境丰富性陈述外，该两组教师的其他方面都相似。

然而，假定有人发现两组教师在某一随机变量上存在显著性差异，例如，采用高情境教学的教师比采用低情境教学的教师拥有更多年的教学经验。在这种情况下，如果采用高情境教学的教师的学生，比采用低情境教学的教师的学生在科学素养方面进步更大，我们则不能确定，这种结果是由于教师更多地采用了情境丰富性陈述，还是由于教师有更多的教学经验。

解决这一问题的方法之一就是采用配对的方法。配对可在一项或更多项随机变量上使两个组相等，以使这些随机变量不至于混淆研究者对主要感兴趣的变量进行因果关系的研究。在这种情况下，研究人员就要将每一位采用高情境教学的教师同具有相同教学经验的、采用低情境教学的教师相配对。然而，这种方法的难处是，要找一个可与采用高情境教学的教师在这一变量上相匹配的、采用低情境教学的教师，可能是很花时间的。

配对方法反而会产生更多的问题。因为你不能确定自己是否选定了最重要的一种或几种配对变量，而且，对具有特征的样本的某些成员你可能找不到合适的配对。所以，更好的方法是尽量从同一总体中随机选择具有特征的对象样本和对照样本，然后通过采用协方差分析来控制其他变量，这将在本章后面予以论述。

选择对照人群的另一种方法是采用极端组方法。[①] 极端组方法(extreme-groups method)就是从某一变量分数分布的两极选择对照群体。这样做的假设是，这种极端群体比分数分布上存在差异但又不突出的对照组，更可能在其他测量变量上存在差异。在科学素养这项研究

① 要讨论极端组方法及其与相关方法的关系，参见：阿尔夫，E. F.，Jr. & 亚伯拉罕斯，N. M. (1975)，“极端组在评估关系中的应用”，《心理测量》，40，第 563～572 页。

中,研究人员发现,学生对其教师讲解科学情境的范围的报告结果,同观察人员记录的实际量之间,只存在中等相关(r=0.34)。学生在辨别谁是讲解最多和最少科学情境的教师方面特别准确;让学生填写关于教师采用科学情境的问卷,明显要比让学生直接观察教师容易得多。例如,研究人员首先可通过对100名教师的不同班级作问卷调查,然后根据学生的报告,从中选择10名采用科学情境教学最高的教师和10名采用科学情境教学最低的教师,对其余的80名教师就不作进一步的调查。这样得出的20名教师的样本,比从总体中随机抽取的20名教师,很可能要包括更多的采用很高和很低情境教学的教师。这种极端群体比他们所研究的两个群体更可能揭示对学生科学素养产生的作用(假定这是一种真实作用)。他们的两个对照群体虽然存在着差别,但不突出(见表10.2)。

4. 数据收集

实际上,任何类型的测量工具都可应用于因果-比较研究中。标准测验、问卷、访谈以及自然观察,对收集假设的因果关系的数据都是有用的。在科学素养这项研究中,研究人员采用了一种观察的方法,以确定每位教师用于提供科学内容有意义情境的课堂时间百分比:

> 观察人员在每一课堂观察期间,对课堂主要情况和活动都作出了系统的书面记录。观察人员对每一活动片段的起始和终止时间作了记录。……观察人员还对每一课时作了录音,……观察人员使用上述书面记录和记事性描述,来计算教师用于不同(讲解)活动的时间量。……在初步计算了总讲解时间后,观察人员计算了用于内容性的教学与情境丰富性教学的时间比。①

研究人员还进行了一些测量来评估与科学素养有关的学习结果:

> 学生在预测(学年初)和后测(学年末)中完成了三种科学测量……"生命科学问卷"考查了学生的科学内容方面的知识,即关于生

① 米特曼 et al.,《关于科学素养要素的教学及其与学生成绩的关系》,第617页。

命科学的成绩;"科学过程调查"考查了学生对科学推理过程的理解,以及少量的关于科学的社会历史发展的内容;最后,"对科学调查的态度"作了评估……还评估了学生对科学课程的看法,对科学的职业和教育意义的看法,对一般科学的看法,以及对课外科学活动的兴趣。①

通过采用多种测量工具,研究人员则能够评价教师对科学的解释(假设性原因)和学生不止一种的学习结果(假设性结果)之间的关系。

5. 数据分析

因果-比较数据分析的第一步是计算研究项目中每个对照组的描述性统计数字。这些统计数字一般包括小组平均数和标准差。在科学素养这项研究中,每一位教师所采用的情境丰富性陈述是以百分数表示的(见表 10.2)。而学生有关科学素养方面的测量分数是以学年初到学年末的平均增量表示的,如表 10.3 所示。

表 10.3　采用高或低情境教学教师的学生的科学素养测量成绩

有关科学素养的测项	平均增量分数		t 值	p 值[a]
	采用低情境教学	采用高情境教学		
对科学课的看法	−0.194[b]	−0.080	−0.40	0.82
对科学的职业和教育意义的看法	−0.174	−0.216	0.48	0.316
对一般科学的看法	−0.132	−0.118	−0.18	0.431
对课外科学活动的兴趣	−0.045	−0.072	0.44	0.329
生命科学知识	2.148	2.102	0.10	0.460
科学过程的理解	1.191	0.582	1.69	0.046

a　只公布了一种单尾概率。

b　负平均增量表明后测比前测分数低。

【资料来源】 Adapted from table 6 on 第 626 页 in:米特曼,A. L.,默根多拉,J. R.,马奇曼,V. A. & 帕克,M. J. (1987),"关于科学素养要素的教学及其与学生成绩的关系",《美国教育研究杂志》,24,第 611～633 页。Copyright 1987 by the American Educational Research Association. Adapted by permission of the publisher.

① 米特曼 et al.,《关于科学素养要素的教学及其与学生成绩的关系》,第 618～619 页。

下一步一般是检验统计数字的显著性。显著性检验方法的选择,取决于研究者是否有兴趣就每小组的平均数、方差或中位数对小组进行比较,或是有兴趣就全距分数或类别频数对小组进行比较。你应该熟悉第五章介绍的以及这里更全面表述的各种显著性检验方法。另外,这些显著性检验中有许多都可用于分析实验得出的数据(见第十二章和第十三章)。

(四) 统计分析:t 检验

1. 平均数差异量的 t 检验

检验两个样本平均数显著性差异的基本原理已在第五章得到解释。当研究大样本时($N\geqslant30$),适宜采用 z 分布;当研究小样本时($N\leqslant29$),建议采用 t 检验。在实践中,研究人员通常不考虑样本规模,一般采用 t 检验,而不采用 z 检验。

因果-比较研究中采用 t 检验,取决于有关所获分数的三种假设。第一个假设是,分数要形成一种等距量表或比率量表;第二个假设是,研究总体的分数是正态分布;第三个假设是,研究总体的分数方差是相等的。统计学家发现,即使在实际违反这些假设的条件下,t 检验也能提供统计显著性的准确估计值。① 如果你关心数据中的分数分布,你就应当考虑既作一次 t 检验,又进行非参数方面的检验——或者曼-惠特尼 U 检验,或者威尔科克逊的符号秩次检验(两者都在本章后面予以描述)。如果这两项检验因为分数与 t 检验假设的要求相去甚远而得出了不同的结果,你只要报告非参数检验的结果。

米特曼及其同事对科学素养的测量的 t 检验在表 10.3 内说明,虽然看到了统计上的显著性差异,但令人惊奇的是,它与预计的结果相反。采用低情境教学的教师的学生被发现比采用高情境教学的教师的学生对科学过程的理解得分更高。为了解释这种预料之外的结果,研究人员

---

① 博利,C. A.(1960),"违反 t 检验假设的结果",《心理学简报》,57,第 49～64 页。

发现，教师插入对情境的陈述，常常是不完整的或混乱的，所以，他们总结道：

> 由于教师对这些成分的陈述常常是不完全的和不系统的，那些陈述情境成分更多的教师，有可能实际上损害了学生的学习。这反而可能导致学生在直接检验科学知识的测量中成绩更差。①

研究人员可能要根据许多测量变量对两个小组进行对比。每一次对比都要进行独立的 t 检验，正如表 10.3 所示，采用高和低情境教学教师的班级是从六项科学素养测量项目上进行对比的，总共要求作六项 t 检验。你可根据许多测量变量，通过对小组进行比较，来增加发现小组间显著性差异的概率。例如，假定两个小组在 20 个变量上进行对比，就会导致 20 个不同的 t 检验，几乎每一次对比都要产生一项具显著性水平的 p 值(假设 p 值设定在 0.05 的水平上)，尽管样本所代表的总体之间在任何一个变量上不存在差异。要了解其原因，只要考虑一下掷硬币就可得以理解。任何一次掷币，正面朝上的概率是 0.50，但如果掷币 10 次，至少一次正面朝上的概率就更高了。

随着 t 检验次数的增加，你也增加了犯"类型Ⅰ"(Type Ⅰ)错误的危险，你可通过设定低概率水平(即：p＝0.01)来减少这种危险。如果你发现测量变量是内在相关的，你可通过采用"多元方差分析"这种统计技术来减少这种危险。这将在本章后面予以说明。

如果在数据收集之前，根据理论或以前的研究发现，能够预料每个变量上小组差异的方向，那么，采用多项 t 检验就不成问题。如果所得的具有统计显著性的结果证实了预测，那么，把它作为偶然性的解释就不再有道理。

如果一项 t 检验适合你的数据，你就应该考虑两个要对照的样本在其他某项特征上是否相配，以便这项特征上的分数要随待比较的变量分

---

① 米特曼 et al.，《关于科学素养要素的教学及其与学生成绩的关系》，第 628 页。

数的变化而变化。如果它们是相配的，那么，两个小组在测量变量上的平均分数的差异就可用相关平均数 t 检验来检验。例如，假设采用高情境教学的教师同采用低情境教学的教师在教学经验的年限上是相配的，即对每一位采用高情境教学的教师，都有一位拥有相似工作经验、采用低情境教学的教师与之相配。在对比两组教师所教学生的科学素养的分数时，这种配对变量就可应用于相关平均数的 t 检验中。如果不存在配对变量，平均分数间的差异就应该用独立平均数的 t 检验来检验其统计上的显著性。相关平均数的 t 检验的优点是，如果能使用适当，它比独立平均数的 t 检验具有更强的统计效力。

最后，在作 t 检验时，你需要在单尾或双尾显著性检验间作出决定。如果你在数据收集之前预先假设了两组平均分数哪组更大，你可以只作单尾显著性检验，否则就需要进行双尾检验。单尾检验的优点是它具有更强的统计效力，换句话说，两个样本分数间的所得差异，用单尾 t 检验比用双尾 t 检验在统计上更可能呈现显著性。

2. 单一平均数 t 检验

在多数因果-比较研究中，研究人员比较两个样本的平均分数，以便确定它们之间的差异是否显著，但有时，他们也会对一个样本平均数是否与特定总体的平均数之间存在显著性差异感兴趣。例如，假设你调查了一个十二年级学生的样本，他们都拥有特定的特征（诸如都准备上大学）。你对每个学生进行了“威克斯勒成人智力量表”的测验，发现其平均智商分数为 109。作为数据分析的一个方面，你可能要确定这一样本的平均数同总体平均数是否存在显著性的离差。假定总体平均数为 100，我们就可使用单一平均数的 t 检验，来确定这种差异（109－100）在统计上是否显著。单一平均数 t 检验检验的是，一个样本平均数同一个特定总体平均数是否存在显著性差异。

总体平均数在教育研究中通常是未知的，然而，一些标准化测验却根据很大的样本建立了常模，这些大样本的平均数同其各自的总体平均数非常接近。另外，教育研究人员感兴趣的许多身体测量数字（例如，身高、体重和体力)已有了总体常模。

(五) 统计分析:方差分析

1. 两个以上的平均数比较

因果-比较研究有时涉及到两个以上群体的研究。在西德尼·斯特劳斯(Sidney Strauss)和埃弗雷姆·比希勒(Efraim Bichler)所进行的一项研究中,他们比较了年龄不同的四组儿童,以确定他们在理解算术平均数的性质方面是否存在自然发展。① 他们对四个小组儿童进行了不同平均数性质的各种测验,例如,平均数的离差的和为零;平均数不一定等于所加数值之一;平均数可以是客观现实中不存在的一个分数。

表 10.4 算术平均数性质测验中儿童总分数的描述性统计

年龄组	平均数(M)	标准差(SD)
8 岁	1.41	0.21
10 岁	1.57	0.14
12 岁	1.67	0.18
14 岁	1.75	0.17

注:表中分数是学生理解算术平均数性质的 7 项测验的平均值。

【资料来源】 选自斯特劳斯,S. & 比希勒,E. (1988),"儿童算术平均数概念的发展",《数学教育研究杂志》,19,第 64～80 页,第 71 页表 1。

表 10.4 显示了每一年龄组综合测试成绩的描述性统计数字。四个年龄组的平均分数的差异可以通过六次 t 检验来验证统计上的显著性,以便比较以下各项:(1) 8 岁与 10 岁;(2) 8 岁与 12 岁;(3) 8 岁与 14 岁;(4) 10 岁与 12 岁;(5) 10 岁与 14 岁;(6) 12 岁与 14 岁。比较所有小组所需要进行的 t 检验总数,会随着对照组的增加而急剧增加。例如,如果对象组数是 5,就要进行总数为 10 次的比较。

---

① 斯特劳斯,S. & 比希勒,E. (1988),"儿童算术平均数概念的发展",《数学教育研究杂志》,19,第 64～80 页。

研究人员通常是先作一个简单的方差分析，而不是作许多 t 检验。方差分析是一种统计方法，它可把个体分数中的组间方差量同组内方差量进行对比。如果组间方差同组内方差的比率过高，这就表明在某个特定变量上，组间分数的差异大于各组内分数的差异。如果方差分析得出了一个非显著性 F 值（组间方差与组内方差的比率），比较各对平均数的 t 检验计算就不再合适。但当研究者在数据收集前，就假设某一对特定的平均数将呈显著性差异，该规则就出现了例外。

在斯特劳斯和比希勒的研究中，方差分析表明，四个年龄组相互差异显著，F 值是 10.31，在统计上属显著性水平（$p<0.00001$）。[①]

如果 F 值在统计上为显著，研究人员就可进行 t 检验，以确定哪一组的平均数互相呈显著性差异。除非研究人员在进行研究之前就计划进行具体的比较，不然他就应采用多元比较的 t 检验。多元比较的 t 检验是一种对两组以上总体平均数差异的显著性检验。多元比较的 t 检验有几种类型，包括邓肯（Duncan）的多范围 t，以及纽曼-科伊尔斯（Newman-Keuls）、图基（Tukey）和谢菲（Scheffè）开发的其他技术。这些特殊的 t 检验为研究人员对同一数据进行许多比较起到调整作用，以发现平均分数之间的显著性差异的概率。

在斯特劳斯和比希勒的研究中，采用了谢菲的方法以进行事后比较。根据这些研究人员的观点，“一项以 0.01α 水平的谢菲检验表明，各年龄组之间都存在显著性差异”。[②] 换言之，平均分数的所有可能的比较在统计上都具有显著性。这一发现支持了研究人员的假设，表明儿童在算术平均数概念的理解上，确实会随时间呈现连续发展的倾向。

方差分析还允许研究人员对在一个以上的因素方面存在差异的次级小组进行比较。在斯特劳斯和比希勒的研究中，年龄水平是一个因

---

① 斯特劳斯和比希勒的方差分析还包括其他几项变量，也就是众所周知的主效应，这里不予以描述，目的是为简化我们对这项统计技术的解释。

② 斯特劳斯，S. & 比希勒，E.（1988），“儿童算术平均数概念的发展”，《数学教育研究杂志》，第 71 页。

素，另一个本该调查的因素是性别。在每一个年龄水平，都可以组成独立的男、女儿童组，如下所示：

年龄组	男	女
8岁	—	—
10岁	—	—
12岁	—	—
14岁	—	—

方差分析可以用来确定：(1) 四个年龄组的平均分数是否存在显著性差异；(2) 男、女儿童的平均分数是否存在显著性差异；(3) 年龄组差异的模式对男、女儿童都是不同的。方差分析的使用类似它在双因素和三因素实验分析数据中的使用方法(见第十三章)。

2. *协方差分析*

在进行因果-比较研究中，研究人员有时需要确定两个小组在特定变量上的某种差异，是否能用两个小组间存在的另一种差异来进行解释。假定你的假设是七年级男生比七年级女生在写作课答卷上的语法错误更多，以两组学生书面答卷上的语法错误分数作成样本，而t检验表明，男生比女生出错的平均数量要显著得多。

这时，你就需要提出这样的问题：这种已获得的差异可以用两个小组可能出现差异的其他某种变量(除了性别外)来解释吗？换言之，这就需要对不同假设予以检验。你可能会把学生答卷的长度作为一种可能的解释性变量。假定男生样本比女生样本在书面答卷方面明显的要长，这就增加了犯语法错误的机会。你现在需要确定的是，控制书面写作量的初始差异是否会减少语法错误平均数量的已获得的差异。

协方差分析的统计技术是在进行组内方差和组间方差的比较前，用来控制小组间初始差异的方法。协方差分析的结果是使两个小组在一项或多项控制变量上实现对等。如果两组间仍存在差异，我们就不能使用控制变量来解释结果。在我们的例证中，假定在采用协方差分析控制写作量的初始差异后，你发现男生仍比女生明显犯了更多的语法错误，你就可得出这样的结论：语法错误中的性别差异不是由于男生写了更长答卷的缘故。

协方差分析在因果-比较研究中是有用的，因为研究人员除了调查主要关注的变量外，并非总能选到所有相关变量都能配对的对照组。协方差分析在诸如年龄、能力、先前的教育、社会经济阶层或一种成绩量等变量上，提供了配对组的一种事后比较的方法。

在应用协方差分析前，研究数据需要满足某些统计假设的条件。①这些假设，例如回归齐性，可根据经验予以核实，但计算很复杂，无经验的研究人员在采用协方差分析前需要向熟练的统计学家咨询。

3. *多元方差分析*

多元方差分析(multivariate analysis of variance)是一种确定对象组是否在一个以上因变量上存在差异的统计技术。多元方差分析同 t 检验和方差分析相似，其技术上的主要区别是，t 检验和方差分析只能确定几个对象组在一个因变量上是否存在差异。

在多元方差分析中，每个被试对象将在两个或两个以上的因变量上拥有一个分数，这些分数可以用向量(vector)来表示，它是一种单一数学表达式，可表示每一个被试对象在所有因变量上的分数。研究中每一位被试对象都有一个向量分数，另外，特定小组所有被试的向量分数的平均数是可计算的。平均向量分数被称为质心曲线(centroid)。多元方差分析的目的是为了确定不同对象组的质心曲线是否存在统计上的显著性差异。

用单一向量表示几个因变量的概念可以用非技术性的方法来理解。例如，成绩高和成绩低的两组学生，他们在两个因变量上已得到测量：对其现在就读学校的态度和对继续接受学校教育的态度。假设一位学生

---

① 这些假设在下文中得到了讨论：伊莱肖夫，J. D.（1969），“协方差分析：微妙的工具”，《美国教育研究杂志》,6，第 383～399 页。

对其现在就读学校的态度分数为6，而接受继续教育的态度分数为8。这个学生的分数可以用(6,8)的形式来表示，表明他在第一个变量上得6分，在第二个变量上得8分。这种分数还可以用坐标图表示，在坐标图上标出的每个点，代表学生在两个变量上所得的分数，而成绩高的学生的坐标点(类似向量)与成绩低的学生的坐标点在坐标上占据了不同的空间。在某种意义上讲，多元方差分析的目的是为了确定两个空间彼此是否存在显著性差异。

我们的例证是基于双维坐标来表示两个因变量。你可试一试三个因变量的情况，以及如何在三维坐标上用一个单一的点来表示每一个体在这些变量上的向量分数。

多元方差分析的第一步应该是检验离中趋势相等的假设，如果得到的是不显著的F值，我们的结论是：假设条件得到满足(研究人员有时跳过这一步骤，因为多元方差分析是粗放式的，意思是在不违反检验效度的情况下，在一定范围内可违反假设条件)。下一步是做一项关于对象组质心曲线间显著性统计差异的检验。为此目的所采取的最常用的检验是维尔克的λ检验。这种检验可得出一项F值，并可在F值比率表中查找，以确定其统计显著性水平。如果得出的是多元方差分析的一个显著性F值，然后我们就可以对每一因变量进行方差分析。方差分析的目的是为了确定哪一个测量变量产生了正被研究的对象组平均分数的显著性统计差异。在方差分析中没有发现显著性F值的情况下，虽然可能性不大，但也有可能得出多元方差分析的显著性F值。

典型的因果-比较研究包括大量的因变量，我们先前的讨论并不是说所有的变量都必须只用同一种多元方差分析来检验其统计的显著性。你应将变量分成包括教育或心理变量的集合(即向量)，每一个变量集合都可由独立的多元方差分析来分析。

因果-比较研究中对多元方差分析的使用，可通过苏珊·巴索(Susan Basow)和南希·西尔伯格(Nancy Silberg)所进行的评估大学教授的一项研究得到说明。① 这项研究的主要目的是为了确定教授评估中是否存在偏见，以致女教授的分数比男教授打得更低。该研究选取了美国东北部一所私立大学的16名女教授，把她们同具有相似的职务、教学领域以及在大学工作经验年限的男教授进行了配对（配对方法已在本章前文予以叙述）。

所有这些教授在第五或第六周由其学生根据六项评分项目对他们进行了评价。这六个项目是：(1) 学识；(2) 组织能力/明确性；(3) 教师-小组互动；(4) 教师-个体学生互动；(5) 精力/热情；(6) 综合教学能力。研究人员还记录了完成评估项目的每个学生的性别。

对男女教授所有六项因素的平均评分如表10.5所示。

表10.5 男女大学生对男女教授评分的描述性统计

	男学生				女学生			
	男教授 (n=275)		女教授 (n=278)		男教授 (n=284)		女教授 (n=243)	
评估教授的因素	M	SD	M	SD	M	SD	M	SD
(1) 学识	11.7	3.1	12.9	3.1	12.0	3.1	11.9	3.2
(2) 组织能力/明确性	10.7	3.3	12.1	3.9	11.1	3.4	11.2	4.2
(3) 教师-小组互动	11.8	3.2	12.5	3.5	12.1	3.2	11.9	3.6
(4) 教师-个体学生互动	10.7	3.3	11.6	3.5	10.7	3.6	11.1	3.7
(5) 精力/热情	9.6	3.6	11.6	4.0	10.0	3.8	10.7	4.1
(6) 综合教学能力	2.2	0.8	2.6	1.0	2.2	0.8	2.4	1.0

注：低分数表明更多的积极评价。除综合教学能力的分数全距为1～5外，其余分数的全距为5～25。

【资料来源】 选自巴索，S. A. & 西尔伯格，N. T.，(1987)，“学生对大学教授的评估：女性和男性教授的评分有差异吗？”，《教育心理学杂志》，79，第308～314页。第311页表2。(Copyright 1987 by the American Psychological Association. Adapted by permission.)

巴索和西尔伯格通过使用多元方差分析，分析了表10.5所示小组

① 巴索，S. A. & 西尔伯格，N. T. (1987)，“学生对大学教授的评估：女性和男性教授的评分有差异吗？”，《教育心理学杂志》，79，第308～314页。

平均差异的统计显著性，六项评分项目被看作是相关变量的集合。表10.6的第一栏显示了多元方差分析的F值。教师性别的显著性F值(10.40)意味着男女教授在代表六项评分项目的向量上，存在着显著差异的平均分数。表10.6后面六栏的F值，表明了六项评分项目中哪一项造成了男女教授平均分数的显著性差异。

表10.6 男女大学生对男女教授评分的多元方差分析结论

多元方差分析[a]		单变量方差分析[b] 教授被评分的因素					
信息源	F值	(1)	(2)	(3)	(4)	(5)	(6) 综合
教授性别	10.40***	F7.71**	10.63**	1.44	9.11**	34.64***	39.71***
学生性别	1.29	F3.92*	1.15	0.45	1.85	1.12	3.72
教授性别 学生性别	2.54*	F9.67**	9.33**	4.62*	1.79	8.62**	7.10**

注：单变量方差分析的项目是：(1) 学识；(2) 组织能力/明确性；(3) 教师-小组互动；(4) 教师-个体学生互动；(5) 精力/热情；(6) 综合教学能力。

a 自由度(dfs)=6,1071

b 自由度(dfs)=1,1076

$*p<0.05$ $**p<0.01$ $***p<0.001$

【资料来源】 选自巴索，S. A.，& 西尔伯格，N. T. (1987)，“学生对大学教授的评估：女性和男性教授的评分有差异吗?”，《教育心理学杂志》，79，第310页表1。

多元方差分析在学生性别项上得出了一个非显著性F值(1.29)，表明男女学生在代表六项评分项目的向量上，其平均分数不存在显著性差异。尽管多元方差分析的F值不显著，研究人员对单个评分项目也报告了方差分析F值，其中之一，学识的F值是显著性的。然而，由于多元方差分析的F值是非显著性的，因此在解释学生评分中的性别差异时必须谨慎，它可能是偶然性的发现，随着计算F值的数目的增加，获得显著性

F 值的偶然性也增加了。

最后,我们在表 10.6 中发现,教授性别与学生性别相互作用的多元方差分析的 F 值(2.54),在统计上是显著性的。这一结果意味着,在代表六项评分项目的向量上,学生分数中的性别差异取决于被评分教授的性别差异。这种相互作用的结果的性质可通过检验表 10.5 得以确定。我们发现,男学生在所有六个项目上都给女教授评了较低的分数,而女学生在给男女教授的评分中不存在系统性的差异。

多元方差分析是一种有用的统计技术,因为它可帮助研究人员以多元变动的观点来看待数据,在某种重要特征上相互区别各小组,也可能在其他相互关联的特征上相互区别。多元方差分析可帮助研究人员使这些相互关联的特征的性质概念化并作出分析,以确定研究对象组在这些方面的差异。

多元方差分析的相关方面是准则分析,这将在下一章予以描述。这两种技术都可以用于分析由一个或一个以上自变量和两个以上因变量构成的数据,虽然研究文献确实不乏多元方差分析的例证,但准则分析似乎是教育研究人员喜欢选用的方法。

4. *方差间差异的检验*

标准差及其平方(即方差)是描述样本中已获得的分数可变性的两种统计数字。正像你可能想确定两个样本平均分数是否存在显著性差异一样,你可能想作一项统计检验,以确定两个样本分数的方差之间是否存在显著性差异。作这种检验有两个主要理由。第一个理由是,多数常用统计检验,包括检验平均数差异的 t 检验,都是根据两个样本的方差接近相等的假设条件而进行的。如果两个样本的分数方差差异显著,就应采用本章后面将讨论的某种非参数检验。

检验两个样本方差齐性的第二个理由是,你的假设可能关系到样本分数的可变性。例如,你假设大学毕业生比大学肄业的学生在学术能力上互相更为相似,其理论基础可能是,所有大学毕业生都一样的有才能。但是由于各种原因,学术性向高和性向低的两种学生在大学毕业前都有可能辍学。为了在因果-比较研究中检验这种假设，你会对大学毕业生和大学肄业学生的样本实施一项学术能力测量，然后你可作出一项统计检验，以确定大学毕业生比大学肄业生在能力测量上是否拥有较少的变量分数。

用于检验方差间差异是否显著的统计技术是方差分析，它同应用于检验几种平均数差异的技术是同一种技术。F 值越大，从中抽取样本的总体的方差，其相等的可能性越小。如果 F 值超过了你确定的显著性水平，你就要拒绝零假设(指出方差相等)并得出结论：样本方差之间所获得的差异为真差异。

你应该知道有数种统计检验方法可用于方差间差异的比较。如果两组分数是从独立样本中获得的，就要采用独立样本方差的齐性检验，以比较从独立样本中获得的两组分数的方差间差异；要比较从单一样本重复测量或两个配对样本中获得的方差间差异，就要采用相关样本方差的齐性检验；要确定两组以上分数的方差是否互相存在显著性差异，就可采用方差齐性的最大 F 值检验。

(六) 统计分析：非参数检验

1. 非参数检验的优缺点

我们在前面两节所讨论的统计显著性检验是众所周知的参数统计方法。参数描述的是一个总体的一组分数中的某方面。参数统计方法是根据总体参数的某些假设，即总体分数的形状或方差，而进行的统计显著性检验。这种假设之一是，总体中的分数是围绕平均数呈正态分布的；另一个假设是，某项研究的对照组的总体方差是大致相等的。当研究数据与这些假设偏差较大时，就不应该采用参数统计的方法，而应该采用非参数统计的方法。非参数统计方法是不依赖于关于总体分数的形态或方差的任何假设而进行的统计显著性检验。

参数统计方法的使用所依据的假设是：所分析的分数必须是等距变量。正像我们在第六章所解释的，多数连续性测量数据都符合这一标准。然而,类别或秩序分数的测量数据却不具备等距变量的特性,所以就应该采用非参数统计方法之一进行数据分析。下面各节将讨论非参数统计方法的一些常见类型。

当研究数据符合等距分数的假设条件,但不符合常态分布和方差齐性的假设条件时,我们仍建议你使用本章前面所述的参数统计方法之一。在这种情况下,建议使用参数统计方法有三条主要的理由。第一,研究已经表明,适当偏离特定理论假设,对参数技术的值几乎没有多大影响;①第二,非参数统计方法一般效果较差,即为了达到同样的统计显著性水平,它们必须是更大的样本;第三,对解决教育研究中所遇到的许多问题,还没有适当的非参数检验方法。

2. χ^2 检验

χ^2(Chi-square)是一种非参数统计检验,可以用来确定频次计数形式的研究数据在不同样本的分布是否不同。这些频次计数可以分成两个或更多的类别。χ^2 检验曾被马克·希恩(Mark Shinn)、吉拉尔德·廷德尔(Gerald Tindal)和德博拉·施皮拉(Deborah Spira)用于特殊教育对象的一项研究中,作为分析数据的方法。② 这些研究人员的兴趣是,教师在推荐阅读困难的学生,以对他们实行特殊教育措施的过程中,是否存有偏见。他们的样本包括一座中西部城市的所有学生,这些学生被推荐接受为期一学年的特殊教育。接受特殊教育的学生数量,依据其年级水平、种族和性别予以分组,如表 10.7 所示。例如,该表表明,二年级有 79 名白人学生和 65 名黑人学生,因阅读困难而在该学年被要求接受特殊教育。

研究的下一步是在无偏见的情况下,确定被要求接受特殊教育的学生数量。希恩及其同事考察了一次阅读测试的常模数据,该测试是该学

① 关于违反 t 检验假设的结果,参阅本章前文的论述。

② 希恩,M. R.,廷德尔,G. A. & 施皮拉,D. A.(1987),“作为教师宽容指数的特殊教育对象:教师测试不完善吗?”,《特殊儿童》,54,第 32～40 页。

区对接受常规教育的学生实行的一次随机大样本测试。他们重点考察了分数在第 16 百分位及其以下的学生。这样低的测试分数表明他们具有严重的阅读困难。研究人员指出，如果在教师选择指导对象过程中不存在性别偏见，那么，接受阅读特殊教育的男女生比例，就不会同客观阅读测验中分数在第 16 百分位及其以下的男女生比例存在差异。同样，如果在教师推荐指导对象过程中不存在种族偏见，那么，接受指导的白人学生和黑人学生的比例，就不会同测验中分数在第 16 百分位及其以下的白人学生和黑人学生的比例存在差异。

表 10.7　以学生种族背景和性别对其参考观察值和期望值进行的 χ^2 检验

组　别	观察值	期望值	χ^2
种族地位			
二年级白人	79	78.3	
二年级黑人	65	53.9	2.36
三年级白人	48	52.4	
三年级黑人	45	39.5	1.14
四年级白人	63	68.3	
四年级黑人	52	34.5	*9.27
五年级白人	46	55.1	
五年级黑人	44	33.7	*4.64
六年级白人	24	36.6	
六年级黑人	31	20.1	*10.30
性　别			
二年级男性	106	76.1	
二年级女性	45	74.9	*22.4
三年级男性	78	66.3	
三年级女性	45	56.7	*4.5
四年级男性	79	60.1	
四年级女性	47	65.9	*12.6

续 表

组　别	观察值	期望值	χ^2
	性　别		
五年级男性	64	58.8	
五年级女性	41	46.2	1.0
六年级男性	40	37.1	
六年级女性	25	27.9	0.53

* 表明结果在0.05置信水平上呈显著性。

【资料来源】 选自希恩，M. R.，廷德尔，G. A. & 施皮拉，D. A.(1987)，“作为教师宽容指数的特殊教育对象：教师测试不完善吗?”,《特殊儿童》,54，第32～40页。

正如表10.7所示，研究人员采用了 χ^2 检验，以确定接受指导的学生的观察频数(第二栏)，与客观阅读测验中常模数据在第16百分位及其以下学生的期望频数(第三栏)之间的显著性统计差异。种族和性别中的五项 χ^2 系数分别有三项在统计上呈显著性。例如，二年级被指定接受特殊教育的男生比女生多一倍以上(106∶45)，而客观阅读测验中分数低的男女生比例实际上相等(76.1∶74.9)。表10.7所显示的结果表明，教师在选择接受特殊教育的学生方面既有性别偏见，又有种族偏见。

当频数数据被分成4个以上的单元时，就可进行一次更复杂的 χ^2 检验。你还应了解，当任何单元的期望频数少于5时，就需要对常规的 χ^2 检验进行校正(耶茨校正法(Yate's correction)或费舍尔(Fisher)精确度检验法)。在作 χ^2 检验过程中，你还可以(为四格表)计算 ϕ 系数(phi-coefficient)，或者(为四个单元以上的联列表)计算联列系数(contingency coefficient)。这些校正系数提供了 χ^2 表中方差间关系的一种估计值。①

① ϕ 系数和列联相关系数在第十一章表11.3中予以说明。

3. 其他非参数检验

在显著性非参数检验中，χ^2 或许是教育研究人员在因果-比较研究中最常用的检验。其他的非参数检验有时也要使用，特别是当研究数据是以秩次的形式或者是以等距分数的形式表示，严重违反常态分布和方差齐性的参数检验的假设时。

曼-惠特尼 U 检验可以用来确定两个独立样本的分数分布，互相是否存在显著性差异。如果 U 在统计上呈显著性，这就意味着一个总体的大多数分数比另一个总体的大多数分数要高。两个总体以两个独立样本来表示，而 U 检验是在这种样本上进行的。这种检验一般是在严重违反 t 检验样本方差齐性假设的时候才使用的。①

威尔科克逊符号秩次检验法是用来确定两个样本分数相关时(或者通过配对，或者因为对同一样本进行再测时)，两个样本的分数分布是否存在显著性差异。威尔科克逊检验法类似于相关平均数的 t 检验，只是它不是建立在关于分数分布的形态或两组分数间的方差齐性的假设基础上的。如果要比较两组以上的被试对象，则可采用非参数的单向方差分析(克鲁斯尔—沃利斯检验)。

(七) 因果-比较研究结果的解释

解释因果-比较研究结果的过程，可通过本章前文所讨论的科学素养的研究予以说明。你可从表 10.3 得知，采用高情境教学的教师所教的学生，比采用低情境教学的教师所教的学生，在科学过程的理解方面的得分要低得多。从这一结果我们可得出这样的结论：教师采用情境丰富性陈述与学生科学知识的发展之间存在负相关。

我们能超越这一结论，并推断情境丰富性陈述“造成”学生科学知识

① 齐默尔曼，D. W. (1987)，“对学生样本规模和方差不等进行 t 检验和曼-惠特尼 U 检验的相对效度”，*Journal of Experimental Education*，55，第 171～174 页。这项研究表明，尽管违反了上述假设，即当两个样本的规模不等，以及小样本出现了大方差时，t 检验也比 U 检验提供了更好的零假设检验。

发展水平的降低吗？数据结果与这种解释是一致的，但因为这是一项因果-比较研究，我们还必须考虑其他的解释，例如，像我们上文所说的，研究人员发现教师的情境丰富性陈述多数是混乱或不完善的。或许，“任何类型”的混乱和不完善的陈述是导致学生科学知识发展水平降低的原因。如果这是真的，教师引证情境对学生的科学素养就造成了某种影响，只是因为它们是混乱、不完善的陈述，这才是导致那种结果的真正原因。

该研究结果的另一种解释是，在科学知识发展上有困难的学生，造成教师要通过更多的情境丰富性陈述来帮助他们。换言之，学生的成绩影响了教师的行为，而不是相反。研究人员没有提供两组学生的前测分数，所以我们不知道，一组是否比另一组的科学知识更贫乏，因此就更难教。所以，这一解释既没有受到报告结果的支持，也没有被反驳。这就是因果-比较研究中存在的基本问题，它们对揭示变量间可能的因果关系是有用的，但并没有对因果形态的本质提供强大的证据。

要改进因果-比较研究的可解释性，可采用两种方法。第一，正像我们在本章前文所讨论的，在可能的情况下，应构想其他的假设并予以检验；第二，研究中各种变量间的关系可用径路分析技术予以考察，这将在下一章予以讨论。

要展示因果-比较研究结果的因果实质，其最强有力的方法是作追踪实验，在实验中对假设性原因或研究结果的原因予以操作。例如，在科学素养这项研究中，教师使用科学内容有意义情境的技术，被假定为对学生科学素养的发展产生了影响。人们可以据此设计一项实验，一组教师受训使用这种技术，注重使用的数量和质量（使用质量的训练尤其重要，因为该研究发现教师很少会适当使用这一技术）。另一组教师则不接受这种培训。如果假设正确，我们就期望发现，受过培训的教师所教的学生比没有受过培训的教师所教的学生，在科学知识方面取得了更大的收获。

我们想再一次强调的是，因果-比较研究和实验各具优势。因果-比较研究对发现一个重要现象的可能原因和结果是一个相当经济的方法。如果明显的因果关系已经被发现,则可通过控制性实验予以检验。实验比因果-比较研究通常对技术的要求更高,也更为昂贵。所以,实验最好是在研究人员有理由相信两个变量间存在因果关系之后才使用。

(八) 因果-比较方法与相关方法间的关系

我们在本章开头就注意到,因果-比较方法与相关方法在某些方面具有相似性。这两种方法都是非实验性的,它们都不需要对处理变量进行操作。另外,在这两种方法中,研究人员都要研究 X 和 Y 两种变量间的关系。这两种方法的主要区别在于对 X 变量的测量和对结果数据的分析上。

这种区别可以通过我们在本章前面讨论的关于中学生半工半读的研究得到说明。在那项研究中,兼职是一种双重变量,具有两种值——存在(兼职)和不存在(非兼职)。如果研究人员希望把兼职作为一个连续性变量,他们本来可以把兼职概念化为一种连续变量。为了测量这一变量,他们本来可以要求学生列出自己该学年每周平均工作多少小时。在这种情况下,变量 X(兼职)和变量 Y(例如,平均积分点)都将是连续性变量。所得数据最好用相关统计方法予以分析,这将在下一章讨论。在格林和雅克的实际研究中,其数据是用 t 检验进行分析的,因为变量 X 是一种用来组成兼职组和非兼职组学生的双重变量。

本章描述的 t 检验和其他统计显著性检验的缺点是,它们并不指出变量 X 和变量 Y 间关系的量值。所以,研究人员有时先分析因果-比较数据,以确定观察到的差异在统计上是否呈显著性。如果发现呈统计显著性差异,研究人员就要计算下一章将讨论的某种相关统计数字,以确定两种变量间关系的量值。在 t 检验后,则可计算诸如积差相关系数的双重变量的统计量;在方差分析后,则可计算相关比(η);作为 χ^2 检验过程的一部分,则可计算 ϕ 系数或联列系数。

总之,虽然我们以独立的章节分别讨论了因果-比较研究方法和相关法,但它们两者是十分相似的,其主要区别在于统计分析的程序上。

所以,你会注意到这一章和下一章的大部分内容关注的都是统计技术。

(九) 描述性研究和因果-比较研究中易犯的错误

1. 在描述性研究中

1. 研究人员没有考虑可以用于进行描述性研究的全部测量工具。

2. 在纵向研究中,当专门对象研究或队列研究可得出更多可解释性研究结果时,研究人员只进行一项趋势研究。

3. 在专门对象研究中,研究人员没有增加原样本的规模,没有把样本流失考虑进去,并且追踪不充分,以维持高回答率。

4. 在专门对象研究中,研究人员没有考虑到样本重复接受测量或研究的公开化,会对收集的数据产生怎样的影响。

2. 因果-比较研究中

1. 研究人员假定因果-比较研究的结果就是一种因果关系的证据。

2. 研究人员并不使用正确的 t 检验来比较所研究对象组的平均分数的差异。

3. 研究人员在应当使用双尾检验时则作了单尾检验。

4. 当比较几组平均数时,在确定每一组的平均数相互间的显著性差异前,没有进行方差分析。

5. 研究人员没有使用协方差分析,以控制可解释已发现差异的组间初始差异。

6. 虽然测量变量从概念上和经验上相互并不关联,研究人员则采用了多元方差分析。

7. 当数据是类别数据时,或者当数据严重违反参数统计检验假设时,研究人员则忽视了使用非参数显著性检验。

自测题

1. 描述性研究中常见的统计类型是

a. 集中量　　b. 非参数检验
c. 方差间差异的检验　　d. 统计显著性单尾检验

2. 趋势研究涉及
a. 在每一数据收集点对一个易接近总体的不同成员进行抽样
b. 在每一数据收集点从同一个体样本中收集数据
c. 对由个体组成的具体总体追踪一段时间
d. 在同一时间对所有被试对象收集不同时间段的数据

3. 研究人员采用因果-比较研究设计而不是实验研究设计的主要情境发生在
a. 随机抽样不可能时　　b. 实验操作不可能时
c. 使用标准化测验不可能时　　d. 幼小儿童作为被试研究对象时

4. 因果-比较研究的一个主要限制是
a. 它比其他类型的研究更昂贵　　b. 它不能揭示变量间可能的因果关系
c. 它不能揭示变量间关系的量值　　d. 零假设不能得到检验

5. 如果因果-比较研究中要比较的小组在一个随机变量上存在差异,最好的做法是
a. 根据随机变量为小组配对
b. 根据标准化智力测验或能力倾向测验为小组配对
c. 采用方差分析来控制随机变量
d. 采用协方差分析来控制随机变量

6. 关于因果-比较研究中获得的分数,t 检验作出的假设是
a. 研究总体的分数方差是相等的　　b. 研究总体的分数方差是不相等的
c. 样本的平均数是相等的　　d. 总体平均数没有差异

7. 如果研究人员根据特定特征对研究对象组中的个体进行配对,合适的检验是对
a. 独立平均数进行 t 检验　　b. 相等方差进行 t 检验
c. 相关平均数进行 t 检验　　d. 不相等平均数进行 t 检验

8. 如果进行因果-比较研究的人员几乎确信研究假设将有一定的变化,最好要计算
a. 方差分析　　b. 相关系数　　c. 双尾 t 检验　　d. 单尾 t 检验

9. 根据某种变量给小组配对的一种事后方法是

a. 协方差分析　　b. 准则相关

c. 相关平均数的 t 检验　　d. 独立平均数的 t 检验

10. 多元方差分析是用来发现________方面的小组统计显著性差异的

a. 自变量向量　　b. 因变量向量

c. 因变量间相关　　d. 自变量和因变量间相关

11. 非参数统计的一个重要特征是它们

a. 对总体分数的方差不作假设

b. 假定总体中的分数是围绕着平均数呈常态分布的

c. 要求相等的总体方差

d. 只能用于等距量表

12. 在 t 检验或方差分析后计算相关统计数字的目的是为了确定

a. 样本方差是否相等　　b. 变量间关系的量值

c. 观察到的差异的指向性　　d. 以上所有

程晋宽◎译

第十一章　相关研究设计

一、概览

在本章中，我们要描述相关方法是如何用于预测，如何用于研究变量之间的关系。预测研究涉及预测未来事件的实际问题，或者涉及如何从较早时间点所测量的一个变量来预测后来结果。相关研究的目的是要了解变量之间可能存在的因果关系。各种相关统计可以用来计算预测的效果和相互关系的程度。在进行预测研究和相互关系研究时如果涉及两个变量，就使用二元相关统计方法。但如果涉及三个或多个变量时，则使用多变量相关统计方法。

二、目标

通过本章的学习，你应该能够：

1. 阐述相关研究方法的优点和缺点。

2. 绘制散点分布图，并能解释它在相关研究中的用途。

3. 从相关系数恰当地推论出变量之间的相互关系的大小程度、方向和变量之间可能存在的因果关系的显著性。

4. 描述相关研究的过程。

5. 描述预测研究的过程。

6. 描述预测研究的实际用途。

7. 解释泰勒-拉塞尔表和交叉验证在预测研究中的用途。

8. 在对两个变量进行相关研究时,选择最恰当的二元相关统计方法。

9. 解释衰减校正、全距限制校正和偏相关在相关研究中的用途。

10. 在对三个或多个变量进行相关研究时,选择最恰当的多变量相关统计方法。

11. 解释相关矩阵的设计方法和目的。

12. 对你感兴趣的问题进行相关研究时如何选择恰当的次级小组和缓和变量。

13. 解释预测和相关研究中获得的相关系数的数值和统计显著性。

三、相关的性质

相关研究是指用相关统计方法发现变量之间关系的研究。我们在第七章中阐述过,相关统计方法也被广泛地用于测验建构和分析。由于正确地理解相关系数对于后面的内容很重要,我们首先简要地用非数学的语言讨论一下相关系数的含义。

我们首先从个别差异的概念开始。假如每个人的学业成绩水平相同,研究人员就不会有很多工作可做。例如,预测就会是一件容易的事,因为我们将能对每个人作出相同的精确的预测。也没有必要精心编制测验,因为在这一情境中总体只含有学业成绩水平。然而,事实上是,在这个特征上人们是有差别的,而且,离差将会对个人和社会产生重大影响。例如,高学业成就的人与低学业成就的人在社会中一般扮演着不同的角色,对自己的看法也不同。如果研究人员能发现造成学业成绩的离差的原因,这可能有助于高学业成就者和低学业成就者在个人和社会方面取得更大的成就。

为了理解相关系数会怎样帮助我们从事这种研究，让我们研究一下图 11.1 的四个图形。这里有四个散布图。散布图是两个变量的相关的图形表征：个体在一个变量上的分数描在 X 轴上，该个体在另一个变量上的分数描在 Y 轴上。注意：图上的每个点包含两方面的信息，即个体在 X 轴上的位置和在 Y 轴上的位置。

在图 1 中，我们看到 A 变量和 B 变量完全正相关。笔直的斜线，称为最佳拟合线，它表明 X 轴变量上的每个增量都对应于 Y 轴变量上的一个增量。相关系数表示为 r=1.00，是完全相关，因为如果我们知道一个人在一个变量上的分数，我们就能很好地预测他在另一个变量上的分数。例如，假设一组学生在一项词汇测验中的得分介于 40 与 100 之间。假定词汇测验上得 40 分的学生在阅读理解测验上的得分是 85 分；词汇测验上得 41 分的学生在阅读理解测验上的得分是 86 分；如此等等；一直到假定词汇测验上得 100 分的学生在阅读理解测验上的得分是 145 分。如果这是事实，两个变量之间就是完全相关。如果我们知道一个学生的词汇测验成绩，我们就能精确地预测他在阅读理解测验上的成绩。

现在让我们来研究一下图 2 的相关图。该图表明两个变量之间具有相当高的正相关（r=.70）。如果我们知道一个人在 X 轴上的分数，我们并不能精确地预测他在 Y 轴上分数。然而，我们可以根据最佳拟合线来精确地判断他在 Y 轴上的分数。这个人在 Y 轴上的分数可能介于一个特定的相当狭窄的范围。因此，如果我们知道了一个人在词汇测验上的分数，我们就能在 10 至 20 分的范围内预测他在阅读理解测验上的得分。

另一种可能性是两个变量之间呈负相关，如图 3 所示。例如，假定学生对学校态度的测验分数的范围介于 0（高度否定态度）和 10（高度肯定态度）之间。如果我们计算学生对学校的态度与他们缺席率（学年中未上学的天数）之间的相关，我们预计在学生对学校的态度与他们缺席率之间得到负相关。也就是说，我们可以预测，对学校持高度积极态度

(例如 8 分或更高)的学生将很少缺课,对学校持高度消极态度(例如 3 分或更低)的学生将较多缺课。如果对学校持的态度与学生的缺课率完全相关,相关图的所有点都落在最佳拟合线上,就像图 1 所示的情况一样。但在这种情况下,相关将是完全的负相关($r = -1.00$)。

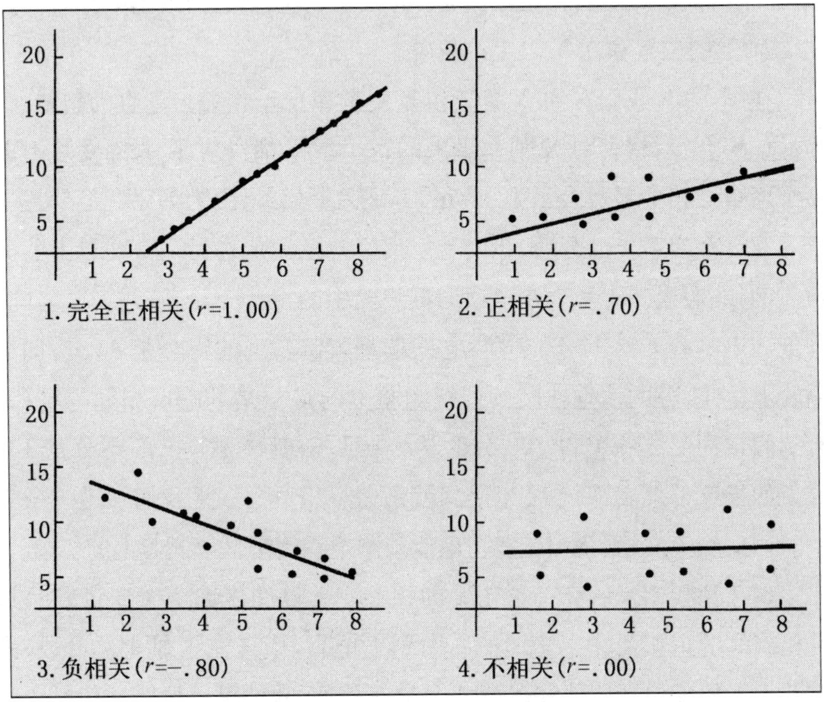

图 11.1　代表两个变量之间不同相关程度和方向的相关图

还有一种情况是两个变量之间缺乏相关,如图 4 所示。已知一个人在 X 轴上的分数,对于预测他在 Y 轴上分数完全没有价值。拿词汇测验分数和阅读理解测验分数的例子来说,假如学生的词汇测验分数相同,而阅读理解测验分数的变异却很大。例如,假如学生在词汇测验上的得分为 40,而他们在阅读理解测验上的分数介于 85 到 145 之间。我们可以得出结论说,两个变量之间没有相关,或者相关很小。根据词汇测验分数对阅读理解的分数进行精确预测将是不可能的。

正如我们前面所述,最佳拟合线是图 11.1 所示各相关图中的一条直线。用非数学的语言来说，最佳拟合线是这样一条直线：在所有可能的直线中对于从 x 分数去预测 y 分数，它是一条最佳的直线。可用下列公式进行计算：

$$y = bx + a$$

这里，y 是要预测的变量，b 是直线的斜率（有时称为回归系数），x 是预测变量，a 是最佳拟合线与 Y 轴的相交点。在我们后面讨论多元回归时，你将看到对于这个基本公式的详细介绍。

相关系数的目的是表达两个（或多个）变量之间的关系的程度和方向。如果两个变量之间的关系是完全正相关（当一个变量增加时，另一个变量也相应地增加），相关系数就是 1.00。如果两个变量之间的关系是完全负相关，相关系数就是－1.00。如果两个变量没有关系，相关系数就是 0。如果两个变量之间在某种程度上是相关的，相关系数就介于 0 和 1.00 之间（正相关），或介于 0 和－1.00 之间（负相关）。因此，相关系数准确地描述了一个变量与另一个变量之间相关的程度，以及相关的方向（正或负）。换句话说，相关系数告诉我们，一个人在一个测验（例如智力测验）上的得分可以在多大程度上用来预测他在另一个测验（例如学业测验）上的得分。如果可以预测，这意味着（但是，我们将会看到，并不能证明）用预测工具测得的变量对于用另一个工具测得的变量具有因果关系的影响。

对相关系数（r）进行平方（r^2）可得另一个统计量，称为解释差异。例如，相关系数.30 的平方是.09。如果 A 变量和 B 变量之间的相关系数是.30，我们可以说，A 变量“解释”了 B 变量变异的百分之九。

解释差异的数学基础有点复杂。理解它的简单方法是，设想测验 B 的得分的范围是 30 至 70。如果 A 对 B 中的变异没有解释，我们不能对任何人的 B 分数进行解释，除非说他的得分最低是 30，最高是 70（上下相差 40 分）。如果 A 解释了 B 的所有变异，我们就能很好地预测任何人的 B 的分数，因此我们预测中的误差范围就是 0。如果 A 解释了 B 的变异的百分之三十，我们就可以在某个范围内用 A 进行预测。例如，我们对 B 的预测可能就介于 40 和 60 之间(20 分的范围)。换句话说，解释差异越大，我们就越能用某个人在测验 A 上的得分来预测其在测验 B 上的得分落在一个狭小的范围内。

本章中谈到了几种类型的相关系数。之所以需要不同的相关系数，是因为有些测验是等距量表，或比率量表(例如多数智力测验工具)，而有些测验是等级形式(根据教师的表现对教师进行排序)或两分法形式(例如是非测验项目)。两个测验得分之间的关系并不总是线形的关系，我们在讨论相关比率时将会发现这一点。

相关系数和散布图都表达了所测变量之间的关系。相关系数是相互关系的精确数学表达，而从散布图更容易看出相关系数基于的所有资料数据。研究人员常常在计算机上用统计软件来计算相关系数。然而，你同时也应该考虑建构散布图，特别是当你有理由认为相互关系是非线性的(非线性将在本章的稍后部分谈到)或者样本包含特异情况(见第五章)。

相关研究的基本设计很简单，仅仅涉及对样本中的每个人在两个或多个变量上收集资料，计算相关系数。例如，我们可能选择一组大学一年级的学生，企图根据他们在学习能力倾向测验(SAT)的分数(B)预测他们第一学年的成绩(变量 A)。许多重要的教育研究都用这种简单设计来进行研究。为了在资料分析中包含更多的变量，以期对被研究的关系有一个更清晰的描述，近期的研究人员采用了更为复杂的相关技术。

与大多数研究所反映的情况一样，相关研究的质量不仅取决于设计的复杂性或者分析技术的复杂性，还取决于指导研究设计的基本原理和理论建构的深度。如果研究人员使用理论和以前的研究来选择相关变量，研究获得重要发现的可能性就大。

(一) 相关性和因果关系

与前一章中讨论的因果-比较方法一样，用相关方法来分析变量之间的关系容易受到因果推理方面的限制。例如，如果我们发现文化活动兴趣水平与受教育的年数之间有正相关，我们可能推断出，正式学校教育的时间长短可能会影响文化活动的兴趣的大小。然而，另外两个因果推理似乎也是有道理的：文化活动的兴趣水平可能决定了一个学生寻求接受多高的教育程度。也有可能是，第三个变量既决定了所达到的教育程度，也决定了文化兴趣水平，因而产生了那两个变量之间的相关。一个可能的原因是父母的教育情况。与接受正规教育较少的父母相比，具有大学毕业水平的父母可能鼓励他们的孩子在学校里多呆一些时间，并培养孩子更多的文化兴趣。如果这是事实，在观察到的教育年限和文化兴趣之间的关系就不是一个因果关系，而是共同受到第三个变量影响的结果。

两个变量之间相关关系有时是人为因素的结果。例如，如果我们对来自相同性格问卷的两个量表之间的关系计算其相关系数，可能会得到量表之间的显著相关，因为两个量表都包含一些相同的题目，而不是因为他们所测量性情范围具有因果关系。统计技术可以用来修正协方差相关系数，以消除由于重叠的测验题目而造成的共同变化的影响。① 而且，当用评估人来收集资料，由于相同的评估人对两个变量同时进行评估，可能会产生变量之间的相互关系。当由于成见效应（见第九章）而存在着评估人偏见时，这种现象特别容易产生。例如，如果评估人对被评估的人们形成了初始的肯定或否定的印象，我们可能会发现，人们在几个“好的”特质上的分数之间存在着相关。如果对某个人的印象是肯定的，他们可能会在所有的特质上给这个人都打高分。如果对某个人的印象是否定的，他们可能会在所有的特质上给这个人都打低分。特质之间的任何相关都是由于这个人为因素造成的，而不是由真正的因果关系造

---

① 这个统计技术在下列书籍中有描述：达尔斯特罗姆，W. G.，& 韦尔什，G. S.（1960），《明尼苏达多相人格测验（MMPI）手册：临床实践和研究指南》。明尼阿波利斯，明尼苏达州：明尼苏达大学出版社。

成的。

总之，相关统计可以用来探索变量之间的因果关系，但是得到的结果一般并不会具有很强的说服力。A 和 B 之间的相关，可以意味着 A 是 B 的决定因素，也可以意味着 B 是 A 的决定因素，还可以意味着第三个变量 X 既决定了 A，又决定了 B，或者 A 和 B 之间的相关是由人为因素造成的。只有实验才能提供关于因果关系的明确的结论。在测量两个或多个变量的相关的程度和方向(例如，正或负)，以及探索可能存在的因果因素时，使用相关系数是最好的。如果发现变量之间有显著的相关，用实验方法可以更确切地检验他们的因果关系。

(二) 相关方法的优点和应用

相关方法与因果-比较方法是有关的。与因果-比较方法一样，相关方法对于研究教育和其他社会科学领域中的问题是很有用的。与因果-比较方法和实验方法相比较，它的主要的优点是，它允许人们在单个的研究中分析许多变量之间的相互关系。在教育和社会科学中，我们常常面临着几个变量影响一个特定行为方式的情景。相关方法允许我们分析这些变量如何个别地或者综合地影响行为方式(本章后面要讨论到的径路分析和结构等量模型对这种研究目的特别有用)。

相关方法的另一个优点是，在所研究的变量之间的相互关系的程度上，相关方法提供了信息。正如前面一章所讨论的，与因果-比较方法相比，这是相关方法的优势。例如，教学能力的因果-比较研究在开始的时候常常是鉴别出一组教学优秀的教师和一组教学低劣的教师。在选定的因变量上比较这两组教师，以便找到教学能力差异的可能原因。然而，把一组教师描绘成是教学优秀的，把另一组教师描绘成是教学低劣的，这显然是人为的二分法，因为在任何一组教师中，当然都有一些教师比其他一些教师的教学要好。在因果-比较方法中，这些程度上的差异被忽略了。在现实生活中，在教师总体中，我们有的并不是能力具有显著差异的两组教师，而是一组教师，其能力范围从低劣到优秀不等。相关系数能利用这种分布范围的有利条件，在教学能力的全部范围或某个范围内计算相关程度。

相关方法可用以两个主要目的：(1) 探索变量之间的关系；(2) 从被试对象在一个变量上的得分去预测他在另一个变量上的得分。在相关研究中，可以在相同的时间点或不同的时间点测量变量。在预测研究中，用于预测的变量必须在对被预测的变量进行测量之前进行测量。

关系研究和预测研究的设计将在本章中下面两个部分进行解释。本章的其余部分描述了可用于分析相关资料或预测资料的相关统计类型。大部分统计方法可用于这两种研究的任何一种类型。人们已经注意到有很少的统计技术是特别用于预测研究。在介绍实验方法(第十二和十三章)的章节中，你会看到同样的相关统计方法也可以用于分析从实验中得到的资料。

四、相关研究的计划

(一) 基本研究设计

相关研究的基本目的是要鉴别重要教育现象的原因和结果，例如学业成绩、对学校的态度、教师士气，以及特定教学方法的应用。这种研究设计对于鲜为人知的领域的探索性研究特别有用。为了对相关研究实施的步骤进行介绍，我们将以佩内洛普·彼得森(Penelope Peterson)和伊丽莎白·芬尼玛(Elizabeth Fennema)的一个研究为例，他们的研究是关于课堂教学方法对四年级学生数学成绩的影响。①

1. 问题

相关研究的第一步是确定哪些特定变量很可能是所研究的特征或

---

① 彼得森，P. L.，& 芬尼玛，E. (1985)，"有效教学，学生对课堂活动的投入，和数学学习中的性别差异"，《美国教育研究杂志》，22，第 309～335 页。

行为方式的重要的决定因素。对现有研究和理论进行综述,常常有助于我们确定这些变量。在彼得森和芬尼玛的研究中,所研究的行为方式是儿童在一部分学年中的数学成绩的提高。研究人员的兴趣是要确定教学方法在多大程度上影响了学生学习成绩的提高,确定对男学生和女学生是否有不同类型的有效教学方法。他们还区分了低水平数学活动(知识和技能)和高水平数学活动(理解和应用),目的是要确定不同类型的教学是否对数学学习的不同类型有效。他们研究的问题可以用下列问题的形式加以表示:

> 在男女学生所投入的数学课堂活动的不同类型之间,数学活动的低水平和高水平之间,是否存在显著差异?在这些关系上男女学生之间是否存在显著差异?①

研究人员考虑到有几个教学变量可能会影响到他们感兴趣的学业成绩类型。根据以前的研究结果,他们得出结论说,教师和学生行为与学生学业成绩的提高是相关的。尽管相关研究通常是探索性的,就像这个研究一样,他们应该尽可能以先前的研究结果和理论为指导,以便尽可能性发现引起行为变化的变量。因此,先前研究和理论文献的综述在探索变量之间的因果关系的研究中就是关键的一步。

2. 研究参与者的选择

相关研究的下一步就是选择能在变量上被测量的研究参与者。正如我们在讨论因果-比较研究中所指出的一样,尽量选择一组特征相似参与者是很重要的。否则,变量之间的关系就要被相互之间差异很大的参与者的出现而掩盖。如果样本具有很高的异质性,研究人员就要考虑将他们分成具有同质性的若干次级小组。本章后面要讨论协调分析技术。当构成次级小组时,可使用此技术。

彼得森和芬尼玛在研究中决定选择同质样本:

---

① 彼得森,P. L.,& 芬尼玛,E.(1985),"有效教学,学生对课堂活动的投入,和数学学习中的性别差异",《美国教育研究杂志》,22,第311页。

> 参与者是36名四年级教师(3名男性和33名女性)以及他们的数学课的学生,这些学生分布于15个学校,这些学校坐落于威斯康星州的大城市的附近的农村地区或者小城镇。大部分学生是白种人,来自中产阶级家庭。①

研究人员还将样本分为次级小组(该程序在第十章中讨论过),使资料分析中的样本更具有同质性。次级小组是根据性别划分的。每个班级随机选择6男6女,用以研究的深入观察。

3. 数据收集

相关研究的资料可以用各种方法收集,包括标准化测验、问卷、访谈或观察技术。惟一的要求是,资料必须是量化的。

彼得森和芬尼玛的研究中使用了几种测量技巧。观察者经过训练,用一种观察程序表来记录36个班级中的每个班级中的12位被选择出来的学生的数学活动和行为。每个班级观察3个星期。被记录的活动和行为列在表11.1内。每种活动和行为用其所占全班总时间的百分数来记分。另外,在12月和1月对每个学生进行了标准化数学成绩测验,并在5月重测。学生的成绩有两个分数:一个在需要回忆特定事实或做算术题目的操作上的"低水平"分数,另一个是在需要数学知识的理解、解释和应用的操作上的"高水平"分数。

4. 数据分析

在简单的相关研究中,为了进行数据分析,需要计算下列两个变量的相关:(1)代表我们主要感兴趣的现象的变量;(2)我们认为与该现象有关的变量。在彼得森和芬尼玛的研究中,他们对学生在低水平和高水平数学测验(主要感兴趣的现象)方面的期末成绩与课堂活动或行为(认为与该现象有关的变量)的测量值之间的相关关系进行了研究。女孩的结果见表11.1。(男孩的结果见表11.9)

① 彼得森,P. L.,& 芬尼玛,E. (1985),"有效教学,学生对课堂活动的投入,和数学学习中的性别差异",《美国教育研究杂志》,22,第311~312页。

表 11.1　女孩的投入时间分数与期末数学成绩之间的偏相关

投入时间变量	低水平活动 *r*	高水平活动 *r*
教师期望的活动类型		
日常数学	.17	.14
其他数学	.07	.13
非数学	—.22*	—.08
间歇活动	—.10	—.20
社会活动	—.30**	—.43**
活动组织形式		
全班	.06	—.19
中等小组	—.12	.24*
小小组-相同性别	.18	.01
小小组-不同性别	—.01	.41**
两个学生-相同性别	—.05	.05
两个学生-不同性别	—.03	—.13
教师-学生	.03	—.15
单独	—.03	.08
投入数学活动	.19	.31**
数学-高水平	.18	.17
数学-低水平	.01	.11
数学-符号的	—.01	.07
数学-代表性的	.19	.20
帮助	—.04	—.11
得到学生帮助	.03	—.09
得到老师帮助	.01	—.15
没有帮助	.18	.32**
竞争性的	—.40**	—.05
合作性的	.25*	.13
既竞争又合作的	.25*	.03
既无竞争又无合作的	.27*	.30**
不投入数学活动	—.19	—.30**
社会的	—.37**	—.34**
等待帮助	.09	—.30**
学术性的(非数学的)	—.17	—.09
间歇活动	—.04	—.03
无任务	—.09	—.24*

一端检验 * $p<0.1$

** $p<.05$

【资料来源】 改编自彼得森，P. L.，& 芬尼玛，E. (1985)，“有效教学，学生对课堂活动的投入和数学学习中的性别差异”，《美国教育研究杂志》，22，第 309～335 页，第 319 页的表Ⅲ。美国教育研究协会 1985 年版权。改编得到出版人的同意。

表11.1中的各个相关系数的分析单元是班级平均数。换句话说，研究人员将各个教师班上的6个女孩的平均分数用来进行研究。因为研究涉及36名教师，表11.1中的相关系数的样本大小是36。而且，你应该注意到表11.1中相关系数的一种特殊类型——偏相关系数。本章后面将更详细地讨论偏相关系数。现在，只要理解表中的每个相关系数代表各个班级活动或行为与女孩的5月的数学成绩之间的关系程度。在这里，她们12月或1月的数学成绩的影响已经在统计上被消除了。换句话说，偏相关系数考虑到在学年开始时有些女孩是高成绩的，而有些女孩是低成绩的。测量女孩的成绩的分数，并不是她们真正的期末成绩。它们这些分数只是测量女孩在第一次测量与第二次测量时间间隔中女孩的成绩提高了多少。

仔细看一下表11.1，你就会发现，统计学上具有显著意义的大部分相关系数是负的，而不是正的。因此，研究提供了更多的有关这些课堂活动和行为显然妨碍女孩的学习的信息，而较少地提供有关这些课堂活动和行为可能促进女孩学习数学的信息。例如，我们发现，教师提供的社交活动机会越多，班上的女孩子的成绩就会越差(教师期望的社会活动与高水平和低水平的数学成绩的相关系数分别为：$r=-.03$和$-.43$)。如果允许讨论个人和社会问题，班上的女孩子的成绩就会差一些(因为社会活动而不投入数学活动与高水平和低水平的数学成绩的相关系数分别为：$r=-.37$和$-.34$)。

5. 解释中存在的问题：猎枪式方法

正如我们上面所解释的，相关方法的一个优点是它允许研究人员同时研究许多变量之间的关系。然而，如果研究人员对一个研究的参与者样本实施大量的测量，以希望这些测量指标与研究的现象有关，这个内在的优点可能会变成弱点。在猎枪式方法中，测量了大量的变量，因而容易作相关分析，即使研究人员没有理论基础甚至没有常识性的理论来解释他们的结论时也是如此。

尽管计算许多变量之间的相关系数有时会得到重要的发现，我们仍然要避免这种方法。第一,它打扰了研究参与者,而且对大量的指标进行测量时,花费也常常很高。再者,有些指标与准则的相关似乎带有偶然性。识别这些偶尔发现的惟一方法是对研究进行重复,确定那些研究是可以重复的。猎枪式方法惟一可能合适的情景是,先前的研究不足,现在需要进行这一方面的研究以探究一个更加有理论依据的基础,而且经费没有限制。

表 11.1 给出了全部的 64 个相关系数。尽管有很多相关系数,其结果一般都形成了颇具意义的模式,因为研究人员在前人有关有效课堂教学的研究结果的基础上谨慎地选择变量。如果他们没有这么做,就难以对显著的和不显著的相关结果进行解释。

用计算机算出来的相关系数越多,解释的任务就越复杂。在该研究发表的报告中,彼得森和芬尼玛通过强调在统计上具有显著意义的结果来简化解释的任务。完整的解释也包括对不显著的结果解释的尝试。例如,在高水平数学活动中投入的课堂时间与高水平数学成绩之间的相关相当低($r=.17$),在低水平数学活动中投入的课堂时间与低水平数学成绩之间几乎没有相关($r=.01$)。这令人惊讶,因为人们以为学生在课堂中做有关活动的时间越多,他们的数学成绩也越好。这些异常的发现具有潜在的重要意义,它们应该得到统计上具有显著意义的结果所得到的同等关注。

(二) 关系研究的局限性

正如我们上面所解释的,在关系研究中得到的相关不能在相关的变量之间建立因果关系。例如,表 11.1 中被称为"竞争性的"的变量的 r 为 $-.40$,具有显著意义,它意味着教师越强调竞争性的学习活动会导致学生学习数学知识和技能越差。然而,可能是教师的另一个特点,例如独裁,导致某些教师强调竞争性活动以及其他抑制女孩数学成绩的活动。在这种情况下,教师的独裁是学生数学成绩低的原因,而竞争性活动并不是学生数学成绩低的原因。许多研究人员批评关系研究,因为这种类型的研究将复杂的能力和行为模式分解为简单的成分。尽管这种原子论的方法对教育和心理学的许多研究领域是合适的，但是，复杂的能力（例如，艺术能力）如果被分解为简单成分后是否仍然保持其意义，这是值得怀疑的。有许多人似乎拥有与艺术能力有关的全部的或者大部分的特殊技能，但没有能产生创造性的艺术品。相反，在创造性的艺术中很多公认的艺术大师显然缺乏某些特殊技能，但是却创造出了杰作。

使用相关统计方法确定与复杂行为模式或能力有关的变量的另一个问题是，对于许多复杂活动，有不同的方法可以达到成功。例如，企图找到与成功校长有关的变量的研究可能会失败，因为所有成功的校长缺乏共有的一系列特征。例如，在一组校长中，一个重要的人格特征可能显著地与成功有关，而在另一组采用不同领导技术的校长中，这个特征可能与成功呈负相关。我们对某些行为模式知道得如此少，许多此类行为模式如此复杂，以至于只有对相关资料进行谨慎解释，我们才能理解所研究的现象。

五、预测研究的计划

(一) 预测研究的类型

教育研究人员做许多预测研究，目的常常是确定预测学业和职业成功的变量。预测研究的范围在下列文献中有介绍：

阿布德，D. A.，康威，T. L.（1992）“健康价值观和自我价值感对健康行为的预测。健康价值观”，《健康行为、教育和改进杂志》，16(3)，第20～26页。

道格拉斯，F. M.，道格拉斯，R.（1993）“预测婚姻问题的迈叶斯-布里格斯类型指数的效度，”《家庭关系》，42，第422～426页。

希肯，S.（1992）“前专业技能测验：它如何影响师范生，如何预测师资培养计划的执行情况，”《城市评论》，24，第253～261页。

刘易斯，M. D.（1993）“四岁时对认知能力的早期的社会情绪性的预测”,《发展心理学》,29,第1036～1045页。

马基,R. H.,塞拉,M.(1992)“练习测验在测验预测精确性中的角色”,《教育心理学杂志》,84,第200～210页。

皮尔逊,B. Z.(1993)“学习能力倾向测验(SAT)对西班牙双语学生的预测效度。”《西班牙行为科学杂志》,15,第342～356页。

预测研究提供了三种类型的信息:(1)在多大程度上能预测标准行为模式;(2)对标准行为模式的决定因素建立起一个理论所需要的资料;(3)测验或者与标准行为模式相关的测验的预测效度的证据。

根据研究人员最有兴趣获取上述信息中的哪种类型的信息,可以将预测研究分为不同的类型。在某些研究中,所强调的是特定标准的结果(例如,大学一年级的分数),各种测量指标都用于预测这个标准。这样,那些具有良好预测作用的测量指标就可以应用于实际问题,例如对大学新生的入学选择。在其他的研究中,使用了同样的研究设计,但是研究人员关心的是结果在理论上的显著性。最后,研究人员可能为了编制测验而进行预测研究。其重点是编写测验项目,在一个或多个判据上决定测验的预测效度。

预测研究对教育实践作出了重要贡献。有许多这种研究的目标是对学生的表现进行短期预测,其他的研究的目标是对一般学业成绩进行长期预测。这些研究发现的结果有助于学校判断哪些学生在一个特定的学业环境中或者课程方面更易获得成功。此外,预测研究还提供了一个科学基础,致力于帮助学生对未来学业进行筹划。例如,咨询人员可以实施职业兴趣测验,这些测验在预测职业成功方面是有效的。对这些测验的结果进行解释可以帮助学生选择最有益于他们的长期教育或人生目标的课程。

预测研究也可以用来减少培训复杂职业技能的新员工的开销。例如,美国空军用于飞行员训练的预测测验可以有助于淘汰训练过程中可能会失败的个人。训练的开销很大,训练不成功的人直到失败的时候,这些开销也必须加到每个成功的飞行员的人均训练费中去。选择的过程减少了失败的数目，是很有价值的。预测研究可以确定哪个标准可用于选择过程。

(二) 基本研究设计

预测研究与关系研究都涉及计算复杂行为模式(判据)与被认为与标准有关的变量之间的相关。在这方面预测研究和关系研究是相同的。然而，在预测研究中，另外的变量(有时称为预测变量)在标准行为发生之前进行测量。然而，在关系研究中，标准行为和另外的变量的测量没有特定的时间顺序。而且，预测研究倾向于更关心让预测变量和标准之间的关系最大化。而关系研究寻求描述关系的程度，无论相关是高的、中等的、低的。在本章后面将会看到，预测研究中获得的相关有时能随着多元相关或协调分析的使用而提高。

1. 问题

正如我们上面所解释的，预测研究的一种类型涉及检验特定测验的预测效度。这种研究的一个例子是理查德·巴特勒和克拉克·麦克库立的预测研究。① 该研究的目的是要确定学习能力倾向测验(SAT)和在高中班级中的排名对他们在美国西点军校年级绩点平均值(GPA)的预测的效度。学习能力倾向测验(SAT)和在高中班级中的排名对他们在美国西点军校第一年、第二年、第三年和第四年的年级绩点平均值(GPA)是否具有相同的预测效果，他们对这个问题特别感兴趣。

预测研究的一个重要方面是对标准的恰当定义。许多研究没有发现预测关系，因为所确立的是不恰当的标准。例如，像在巴特勒和麦克库立的研究中一样，年级绩点平均值(GPA)有时用作标准。然而，年级

---

① 巴特勒，R. P.，麦克库立，C.(1987)，"美国西点军校的学业成功特别的平稳性和普通的预见性"，《教育心理学杂志》，79，第83～86页。

绩点平均值(GPA)包含一个人在各门功课中的成绩(例如,数学、西班牙语和历史)。随着学生从一年级上升到四年级,学生上的课程也通常发生变化。而且,有些学生所选的课程比其他学生容易。这些事实意味着年级绩点平均值(GPA)可能是一个变化的、无定形的标准,因此难以预测。

值得赞扬的是,巴特勒和麦克库立分析了西点军校的教育项目,以确定这些因素对年级绩点平均值(GPA)标准的可能影响。他们发现不同的课程难度不是一个因素,因为

> 每年大约有一半核心课程是科学和数学课程……[而且]教同样一门课的不同教师使用相同的教学大纲和相同的测验。看起来似乎是对核心课程要求的数量和标准可能防止了能力较差的军校学员选容易的课程或者不很严格的教师。①

而且,研究人员使用了由学习能力倾向测验(语言部分和数字部分)的两个分测验作为年级绩点平均值(GPA)的预测因素,而不是学习能力倾向测验(SAT)的总分。这是一个正确的决定,因为不同的测验指标可能预测不同的年级绩点平均值(GPA)成分。

2. 研究参与者的选择

正如我们在第六章中所讨论过的,从与你的研究最相关的特定总体中抽选研究参与者,这是重要的。在预测研究中,研究人员特别对西点军校的学生四年课程的年级绩点平均值(GPA)的预测感兴趣。因此,他们的样本由西点军校的整整两个研究生班(1982 和 1983)组成。也包括美国空军学院的一个研究生样本。美国空军学院有相同的学生总体和相同的学业活动。

3. 数据收集

自我报告测量、标准化测验、问卷、访谈,或者观察技术可以在预测

---

① 巴特勒,R. P.,麦克库立,C. (1987),“美国西点军校的学业成功特别的平稳性和普通的预见性”,《教育心理学杂志》,79,第 85 页。

研究中用于测量预测变量和标准。当然，预测变量必须在标准行为模式产生之前进行测量。否则，就不能宣称某个特定的测验或测量真正地预测了标准。在巴特勒和麦克库立的研究中，在两个预测指标——学习能力倾向测验(SAT)和高中班级排名——上的分数，是在学生高中高年级时获得的。年级绩点平均值(GPA)是在后来大学四年中的每一年获得的。

对很快要发生的行为的预测比较远时间将要发生的行为的预测要更精确。这是因为在短期预测中，所预测的行为的更多的决定因素似乎是更有可能出现。而且，短期预测只有较少时间允许判据行为的重要方面发生变化，只有较少时间允许标准行为的新的重要决定因素出现。例如，如果我们想预测某个人在管理岗位上成功的可能性，我们可能首先看一些变量，这些变量在先前的研究中被发现与将来的成功管理有关。我们一系列的测验可能包括这些因素的测量，例如，语言能力、社会态度、情绪成熟，等等。然而，对成功来说是重要的某些变量是不可能被测量的，因为在必须做预测的时候这些变量没有出现。例如，高中高年级学生在管理层中与上司合作工作的能力——似乎是成功的决定因素——是无法测量的，因为在预测的时候，这个学生的未来的上司不知道是谁。

4. 数据分析

预测研究中的资料分析的基本方法是求预测变量和判据的相关。在我们所描述的研究中，求出学习能力倾向测验(SAT)言语分数、学习能力倾向测验(SAT)数学分数、高中班级排名(预测变量)与学生大学各年的年级绩点平均值(GPA)(标准变量)的相关。相关系数见表11.2。每个预测变量在预测学生的年级绩点平均值(GPA)上都是有效的，但是仅仅是中等程度相关。总体来看，学生在高中的排名预测情况稍微好一点。美国空军学院的研究生的样本也发现了相同的预测模式。

表 11.2 美国空军学院的学生预测变量和年级绩点平均值(GPA)的相关

年级绩点平均值(GPA)的年份	SAT 言语分数	SAT 数学分数	高中班级排名
1982 班			
第 1 年	.30	.41	.47
第 2 年	.30	.43	.51
第 3 年	.30	.43	.51
第 4 年	.30	.42	.51
1983 班			
第 1 年	.36	.35	.38
第 2 年	.32	.40	.41
第 3 年	.32	.39	.41
第 4 年	.32	.39	.41

注意：所有相关系数在统计上都显著($p<.05$,单侧)。年级绩点平均值(GPA)不是累加的,即一次仅为一年。高中排名根据班级大小进行了校正。

SAT＝学习能力倾向测验

【资料来源】 摘自巴特勒,R. P.,麦克库立,C.(1987),"美国西点军校的学业成功的特别平稳性和普通预见性",《教育心理学杂志》,79,第 83～86 页。

表 11.2 的统计方法有时称为二元相关,因为每个相关系数表示了两个变量之间的关系的大小。这种类型的统计方法在本章的下面一部分介绍。

其他统计技术可用于改善用预测变量来预测分数。要最大程度的进行预测，其基本方法是多元回归,多元回归是用被试者在两个或多个预测变量上的分数来预测他们在标准变量上的成绩。(多元回归在后面介绍)使用多元回归或相关技术,巴特勒和麦克库立在 1982 班获得的相关系数介于.59 和.63 之间,1983 班获得的相关系数介于.54 和.57 之间。①

① 巴特勒和麦克库立的报告中没有提到多元回归的名称,它无疑是用于决定他们所谓的预测变量的"复合变量"。

协调分析在本章后面也要讨论到，它是提高标准变量预测性的另一种方法。这种方法涉及确定次级小组，次级小组来源于全体样本。在这个次级小组中，标准和预测变量之间的相关显著大于全体样本的相关。

(三) 预测研究中的统计因素

1. 团体预测

许多预测研究的目的是建立具有足够预测效度的指标，这些指标在教育和工业的实际选择中是有用的。然而，为选择目的而建立的选择指标的有效性并不仅仅由其预测效度决定。另有两个因素影响实际选择中的有效性。第一个因素是选择比率。这是必须从中选择的可能候选人的比率。当必须选择仅有的少数最高分的候选人时，预测指标结果较好。当必须选择少数最低分的人以外的所有候选人时，预测指标得到较好的结果。换句话说，当必须选择的候选人的比率减小时，指标的预测能力增加。

影响预测测量的有效性的另一个因素是基率，即在没有应用选择程序也会获得成功的候选人的百分率。在教育研究的选择中，这可能是在选择性入学方法使用前某个特定教育项目中成功学生的百分数。如果基率是高的，预测测量必须有很高的效度以提高“自然”选择的成功率。例如，95%的学生一般能通过某门课的考试，你预测每个人都能通过考试，你的正确的概率是 95% 。要设计一个提高预测精确性的测验是困难的。如果基率是在中等的范围内，例如，25%到 75%之间的人达到了确定的准则，那么预测指标似乎是最有用的。

泰勒-拉塞尔表(Taylor-Russell Tables)包括三个因素：预测效度、选择比率和未选择情况下的成功率。①如果这三个因素是已知的，研究人

① 泰勒，H. C.，拉塞尔，J. T.(1939)，“效度系数与选择测验的实际有效性的关系：讨论和表格”，《应用心理学杂志》，23，第 565～578 页。

员就能预测将会取得成功的人的比率。

2. 缩减(Shrinkage)

在预测中使用相关时，通常的程序是选择一个测验或一套测验，我们相信这些测验能预测标准行为。然后将这些测验在一个样本中进行试验，以确定它们的真实的预测效度。个体在测验中的分数与他们后来的行为之间的相关提供了对测验的预测效度的估计。然而，如果我们在一个新的样本中重复该研究，这个相关几乎肯定要变小。

缩减是重复研究时预测效度减少的趋势。如果原来是小样本，有很多预测变量，缩减更是可能的。

缩减基本上是由于最初证实测量指标时，其中某些指标将会偶然产生显著相关。事实上，我们能够在数学上证实，如果研究人员在多元回归方程式中增加预测变量，它们最终将能很好地预测每个人在标准测量指标上的分数。然而，在重复研究时，这些主要基于偶然的相同预测关系，则不大可能存在。因此，最初得到的相关将会变小。

如果相关系数仅仅来自于一个样本的分数，在这个相关的基础上作出的预测不能肯定是有价值的。研究人员应该在用它们作实际预测前对预测变量作交叉验证。对一个测验或者一组测验进行基本的验证之后，各测验的预测效度应该进行交互验证。那些没有显著意义的相关应该取消。

六、二元相关统计

在这部分，我们讨论可用于分析两个变量之间关系的 10 种相关方法。由于涉及两个变量，这些技术称为二元相关技术。相关变量的形式和关系的性质决定了所用的技术。关系研究中的变量通常用 5 种形式中的一种形式来表达(见第五章)。这 5 种形式是：连续分数变量、等级变量、人为的二分法变量、真正的二分法变量和类别变量。表 11.3 列出了 10 种二元相关方法和各种方法使用的条件。我们讨论其中的两个来说明各种相关方法的不同目的。

表 11.3　不同形式变量的二元相关技术

技　术	符 号	变 量 1	变 量 2	评　论
积矩相关	r	连续	连续	最平稳的技术，即，最小标准误差
等级—差异相关（*rho*）	ρ	等级	等级	积矩相关的特殊形式
肯德尔 *tau*	τ	等级	等级	10 以下的数字使用 *rho* 更好
二列相关	r_{bis}	人为的二分法	连续	值可能超过 1—标准误比 r 大—常被用于项目分析
广泛分布的二列相关	r_{wbis}	分布广泛的人为的二分法	连续	当研究人员对在二分法变量上有极端情况的人感兴趣时使用
点—二列相关	r_{pbis}	真正的二分法	连续	产生的相关比 r_{wbis} 低
四分相关	r_t	人为的二分法	人为的二分法	当两个变量都能在临界点上分离时使用
Φ 系数	Φ	真正的二分法	真正的二分法	用于计算项目内相关
相倚系数	C	两个或多个类别	两个或多个类别	在某些条件下可以比得上 r_t—与 χ^2 的密切关系
相关比率，*eta*	η	连续	连续	用于检测非线性关系

（一）积矩相关系数

当我们求相关的两个变量是连续变量时，我们使用积矩相关系数（这个相关系数有时称为皮尔逊相关 *Pearson*　r，因为卡尔·皮尔逊提出了它）。例如，如果我们用诸如韦克斯勒儿童智力量表之类的智力测验和诸如斯坦福成就测验之类的成就测验，对相同一组学生进行测试时，我们就可以得到两列连续分数。积矩相关系数 r 对于确定在两个量表上的分数的关系的程度来说是恰当的相关统计方法。

积矩相关系数最广泛地使用二元相关技术，因为，大部分教育测量产生了连续分数，r 的标准误差很小。事实上，r 能计算任何两列分数的相关，即使一列或两列分数不是连续的形式。研究人员常常计算出相关矩阵，在相关矩阵中，许多变量中的两两之间的相关系数被求了出来（本章后面要讨论相关矩阵）。在相关矩阵中，所有的相关系数通常都是积矩相关系数，即使测量产生了不同的分数类型。

（二）相关比率

在相关研究中，通常假定所研究的关系或者预测是线性的。换句话说，我们假定一条直线（最佳拟合线）最好地描述了两个变量之间的关系。然而，关系有时是非线性的，正如我们在图 11.2 相关图中所示。在这个例子中，一条曲线而不是一条直线最好地描述了两个变量之间的关系，因此，结果能更好地从 X 轴上的分数预测 Y 轴上的分数预测。

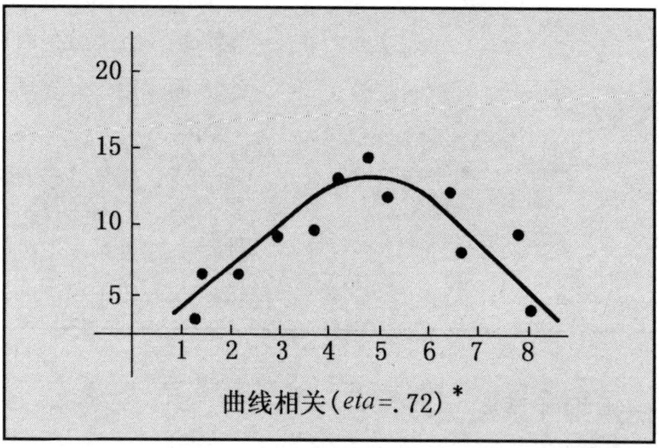

图 11.2　两个变量之间的非线性相关的相关图

* 同样数据的积矩相关系数大约是一.29。

有时非线性关系仅仅在散布图被点出来以后才被发现，但是在描述两个变量之间的关系时才偶尔假定它们有非线性关系。例如，有些研究人员假定焦虑和智能表现之间的关系是曲线关系。这个假设的基本原理是，低焦虑的人没有被激发起来去做好，所以得分低。中等强度的焦虑的人会被它们的焦虑激发起来做好，因为他们的焦虑是中等的，焦虑不会干扰他们的表现。因此，他们得到的分数高于没有焦虑的人。根据同样的推理，高度焦虑的人应该更加被激发起来而表现出色。如果高强度的动机是惟一起作用的因素，高度焦虑的人应该得到最高的分数，因而焦虑和操作之间的关系将会是线性的。然而，人们假定高度焦虑的人，尽管动机被激发得很好，但是却被他们的焦虑破坏了，表现因而得到了低分。因此，焦虑与操作之间的关系是曲线形的，高度焦虑和低度焦虑的操作分都低，中等焦虑的操作分高。

如果研究资料的相关图显示两个变量之间的关系是相当非线性的，研究人员应该计算相关比率（correlation ratio，*eta*）。当两个变量之间的关系是相当非线性时，相关比率的优势是它比其他相关统计方法提供了更精确的相关指标。当存在非线性关系时，其他类型的相关系数一般低估了相关的程度。可以用一个特殊的统计检验来确定相关比率统计方法的系数是否比线性相关统计方法产生的系数更大。

另一种可以替换相关比率的技术是多元回归，特别是当涉及几个预测变量时更是如此。我们在本章后面部分讨论多元回归。这个技术可以用于检验变量之间的非线性关系。①

除了揭示非线性关系外，散布图对检测研究资料的特例（outlier）也是有用的。（特例在第五章中有介绍）图 11.2 中相关图上的点子一般相互靠得较近。如果相关图上的某一点离其他点子甚远，我们就有理由怀疑该点所代表的被试对象是特例。

（三）相关系数的修正

两个变量之间的相关程度常常用上述相关系数来分析。然而，在一

---

① 检验非线性关系的多元回归介绍可见于：梅里肯，G. J.，& 费尔得特，L. S.（1980），“学业测验分数下降的 Zajonc-Markus 假设的实证研究”，《美国教育研究杂志》，17，第 5～19 页。

些教育研究中,特定的环境要求对这些系数进行"修正"。下面我们描述三种类型的修正方法。

1. 衰减校正

当我们对两个测验的分数求相关时,所得到的相关系数比真正的相关要低,有时直到不可靠的程度。由测量方法的不可靠性而导致相关系数降低的现象,称为衰减。如果测量信度高,衰减校正对变量间的相关的情况进行了大致的测定。

衰减校正并不常常用于预测研究,因为我们必须在现有测量的基础上作预测,这些测验的信度,即使信度比较低,也必须被作为局限而认可。然而,这种校正有时用于探索性研究。这些研究常常必须用具有低信度的粗糙测验,因此降低了所得到的相关系数。衰减校正帮助研究人员确定两个变量之间的关系,但是变量的测量必须可靠。

2. 全距限制校正

当研究人员知道样本的分数范围局限于一个或者两个变量时,可对相关系数使用全距限制校正。范围限制导致相关系数的降低。

这种方法的使用在埃米莉·克龙恩、罗伯特·兰普和辛西娅·菲尔普斯的研究中有介绍。[①] 他们证实了一个认知能力的测验:考夫曼儿童成套测验(K-ABC),他们的方法是计算儿童在该测验的各个分量表上的得分与编制得很好的斯坦福-比内智力量表(SB)之间的相关。儿童样本是一组黑人学前儿童。

K-ABC 和 SB 的常模小组的标准差分别是 15 和 16。研究人员的样本的标准差很低。例如,样本的 SB 的标准差是 9.4,这显示出,与常模小组相比,分数范围是有限的。因此,研究人员计算了学生的 K-ABC 的分测验的分数与 SB 总分之间的一般的相关系数(r),也计算了相同的

① 克龙恩,E. J.,兰普,R. E.,& 菲尔普斯,C. G. (1988),"学前黑人的考夫曼儿童成套测验的效度",《学校心理学》,25,第 15～21 页。

使用全距限制校正相关系数(r_c)。每个校正后的相关系数被发现大于相应的 r。例如,SB 和 K - ABC 的非言语分测验的相关是.41,而 r_c 是.69。

使用全距限制校正需要假定两个变量在整个范围内是线性相关的。如果在整个范围内分数是非线性的,则不宜使用全距限制校正。

3. 部分相关系数和偏相关系数

偏相关系数(Partial correlation coefficient)有时用于相关研究和预测研究,以排除一个或多个测得变量对标准的影响,以澄清其他变量的作用。其使用方法在本章开始部分我们所描述的彼得森和芬尼玛的数学教学的相关研究中得到了阐述。表 11.1 给出了研究的相关分析。表中的相关系数是偏相关系数。

考虑到影响女孩的学年末数学成绩的因素,我们能理解研究人员对偏相关系数的使用。有一个影响因素无疑是女孩在学年开始时的数学成绩。女孩在 12 月份做得好的与 12 月份做得不好的女孩相比,似乎在 5 月份要好一点。这个因素的影响在图 11.3 中用箭头 A 表示。教师的教学也似乎对女孩的年末的成绩有影响。这种影响在图 11.3 中用箭头 B 表示。

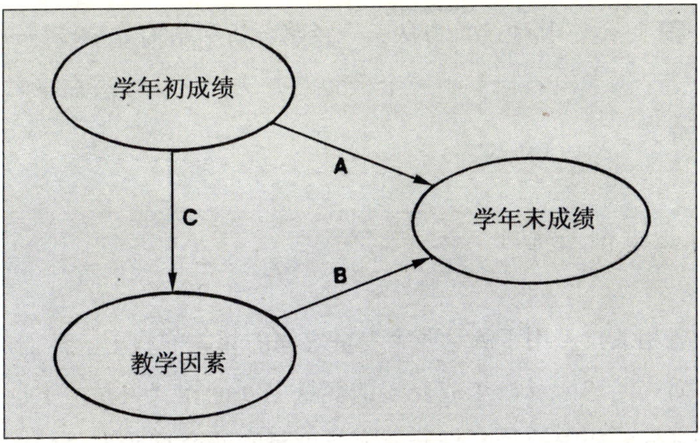

图 11.3　彼得森和芬尼玛研究中假定的因果模式

现在就产生了这样一个问题：这些因素中的每个因素对女孩年末的成绩有多大影响？偏相关技术方法可提供我们这个问题的答案。它被用于表 11.1 所报告的分析，以显示教学因素对其影响程度(图 11.3 中箭头 B)。如果研究人员希望这样的话，他们也可以用偏相关系数来确定年初成绩水平对年末成绩的影响(图 11.3 中箭头 A)。

对情形进一步分析，我们认识到女孩的年初数学成绩在直接影响年末数学成绩(图 11.3 中箭头 A)的同时，也能影响教师的教学(图 11.3 中箭头 C)。例如，班上女孩的成绩水平高，教师在数学问题解决的活动中花费的时间就要多；反之，则少。偏相关技术也可以消除这种可能的影响。因此，我们能排除年初成绩对年末成绩的影响(箭头 A)和年初成绩对教学因素的影响(箭头 C)，单独确定教学因素对年末数学成绩的影响(箭头 B)。如果彼得森和芬尼玛有兴趣从多个变量里面的某一个变量(例如，它对教学因素的影响)中消除学年初的影响，可以用**部分相关**方法，而不是偏相关。部分相关是在第三个变量 C 对 A 或 B 的影响被消除后，A 和 B 两个变量的相关程度。

复杂的因果模式可能存在于彼得森和芬尼玛所研究的变量中。偏相关对情形进行了简化，因此，仅仅分析一个部分模式(在该研究中为图 11.3 中箭头 B)。其他统计方法——径路分析和结构等量模型——为所假设的整个因果模式提供了一个检验的方法。这些方法在本章的后面的部分介绍。

七、多变量相关统计

上述相关技术用于测量两个变量之间的相关的程度。然而，教育中的许多研究问题涉及三个或更多的变量之间的相互关系。下面我们所讨论的多变量相关统计允许研究人员度量和研究这些变量的各种组合的相关程度。表 11.4 是对这些统计方法的总结。

表 11.4　多变量相关统计

统计方法	应　　用
多项回归	用于确定一个准则变量与两个或多个预测变量的组合之间的相关(*R*)
区别分析	用于确定两个或多个预测变量与一个涉及类别的准则变量之间的相关
典型相关	用于从几个预测变量的组合来预测几个准则变量的组合
径路分析	用于检验相关变量之间因果关系假设的理论
结构等量模型	用于检验相关变量之间因果关系假设的理论；比径路分析得到更有效和更可靠的变量指标
因素分析	将中等相关或高度相关的变量综合起来，将大量变量压缩为少数因素
鉴别分析	用于确定样本内同质性小组中的变量之间的相关；可用于确定提高测量预测效度的 Moderator 变量

【资料来源】　摘自第 268 页表 12. 2，鲍格，W. R.，盖儿，J. P.，盖儿，M. D. (1993)，《应用教育研究》：实践指导(第 3 版)。纽约：朗曼。

多变量相关统计在教育研究中有许多应用。它们不仅用于分析相关资料，也用于增加分析实验的频度。我们在第十二和十三章中讨论多变量相关统计的后一种用途。而且，多变量相关统计可用于代替因果-比较研究中传统上使用的统计方法(见第十章)。因此，考虑做定量研究的人需要仔细研究多变量相关统计。如果你计划在研究项目中使用多变量相关统计，我们建议你去请教专业的统计人员，以确保你选择最恰当的方法并正确使用它。

(一) 多元回归

多元回归用于确定一个标准变量与两个或多个预测变量的组合之间的相关。它是教育研究中使用最广的统计方法之一。多元回归之所以得到广泛使用，是因为它适用面广，而且它对多个变量的关系产生了大量信息。它可以用于对主要的定量研究类型的资料进行分析：因果-

比较研究、相关研究、实验研究。它能处理间距数据、顺序数据，或者类别数据。而且，它对变量之间的关系的大小和统计显著性进行了初步的测定。

波拉·乔迪-布洛姆和马丁·福特所作的相关研究①中描述了多元回归的使用方法。该研究的目的是确定哪些早期儿童教育管理人员采用微型计算机技术；哪些不采用这一技术。乔迪-布洛姆和福特观察到教育管理人员负责决定是否采用教育中出现的新方法，并在采取决定以后负责管理改革进程。乔迪-布洛姆和福特为他们的研究辩解道：

> 对于有助于解释或预测革新的一些因素认识，可以拓宽我们对教育专业人员适应社会变化的理解。②

研究人员假设，管理人员采用计算机的决定受到四个因素的影响：(1) 过去的相关经历；(2) 对决定采用计算机以后能出现的情况的期望；(3) 对变化的接受程度；(4) 来自组织外部的支持和鼓励。他们在这些因素上对样本进行了 8 个方面的测量。它们在表 11.5 中被称为*影响变量*。

现将 8 个影响变量归纳为 4 个因素，介绍如下。各变量后面的文字是对该变量的测量程序的描述。

表 11.5　影响变量与计算机使用变量之间的相关

影响变量	管理使用 *r*	教学使用 *r*
计算机经历	.74***	.57***
革新经历	.19*	.14
数学/科学背景	.34***	.19*
自我效能感	.69***	.61***
计算机使用的意义	.66***	.50***

① 乔迪-布洛姆，P.，& 福特，M.(1988)，“早期儿童管理人员是否决定采用计算机技术的影响因素”，《教育计算机杂志》，4，第 31～47 页。

② 同上，第 32 页。

续 表

影响变量	管理使用 *r*	教学使用 *r*
革新性	.45***	.46***
专业倾向	.60***	.55***
外界支持	.40***	.31**
年龄	.02	.07
性别	—.20*	—.42***

* p<.05

** p<.01

*** p<.001

【资料来源】 改编自第42页表2，乔迪-布洛姆，P.，& 福特，M.(1988)，"早期儿童管理人员是否决定采用计算机技术的影响因素"，《教育计算机杂志》，4，第31～47页。

过去的相关经历

1. 计算机经历：管理人员的计算机技术和微机的相关经历的31个问题。

2. 革新经历：与其他教育革新有关的经历的8个问题。

3. 数学/科学背景：整个高中阶段在数学和科学方面所学的课程总数。

期　望

4. 自我效能感：15个问题，关于能力的自我意识和计算机使用的自信心。

5. 计算机使用的意义：21个问题，关于计算机的评价、对使用计算机的焦虑，以及对计算机影响社会的看法。

对变化的接受程度和支持的存在

6. 革新性：31个问题，关于革新倾向的自我感知。

7. 专业倾向：24个问题，关于管理人员的角色、组织的复杂性、在岗活动、外界活动、所获得的最高学位等各个方面。

8. 外界支持：10个问题，管理人员从配偶、朋友、同事或其他人那里得到的对计算机使用的支持。

管理人员的年龄和性别也被认为有可能影响是否决定采用计算机，因此也把它们作为影响变量。

由伊利诺斯州的80名早期儿童项目的管理人员组成的样本填写了上述测量。他们也填写了两个判据变量的测量：(1)这些人在管理中使用计算机的水平；(2)他们在教学上使用计算机的水平。每个判据变量的测量从低到高地评估了计算机使用程度：认识情况、积极的信息寻求、评价、尝试性使用、制度化。这两个标准变量，在表11.5中被称为计算机使用变量，列于表的第一和第二列的顶端。各列与各行的交叉处给出了各影响变量和各计算机使用变量之间的相关。例如，外界支持与计算机在管理上使用水平之间的相关是.40，在.001水平上具有显著的统计意义。

表11.5所示相关构成了多项回归的基础。该研究中的多项回归的目的是确定哪些影响变量可以组合在一起，以便构成对各标准变量进行最佳预测。换句话说，多项回归的目的是用被试者在某些或全部影响变量上的分数，来预测他们在各标准变量上的分数。相反，表11.5中的各二元相关系数表示的是用被试者在一个影响变量上的分数去预测各标准变量。

典型的多元回归将产生许多统计量和方程式。其中只有很少的部分会在发表的研究报告中出现。如果作者在报告中提供了适当的统计量，其他统计量就可以计算出来。通过察看表11.6中多元回归结果，我们可以进一步解释这一点。

表11.6 影响变量对管理人员的计算机使用水平的逐渐多元回归分析

影响变量	*Beta*	相关系数 (*r*)	多元回归 (*R*)	R^2	R^2 增量
管理上的使用					
1. 计算机经历	.40	.74	.74	.54	
2. 专业倾向	.30	.60	.81	.66	.12
3. 自我效能感	.28	.69	.83	.70	.04
4. 数学/科学背景	.20	.34	.86	.73	.03

续 表

影响变量	Beta	相关系数 (r)	多元回归 (R)	R^2	R^2 增量
教学上的使用					
1. 自我效能感	.26	.61	.61	.37	
2. 专业倾向	.28	.55	.69	.47	.10
3. 性别	−.20	−.42	.71	.50	.03
4. 计算机经历	.25	.57	.73	.54	.04

【资料来源】 摘自第43～44页表3和4，乔迪-布洛姆，P.，& 福特，M.（1988），“早期儿童管理人员是否决定采用计算机技术的影响因素”，《教育计算机杂志》，4，第31～47页。

表11.6的左边列出了多元回归分析的变量。请注意：对标准变量进行了两次分析，一次分析一个标准变量。在第一次分析中，四种影响变量：计算机经历、专业方向、自我效能感、数学/科学背景，用于预测标准变量：计算机在管理上的使用情况。在第二次分析中，相同的影响变量，但是进入了多元回归的不同阶段，用于预测标准变量：计算机在教学上的使用情况。

让我们开始解释表11.6的第二列。它是各影响变量与有关标准变量之间的积矩相关系数。这些相关系数与表11.5中是相同的。例如，表11.6中自我效能感与教学使用情况之间的相关系数是.61，这与表11.5（第四行第二列的相关系数）中的相关系数是相同的。

在我们对表11.6的其他部分进行解释时，我们将集中于计算机在管理上使用的多元回归分析（上面几行）。你可以自己将分析延伸运用到计算机在教学上使用的多元回归分析上去。

多元回归的第一步通常是计算最佳预测变量和标准变量之间的相关。这个过程产生了一个多元回归系数（R），如表11.6第三列所示。因为计算机经历是最佳预测变量，它是进入多元回归的第一个预测变量。注意，相关系数（$r=.74$）和多元相关系数（$R=.74$）相同。

除非你另有指定,计算机程序计算多元回归分析是从标准的最强有力的预测指标开始的。然而,在某些情形下,你要从较低的预测指标开始。例如,如果预测变量能按年月顺序排列,你可能要首先从最早的预测变量开始进行多元回归分析。当一个预测指标在教育领域建构得很好而另一个预测指标是新的,这时就会出现另一种情形。例如,假定你编制了一种新的学业倾向测验,并检验它对标准 IQ 分数的预测效度。在多元回归中首先使用 IQ——不考虑它与标准的相关——是讲得通的,然后看新的量表在多大程度上改善了预测。

假定在多元回归中你还没有确定预测变量的使用顺序。在这种情况下,在选择了最佳的预测指标后,计算机程序将搜寻下一个最佳标准变量的预测指标。第二个预测指标不是在与标准的积矩相关(r)的基础上选择出来的。第二个变量选择的基础是它在多大程度上改善了第一个变量的预测。

一个变量应该具备什么品质才能成为好的第二预测指标?第一,它与第一个预测指标的相关要尽量小。如果它与多元回归分析中使用的第一个变量相关很大,它可能与第一个预测指标一起解释了标准变量相同的变异。例如,假如一个 IQ 测验和言语学业能力倾向测验用于预测五年级阅读成绩。这两个预测变量似乎是高度相关的,因为它们测量相同的因素。如果在多元回归分析中首先使用 IQ 分数,言语学业能力倾向测验似乎不能改善预测,因为它所解释的阅读成绩中的变异与 IQ 测验相同。这种情形类似于第二次用相同的 IQ 分数来改善第一次所做的预测。

好的第二预测指标的第二个品质是显然的:它与标准变量的相关应该尽量高些。简言之,好的第二预测指标与第一预测指标的相关应该尽量低些,与标准的相关尽量高些。

从表 11.6 中可以看出,在预测管理人员管理上使用计算机情况时,专业倾向是多元回归分析中键入的第二个变量。两个预测变量(计算机经历和专业倾向)共同产生了一个值为.81 的多元相关系数(R),见预测变量的下一栏,该预测变量时在最后被使用多元回归的(在本例中为专业倾向)。对于用计算机经历作为第一预测变量($R=.74$),这是中等程度的改善。

在这里,你可能要问,既然专业倾向独自与标准的相关为.60,为什么专业倾向不能更多地改善预测。管理人员在计算机经历的测量和专业倾向上的分数无疑是相关的(事实上,通过阅读原研究报告,我们知道,这两个变量的 r 是.38)。由于用计算机经历和专业倾向所解释的变异重叠,专业倾向没有机会极大地改善在多元回归分析中首先被使用的计算机经历所作的预测。

两个预测变量之间的重叠,即,它们的相关程度,称为共线(**collinearity**)。如果预测变量之间的共线高,只有某些预测变量将被作为预测因子用于多元回归分析,尽管所有预测变量在某种程度上可能预测标准变量。在乔迪-布洛姆和福特的研究中,这显然是事实。除年龄以外的所有影响变量与标准变量高度相关,但只有其中的少数变量对多元回归分析作出了贡献。

第三个用于多元回归分析的预测因子取决于它是否能改善前两个预测因子所作的预测。我们在表 11.6 中看到,对于预测计算机在管理上的使用,自我效能感稍微能改善多元相关系数,至.83。

计算机程序将继续增加预测变量,直到没有为止。但是,每个新的预测变量对 R 的贡献比前一个预测因子的贡献小,然而,此时新增预测变量带来了快速递减的结果。统计显著性的检验可以用于限制所用的预测变量的数目。研究人员能在计算机程序中确定,新的预测变量不再加到多元回归分析中去,除非他们对 R 的贡献有统计上的显著意义。

在这里,我们能够进一步考虑 R 的含义。**多元相关系数(R)**是一个标准变量和预测变量的一些组合之间的关系程度。随着每个变量用于多元回归分析,R 值都将得到提高。因此,我们看到在表 11.6 的上半部分,随着加入各个预测变量,对管理上使用情况进行预测的 R 值逐渐从.74 增加到.86。从表 11.5 上所列的影响变量来预测计算机在管理上的使用水平，.86 是最佳的预测值。R 值的范围可以从 0.00 到 1.00，负数是不可能的。R 值越大，对标准变量的预测越好。

如果对 R 值求平方，将产生一个称为**决定系数(R^2)**的统计量。表 11.6 的第 4 列给出了与第 3 列 R 相应的 R^2。例如，最上端的 R^2 为.54，是相关系数 R(.74)的平方。R^2 是可以用预测变量或预测变量的组合来解释标准变量的变异大小。

表 11.6 的最后一列是多元回归分析的 R^2 增量。R^2 增量是能用增加新的预测变量来解释标准变量的增加的变异。例如，专业倾向对分析的增加，比单独的计算机经历，多解释了标准变量的变异的 12%（.66－.54 =.12）。在分析上增加自我效能感，结果 R^2 增量为 4%，意味着，与计算机经历和专业倾向的共同解释相比，自我效能感对计算机在管理上的使用水平上的变异又解释了 4% 。

在多元回归分析中，常常使用两种统计显著性检验。一种检验用于确定所得到的 R 是否与 0 有显著差别。另一种检验，如我们上面所解释的，是用于确定 R^2 增量是否有统计显著性。例如，可以检验，在多元回归分析中增加了专业倾向以后所得到的值为.66 的 R^2，与没有使用专业倾向这个预测变量所获得的.54 的 R^2，两者之间是否具有显著差别。

多元回归的数学基础是连接预测变量与标准变量的方程式。假定计算机在管理上的使用水平＝Y，计算机经历＝X_1，专业倾向＝X_2，自我效能感＝X_3，数学/科学背景＝X_4，用 C 代表常项，我们可以将回归方程式表述为：

$$\hat{Y} = b_1X_1 + b_2X_2 + b_3X_3 + b_4X_4 + C$$

注意，$\hat{Y}$ 的上面有一个符号，表示 Y 分数是从 X 变量预测出来的。$\hat{Y}$ 值偏离真正的 Y 分数，因为 X_1、X_2、X_3、X_4 不是完美的预测因子。注意，这个方程式与本章前面描述的二元相关系数的散布图的最佳拟合线的方程式($Y = bX + a$)相同。

多元回归方程式中的 b 值是回归权重(Regression weight)，其值介于－1.00 和 1.00 之间。**回归权重(有时称为 *b* 权重)**,是加到回归方程式中各预测变量上的乘数项,以使变量的预测价值最大化。当每个被试对象在预测变量上的分数乘以各自的回归权重后总加起来,结果就是对被试对象在标准变量上的分数的最好的预测。

有时 *b* 权重被转换成 β 权重。β 权重是所有变量都是标准分形式的回归方程式中的回归权重。有些研究人员喜欢 β 权重,因为它们构成了绝对度量。例如,值为＋.40 的 β 权重大于值为＋.30 的 β 权重,不考虑它有关的预测变量。相反,*b* 权重的大小依赖于预测变量的度量形式。

预测变量的 β 权重的大小不应该与其重要性混淆起来。一个预测变量可能在理论上是显著的,与准则高度相关,β 权重仍然很低。β 权重在某种程度上具有任意性,因为,正如我们上面所解释的,多元回归方程式中的预测变量的显著性依赖于它与首先使用的其他预测变量的相关程度。

多元回归分析有几种变式:逐渐增加多元回归分析(有时称为"向前")、逐渐减少多元回归分析(有时称为"向后")和逐渐多元回归分析。在逐步递增**多元回归分析(Step-up multiple regression)**中,引起 *R* 值最大程度增长的预测因子被增加进来,直到增加预测因子不再引起 *R* 的具有显著意义的增长。在逐步递减**多元回归分析(Step-down multiple regression)**中,所有可能的预测变量首先被用于分析中,然后,删除那些不会引起 *R* 值减少的变量,直到删除预测因子将引起 *R* 的具有显著意义的减小。在分步**多元回归分析(Stepwise multiple regression)**中,综合使用逐渐增加多元回归分析和逐渐减少多元回归分析。① 表 11.6 的标题表明,乔迪-布洛姆和福特使用的是逐渐多元回归分析。

多元回归分析有时会被研究人员误用。一个常见的问题是混淆了预测和解释。如果目的是完善标准变量的预测,程序是相当简单的。然而,如果你有一个理论,认为预测变量是有因果显著性的,你应该慎重。

① Tatsuoka 和 Lohnes 对多元回归分析的这些变式有进一步的解释(见注释参考文献)。

在这种情况下,你不应该将预测变量的因果显著性与回归权重或 R^2 增量混淆起来。如果你想用多元相关资料检验因果理论,可考虑使用径路分析或者结构等量模型(本章后面要讨论到这两种方法),而不是使用多元分析。

我们也提醒你在样本规模和预测变量的数目之间保持合理的平衡。在极端的情况下,样本规模等同于预测因子的数目,R 值等于 1.00(完全预测),即使没有一个预测因子与标准相关也是如此。由这种分析得到的多元回归方程式,当然对新的被试样本几乎只能产生很差的预测。一种略显粗略的惯用方法是,增加样本规模,多元回归分析中的每个变量至少 15 个被试。用这种方法对涉及三个预测变量进行多元回归分析时,你至少选择 45 个被试。

教育研究中偶然使用多元回归的两种变式。**判别分析**涉及两个或多个预测变量以及一个标准变量,这是与多元回归相同之处。然而判别分析仅限于标准是类别变量的特定情形。① 类别变量的一个例子是男与女,成绩好的学生与成绩差的学生,工程、物理学家与医生。判别分析方程式使用个体在预测变量上的分数,来预测个体所属的类型。

典型相关是多元回归的另一种变式。典型相关用几个预测变量的组合来预测几个判据变量的组合。② 这种方法与方差的多元分析(第十章介绍)一样,因变量是两个或多个变量的组合。典型相关与多元回归一样,涉及几个预测变量的组合。在多元回归中,预测单个标准变量。而在典型相关中,标准由两个或多个变量构成。

典型相关的数学基础是复杂的,包括计算程序和结果解释。然而,典型相关在研究文献中出现的频率越来越高,因为研究人员开始喜欢在

① 判别分析的一个例子可见于:齐默尔曼,B. J.,& 庞斯,M. M.(1986),"评价学生自我调节策略时的结构性访谈的发展",《美国教育研究杂志》,23,第 614~628 页。

② 典型相关的一个例子可见于:克尔,M. E.,麦克费,S. A.,& 克莱恩,p.(1987),"学业能力倾向和成绩对教师能力测验成绩的预测:进一步的研究",《教育研究杂志》,80,第 266~271 页。

他们的研究中包含更多的变量。[①] 典型相关能用于涉及预测的教育问题，尽管这种应用是有限的，因为大部分预测问题涉及选择个体，该个体在某个单个标准上做得很好，而不是一组判据。当研究人员准备承担探索性的研究，以确定同时或不同时间所测的大量变量相关情况如何时，常常使用典型相关。

（二）径路分析

径路分析是对相关研究设计所研究的三个或多个变量之间的因果关系理论的效度进行检验的方法。与多元回归、判别分析、典型相关和因素分析等其他多元相关统计不同的是，径路分析的目的是检验变量之间因果联系的理论。相反，我们上面所讨论的其他多元方法，是用以使变量的各种组合之间的相关最大化。它们偶然也用于检验变量之间的因果关系的假设，但在这个目的上面，它们不像径路分析那样效力大。

为了描述径路分析，我们将分析凯瑟琳·温兹尔的一个研究，以确定学生的亲社会和反社会课堂行为对他们学业成绩的因果影响。[②] 温兹尔希望确定这种课堂行为对学习成绩是否有直接的影响，或者，如果它与成绩的关系仅仅是由于，它影响了教师对学生的偏爱，或者它影响了自己在学业上的倾向性的行为。

径路分析基本上是由三个步骤组成的。第一步是系统地阐述假设，这些假设将变量用因果关系联系起来。温兹尔提出了两个可供选择的解释，这些假设是有关社会行为和学业方面的行为可能共同对学业成绩起作用。

> 第一个要探讨的问题是，当考虑到学业行为、教师的偏好和各种背景变量时，亲社会和反社会课堂行为独立于学业成绩的预测变量之外。然后，我探索了社会行为经由显著相关于学业行为或教师

---

① 皮尤，R. C.，& 胡，Y.（1991），《教育研究杂志》中文章对典型相关分析的使用和解释，1978～1989，《教育研究杂志》，84，第 147～152 页。

② 温兹尔，K. R.（1993），"好行为有利于学习成绩吗？中学内社会行为和学业能力"，《教育心理学杂志》，85，第 357～364 页。

的偏好，与学业间接有关的可能性。①

建立了假设后，径路分析的下一步是选择或建立假设所确定的变量的测量(有时称为“理论结构”)。这一步是重要的，因为，如果测量的变量没有有效的陈述，径路分析将产生无效的结果。事实上，你可能想为每个变量确定一个以上的测量。重要的教育变量的其他测量常常是可以得到的。(如果实施其他测量，可以使用 LISREL 代替径路分析。LISREL 方法在本章后面介绍)

400 多名六年级和七年级学生和 11 名教师参加了温兹尔的研究。两个成就测验用作判据变量：学年年级绩点平均值和斯坦福基本技能测验基本量表分数。预测变量包括学生的亲社会行为、反社会行为、学业方面行为、教师对学生的偏爱和 5 个背景变量。在两个亲社会特征(共享，合作；当其他人有问题时提供帮助)和两个反社会特征(动手打架，违反纪律；做一些不应该做的事情)上，要求学生提名同班同学，以此评估学生的社会行为。在各个特征被同学提名的百分率的基础上，每个学生得到了一个亲社会行为的综合分数和一个反社会行为的综合分数。

为了评估学生的学业倾向性行为，要求教师在一个 5 点量表上对下述行为给每个学生打分：(1) 对学校作业的兴趣；(2) 有独立工作的能力；(3) 关心评价。因为这三个评分相互有正相关，与年级绩点平均值(GPA)、斯坦福基本技能测验(STBS)分数相关，计算出一个平均的综合分数，以代表学生在班上的学业行为。为了评估教师对学生的偏爱，要求教师在一个 5 点量表上评价他们在多大程度上愿意让某个同学下年仍留在他的班上。也对 5 个背景变量进行测量：学生的 IQ、家庭结构、性别、种族、缺勤天数。

径路分析的第三步是计算表现各对变量相关程度的统计量。最后，你必须解释统计量，以确定它们是支持理论还是反驳理论。

---

① 温兹尔，K. R. (1993)，“好行为有利于学习成绩吗？中学内社会行为和学业能力”，《教育心理学杂志》，85，第 360 页。

表 11.7 给出了上述各变量的**相关矩阵(correlation matrix)**。相关矩阵将各变量与所有其他变量求相关，将相关系数按行和列排列好，以便查阅。可以看到变量列于表 11.7 方阵的各行中，也可以看到变量列于表 11.7 方阵的各列中。任何两个变量的相关是在相应变量的行和列的交叉点上。仅仅需要一半的行列方阵来表示变量的各种可能的相关。这就是对角线上方呈空白的原因。而且变量与自身的相关通常不在相关矩阵中显示出来，因为该相关总是完全相关(即，1.00)。这就是方阵的对角线上从左到右都是小横线的原因。

表 11.7　学生的学业成就、社会行为、背景特征和教师对学生的偏爱相互之间的相关

变　量	GPA	STBS 分数	亲社会行为	反社会行为	学业行为	教师偏好	IQ	家庭结构	性别	种族	缺勤天数
GPA	—										
STBS分数	.71**	—									
亲社会行为	.54**	.38**	—								
反社会行为	−.55**	−.35**	−.31**	—							
学业行为	.66**	.39**	.43**	−.49**	—						
教师偏好	.51**	.30**	.30**	−.54**	.67**	—					
IQ	.61**	.83**	.30**	−.27**	.31**	.23**	—				
家庭结构	.32**	.24**	.20**	−.24**	.16*	.12	.18**	—			
性别	.17**	.09	.23**	−.11	.23**	.15*	−.03	−.01	—		
种族	−.23**	−.31**	−.16*	.26**	−.16**	−.17**	−.31**	−.23**	.05	—	
缺勤天数	−.38**	−.21**	−.24**	.20**	−.24**	−.23**	−.15*	−.16*	.04	−.02	—

注意：GPA＝年级绩点平均值；STBS＝斯坦福基本技能测验。涉及家庭结构、性别、种族时，用点双列相关计算相关。对这些分析，完整家庭、女孩、少数民族特征用 1 分代表，单亲家庭、男孩和非少数民族特征用 0 分代表。

* $p<.01$

** $p<.001$

【资料来源】 摘自：温兹尔，K. R. (1993)，“好行为有利于学习成绩吗？中学内社会行为和学业能力”，《教育心理学杂志》，85，第 357～364 页。第 360 页，表 1。

我们在表 11.7 中看到，学生成就的两种测量(年级绩点平均值和斯坦福基本技能测验)与亲社会行为、学业倾向性行为、教师对学生的偏爱有显著的正相关，与反社会行为有显著的负相关。两个成就量表也在预期的方向上显著地与背景变量有关，除了斯坦福基本技能测验分数与学生性别的相关不显著。

社会行为、学业倾向性行为、教师对学生的偏爱和各种背景行为都显著地与学生的成就相关，这一事实并不意味着，这些变量中的任何变量真正地对学生的成就有因果影响。而且，大部分预测变量相互之间显著相关的事实，并不意味着他们相互之间是决定因素。例如，教师的偏好与亲社会行为($r=.30$)和反社会行为($r=-.54$)都显著相关，但这并不表示，学生的亲社会行为或者反社会行为导致了教师喜欢还是不喜欢他们。

本章前面描述的偏相关，可以用于阐述导致这些相关产生的因果影响。然而，径路分析用于此目的则更为有效。

你将回忆起，温兹尔在理论上认为，社会行为和学业成绩之间的显著相关，有一部分可以解释为社会行为与学生自己的学业行为和教师对学生偏爱的相关。所假设的这些变量与学生的 GPA 之间的因果联系见图 11.4。这种图是径路分析的各变量相互之间的作用以及对特定结果作用的标准表达方式。

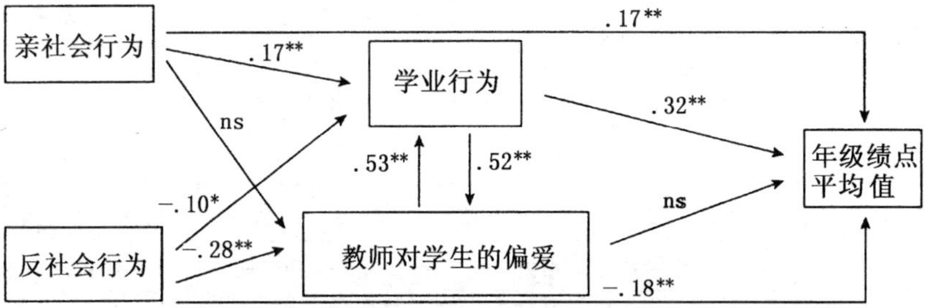

图 11.4　描述所假定的亲社会行为、反社会行为、学业行为、教师对学生的偏爱、GPA 之间关系的径路分析

【资料来源】　温兹尔，K. R. (1993)，“好行为有利于学习成绩吗？中学内社会行为和学业能力”，《教育心理学杂志》，85，第 357～364 页。第 361 页，图 1。

注意：理论中的每个变量都可见于图中。也请注意连接变量的箭头的使用。每个直线箭头表示了所假设的因果关系的方向。例如，亲社会行为影响学业行为、亲社会行为影响 GPA、学业行为影响 GPA。假设可以预测由箭头所连的两个变量是不相关、正相关、负相关。

并不是每对变量都需要因果假设。例如，亲社会行为和反社会行为之间没有箭头，这表示温兹尔没有假设它们之间存在因果关系。在某些径路分析图中，未作假设的情况是在两个变量之间用曲线箭头表示的。

在图 11.4 中的径路分析的其他几个特征也应该注意到。你会看到所有的直线箭头指向同一个方向。例如，亲社会行为被假设为影响学业行为，但是，学业行为并没有被假设为影响亲社会行为。当径路分析以这种方式编排，它被说成是建立在**单向模式(recursive model)**的基础上的。在单向模式中，认为变量之间的关系是单向性的。如果假设变量 A 影响变量 B，你不能同时也说变量 B 影响了变量 A。如果研究人员希望检验变量之间的相互因果关系，使用**非单向模式(nonrecursive model)**。

径路分析中一般有两种类型的变量。**外源变量(Exogenous variable)**是在径路分析缺乏影响因素的变量。在温兹尔的研究中，亲社会行为和反社会行为是外源变量，因为没有变量被假设为影响了它们。**内源性变量(Endogenous variable)**是在径路分析中至少有一个影响因素的变量。例如，教师对学生的偏爱是内源性变量，因为，它被假定为受到学生的社会行为和反社会行为的影响。

在径路分析的这一点上，内源性变量和外源性变量被确定和测量了，研究人员的理论所确定的因果联系用箭头表示。下一步是作统计分析，以确定变量之间的联系强度。统计程序的数学基础是复杂的。该程序基本上是多元回归的一种形式。

在径路分析中，各对变量产生一个径路系数。**径路系数(Path coefficient)**是径路分析中表示一个变量对另一个变量产生直接影响的标准回归系数。由于径路系数是标准回归系数，它们与多项回归中计算的 β 系数具有同样意义。

径路系数的数学值意味着什么？径路系数可以被看成是一种相关系数。与相关系数一样，径路系数的值介于－1.00 和 1.00 之间。该值越大，两个变量之间的联系越紧密。所不同的是，径路系数的含义依赖于所相关的是哪两个变量。在径路分析模式中，当一个变量（变量 A）被认为依赖于某个原因（变量 B）时，径路系数就等于积矩相关系数。p 等于 r 的另一个情形是，在径路分析中，一个变量依赖于一个以上的影响因素，但是这些影响因素被认为相互独立。

图 11.4 中的径路系数没有一个满足这些要求。在温兹尔的研究中，学业行为、教师对学生的偏爱、GPA、STBS 分数都被假设为受几个因素的影响，这些因素又被假设为相互影响。因此，图 11.4 中连接各对变量的径路系数，不同于表 11.7 中这些变量的积矩相关系数。例如，在表 11.7 中，我们看到反社会行为与 GPA 的相关为－.55，与学业行为的相关为－.49，与教师的偏好的相关为－.54。然而，在图 11.4 中，反社会行为与 GPA、学业行为、教师偏好的径路系数分别为－.18、－.10、－.28。这些径路系数类似偏相关系数，但不同于偏相关系数，因为它们代表在其他有关变量的影响效果被排除以后的两个变量的相关程度。

你将注意到，反社会行为和 GPA 的径路系数（图 11.4 中为－.18）与相同变量的积矩相关系数 r（表 11.7 中为 $r=-.55$）相比，是相当低的。这个结果意味着，反社会行为对 GPA 有些直接影响，但那部分影响是间接的。间接影响意味着，反社会行为对 GPA 的部分影响是由于它对学业行为和教师偏好的影响。一个变量的全部间接影响等于它与因变量之间的 r 减去相应的径路系数。对于反社会行为对 GPA 的影响，直接影响为－.18，间接影响为－.37（－.55 减－.18）。这个分析表明，反社会行为对 GPA 的间接影响（－.37）大大地高于其直接影响（－.18）。

径路分析的最后一步是，确定结果是否支持理论。在我们所考虑的研究中，温兹尔得出结论说，她的理论得到了一些支持，但结果暗示，理论需要某些修正。例如：

> 跟预测一致的是，亲社会和反社会行为与 GPA 有关，这从与学业方面行为有显著关系而得到反映。但是与预测相反的是，教师对

学生的偏爱，没有解释社会行为和学业成绩之间的显著的关系。①

在文章的讨论部分，温兹尔企图解释这些不同的结果，并对进一步研究提出了建议。

总之，径路分析的主要优点是，它使研究人员能用相关资料检验因果理论。其他多变量方法，例如，多元回归和典型相关并不适合这种目的。然而，径路分析是一种细致的方法，它需要满足几个条件才能产生有意义的结果。资料需要满足某些假设。如果没有很好地测量变量，如果重要的影响变量没有被包含在理论模型中，如果样本规模对考虑的变量数来说是不够的，那么，结果就会被错误地解释。②

（三）因素分析

因素分析是多变量研究中常用的一种方法，因为研究人员常常在单个的研究项目中测量大量的变量。**因素分析**为了将中等程度或者高度相关的变量综合在一起，将所有这些变量压缩为几个因素，提供了实证的基础。综合在一组的变量构成了一个因素，它是综合在一起的变量的共同元素的数学表达式。

罗伯特・科特坎普、约翰・马尔赫恩和韦恩・霍依的一项研究描述了因素分析方法。③该研究的目的是编制一个测量初中学校气氛的工具。在编制测验的过程中两次使用了因素分析。所编制的测验称为路格斯初中组织气氛描述问卷（OCDQ－RS）。

第一次使用因素分析是在大量的问题项目中确定共同性，这些项目是用于测量学校气氛的各个方面。通过使用因素分析和其他技术，研究

---

① 温兹尔，K. R.（1993），“好行为有利于学习成绩吗？中学内社会行为和学业能力”，《教育心理学杂志》，85，第 363 页。

② 在这些问题中，对因果模式说明不足可能是最严重的问题。该问题在下列书中进行了讨论：库克，T. D.，& 坎贝尔，D. T.（1979），“准实验：现场情景设计和问题分析”，芝加哥：兰德麦・克纳利。

③ 科特坎普，R. B.，马尔赫恩，J. A.，& 霍尔，W. K.（1987），“初中学校的气氛：如路格斯初中组织气氛描述问卷的修订”，《教育行政季刊》，23，第 31～48 页。

人员最后编制出了一个工具——OCDQ-RS,它由用于测量学校气氛的5个分量表组成。一个教师样组评估了每个项目的发生频率。分量表名称和项目举例如下：

1. 支持性的校长行为。“校长使用支持性的批评”。

2. 命令性的校长行为。“校长依靠铁腕来治校”。

3. 投入性的教师行为。“放学后教师在有个人问题的学生身上花时间进行额外辅导”。

4. 无效的教师行为。“布置的非教学任务太多”。

5. 亲密的教师行为。“教师邀请其他同事来家里来做客”。

研究人员第二次使用因素分析,是为了确定OCDQ-RS的5个分量表是否可以被组合成更少的因素。因素分析程序的第一步是计算相关矩阵,该矩阵给出了所有可能的两对变量之间的相关。OCDQ-RS的5个分量表之间的相关矩阵见表11.8。

表11.8 拉特格斯初中组织气氛描述问卷
5个分量表的相关矩阵和因素分析

分量表	相关				因素	
	2	3	4	5	1	2
1. 支持性的校长行为	—.09	.36**	—.30*	.05	.56	.28
2. 命令性的校长行为		—.20	.41**	—.04	—.62	.27
3. 投入性的教师行为			—.51**	.16	.73	.33
4. 无效的教师行为				.00	—.85	.09
5. 亲密的教师行为					.01	.89

* p<.01

** p<.001

【资料来源】 科特坎普,R. B.,马尔赫恩,J. A.,& 霍尔,W. K. (1987),“初中学校的气氛：路格斯初中组织气氛描述问卷的修订”,《教育行政季刊》,23,第31～48页。

接着,研究人员做了因素分析,以确定分量表所代表的5个变量是否可以用更少的因素描述。该分析所确定的因素见表11.8最后两列。

因素分析的数学基本上涉及搜寻全部相关的变量群。确定的第一群变量称为第一因素；它代表最相关的一群变量。该因素用分数表示，每个被试对象都有一个因素分数。因此，就可能计算学生的因素分数与他们在使用因素分析的某个变量上测得的分数之间的相关系数。这些系数列在表 11.8 中的因素 1 的标题项下。各个系数有时称为各变量在该因素上的**负荷量 (loading)**。

检查因素 1 的负荷量表明，前 4 个分量表与因素 1 有中等或高度相关。研究人员需要解释相关的模式，以确定因素的概念上的意义。在这个研究中研究人员将因素 1 确定为*开放性*，他们将它定义为：

当教师和校长的行为可靠、精神饱满、有目标、有支持力，而且在完成任务和满足社会需要方面都令人满意，这时的学校气氛是开放性的。①

因素 1 的解释很好地符合所测得的相关。支持性的校长行为与投入性的教师行为的分量表的得分都与因素 1 有正相关（分别为.56 和.73）；命令性的校长行为和无效的教师行为分量表都与因素 1 有负相关（分别为－.62 和－.85）。

表 11.8 表明，亲密教师行为分量表与因素 1 没有相关（r=.01）。但是，它在因素 2 上的负荷量是较大（r=.89）。其他分量表与因素 2 的相关比较低。因此，研究人员将第二个因素称为*亲密性*，定义如下：

亲密性……反映了教员之间的强烈而紧密的社会关系网。教师相互了解，在教员中有亲密的私人朋友，经常性在一起开展社会活动。然而，作为这一建构基础的友好社会交往，受到社会需要的限制；事实上，任务的完成对此方面来说似乎并没有帮助。②

开放性和亲密性这两个因素代表了相关矩阵中的大量信息。每个因素都可以被看成是一个变量，每个学生都可以在该因素上给一个分数，称为**因**

① 科特坎普，R. B.，马尔赫恩，J. A. & 霍尔，W. K. (1987)，“初中学校的气氛：如路格斯初中组织气氛描述问卷的修订”，《教育行政季刊》，23，第 46 页。

② 科特坎普，R. B.，马尔赫恩，J. A.，& 霍尔，W. K. (1987)，“初中学校的气氛：如路格斯初中组织气氛描述问卷的修订”，《教育行政季刊》，23，第 46 页。

素分数(factor score)。因素分数可以用于随后的统计分析。例如,t 检验可以用于确定公立初中和私立初中是否在开放性和亲密性上存在显著差异。

因素分析在教育研究中是一种有价值的工具,但是,它需要谨慎使用。通常给研究新手的一个警告是,GIGO(若输入的是垃圾,那么输出的还是垃圾),意思是说,由因素分析产生的因素,其用途和意义与在相关矩阵中所使用的变量是一样的。因此,研究人员应该谨慎考虑所使用因素分析的变量的数目和类型。如果变量在概念上几乎没有共同性或者共同性很小,因素分析是不恰当的。

因素分析有几个变式。例如,因素分析可能会产生**正交作用(orthogonal solution)**,即所得到的因素之间互不相关。如果我们寻求一组纯净的因素,正交作用是合理的,各因素所测的结构互不重叠。然而,在某些情况下,需要**斜交作用(oblique solution)**,即各因素之间有相关。例如,智力测验的因素分析可能会产生言语能力、数学能力、逻辑推理能力、听力,等等。这些因素在某种程度上是相关的,因为每个因素都有一部分包含了一般因素。

(四)结构等量模型

近年来人们开始使用多元回归的一种复杂方法。该方法与径路分析一样可以用于检验变量之间因果关系的理论。但它比径路分析更有力,因为变量的测量更有效、更可靠。因此,该方法对因果关系提供了更有力的测量。该统计方法称为**结构等量模型**。它也被称为 **LISREL**。LISREL 是线形结构关系分析(Analysis of Linear Structural Relationships)的英文缩写,是用来运行结构等量模型的计算机程序名称。[①] 该方法还有一个名称是**潜在变量因果模型**(latent variable causal modeling),因为

---

① 摘自:乔拉斯考格,K.,& 苏布,D.(1986)LISREL VI 用户手册,芝加哥:国际教育服务部。另一种做结构分析的程序是 EQS,其描述可见于本特勒,P. M.(1985),EQS 的理论和实施:结构等量程序。洛杉矶:BMDP 统计软件公司。

它用于检验理论模型所确定的因果关系，而且，正如我们将在下文看到的，它还涉及潜在变量的测量。

结构等量模型的基本要素在苏珊娜·金(Suzanne King)和李·沃尔夫尔(Lee Wolfle)的研究中得到了阐述。① 他们的研究目的是要确定哪些因素影响到院系的声誉。样本包括大量的大学院系，有英语系、法语系、哲学系、地理系、政治科学系和社会学系。

金和沃尔夫尔假定，对院系声誉的评定受到三个因素的影响：院系规模、研究生质量和院系的研究成果。该因果模型见图 11.5。该模型与径路分析中所使用的模型相同(例如，见图 11.4)。每个指向右边的箭头表示该方向上的因果关系。例如，院系规模被认为影响院系声誉(在图 11.5 中标为"对系的评价")。此外，在径路分析中，双头箭头曲线表示两个变量偶然相关但缺乏理论假设。例如，研究人员的因果模式没有包括院系规模和研究生质量是否有相互影响的假设。

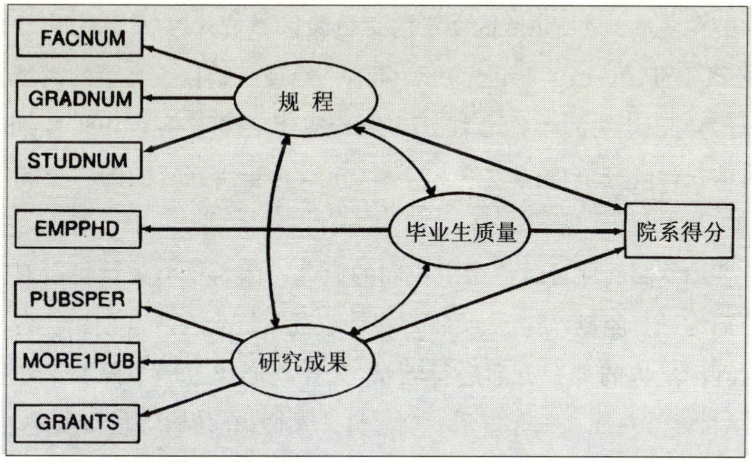

图 11.5 研究生院系声誉评价的影响因素的潜在变量因果模型

【资料来源】 取自 101 页图 1，金，S.，& 沃尔夫尔，L. M.(1987)，"院系知名度评价"，《高等教育研究》，27，第 99～105 页。

① 金，S.，& 沃尔夫尔，L. M.(1987)，"院系知名度评价"，《高等教育研究》，27，第 99～105 页。

图 11.5 所示的因果模型与径路分析的不同在于前者对图左边框框的使用。椭圆中的变量（规模、研究生质量、研究成果）被看成是**潜在变量(latent variable)**，它们是模型中所感兴趣的理论建构。左边长方形中的变量是**显性变量(manifest variable)**，这些变量事实上是研究人员测量的变量。由于教育测量不精确，所以，从理想的角度来说，每个潜在变量是用几个工具来测量的。每个测量工具所得到的分数代表了一个显性变量。从概念上来说，显性变量与某个潜在变量之一有联系。

我们在图 11.5 中看到，院系规模这一潜在变量可以用三个显性变量表示：1980 年该系的教员数目（简写为教员数目或 FACNUM）、1976 年与 1980 年期间的毕业生数目（简写为毕业生数目或 GRADNUM）、1980 年全日制或非全日制的博士生的数目（简写为博士生的数目或 STUDNUM）。只有一个显性变量是用于测量研究生质量这一潜在变量的：毕业时已与博士授予机构有明确雇佣约定的博士生的百分率（简写为博士受雇率或 EMPPHD）。最后，有三个显形变量用来测量研究成果这一潜在变量：教员出版的文章的总数除以教员总数（简写为人均出版量或 PUBSPER）、1978 年至 1980 年有一篇或一篇以上文章的教员比率（简写为有出版物的教员比率或 MOREIPUB）、1978 年至 1980 年期间从各机构获得研究资助的教员百分率（简写为获研究资助的教员比率或 GRANTS）。

在编制测验项目时使用了相同的原理。因为单个项目难以对某个理论建构进行测量，研究人员常常将一组项目综合在一起使用。各个项目对理论建构的某个方面进行测量，这样就形成了一个测验。在测验中，项目常常总加在一起得到一个总分。然而，在结构等量模型中，要对显形变量的测量进行因素分析，以确定它们共同变异，即它们共有的因子。而且，因素分析检验了各显形变量是否与用以表示潜在变量的因子具有高度相关。

随后的一步是，计算从显形变量发出的各箭头的径路系数。例如，在金和沃尔夫尔的报告中，径路系数被用于地理系的评价：规模为.59，研究生质量为.07,研究成果为.60。因为较大的径路系数,表示较大的影响,我们可以得出结论说,地理系的规模和教员研究成果对该系的声誉的影响要大于研究生质量的影响。

总之,结构等量模型是一种多变量相关方法,它可以在最大信度和效度的基础上用来测量潜在变量,也可以用来检测因果理论。这是一种功能强大的方法,但是较难使用,而且,对于所用与分析的数据需作一些假定。

(五) 鉴别分析

1. 关系研究中的小组分析

在第十章中,我们强调了在做因果-比较研究时构成同质小组的重要性。同样的原理适用于关系研究。当计算总样本的相关时,有些变量的关系可能会被遮掩。比总样本更具有同质性的小组的构成,可能显示这些变量之间的关系。

本章开头部分所介绍的彼得森和芬尼玛的研究描述了这一点的重要性。你可以回忆他们的研究目的是确定教学可能有助于或妨碍了四年级学生的数学成绩(包括高水平和低水平)。在表 11.1 中,给出了彼得森和芬尼玛的研究样本中的女孩组的两个系列变量之间的相关。研究人员也计算出了他们样本中的男孩组的相关系数。表 11.9 给出了男孩的相关系数。相应的女孩的系数也给出来了(与表 11.1 中相同)。为使我们的讨论简便起见,我们仅仅列出了低水平数学成绩的相关。

表 11.9　男孩和女孩的投入时间分数与年终低水平数学成绩之间的偏相关

投入时间变量	女孩的 r	男孩的 r	t^a
教师期望的活动类型			
日常数学	.17	.12	
其他数学	.07	.08	

续 表

投入时间变量	女孩的 r	男孩的 r	t^a
非数学	—.22	—.03	
间歇活动	—.10	—.23	
社会活动	—.30	—.38	
活动组织形式			
全班	.06	.09	
中等小组	—.12	.13	
小小组-相同性别	.18	—.10	
小小组-不同性别	—.01	.02	
两个学生-相同性别	—.05	—.10	
两个学生-不同性别	—.03	.11	
教师-学生	.03	—.53	.05
单独	—.03	—.14	
在数学活动中的投入	.19	.34	
数学-高水平	.18	.06	
数学-低水平	.01	.27	
数学-符号的	—.01	.29	
数学-表现的	.19	.03	
帮助	—.04	.17	
得到学生帮助	.03	—.10	
得到老师帮助	.01	—.35	.10
没有帮助	.18	.37	
竞争性	—.40	.13	.05
合作性	.25	.03	
既竞争又合作	.25	.08	
既无竞争又无合作	.27	.30	
不投入数学活动	—.19	—.35	
社会性	—.37	—.41	
等待帮助	.09	—.15	
学术性的(非数学的)	—.17	—.01	

续　表

投入时间变量	女孩的 r	男孩的 r	t^{a}
间歇活动	—.04	—.05	
无作业	—.09	—.34	

a 单尾检验

【资料来源】 摘自彼得森，P. L.，& 芬尼玛，E.（1985），“有效教学，学生对课堂活动的投入和数学学习中的性别差异”，《美国教育研究杂志》，22，第309～335页，第319页的表Ⅲ。美国教育研究协会1985年版权。摘录得到出版人的同意。

查看表11.9可知对各小组资料分别进行分析的用途。有些相关系数对女孩有统计上的显著性，但对男孩没有显著性（例如期望的非数学活动）。有些对男孩有显著性，但对女孩没有显著性（例如，期望的间歇活动）。有些对男孩和女孩都有显著性（例如，期望的社会活动）。

如果资料没有根据学生性别分别进行分析，研究人员可能会在教学的可能的影响作用方面得到错误的结论。例如，他们可能会泛化某方面的效果，得出结论说，它对男孩和女孩都同样有影响作用。而且，在某个性别上有显著性的相关系数，并不总是对总样本有显著性。如果研究人员仅仅计算了总样本的相关系数，他们可能得出结论说，教学在某个方面没有影响，而事实上，它对某个性别是有影响效果的。

我们在表11.9中看到，没有一对相关系数是相同的。例如，预期的日常数学和数学成绩之间的相关系数，女孩的是.17，男孩的是.12。这就产生了一个问题，相关系数在量上的差异是随机因素造成的，还是说明男孩和女孩之间真正有差异。要对这个问题进行回答，可以对两个相关系数之间的差异的统计显著性做 t 检验。表11.9的最后一列表明，哪一对相关系数间的差异具有显著的 t 值。我们发现，例如，名称为“在数学活动中的投入，竞争性的”这一变量的相关系数之间的差异是有显著性的。竞争性活动表现出对女孩的数学成绩具有中等的负面影响（$r=$ —.40），而对男孩则稍微有一点正面的影响（$r=$.13）。

鉴别分析的第一步是，问问你自己，你在计算相关系数的变量时是否可能受到某个因素的影响，例如，性别、社会经济地位或文化特性。然后从样本中选择具有这个特征的被试者(或者在很高的程度上拥有该特征)，并重新计算两个小组的相关，其中一个小组为具有这个特征(或者在很高的程度上拥有该特征)，另一个小组为不具有这个特征(或者在很低的程度上拥有该特征)。如果得到的相关大致相同，你可以得出结论说，该特征对你原先的结论没有起作用。然而，如果两个结论有显著差异，你就会对你所研究的相关系数有了进一步的认识。

2. 预测研究中的协调变量

有时，一个测验对预测某些小组的行为比预测其他小组的行为更有效。在这种情景下，我们可以使用鉴别预测，它是鉴别分析的一种形式。

用于改善测验的预测效度的鉴别预测的使用方法，在莫希·蔡德纳(Moshe Zeidner)的一项研究中有描述。①该研究的目的是确定学业能力倾向测验的效度，该学业能力倾向测验是用于预测一所以色列大学的学生的第一年的年级绩点平均值(GPA)。蔡德纳预期能力倾向测验对年龄大的学生的有效性比不上对年轻的学生的有效性。在这种情况下，学生的年龄成为协调变量，因为它对测验的预测效度产生缓和作用。换句话说，蔡德纳假设，年龄是能力倾向测验得分与年级绩点平均值之间的关系的协调变量。他对该假设作如下阐述：

> 年龄大的学生与年龄小的学生不仅在年龄本身上有差异，而且有许多潜在的重要变量可能影响测验成绩。这些包括：中小学经历的质量、在日常生活中积累起来的文化和社会的经验、职业培训，等等。此外，年龄大的受试者，由于早就从高中毕了业，可能在许多其他变量上不同于年轻的受试者，这些变量可能对测验有影响，例如，他们最近的测验经历、测验的策略、测验的态度、动机和焦虑。②

---

① 蔡德纳，M.(1987)，“学业能力倾向性测验预测效度的年龄偏见：一些以色列资料”，《教育和心理测量》，47，第1037～1047页。

② 同上，第1038页。

相关分析的结果见表11.10。学业能力倾向测验成绩和年级绩点平均值是有正相关的，年龄在18至29岁之间的三个组的相关系数具有显著性。然而，30岁以上的年龄组的相关系数是负的，在统计上没有显著性。因此，结果支持了蔡德纳的假设，即能力倾向测验对年龄大的大学入学申请者来说具有较低的预测效度。而且，四个组的相关系数介于－.08和.41。如果蔡德纳计算了全体样本的相关系数(即，将四个年龄组综合在一起)，结果得到的相关系数很可能会落在这个范围内。使用年龄作为协调变量，他发现了相关系数比较高的小组，尤其是年龄在18至21岁的学生和年龄在26至29岁的学生。

表11.10 不同年龄组的学业能力倾向测验与年级绩点平均值的相关

年龄组	*N*	*r*
18—21	238	.30*
22—25	314	.21*
26—29	72	.41***
30+	121	—.08

* $p<.05$

** $p<.01$

*** $p<.001$

【资料来源】 摘自1043页表2，蔡德纳，M.(1987)，“学业能力倾向性测验预测效度的年龄偏见：一些以色列资料”，《教育和心理测量》，47，第1037～1047页。

八、相关系数的解释

(一) 相关系数的统计显著性

相关系数的统计显著性通常表示，在某个置信度上，所得到的相关系数是否与零有区别(研究人员也可以检验所得到的相关系数是否与其他的r值有显著区别，例如，比较样本的r值)。如果相关系数与零没有显著区别，那么，与零之间没有区别的虚无假说不能被拒绝。如果相关系数在统计上有显著性，我们可以得出结论说，变量之间的关系是非零的。然而，你应该记住，总体的变量之间的相关系数可能大于或小于从样本中得到的相关系数。如果你愿意的话，你可以计算置信区间，以估计总体的相关系数可能会落在哪个相关系数的范围内(置信区间的讨论见第五章)。

大部分统计类教科书包括一个表格，从该表格中可以确定积矩相关系数(r)的统计显著性。相关系数的统计显著性水平在很大程度上是根据样本的规模来确定的。例如，如果样本包括 22 个被试对象，在.01 的显著性水平上需要.54 的积矩相关系数。然而，如果样本包括 100 个被试对象，在.01 的显著性水平上仅需要.25 的积矩相关系数。如果样本包括 1 000 个被试对象，在.01 的显著性水平上仅需要.08 的积矩相关系数。

统计显著性也取决于是采用一端检验还是两端检验。在两端检验中，研究人员确定所得到的相关系数(忽略正负符号)是否处于 $r=.00$ 的样本的常态曲线的正末端或负末端。在一端检验中，仅仅考虑常态曲线的一侧，即研究人员预先估计到，如果有显著性，相关系数肯定是正的，或者肯定是负的。

关系研究的目标基本上是，对所研究的复杂技能或行为模式有一个更好的理解，因而低相关系数和高相关系数具有同样的意义。然而，预测研究是为了预测某些未来的行为，因而它需要比关系研究具有更高的相关系数。在预测研究中，统计显著性的重要性不大，因为相关系数通常必须超出特定的显著水平(一般为.05)，才能达到实际价值。换句话说，有实际意义的显著性比统计显著性更重要。

(二) 相关系数值的大小的解释

即使相关系数的值不高，它仍然具有实际意义。这个原理在加吉描述的假设情景中有介绍。[①] 让我们假设，研究的变量是某个教学技术。

① 加吉，N. L. (1985)，“软科学中的硬结果：教育学案例”。布卢明顿，IN：Phi Delta Kappa 评估、发展和研究中心。

观察样本中的每个教师，以确定他或她是否使用该技术。结果变量是学生在教师课程中的成绩。根据是否通过该课程来对学生进行分类。假设我们得到了表 11.11 所示的结果。

表 11.11　特殊教学技术与学生成绩之间关系的假设性研究结果

结　果	接受新教学技术的百分数	接受旧教学技术的百分数
好	60	40
坏	40	60
总　计	100	100

注意：相关系数(φ)＝.20

被解释的变异的百分数＝4％

【资料来源】 摘自第 12 页表 1，加吉，N. L. (1985)，“软科学中的硬结果：教育学案例”，布卢明顿，IN：Phi Delta Kappa 评估、发展和研究中心。

教学技术与学生成绩这两个变量之间的相关系数仅仅是.20(注意：.20 代表 φ 系数，因为两个变量都是两分法的)。尽管结果有实际意义，但是相关系数是低的。使用该技术的效果分析表明，它使通过该课程的学生数提高了 50％ 。具体地说，使用该技术的教师所在的班级中，60％的学生通过了该课程。而在没有使用该技术的教师所在的班级中，只有 40％的学生通过了该课程。这里存在着 20 个百分点的差异，显然是有实际的显著性的。

你应该认识到，在这个例子中，研究人员的目的是确定变量之间的关系，而不是从一个变量去预测另一个变量。我们不能预测哪些特定的学生通过了该课程，哪些特定的学生没有通过该课程。然而，我们可以确定教学技术对整个小组的可能影响。获得的.20 的 φ 系数告诉我们，如果教师采用该技术，通过该课程的学生的百分率就高，但是它并不能告诉我们哪些学生将通过或不通过该课程。如果我们希望预测哪些特定的学生是否能通过该课程，所得到的相关系数必须更高——一般至少为.70。这样大小的相关系数实际上是不可能从单个的预测变量中获得的,但是它们可以通过多项回归技术,使用多个预测变量的组合来实现。

医学研究人员发现,低于.20的相关系数仍然是有实际意义的。例如,罗伯特·罗森塔尔(Robert Rosenthal)引用了一个医学研究,该研究发现下列两个变量之间有正相关:(1)是按常规服用阿司匹林,还是服用安慰剂;(2)是否体验到心脏病发作。① 这两个变量的相关系数只有.03。然而,这个相关系数被认为具有实际的重要性,实验在未能得到进一步完善的情况下就夭折了。研究人员相信,对控制组继续再隐瞒阿司匹林是不道德的。罗森塔尔观察到,在诸如教育心理学等“软科学、未开化的科学”中所得到的许多相关系数,事实上要大于诸如医学研究等发达科学领域所得到的相关系数。

在解释相关系数的值的大小时需要考虑的另一点是,许多因素影响教育者所感兴趣的个人特征和行为方式。因此,任何一个因素的影响不可能是很大的。对于教育研究人员研究的变量之间的许多关系,其相关系数的范围大都介于.20和.40之间。

九、相关研究有时会犯的错误

研究人员

1. 假定相关结果能证明有因果关系。

2. 依赖于猎枪式方法,尽管可以使用理论和先前的研究结果来为相关研究选择变量。

3. 选择了与所需分析的分数类型不适合的二元相关统计方法。

4. 在混合有许多变量的研究中,将分析仅仅局限于二元相关统计分析,而不是使用多变量相关统计法来澄清所有变量之间的相关情况。

5. 没有实施交叉验证研究以确定在最初预测研究中获得的复相关

---

① 罗森塔尔,R.(1990),“在软心理学中我们的情况如何?”,《美国心理学家》,46,第775～777页。也可以见《美国心理学家》1991年10月那期中对罗森塔尔文章的反应。

系数的缩减程度。

6. 使用径路分析或者结构等量模型，但是却没有检查该资料能否满足使用这些技术的条件。

7. 在计划径路分析时，没有确定重要的因果变量。

8. 在关系研究或者预测研究中，误解了所获得的各相关系数的实际显著性和统计显著性。

自测题

1. 完全负相关的相关系数是

   a. 0.00　　b. 1.00　　c. －1.00　　d. －.50

2. 相关方法的主要的优点是

   a. 可以用于因果关系研究

   b. 允许同时研究大量变量之间的关系

   c. 对两个变量之间的关系的程度和方向提供了测量

   d. 以上都对

3. 与关系研究相反，预测研究与下列哪项更有关

   a. 检验因果假设　　b. 使衰减校正最大化

   c. 使每个变量与标准的相关最大化　　d. 确定适当标准测量

4. 在预测研究或者关系研究中，如果研究人员在许多变量之间求相关，就会有什么风险

   a. 缩减　　b. 非线形

   c. 不利的选择比率　　d. 某些变量中的范围限制

5. 当两个变量为连续分数时，最适合的相关统计是

   a. φ 系数　　b. 等级-差异相关

   c. 二列相关　　d. 积矩相关

6. eta 的计算可用于

   a. 决定是否使用偏相关　　b. 决定是否做因素分析

   c. 全距限制校正　　d. 研究变量之间的非线形关系

7. 由于缺乏测量的信度，两列分数的相关系数的降低称为
   a. 衰减　　b. 范围限制
   c. 回归　　d. 缩减
8. 一个或一个以上的变量对标准行为模式的影响的取消过程称为
   a. 多元回归　　b. 偏相关
   c. 衰减校正　　d. 方差分析
9. 单个标准变量与一组预测变量组合之间的最大相关系数的确定过程，称为
   a. 典型相关　　b. 多元回归
   c. 结构等量模型　　d. 径路分析
10. 典型相关的目的是确定一组预测变量与下列哪一项之间的关系的程度
   a. 一组标准变量　　b. 一组外源变量
   c. 一组缓和变量　　d. 样本中的每个个体的类型
11. 在研究中将所测得的所有变量之间的相关系数系统地列出来，称为
   a. 散布图　　b. 相关比率
   c. 径路分析　　d. 相关矩阵
12. 下列相关技术中检验因果假设最有力的技术是
   a. 因素分析　　b. 径路分析
   c. 判别分析　　d. 协调分析
13. 在因素分析中，因素是指
   a. 积矩相关系数　　b. 测验分数
   c. 数学结构　　d. 回归方程式
14. 结构等量模型包含使用下列哪项
   a. 径路分析和因素分析　　b. 径路分析和判别分析
   c. 典型相关和因素分析　　d. 鉴别分析和因素分析
15. 如果一组测验预测判据变量时男性的效果比女性好，性别被称为
   a. 预测变量　　b. 潜在变量
   c. 协调变量　　d. 内源性变量

吴荣先○译

第十二章　实验设计：第一部分

一、概览

实验是在两个或多个变量之间建立因果关系的最有效的定量研究方法。为了得出有效的结果，必须以一种严格的方式来进行实验。本章描述了实验的效标和其他在设计实验时必须考虑的因素，同时也解释了最常见的实验设计，其他实验设计将在下一章中讲述。

二、目标

学习本章后，你应该能够：

1. 谨慎地评估对实验内部效度可能产生的负面效应。

2. 谨慎地评估对实验外部效度可能产生的效应。

3. 描述提高实验设计普及性的步骤。

4. 解释实验者偏见和处理保真度会如何影响一项实验的结果。

5. 描述在实验中维持稳定的试验组的障碍以及该如何避免或克服这些障碍。

6. 描述常用的实验设计，包括随机分配的程序，实验和控制组的形成以及预试和后测程序。

7. 说明一般实验设计的内部和外部效度方面所存在的具体威胁。

8. 描述常用的分析实验所得数据的统计技术。

三、绪论

在各种定量研究方法中，实验提供了有关因果假设的最严密的测验。虽然相关设计和因果-比较设计能够提出变量之间的因果关系，但还需运用实验来确定所观察到的关系是否是一种因果关系。

巴拉克·罗森显(Barak Rosenshine)和诺马·弗斯特(Norma Furst)描述了研究中存在的相关——实验环的例子。①他们回顾了在新西兰坎特布鲁大学进行了几年的一组有关教学方法的研究。在相关研究中，研究人员发现学生学习水平与教师一种特殊教学技巧相关。这种特殊的教学技巧是，当教师要求一位同学回答问题，在得到答案后，教师并不立即给予肯定或否定评价，而是反问另一位同学前一位学生的答案是否正确，或给予评价。跟踪的研究者发现，学生学业成绩与教师通过就相同问题反问另一个学生或要求其作出评论的程度之间，存在着一种明显的相关系数($r=.54$)。换言之，大量使用反问方法的教师与很少使用这种方法的教师相比，所教的班级通常成绩更好。

该研究结果意味着训练教师进行反问的技巧将能提高学生的课堂成绩。但是，根据罗森显和富斯特的报告，坎特布鲁大学的研究人员也进行了一些实验，在这些实验中，他们对教师反问的使用进行了控制。在有反问和没有反问的不同条件下，并未发现学生的学习存在不同。因而，相关研究显示了两个变量之间的关系，但是实验显示该关系并非因果关系。很可能是某个第三变量形成了该关系，或者是学生的表现影响

---

① 使用直接观察法研究教学，罗森显，B.，& 弗斯特，N. (1973). R. M. W. Travers (编者)，《教学研究第二手册》，第 122～183 页. Chicago: Rand McNally.

了教师反问的使用，这就颠倒了研究人员假设的因果模式。①

教育研究人员进行的许多实验都是涉及检验具体教材或学生学习步骤的。因而，这些实验的结果很可能对新的教材和教法的采用有直接的影响。下列杂志文章的标题说明了目前教育中使用的实验范围：

马什，H. W. 和罗切，L.（Marsh，H. W.，& Roche，L).（1993）："学生评估的使用和为促进大学教学效果而对个体进行结构性的干预"。《美国教育研究杂志》，30，第217～251页。

米勒，T. L.，达菲，S. E. 和赞恩，T.（Miller，T. L.，Duffy，S. E.，& Zane，T.).（1993）："提高自我改正数学家庭作业的准确度"。《教育研究杂志》，86，第184～189页。

兰金，F. J. A.（Ranzijn，F. J. A.）（1992）："数学中概念化信息的顺序及其对记忆的效果"。《教学科学》，20，第405～418页。

西切特，T. M.（Shlechter，T. M.）（1990）："小组电脑培训的相对教学效率"。《教学计算研究杂志》，6，第329～341页。

大多数的教学实验都采用了某种传统的单一变量设计的形式。**单一变量实验**涉及对单个处理的控制，并观察这种控制对一个或多个因变量的作用。②在该章节中，受控制的变量被称为**实验处理**，也叫自变量，实验变量，处理变量或干预。为确定实验处理效果而测量的变量被称为后测，因变量或效标变量。在本章中，我们使用**后测**来描述成为实验处理预计后果的那种测得的变量。如果在实验处理之前测量一个变量，这个变量称为**预试变量**。在许多教学实验中，经常涉及一个组接受实验处理，而另一个对比组不接受实验处理或接受另外的处理，该对比组称为**控制组**。

要了解如何使用这些名称，可以考虑一下这样一种实验，它是用来确定一种新的阅读计划对学生阅读能力的影响的。该实验处理是让一

---

① 见第十一章中有关相关研究中因果推论的讨论。

② 受控制的处理超过一个的实验叫作*因素型实验*。见第十三章。

组学生在日常的新学习中使用这一新的阅读计划，控制组则接受常规的阅读计划。预测是新阅读计划介入课程之前对学生阅读表现的测量。后测是对学生接受了一段时间的新阅读计划训练后阅读表现的测量。

实验中的关键问题是建立适当的控制，因而后测中出现的任何变化只能被归因于研究人员控制的实验处理。如我们在本章中所要看到的，只有对许多外部变量进行控制，才能对实验资料进行准确的诠释。根据你所希望控制的各种外部变量，可以使用不同的实验设计，这里的控制指的是在后测中排除引起变动的可能原因。

虽然实验是一种有效的研究设计，但它并不完善。即使是设计完善的实验，它的结果也有潜在的被驳倒的危险——正如自然科学哲学家卡尔·波珀所说：

> “那么什么是我们知识的源泉呢？我认为答案是：知识的源泉种类很多，但并没有绝对权威……当然我并不否认一项实验可能也会以一种非常重要的方式增加我们的知识，但它并非是最后的源泉。”①

当你阅读本章和下一章时，你会发现有许多因素会威胁到一项实验的效度。通过对这些因素的控制，研究人员强化了一项揭示因果关系功能的实验。但是正如波坡所认为的，没有哪一项实验能够无可辩驳地说明因果关系，因而，需要进行验证的实验——特别是那些测量可选择的两种因果关系假设的实验。

在下一章中，我们讨论那些能够削弱一项实验功能的主要因素。首先，我们讨论内在无效度的潜在来源，即其变量而非处理变量对实验结果提供有理的解释程度。然后，我们讨论影响外部效度的因素，即实验结果可被用于其他环境的程度。图 12.1 总结了影响两种效度的因素，以便帮助你阅读这些章节。

---

① 波珀，K. (1968).《猜测与驳斥 》New York：Harper Torchbooks. 引文在第 24 页。

内部效度
1. 历史
2. 成熟
3. 测试
4. 测试工具
5. 统计回归
6. 差异性选择
7. 实验者流失
8. 选择—成熟的相互影响
9. 实验处理扩散
10. 控制组的补偿性竞争
11. 处理的补偿性均等
12. 控制组的不满而士气低落

外部效度
群体效度
1. 从实验样本到确定总体的概括程度
2. 有个性因素的变量与处理效果相互影响的程度

生态效度
1. 实验处理的详细描述
2. 多元处理干预
3. 霍桑效应
4. 新鲜和干扰作用
5. 实验者作用
6. 预测敏感
7. 后测敏感
8. 历史和处理效果的相互作用
9. 因变量的测量
10. 测量时间和处理效果的相互作用

图 12.1　影响实验内部和外部效度的因素

【资料来源】 根据坎贝尔，D. T.，& 斯坦利，J. C.（1963），“研究性实验和准实验设计”，Chicago：Rand McNally；库克，T. D.，& 坎贝尔，D. T.，（1979），“准实验：实地环境的设计和分析问题”，Chicago：Rand McNally；and Bracht，G. H.，& Glsaa，G. V.（1968），“实验的外部效度”，*American Educational Research Journal*，5，第 437～474 页。

四、实验的内部效度

实验中最困难的任务是稳定或排除有可能影响后测结果的外部变

量。如果该任务能够完成,研究人员可以十分自信地把所观察到的结果(效果)归因于处理(原因)。

实验方法最初在物理学科中得以发展,它在知识的提供方面非常有成果。实验在该领域中的成功是由于物理问题非常能适应实验室中的严格要求。但是在人类科学中(如心理学、社会学、经济学)是否能实现严格的实验控制,令人怀疑,因为人类成了实验的目标。

唐纳德·坎贝尔(Donald Campbell)和朱利安·斯坦利(Julian Stanley)写了一篇著名的论文,就内部效度对实验设计进行了区分。①一项实验的内部效度是指研究人员控制外部变量的程度,因而任何观察到的效果只能被归因于处理变量。外部变量是除处理变量外的任何变量,这些变量若未受控制会影响实验结果的其他变量。如果外部变量未被控制,我们无法确定所观察到的实验组的变化究竟是由于实验处理引起的,还是由一些外部变量引起的。

为证明外部变量控制的重要性,我们将考虑一项由小威廉·凯尔、罗纳德·波斯太特和小托马斯·加兹登(William Kyle,Jr.,Ronald Bonnstetter & Thomas Gadsden,Jr)一起进行的实验。②如你将看到的,他们的研究实际上是一项准实验,因为该实验并未涉及将实验参加者随机分配到实验组和控制组中去。但是该研究提供了与内部效度有关问题的很好的例子,这些问题通常在进行教育实地实验时会出现。

研究人员考察了在一个学区引入一门新的科学课程的效果。该课程即著名的科学课程提高研究(SCIS),着重于对科学教学采取一种以提问为主导的过程方法。学区内的标准课程强调阅读文章,回答文章中的问题并完成答卷。标准课程的目标是低水平的认知能力。

---

① 坎贝尔,D. T.,& 斯坦利,J. C.(1963),"研究性实验及准实验设计",Chicago:Rand McNally.

② 凯尔,W. C.,Jr.,波斯太特,R. J.,& 加兹登,T.,Jr.(1988),"实施性研究:小学生与教师对于过程方法的态度同传统科学课的比较分析",《科学教学研究杂志》,25,第103~120页.

在实施实验的第一年，学区的35个小学中的6个采用了SCIS。到学年结束时，研究人员对这些学校的教师和学生进行了对科学的态度的测验。他们也对另一组教师样本进行了同样的测验，这组教师在当年使用了标准科学教程，但将在下一年教SCIS。

表12.1显示了这次实验的一些结果。在各种测验中，教授过和未教授过SCIS的教师中对科学表示出肯定态度的教师的百分比并无明显的不同。相反，在每一次测试

表12.1 SCIS参加者和非参加者对自然科学课程具有肯定态度的百分比显示

项目	学生			教师		
	SCIS[a]	非-SCIS	X^2	SCIS	非-SCIS	X^2
科学是(过去是)						
好玩的	85	53	60.13**	30	35	.41
有趣的	88	64	36.24**	45	51	.43
令人兴奋的	70	44	33.06**	25	22	1.44
枯燥的	13	35	32.65**	41	38	1.05
科学使我感到						
成功	59	45	12.23**	36	32	.38
不舒服	11	24	14.30**	31	26	1.08
好奇	76	56	21.65**	49	49	.18

SCISa为科学课程提高研究

*P<.01

**P<.001

【资料来源】 摘自凯尔，W. C.，Jr，波斯太特，R. J.，& 加兹登，T.，Jr.(1998).“实施性研究：小学生与教师对于过程方法的态度同传统科学课的比较分析”，《科学教育研究杂志》，25，第103～120页中的第110页的表2.

中，学习SCIS的学生中有相当多的人对科学持肯定态度。这是一个意义深远的发现。研究人员能否下这样的结论，即SCIS学生的更为肯定的态度归因于学生接受了SCIS的教育。同样地，他们能否认为SCIS并未引起教师对待科学的态度的任何变化。这些问题的答案都取决于该实验控制外部变量的程度。

坎贝尔和斯坦利确定了8种能影响实验结果的外部变量。最终，坎贝尔和托马斯·库克(Thomas Cook)又增加了4种外部变量。[①] 图12.1中列为12种外部变量，在下面部分根据作为例子的科学课程实验来对该12种外部变量进行描述。

1. *历史*。实验处理持续一段时间，为除实验处理以外的其他情况提供发生的机会。参加我们准备进行实验的学生接受了一学年的SCIS或标准科学课程。而且这两组学生来自不同的学校。可能采用SCIS的学校与不采用SCIS的学校相比，在整体上有更好的学习环境。由于在该学年中处在这种较好的环境中，接受SCIS的学生并不仅仅对科学，而且对所有学校课程获得了更为肯定的态度。如果情况属实，有可能是学校的学习环境，而非课程产生了态度效果。为避免在诠释效果时出现这个问题，研究人员必须确保采用SCIS的学校和不采用SCIS的学校除了科学课程外，在其他所有方面都相似。

2. *成熟*。在实验处理的进行过程中，研究参加者可能会发生生理或心理方面的变化。例如，学生会变得更强壮，认知能力更强，更自信或更独立。在我们的例子中，假设采用SCIS的学校的学生和不采用SCIS的学校的学生都在以科学的方式思考问题的能力方面取得了进步。我们可能会把这种进步归因于接受了科学课程。也有可能是研究参与者——小学生——在认知发展方面取得了自然的进步，从而使他们能以更科学的方式进行思考(例如，皮亚古欣理论预测了这种认知成熟的发生)。因而无法确定所观察到的进步到底是由于科学课程引起的还是由于认知成熟引起的。为排除成熟的影响，必须确定一个控制组，组中的儿童在一学年中没有上过科学课程(或接受学校外的科学辅导)。如果SCIS和标准课程组的学生在测试中比该控制组的学生取得更好的成绩，我们就能合乎情理地下结论，是科学课程——不是成熟——导致了

---

① 库克，T. D.，& 坎贝尔，D. T. (1979)，"准实验：现场背景设计及分析问题"Chicago：Rand McNally.

以科学方式思考问题的能力的提高。

3. *测试*。在绝大部分的教学实验中，都会进行一个预测，随后是实验处理，然后进行一个后测。如果两个测验类似，学生们很可能仅仅是因为有了预测的经验，所以在后测中取得进步。换言之，他们变得对测试内行了。在科学课程实验中，由于不进行预测，这个外部变量不会成为问题。

4. *测试工具*。由于测试工具的性质发生了变化，很可能观察到学生从预测到后测取得了学习上的进步。在运用观察性测量的实验中，特别有可能出现测试工具的影响。在实验处理之前和之后评估教师和学生的观察者倾向于在第二次时打出较好的分数，只是因为他们猜想——有意识地或无意识地——研究参与者已发生了变化。由于在科学课程实验中不进行预测，使用外部变量对实验的内部效度不构成威胁。

5. *统计回归*。每当使用测验-再测验的程序来评估实验处理效果的变化时，很可能是统计回归造成了观察到的学习进步。**统计回归**是指研究项目的参与者出现的一种倾向，即对一个变量进行测试时，他们的分数出现两极分化，但当对同样的变量进行第二次测试时，他们的分数更接近于平均值。[①]例如，假设我们选择一组学生，他们在一次阅读能力测试中的分数低于 15 个百分点，如果对同样的学生进行同样的或类似的测验（即与第一次相关的测验），那么不管有否介入的实验处理，他们第二次测验的平均分数很可能高于第一次，原因就是统计回归。相反地，如果我们选择另一组学生，他们第一次测验时的得分高于 85 个百分点，那么他们参加第二次类似测验时的平均分数会低于第一次，原因也仅仅是由于统计回归。

为了理解统计回归，让我们来考虑这么一个因素，即一个学生之所以第一次测验分数低是由于能力水平低和偶然因素（如，猜错了、环境压

---

① 可以在坎贝尔和斯坦利的实验及准实验设计的第 180～182 页中找到有关统计回归的讨论。又见本书第十三章中有关习得分数的讨论。

力)。当过了一段时间在进行同样的测验时,能力因素未变,但他不可能还是那么不走运,所以他的分数可能提高,同样的推理也可用来解释为什么一开始分数高的学生在第二次测验时不太可能仍然取得同样好的分数。

在科学课程研究中,对态度不进行预测,所以在实验一开始就无法确定采用和不采用 SCIS 的学校中的教师和学生通常是持肯定态度的还是持否定态度,因此我们无法知道在学年结束时,他们所表达出来的态度的差异究竟是反映了差异性统计回归效果,还是除反映了差异性统计回归效果外,还反映了 SCIS 的课程效果。

6. *差异性选择*。在使用控制组的实验设计中,由于为实验组和控制组进行差异性成员选择,有时实验处理的效果会被其他因素抵消。抵消可能在科学课程研究中一直是个主要问题。研究人员并不明确说明采用 SCIS 和不采用 SCIS 实验处理的学校是随机分配的(随机分配,正如本章后面所讨论的,是预防差异性选择的最好方法)。

可能的情况是,有些学校被选中在第一年完成 SCIS 的原因是它们与学区里的其他学校有所不同。例如,这些学校被选的原因是由于它们的学生在学业上比其他学校的学生更好。如果情况确实如此,那么在学年结束时所观察到的进行 SCIS 组和不进行 SCIS 组的不同的科学态度可以被归因为两个组所选择的学生不同,而非 SCIS 课程的效果。

如果继续朝这个方向推理下去的话,那么在学年结束时采用和不采用 SCIS 的教师并未在科学态度上表现出不同,这可能意味着是类似的教师在教这两组学生。在这种情况下,教师的差异性选择不会影响实验结果。但是,由于在这个实验中不进行预测,我们就无从得知实验组和控制组的教师或学生在实验开始前就可能存在的差异。因而,我们无法确定是否是差异性选择,而非 SCIS 造成了我们在后测中观察到的组间的差异。

7. *实验者流失*。实验组和控制组可能会失去一些研究项目参与者,因为他们不再上学,错过了预测或后测,或者有时上课缺席。在实验过程中失去研究项目参与者的现象被称为**实验者流失**，或消耗。消耗可能来自外部因素，如：生病，参与者对于所处的不太理想的处理环境的不满，或者他们感觉实验太难或太具威胁性。不管原因是什么，如果消耗造成了处理过程中的参与者的差别性流失，就会影响到实验的内部效度。例如，我们假设成绩差的学生对 SCIS 课程不太肯定，因而在一年中有相当一部分学生不再上学。在这种情况下，这些学生中只有少数会完成有关科学态度的后测，这就使实验后持肯定态度的学生的百分比人为地上升了。

减少消耗问题的方法是把学生随机分配到处理组中，并使每个组中的处理环境具有相同的吸引力（本章后面将介绍实验处理吸引力均等的步骤）。而且，你还应该对每个处理组成员的缺席或退出做记录。①该信息并不列入科学课程实验报告中。研究人员声称，教师总样本中的 92.3%完成了问卷，提供了表 12.1 中的材料。但是他们并未说明问卷回答者是否均匀分布在实验组和控制组中。

8. *选择-成熟的相互影响*。该外部变量类似差异性选择（见上述第六点），惟一的不同是，成熟是特定的抵消变量。例如，假设科学课程研究已在两个不同的学区进行，再进一步假设由于不同的入学政策，实验组的平均年龄比控制组的大 6 个月。在这种情况下，任何在科学态度上组间的差异可被归因于学生年龄差异的影响，而非每个组学习的科学课程的效果。

9. *实验处理扩散*。如果处理条件与控制条件相比，特别有吸引力，控制组中的成员可能会寻求获得处理条件。如果在实验过程中实验组和控制组的成员彼此非常接近的话，就特别容易发生实验处理扩散。例如，假设在一幢教学楼中的一些教师（处理组）被指派教授一门创新的、

---

① 在朱尔斯，S. G.，& 格拉斯，G. V（1971），“实验失败率对于随机比较性实验内外部效度的影响”，《实验教育杂志》，40，第 62～66 页中描述了为确定在实验组和控制组的参与者流失中存在系统偏见而分析研究数据的程序。

很吸引人的课程，而同幢教学楼中的其他教师被要求继续使用标准课程。随着实验的发展，控制组中的一些教师，即使已被告知不允许这么做，还是会同处理组中的教师讨论新的课程。他们甚至还会在课堂中借用一些材料和活动项目。因此，过了一段时间，处理条件"扩散"到了控制组。

如果发生了实验处理扩散，处理对后测的效果就会被抵消。为了避免这种情况的发生，你应该尽量安排使实验组和控制组之间的接触降到最低程度。在实验完成后，应该对所有或部分的样本进行访问，以确定是否发生了任何形式的实验处理扩散。

当我们检查表 12.1 时，我们发现两个组中的许多教师在学年结束时，对他们的科学课程持否定的态度和认识。例如，两个组中大约 40%的教师认为，科学是枯燥的。而我们并不知道在学年开始时，认为科学枯燥的教师的百分比很可能还要高些。如果真是这样的话，SCIS 的引入降低了觉得科学教育枯燥的教师的百分比。如果控制组中的百分比也降低了，这可能意味着实验处理扩散效果。

10. *控制组的补偿性竞争*。该外部变量有时叫作约翰·亨利效果。**补偿性竞争**是指由于控制组成员意识到他们在与实验组竞争因而发挥了超水平的能力。例如，加里·沙瑞斯基(Gary Saretsky)发现，当与实验组的班级进行比较时，控制组班级的数学成绩有明显的提高。① 如果发生这种现象，那么在后测时所观察到的实验处理组和控制组之间的差别——或无差别——可以被归因为控制组的不同寻常的动机，而非处理的效果。

11. *处理的补偿性均等*。如果实验组接受了提供有吸引力的产品或服务的处理时，可能会出现外部变量。在这些条件下，实验实施者可能试图把类似的产品或服务提供给控制组，对他们进行补偿。如果任何这

---

① 沙瑞斯基，G. (1972)，The OEO P. C.，"实验设计与约翰·亨利效果"，Phi Delta Kappan，3%，579～581.

类行为影响了控制组的后测分数，实验处理的效果就变得含混不清了。研究人员未能把该处理与非处理控制条件相比较，而是在把一个实验处理与另一个实验处理相比较。

库克和坎贝尔认为，在测量动作完成效果和类似补偿性教育计划的实验中，这个问题几乎肯定存在。①控制学校处于不利地位的学生通常得到与采用动作完成计划的学校金额相似的第一款基金使用权。因而，虽然控制学校并没采用动作完成计划，他们具有同样的基金，能够用来为他们处于不利地位的学生购买同样的服务。

12. *控制组的不满而士气低落*。当控制组意识到实验组正得到了一个有吸引力的处理，而他们没有时，他们会变得失去信心。其结果是，他们的后测成绩比正常的要低。因而实验处理却会显得比实际情况更好，因为实验组和控制组的后测分数的差距由于控制组信心的丧失而被人为地拉大。

你会记得，科学课程实验中由教师组成的控制组，在实验完成之后的这一年将实行 SCIS 方法。所以，我们刚才描述的三个外部变量中的任何一个——补偿性竞争、补偿性均等、信心丧失，都不太可能影响教师在实验过程中的教学表现或态度。

我们已经看到 12 个外部变量是如何威胁到一项实验的内部效度的。科学课程实验并没有控制所有这些变量，主要是因为教师和学生并没有被随机地分配到实验组和控制组中去，以及没有进行预测的缘故。因而，当研究人员说“所教科学的性质确实影响了对待科学的态度”时，他们这个结论未免下得太武断了。②实验结果确实与该结论一致，但同时也与涉及外部变量运作的其他诠释一致。

总之，设计一项实验的目标是创造这么一组条件，在这组条件下，观察到的变量可以比较肯定地归因于实验处理，而非外部变量。随机分

① 库克 & 坎贝尔，“准实验”.
② 凯尔 et al.，“行动研究”，p. 117.

配、预测和后测是创造这组条件的关键。因而,在阅读本章和下一章时,请特别注意结合随机分配、预测和后测的实验设计。

五、实验的外部效度

外部效度是指一项实验的发现能应用于被研究对象以外的个人和环境的程度。一项教学研究的发现可能对某一种情况环境具有外部效度,但对另一种环境则并不如此。例如,一位研究人员可能把一年级的学生以组的形式带出课堂,每个组收到故事相同但插图不同的书籍,从而来测量儿童书籍中的插图效果。可能这些插图虽然质量还可以,却不是由专门从事儿童书籍的职业艺术家创作的。而且,学生可能在阅读故事书后马上接受测试,其间没有对故事进行讨论。尽管存在设计缺陷,仍不失为控制良好的实验,因为同一位研究人员实施了所有的处理,对每个组使用了同样的人际关系模式,使用了同样的时间限制。

该实验具有很好的内部效度,但它的发现适用于真实课堂条件的概括性,它的外部效度却较弱。

格莱·布莱切(Glenn Bracht)和吉恩·格拉斯(Gene Glass)确定了12个影响一项实验外部效度的因素①,将它们列于图12.1,并将在下面章节中进行讨论。

(一) 总体效度

总体效度是指一项研究的结果虽然来自研究样本,却能推广到一个更大的总体。格莱·布莱切和吉恩·格拉斯辨别出了两种总体效度,具体内容如下:

1. *实验样本的概括推广于具体总体的程度*。假设你是一个试图提

① 布莱切,G. H.,& 格拉斯,G. V (1968),“外部实验效度”,《美国教育研究杂志》5,第437~474页.

高学生阅读理解水平的教师。你想知道，超文本的阅读课程是否比传统的形式更能使学生取得阅读方面的进步。你从你的学校中随机选出一个由 125 名中学生组成的样本，并对他们进行一项实验。这个实验证明了超文本阅读导致更大的学业进步。

虽然你可能希望把该发现推广于所有的学生，严格来说你只能推广至样本抽取的总体，即那个特定学校的中学生。布莱切和格拉斯把样本总体定义为**实验取样总体**。实验取样总体通常是“当地的”，即在实验者的办公室或实验室开车就能到达的范围内。假设上述样本是随机选择的，那么通过从 125 名参与的学生到实验取样总体来概括研究结果，并推广至实验取样总体（即学校中的所有中学生），这是有效的。

研究人员和研究报告的阅读者经常希望把实验取样总体概括推广至更大的总体（如所有美国的中学生）。研究结果概括使用的更大的人群叫作**目标总体**。对实验取样总体进行概括并推广至目标总体，是有风险的。我们必须对两个总体进行比较，以确定他们是否在关键方面类似。例如，如果实验是在一个几乎完全由市郊的中产阶级家庭组成的学区中进行的，那么把研究结果概括推广到所有美国中学生，就可能是无效的。

2. *个性因素变量与处理效果相互作用的程度*。在上述实验中，你并不知道指导形式是否与学生的特点发生相互作用，即虽然我们发现夸张的课文对中学生来说，要比传统的优越，但对不同年级的中学生，我们可能得出不同的结果。如果情况确实如此，差异性的效果会限制实验结果的概括性。

学生的能力、性别、外向-内向和焦虑程度是可能影响实验结论概括性的其他个性因素变量的例子。相互作用的系统化研究叫作性向-处理相互作用研究（ATI），将于下一章讨论。

（二）生态效度

生态效度是指一项实验的结果能够通过研究人员创造的一组环境条件进行概括，并推广到不同的环境条件中去的程度。如果只有在有限的条件下，或只有通过原来的研究人员，才能获得处理效果，则实验结果具有较低的生态效度。布莱切和格拉丝确定的影响一项实验生态效度的10个因素说明如下：

1. *实验处理的详细描述*。研究人员必须对实验处理进行足够详细的描述，以便其他研究人员进行仿制。假设一位研究人员发现，在促使学生对夏季从事社区服务持肯定态度方面，讨论方法比说教方法更有效。但是该研究人员对讨论方法的描述非常含混和不完整，以致那些希望验证该实验的研究人员无法确定他们是否在以同样的方式使用这种方法。在这种情况下，实验结果对其他环境实际上不具备概括性。

2. *多实验处理干预*。有时研究人员会使用这么一种实验设计，在其中，每个参与者接受不止一种实验处理。假设在一项实验中，每个参与者接受三个不同的实验处理：A，B和C。我们发现A处理能产生比B和C大得多的学业进步。由于所使用的实验设计，实验结果无法十分肯定地概括推广于单独使用A处理的情况。A处理的效果可能依赖于另两个处理的共同实施。每当发生多实验处理干预影响实验结论概括性的情况时，你应该选择每个研究参与者只接受一个处理的实验设计。

3. *霍桑效应*。**霍桑效应**是指任何一种具有下列实验条件的情况，即只要个体意识到他们在参加一项实验，意识到实验假设，或意识到他们受到特殊的关注，他们的成绩就会有所提高。在教学研究中，实验实施者经常对参加实验的教师和学生给予特殊的关注。这个因素，而非实验处理本身，可能引起参与者行为的变化。如果霍桑效应发生的话，实验的外部效度就会受到威胁，因为实验结果可能无法概括推广至研究人员或研究涉及的其他人员不在场的情况。

有趣的是，通过实验的方式来操纵霍桑效应的试图经常导致无法得出能够证明效应的证据。① 即使如此，减少对研究参与者的特殊关注不

---

① 阿代尔，J. G.（1984），“霍桑效应：再考虑方法论制品”，《应用心理学杂志》，69，第334～345页。

失为明智之举。

4. *新鲜和分裂效应*。也许仅仅是由于与实验参与者通常所接受的指令不一样，全新的实验处理就可能成为有效的。如果情况是这样的话，实验结果具有低概括性，因为处理的有效性可能会随着新鲜感的慢慢消失而减弱。对中断正常程序的实验处理来说，会发生另一个相反的问题。这类实验处理可能一开始是无效的，但是随着继续的使用，研究参与者可能会把处理融入进他们的日常程序而觉得它是有效的。这样，初次尝试的结论对继续使用的情况不具有概括性。

5. *实验者效应*。一项实验，由于具体的实验者，教师或其他实施实验个体的缘故，可能是有效的，或无效的。在这种情况下，处理效果不能概括至由另一个人（经常是课堂中的教师）实施实验处理的情况。在下面的有关实验者偏见的章节中，将讨论实验者能够影响处理的实施的情况。

6. *预测敏感*。在某一些实验中，预测可能会与实验处理发生相互作用，而影响研究的结果。如果不进行预测就重复一项实验，就会得到不同的实验结果。假若有这么一项假设实验，在这项实验中，可能会发生反应性效果。假设你对一部电影的观点影响学生的态度感兴趣，你可以开发这么一部电影，在这部电影中，叙事者对当前某个政治家做出的很有争议的决定持非常鲜明的肯定的观点。为了评估这部电影的效果，你就学生对该政治家的态度做一次预测和后测。

假设学生出现持明显肯定态度的变化，你把这种变化归因于实验处理，即那部电影。你能对该结果进行概括，并且认为电影在其他情况下使用时，也将具有同样的效果吗？除非你能证实预测对实验处理没有作用，不然这种概括就是没有保证的。因为存在这种可能性，即预测使他们明显意识到了他们对这个政治家的态度，并使他们对叙事者的态度很敏感。由预测产生的敏感可能与电影发生相互作用，产生了态度的转变。相反地，如果仅仅给他们看电影，学生们可能对了解电影中的内容更敏感，而不是接受叙事者的观点。因而他们可能显示出很小的态度变化,因为他们并没有预先要去注意叙事者观点的概念。

布莱切和格拉斯对有关预测敏感的文章的研究表明,当预测是有关个性或态度的自我汇报的测试时,敏感最有可能发生。后来的对预测敏感效果的研究是由维克托·威尔逊(Victor Willson)和理查德·帕特南(Richard Putnam)进行的。①他们找到了该现象的32项研究并作了元分析,以确定所有研究的平均效果量。威尔逊和坡特南发现,预测对后测有相当大的影响。换言之,接受预测的实验组在后测时比同样的但不接受预测的实验组表现要好。即使后测与预测不同,这种效果也会发生。事实上,元分析显示,当后测与预测不同时,这种效果更加明显。更有甚者,不管测量哪类结果——认知的,态度的,或个性的——预测的进行通常被认为具有积极的效果。②

7. *后测敏感*。这种生态无效度的来源与预测敏感相似。实验的结果可能依赖于后测的实施。如果后测本身也是一种学习经历的话,该现象就可能发生。例如,后测可能会使一些学生对实施处理提出一些看法。当不进行后测就重复一项实验时,实验处理的效果就减弱了。虽然后测敏感是说得通的,但对它的研究没有达到对它的相对因素——预测敏感的研究程度。

8. *历史和处理效果的相互作用*。人们可能认为研究人员不应该超出实验进行的时间期限,进行概括推广。评估一个创新的教学方法的实验可能是在教师对相应的传统方法特别不感兴趣时进行的。他们可能会特别努力地显示新方法的优点。过了一段时间,我们可以重复这个实验,但却找不到任何差异,这是因为教师们不再认为这个方法具有创新性。

---

① 威尔逊,V. L.,& 帕特南,R. R.(1982),"实验设计预测灵敏度元分析",《美国教育研究杂志》,19,第249~258页。

② 在有关稀少处理机会的实验中出现的自我汇报预测偏见的文章中,利昂娜和斯蒂芬描述了尽量降低预测自我汇报偏见对实验内部效度影响的方法。见艾肯,L. S.,& 韦斯特,S. G.(1990),"真实验的无效性:自我汇报预测偏见",《评估评论杂志》,14,第374~390页.

9. *因变量的测量*。实验的概括推广性，由于用来测量学业进步或另一个结果变量的预测和后测的缘故，可能会受到限制。假定学生在实验后进行的超文本课程测试体现了它的优越性，那么超文本课程之所以有效，只是因为它方便了学生参加多项选择测验能力的提高，这样实验的结果就不能概括推广至其他的测量方法。例如，如果预测和后测是由论文组成的话，就可能找不到教育形式之间的差异。

10. *测量时间和处理效果之间的相互作用*。在两个或两个以上的时间点进行后测可能会得到有关处理效果的不同发现。通常的做法是，在研究参与者刚刚完成实验处理时，立刻进行后测，有关处理效果的结论是根据这个后测的结果而得出的。要是可能的话，在数周或数月之后，再进行同样的或类似的后测，以便测量学习的记忆力。布莱切和格拉斯列举了研究文献中的一些例子，其中，处理效果从后测改变为延期后测，随着时间的推移，效果可能被提高，或保留原状，或减弱。①

在设计一项实验时，先确定你希望把实验结果概括推广到的现实生活中的教学环境，然后就上述两个总体效度因素和 8 个生态效度因素，对实验设计进行检查，并及时纠正发现潜在的问题。如果问题无法纠正，应该将它作为研究结果概括性的限制条件，记录在研究报告中。

(三) 代表性设计

有些教学研究人员，特别值得一提的是理查德·斯诺(Richard Snow)，曾对传统实验设计的人为因素和缺乏概括性进行了批评。② 在埃贡·勃伦斯维(Egon Brunswick)早期研究的基础上，斯诺使用了“系统化设计”标签来表明常见实验形式的特征。在系统化设计中，使用了几种处理和预试—后测手段，所有其他变量要么受到控制，要么忽略不计。在教学研究杂志中报道的实验，绝大部分是在系统化设计原则的基

① 布莱切 & 格拉斯，外部效度，第 466 页。
② 斯诺，R. E. (1974)，“教学研究代表及准代表设计”，《教学研究评论》，44，第 265～291 页。

础上进行的。

系统化设计的问题在于,它经常产生一种人为的学习环境及学员的不正常行为。斯诺则主张应使用*代表性设计*,来对抗这些问题,同时增加实验结果的概括推广性。**代表性设计**是指设计一项实验过程,以便设计能够准确反映进行学习的实际环境和学员的自然特征。在这方面,定量研究中的代表性设计与定性研究的重要性相似,即在自然的实地环境中的人的行为,并强调主体的观察角度的意义(即以参与者的观点而非研究人员的观点为第一位)。

代表性设计的优点在于一些有关学习环境和学员的假设。假设之一,自然环境的特征是复杂且相互影响的,因而根本无法变更一种环境特征而保留其他特征,因为一种特征发生变更时,其他特征也相应改变。我们必须像生物学家研究自然环境生态学一样,把学习环境作为生态学来研究。

代表性设计的另一个假设是,人类是信息的积极处理者,他们并不被动地对实验处理发生反应。因此,在设计实验时必须把学员的积极性特征考虑进去。一个与之相关的假设是,学员只要有可能,会对他们的环境进行调整和适应。系统化实验不真实的原因在于它限制了学员本来可能表现出来的那些行为的范围。

最后,代表性的设计假定,因为人类机体的复杂性,任何实验干预都可能以复杂的方式影响学员。例如,设计一种教学方法可能仅仅是为了增加学生对某一门具体科目的知识,但是效果可能概括推广到学生的态度上和其他科目的知识上。而且,教学干预的设计可能主要是为了影响短期表现,但效果也可能扩散到影响学生的长期表现。

斯诺相信教学研究人员应该设计实验来反应有关环境和学员的这种观点,也就是说,实验应该对自然环境和作为积极学员的研究参与者更具*代表性*。斯诺注意到,在教育中很难实现代表性设计,但他建议可以使用一些妥协做法,来使实验更具代表性,并作如下说明:

1. 在适当的时候,在实际的教学环境中,或其他你希望将结果概括推广到的环境中,进行你的研究。

2. 在实验设计中结合进一些环境变化。例如，如果研究目的是评估一种新的教学方法，那么就要求一组教师样本而不仅仅是一个教师来使用它。而且要在不同的变动的教育环境进行。例如，教学方法可以在一组市内学校样本中、郊区学校样本中和农村学校样本中进行测试。

3. 观察学生在实验过程中究竟在做什么。这种观察在诠释实验结果时可能被证明是有帮助的。例如，你可能会发现，研究参与者对特定的处理并不专心或被其他事情分心。如果研究资料日后显示该处理无效，这些观察就会有助于诠释的结果和计划将来的研究。

4. 与上述有关的方法是观察实验进行的社会背景。在学校中或其他教学环境中发生的一些事情可能会影响实验处理。如果观察到这类事情并加以记录，就能更好地解释实验结果。

5. 使参与者对实验做准备。斯诺认为通常的做法是，研究人员发出简短的指令，而且在实验开始前对研究参与者进行几分钟的训练。要确保参与者从目前的精神状态顺利进入实验任务所要求的精神状态，则需要更广泛的准备工作。

6. 结合一种能使参与者使用习惯学习方法的控制变量。假设按照实验的设计，学生被分成对，并被训练互相询问有关课程材料的问题。较为合适的控制处理可能是把一些学生分成对，允许他们使用任何一种方法来重新学习同样的材料。该控制组因而形成了一种自然基线，并根据它来评估实验组的行为和学习。

六、实验设计中的问题

(一) 实验者的偏见

罗伯特·罗森塔尔(Robert Rosenthal)有关实验者偏见的研究对实验方法作出了极有意义的贡献。[①] **实验者的偏见**是指研究人员对实验结

① 罗森塔尔，R. (1976)，“行为研究中的实验效果”. New York：Irvington.

果的预计无意识地传至参与者，以致影响了参与者以后的行为。这种现象通常在实验者不知情的情况下发生，而不是指实验者在充分意识到参与者的行为和意图的情况下，为了得到预期的结果而操纵参与者行为或篡改资料。

罗森塔尔和他的同事完成了许多有关实验者偏见的实验，我们将在此描述这些经典的试验之一。① 一位教授指导一组大学生进行老鼠钻迷宫的实验，并训练它们解决辨别认知的问题。学生实验者被告知，由于近亲繁殖的缘故，他们训练的老鼠中有些很善于钻迷宫，而另一些则不行。然后他们又接受了有关预计结果的指导：

> 你们中有些分配到善于钻迷宫的老鼠，你们会发现你们的动物在钻迷宫的第一天，都能显示出一些认知的迹象。在那以后，它们的表现会迅速提高。而有些分配到不善于钻迷宫的老鼠的人会发现，你们的老鼠显示的认知迹象很少。②

事实上，一个阿兵诺老鼠的同质组（在钻迷宫方面没有差别）被随机分配给学生实验者接受训练。但是罗森塔尔和福德发现，一些被学生们认为善于钻迷宫的老鼠，在接受训练后，认知分数要比那些持相反预期效果的实验者训练的老鼠的分数高得多。这种差异认知得分是实验者偏见的结果，而不是两组老鼠之间遗传的区别。

实验者偏见是实验内部效度的主要威胁。所以必须采取措施来避免在设计和实施一项实验时产生这种效果。一种有效的方法是，训练无经验的实验者，并使他们能同参与者在研究中共同工作。只要有可能，研究者本人不要同研究参与者直接在一起工作。而且，不管直接还是间接，都不要向实验者提示说一种实验处理比另一种好。

---

① 罗森塔尔，R.，& 福德，K. L.（1963），“阿兵诺鼠行为实验偏见影响”，《行为科学杂志》，8，第183～189页。

② 罗森塔尔，R.，& 福德，K. L.（1963），“阿兵诺鼠行为实验偏见影响”，《行为科学杂志》，第184页。

可以想象，在消除实验者偏见时，研究人员可能会做得太过火。如果他们过分地试图表示中立，甚至对实验处理有怀疑，而使得参与者可能会退避三舍。而且，为了表示中立，研究人员可能设计一项高难度顺序测验。例如，可能会在行政环境困难的学校中企图进行实验处理的测量。如果在这种困难的条件下进行初次测量，可能会被认为是无效的，因而最终放弃掉。

一般来说，最好一开始就确定使该方法能有发挥作用的良好条件，以后的实验可以确定这些限制条件的有效性。乔舒亚·克莱曼（Joshua Klayman）和杨（Young-Won Ha）把那些提供最佳机会来支持假设事例的测量方法称为**积极测试方法**①。他们证实了在某些条件下，包括那些研究目的是测量有关新教学计划和方法的假设的条件下，研究人员应该寻找能够支持他们假设的事例，而不是驳斥他们假设的事例。

（二）处理置信度

西奥多·巴伯（Theodore Barber）把罗森塔尔的研究进一步扩展，确定了调查者和实验者偏见的其他来源②。在这项研究中，**调查者**被定义为设计实验并诠释数据的人。而实验者被定义为实施实验处理并收集资料的人。在许多实验中，调查者和实验者为同一人，但也并不总是如此。当实验者未能严格遵循调查者制定的处理实施程序时，就会出现巴伯确定的一类偏见。巴伯把这类偏见称为*实验者未能遵守规定效应*，并列举了几项研究，在这些研究中，该效应经观察确实存在。其他研究人员把这类偏见称为缺乏处理**置信度**。处理**置信度**是指实施的处理条件，符合研究人员处理规定的程度。

根据巴伯的理论，研究人员应该尽量增加处理保真度，然后评估成

---

① 克莱曼，J.，& Ha，Y-W.（1987），“假设性测试的确认，反确认及信息”，《心理评论》，94，第211～228页。

② 巴伯，T.（1973）．“研究中易犯的错误：观察者与实验者的九种效应”，In R. M. W. Travers（Ed.），《教学研究手册》，第382～404页。Chicago：Rand McNally。

功的程度。这在教学实验中做得很少。詹姆斯·谢弗(James Shaver)对从1969～1981年刊登在《美国教学研究杂志》上的研究进行了回顾①，他确定了22份有关教学方法研究的报告，这些研究都非常适合做处理保真度的检查，但只有不到半数的报告(数目为9个)做过这种检查。

可以通过对个体——经常为教师——实施处理的人，进行仔细的培训来使处理保真度增至最大。例如，在上面讨论过的科学课程实验中，对即将实施SCIS的教师的培训是在内部服务工作室中进行的，从研究人员提供的材料看，这些工作室似乎只持续几天，因而培训量可能还不足以改变教师的行为，使他们能够使用SCIS所要求的过程导向的询问方法。我们可以用下列步骤来评估处理**置信度**：首先以文字的形式列明实验处理和控制处理的具体规定，然后调查者必须对实验者彻底培训，使他们能够遵守这些规定，最后在实际的实验过程中，调查者应该收集有关实验者行为的数据来确定实验者行为与处理具体要求之间的一致性。有关实验者行为的资料可以通过各种观察技巧来收集。(见第九章)

在杰里·普莱登(Jerry Pratton)和劳埃德·黑尔斯(Loyde Hales)的实验中，可以找到特别关心增大和评估处理**置信度**的程序的例子。②他们实验的目的是确定教师使用积极参与的效果，该技术由教育者马德琳·亨特(Madeline Hunter)和她的同事推广开来。他们把积极参与定义为：

> 教师以一种故意的、有意识的努力来促使学生公开参与上课。例如，在分段讲解一篇课文时，教师可以要求学生正确地用手指表示数目或把该数目写在纸上来表示被除的数目。③

---

① 谢弗，J. P. (1983)，“教育方法研究中自变量的验证”，《教育研究者》，12(8)，第3～9页。

② 普莱登，J.，& 黑尔斯，L. W. (1986)，“关于学生学习的积极参加作用”，《教育研究杂志》，79，第210～215页。

③ 同上，第211页。

所有5位教师都接受培训来上一堂课，含积极参与（实验处理），然后再上一堂同样的课，但不含积极参与（控制处理）。培训结束后，每个教师都给五年级的两个班级各上了每一种形式的课。

每堂课都录了下来，教师填写了一张说明当天的上课时间和出勤学生人数的表格，还填了一份问卷表，对课堂中出现的和未出现的一些观察因素进行打分。如表12.2所示，对每一种不正常因素都打分，这些因素涉及：(1) 外部条件（如，天气）；(2) 学生（如，捣乱行为）；(3) 教师（如，给出测验答案）；(4)其他因素（如，常见的外部干扰）。

表12.2　积极参与实验的处理保真度

观察因素	积极参与 M	不积极参与 M
外部因素（种类）		
异常课堂干扰	.10	.00
异常天气	.00	.00
异常学校事件	.00	.00
一周中的中断天数	.00	.00
下午课	.00	.00
不同物理环境	.00	.00
家庭教师影响	.00	.00
非寻常课堂规模	.00	.00
不同教室中所教的课	.00	00
学生因素（异常）		
学生经历影响上课	.00	.00
敌视气氛	.00	.00
异常学生捣乱行为	.10	.10
异常集体行为	.00	.00
教师因素（不正常）		
教师经验影响上课	.00	.00
过分称赞	.00	.00
教师异常热情	.00	.00

续 表

观察因素	积极参与 M	不积极参与 M
教师异常行为	.00	.00
不同的教学风格	.00	.00
不同的管理方法	.00	.00
不同的教学方法	.00	.00
不恰当的参与	.00	.00
教师给出测验答案	.00	.00
其他因素		
常见外部干扰	.80	.40
常见的学生捣乱	.80	.30
教师赞扬的使用	14.70	14.90
教师超出课本内容	.20	.10
积极参与的使用	6.00	.00
积极参与的不恰当使用	.00	.90
教师热情程度(标度：1～5)	2.90	2.90
入学人数	24.90	25.20
出勤人数	21.50	23.50
课程时间长度	29.60	29.10

【资料来源】 摘自表1和2，第213页，普莱登，J.，& 黑尔斯，L. W.（1986），“关于学生学习的积极参加作用”，《教育研究杂志》，79，第210～215页。

研究人员分析了录像和教师问卷资料，以确定除了积极参与的使用外，教师在同样的条件下，以同样的方法上课的程度。表12.2列出分析结果。对异常外部因素、学生因素和教师因素来说，具备积极参与条件课堂所得的平均分数与不具备积极参与条件课堂的平均分数相似，为零分或接近零分。对于评分的大部分其他因素，积极参与条件下的教师的平均分数也与非积极参与条件下的教师的平均分数相似（例如，教师使用的称赞分别是14.70和14.90），惟一的例外是积极参与的使用，这是实验中的因变量。如预计的那样，积极参与条件下的教师给该因素打了高分（6.00），而在非积极参与条件下的教师打了低分（.00）。

这些结果显示了布莱登和海尔斯实验的高处理置信度，即处理和控制组在因变量(学生在就上课内容所作的后测中取得的成绩)上的任何差异,都可以被归因为处理(积极参与),而不是被归因为外部变量。

在有些实验中有些处理是由教材,而不是由教学方法组成。在这种情况下也应该检查处理置信度。例如,桑德拉·卡斯坦尼达(Sandra Castaneda)、米格尔·洛佩斯(Miguel Lopez)和玛莎·罗梅罗(Martha Romero)进行的实验测量了三篇化学课文对学生阅读过程的影响①。研究人员分析了这三个课文样本,确定了它们的预期方式彼此不同。表12.3列出了他们的分析结果。这些课文经检查确实如我们所希望的那样有差异。

表12.3　三篇实验性化学课文的特点

课文	题目	长度(字数)	观念单位长度	密度百分比	词汇难度百分比	句法难度
1	永久极性	62	6	3	9.60	33.00
2	原子结合	82	8	4	12.00	45.00
3	引发极性	161	13	3	10.55	47.00

【资料来源】 第126页,表1,卡斯坦尼达,S.,洛佩斯,M.,& 罗梅罗,M.,(1987),"科学课文理解中五种学习方法的作用",《实验教育杂志》,55,第125～130页.

(三) 强与弱的实验处理

实验研究的重要挑战之一是实施一种能够对因变量产生足够影响的强有力的实验处理。例如,你进行一项实验来决定某一特定教学方法是否影响学生成绩,该实验的设计可能需要一组教师在一周内使用这种方法,并且对学生的学业在一周开始时和一周结束后进行测量。同时,也可能另有一个控制组的教师使用传统的教学方法,使用时间相同,并

① 卡斯坦尼达,S.,洛佩斯,M.,& 罗梅罗,M.(1987),"科学课文理解中五种诱导性学习方法的作用",《实验教育杂志》,55,第125～130页。

对学生成绩与实验组在同一时间作了测量，以确定某一特定的教学方法是否对学生的作业发生作用。

假设在实验组和控制组之间没有发现差异，你是否这样下结论：实验的教学方法并没有产生更大的学业进步？或许，我们可提出质疑，你使用了较弱的实验处理。例如，我们可以争论，如果实验教学方法再使用几个月或更长时间，它很可能会产生比控制组更大的学业进步。

当然，随着实验处理强度的增加，实验的复杂程度、所花费的时间和费用都会增加。因而，学生研究人员无法解决许多使用实验方法就能解决的教学问题。因为，这些教学问题需要资金和人员都充沛的研究组来进行合适的调查。在做一项实验之前，必须确定，你是否具备必需的资金和人员资源，来设计足以能够对学生学业或其他因变量发生作用的强有力的实验处理。

(四) 实验中的随机分配

我们上面讨论了坎贝尔和斯坦利的有关影响实验内部和外部效度因素的看法。这些研究人员也对实验设计进行了分类。表 12.4 显示了他们的部分分类系统。你会注意到，有些设计是单组设计，而其他是一些随机分配的控制组设计。如表所示，有些设计比其他设计具有更好的内部和外部效度。

表 12.4 中的第一栏以图表的形式说明了每一种实验设计。例如，前面三种设计为单组设计，也就是说，在这些设计中，不存在控制组。每一个设计中，Xs 和 Os 的图表组合都在一排上，这就充分说明了他们是单组设计。例如，第一号设计涉及一项实验处理(X)，然后是对一组参与者的后测(O)。第二号设计涉及一项预测(第一个 O)，然后是实验处理(X)，接着是对一组参与者的后测(第二个 O)。在第三号设计中，在进行实验处理之前，先进行几项预测(在 X 之前的每一个 O)。在实验处理之后，再进行几项后测(X 后的每一个 O)。

在表 12.4 后半部显示的控制组设计描述相同。主要的区别是，在每一排开始的 R 显示参与者被随机分配到实验组或控制组中去。随机分配不应该与为选样参加一项研究而实施的随机化相混淆（见第六章）。简单地说，**随机选择**是一种选样程序，该程序能够确保规定总体中的每一个人都有被选择参加研究的同等机会。当进行实验时，你需要考虑另一种随机选择，即把个体或其他样本单位随机分配到实验处理中。**随机分配**是指每一个样本单位（如，学生、班级、学区）有进入实验中每一项处理条件的同等机会。你可以使用一张随机数字表或相似的方法把每个参与者随机地分配到实验组或控制组。随机分配是目前保证各组在一开始就做到均等的最佳方法。

处理组均等对一项实验的内部效度极为重要。如果各组一开始就均等，实验内部效度存在威胁将影响每一个处理组。在这种情况下，组间在后测中的差异可以相当肯定地归因于处理，而非外部变量。

表 12.4　实验设计和它们潜在的无效度来源

设　计	无效度来源 内　部	 外　部
单组设计		
1. 一次性个案研究 XO	历史，成熟，选择，流失	选择和 X 的相互作用
2. 单组预测-后测设计 OXO	历史，成熟，测试，选择和其他因素的相互作用	测试和 X 的相互作用；选择和 X 的相互作用
3. 时间序列设计 OOOOXOOOO	历史	测试和 X 的相互作用
随机分配的控制组设计		
4. 预测-后测控制组设计 ROXO RO　O	无	测试和 X 的相互作用
5. 单后测控制组设计 R　XO R　　O	流失	无

续 表

设 计	无效度来源 内 部	外 部
6. 所罗门四组设计 ROXO RO O R XO R XO	无	无

注：在坎贝尔和斯坦利的表中，有些无效因素是作为某些设计中的可能关注来源而表示的。这里只显示实验设计中确定的弱点。

要点：R=随机分配

X=实验处理

O=观察，对因变量的预测或后测。

【资料来源】 摘自表1、2和3，第8、40和56页，坎贝尔，D. T.，& 斯坦利，J. C.（1963），“实验及准实验设计研究”，Chicago：Rand McNally。

在实验室条件下进行的简单的实验中，可以很容易实现随机分配，但是在学校中，学生的家中和其他地方进行的实地实验中，这就较难做到。去获得参与者的合作，或建立随机分配需要的其他条件，可能会是一种挑战。而且，即使通过随机分配建立了一开始就均等的组，这种均等可能会随着实验的进行而瓦解，例如，两个组的差异性消耗会造成均等的瓦解。

库克和坎贝尔确定了几种具体障碍，它们影响了实地实验中均等处理组的形成和维持。① 我们现在来讨论这些障碍中的一部分，并且考虑如何来避免或克服这些障碍。

1. *向控制组隐瞒实验处理。* 如果一个实验处理被认为比另一个更具吸引力，你就会遇到反对使用随机分配的强烈抵制。例如，假设用实验来测试计算机辅助视听系统对小学生学业的影响。你希望随机分配

① 库克，准实验。这儿没有列出库克和坎贝尔确定的处理组均等的障碍中的一部分，它们在本章的其他部分予以讨论。

10 个教室(处理组)来接受该系统,而另外 10 个教室(控制组)在实验期间不用该系统并继续照常工作。

听到实验计划后,学区里的有些教师可能希望在他们的教室里安装该系统,他们可能认为计算机辅助视听系统具有创新意义,是对他们的学校和教室教学的重大支援。他们中的一些人甚至可能去争取家长的支持,并向主管部门的行政人员进行游说,希望被分到该系统的接受组中去。这种教师对被分到控制组的做法可能表示抵制。总之,他们可能反对使用随机分配来分配一项被视为稀有而有价值的资源。

如果你不理睬教师的抗议,而继续按原计划进行实验,该实验可能会涉及上面提到的一种或更多的内部效度威胁:控制组的补偿性竞争,补偿性均等的处理,或者控制组由于愤慨而引起的低落情绪等。所以,你必须设法找到解决方法来处理这些抗议,以维护实验的完整性。

有一种方法是告诉控制组的成员,他们在实验结束后也将得到同样的待遇。在上述的例子中,可以告诉教师和校长,10 名教师可以在第一年接收该系统,而另外 10 名教师将在第二年接收。

教师通常应该遵循该解决方法。但是很显然,该方法的主要困难是它会给研究人员带来额外的工作。实验的时间增加了一倍。本来在对控制组实施实验处理的时候,可以不收集资料,因而会省下许多精力。此外,若真要收集数据,可以得到实验的复印件。第一个处理组可以与控制组比较,而控制组可以与自身比较(在接受实验处理之前和之后)。

另外一个作者沃尔特·博格(W. Borg)设计了另一种解决方法,这种方法在有些情况下能起作用。[①] 这种方法是向控制组成员提供他们认为和实验处理同样有吸引力的处理条件,这个处理条件必须与实验处理在期限和程序方面都类似,但它必须是和另一组因变量有关。例如,沃

① 博格,W.(1984),"随机化中的内部效度处理",*Educational Resear-cher*,13(10),第 11～14 页。

尔特·博格和弗兰克·艾(Frank Ascione)做了一项实验来测量他们开发的提高教师课堂管理技巧效果的内部服务教育计划。[①] 实验组参加了内部服务教育计划,而控制组则参加了另一个具有同样吸引力,而且形式相似的计划,但该计划是和另一套技能有关,即提高学生自我观念的教学技巧。

2. *错误的随机化程序*。研究人员的随机分配程序中的缺点可能导致处理组不均等。库克和坎贝尔列举了 1969 年著名的入伍彩票的例子。一年中的每一天都写在一张纸条上,所有的纸条都放在一个容器中。纸条从容器中被抽出来的顺序决定了到征兵年龄的男性应征入伍的顺序。例如,如果第一个被抽出来的是写有 2 月 12 日的纸条,那么在该天出生的男子就首先应征入伍。显然,容器中的纸条没被很好地摇匀,因为最后放入的纸条(写有 10 月,11 月和 12 月)仍留在上面,所以被最先抽出来。解决该问题的方法是显而易见的,只要使用一张随机数字的表格,就能使所有出生日期数字彻底随机化。

在试图把各组随机分配到处理条件中去时,另一个可能发生的问题是参与者可能不相信研究人员的声明,即前者是随机分配到处理组去的。如果参与者对研究人员很熟悉,而且有理由相信研究人员对某些参与者有偏好或歧视,就很容易产生这个问题。为避免该问题,建议你使用一个有说服力的目击者来观察随机分配的整个过程。例如,如果你打算把一个学区中的教师分配到处理组中去,你可以要求教师协会的代表来观察整个分配过程。

假设通过检查样本的现有资料,你发现虽然进行了随机选择,但组之间仍存在明显的不均等现象。例如,一组中男性的数量,或某一个年级的学生的数量,或学业资质分数高的学生的数量不均衡。如果在随机分配时就发生了不均等,你有两个选择。第一,你可以重新开始,对整个

---

① 博格,W. R.,& 艾,F. R.(1982),“普通小学课堂的班级管理”,*Journal of Educational Psychology*,74,第 85～95 页。

样本重新进行随机分配，希望第二次或第三次随机化的努力会导致该组的已知维度的均等。

第二种选择是根据需要均等的因素或多个因素对整个样本进行层次排列（排列程序在第六章中讨论过）。然后，样本中的个体可以在各个层次内被随机分配到处理组中去。该程序保证根据层次排列的因素达到处理组均等。

3. *小规模样本*。随机分配能够得到初始均等处理组的可能性随着各组样本规模的增大而增加。例如，如果是 100 个个体随机分配到两个处理组去（人数＝50/组），而不是 10 个个体分配到两个组去（人数＝5/组），那么更有可能得到均等组。

随机分配小规模样本而组成两个或更多的处理组时出现的问题，有几种解决方法。一种显而易见的方法是试图扩大样本规模。如果能得到均等处理组，而且最终能得到更易诠释的研究结果时，则资源的额外支出是值得的。另一种解决方法是使用配对的程序，该点将在本章稍后讨论。第三种方法是考虑是否可以取消一个或多个处理组。例如，假设你想测量四种有相对效果的培训方案来减少一种罕见的学习障碍。你可以找到一个样本，只由 16 个存在这种障碍的学生组成，如果这些学生被随机分配到 4 个处理组，那么每个处理组中只有 4 个学生。即使处理之间确实存在差异，统计意义将会低到无法拒绝处理之间不存在差异这样的程度。在这种情况下，你应该考虑只对两种理论上最有趣的或最有希望的处理进行比较，这样，每个处理组中就会有 8 个学生。

4. *完整组*。虽然坎贝尔和库克并未提及，但是在教学研究中，由于经常需要使用完整组，这就给随机分配造成了障碍。**完整组**是指必须被视为是某一个被明确规定为集团中成员的一组个体而不是可视为仅仅是几个个体。例如，绝大部分的学校班级是完整组。完整组通常是以特定的年级、教师和教室（例如，16 教室中琼斯女士教的四年级）而进行定义的。

假设你打算做这样一个实验，其中，单个学生就是合适的样本单位。你现在有一个由 50 个四年级学生组成的样本：25 个来自学校 A 的同一个教室，另 25 个来自学校 B 的同一个教室。随机分配要求每一个学生被任意地分到实验或控制组中去。然而，学校管理人员和教师通常要求你把学生作为完整组的成员来对待。所以，为了保存完整教室组，同一教室的所有学生都必须接受同样的实验处理。

假设存在这种情况，你可以增加样本中的教室，并为每个教室提供一种处理条件。这种程序应该能够帮助得出内部效度较好的实验，条件是：(1) 教室是随机分配给实验和控制组的；(2) 要仔细处理的问题是由统计分析选择的单位是否合适(见第五章)；(3) 避免上述的随机分配的其他障碍。

在实际运用中，把班级随机分配到实验和控制组的做法经常是很困难的。如果涉及几所学校中的班级，那么每个学校中总会有一个班级被随机分配到实验组，而同一学校中的另一个班级却被随机分配到了控制组。有些管理人员习惯把同一学校中的教师和学生视为一个整体，希望学校中的每个人都被同样对待。因此，他们可能对你施加压力，要求你在每个学校进行一个实验。例如，可以向 A 学校中的四年级学生提供一项实验处理条件(为提高学习水平而设计的一种新的教学方法)，而向 B 学校中的四年级学生提供一个不具备实验处理的控制条件。

这种方法保持了公立学校结构的完整性。但是，要解决该问题就会引起其他问题。例如，可以考虑一下，如果 A 学校的学生主要来自中产阶级家庭，而 B 学校的学生来自社会下层家庭，那么将会发生什么呢？因为学业成就与社会阶层有着相互关系，所以不管有没有教学处理，A 学校的学生更有可能在后测时取得比 B 学校学生更高的分数。因而我们无法在实验结果的基础上下结论说，该教学处理比传统的教学方法优越。另外一种同样合理的解释是，差别性的学业成绩是由处理组之间的初始差别造成的。

上面的举例集中体现了一些棘手的问题，当研究人员在进行一项实地实验时，由于参与者是完整组的成员而无法进行处理随机分配，可能会碰到这些问题。然而还是有可能设计一项实验，在实验中一部分或全部克服了非随机分配局限性。坎贝尔和斯坦利把那种不涉及参与者随机分配到处理条件中去的实验设计称为“准实验”，以便与“真正”的实验，即把实验参与者随机分配到处理条件中去的实验区分开来。在下一章中，我们将讨论在接受不同实验处理的完整组之间开发均等的程序。

七、单组设计

(一) 单受试研究

一次性测试个案研究设计几乎不能被视为是一项研究设计。在该设计中，实施了一项实验处理，然后进行后测，来测量实验处理的效果。如表 12.4 所示，该设计的内部效度低。假设我们选择一组学生，向他们提供一种矫治教学(实验处理)，然后进行一次成绩测量(后测)。我们如何才能确定实验处理对后测的影响呢？答案是：我们不能。学生在后测中取得的分数除了可以被归因为实验处理外，还可以被归因为他们的常规学校教育或成熟。而且由于只对学生进行一次测验，因此就无法测量他们成绩中的任何变化。没有变化的测量，就无法确定学生的成绩是否随着时间的推移而有所提高，不管这种提高是由于实验处理还是其他变量引起的。总之，一次性测试个案研究，虽然做起来相对比较容易，但产生的结果确实没有意义。至少，局限于个体单组的研究人员必须使用下面要描述的实验设计。

(二) 单组预测-后测设计

单组预测-后测设计涉及三个步骤：(1) 进行一次因变量的预测；(2) 为参与者实行实验处理(自变量)；(3) 进行一次后测，再次测量因变量。通过对预测分数和后测分数进行比较来确定实验处理的效果。

埃莉诺·塞莫尔(Eleanor Semel)和伊丽莎白·威格(Elisabeth Wiig)进行的实验中使用了单组预测-后测设计。①他们的目的在于确定以听觉过程模式为基础的新的培训计划是否会提高有学习障碍孩子的语言技巧。样本由45个小学生组成,他们被诊断为在语言学习方面有障碍,因为他们在两门或两门以上的学科中,其中一门为阅读,比同年龄学生的分数低两个或两个以上的等级。

样本中的所有学生都接受了同样的培训计划,这个计划在15个星期内每天进行30分钟。我们可以很合理地估计,这些学生虽然有语言障碍,但即使是不接受特殊教学,也会在这么长一段时间里取得一些语言方面的进步。意识到该点以后,研究人员对由于常规教育(如历史)、成熟等可能预料到的进步作了充分的估计,然后他们根据是否超过了这一估计,来对培训效果作出判断。塞莫尔和威格对推论和程序作了如下的解释:

> 培训的预测和后测使用了标准化的、以年龄为参照的测验。事实上,标准化样本被视为可用来替代控制组。为具有教学意义的进步量度设定了严格的成绩得分标率(+6个月)。在实际中,我们并不指望有语言学习障碍的孩子能够以与正常语言发展的孩子相同的速度掌握语言技巧。②

在培训之前和之后,进行了同样一套语言能力测验,表12.5显示了学生预测和后测的成绩。可以观察到每次测出的平均原始得分(见1,2栏)。为确定这些进步是否具有教学统计意义,研究人员首先把学生在每次测得的原始分数转变为年龄当量。然后把预测年龄当量从后测年

① 塞莫尔,E. M.,& 威格,E. H.(1981),"塞莫尔听力过程计划:有语言障碍孩子的训练效果",《学习障碍杂志》,4,第192~196页。

② "塞莫尔听力过程计划:有语言障碍孩子的训练效果",第195~196页。

龄当量中扣除，得出一个年龄层次的分数。表 12.5 中第三栏显示了整个样本在每次测验中的年龄层次得分。

表 12.5　学生接受语言培训计划的预测和后测结果

测　验	预测 M (1)	后测 M (2)	年龄层次得分 （按月） (3)	习得 6 个月 的学生百分比 (4)
1. ITPA[a] 语法封闭	17.51	23.09	15.48	75.57% $X^2=11.76^{**}$
2. DTLA[b]：无关音节的听觉注意范围	32.67	37.68	15.73	68.92% $X^2=6.42^{*}$
3. DTLA：相关音节的听觉注意范围	30.89	39.29	10.13	51.13% $X^2=.02$
4. DTLA：词语反义	19.44	23.64	7.27	37.79% $X^2=2.68$
5. DTLA：词语错误	.96	5.36	22.00	71.13% $X^2=8.02^{**}$
6. 卡罗诱导语言细目	36.12	40.00	30.37[c]	76% $X^2=8.76^{**}$

a. 依利诺斯心理语言能力测试（Illinois Test of Psycholinguistic Ability）。

b. 底特律学习倾向测试（Detroit Tests of Learning Aptitude）。

c. 该分数是使用该测量的百分标率后所得的平均百分得分。

* $p<.05$

** $p<.01$

【资料来源】 摘自第 194—195 页中的内容：塞莫尔，E. M.，& 威格，E. H.（1981）。“塞莫尔听力过程计划：有语言障碍孩子的训练效果”，《学习障碍杂志》，4，第 192～196 页。

然后研究人员确定了在某次具体测量时的年龄层次得分超过 6 个月的学生的百分比。表 12.5 中的最后一栏显示了这些百分比。例如，在伊利诺斯心理语言能力语法封闭式测试中，75%的学生取得了超过6个月的年龄层次得分。对这些百分比是否与偶得的50%有明显区别，研究人员进行了测量，χ^2 检验显示，取得超过6个月年龄层次得分的学生要比在偶然情况下可以预计的学生多。

研究人员在这项实验中使用了单组预测-后测设计，这是因为进行实验的学校不允许对学生提供不同的服务。因为研究人员能够对由于外部因素引起的预测—后测得分作出良好的估计，所以，缺乏一个控制组并没有对实验的内部效度构成严重的威胁。因而就能根据在正常的非实验条件下（在这种条件下，这类外部因素将会运作）估计出来的得分，来评估实验组的得分。

当你打算改变很稳定的或很难改变的特征时，单组预测-后测设计特别合适。例如，如果我参加了一项学说乌克兰语（一项不同一般的行为）的实验计划，外部因素引起变化的可能性不大。同样地，如果一个实验者训练一只鸟说几句话，我们几乎不可能因为外部因素而否认研究结果。

总之，当充分并比较准确地估计了外部因素，或者，外部因素可以被安全地视作很小或不存在时，单组预测-后测设计才能够成立。

统计分析 塞莫尔和威格实验中的数据是通过 χ^2 检验进行分析的，χ^2 检验确定了预测-后测中所观察到的测量（+6个月的年龄层次得分）是否与随意分布的得分，即50～50对半，有明显的不同。如果数据是以连续分数的形式出现的，则会应该使用适合相关平均值的 t 测验。该测验确定预测和后测平均值之间的不同是否具有统计意义。

如果不是预测或后测的分数显示出与正常分数分布有明显不同，那么就应该使用统计非参数性检验。这些测验在第十章中作过描述。

（三）时间序列设计

在**时间序列设计**中，单组的研究参与者们在时间间隔中定期接受测量，并在两个间隔之间进行实验处理。实验处理的效果，如果有的话，是通过实验处理实施之前和之后进行的两次测量之间的差距来显示的。

坎贝尔和斯坦利把时间序列实验归于单组实验设计一类，因为它涉及了单组的研究参与者，他们全体都接受过实验处理。用来尽量扩大这种实验设计的内部效度和分析数据的程序和在单个受试实验设计所使用的相似。所以我们将联系第十三章中的单个受试设计来讨论时间序列设计。

八、随机分配的控制组设计

本章节将讨论表 12.4 所示的两种实验设计：预测-后测控制组设计(第四)；只后测控制组设计(第五)。这些是属于教学研究中最常用的设计中的两种。我们还将讨论这些设计的两种变异形式：配对的预测-后测控制组设计；单一变量多条件设计。

表 12.4 也显示了所罗门四组设计，但这种设计的讨论将推迟到下一章，这是因为所罗门四组设计是一个因素型设计，要了解它的运作情况，你必须懂得因素型设计的基本原理，该点将在第十三章中涉及。

(一) 预测-后测控制组设计

如果使用了控制组设计，几乎任何使用单组设计进行的研究都能进行得更加令人满意。单组设计和控制组设计之间的基本区别在于，后者使用了至少两组研究参与者，其中一组称为控制组。**控制组**是指一组研究参与者，他们接受实验处理，或接受不同于实验组的另一种实验处理，目的是评估外部因素对参与者后测成绩的影响。

控制组设计的目标是使实验组和控制组的经历尽可能一致，惟一的例外是实验组是处在实验处理条件下。如果外部变量已导致预测和后测之间发生变化，这些就会在控制组的分数中反映出来。所以实验组发生的后测变化，只要超出了控制组发生的变化，就可以被归因于实验处理。

如果适当地执行预测-后测控制组设计，就能有效地控制原先由坎贝尔和斯坦利确定的 8 种内部效度威胁：历史、成熟、测试、测试工具、统计回归、差别性选择、实验者流失和选择—成熟相互影响。然而，这种设计的外部效度可能会受到预测和实验处理之间的相互作用的影响，也就是说，可能仅仅由于进行了预测，实验处理就产生了明显的效果。当实验处理用于未进行预测的组时，它的效果可能没有那么好。如果你认为你的实验处理可能会受到预测的影响，你应该使用只后测控制组设计或所罗门四组设计。

使用预测-后测控制组设计涉及下列步骤：(1) 把研究参与者随机分配到实验组和控制组中；(2) 对两个组进行预测；(3) 不对控制组，但对实验组实施实验处理；(4) 对两个组进行后测。除了处理以外，应该尽可能地平等对待实验组和控制组。例如，必须对两个组进行同样预测和后测，并且必须在同一时间对他们进行测试。

在有些实验中，控制组只进行预测和后测，而不接受实验处理。在另一些实验中，你可能希望对控制组实施另一种不同的实验处理。例如，像我们刚才所谈的，你可以对控制组实施一个同样具有吸引力、但又不同的实验处理，这种设计特点使你能避免库克和坎贝尔确定的剩下的 4 种内部效度威胁，即实验处理扩散，控制组的补偿性竞争，实验处理的补偿性均等和控制组的愤怒性情绪低落。

如果控制组接受实验处理，而不愿处在无实验处理的条件下时，研究人员有时把它称为*比较组*，而不是控制组。另一种选择是以能描述处理条件的名称来称呼这两个组，例如，*计算机—实验室组*和*计算机—教室组*。

预测-后测控制组设计被用于莫舍・蔡德纳(Moshe Zeidner)、阿维格多・克凌汉(Avigdor Klingham)和欧阿・派普扣(Orah Papko)进行的受试教学研究①。他们实验的目的是测试提高学生受试能力和降低考试焦虑感的培训计划的效果。这个计划提供了有关考试焦虑，放松技巧，理性思维，想象力的开拓，注意力的集中和时间管理的训练。

以前的研究发现，当学生升到小学高年级时，考试焦虑会随之增加，所以，蔡德纳和他的同事们选择了一个由 24 个五年级和六年级班级组成的样本。这 24 个班级被随机分配到实验处理条件下(12 个班级)或控制条件下(另 12 个班级)。实验处理班级在家期间接受计划训练，每课时为一个小时，共五个课时，两个星期进行一次。在检查处理置信度时，发现除了一个教师外，其他所有教师都能按要求完成计划。控制组没有接受任何考试技巧方面的培训。

因变量包括三个认知测验和两张影响表。认知测验是韦克斯勒儿童智力量表的数字象征代码量表，一次词汇测验和一次数学测验。学生们也完成了测验焦虑表，该表包括两个分量表：测量学生有关失败后果的认知性关心的焦虑量表和测量对如出汗、胃痛、颤抖等压力的自动反应的情感量表。量表上的分数越高就显示出焦虑和压力越大。学生的教师完成了教师意识量表，分数越高显示教师对学生的有关考试焦虑的关心越敏感。在培训计划开始之前(预测)和之后(后测)，对实验班级和控制班级进行了所有这些测量。

统计分析　分析一项预测-后测控制组实验所得的数据的第一步是计算描述性数据。如表 12.6 所示，两个组预测和后测的平均分数都被计算出来。在预测认知测量中，实验组和控制组的平均分数几乎一致，但在一项预测影响测验，即情感量表中，平均分数稍有区别。该结果证实了随机分配并不能保证组间初始均等这一原理。随机分配仅仅保证了在小组构建时不存在系统化的偏见。

---

① 蔡德纳，M.，克凌汉，A.，& 派普扣，O. (1988)，“提高学生的应试技巧：心理保健教学计划”，《教育心理学杂志》，80，第 95～101 页。

坎贝尔和斯坦利认为，研究人员经常使用错误的统计程序来分析这种数据。例如，进行一次 t 测验来比较实验组在预测和后测中的平均分数(如，数字符号测验，23.5 对 28.9)，再进行一次 t 测验来比较控制组的相应平均分数，这种做法是不正确的。最好使用协方差分析的统计方法(ANCOVA)，在这种方法中，实验组的后测平均分数是与控制组的后测平均分数进行比较的，而预测分数被用作一种协方差。如果以 ANCOVA 为基础的假设无法满足，你可以考虑对后测平均分数进行方差分析(因为存在两个后测平均分数，一个是实验组的，一个是控制组的，这就相当于做一项 t 测验)。另一种方法是为重复的测量方法作双向的方差分析，这种统计方法将在第十三章中的有关因素型设计的章节中讨论。

表 12.6　受试教学对学生测验成绩，学生考试焦虑感，和教师意识度的影响

测量方法	实验组	控制组	F
数字象征测验			
预测平均分数	23.5	24.2	
后测平均分数	28.9	24.1	
调整平均分数	29.2	23.8	56.93**
词汇测验			
预测平均分数	15.5	15.2	
后测平均分数	16.4	14.5	
调整平均分数	16.3	14.6	53.66**
数学测验			
预测平均分数	9.3	9.3	
后测平均分数	10.4	8.7	
调整平均分数	10.4	8.7	51.50**
焦虑量表			
预测平均分数	13.8	15.2	
后测平均分数	14.1	15.9	
调整平均分数	14.7	15.5	4.50**

续　表

测量方法	实验组	控制组	F
情感量表			
预测平均分数	17.1	17.5	
后测平均分数	17.3	17.4	
调整平均分数	17.5	17.2	.74**
教师敏感度			
预测平均分数	16.6	17.8	
后测平均分数	21.5	17.4	
调整平均分数	21.9	16.9	44.66*

* $p<.05$

** $p<.001$

M＝平均分数　　Adj＝调整

【资料来源】 摘自第98—99页中的表1和2：蔡德纳，M.，克凌汉，A.，& 派普扣，O.（1988），"提高学生的应试技巧：心理保健教学计划"。《教育心理学杂志》，80，第95～101页。

蔡德纳和他的同事们测量了他们使用ANCOVA后结果的统计意义。①想必你还记得在第十章中，在相应的预测中，因为实验组和控制组之间的差异而对后测分数进行调整，表12.6中标明"调整平均分数"的几排显示调整后的后测平均分数。例如，请注意实验组在数字符号测验中的调整后的后测平均分数（29.2）比实际的后测平均分数（28.9）略微高一点。这是因为在预测时，实验组的平均分数（23.5）要比控制组的平均分数（24.2）略微低一点。ANCOVA调整的作用是把实验组的后测分数提高到根据数字符号测验的预测和后测分数之间关系的预测程度，来弥补实验组的初始不利情况。

表12.6的最后一栏所示为ANCOVAs的结果。除了情感量表外，

① 表12.6中认知测验测量的ANCOVAs之前是多变量的协方差分析（MANCOVA）。MANCOVA显示了实验组和控制组在三个共同考虑的测量中出现的具有统计意义的差异。

ANCOVAs 为所有的测量都产生了很有意义的 F 值，所以，研究人员能下结论说，一项测试技巧的培训计划提高了学生的受试认知能力，降低了学生对受试压力的自动反应。该培训计划同时还提高了教师对学生的考试焦虑感的敏感度。可以肯定这些作用归因于该培训计划，理由有三点：(1) 班级是随机分配给实验条件和控制条件的；(2) 在后测中所观察到的组间的差异具有统计意义；(3) 有效地控制了外部变量。

匹配　预测-后测控制组使用匹配技术使数据统计分析更为精确。①**匹配**是指以一种特定的方式为实验组和控制组选择研究参与者，使他们在测量因变量或与因变量联系紧密的变量预测中具有严格的可比性(匹配大多用于因果-比较研究；见第十章)。当研究中要使用小规模样本，而且研究组和控制组的因变量不可能有大的差异时，匹配在研究中最有用。在这些条件下，如果使用匹配而降低了样本的误差，那么，难免要发生的细小差异就更可能被发现。

(二) 只后测控制组设计

该设计与预测-后测控制组设计相似，所不同的是不对实验组和控制组进行因变量的预试。涉及**只后测控制组设计**的步骤如下：

1. 把研究参与者随机分配到实验组和控制组。

2. 对实验组实施实验处理，对控制组不实施实验处理或实施另一种处理。

3. 对两个组进行后测。

当无法找到合适的预测，或当预测可能对实验处理有影响时，最好使用这种设计。在选择这种实验设计之前，应该考虑不进行因变量预测的三个不利因素。首先，在消除实验组和控制组的初始差异方面，随机分配可能不会完全成功。如果初始差异仍然存在，后测中发现的任何差

① 这种实验设计的例子见：里韦拉，E.，& 奥米佐，M. M.(1980)，“放松及生物反馈对于过分活跃的男孩的工作和衡动的注意力的影响”，《特殊儿童》，27，第 41～45 页。

异可以被归因于初始差异，而不是实验处理的效果，因为只有当涉及的研究参与者数量众多时，随机分配才在均等组方面最有效，所以若能招募到大规模的样本时，最好使用只后测控制组设计。

不进行预测的第二个不利因素是你无法组成分组来确定实验处理中被预测测量的不同层次的变量对个体是否有不同的效果。

当在实验过程中出现差异性消耗时，就会出现因不进行预测的第三个不利因素。例如，如果控制组和实验组中的参与者在实验未结束时就退出实验，那么后测中的任何差异可能是两个组中的退出者的性格差异造成的，而不是实验处理的结果。所以，当实验过程中可能出现相当大的消耗时，不应使用只后测控制组设计。

统计分析　该实验设计所得的数据可以简单通过进行 t 测验来进行分析，该 t 测验对实验组和控制组的后测平均分数进行比较。在研究两个以上的小组之后，就可使用方差分析来分析后测平均分数。如果分数与正常分布差距很大，应使用非参数检验。

(三) 单一变量多条件设计

单一变量多条件设计是至今所列举的控制组设计的简单延伸。这些设计中的每一个都涉及把一个样本随机分配到两个组中去，但每一组可以延伸包括三个或三个以上的组，这类延伸可以叫做**单一变量多条件设计**。*单一变量*的名称意味着小组之间只在一个变量上不同，这就是它们接受的处理类型。*多条件*的名称意味着涉及两个以上的处理条件。

这种设计的例子是由麦克尔·西蒙逊(Michael Simonson)、罗杰·阿格特(Roger Aegerter)、蒂莫西·贝里(Timothy Berry)、特里·克劳克(Terry Kloock)和罗伯特·斯通(Robert Stone)进行的教学媒体实验。[①]

---

① 西蒙逊，M. R.，阿格特，R.，贝里，T.，克劳克，T.，& 斯通，R.（1987），“处理调定的说服信息，态度及学习风格的四种研究”，《教育交流及技术杂志》，35，第 31～41 页。该实验包括了一种额外因素，为了简化介绍内容，没有对该因素进行讨论。

其实验目的是确定涉及不同教学媒体介绍儿童对待残疾人态度的影响。具体的假设是，与提供信息不那么真实的教学媒体相比，提供信息真实的教学媒体能引起更大的态度变化。所以，实验中令人关注的单一变量是用来传递残疾人信息的教学媒体的类别。

总共140个五年级和六年级学生被随机分配到三个实验处理。一项实验处理是一部有关残疾人就业的电影。由媒体专家组成的审查组把它作为极具说服力的电影而选出来的。另一项实验处理是电影中的一段不那么真实的信息介绍。它是由电影中静止画面的幻灯片和电影旁白的录音带组成的。第三个实验处理并不涉及任何教育。

实验中的因变量是对待残疾人态度的测量，这种变量的测量只是作为后测进行。所以，这个实验涉及只后测控制组设计。如果也把这个测量作为预测进行，这就可能使学生对研究人员的期待敏感起来。如果这种情况发生的话，两个实验处理（电影和幻灯—录音带）的效果就会与预测的效果混淆起来。

再请注意，该实验本来可用两个处理条件进行，但产生的信息性会较差。例如，研究人员本可以仅仅就电影的效果和幻灯—录音带提供的效果进行比较。假如研究人员发现，与幻灯—录音带的表现相比，电影导致了更为肯定的态度的形成，这是有用的信息。但我们会琢磨，倘若与没有接受任何相关的处理，电影的效果是否会更明显？

所以，在实验中这三个处理条件中的每一个都是有用的，事实上，可以增加甚至更多的处理条件来实施一项研究。也许你记得，研究人员的假设使教学信息的真实性有助于促进转变态度的效果。电影和幻灯—录音带介绍只是真实情况的两种变量。在该实验的背景中，一个残疾人与学生的交谈可以被视为比电影更真实，教科书中有关残疾人的部分内容可被视为不如一个幻灯—录音带的介绍真实。如果把这些条件也加入实验中，结果就是一个带有五个处理条件的单一变量多条件设计：(1) 生动的说话者；(2) 电影；(3) 幻灯-录音带；(4) 课本；(5) 无处理控制。

表 12.7　电影，幻灯-录音带和一个无处理控制对学生对待残疾人态度的影响

处理组	人　数	平均分数	标准差	F
电影	49	85.63	15.67	6.41*
幻灯—录音带	45	80.84	17.91	
控制	46	73.09	19.52	

注：分数越高显示对残疾人的态度越肯定。

* $p < .05$

【资料来源】 摘自第 36 页的表 2A：西蒙逊，M. R.，阿格特，R.，贝里，T.，克劳克，T.，& 斯通，R.（1987），“有关媒体说服信息、态度及学习风格的四种研究”，《教育交流及技术杂志》，35，第 31～41 页。

*统计分析*表 12.7 显示为态度转变实验的结果。第二和第三栏中显示了每个处理组态度测量所得成绩的平均分数和标准差。

研究人员进行了方差分析来确定三个组的平均分数是否有显著差别。方差分析得出了具有统计显著性的比率，见表 12.7 中的最后一栏。随后的几个测验显示，电影组和幻灯—录音带组比控制组具有显著的更为肯定的态度。而且，正如预计的，虽然差别并不具有统计显著性，但电影组比幻灯—录音带组的平均态度分数更高。

多条件实验通常得出三个或三个以上的平均分数，或是相似的描述性统计数据。所以，这些实验中通常使用的统计显著性测试是单一变量或多变量的方差分析，单一变量或多变量的协方差分析或是非参数检验。

九、实验进行中易犯的错误

研究人员

1. 选择的实验设计不适合需要调查的研究问题。

2. 没有考虑相互混淆的变量，如历史、成熟、统计回归、研究参与者的差别性流失，这些本来可能产生归因于实验处理的变量。

3. 把研究的发现概括推广到实验设计和取样程序并不担保的其他环境和总体中去。

4. 没有采取措施来降低实验者偏见的可能性。

5. 设计了十分薄弱的实验处理，以致无法对因变量产生作用。

6. 把对实验参与者的随机选择概念与把研究参与者随机分配到不同实验处理条件中去的概念相混淆。

7. 对小规模的研究参与者样本使用只后测控制组设计。

自测题

1. 实验中的后测有时称为

   a. 因变量　　b. 实验处理

   c. 实验变量　　d. 处理

2. 外部变量受到控制的实验据说是

   a. 内部可靠　　b. 内部有效

   c. 外部有效　　d. 外部可靠

3. 如果在再测验时，学生的分数倾向于向平均分靠拢时，这被称为是发生了

   a. 实验者流失　　b. 统计回归

   c. 成熟　　d. 预测的反应效果

4. 如果预测的进行影响了实验处理，实验的________将会被减弱。

   a. 内部效度　　b. 内部信度

   c. 外部效度　　d. 外部信度

5. 实验的代表性设计假设

   a. 学习环境是复杂的，相互关联的社会生态环境

   b. 学员是积极的信息处理者

   c. 实验干预的预计效果可能扩散影响到表现的其他方面

   d. 上述三点都对

6. 研究人员经常对参与的教师和学生给予特殊的关注，这虽然不是实验处理中的一部分，也可能引起变化。这种现象被称为

a. 霍桑效应　　　　　　　　b. 约翰·亨利效应

c. 多处理干预的效应　　　　d. 实验的反应效应

7. 减少实验者偏见对实验结果影响的有效方法是，研究人员

a. 训练无经验的实验者向研究参与者收集信息

b. 选择对在调查的问题研究有过先前经验的实验者

c. 向实验者充分表明实验的目的

d. 上述三点都对

第 8～10 题，使用下列符号：

R＝随机分配　　　　X＝实验处理　　　　O＝观察（预测或后测）

8. O X O 描述了：

a. 单组预测-后测设计　　　　b. 一次性试验个案

c. 预测-后测控制组设计　　　d. 只后测控制组设计

9. R O X O

　 O　O

描述了

a. 只后测控制组设计　　　　b. 所罗门双组设计

c. 平衡设计　　　　　　　　d. 预测—后测控制组设计

10. R X O

　　O

是有效设计，如果

a. 不存在控制组　　　　　　b. 存在一个大规模的样本

c. 预测被认为对实验处理有影响　d. 后测被认为具有超常的构建效度

顾　薇◯译

第十三章　实验设计：第二部分

一、概览

本章将把第十二章中所谈的实验研究设计原理应用到其他三种实验设计中：准实验设计、因素性实验设计和单案被试实验设计。当被试对象无法随机分派到实验控制组时，即可采用准实验设计。与第十二章中所述的单处理变量设计相对照，因素性设计涉及同时处理两个或更多的处理变量。单案被试实验设计则涉及集中研究处理对单个体或组所产生的影响。由于教育实验往往涉及成绩得分测量或其他类型的变化，因此，本章增加了对这一类型测量的讨论。

二、目标

学完本章后，你应该能够：

1. 描述减少初始组差异发生的程序：因为该差异是由于将被试对象非随机地分派给实验和控制处理而产生的。

2. 描述用于静止组比较设计和非等量控制组的设计方法和统计步骤。

3. 描述准实验设计内在效度的主要潜在威胁。

4. 把在因素性研究设计中所出现的独立变项分成五类。

5. 说明基础因素性实验的目的、设计以及统计分析。

6. 描述单被试对象实验设计的方法、目的和特征。

7. 描述单被试对象研究中 A－B－A 设计和多基线设计的几种变化，并说明用于分析由该设计所产生的数据最合适的统计技术。

8. 说出单被试对象实验的内在和外在效度的几种威胁。

9. 描述在利用所得分数来测量变化并说出解决此类问题的两种统计技术。

三、准实验设计

第十二章解释了将参加实验者随机分派到实验和控制组的做法，会大大增强实验的内在效度。然而，随机分派往往难于做到，尤其在野外研究中。坎贝尔和斯坦利将无随机分派的实验称为准实验。[①] 这类实验，如果精心设计会产生有用的知识。然而，应该知道，当个体不是随机分派到各组时会产生一些特殊问题，同时也应该明白要解决这些问题所能采取的相关措施。

表 13.1 总结了在本章中所讨论的准实验设计。这些设计并不能对可能的准实验设计范围作详尽的论述，但它们的确说明了教育研究者们可用的设计选择范围。

(一) 静止组比较设计

静止组比较研究有两个特点：(1) 参加实验者并非随机分派到两个处理组；(2) 对两组实施的都是后测，而非预测。涉及使用这种实验设计的步

---

① 坎贝尔，D. T.，& 斯坦利，J. C. (1963)，“研究中的实验与准实验设计”，Chicago：Rand McNally。

骤，除没有随机分派，与第十二章描述的只后测控制组设计完全相同。

表 13.1　第十三章中所描述的实验设计小结

准实验设计	所罗门四组设计
静止组比较设计 X O 　O 非等量控制组设计 OXO O O	ROXO RO　O R　XO R　　O 平衡实验 1 组 ROX_1X_2O 2 组 ROX_2X_1O
因素设计	**单被试设计**
双因素实验 $ROX_1\ Y_1\ O$ $ROX_1\ Y_2\ O$ $ROX_2\ Y_1\ O$ $ROX_2\ Y_2\ O$ 三因素实验 $ROX_1Y_1Z_1O$ $ROX_1Y_1Z_2O$ $ROX_1Y_2Z_1O$ $ROX_1Y_2Z_2O$ $ROX_2Y_1Z_1O$ $ROX_2Y_1Z_2O$ $ROX_2Y_2Z_1O$ $ROX_2Y_2Z_2O$	A－B 设计 A　B A　B　A A　B　A　B 多基线设计 A　B　B　B　A A　A　B　A　B

符合的解释：R＝随机分派　　$Z_1/Z_2/Z_3$＝Z 处理标准
X，Y，Z＝实验处理　　O＝观察，预测或后测
$X_1/X_2/X_3$＝X 处理标准　　A＝基线状态中测量
$Y_1/Y_2/Y_3$＝Y 处理标准　　B＝处理状态中测量

影响本设计中内在效度的主要威胁是：各组之间的后测差异可归因于各组特点以及实验处理。例如：假设对某一所大学某一系科的教师进

行实验处理和后测，而对同一所大学的另一系科的教师只进行后测。如果发现后测中存在差别，就可以解释说，那些差别是由于两个系科中教师们之间先前所存在的差别而引起，并非实验处理的影响。

静止组比较设计不够有力。如果计划使用此方法的话，请考虑能否对被试对象进行预测。由于这个附加因素，实验也就成了非等量控制组设计，使实验处理对后测的影响作出更有力的推断。此设计将在下一节进行讨论。

统计分析： 由静止组比较设计产生的数据，可通过对各个实验和控制组的后测平均分数的差异进行 t 检验而加以分析。如果分数与正常分布偏差很大，则应改用非参数检验（最可能是用曼 · 惠特尼（Mann-Whitney）的 U 检验）。

（二）非等量控制组设计

在教育研究中使用最广泛的准实验设计是非等量控制研究。在此设计中，研究参加者并非随机分派到实验和控制组。两组都参加预测和后测。除随机分派外，此设计中所涉及的步骤与第十二章中所述预测—后测实验控制组设计完全相同。

如涉及到两组以上，也可采用非等量控制组设计。而且，可以让各组都接受处理，而不使某一组处于无处理控制状态。这种特定的设计惟一必要的特征是将被试对象非随机分派到各小组，并对各组都实施预测和后测。有关这类实验设计的例子在第十二章有描述。它是由威廉 · 凯尔（William Kyle）、罗纳德 · 波恩斯泰得（Ronald Bonnstetter）和小托马斯 · 加兹登（Thomas Gadsden, Jr）对所进行的科学课程改进研究的评估。

统计分析： 对非等量控制组实验的内在效度威胁是后测中的组差异的可能性，它是由于预先存在的组差异造成的，而非处理结果产生这一问题。研究者可采用原先在第十章中讨论过的协方差分析来处理这一问题。从统计学的意义上说，协方差分析通过对两个组的后测平均分数作出补偿调整，来减少最初组差异的影响。

四、因素性设计

古典的单处理变量实验目的在于使除处理变量之外所有实验情景中的成分保持不变。这是第十二章中所描述的实验以及该章所描述的两种准实验设计的目标。然而,在大多数教育情景中,事实上把实验处理孤立于其他因素之外。例如,某一项为职业管理人员开发的专业培养计划就会因人而异。也许有理由相信其效果取决于教育者对教育管理相当陌生,还是非常有经验。因素性实验能使我们检查这种可能性。

因素性实验是这样一种实验,即研究者可从中确定两个或多个处理自变量(即各因素)——不但单一而且也相互作用地——对某一因变量所产生的影响。每个自变量对其因变量所产生的作用称作主要作用。两个或多个自变量对因变量的作用称作相互作用。

(一) 双因素实验

最简单的因素性实验类型涉及 2×2 设计。“2×2”表示同时操纵一个因素的两种变化(A_1 和 A_2)和另一个因素的两种变化(B_1 和 B_2)。这种因素性设计要求组成 4 个处理组,每组接受两个因素的不同组合:A_1B_1、A_1B_2、A_2B_1 及 A_2B_2。研究参与者应随机分派到 4 个处理组。如不采用随机分派,该设计即是准实验。由因素性准实验设计得来的数据很难解释,因为很难把主要作用和相互作用从由于不同处理组参与者的最初差异所造成的可能选择作用区分开来。

沃尔特·桑德斯(Walter Saunders)和约瑟夫·杰桑拿塔特斯(Joseph Jesunathadas)进行过一次因素性实验以确认影响学生进行比例推理的能力。[①] 他们把比例推理定义为解决各种比例(例如 2∶3)问题

① 桑德斯, W. L., & 杰桑拿塔特斯, J. (1988),“任务内容对推理的影响”, *Journal of Research in Science Teaching*, 25, 第 59～67 页。

所应具有的能力。这种推理能力对学生学好数学课和各门理科课程，尤其是物理和化学非常重要。

该实验实际上涉及三种因素，但为了简化其描述，首先将其描述为双因素实验(第三个因素，稍后再作介绍)。

实验中的第一因素是熟悉课程内容。研究人员很想知道，对内容的熟知与否是否能改善学生进行比例推理的能力，他们讲述了对该因素感兴趣的下列理由：

其明确的含义是：假如学生们对熟悉的内容进行比例推理的能力胜过不熟悉的内容，则旨在促进熟悉科学内容的各项教学活动就会对推理能力有所帮助。①

实验中第二个因素是关于解决比例问题的难易程度。实验中使用了三种难度：容易的比例(例如 2∶3)、较难的比例(例如 4∶15)和困难的比例(例如 4∶8.9)。

76 名九年级学生参加了使用这两个因素的测试。试题中包含了 12 道比例推理问题，每 4 题为一种难度。其中每种难度的 4 个试题中的两题涉及的内容为大多数九年级学生所熟悉，另外两题涉及理科教科书中不熟悉的内容。

总之，实验涉及到 3×2 的因素设计：三个层次的难度比例和两个层次的熟悉程度。该两种因素的不同组合描述如下：

		熟悉	不熟悉
	易		
比例	中		
	难		

由于本实验设计中由 6 个因素组成，所以通常需要 6 组学生，然而，由

① 桑德斯，W. L.，& 杰桑拿塔特斯，J. (1988)，“任务内容对推理的影响”，*Journal of Research in Science Teaching*，25，第 60 页。

于整套试题不很长，总计12项，如上图所述每框格为2项，所以研究者对每个学生进行了全套测试。这样，对全体76名学生(全部样本)来说，每种因素组合结果都受到了检查。如果每种因素组合牵涉到许多的考题，则研究者完全可能随机将这76名学生分派给各组合(每种组合均为12名学生)。

表13.2　比例推理实验中有关中学生考题难易程度和内容熟悉程度的均分值

难易度	熟悉内容	不熟悉内容	总计
容易	1.44	0.93	2.37
中等难度	0.61	0.70	1.31
困难	0.64	0.57	1.21
总计	2.69	2.20	4.89

【资料来源】 摘自第63页表1：桑德斯，W.L.，& 杰桑拿塔特斯，J.(1998)，"工作内容对比例推论的影响"，《科学教学研究杂志》，25，第59～67页。

统计分析：分析因素实验结果的第一步是计算代表各因素组合及各组的描述性统计数字，表13.2所示为学生在代表全部6个因素组合问题上所得的均分值。同时也表明了学生在每个因素上的所得的均分值(见表中纵横列总分)。例如：可以看到，如不考虑考题难度影响，学生对于内容熟悉的试题平均分数为2.69。

分析因素实验结果的下一步是进行方差分析、协方差分析或多项回归分析，以确定各均分值之间的差异在统计学上重要与否。桑德斯和杰桑拿塔特斯进行了一次方差分析，其结果见列表13.3。

表13.3　比例推理实验中学生成绩方差分析

来源	F	P
内容熟悉度(C)	10.03	0.002
比例难易度(D)	37.38	0.001
C×D相互影响	18.58	0.001

【资料来源】 摘自第64页表2：桑德斯，W.L.，& 杰桑拿塔特斯，J.(1998)，"工作内容对比例推论的影响"，《科学教学研究杂志》，25，第59～67页。

表 13.3 显示内容熟悉度的主要影响产生了具有统计学意义的 F 比率 10.03，这说明学生在内容熟悉的试题上得分（M＝2.69）远远胜过对内容不熟悉的试题的得分（M＝2.20）。比例难易程度的主要影响也产生了有统计意义的 F 比率 37.38。由于这个因素牵涉三种不同程度（容易、中等、困难），所以研究者需要进行随后的 t 检验以便确定表 13.2 均分值中（2.37、1.31 和 1.21）的哪个值较其他值有明显差别。该分析显示，学生在容易的试题上的得分远远胜过中等难度或难度较大的考题上的得分。学生们在中等难度和难度较大试题上的平均分值则无显著差别。

表 13.3 中表示两种因素间的相互作用产生了具有显著统计意义的 F 比率 18.58。图 13.1 对相互作用的性质作了描述。学生的每种因素组合的均分值说明，只有在比例难度容易时，学生对内容熟悉的试题上的得分才会较高。如果比例难度中等或较大，即使是对内容熟悉的试题，学生们的得分也并不会很高。

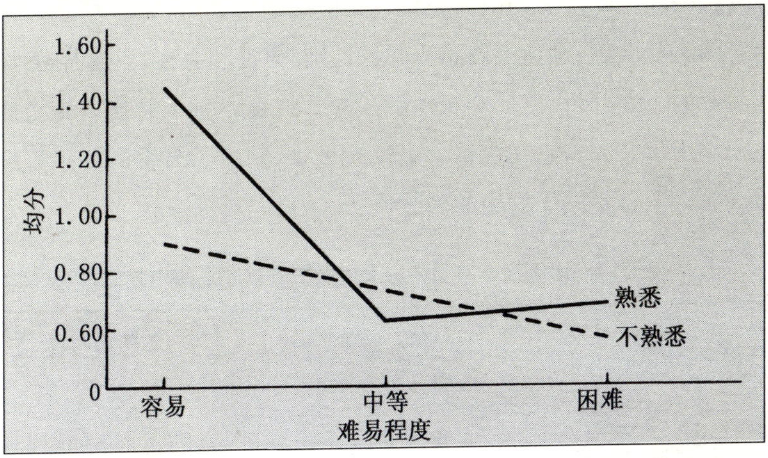

图 13.1　比例推理实验中难易程度和内容熟悉程度间的双向相互作用表

【资料来源】 摘自第 65 页上图 2：桑德斯，W. L.，& 杰桑拿塔特斯，J.（1998），“工作内容对比例推论的影响”，《科学教学研究杂志》，25，第 59～67 页。

正如上述，因素性实验中相互作用的研究能加深我们对所研究现象的理解。如果只将学生在内容熟悉试题上的得分与内容不熟悉的试题上的得分进行比较，而不考虑比例难易程度(见表 13.2 中最后一行数据)，那么我们会得出这样的结论，即学生在涉及内容熟悉的试题上得分较高。然而，这个结论使实际情况过于简单化了。这个结论只适用于某种类型的试题，即涉及简单比例的试题。

(二) 三因素实验

因素性实验不仅局限于对两个因素的使用，在已公布的实验报告中有涉及到三个、四个甚至五个因素。然而，涉及三个以上因素的实验并不常见，因为开发所有的处理变量比较困难并且通常需要大样本。

如上所述，由桑德斯和杰桑拿塔特斯进行的比例推理实验，实际上包括了三个因素。第三个因素是学生性别。对男生(N＝34)和女生(N＝42)试题的得分分别加以分析。表 13.4 中说明了每种性别学生的均分值。从该表中可以知道，共有 12 种因素组合。这是因为实际的实验涉及到一项 3×2×2 的因素设计：三种试题难度(易、中、难)；两种测试内容熟悉程度(熟悉与不熟悉)；两种性别(男性和女性)。这样表 13.3 中所表示的方差分析，就另外产生了四种 F 比率。一个 F 比率是指性别的主要作用(10.33)，它在统计学上较为重要，显示了男生的各项累加均分值(6.14)明显不同于女生的均分值(3.60)。

表 13.4　比例推理实验中男女生所得各试题上的均分值

难易程度		熟悉内容		不熟悉内容	
		男	女	男	女
容　　易	M	1.56	1.31	1.09	0.76
	SD	0.66	0.75	0.90	0.85
	N	34	42	34	42
中等难度	M	0.82	0.40	1.00	0.40
	SD	0.90	0.73	0.85	0.77

续 表

难易程度		熟悉内容		不熟悉内容	
		男	女	男	女
	N	34	42	34	42
困 难	M	0.94	0.33	0.73	0.40
	SD	0.85	0.61	0.90	0.73
	N	34	42	34	42

【资料来源】 摘自63页表1：桑德斯，W. L.，& 杰桑拿塔特斯，J.(1998)，“工作内容对比例推论的影响”，《科学教学研究杂志》，25，第59～67页。

其他三个F比率均涉及相互作用，并说明如下：

1. 性别与内容熟悉度相比 $F=1.31(\rho=0.27)$

2. 性别与比例难度相比 $F=0.01(\rho=0.93)$

3. 性别与熟悉难度相比 $F=2.81(\rho=0.06)$

头两个F比率，并无统计意义，只说明内容熟悉度和比例难度的主要作用并不受学生性别的影响(见表13.3)。然而，其三向相互作用则极有统计意义。($\rho=.06$)

如把表13.2和13.4内所显示的结果相比，三向相互作用即可显而易见。从表13.2中发现，对于容易的试题，学生在内容熟悉的测试中得分比内容不熟悉的测试得分要高。现在看一下表13.4，即可发现这种模式无论对男生还是女生同样适用。

其次，从表13.2中可以知道，学生对于难度中等的试题，比内容不熟悉的答得要好。从表13.4中，可以发现该模式仅适合男生，对女生则无效。换言之，当试题为中等难度(因素2)时，改变内容熟悉度(因素1)时，学生的成绩差异会受到性别的影响(因素3)。

对于难度较大的试题，也可发现同样的三向相互作用。从表13.2中，可以知道，如果内容熟悉，学生在难度稍大的试题上得分稍高，现从表13.4中，可以发现该模式又一次仅适用于男生，而非女生。事实上，对女生而言，也可发现相反情况。即当试题涉及难度大的比例时，女生在内容不熟悉(M=0.40)时所得分数较之在内容熟悉(M=0.33)时的得分要稍高。

三向相互作用往往量度小,难于解释。即使三向相互使用的结果具有统计意义,也往往被研究者们所忽略。不过,大多数用于方差分析和协方差分析的计算机程序,通常报告的是三向相互作用的 F 比率,因此要了解它们所代表的是什么。解释的重点通常放在对主要作用和双向相互作用所报告的 F 比率。

(三) 处理变量类型

在讨论桑德斯和杰桑拿塔特斯有关比例推理的实验时,谈到使用三个变量。严格来讲,只处理了试题的难度和内容熟悉度,而无法使用第三个因素,它是研究参与者的性别(即实验者无法操纵个体,使之成为男性或女性),因为这是指定的情况。

根据该使用范围,针对可能出现于教育实验中的自变量分类,坎贝尔和斯坦利开发了一套有用的分类方法:

1. 被使用的变量,诸如教学方法,可由实验者随意分派。

2. 可能利用的方面,诸如所研究的学科,实验者可以较为任意地分派要研究的对象,但很少这样做。

3. 相对固定的环境方面,诸如所上的学校、家庭的社会经济水平,这些均不受实验者直接控制,但可用作实验中明确分层的基础。

4. 个人的生物特征,诸如年龄、身高、体重和性别。

5. 个人的反应特征,诸如各项考试的得分。①

坎贝尔和斯坦利注意到实验者的主要兴趣通常在于 1 类变量的使用。至于 3、4、5 类的变量,是用来对研究参与者分组以确定所使用的变量作用具备多大的概括性。例如:假设你的主要自变量是一种新的教学方法。为了确定该教学方法究竟是对各种智力水平的学生同样有效,还

① 坎贝尔 & 斯坦利,实验与准实验的设计,第 200 页.

是只对某一特定智力水平的学生有效，人们喜欢根据智力水平（属五类变量，因为智力通常是由考试分数决定的），将学生分组。这类研究即性向-处理相互作用（ATI）研究在下一章节讨论。

（四）性向-处理相互作用研究

学员有许多不同的学习方式、性向和能力水平。仅仅一种教学方法或程序可能并不适合所有学生。如果我们作出更大努力将教学方法和程序与最适合该方法的学生配合起来，或许教育会大有改进。有一种教育实验研究叫做性向-处理相互作用研究，已经探索了这种可能性。[①]

性向-处理相互作用研究，也称 ATI 研究，其目的在于确定不同的教学方法的作用是否受到学员的认知和性格特性的影响。该研究并不认为某一种教学方法胜过其他方法，但也并不认为具有某些特性的学生学习比其他学生好。相反，ATI 研究是根据这样一种假设基础，即教学方法及学员特性这两个因素能够在许多方面相互作用而影响学习结果。在 ATI 研究中，这些相互作用可以通过设计一个类似于上述比例推理实验的因素性实验来反映。

每个 ATI 实验通常有两个自变量。第一个自变量也许是教学方法、课程教材类型、学习环境或相类似的教学变量。另一个自变量为学生特征，诸如性向、个性范围、学术成就水平或学习方式。

ATI 研究的首要重点是关于性向，因此得名“性向-处理相互作用”。后来该名称被引用从广义范围来说明学员特征——不只是性向——与教学方法的相互作用。[②] 性向变量相当于上述坎贝尔和斯坦立的分类中的最后两类独立变量（4 类和 5 类）有机体特征及反应特征。

---

① 克龙巴赫（Cronbach）和斯诺（Snow）曾对性向-教学相互作用研究作过综合调查（见全书结尾的加注参考文献）。

② 这种较为广义的名称的意义在下列出处解释 托拜厄斯，S.（1976），“学业成绩与教育方式的交互作用”，*Review of Educational Research*，46，第 61～74 页。

ATI研究的实例就是由金·昌(Kim Chan)和彼得·科尔(Peter Cole)所作的关于掌握学习的实验。① 掌握学习法是由本杰明·布卢姆(Benjamin Bloom)为提高学习过程而开发出来的一种教学方法。它的特点包括如下：

> 课程内容一般被组成一套序列性的学习任务。每项任务都制定了掌握标准,在学习顺序的每个阶段建立一些构成性测验、反馈和纠正性步骤。提供充足的学习时间以确保从事各项任务的所有学生达到预先规定的标准,然后再进入该系列的下一个任务。②

由昌和科尔所检验的具体假设是：掌握学习对于能力低的学生要比能力高的学生更有益。这是一个典型的ATI假设,因为人们预料某一种教学方法会对"进入特征"的不同的学员产生不同的影响(即涉及实验开始前他们所具备的与学习相关的性向程度和类型等其他变量)。

正如所料,昌和科尔发现,认知能力低的学生在给定的高标准水平内所掌握的知识比在其他教学条件下所掌握的知识更多。然而对于具有较高认知能力的学生而言,精通知识这种教学法的优势是微不足道的。这些研究成果比那些无视学生能力的教学条件和把掌握知识当作简单的实验比较而得到的结果要更有益处。

(五)所罗门四组设计

所罗门四组设计是因素设计中的特殊情况,它通常用来实现三个目标：1. 评价有关控制处理的实验处理影响;2. 确定预测敏感化存在;3. 评价预测与处理条件间的相互作用。③

在罗莎伦德·爱德华兹(Rosaland Edwards)的实验中使用了所罗

---

① 昌,K. S.,& 科尔,P. G. (1987),"教学中掌握学习模式下的能力倾向与教育方式的交互作用",*Journal of Experimental Education*,55,第189～200页。

② 同上。

③ 你还记得,在上一章节曾说到,预测敏感作用对实验的生态效度可能构成威胁,对实验和控制小组是否进行预测会导致不同结果的发生。

门四组设计。[①] 实验的主要目的是确定小学生行为标准对运动技能发展的影响。爱德华兹假设，如果一个人有着具体的较难的但是可实现的标准或目标，那么，他的行为水准一定高于某个没有标准或有着简单而不具体目标的个体的行为水准。[②]

实验涉及 8 个四、五年级的全班学生，他们被分派到所罗门设计的 4 个组(每组两班)。各组学生均授予曲棍球轻击的运动技能。该技能包括用球棍击地上的曲棍球，穿过面积为 0.31 平方米的目标距离、距地面 25 厘米的目标高度、离射击线 1.86 米远的目标地点。所有的学生在两天内都有共计 6 次、每次为时 2 分钟的学习时间。

两个实验处理组中的学生(1 组和 3 组)均由其教师给予要达到的成绩标准。老师要求的标准为每次授课时间内成功的进球数都要比前一天所得的平均数多两个。基于先导学习结果，此标准虽被认为有一定难度，但仍可以达到。另外两个控制组(2 组和 4 组)参加了类似的练习课程，但没有明确的成绩标准。

预测包括让每位学生朝目标击球 45 次。如果曲棍球通过目标球门，可得 2 分；如果曲棍球穿过空中击中目标，则可得 1 分，否则为零分。预测分就是在 45 次击球中累积的总分。

爱德华兹所关注的是预测本身是否会作为一种处理而起作用。因此，在两个实验组中，一组(第 1 组)接受预测，而另一组(3 组)不接受预测。同样，在两个控制组中，其中一组(2 组)接受预测，而另一组(4 组)不进行预测。在实验设计中加入预测因素，可让爱德华兹检验预测对因变量测量所产生的影响。

实验中检测了两个因变量。首先，评估了实验指导期练习阶段的学生行为。学生行为的主要量度即是每个学生在共计 6 次的练习课程中

---

① 爱德华兹，R.(1988)，“成绩标准对儿童行为方式和运动技能的影响”，*Journal of Teaching in Physical Education*，7，第 90～102 页。

② 同上 第 90 页。

向目标击球(称作试球)的总次数。另一个因变量,轻击技巧的检测是通过在形式和得分上与预测完全相同的后测来完成。

统计分析:所罗门四组实验可被视为 2×2 因素设计,其中两个因素为预测(有或无)和处理(成绩标准有或无)。在实验中我们一直认为研究者首先对两个因变量——练习试球和后测的得分数——作为一个整体进行了多变量方差分析(MANOVA),然后又对每个因变量作了分别的(即单变量的)方差分析(ANOVA)。

表 13.5　关于运动技能发展的所罗门四组实验方差结果分析

来　源	后测分数 F	试　球 F
处理(T)	25.19*	13.51*
预测(P)	——[a]	——[a]
T×P 相互作用	——[a]	18.14

a 报告中不包括 F 值,因为它们的统计意义不大。

* $P<.05$

【资料来源】 摘自文献第 95 至 96 页:爱德华兹,R.(1988),“行为标准对儿童行为模式及运动技能成绩的影响”,《体育教学杂志》,7,第 90 页,第 102 页。

表 13.5 表示两次方差分析的结果。对学生的后测分数产生有统计意义的惟一因素是处理变量(成绩标准有或无)。得到成绩标准的学生所得的均分值(M=15.58)远远超过那些没有得到成绩标准学生的均分值(M=12.58)。

两个条件从统计意义上对学生在练习阶段进行的试击次数产生了重要影响。首先,得到成绩标准(M=70)的学生试击次数多于没有成绩标准的学生(M=54);其次,发现在预测和处理变量之间存在着重要的相互作用。这种相互作用在图 13.2 中说明。很明显,预测对控制组产生了一定作用:预测过的学生较未预测过的学生平均多 10 次试球(即多打 10 次曲棍球)。然而,预测对处理组产生的作用要明显得多:预测过的学生平均要比未预测的学生大约少 30 次试球。

为了弄明白这种作用，我们应该考虑到，预测处理组不仅有成绩标准而且还有预测经历指导他们的行为。很明显，预测经历所起的作用更大，因为他们的试击频率与其说与另一个有同样成绩标准而没有预测经历的处理组相似，倒不如说与有预测经历的控制组相类似。爱德华兹告诫其他研究人员，在研究运动技能发展时使用预测要小心谨慎，因为预测能掩盖指导的作用。

如果有可能出现预测的作用，则可使用只后测控制组设计（见第十二章）或用所罗门四组设计。后者是更有效的实验设计，但需要相当大的样本和作出大量的研究性努力。然而，如果预测很可能对实验处理产生作用，而且你也希望检测到这种作用，那么努力就完全值得。

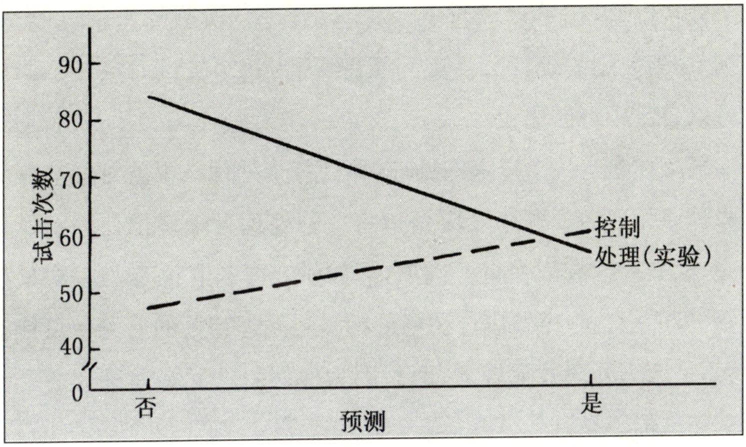

图 13.2 运动技能实验中预测与处理之间的相互作用，对试击次数产生影响的示意图

【资料来源】 摘自第 96 页上图 1：爱德华兹，**R.**（1988），“行为标准对儿童行为模式及运动技能成绩的影响”，《体育教学杂志》，7，第 9～102 页。**Copyright** 1988 **by Human Kinetics Publishers，Inc**。

（六）因素性实验中的变化

因素实验的设计和分析是件复杂的事情，可从许多因素设计中进行选择。设计的选择取决于不同的条件：

1. 自变量的数目；

2. 自变量的性质；

3. 被试对象是否接受同一变量的反复测量；

4. 每个处理组中被试对象数量是否不等；

5. 因变量的分数等级和分布特性；

6. 为补偿处理组之间的最初差异需要协方差分析。

除以上6个条件外，有些实验者试图分派给每个研究参与者一个以上的处理条件。你可能还记得桑德斯和杰桑拿塔特斯在比例推理实验中的做法。将被试对象分派给多个处理组的优点在于可用较小的样本进行实验。因此，招募被试对象较为容易，进行实验的费用也能降低。另一优点是，数据的统计分析更为敏感，因为每个被试对象在不同的处理中可以自已跟自已比较。

如果个体参与一个以上的处理，那么每个处理结果就可能与其相关的实际顺序相混淆。顺序效应是指将一种处理置于多个处理中所产生的效应，该处理含有因变量。例如，假如研究参与者因参与多次处理而厌倦，就可能出现顺序效应。在与最后实施处理相关的后测中可能表现稍差，不是因为处理效果较差，而是因为他们服从了先前进行的几个处理要求而厌倦了。

平衡设计用于解决对顺序效应理解混乱的问题。在平衡实验中，每个被试对象都经过多次处理，但为了消除顺序效应和处理结果可能造成的混淆，执行处理的顺序随参与者而变化。

总之，因素设计有多种，每种都适用于不同目的。除非预先选好合适的因素设计，否则，提出一项研究假设并精心进行实验也是徒劳的。如果你正在计划一项因素性实验，建议你阅读一本有关实验设计的教材（见本章的参考书目），并且请教因素设计和统计分析领域中的专家。

五、单案设计

单案实验有时称作单案被试实验或时间系列实验，它是一种涉及到研究个体或将多个体作为单一的小组处理的实验。① 正如托马斯·克兰托切威尔(Thomas Kratochwill)解释的那样，单案设计涉及认真分析单个生物体内的行为。② 这类实验已在前一章表 12.5 中由图示说明，表内称为时间系列设计。

单案实验非常适合行为改善研究。行为改善是心理学中的一项专业，旨在通过应用已为实验所证实的技术，例如社会性和象征性的强化、衰退、脱敏和区别训练等来改善个人的行为。③ 作为教育方法，行为改善广泛地应用于课堂管理、技能培养以及对残疾人的培训。它还被广泛地应用于咨询、心理治疗、机关看管和药物研究等方面。教育者所感兴趣的单案实验报告往往登载在各种期刊上，尤其是《应用行为分析杂志》上。

单案实验不同于个案研究的调查方法(见第十四章)。两者均着眼于个案，但在设计和目的上却大相径庭。单案设计采用多种步骤来获取定性研究传统内的概念化的实验控制：实验者对被试对象的行为观察之信度进行检测，对目标行为的改变情况作经常性观察，对处理效果作详尽描述以便复制，并对实验处理结果进行复制。相反，个案研究探索的是范围更广泛的处理(一般是大规模项目)，通常在现场进行，并且过分地依赖定性数据。

---

① 格拉斯，G. V(1988)，“准实验：间断性案例”，In R. M. Jaeger(Ed.)，第 445～464 页。《当代教育研究方法》，Washington，D. C.：American Educational Research Association。

② 克兰托切威尔，T. R. (1992)，“概述：单组研究设计和分析”，In T. R. Kratochwill & J. R. Levin (Eds.)，第 1～14 页。“单组研究设计和分析”，Hillsdale，NJ：Lawrence Erlbaum Associates。引述出现在第 11 页。

③ 关于行为改变技巧在教育学中的应用，已有许多出版物，其中包括：威克威茨，R. J. (1986)，《学校中的行为管理：原则和程序》，Elmsford，NY：Pergamon。

有些研究者认为单案实验是本章和第十二章中较早提出的小组设计之中更为容易的一类个案，事实并非如此。进行单案设计的研究人员与进行组实验的研究人员同样关注内外的效度问题。大多数单案设计是严密和费时的，他们可能与实验和控制组的设计一样需要收集大量数据。

由汉斯（Hans van der Mars）所作的研究说明了只有一个研究参与者的单案实验的性质①。其实验目的是检验，为奖励期望的学生行为而提高教师使用口头赞扬的一种特定方法。需要该项研究的原因是因为先前研究的成果表示，语言赞扬能促进所预期的学生行为，而教师们往往很少使用口头表扬，除非经过专门训练才会这样做。

实验的被试对象由一名体育课的学生教师担任。介入实验的是一台语言提示装置，它由别在腰带上的微型录音机和微型耳机组成。当老师暗中带着此装置时，他会收到语言提示：

被试对象被提示进入具体的管理活动和学生行为，根据提示的类别进行活动，诸如：

(a) 表扬两名很快回组的学生；(b) 活动开始时，寻找动作最快的学生，表扬他们；(c) 表扬在训导时保持安静并集中注意力的小组；(d) 寻找勤奋者，表扬他们。②

老师所上的每堂课要被录音。对每次录音都要进行分析，以确定老师为获得学生预期行为而作的口头表扬率。该比率是由电脑将老师在课上所进行的口头表扬次数除以课时的分钟计算得来的。

在实验的第一阶段，老师上 5 堂课，但没经过口头表扬的训练或使用语言提示装置。图 13.3 最左边的部分反映了老师在这些预处理的课

① 汉斯 H.（1987），“教师对学生完成任务进行口头表扬的效应”，*Journal of Teaching in Physical Education*，6，第 157～165 页。实验中涉及了第二名老师，但为了简化描述，未将那位老师的资料列出。

② 同上，第 159 页。

堂上的口头表扬率。在这几堂课上，老师的目标行为表现率叫作基线。因为它表现了在实验干预之前老师的自然行为。基线的目的与第十二章和本章第一部分中所提到的实验设计中的预测相似。

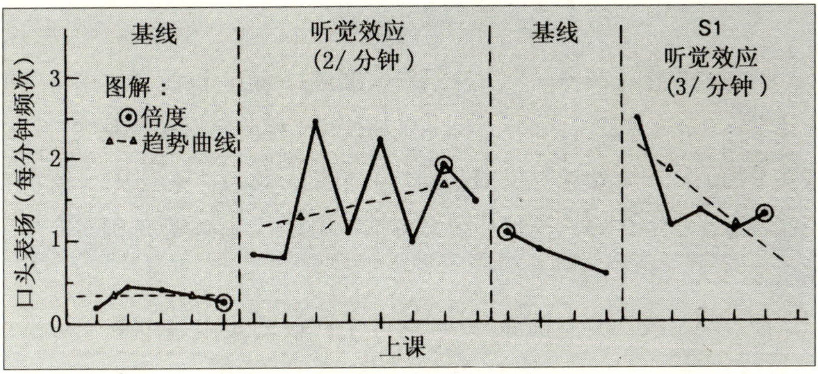

图 13.3　语言提示实验中基线和处理条件下的口头表扬率

【资料来源】 选自第 161 页上图 1：汉斯 **H.** (1988)，“教师对学生完成任务进行口头表扬的效应”，《体育教学杂志》，6，第 157～165 页。

基线期之后，老师被训练如何识别并表扬所期望的学生行为，然后要求老师在下面的 8 堂课中使用语言提示装置。预先录好音的语言提示以平均每分钟两次的频率进行播放。图 13.3 表明在处理阶段老师口头表扬率大为增加。

在下一个基线期的四堂课中，未对老师进行语言提示。在研究参与者适应之后，行为研究者将处理消除。图 13.3 表明在消除或第二个基线期老师的口头表扬率下降了。这第二个基线期与组实验设计中的后测相类似。

实验的最后阶段涉及重新引入语言提示，再上 6 节课，正如在实验的第一个处理阶段那样，老师的口头表扬率上升了。

单案实验一般会产生图 13.3 中所示的那类数据。研究者必须检验所得数据，并确定这些数据是否表明处理对因变量起作用。该决定通常以两种方式作出。一种是仅对图示的数据形式作自测检查。下列为汉斯的有关图 13.3 的说明，他描述了这种方法：

> 根据(a) 变量最小或稳定或趋向下降的基线(b)和处理数据之间没有交叠(c)，从最后的基线时间到最初的处理时间的水平变化，发现已经证实的变化具有实验意义。①

确定处理作用的另一个方法是对数据进行编组，以便能使用常规的统计学方法对它们进行分析。例如汉斯使用 t 检验来对两个基线阶段的共同平均值和两个处理阶段的共同均分值进行比较。3.72 的 t 值富有统计学意义($P<0.01$)，这促使研究者推断出，语言提示处理确实产生了作用。

涉及到基线-处理-消除-处理这几个阶段的实验属于单个被试设计，在下面部分我们描述单案设计的一般特征，使用一些更为普通的设计时所要遵循的步骤以及分析单案数据所使用的统计方法。

(一) 总体设计考虑

单案实验应该设计得具有较高的内在效度，如同组设计。单案设计的内在效度，指研究者将处理变量以外的各种因素作为引起因变量变化的可能原因排除在外的作用。在组设计中，内在效度主要是通过将实验参加者随机分派到实验处理和控制条件中来实现。由于单案研究中 N=1，所以随机分派和控制组均不可能。内在效度的实现得靠以下描述的其他设计技巧来完成。这些技巧虽不是单案设计独有的，但对它们尤为重要。

1. 可靠的观察

单案设计一般都需要对行为作大量观察。如果观察不可靠，则会掩盖处理作用。因此，在进行观察时，应该遵循某种步骤，尤其要认真培训观察者所要观察的行为操作的定义，定期检查观察者的信

① 汉斯 H. (1987)，“教师对学生完成任务进行口头表扬的效应”，*Journal of Teaching in Physical Education*，6，第 162 页。

度以及有无片面性。时机适当时，可以考虑测量行为产物（例如，学校作业中题目的数量）来代替行为观察。这些步骤在第九章的内容分析部分和关于单案设计的书籍中都有论述（见全书结尾处的注解参考书目）。

最简单的步骤就是瞄准一种行为并在整个实验过程中进行反复观察。比如，老师针对学生行为的口头表扬率是在语言提示的实验中所观察到的唯一行为。监控其他行为也是可能的，不过随着每种新行为加入研究设计，观察过程将变得复杂。

2. 反复测量

在典型的组实验设计中，数据的采集是在两个时间点上进行的：实验处理前（预测）和实验处理后（后测）。单案设计要求进行更多的行为测量，因为一个人的行为很可能在短时间内发生大变化。基于这样的事实，关于语言提示的实验就要经过这样四个阶段：基线、处理、二次基线和二次处理。如果对教师口头表扬的行为的每个阶段只测量一次的话，那么我们就无法解释表扬率的变化到底是处理起的作用还是其他自然发生事件所起的作用。采用反复测量，可使我们更清楚地、更可靠地描述老师的行为在自然状态下如何变化，以及如何对处理条件作出不同反应。此外，如果对因变量可进行多次测量的话，那么对单案数据进行的统计意义检验则更为有力。

由于在单案设计中需要进行反复测量，所以重要的是使测量过程标准化（规范化）。最好每次测量要涉及同一批观察者，给被试者下同样的指令及使其处于同等的环境条件下。否则，处理结果很可能因测量作用而受到影响。

3. 实验条件描述

假若研究者希望验证该实验，他应对每个实验条件给予确切的描述。有些单案设计需要重新引入基线和处理变量。比如，在语言提示实验中，基线和处理条件就出现了两次。如果有关基线和处理变量的条件得不到确切的描述，那么它们在实验中就很难。结果，实验的内在效度会受到影响。此外，不确切的描述会使其他实验者很难重复核实，从而危及实验的外在效度。

4. 基线和处理的稳定性

单案设计中的基线是引入实验变量之前目标行为的自然变化频率。如果在观察期间目标行为一点不发生变化，那么评估处理变量的作用就很容易。然而，大多数行为都会变化，如果其变化太大，那么，你就难于将处理结果与被试者行为自然发生的变化区别开来。

为了抵消自然波动所产生的影响，你可以设定一个标准来确定基线稳定下来的时间。例如，在10次观察阶段中，设定不超过平均变化值的5%为变化范围。然而有时这类标准并非恰当。例如，你打算采用一位行为正在有规律地好转或变坏的人来做实验。如果该人的行为在基线期内有规律地变好，你就面临难题了。例如他的行为在实验阶段持续好转，人们就会说：其继续好转是由于基线期内已存在的某种条件，并非实验产生的作用。在此情况下，你应考虑抑制处理变量，直至基线改善达到高峰，然后稳定下来。

单案设计的处理阶段同样需要稳定。假定你原计划进行四期处理。头三次处理后没发生作用，但第四次处理后，好转明显。你是否应该按照原定计划停止处理呢？在这种情况下，最好继续处理，直至出现稳定的、可解释的处理作用模式为止。

5. 基线和处理阶段的时间长度

通常，在为单案设计阶段中，同样时间长度和测量次数应大致保持一致。不然，不均衡会使统计分析和处理结果的解释变得更为复杂。然而在有些情况下，阶段平等规则要求将基线或处理状态加以调整，直至出现稳定的测量模式为止。由于风俗或伦理的因素，可能有必要使基线或处理状态的保持时间超出预定时间。克服这类问题的方法之一是先进行几次先导研究，以探索你所感兴趣的背景下的基线和处理状况。你由此而获得的知识可用来设计一个更加严密的实验。在该实验中，基线和处理状态在测量的次数和时间长度上保持均等。

(二) A－B－A设计

A－B－A设计用于单案实验或只有一种处理的单组实验。这里的A代表基线状态，而B则代表处理。下面将讨论这类还有其他各类设计中的A－B－A设计，包括好几种涉及处理的调查研究相互作用的设计。

1. A－B设计

A－B设计是单案设计中最为简单的一种。研究者先挑选出一位实验参与者、一个或多个目标行为、目标行为的测量方法以及一种实验处理。然后，在基线阶段(A)对目标行为进行反复测量。最后，在对目标行为测量的同时研究者继续进行实验处理(B)。

A－B设计内在效度较低①。如果A测量和B测量的均值之间差异具有统计学意义时，则可断定：从基线阶段到处理阶段发生了可靠的变化。然而，就此还难以将此变化归于处理作用，因为尚不能排除其他因素的影响。这些因素也许就是处理阶段发生的其他事件或是基线阶段测试的影响。A－B设计应在无其他合适选择，或当研究者想进行更为严密的设计实验时，把它作为先导研究使用。

2. A－B－A设计和A－B－A－B设计

A－B－A设计遵循的步骤同A－B设计完全相同，只是增加了第二基线状态。第二基线一般包括撤消处理，就如关于语言提示的实验中那样。在第二基线状态下，也可撤消处理。例如，在语言提示实验中，研究人员完全可能给老师以语言提示，要求学生表现良好，而不是口头表扬学生的良好行为。

A－B－A设计具有高度内在效度。如果每个实验阶段中目标行为所发生的变化与预期的一致，就能肯定：变化是由于处理变量的影响而发生的。然而，该设计的困难在于实验往往以负效应结束，因为处理(假

---

① A－B设计的应用和内在效度问题在：坎贝尔，D. T.(1969)，“作为实验的改革”。*American Psychologist*，24，中讨论过，第409～429页。

设其为正面效应)被撤消或逆转。这种条件对实验者以及其他参与实验者在道德上也许是不可接受的。

A-B-A-B设计克服了由A-B-A实验而产生的以负面基调而结束的道德问题。在A-B-A-B设计中,在重新引入处理变量(B)之后结束实验。以上所描述的关于语言提示的实验就是这种设计的很好例证。在A-B-A-B设计中,四个阶段中的每一个都有,即最初的基线观察期,最初处理变量的引入,处理变量的撤消或逆转(第二基线期)以及处理变量的再引入。

这种设计以及所有基线设计,有其局限性,即所观察到的处理结果取决于实验中所包括的特定的基线状态。假设发现了可靠的A-B变化时,也只能总结说,其结果仅在一组特定状态下才能可靠地出现。因此,基线状况必须加以确切描述,这种限制类似于小组设计预测敏感化的问题(见第十二章内效度讨论)。这种设计中所发现的可靠处理结果不能断定它是可独立地发现某些结果的一种前测。

(三) 多基线设计

时间序列设计(A-B-A设计)通常采用目标行为的自然发生而作为评价处理结果的控制条件。相反,多基线设计是把自然发生的目标行为以外的其他条件用作评估处理结果的控制条件。实施这些条件类似采用控制组来提高实验的内在效度。

当A-B-A类型的设计无法恢复基线状况时,我们就可采用多基线设计。假如研究者因为伦理的原因不能撤消或逆转处理时,就可能发生这种问题。此外,也许无法使用A-B-A设计来说明处理结果,即处理被撤消逆转之后,目标行为也许无法回到处理前的基线比率。如果出现这种情况,即使目标行为从最初的基线阶段到处理阶段发生了可靠的变化也不能断定是处理产生的作用。作为一种选择,可采用多基线设计来研究处理的结果。

在更为常用的多基线设计之一中,在评估处理结果时,采用两个或多个体来控制外扰变量。由乔治·斯滕(George Sten)、苏珊·福勒(Susan Fowler)和富兰克·科勒(Frank Kohler)所进行的实验情况相似。① 其实验目的是为了确定使用同伴干预法的介入，帮助那些从事不恰当行为学生的效果。在同伴介入干预中，有一名学生监视并给另一名学生打分奖励，从而增加他的合理行为，减少不合理行为。研究人员所特别感兴趣的问题是：究竟是监视者的作用还是接受分数者的作用导致了较大的行为改变。

在一个五、六年级的组合班中的两名学生罗伯特(Robert)和卡伦(Karen)被选作研究参与者，因为他们在数学课上捣乱，而且他俩也是表现最差的数学组成员。其他三位表现稍差的学生被选作他们的伙伴，伙伴 A 和 B 与凯伦合作，而伙伴 C 则与罗伯特合作。

图 13.4 描述了该实验的设计和结果，竖轴所示因变量是不恰当行为总数，包括不做作业行为、各种扰乱行为(即任何妨碍另一个孩子学习的行为)，这是每天数学课上每 10 秒钟间隔进行一次的观察。测量表示卡伦和罗伯特不做作业或扰乱的间歇百分比。

基线状态下不发生干预。注意在图 13.4 中，在第一基线阶段中两名学生的不恰当行为百分比甚高。

到实验的第 6 天，卡伦的实验干扰阶段开始。她隔天监视她两个同伴 A 和 B 的听课情况，如果他俩达到了恰当行为的标准，她就给分。如果几天中累积到了足够的分数，那么，全班受到奖励，通常是让看部电影。

图 13.4 表明，一旦让卡伦进入监视者/给分者角色后，她不恰当行为的百分比率急剧下降。卡伦在不担任这个角色的日子里，她的伙伴们监视她的行为，并以同样的方式给她记分。图 13.4 表明，当她处在得分

① 斯滕，G. W.，福勒，S. A.，& 科勒，F. W. (1988)，“交互影响的两种角色的比较：伙伴监视者与主要得益者”，*Journal of Applied Behavior Analysis*，21，第 103～109 页。实验涉及到了几位这儿没有讨论的参与研究者。

者角色时,卡伦的不恰当行为同样是低的。

注意,在图 13.4 中,罗伯特的第一基线阶段延伸直至第 11 课时,而卡伦的第一基线阶段在 5 个课时后就结束了。给罗伯特增加 6 个基线课的目的是让它对外扰变量加以控制,因为这些外扰变量能混淆从卡伦身上所观察到的处理结果。在这 6 个课时中,卡伦和罗伯特都在同一班级为同一老师所教。惟一不同的是卡伦接受了处理。因此可以相信,无论与她自己的第一基线还是与罗伯特继续的第一基线相比,卡伦较低的不恰当行为百分率是由处理造成的。

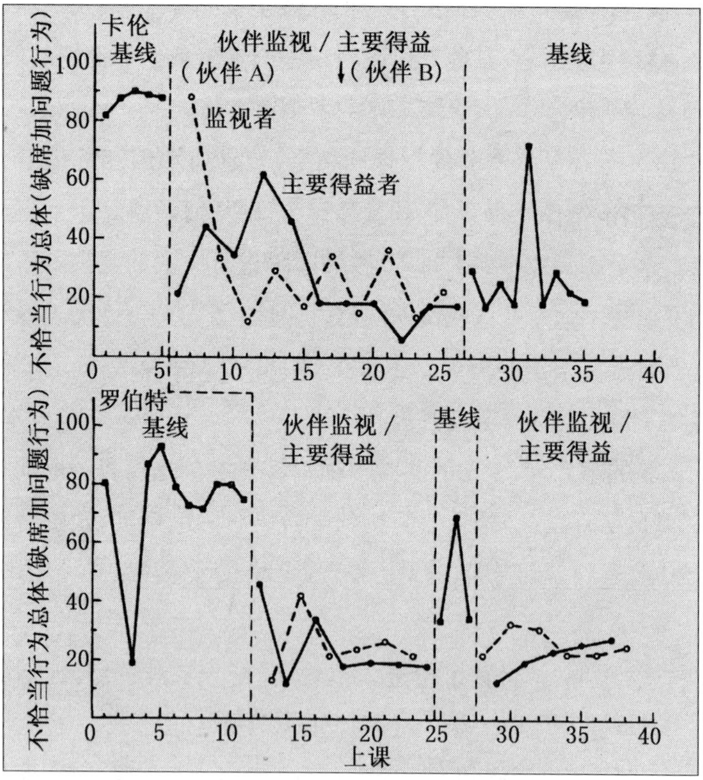

图 13.4　同伴介入干预实验中,在基线和处理状况下学生从事不恰当行为的间歇百分比

【资料来源】 选自第 107 页上图 1:斯滕,G. W.,福勒,S. A.,& 科勒,F. W. (1998),“两种干预作用的比较:伙伴监测员及分数获得者”,《应用行为分析杂志》,21,第 103～109 页。

经过26个课时之后，重新给卡伦建立了基线条件。除一个课时之外，在第二基线阶段，她的不合适行为仍然保持在低百分比状态，表明该处理产生了良好的维持作用。很明显，A-B-A设计对该实验可能是较差的选择。由于处理产生了明显的持续作用，要想重建不恰当行为的最初基线率，就不可能做到。如果采用某种方式撤销处理，例如，对卡伦的不恰当行为给分，这种做法也许是可能的。不过，这种解决办法很明显是道德问题。

注意，罗伯特的第二基线所表现出的维持作用，要小于卡伦的。事实上，研究者说："罗伯特对于处理撤销的反应表现在：稍微提高不恰当行为的比分，而且反复要求恢复同伴监督程序。由于他以及老师的请求，我们在基线期刚实行三天，就重新实施了干预。"①

处理恢复后，罗伯特的不恰当行为比分再次下降。处理的有效性似乎并不取决于罗伯特究竟扮演监督者/给分者，还是得分者的角色。

研究人员并没有对他们的数据进行统计意义的检验。相反，他们只是依赖图13.4中所示的统计曲线进行视觉分析。然而，其处理结果仍然令人信服，因为总共测试了三次（卡伦一次和罗伯特两次），而且每次结果均显示学生的不恰当行为比率下降且远远低于前一次基线状态。

以上所描述的实验只采用了各种多基线设计之一，该设计的种类因单案实验中所出现的情况不同而不同。其中有些设计涉及使用多个目标行为或多种刺激背境来提供基线控制，而以上所讨论的设计则采用了多个被试对象来提供基线控制。

(四) 单案数据的统计分析

许多研究人员仅凭原始数据和少量描述性统计数据，对单案实验结果进行解释。图13.3和图13.4就是典型的单案数据的图示数据标绘

---

① 斯滕，G. W.，福勒，S. A.，& 科勒，F. W.（1988），"两种交互影响角色的比较：伙伴监视者与主要得益者"，*Journal of Applied Behavior Analysis*，21，第109页。

图。横坐标(横线)代表时间单位,纵坐标(竖线)表示目标行为单位。每个数据点分别标示在曲线图上,并且各数据可用线来连接。垂直虚线用来表示从一个阶段向另一个阶段的过渡(例如从基线到处理)。

借助于图示数据标绘图,你就能在每一阶段内分析出目标行为平均水平的数值和斜度的方向(如果有的话)。同时,你也能对各相邻阶段在平均水平及斜度的变化之间作比较,并且对一个阶段的最后数据点同下一个阶段的第一个数据点的水平之间进行比较。

有些研究人员也建议,通过计算非重叠数据的百分率来确定处理结果的量度①。该百分比就是将超出最高(或最低,如合适的话)基线数据点的处理数据点的数目除以处理数据点的总数而得到。例如,图 13.4 中,罗伯特的第二次处理阶段的 11 个数据点中除了一个以外,全部低于合适方向前一基线中的最低数据点。因此,非重叠数据的百分比为 91%。

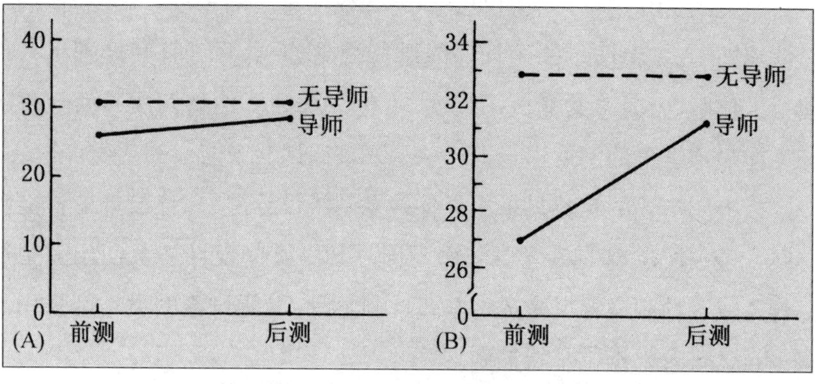

图 13.5 采用不同顺序量表的同一数据图标

出处:选自下列出处第 157 页上图 1:沙普利,C. F. (1986),"针对分析委托人变化图标的一些辩论",《咨询及发展杂志》。

---

① 斯克鲁格斯,T. E.,马斯特罗珀里,M. A.,& 卡斯托,G. (1987),"多个单受试研究的综合:方法与效度",*Remedial and Special Education*,8,第 24~33 页。这些研究人员还建议,通过计算非交叠数据,作为对单受试实验的元分析作用大小的衡量。在同期杂志上还刊载了批评这一建议的几篇文章。

在单案实验中，采用可视曲线图分析来解释处理结果的方法，已受到人们的批评。① 一种批评认为，人们为了强调或掩饰处理结果，可以修改曲线图顺序量表。例如，尽管图 13.5 中，图标 A 和 B 标示的是同一数据，然而，两图的处理结果量度给人的印象则大不相同。对可视分析的另一种批评认为，经验研究已表明，在使用可视分析来确定处理结果时，不论处理发生与否或发生程度如何，评估者相互之间的信度都是较低的。②

另一种可视分析采用推论性统计。例如，在关于语言提示的实验中，研究人员采用了 t 检验，比较两个基线阶段的共同平均值和两个处理阶段的共同平均值。然而，这种采用传统的推论统计曾受到批评。③ 一种批评意见认为，推论性统计对单案实验的推理不合适，因为单案实验需要对个人而非来自群体的样本进行充分研究。另一种批评意见认为，推论性统计包含了这样一种假设：各种观察之间相互无关。而在单案实验中，这种假设很难满足。在任何规定时期所观察到的行为很可能依赖于前几个时期所发生的行为。这种现象的专业名称叫作序列依赖。时间序列统计可用来确定单案实验数据中序列依赖的程度以及处理结果的存在。④ 不过，用于这种统计技术的计算较复杂，而且需要许多数据取值点，方可产生可解释的结果。

总之，在解释单案实验数据时，无论是采用可视分析还是推论性统

---

① 沙普利，C. F.（1986），“关于接受心理辅导者的变化图析商榷”。*Journal of Counseling and Development*，65，第 156～159 页。

② 德普罗斯佩罗，A.，& 科恩，S.（1979），“被试数据的非一致性分析”。*Journal of Applied Behavior Analysis*，12，第 573～579 页；琼斯，R. R. 沃特，R. S.，& 温罗特，M.（1978），“操作性研究中的时序分析”，*Journal of Applied Behavior Analysis*，11，第 277～283 页。

③ 巴斯，R. F.（1987），“单案被试数据的分解和评价”。*Psychology in the schools*，24，第 97～104 页。

④ 单受试实验中时间序列统计的应用在下列出处得到解释：沙普利，C. F.（1986），“关于接受心理辅导者的变化的图析的商榷”。同时参见格拉斯，G. V.，威尔逊，V. L.，& 戈特曼，J. M.（1975），“时间序列的实验设计和分析”。Boulder：Colorado University Press。

计,研究人员均会受到误导。因此,在使用两种技术中任何一种或同时使用两种方法时,需要有良好的判断力。所谓良好的判断力,即要求熟练掌握这两种技术,并且彻底了解相关理论,先前的研究成果以及进行实验的环境。此外,将验证与实验设计结合起来,如上述同伴监测实验那样也有助于合理地解释处理结果。

(五)单案设计的外在效度

对单案设计主要批评之一是它们的外在效度低,即其结果不能在实验参与个体之外推广。同样这些批评者很可能偏爱传统的小组实验,因为他们相信,实验结果可由样本向从中取样的群体推广。然而,正如在第六章所示,许多采用样本的研究——包括组实验——并不包含从规定的群体中随机选样;而是从中选择一个特定的样本,因为它容易得到,而且可通过逻辑推理向具有同一特征的较大群体推广结果。

总的说来,无论是单案实验还是组实验,似乎都能因为外在效度有限的同样理由而遭到批评。真正的问题是,如何提高每一种实验的外在效度,而并非排斥一种,倾向另一种。本章中前面讨论过的关于如何提高组实验的外在效度的建议,同样也适用于单案实验。

六、其他实验设计

在本章和前一章中,提供了用于实验研究的几种主要设计。但这还不够。例如,只提到几种因素性设计,但还有许多其他种类。而且,坎贝尔和斯坦利讨论了另外一些可用于某些教学研究问题的实验设计。①

在对现有实验设计进行挑选时,应尽量选择能最清晰地反映实验处理结果的设计,而且该结果不会因为受到诸如历史、成熟等因素的混淆。另一重要目标就是要选择一种设计,其结果能被推广到你感兴趣的其他

---

① 坎贝尔和斯坦利,“实验与准实验设计”。

情景。这并不容易，如果你计划在自然实地环境下进行实验，而且身处此境的个体试图对你偏爱的设计加以限制时，尤其如此。

七、变化的测量

基本上，所有的实验都企图确定一种或多种自变量，对一种或多种因变量的作用。在教育研究中，自变量往往是一种新的教学实践或产品，而且因变量通常是学生的成绩、学习态度和自我概念的量度。如果自变量产生作用，其作用应该作为一种变化反映出来，即在实施实验处理前所测学生得分（预测）和实验处理后所测学生得分（后测）之间的变化。后测分减去预测分被称为得分（也称为得分变化或得分差异）。例如，如果一名学生在成绩测量时初始得分为 50，而经过实验处理后，他的得分上升至 65，那么他的得分会是 15。然而，在利用得分来确定实验处理结果，存在许多较大的困难。

表 13.6　根据预测成绩分类的学生在后测中的平均分数

测试类别	低分组	中下组	中等组	中上组	高分组
社会科学中批判性思维	6.89	5.48	3.68	4.20	2.26
科学推理和理解	6.26	5.16	2.93	2.04	0.31
人文学科参与题库	18.00	5.05	4.94	1.39	−2.07
阅读和写作分析	5.33	2.89	1.81	1.22	0.25
批判性思维	6.68	4.65	3.47	2.60	1.59
信念题库	9.09	5.31	4.65	3.32	1.01
人际关系问题	3.19	1.67	1.31	1.51	−0.36

【资料来源】 选自第 60 页表 1：迪德瑞克，P. B.（1956），“有关成绩的得分测量误差”，《学校评论》，64，第 59～63 页。Copyright 1956 University of Chicago Press。

保罗·德雷斯尔（Paul Dressel）和刘易斯·梅休（Lewis Mayhew）曾对大学一年级至结束的学生成绩作过研究。通过该研究，可以看出上述困难。[1] 表 13.6 所列为来自 9 个学院的学生在各种考试中的得分。得分按不同组分别列出,该组是根据学生们每种测试中预测得分而组成。学生预测分数和成绩得分之间显然存在着反比关系。例如,就社会科学中批判性思维考试而言,那些在一年级初成绩最差的学生,反而得分(6.89 分)高于那些初始成绩最好的学生的得分(平均得分为 2.26 分)。

我们该如何解释这样的数据呢?难道这些数据意味着初始成绩低的学生很可能比那些初始成绩高的学生学得更多(如同根据他们的分数变化所测知的那样)?虽然这种解释也许正确,然而,在学生预测得分和成绩得分之间的反比关系更可能只是由于在预测和后测中的测量误差所产生的人为因素造成。

当原始得分(即后测分数减去预测分数)被用来测量由于人为干预或自然发展过程而在个人身上发生的那样变化时,有 5 类问题解释如下:

1. 高限效应。当测试题目的难度受到限制时,就会出现高限效应。因连续得分可能性较高的那一端的分数受到人为的限制,例如,假设预测和后测各有 100 个考题,但这些题目未能测出测量范围内正被测量的全部成绩,因此,如果一名学生在预测中正确地答对 90 题,他在后测中的成绩只能提高 10 分。相反,如果一名学生在预测中得了 40 分,那么,他在后测中可能得到 60 分。这样,高限效应就限制了全部初始能力水平的得分分布。

在德雷斯尔和梅休的研究中所用的测试完全可能受高限效应的影响。成绩中上的小组和高分组中的学生所得的分数完全可能接近预测的高限。因此,在参加后测时,他们只能获得最低分。

2. 趋均数回归。趋均数回归(也称统计回归)是一种统计现象,它描

---

① 德雷斯尔,P. L.,& 梅休,L. B. (1954),"普通教育:探寻评价途径",Washington,D. C.:American Council on Education。有关其统计结果的图像在迪德瑞克,P. B(1956)的书中有叙述。《学业成绩测量中的陷阱》,*School Review*,64,第 59~63 页。迪德瑞克的图表在图表 13.6。

述这样一种倾向：在预测中得高分的学生往往在后测中的得分稍低，而在预测中得分低的学生在后测中所得的分稍高。[①] 在以上所引证的德雷斯尔和梅休的研究中，低分者所得较高分值，很可能是由于统计回归所致。由于预测和后测中的测量误差以及各个测试相互关联，所以就发生回归效应。

3. 相等间距假设。使用得分实际是假设考试中所有分值的相等间距。然而，这种假设对于教育测试来说，几乎总是不会成立。例如，在一套100题的测试中，从90分到95分之间的得分，人们往往假想它相当于从40分到45分之间的得分。而事实上，当一个人的初始得分为90分时，由于高限和回归效应，他再得5分的难度要远远大于初始得分为40分的人。比方说，测试是测量学生有关词汇定义方面的知识，如果某一学生的初始分数为40分，通过学习一些简单常用词汇的意义，他还能多得5分，但是，如果某一学生初始得分为90分高分，他必须学习一些词义困难的、不常用的词才能提高分数。

4. 不同的能力类型。除因素性纯测试以外，某门考试分数对不同的学生可能反映不同能力的类型和水平。例如，一次数学考试中可能包括了诸如加法、减法、数学推理、代数等各种各样的小测试。尽管两名学生在考试中得分相同，但该分数在两名学生身上反映了不同的优势和弱势模式。例如，一名学生在减法上能力弱一些，但在数学推理方面较强，而另一位学生在减法上强一些，却在数学推理方面较弱。经过一段时间之后，因为克服了各自的缺点，两位学生可能获得同样的分数。这样，第一位学生的得分反映了他在减法方面的提高，而第二位学生的得分则反映了他在数学推理方面的长进。由于他俩的得分在意义上相同，所以在统计分析时，对他们进行比较就值得怀疑。

---

① 你还记得，回归效应曾在第十二章中作为对实验的内在效度的威胁论及过。即便由于回归效应而使实验处理没产生作用，我们仍然能在初始成绩低的学生组中找到成绩长足的进步。

5. 低信度。关于得分,还有一个困难在于它们不可靠。[①] 预测和后测分数之间的相互作用越大,所得分数的信度就越低。同时,所得分数的信度受预测和后测分数两者本身的不可靠的程度的影响。

改变的统计分析

如上所述,得分的问题成堆,但是如果研究者要想比较不同的实验处理结果,对测量作些改变是必需的。尽管得分的局限性不能完全避免,某些统计程序还是可以克服其中的一些局限性的。

首先,我们要考虑研究人员对个别学生的得分感兴趣的情景。例如,你也许想知道,正如表 13.6 所示为什么有些大学生在“社会科学中批判性思维”(CTSS)的测试中得分高于其他学生。如果你来假设,所得分数与学生高中时的年级平均分(GPA)有关。为了检验这种假设,你不应该在 GPA 与 CTSS 的得分之间建立关联,因为 CTSS 的得分往往会受到高限和回归效应影响。较好的程序是采用部分相关(见第十一章),即学生的高中 GPA 得分先经统计调整,然后再与他们的 CTSS 得分相互关联,以便能使 CTSS 初始得分保持不变。

相等的步骤是采用多项回归(见第十一章)。在多项回归中,学生们的后测 CTSS 分数为因变量,预测 CTSS 得分和高中 GPA 得分为预测变量。先将预测 CTSS 分数输入推算公式,所谓小变动是指只利用预测 CTSS 分数作为预测变量进行多项回归。求得的多项回归公式能用来给每个学生计算预测的后测 CTSS 分数。这些分数叫作残留得分或调整得分。然后,使学生的高中 GPA 分数与残留得分相互关联。

另一种使用得分的情况是,把得分用在平均得分的分析中。假设你对两组人进行成绩预测:一组受到了实验处理,而另一组只用作控制组。

---

① 在限定的一系列情形下可得分数是可靠的。见:古柏塔,J. K.,斯瑞瓦斯特瓦,A. B. L.,& 沙马,K. K.. (1988),“论改变评价方法适合条件”,*Journal of Experimental Education*,56,第 124~128 页。

如果被试对象已被随机分派至该两组，那么该两组应该具有相等的预测均分。如果情况是这样，就可采用 t 检验来确定平均得分数的统计意义。

有时，即使当被试对象被随机分派到各小组，他们的预测平均分数也会相差很大。而且，在采用准实验设计时，预测平均分的差别也会很大。为了调整预测均分的初始差异，可以采用协方差分析。该统计技术可以让你观察到实验处理的结果而非初始分数中的差异。例如，协方差分析能被应用于表 13.6 中的数据。通过这种统计技术，就能比较 5 个子组中每个成绩的平均得分，好像他们在一年级开始时大家都获得同样的平均成绩一样。如在第四章所讨论的那样，首先需要检查原始数据，以确定它们是否满足了构成协方差分析基础的某种假设。

还有一种方法可用来确定变化的统计意义，那就是重复测量的协方差分析。这种统计技术可用来确定实验组预测和后测的差异是否与控制组的预测和后测的差异有所不同。对因变量进行测量（预测和后测）的场合通常被看作一个因素，而实验和控制处理则是另一个因素。这两个因素的 F 比（有时称为主要效果）在本方差分析中并不重要。例如，如果无视这些分数究竟出自实验组学生还是控制组学生，而对所有预测分数的平均值与所有后测分数的平均值加以比较，是毫无意义的。相反，重要的是测量和处理时间之间的相互作用，即我们所感兴趣的是，实验组的预测与后测均分之间的差别是否远远大于或小于控制组的差异。

由诺伯特·约翰逊（Norbert Johnson）、杰罗姆·约翰逊（Jerome Johnson）和科伊·耶茨（Coy Yates）所进行的一项研究说明了这一类统计分析。[①] 他们的实验目的，是想评估某一个咨询项目（职业探索组）在提高学生的职业成熟度上的效果。60 名八、九年级的学生被随机分派到咨询项目或非处理控制组。对所有的学生进行职业成熟度试题测试（CMI）作为预测，再作后测（就在实验项目结束后），再作跟踪后测（项目

① 约翰逊，N.，约翰逊，J.，& 耶茨，C.（1981），“职业探索组职业成熟效应的六个月的跟踪研究”，*Journal of Counseling Psychology*，28，第 70～71 页。

完成后6个月)。CMI由6个量表构成,测量符合实际职业选择所必需的态度和能力的成熟度。

表13.7 职业成熟度试题测试预测、后测和跟踪测试平均分差

衡量范围	预测		后测		跟踪测试		预测与后测之差异	预测与跟踪之差异
	实验组	控制组	实验组	控制组	实验组	控制组		
	M	M	M	M	M	M	F	F
态　度	34.3	34.3	38.1	35.1	38.0	34.7	4.15*	4.57*
能力范围								
自我了解	9.3	9.6	12.1	10.3	10.4	10.4	N.S.	N.S.
对工作的了解	10.1	10.6	15.8	11.3	13.4	11.2	16.13**	12.92**
选择工作	11.3	11.6	13.9	12.2	11.9	12.2	N.S.	N.S.
往前看	10.6	11.6	13.1	12.2	12.7	11.8	N.S.	N.S.
他们应怎么做?	9.9	10.1	11.4	10.8	11.4	10.8	N.S.	N.S.

注:N.S.=无意义　　* $p<.05$　　** $p<.001$

【资料来源】 选自第71页上表1:约翰逊,N.,约翰逊,J.,& 耶茨,C.(1981),“职业探索组职业成熟效应6个月的跟踪研究”,《咨询心理学杂志》28,第70～71页。

表13.7展示了实验组和控制组在CMI方面预测后测和跟踪测试的平均分值。显然,实验组在每个测量尺度上的预测和后测差异大于控制组。例如,实验组在态度这一尺度上预测和后测的差异(38.1－34.3＝3.8)要大于控制组在这一尺度上的差异(35.1－34.3＝0.8)。这种差异的统计意义须通过双向(处理组×测试时间)方差分析才能确定。用于代表相互作用的具有统计意义的F比表明,一组的预测与后测差异肯定大于或小于另一组的预测和后测差异。

表13.7中最后两栏列出的表示在每个CMI尺度上,预测和后测差异的F比以及预测跟踪测试差异的F比。他们也获得了态度尺度的重要F比和职业了解能力尺度的F比。一系列的多项比较 t 检验(见第十

章)表明了在这些尺度上对实验组来说显示了重要收获，而对控制组却没有变化。

八、实验研究中易犯的错误

研究人员

1. 在采用准实验设计时，并不考虑诸如历史、差别选择或研究参与者流失或回归等容易混淆的变量，而以上任何一种变量都可能归于处理变量的预测-后测变化的发生。

2. 当研究参与者的特点可能会影响到处理变量的有效性时，并不使用因素性设计。

3. 即使当预测的进行可能会影响到测量的结果时，仍然不采用所罗门四组设计或只后测设计。

4. 在进行单案研究时，没有检查测量程序的信度。

5. 在进行单案研究时，没有收集到足够的数据来产生稳定的基线或处理效果。

6. 在分析实验数据时，企图采用简单的变化分值，而其实采用部分相关、多项回归、协方差分析或重复测量的方差分析则更为合适。

自测题

1. 非等量控制组设计的显著的特征是
   a. 不对控制组进行预测
   b. 研究参与者不是被随机分派到实验和控制组
   c. 实验组参与的处理介入不同于控制组参与的处理介入
   d. 所有对内在效度的威胁都能被这种设计控制
2. 在非等量控制组设计中各组均分值之间的差异通常用于检验统计意义。它是通过____来进行的。

a. 后测均分值的 t 检验

b. 预测和后测分数之间相关的 t 分布

c. 对于后测均分值的协方差分析

d. 对实验组和控制组分别进行的预测—后测差异的 t 检验

3. 采用因素设计的目的是

a. 对非随机分派给处理的作用进行控制

b. 收集能被输入因素分析的数据

c. 为统计回归而控制

d. 检验同一个实验中几个变量间的相互作用

4. 一个 2×2×2×2 因素性设计表明它是一个具有______的实验。

a. 两个因变量 b. 四个因变量

c. 两个自变量 d. 四个自变量

5. 下列哪一个变量最易实验操作?

a. 学生能力

b. 教学方法

c. 一所学校所在社区的社会经济水平

d. 教师的教学经历

6. 实验中预测对因变量的作用最好能采用____来进行调查。

a. 所罗门四组设计 b. 平衡设计

c. 性向—处理相互作用设计 d. A-B-A 设计

7. 性向—处理相互作用研究旨在找出是否

a. 通过恰当的干预能提高学生的能力倾向

b. 某些教学方法优于其他方法

c. 某些学生在一种教学方法下比在另一种教学方法下学得更好

d. 能预测能力倾向和成绩之间的关系

8. 平衡实验的设计旨在控制____作用。

a. 统计回归 b. 处理实施顺序

c. 成熟 d. 性向—处理相互作用

9. 处理变量的个案内验证是由____所提供。

a. A-B设计 b. A-B-A 设计

c. A－B－A－B设计　　　　d. 以上所有的设计

10. 当____时采用多基线设计来代替 A－B－A 设计。

a. 实验中只有一个人　　　　b. 重建基线条件不可能

c. 重建基线处理不可能　　　　d. 以上所有的情况

11. 人们分析单案实验所产生的数据目的常常是为了确定

a. 从实验的一个阶段到另一个阶段平均表现水平的变化

b. 在一个阶段的最后一个数据点到下一个阶段第一个数据点之间的表现水平变化

c. 从实验的一个阶段至另一个阶段倾斜度的变化

d. 以上所有的情况

12. 预测和后测分数之间相互关系越大

a. 变化分值的信度就越低

b. 变化分值的信度就越高

c. 根据预测分数对后测分数的预测就越难

d. 后测分数的效度就越低

13. 进行重复测量的方差分析时，研究人员最感兴趣的是

a. 处理的主要效果

b. 测试时机的主要效果

c. 处理和测试时间之间的相互作用

d. 处理和多基线之间的相互作用

施雪仲○译

第五编

定性研究法

教育和其他社会科学学科的定性研究目前正经历着飞速发展和变化。代表不同定性研究传统的新杂志、书籍和专业协会不断涌现，表明了定性研究人员研究成果丰硕。每一种传统都具有独特的意义、理论、问题和调查方法。本部分将描述定性研究传统，它们对研究教育现象有着特殊意义。

第十四章着重阐述个案项目研究，这是当今教育中运用最为广泛的定性探索法。研究人员在进行个案项目研究时，就某一现象的具体实例要收集大量的资料，他们尽力根据每个实例的自身条件和它所处的环境来理解它。

第十五章提供定性研究专业传统的概况。例如人类学、语言学、哲学、心理学和社会学等学科的研究人员所开发的这些传统，如今，教育研究人员正越来越多地运用这些传统。我们认为有 16 种传统，可分为三大类：研究个人经历事实的传统，研究文化与社会的传统和研究语言与交流的传统。

第十六章回顾了历史研究。这是最古老、发展最充分的定性研究传统之一。通过描述可以看出，历史学家主要运用定性法进行调查，但有时也用定量法。在个案项目研究和其他定性研究传统中也能找到这种定性与定量方法和结合。

第十四章　个案项目研究

一、概览

好的个案研究能向读者生动地表现某一现象，帮助他们理解它的意义。本章首先讨论个案研究的一般特点以及它们所要达到的不同目的，其余的部分是关于进行个案研究的步骤：系统阐述研究问题；选择一个个案或多个个案；确定研究人员的作用；收集并分析资料；准备研究报告。

二、目标

学完本章后，你应该能够：

1. 描述个案研究的典型特点。

2. 描述个案研究能达到的不同目的。

3. 解释个案研究中的描述、构成、主题、模式和判断的意义。

4. 解释个案研究人员如何进行从最初的问题陈述到最终确定个案选择。

5. 探讨把多个个案设计比作单个个案设计的利弊。

6. 描述个案研究人员在研究中必须确定所担当的角色时发生的问题。

7. 描述个案项目研究人员在研究现场获得成功所需的技巧。

8. 阐述个案项目研究中典型的资料收集方法。

9. 解释决定何时结束个案项目资料收集所需考虑的因素。

10. 比较诠释性、结构性和思考性资料分析的目的和程序。

11. 比较实证方法和诠释性方法，确定个案研究成果的效度。

12. 描述可用于检查个案研究成果的效度和信度的几种方法。

13. 解释个案研究人员如何使研究成果推广至其他环境的问题。

14. 解释个案项目研究中思考性报告如何不同于分析性报告。

15. 叙述个案项目研究的有利因素和不利因素。

三、引言

定性研究的主要特点之一，就是着重对某一现象的具体实例（即个案）进行细致的研究。为此，定性研究有时也叫个案项目研究。但这两个名称并非同义词。个案项目研究涉及科学调查的独特方法，部分原因是反映定量研究所面临的局限。[①] 许多定性研究人员都赞同这一方法，并将其作为调查的指南。还有些定性研究人员则倾向于与个案研究法基本一致的传统研究法。这些研究传统起始于对某种特殊现象的兴趣，然后发展了研究它们的特殊方法（第十五章和第十六章将叙述这些传统，例如：人种志、符号学、现象学和历史研究）。

事实上，任何现象都可用本章所描述的个案研究法来研究。而其他一些定性研究传统只局限于某些现象的特殊典型。因此，在决定研究一种现象时，可在本章叙述的一般个案研究体系内进行，或在专业的定性研究传统范围内进行。但记住，进行定性研究中没有必要依赖某一特定

① 个案研究人员在各种书籍和文章中形成了他们的方法，其中一些文章在加注参考文献中。

的传统。有些定性研究人员(特别是那些后现代主义者)反对正规的方法论,因此没有与个案项目研究或其他定性研究传统结合起来。

然而,我们认为,个案项目研究是定性调查的几种方法之一。我们在有关定性研究的几个章节中首先介绍个案研究,是因为它在教育中运用最广泛。另一原因是个案研究法的要素出现在第十五章和第十六章的专业定性研究传统中。学习个案研究法应该更有助于你理解其他定性研究的目的与方法。

罗伯特·斯泰克注意到:"个案研究被确定为一种研究形式的原因在于对一些独立个案的兴趣,而不是所用的调查方法。"① 因此,有些研究人员因其内在的兴趣着重个案的研究,而其他研究人员研究多个个案是为了检测主题与模式的普遍性。大多数个案研究人员的认识导向是诠释性的,但也有些研究人员的方法反映了实证导向。本章介绍个案项目研究方法的范围,而不仅仅局限于一种认识导向的方法。

(一) 个案研究特点

我们将用唐娜·卡根(Dona Kagan)的一份研究报告作为实例来解释个案研究的特点。卡根博士收集资料,用 4 位教师本人作为个案进行研究。② 该研究调查了教员发展计划对 4 位参与的小学教师的职业生涯的影响。卡根对每位教师作了一次 90 分钟的采访并录了音,他们有的正在参与这项计划,有的最近已完成这项计划。

在研究报告的引言部分,卡根和她的同事陈述道:

> 本文的结构不同于传统的经验式报告,因文章的开头没有详尽的理论框架。在背景理论的基础上,首先是教师的叙述,然后是卡根诠释作出结论。她作为教育学教授和教师们一起工作,构建他们

---

① 斯泰克,R. E.(1994),"个案研究"。《定性研究手册》,第 236 页～247 页。Thousand Oaks,CA:Sage。

② 卡根,D. M.,丹尼斯,M. B.,艾戈,M.,莫尔,P.,& 斯帕克斯,K.(1993),"一位住校教师的经历"。《美国教育研究杂志》,30,第 426～443 页。

的经历。[1]

在以下部分，将从个案项目研究的四大特点来分析该研究：(1) 重点研究具体实例(即个案)的现象；(2) 深入研究每一个案；(3) 研究自然情景中的现象；(4) 研究参与者的行为要素观点。这些特点构成的**个案项目研究**定义如下：个案项目研究是根据现象参与者的观点，对自然情景中某一现象的实例进行的深入研究。

1. 具体实例的研究

个案研究是为了理解某一**现象**，这对研究人员来说是有趣的过程、事件、人物或事。例如，计划、课程、角色与事件等现象。一旦有趣的现象得到阐明，研究人员可以选择一个案进行细致的研究。**个案**即现象的一个具体实例。

在卡根的研究中，有趣的现象从广义上讲是小学-大学的合伙关系。通过阅读该研究报告，我们发现了更具局限性的有趣现象：小学-大学合伙关系提高了当地学区教员的发展能力。所选个案是该现象的特殊例子，即亚拉巴马州州立大学教师的住校计划(TIR)。该计划将经验丰富的小学教师带到大学里去进行为期 2 年的工作，教授并监督该大学预备教师的教育计划。2 年期满时，这些教师带着对"预备教师的直接了解"回到当地，"这有助于他们设计在职计划"。[2]

任何现象都有许多方面，因此，研究人员需要选择一个调查中心。这个**中心**可以是个案的一个方面或是几个方面，资料收集和分析也应围绕它或它们进行。卡根和她的同事注意到：以前研究的小学-大学合伙关系只注重它们的政策与结构。他们决定另选一个中心，即"小学-大学教职员发展计划对参与的小学教师职业生涯的影响"。[3] 计划的效应构成了该个案研究的中心。在其他个案研究中，中心可能是某个人、一系

① "一位住校教师的经历"，《美国教育研究杂志》，30，第 428 页。

② 同上，第 427 页。

③ 同上。

列事件、一段时间或一项计划或组织的一部分。

有些个案研究可以把注意的现象分成几个*单位*。在卡根的研究中，4位曾参与过TIR计划的教师被挑选出进行详细调查。他们的研究报告分别提供了这4位教师参与TIR计划的结果，随后讨论了4位教师共有的主题。因此，分析单位就是参与教师，共研究了4个单位。另一种做法就是确定美国所有小学—大学的合伙关系，从中挑选一些进行研究。在此情况下，分析单位就是小学—大学的合伙关系。

记住上面的例子，我们就可以把**分析单位**定义为可以取样的现象的一个方面，而样本中把每一成员都作为单独的个案来研究。在卡根的研究中，分析单位是住校的教师。4个这样的单位（即4位住校教师）被选出来进行研究。有些研究人员把每个单位叫作独立的个案，因为每个单位都被仔细地研究过。这种做法是可取的，只要我们牢记这样一个事实：4个个案都是研究中心更大的个案（即大学的TIR计划）的一部分。

为进一步说明这些特点，可以假设我们对学校领导在促进课程改革方面感兴趣，我们决定对俄勒冈州教育部委托并由整个俄勒冈州学区实施的特定课程改革进行研究。在这个实例中，*现象*是课程改革的实施，要研究的个案是俄勒冈州实施的课程改革，*中心*是促使课程改革实施的领导行为，*分析单位*是俄勒冈州学区。就规定的取样单位而言，我们可以选择一个由10个校区组成的样本来收集资料。然而，我们不用界定一个分析单位就可以研究这种现象。例如，我们可以确定研究俄勒冈州教育部的课程改革的进程。这个进程可以是全面的，并有教育部的各种运作环节。因此，该个案就不能分成更小的单位。

有些研究人员选择研究个案是因为其有趣或有用。个案的更深层意义是不能一目了然的。但如果该个案可以从概念上作为比较普遍现象的实例加以普及的话，它的意义就可以通过现象来了解。例如，在卡根的研究中，TIR计划的研究成果是从小学-大学合伙的普遍意义来考虑的：“也许该计划给那些旨在提高教师职业生活水平而倡导校际合作的人们提供了经验……"[①] 注重研究中心会使你牢记：一个典型的个案有许多方面，如果重点放在几个方面，则该个案就更容易驾驭，更有意义。最后，确定分析单位和样本的决定有助于收集资料，还会使你从资料分析中得出更有意义的概括。

2. 深入研究个案

在个案研究中，要对挑选的代表现象的具体个案（或多个个案）进行大量的资料收集。这些资料是以文字、图象或物体的形式出现，尽管也要收集一些定量资料。资料收集经常需要花一段时间，还要用几种收集方法。

为确定 TIR 经历对 4 位教师生活产生的影响，卡根对每位教师进行了一次 90 分钟的采访。采访内容录了音，并形成文字，然后再对书面材料加以分析，以便写一份关于教师经历前后一致的叙述。后来，发生了以下的事：

> 两份最初的叙述草稿相继送还给被访者校正、修改并编辑。这种具有结构性意义的反复过程涉及采访者与被采访者选择并解释传记性资料…… 作为报告的合著人，4 位教师也被邀请修改、编辑卡根的评述以及整篇文章。[②]

从上述描述中，我们可以推论出：最初是采访，然后是叙述，接下来是教师之间的继续对话以及教师与研究人员之间的对话。这种叙述反映出对 TIR 计划的教师经历进行的深入研究。

3. 研究自然情景中的现象

罗伯特·柯克和杰罗姆·米勒（Robert Kirk & Jerome Miller）把定性研究定义为社会科学研究的一种方法，它涉及"在它们自己的领地观察群众，用后者自己的语言、根据他们自身的条件和研究者进行互感"。[③]

---

① "一位住校教师的经历"，《美国教育研究杂志》，30，第 441 页。

② 同上，第 428 页。

③ 柯克，J. & 米勒，M. L. (1986)，《定性研究的信度和效度》。Beverly Hills，CA：Sage。

通常——但不经常如此——个案研究还涉及研究人员与研究参与者在他们的自然情景中相互作用的实地工作。即使在没有做实地工作的实例中，研究目的仍然是从实地的角度了解现象。

罗伯特・英进一步强调了在自然情景中研究现象的重要性。① 他注意到，通常涉及现象调查的个案研究，现象与情景之间的界限并不分明。英认为，这些界限应该作为个案部分的研究来阐明。

在 TIR 计划的个案研究中，每位教师的采访陈述（“玛丽・贝思的经历”，“卡伦的故事”，“玛丽的反思”，“波利的故事”）定位了他们自身的经历，作为小学教师在过去的情景和现在的生活中参与计划的经历。例如，玛丽的这部分从她自己工作前的经历与现在教师工作前的计划部分对比中可以看出，她想成为住校教师的动机是为了“给实习计划增加一些现实性”。② 接着她又描述了作为住校教师的利弊，以及她回到小学后对她课堂教学观点的影响。因此，该个案的“界限”就是玛丽的过去与未来的教师生活。她的其他角色——女儿，母亲，配偶，公民等等——都在这些界限之外。

4．主位研究观点与客位研究观点的表现

在一些个案研究中，研究的目的之一（或惟一目的）就是对参与者体验过的复杂现象的充分了解。换言之，研究者必须弄清如何像参与者那样观察现象。参与者的观点叫作**主位研究观点（emic perspective）**。通常，研究者通过对参与者（有时称作局内人）的直接观察或与他们随便交谈得出该观点，因为参与者在现场表现得很自然。谈话一般包括这类问题：“当……时，你觉得怎样？”，“当……时，你想到什么？”，“你为什么……？”。

与此同时，个案研究人员作为现象的调查者通常要保持自己的观点。他们作为局外人的观点叫作**客位研究观点**，该观点有助于他们建立

① 英，R. K.（1989），《个案研究：设计与方法》。Newbury Park，CA：Sage。
② 卡根等著，“一位住校教师的经历”，第 434 页。

个案的概念感和理论感，并汇报研究成果，这样他们对研究文献的贡献会一目了然。

虽然第一作者（卡根）没有提到她自己的教学背景，但在文章的注释中描述了她是乔治·梅森大学的教育学教授，她的专业是师范教育与校际合伙关系。报告（“卡根的叙述与分析”）的最后一部分研究清楚地反映了卡根把自己的职业经历用于分析和诠释从教师那儿获得的资料，这就是客位研究观点。4 位教师紧密地参与资料收集的过程（每位教师都亲自参与）和研究成果的汇报也确保了主位研究观点的表达。

(二) 个案研究的目的

研究人员通常对以下三个目的之一进行个案研究：对某一现象进行详细的描述，对它进行可能的解释或评估这种现象。以下将一一描述这些目的。

描述。在以描述为目的的个案研究中，研究人员尽力描述一种现象并使之概念化。好的描述能为现象提供**充实的描述**，即伴随着情景中的固有意义和意图，尽量对内容再多创造一些情景的陈述。*充实性描述*这个名称来源于人类学，是指对一种文化现象进行完整的文字描述，[①] 现在通常用于定性研究中。我们认为，教育人类学家哈里·沃尔科特(Harry Wolcott)在关于中学生辍学的一份报告中的开场白是很好的充实性描述例子：

> “我想如果你要来这儿的话，我需要知道一些你的情况：你是哪儿人？你遇上了什么麻烦？”我对那男孩说。在我弄清楚他的更多情况之前，对他的不告而访我尽力掩饰怀疑、惊讶和惊愕。这虽不算是自我介绍，但它表明了从那一刻起持续了将近 2 年的对话的开始。布雷德（化名。虽然如他所说，用真名并无多大意义，既然“没

① 格尔茨，C. (1973)，《文化诠释论文选》，New York：Basic Books。

人知道我是谁")简要地说了他的全名和他父母的"离异"以及母亲再婚后住在加利福尼亚南部(那是他父亲的家乡)。在每一次有麻烦时,他都不在场,因为他没"那么傻"。他又坦白说,他在州少年教养所里待过,但马上又说:"那不是我的过错。"

并不是我们会面的本身使我惊讶,而是布雷德已在郊外我的住地住了5个星期之久,那儿离我家不远,是陡峭的占地20英亩长着密林的偏远角落。①

在进行充实性描述时,研究人员寻找能把描述性资料作为理顺的构念以及能把这些资料与文献中报道的其他研究成果相结合的构念。**构念(construct)**是从观察现象中得出的概念并能用来解释这些现象。例如,沃尔科特用教育、学校、异常人、异常行为和机会等构念来解释布雷德所表现的辍学现象。

研究人员同样可以寻找现象中所表现的主题来加深他们的描述。我们把**主题**定义为个案的显著特征。例如,如果一位学生有一次没有准时交作业,这可以看作是孤立的事情。如果她经常不准时交作业,我们可以说,这种行为就是她的特征,这是值得注意的主题。如果她不能及时做家务和准备家人的户外野餐,我们通过她的行为看到了更广的主题,那就是拖延。

卡根的研究说明了寻找个案研究资料的主题,特别是"可以用教学和师范教育的专业文献资料来证实的主题"。② 主题之一就是TIR经验的作用价值。据卡根和她的同事所言,该计划经验不仅使教师对自己的教学产生了不同的看法,而且还可以作为教师研究的一种形式,即作为一种为他们的信念获取理论准则并使之专业化的方法。另一主题是教师的课堂角色(并非放弃)。4位教师并未把TIR经历作为从课堂教学

① 沃尔科特,H. F.(1994),《转换定性资料:描述,分析与诠释》。Thousand Okas,CA:Sage 引言见第68页。

② 卡根等,"一位住校教师的经历",第427页。

向上升迁的机会，而是作为获取教学新洞察力的机会。研究人员把该发现视为研究中出现的最具价值和未料到的见解。

解释。有些个案研究旨在对研究现象进行解释。这种解释叫作**模式(pattern)**，即在个案研究中观察到的一种变化与另一种观察到的变化系统地联系起来。如果研究人员没有表明一种变化对另一种变化有因果作用，我们可以把它作为**关系模式(relational pattern)**。如果表明有因果作用，那就是**因果模式(causal pattern)**。

在戴维·托马斯(David Thomas)的个案研究中就能发现很好的因果模式例子。他研究的是一家大型电信公司里上下级之间的种族交叉关系的动力。① 他采访了 18 对高级和低级职员。除了 2 对之外，高级职员是白人，而低级职员则是美籍黑人。

每对成员之间已建立了一种提高下级专业水平的联系。托马斯发现，这种发展关系有两种，并与前面的研究是一致的。在良师-学子关系中，上司不仅提供指导型的职业帮助(例如推荐其升职或反馈工作表现)，而且提供心理帮助(例如行为榜样、咨询和友谊)。在上司-下级的关系中，上司只提供指导型的职业帮助。

托马斯竭力要确定这些种族交叉中导致一种或另一种发展关系的因素。首先，他仔细观察了人们用来控制上下级之间种族差异的方法。他发现，个体总是用两种普通的方法之一。*否定压制型*方法涉及不喜欢在上下级之间直接提到种族差异；而直接参与型方法则喜欢直接提到(即传递有关)种族差异。

托马斯最初认为只有高低级职员双方情愿参与并用直接参与法才可发展良师-学子式的上下级关系。后来他发现正相反，当双方喜欢同一种方法时(无论是直接参与型还是否定压制型)，上下级之间的关系更可能发展成为良师-学子式的关系，而不是上下级的关系。

---

① 托马斯，D. A. (1993)，“种族交叉发展关系的动力”，《管理科学季刊》，38，第 169 页～194 页。

托马斯的研究成果使他建立了一套种族动力发展关系的理论模式。这种模式断言：控制种族差异的方法对发展种族交叉中上下级之间的关系起着作用。这是一种因果模式。这种方法的变化(否定压制型对直接参与型)被认为对关系(良师-学子式对上司-下级式)中的变化产生影响。

评估。第十七章将叙述评估的一些定性方法，包括反映性评估、第四代评估、准法律模式评估和以专家为基础的评估。对每种方法，研究人员都进行个案研究并作出判断。此外，研究人员还可就评估的现象进行充实性描述，确立突出的构念、主题及模式等。个案研究越来越多地以评估为目的，因为得到政府基金的教育计划需要经过正规的评估。

四、计划个案研究

本部分将描述计划个案研究时所需考虑的各种因素。个案研究中的其他步骤(收集资料、分析资料及写研究报告)将在后几部分中描述。在实践中，这些步骤会重复，并且在研究展开时某些程序也会重复。我们把它们作为独立、有序的步骤来描述，使研究过程更简单，并帮助你比较个案研究设计与其他研究设计。

(一) 系统阐述研究问题

计划个案研究的第一步骤就是确定使你感兴趣并值得研究的问题。研究问题常常建立在研究者与某类学生、教学计划或其他现象的个人经历上。

研究问题一旦确立，就必须转变成清晰的问题或目的。下面是已出版的个案研究的两个例子。

德克尔，R. H. 和塔尔博特(Decker，R. H. & Talbot，A. P)(1991)，兼任主管，衣阿华州经历。《计划与变化》，21，第41～52页。

从1988年至1989年间，在衣阿华州兼任主管的44位教育家中的42位接受了采访。

研究问题："我们的目的是记录下那些同时在两个或两个以上邻区兼任行政领导的高级官员的亲身经历。"（第41页）

戈登堡(Goldenberg，C)，(1992)，"期望的限制：教师期望效果的个案知识研究"。《美国教育研究杂志》，29，第517～544页。

研究人员调查了一位教师对她班上两位西班牙一年级女生学习成绩的期望值，教师对待每位学生的行为以及每位学生的一年级的阅读成绩。

研究问题："我运用符号相互作用的观点（布鲁姆，1969，休伊特，1984），企图弄清并解释某位教师对两个孩子的行为，该教师对两个学生持相反期望值，因此要了解该教师行为是否对学生成绩产生重要后果。"（第522页）

（二）选择个案

本部分将综述选择单个个案及多个个案的过程。为了加深理解个案选择的过程，还要学习第六章，它描述了许多专业取样技巧。

选择个案的关键问题是决定在研究结束时能说些什么。因此，详细描述个案就有点类似于在定量研究中详细描述从样本中获取的结果普遍运用到所有人身上的过程。例如，葆拉·克莱恩和葆拉·克莱切特(Paula Kleine-Kracht)姐妹在介绍她们对一所中学的教学领导进行研究时，是这样陈述研究问题的：

很少研究涉及中学校长培养其他成员的教学领导才能，并以此间接地影响教学。下面的个案研究就是对这种情况的一次调查。①

① 克莱恩和克莱切特，P.(1993)，"间接教学领导能力：管理者的选择"，《教育管理季刊》，29，第187页～212页。引言见第187页。

在这个研究中,被调查的普遍现象是教学领导才能。该个案是一位教学领导的特殊例子(一位中学校长),也就是推进教职员的教学领导活动。该个案研究的成果可以推广给其他校长并对其他教学领导现象有重要意义。

如第六章所解释,定性研究中的个案是通过有目的的取样过程选择的。要研究的特殊个案可以通过多种目的来选择。例如,典型个案在极大程度上反映了有趣的现象;非常有趣的异常个案以及政治上很重要的个案。

正如我们以上所解释的,有些个案的本质能解释用来取样的分析单位。如果是这样,研究人员下一步要做的就是在分析单位内挑选样本。例如,假设分析单位对研究人员来讲是具有共同特性的一组个体。如果研究人员不能研究所有的个体,他就需要考虑他们中哪一位具有能给资料来源带来特殊价值的经历和理解力。在克莱恩—克莱切特的间接教学领导能力研究中有两个这样的分析单位:校长与部门主任。她们从所有可能被研究的校长中选了一位校长。该校长的学校有 5 位部门主任,每人负责学校不同的课程。她们决定选择所有主任作为样本进行研究,其实她们本来可以在该分析单位中挑选一个或几个主任。

英提议对多个案进行研究的决定应建立在验证逻辑基础上,这在第六章已解释过。根据该逻辑,研究两个或多个案例,是因为研究人员预测到每个案例(即实际验证)都有同样结果,或期望与具体的理论计划(即理论验证)一致的个案有不同结果。我们回顾已发表的个案研究,验证逻辑一般用得不多,尽管它对测试理论提议有用。

虽然多案设计经常运用于个案项目研究中,沃尔科特认为,多案研究降低了人们对任何单案的全部注意力。因此,它削弱而不是强化了研究的作用。① 他非常倾向只对单案进行深入研究,特别是研究人员对这类

① 沃尔科特, H. F. (1992),"定性探索的姿态",《教育定性研究手册》第 3～52 页。San Diego: Academic Press。

研究没有经验时。他建议，经验较多的研究人员可能负有归结和比较研究同类现象个案的责任，并在合适的时候发现它们能揭示的任何系统关系。

（三）个案项目研究人员的作用

定量与个案研究人员在设计与规划研究中，获取必须的公共机构的复审同意，并获准进入即将进行研究的场地等方面起着类似的作用。一旦他们开始收集资料，他们的角色就完全不同了。定量研究人员精确阐述资料收集和分析程序。在资料收集中，他们扮演着有限的角色（例如发送问卷），或者可以用助手来达到这一目的。

个案研究人员在资料收集中的角色更为复杂，研究人员是主要的“测量仪”。这就意味着当他进行资料收集时，自己也卷入了被研究的现象中。因此，研究人员很可能与实地参与者互感，参与环境中的社交活动，运用感应或其他心理方法来掌握研究环境中的个人与群体所经历现象及含义。这些步骤几乎无法标准化或在资料收集前详细描述。

（四）获得进场许可

确立合适的研究现场并与“看门人”一起工作以便获得必要的许可是个案研究中的重要步骤。如果做得不妥，会使计划夭折。同样，进入研究现场的第一印象能决定研究人员与实地参与者之间的整个关系。获准进入研究的问题包括：（1）选择实地环境中与你最初接触的人；（2）选择最佳交流方法（例如：电话、通信或亲自拜访）来提出你的要求；（3）决定怎样表达你的要求（例如：注意于场地为研究作出贡献的机会或强调给实地参与者带来的个人利益）；（4）准备好回答问题，并对得到许可前或许可后所出现的有关事情进行表述。

玛戈·伊利（Margot Ely）和她的同事们描述了她们的经历，以及她们的学生在定性研究课程中获准进入研究现场进行研究的经历。[1] 一位

① 伊利，M. 等（1991），《做定性研究：核心内的核心》，New York：Falmer。

学生的研究记录描述了她获准进入一般研究现场所遇到的困难，还描述了她进入所希望观察的特殊环境以及她所希望采访的人。这位学生叙述了她运用研究记录及她的支援组（在研究过程中，学生被编成小组）勇敢面对畏惧心理并确定她的研究课题，这也是走向成熟的经历。她通过采访一位住在疗养院的亲戚进行"彩排"，然后确立另一所疗养院作为可能的研究场地。由于不能找到引荐人，她只能冒昧地给接待员打了电话。她得到了社会服务主任和自愿协调者的名字，这两位似乎正是要接洽的合适的"看门人"。当她与主任交谈时，她准备进行一番详细的"宣传"。而当主任乐意接待她时，她感到吃惊。主任说："你看起来很惊奇，由于离大学很近，我们经常有学生来这儿调查研究。"①

定性研究课程中的其他学生在获准进入最初所选的研究场地时要难得多，有些人决定尝试其他地方。而伊利和她的同事们指出："具有非凡的判断力和敏锐力，许多研究者只要更为谨慎，就能够绕过相当尴尬的境地，成功地进入研究场地。"②

一旦进入实地环境，你就需要争取个案项目研究参与者的合作。一个人的成功取决于自我介绍的效果。上面提到的那位在疗养院经历过的学生在她的工作记录中这样记载：

> 如果你看起来是在充当令人厌恶的角色，那么友谊与合作会在顷刻间消失。我当时有过这样的遭遇：我想采访一位脆弱但善言的94岁的老人。当他发现我受过心理学的培训时，他说："毫无疑问你需要和别人交谈，我可不是病人。"我尽力解释，我希望与他平等交谈，想受到他观点的启发，而不是作为心理医生采访病人。③

研究人员的外貌同样会影响他与研究个体或小组的关系。就拿卡西·埃文斯和唐娜·埃德(Cathy Evans & Donna Eder)的个案研究来

① 伊利等(1991)，《做定性研究：核心内的核心》，New York: Falmer，第20页。
② 同上，第22页。
③ 同上，第25页。

说，她们研究涉及观察中学生的午餐时间（该个案在第九章中叙述过）。① 对该阶段的研究，研究者和助手们设法和要进行观察的年轻人打成一片。因此，她们的穿着和谈吐都很随便，即使觉得不舒服时，也不对学生的语言或行为作出否定反应。当研究小组与学校的职员互相交往时，她们的穿着和言行则是成年专业人员的。

（五）职业道德问题

个案项目研究中的资料收集提出了各种道德问题。被采访者在向采访者表达隐藏很深或有争议的信念和感情时，可能经历一番未料到的感情困难。如果研究人员作为观察者不与其他被视为为局外之人共享信息，参与者会在研究人员面前吐露个人情况。分析个人资料或人为现象时可能引起道德问题，除非他们自愿提供为研究所使用。即使在研究人员采取措施保护参与者的隐私时，我们仍可以从个案研究报告线索中识别研究场所及具体的参与人。

戴维·弗林德斯（David Flinders）确立了个案研究问题的四种道德以便在观察、解决个案项目研究产生各种争议时，提供基础。② 在**功利主义伦理**中，研究人员通过考虑后果来判断决定和行动是否道德。最满意的结果是给最多的人带来最大的利益。据弗林德斯所言，功利主义伦理很难运用于个案研究中，因为很难在个案研究过程中预见研究结果。

在**义务论**中，研究人员通过诚实、正义、公正和尊重别人等绝对价值观来判断他们的决定和行动是否道德。弗林德斯从功利主义伦理观点中观察到：个案研究中的弄虚作假可被视为合理的，只要证明没有对参与者造成身体或其他方面的伤害。而从义务伦理的角度来看，弄虚作假

---

① 埃文斯，C. & 埃德，D.（1993），“没有出路：中学的社交隔离过程”，《现代人种论杂志》，22，第139～170页。

② 23. 弗林德斯，D.J.（1992），“寻找道德准则：构成对话的基础”，《国际教育定性研究杂志》，5，第101页～115页。

不能视为合理的。因为这种欺骗违背了公正待人、尊敬别人的基本价值观。

在**关系伦理**中，研究人员通过衡量他们的决定和行动是否反映出关心别人的态度来判断行动与决定是否道德。内尔·诺丁斯（Nel Noddings）声称，关心的伦理观“把忠实于人看作最为重要并根据我们对问题的答案指导我们分析和评估所有的建议，这些问题涉及到保持团体、个体成长和提高我们关系的主观方面”①。此外，关系伦理要求个案项目研究人员成为参与者团体中明智的、全身心投入的成员，而不是孤立的观察者。

个案研究的道德要考虑的第四个基础是生态伦理。根据**生态伦理**，研究人员通过参与者的文化以及所处的更大社会体系来判断他们的决定与行动是否道德。因此，尽管其他三种道德观把个案研究中的每位参与者看作是孤立的个人，生态伦理却把参与者看作是更大文化范围及社会系统的成员。弗林德斯发现，即使像“你会参加这项研究吗？”这样一个直观问题，对不同的人也可能有着不同的含义。根据个人的文化背景，这样的要求有人感到是强制性的，而另外的人则认为是合作的机会。有些读者认为，个案研究报告中按性别分类的语言，一些读者认为是中性的，而其他读者则认为冒犯了他们。就工作环境中的参与个人来讲，资料收集活动在此范围内是伦理性的，但这种活动会不公正地扰乱同事们的工作。生态伦理观点通过提醒研究人员考虑自己全部的决定与行动来帮助他们避免这些问题。

人们将继续积极研究并讨论个案项目研究的道德标准。因此，如果你计划进行这种研究，就需要发展自己的道德观点。建议你再回顾上述的伦理观点、公共机构访问委员会的标准（见第三章）、要研究的特殊环境的具体情况以及你个人的价值观。

---

① 诺丁斯，N.（1986），“教学、师范教育和教学研究的忠诚度”，《哈佛教育评论》，56，第496页～510页。引言见第510页。

五、收集个案科研资料

个案科研人员开始个案研究时可能用一种资料收集方法，渐渐地过渡到或增加其他方法。就某一现象用多种方法收集资料，可以通过叫作三角网的过程来提高个案研究成果的效度，这将在后面解释。

在第三部分中描述的所有资料收集方法的范围都可用在个案研究中。同样，也可以把资料收集的定性法与定量法组合起来。例如，就拿克劳德·戈登堡(Claude Goldenberg)的个案研究来说，教师的期望值与她两位一年级学生的实际阅读成绩极不对应。① 戈登堡对每位学生的课堂表现进行了定性观察，正如下面观察记录所述：

> 玛塔在一个配有助手的小组里，助手在指导孩子们玩抽数码卡游戏。玛塔看着数码卡在笑。她静静地坐着…… 看旁边的男孩做……当助手出示下一张图时，她开始咯咯地笑。她瞧了瞧身边的男孩，他们一起笑起来。一位女生回答了助手的问题，玛塔又开始笑。助手说："够了，玛塔。"②

另外，戈登堡还对每位孩子用了两种定量法(阅读成绩的标准测试)。

两种测量得到的资料在个案研究中产生了几个关键成果。教师最初对玛塔的学习进步期望值很低，她告诉研究人员，她花时间和玛塔及她母亲一起鼓励玛塔在阅读活动方面作出更大的努力。到学期结束，玛塔的阅读至少达到年级水平(经阅读测验得出)。教师把玛塔描述成她的"奇迹学生"。与此相反，教师对另一位同班的西班牙学生西尔维亚开始时期望值很高，她的阅读却处于下游。据戈登堡说，"实质上，西尔维

---

① 戈登堡，C. (1992)，"期望的限制：教师期望效果的个案知识"，《美国教育研究杂志》，29，第 517 页～544 页。

② 同上，第 528 页～529 页。

亚停滞不前。她就像玛塔一样,从未有人提醒她改变学习习惯”。①

(一)资料收集过程中的个人参与

在个案研究人员中有争议的一种个人参与就是在资料收集过程中他们应把自己的个人经历、感情或信仰向参与者透露的程度。例如,在就学校的具体教育政策采访教师时,研究人员是否适宜探讨她自己与特殊教育学生在一起的经历、她对此工作的看法以及她认为帮助这些学生的最佳方法是什么?另一问题是在研究报告中,研究人员应把自己的个人经历、感受及信念容纳到什么程度?

关于向个案研究参与者透露个人情况这一问题,达夫妮·帕太(Daphne Patai)描述了她听到一位著名历史学家迈克尔·弗里希(Michael Frisch)叙述他重放他的研究性采访录音带。② 这位历史学家指出:尽管在谈话中产生了那么多的障碍(也许包括提供有关他自己的信息),大多数被采访者还是愿意向他吐露他们认为重要的事情并耐心地回到他们自己的主题上。这件事意味着个人隐私的暴露所产生的影响比人们想像的要小得多。

就研究报告中个人情况的透露问题,帕太列举了她认为是过多或不合适的透露例子:

> 人们是否真的期望我们把人类学家鲁思·贝哈(Ruth Behar)的话当真并“大量地”阅读她怎样像墨西哥街头小贩埃斯培兰兹的奋斗那样,去努力获得美国一所大学的任职?或者,像另一个讲述过分的例子,读者会从女权主义学者南西·凯·米勒(Nancy K. Miller)所描述的她父亲的生殖器中得益吗?她把她的书《涉及个人》(*Getting Personal*,劳特莱特,1991)的最后一章全部用于这

① 戈登堡,C.(1992),“期望的限制:教师期望效果的个案知识”,《美国教育研究杂志》,29,第537页。

② 帕太,D.(1994,2,23),“对学者新唯我论的厌倦”,《高等教育年鉴》,第52页。

方面。[1]

帕太得出结论：研究人员的个人信念和特性对研究结果的影响并没通常所认为的那么大，因此最好从研究报告中删除掉。

在一份讨论作为研究人员与人们共有主观性的价值报告中，阿兰·佩什金(Alan Peshkin)提出了相反的观点。[2] 他力劝研究人员在研究过程中系统地找出他们的主观性，以便能更好地决定它怎样使他们的探索和研究结果成型。在他用化名在河景社区的一所多伦理中学进行研究时，他对自己进行了一次主观性审查。**主观性审查**包括记录下能引起与研究有关的情况的正面或负面强烈感情。结果他自己的一些不同方面，如他所描述的"有独立特点的我"，反映了研究人员个人的观点和背景在研究环境中影响他的观点与行动的范围。例如：佩什金发现基于犹太人的身份的"*遵守道德的我*"，这是同意个人保持种族的主观性的一个方面。他的"*寻找正义的我*"是由于不断听到河景社区居民和非该社区居民说该社区的坏话而受到了启示。据佩什金所言，此种诋毁反映了这样一个事实：直至目前，河景作为加利福尼亚的大县，是黑人惟一可以居住的城镇。

另一种争议是关于研究人员在研究诠释中的个人牵连，有时面对的观点是错误的客观事实。例如，埃默里大学一位教授德博拉·利普斯塔特(Deborah Lipstadt)大肆谴责他所认为的对历史事实的攻击。

> 我们正处在一个我可以随心所欲的年代。我敢说，我相信野牛队一定会赢得超级杯赛。然后，我说这是我的意见，我有权利这样说，你们完全可以放弃。[3]

个案研究的许多方面并没有明确的固定规则规定在何种情况下个

---

① 帕太，D.(1994，2，23)，"对学者新唯我论的厌倦"，《高等教育年鉴》，？页。
② 佩什金，A.(1988)，"寻找自己的主观性"，《教育研究者》，17(7)，第17页～21页。
③ 利奥，J.(1994，2，28)，"扔掉历史"，《美国新闻与世界报道》(U. S. New & World Report)，第17页。

人涉入或透露到何种程度才算合适。我们的观点是如果自我透露超过一定限度时，个案研究的参与者与研究报告的读者会把它看作是一种注意力的分散，或者他们会怀疑研究者的资格和研究成果的效度。另一方面，研究者简略评述个人背景与经历会使资料收集更方便，读者更容易理解研究成果。

（二）资料收集过程中的资料分析

个案项目研究过程中资料收集是紧急任务。即研究人员在某一时间点上收集到的资料内容经常被用来决定以后的资料收集活动。因此，个案研究人员需花时间分析资料，至少是非正式的，这时资料收集仍在继续进行。有两种策略可简易该过程：记录现场联系以及“从尾至头”思考。

记录现场联系。马修・迈尔斯和 A. 迈克尔(Matthew Miles & A. Michael)建议研究人员用标准形式来总结资料收集情况。[1] 完整的形式会显露出漏掉的信息，以此表明需要进一步的数据收集。它们同样能够为以后的资料收集与分析阶段提出有希望的方向。一种形式叫**联系摘要表**，即研究人员把每个现场观察或采访归纳起来的表格。这种形式可以事先设计以记录研究人员所感兴趣的具体细节。例如，牵涉到接触中的人、事或情况，联系中最有趣或问题最多的方面，或在以后的接触中研究人员的侧重点等。

图 14－1 就是一例用于个案研究的联系摘要表。研究者首先从联系表中概括了有关联系的 8 条突出的观点，在图的右栏中编为 11 个“主题/方面”。有些观点可能来自研究者的现场摘记，其他的可能是研究者在重阅摘记时想到的。在此情况下，联系摘要表被系统地运用，即研究人员把每一观点都作为资料块用主题编码系统加以编号。

---

① 迈尔斯，M. B &. 休伯曼，A. M. (1994)，《定性资料分析集：扩展的参考资料》(第 2 版)。Thousand Oaks，CA：Sage。

联系摘要表并不是研究人员与现场联系有关的现场摘记。现场摘记应全面，以描述为主。相反，联系摘要表很简要，集中于现场联系中了解的内容用于指导以后的资料收集活动。

联系摘要表

联系类型：会见	校长 谁/哪一组	肯的办公室 地点	76/4/2 日期	地点：	西门
电话	与谁/被谁	地点	日期	编码者	MM
信息采访	与谁/被谁	地点	日期	编码日期	76/4/18

指出联系中最突出的几点。按次序编号，标上要点的页号。在详述文本上标上要点号。把主题或方面与每一点联系起来。在没有主题的地方建立主题并标上星号。评述可加双括号。

页数	突出观点	主题/方面
1	1. 职员要在4月30日前作决定。	职员
1	2. 教师在调离前要脱离现在分配的年级工作。	职员/资源管理
2	3. 教师对特殊教育学生进入自己的班级态度不一，有的教师感到难办。	* 反对
2	4. 肯指出，先前开的会泄漏了教师临时任务表的内容。内在交流(含蓄地谴责这种做法)	
2	5. 肯说："教师的行为就像他们似乎有权决定谁会调离。"(有可能强烈抗议)	权力分配
2	6. 缄默/清晰决定："这是我们要作的决定。"(肯说的，埃特附和)	权力分配/冲突管理
2	7. 校长、肯、约翰和沃尔特一致同意：爱泼斯坦女士真"恶毒"。	* 产生成见
2	8. 肯决定现在事先不告诉其他教师调离的事("因为那样就要既成事实了")。	规划计划/时间管理

图 14.1　联系摘要形式：联系中的突出点，配有主题代码

【资料来源】 选自迈尔斯，M. B. 和休伯曼 A. M. (1994)编：《定性资料分析》第54页图4.2。

文件摘要表有着与联系摘要表相似的目的。研究人员对每份已检查过的文件写出概要，表明文件的种类、用途、内容摘要以及关于需要获得和研究的其他文件的想法。

"从尾至头"思考。哈里·沃尔科特建议研究人员学会怎样"从头至

尾”做定性研究工作，并“从尾至头”进行思考。① 这种方法涉及一开始就考虑个人的整个研究计划。他建议问题一旦得到系统地阐述并获得必要的同意后，就进行这种思考，但要在现场工作开始前。他建议研究人员要决定将怎样全面表达的方式（例如专论、期刊文章或项目报告）。同样，研究人员应设法事先确定关于充实性描述、分析、解释、构念、主题和模式的有关重点：

> 如果你计划大量地描述（如果你对自己分析或诠释熟练度感到怀疑，这是个很好的留有余地的方法），从一开始就要认识到丰富的细节可能很重要，你最好不要全部依赖“批注”。应考虑采用充实详述，做详细记录……尽可能包括大量的直接引言。②

可见从尾至头的方法有助于研究人员预见所收集资料的种类以及程度。

（三）结束资料收集

决定何时结束个案研究资料收集阶段需从实际与理论两方面来考虑。实际考虑包括时间、预算限制或对参与者耐心减弱，这些都可起到决定结束资料收集的作用。至于理论方面的考虑，伊冯娜・林肯和埃贡・古柏（Yvonna Lincoln & Egon Guba）提出适合于结束资料收集时间的四条标准。③ 标准认为资料已被编成类目，而且它们对其他资料分析形式也适用。（类目的编码将在后面讨论）。四条标准如下：

> 1. *资料来源用尽*。资料来源（例如：主要提供信息者、公共机构的文件资料）可以再回收并发掘许多次，但到某种程度应该清楚。有时会到这样的地步，即不论怎样深入都不能再获取有关资料。
>
> 2. *饱和类目*。最终用来给资料编号的类目似乎已确定。再继

---

① 沃尔科特，《转换定性研究》，第404页。
② 同上。
③ 林肯，Y. S. & 古柏，E. G. （1985），《自然主义探索》，Beverly Hills，CA：Sage。

续收集资料时，和所花的努力相比，只得到很少类目的新情况。此刻，研究人员可以有把握结束资料收集。

3. *突出规律性*。有时研究人员在资料中会遇到足够的一致性，这样他会感到每个代表现象的构念是有规律地出现还是偶尔出现。

4. *过分展开*。即使新的信息源不断地出现，研究人员可能会感到：新的信息已远离有活力的独立类别中心，因而认为再出现有活力的类目已无多大用处。

六、分析个案项目研究资料

定量研究项目中的资料分析是较为直接的过程。假设有 100 人参与研究，每位参与者有 10 个变量，一共要 1 000 个二进位数字数据资料。所有这些资料可以轻松地输入计算机文档，软件程序会很快进行统计分析。

相反，即使是很小的个案研究也会有许多页观察笔记、采访文本和从现场获得的文件。假设有 200 页，每页 250 字，那总数就是 5 万字。那你怎样分析这些文字来得出意义重大的研究成果呢？

雷尼塔·特奇(Renata Tesch)回顾各种用来分析个案研究资料的方法。[①] 她把它们分成三类：诠释性分析、结构性分析和思考性分析。下面将解释每种方法。特奇的类型学并没具体说明怎样分析个案研究资料，其专业性就像统计学课本具体描述怎样计算平均分数或 t 值一样。然而，它会有助你设计对个案研究的条件与目的都特别合适的分析步骤。

(一) 诠释性分析

诠释性分析是严密检查个案研究资料的过程，以便找出用来描述并

① 特奇，R.(1990)，《定性研究：分析类型与软件工具》，New York：Falmer。

解释正被研究的现象的构成、主题和模式。例如,假设研究人员正在研究美国历史的新课程。他们有一套课程制订者写的文献资料(教师编的教科书、技术性报告、广告等)以及采访那些正在学习该课程的学生家长的笔记。

在分析这些资料时,假设研究人员发现:制订者和家长经常参照课程的假设目标。进一步的分析显示,有两个目标对双方都特别突出:(1)培养多文化的敏感性;(2)培养对自己国家的自豪感。因此,研究的一个发现就是发现这些具体目标(我们称其为*构念*)是这个具体课程的中心。假设进一步分析显示课程的制订者常常提到把多文化敏感作为课程的目标,而家长则把民族自豪感看作课程的基本目标,但在该课程中并未充分强调。那么这可能是意义重大的*模式*的发现:一门特别的课程目的之重点取决于课程开发者是制订者本人还是学生家长。

诠释性分析有助于研究人员获取例如假设性例证方面的洞察力。诠释性分析程序可通过人工或计算机进行。由于电脑分析的优点,我们将描述用软件程序实现此目的的步骤。

1. 将资料库分段

诠释性分析的第一步是把所有个案研究资料输入电脑资料库。手写笔记要打出来并编成电脑文件。文件与其他事先打好的材料可用扫描仪转换成电脑文件。即使是照片和其他图文资料也可以这样转成电脑文件。然而,要用下述步骤来分析图表资料,就需要准备口述它们的显著特点。

电脑资料库的结果(即包括个案研究资料的所有电脑文件)现在可以用软件程序来进行诠释分析。研究人员开始可用软件程序给资料库中的文本的每一行编号。接着研究者把文本分成有意义的部分。**分段**(也称作*意义单位*或*分析单位*)包含文本的一部分信息,在它离开文本的背景下也能读懂。例如,在分析采访与问卷资料时,一般把每个问题和参与者的回答作为独立的一部分。

每个分段长度不限,它可以是句子中的短语、句子、段落或甚至文本的几页。研究人员可以通过在每个分段开始和结束的地方标上行号来设定每一分段。

2. 开发类目

诠释性资料分析最关键的步骤之一是开发出一套能充分总结概括资料的类目。研究人员要决定资料库中哪一分段值得记下来。例如，迈克尔·安·罗西(Michael Ann Rossi)对一些已受过加利福尼亚数学计划培训的小学教师进行研究以帮助他们的同事改革当地小学数学教学。① 在罗西的采访、问卷回答和文献资料库中，使她感兴趣的是这些教师用的是简易方法。

更确切地说，我们认为这些简易方法是罗西的资料分析里的类目。**类目**是指资料库中提到的现象的构念(构念是从观察的现象中推论出来的概念，例如：自我评价、协作、记忆)。类目可以用数字来表示任何观察中的现象，可无值(0 值)，可有值(1 值)。定量研究人员把这种数字表达称作变量，有时定性研究人员也这样称呼。

研究人员需要对资料库中将要分析的每种现象开发出一种类别标识和定义。同样，他们需要考虑某个具体的类目是否可以分析成子型。例如，在罗西的个案研究中，简易方法的宽类目被分析成 15 个子类目，每个代表不同类型的简易方法。子类目也可代表构念的不同程度或水平。例如，被认为有利于帮助的*简便方法*可以被概念化成一个有三个子类目的类目：很有帮助，有帮助和没有帮助。下面将解释子类目对于检查个案研究资料中的关系模式和因果模式极为有用。

怎样给资料库建立一张类目表来进行分段编号呢？方法之一是用其他研究人员开发的类目表。罗西在简易方法研究中就用了这种方法。她的类目单是马修·迈尔斯(Matthew Miles)和她的同事们对教育中的变化作用因素作个案研究时开发的，后来又经过其他研究人员的修改。

① 罗西，M. A. (1993)，“加利福尼亚数学计划：强化小学教师成为数学改革中的领导人变革的力量”，《国际论文概要》，54(09)，3314A。University Microfilms No AAG94 - 05218。

类别的例子有：个人辅导、开发帮助结构、来源联系，热情地支持当事人以及培训各组。

其他方法是开发你自己的类目。你有必要仔细地研究资料以便识别重要的片段现象，然后决定哪些现象有足够的相同之处，并可以作为概念相同的例子来考虑。这个概念在你的类目系统中成为一个类别。你要给该类别下定义，给它标记，详细说明指导方针。这样你和其他人可确定资料库中的每一分段是否是该类别的例子。

这种类别发展的过程与背景理论的原理是一致的。[①] 用这些原理的个案研究人员可直接从资料中获得类目，而不是从其他研究人员发展的理论中获取。换言之，这些类目是"建立"在你所收集的一套特殊资料基础上。再者，这些类目不仅尽力解释现象，还要描述它们。由于强调解释，这些类别被认为是理论性的。然而，即使这些类型是纯描述性的，用在背景理论中的程序也是实用的。因此，如果你要发展自己的类型，建议你研究背景理论结构的原理。

3. 给各分段编码

在选择或发展了类别系统后，研究人员可用它给电脑文件中的每个分段编号。有必要检查每分段并决定它所描述的现象是否适合类别系统中的一个类别。如果适合，研究人员要在分段旁边打上类别缩写词（例如，号码或缩写字母）。每一分段在系统中可以不包含类别的例子，或可以包含几个类别的例子。在此情况下，可用每个类别的缩写词来给每类别编号。

作者之一乔·高尔的个案研究提供了多种编码的例子。她采访了参与*兼职*的学生。这是一项帮助50岁以上的人继续工作或更换职业的计划。被编号的分段包括研究人员的问题与学生的回答。

研究人员：在此情况下你为什么参与兼职计划？

---

① 斯特劳斯，A. & 科尔宾，J.（1990），《定性研究基本原理：背景理论步骤与方法》，Newbury Park，Ca：Sage。

学生：恢复工作并与大家在一起。我要去教堂，但并不想参与任何活动……一点也不想……谈起参与兼职计划使我变得更活跃。(导师)在(班上)经常叫我。我想他喜欢看见我哭，我老喜欢哭。

该分段被编为一个含有四个类目的例子：

- 参与计划的目的/原因：工作
- 参与计划的目的/原因：与大家在一起
- 学会一些由计划提供的活动：职业考察班
- 改变职业的障碍：孤独

该例说明仅仅一个分段足以给研究人员提供各种有趣的信息，信息通过多种编号可再利用。

在给各分段编号过程中，你会发现有些类别模棱两可，有些分段的信息用类别系统无法编号。如果这样，你需要修改类别系统，然后给各分段重新编号。研究人员都要修改类别系统好几次直至满意为止。

4. 给类别系统归类

假如个案研究的资料库有 500 个分段，类别系统有 20 个类别(1～20)。在给所有分段编码后，研究人员下一步要把标有 1 号类别的分段归类(其他 19 个类别也要重复该过程)。定性资料分析设计的软件程序可以完成这一操作功能。例如，如果 15 个分段标以 1 号类别编码，程序会编辑分段的全部并显示在电脑屏幕上，也可以打印出来。

现在可以很方便地把标有 1 号类别的 15 个分段加以归类。然而，它们已没有地点，也就是说它们已脱离了采访记录、现场记录或其他文件等地方。这并不是主要问题，因为每一分段都有行号(相当于软件程序给资料库中文本的每一行编号)。因此，你可以很容易地找到资料库中的采访副本、现场记录和文件的每一分段。再者，你可考虑开发并应用一些类别给以后离开资料库的每一分段定位。例如，假设研究包括 5 个个案(C1，C2，C3，C4，C5)，那么每个个案的资料都是从采访个人的同事(COL)或督导员(SUP)或观察记录(OBS)中得来的。因此,类别Ⅰ的第一部分可能增补了地点编号(C2,COL),第2分段可编为(C5,OBS)等等。这样,研究人员很容易想起该分段在资料库中的位置。

当你把编码类别 Ⅰ 的15个分段作为一个组来检查时,你就有机会再次考虑与类别相符的构成是否合理。例如,你可能发现一些分段的内容与你已确定的构成相符,而与其他分段的内容则不符。要解决该问题就要再确定该构成,也许会建立新的类别。

在我们的假设性例子中,归类过程会产生20个归类分段的显示信息,每一个代表20个类别中的一个。研究人员很可能把每个显示信息打印出来,这样比较方便。现在这些显示信息可加以比较来确定这些类别是否重复,有些类别对研究是否模糊或无关,有些是否特别重要。

定性研究背景理论方法的开发者巴尼·格拉泽和安塞姆·斯特劳斯(Barney Glasser & Anselm Strauss)创立了**持续比较**这个术语,指在全类别中或类别之间不断比较各分段的过程。[①] *持续*这个词突出这样一个事实:比较与修改类别的过程要不断重复直到满意为止。研究人员用持续比较来澄清每个类别的意义,建立类别之间的明显区别,并决定哪些类别对研究最重要。虽然持续比较法特指由理论联系在一起的类别发展,它也可运用于纯描述性类别的发展。

斯特劳斯和科尔宾(Corbin)声称在用背景理论原理确定类别时,研究人员收集的资料应达到理论饱和状态。在与已建立的编码类别有关的新资料没有出现之前,在其他类别也需要出来说明有关现象的原因之前,而且类别之间的关系似乎已建立起来时,这时,就产生了**理论饱和(theoretical saturation)**。

在运用持续比较法时,研究人员应编制一套定义确切的类别并用清

---

① 斯特劳斯,A. & 科尔宾,J.(1990),《定性研究基本原理:背景理论步骤与方法》,Newbury Park,Ca:Sage。

晰的编号说明。最后检查类别系统时，应确定内部编码评级者的信度（第九章叙述了统计内部评级者信度的步骤）。经信度高的评级员证明其信度的类别系统将提高个案研究成果的可信度，同样也鼓励其他研究人员在自己的个案研究中运用类别系统。

5. 得出结论

发现定性资料中的概念是个案研究具有重大意义的成果。发现主题也很重要（在本章的开头，主题被解释为个案的特征）。例如，克莱恩和克莱切特运用她们对中学教学领导的个案研究资料来识别校长有效领导教学的四个主题。主题之一是“部门领导应是课程专家”。[①] 该主题来自这样的资料：校长声明他希望部门领导职位会成为教学领导的刺激因素，而他也是在此基础上选人的。主题也来自这样的描述：领导职位应具备大量教学知识和来自这样的资料；教师随时会接受作为教学领导的部门领导。

如果研究人员用多个个案的设计，可以在所有个案中检查个案间构成与主题的普遍性。该过程可以包括指出在一例个案中观察到的某一主题是否出现在其他个案中。更成熟的检查包括确定个案中被编为构成现象的具体现象与其他个案中相同编号现象是否相似。

也可分析多个个案资料来检查关系模式或因果模式。研究人员的构念可看作变量。每一个案可给每个变量一个分数。通常：0＝无 ，1＝有，或 0＝无，1＝稍有，2＝有很多。如果所有个案中有一个变量的分数系统地与另一个变量的分数共变，研究人员可推断出关系模式和因果模式。例如，假设研究人员在 10 所学校收集资料，每所学校都组成独立的个案。她发现学校员工对学校管理人员的信任不同，他们对试行政府倡导的教育改革的积极程度也不同。假设资料分析表明有充分信心的个案（即学校），一般都有很高的积极性，而低信度的个案积极性不高。如果这是结果，研究人员完全可以推论出以下模式，它可能是因果性的，即

① 克莱恩和克莱切特，《间接教学领导》，第 209 页。

对学校管理人员的信任有利于做实验的积极性。①

在单个个案以及多个个案分析中都可发现模式。例如，假设一位研究人员在不同的环境中细致地观察一个孩子上数学课，上语言艺术课，在学校操场，在家做家庭作业，在家玩。研究人员也在这些环境中收集资料（孩子的思想与感情情况）。可以分析这些资料以确定环境与孩子的思想状态是否有关。例如，我们可能发现孩子在学习环境中感到紧张，注意力不集中，但玩的时候就充分放松、投入。这是个案中的关系模式。如果研究人员能发展一种理论去解释这种关系，我们可以把它描绘为因果模式。

可以用 Machintosh & DOS-based 为主的各种电脑软件程序来进行上述各种资料分析。② 也可用手工操作这些步骤。你可在采访记录副本、现场摘记和其他文本材料原稿上写上行数；把这些材料复印下来；把复印材料分段；把每个分段剪开，粘贴在 3×5 的卡片上；把类别编号写在每张卡上；并把类目编号相同的组分在一起；用持续比较法检查这些编组。

如果你的文本材料很广泛，手工程序就很费时。因此，许多个案研究人员在计划资料收集程序时都准备最后把它们输入电脑文档中，用诠释性分析设计的软件来操作。

（二）结构性分析

结构性分析是检查个案研究资料的过程，以识别对话、文本、事件或其他现象中的模式。要弄清结构分析与诠释性分析的区别，可考虑下面的例子，该例子是由一位西班牙教师和她学生的一段谈话构成的：

教师：La casa 是什么意思？

① 可用来确定个案研究的关系模式和因果模式的其他类型步骤在迈尔斯和休伯曼的《定性资料分析》中作了描述。

② 特奇的《定性研究》(Qualitative research)包括有关软件程序的广泛描述，有 QUALOG、人种志和 HyperQual。见本书最后的加注参考文献中另外一本韦茨曼和迈尔斯合著的书。

学生：房子。

教师：对。La casa 是房子的意思。

检查这种相互作用的谈话分析家（见第十五章）可能会注意到它的一些特征，如：

1. 在这种教学事件中谈话的顺序是教师—学生—教师。

2. 教师每句话的字比学生的多。

3. 说了 4 个西班牙单词。

4. 3 个字（la，casa，房子）说了 2 次，其他的 6 个字只说了 1 次。

对话分析家然后会检查这些观察到的现象是否出现在这个教师或其他教师的课堂上的别的谈话样本中。

该例说明结构性分析的基本特性，即研究人员几乎不需要推理就可找到资料内的固有模式。相反，使用诠释性分析的研究人员使资料中的结构意义重复。例如，假设研究人员在调查学生怎样在课堂接受反馈。上面的相互影响可以被看作是一个分段，因为"对，La casa 是房子的意思"这些话，可以编成反馈的一例。这种话语的分类是研究人员从资料中推断出来的。

对话分析、认知人种志学和其他定性研究传统都用结构分析。下面几个例子属于可在个案研究中调查的教育现象类型，它们都建立在这些传统基础上：学生的言语模式在上学过程中怎样改变，孩子经历事件的顺序，课本的各部分是怎样组织的，课程专家怎样使中学数学课程概念化，在课堂上教师与学生怎样互相影响以及教学大楼内的活动模式。

特奇确立了两种结构分析的软件程序。**情景再现**是处理孤立的字或固定的文字次序（如*权利法*）的软件程序。这些程序可完成下列任务：如列出文件中所有字，指出每个字在文件中的位置，并计算每个字出现的次数。

情景资料库管理程序是软件程序，用来让研究人员把文件编排成信息组的格式，给每组编码，然后用此编码找回所有信息组。例如，如果文件是 5 个教育家之间的讨论记录副本，他们的每一句话，无论长短都可以编成信息组。然后,每个信息组可以配上一个或多个代码,如指出 5 位教育家中说话人的号码。最后,所有已配上代码的信息组可被找回并再显示出来。这种特性使研究人员能再现其中任何一位教育家所说的话。①

特奇所描述的一种特别文本资料库管理程序还有一个能力,它可以寻找文件中的顺序模式。假如文件是上面提到的 5 位教育家的讨论副本记录,电脑程序就可以识别并编辑所有谈话顺序,如教育家 B 陈述后接着就是教育家 D 的陈述。这些顺序和它们频率的识别可以显示具有理论或实际含义的人际动力。

(三) 沉思性分析

诠释性分析与结构分析涉及到描述规定顺序的具体过程 。相反,**沉思性分析**是研究人员主要依赖于直觉或判断来描绘或评价正在研究的现象的过程。除了直觉和判断以外,还有其他一些术语用来描述该过程:反省性思考、缄默理解、想像力、艺术敏感性和"带着惊奇感检查"。②

沉思性分析是与一些定性研究传统联系在一起的,包括教育鉴赏和批评(第十七章中描述)和现象学(第十五章中描述)。然而,我们相信沉思性分析也可用在利用其他定性研究传统进行研究的个案中。它的用法涉及研究人员决定是依赖自己的直觉和个人判断来分析资料,还是依赖具有清晰类别分类系统的技术过程。

理解沉思分析的方法之一是用艺术努力与之相比较。艺术家对现象沉思,然后把它们描绘出来,以便显示它们的表面特征和实质。许多个案研究人员也进行同样的沉思和描绘。沉思性分析最适宜充实性描

① 你也许注意到,文本资料库管理程序与诠释分析的电脑程序相似。例如范围与分段相似。然而,诠释分析的程序具有情景资料库管理程序无法具有的能力。

② 除了最后一个,所有术语都来自特斯克的《定性研究》第 69 页。"带着惊奇感检查"这个短语出现在巴里特,L.,比克曼,T.,布利克,H.,和马尔德瑞茨,K(1985)的《研究教育实践》中。Grand Korks,ND:University of North Dakota,Center for Teaching and Learning.

述，但它也可导致发现构念、主题和模式。

艺术描绘的另一方面是批评。例如，文学批评家研究文学作品，为了要欣赏它的美的成分和“启示”，但对它的艺术价值也作出评判。由教育评估家（见十七章）进行的许多个案研究也是要达到同样目的。这些评估研究不仅有助于教育家和决策者理解教育计划、成果和方法的特点和目的，而且重视它们的利弊。就像文学批评家靠经验产生沉思能力，因而教育评论家也需逐渐累积大量的经验来进行明智的沉思性分析。

因为沉思性分析在很大程度上是主观性的，所以不可能确立标准的步骤来进行这类资料分析。跟随经验丰富的研究人员研究，再进行大量实践是最基本的。然而，通常也可以应用来自解释性研究（见十五章）的一些指导方针。用解释性观点进行反思分析时，研究人员先要仔细检查，然后再检查收集的所有资料。随着该过程的继续，一些现象的某些特点很可能变得明显。研究人员应渐渐理解这些特点以及它们之间的关系。换言之，分析应尽可能说明被研究现象的原因，适合某些资料的诠释和批评不应和其他资料发生矛盾。

七、个案研究成果的效度和信度

个案研究人员对现实与科学探索的实质有不同假设。他们的不同假设使他们对怎样归纳和评定个案研究成果的效度和信度产生不同观点。

一些个案研究人员赞同科学探索的实证哲学，即客观地了解世界是可能的。换言之，研究人员尽力去了解被人们认为独立存在的现实世界；如果他们正确运用科学方法，他们会逐渐发现这些事实。定量研究人员也赞同这些实证假设。因而当带有实证导向的研究人员所表达的效度和信度观点与定量研究人员所表达的相似就不奇怪了。

罗伯特·英（Robert Yin）举例说明了这种个案研究人员。① 他用三

---

① 英，《个案项目研究》。

种效度标准和一种信度标准来判断个案项目研究设计的质量：

1. **构成效度**是指在个案研究中用的方法可以正确地作用于被研究的概念的程度。

2. **内在效度**是指研究人员通过表明其他貌似可信的因素不可能产生 Y，来证实 X 和 Y 之间的因果关系的程度。内在效度的标准对描述性个案研究并不实用，因为它没有尽力识别现象中的因果模式。

3. **外在效度**是指个案研究成果可以普及到相似的个案的程度。

4. **信度**是指其他研究人员如果用前人的相同步骤来研究同样个案会达到相似结果的程度。

英对构成效度和信度的概念与具有相同标记（见第七章）的定量测量标准是相互对应的。他的内在与外在效度观念和定量研究人员设计的优良的实验设计标准是一致的（见十二章）。

然而，如果有人反对客观了解现实的实证主义假设，效度和信度就成了问题。如果每个被研究者构成他或她自己的现实（构成主义假设）；如果研究人员成为探索过程的中心（社会科学中“反思”转变）；如果探索过程或知识类型对其他（后现代主义假设）没有权威性，那研究人员怎样达到有效而可信的了解呢？①

在考虑该问题时，有些研究人员得出结论：传统的效度和信度观念不能运用于个案研究的资料与诠释中。而诠释性研究人员则采用善辩、真实性、可信性和相关性的标准。其他诠释研究人员保留了效度的观念，但用诠释性效度、催化效度、质问效度、违背效度、威严效度、伪装/讽刺效度、处境效度和快感效度等词再度概念化。②

为了说明这些效度形式的本质，我们将考虑戴维·阿尔赛德和约翰·约翰逊（Davie Altheide & John Johnson）的诠释效度概念。③ **诠释**

① 构成主义、后现代主义假设与沉思性转变在第一章中解释。

② 这些效度类型在奥尔西德，D. L. 和约翰逊，J. M.（1994）的评估定性研究中的诠释效度准则中提及。《定性研究手册》，485 页～499 页。Thousand Oaks，CA：Sage。

③ 同上。

效度是指评价诠释性研究人员的知识断言的可信度。有四种标准如下：

1. *有用性*　诠释性研究反对可以客观地描述社会的观念。因此，客观性不能作为评判诠释个案研究结果效度的标准。有人提出采用有用性的标准来代替它。个案研究中的有用方法之一是启示研究参与者阅读成果报告。另一有用方法是解放了被研究的人、研究报告的读者或其他小组。在第十五章中描述的定性研究传统之一的文化研究就强调了有用性的观点。

2. *情景完整性*　为了能恰当理解个案研究现象，应把它们设置在情景中。研究者的情景化越全面，他对现象的诠释越可信。阿尔赛德和约翰逊建议个案研究人员在解释他们调查的现象意义时至少应考虑下列情景特点：历史、物质环境和自然环境；参与人数；活动进度；计划和事项的临时顺序；劳动分工；日常工作与它的变化；重大事件及它们的起源和结束；成员的观念和意义；社会规则与秩序的基本模式。

在评估个案研究诠释的效度时，阿尔赛德和约翰逊强调必须具备对环境多种含义的敏感性以及参与者的默契知识。**多义性**是指在许多环境中，参与者说的话不统一，相反，他们有不同的观点和兴趣。如果研究人员能公开表明多义的可能性，个案研究的诠释就更可信。

默契知识是指“用大量无声语言对情景的了解，常用点头、沉默、幽默和淘气的细微差别来表示”①。换言之，个案研究成果如果结合情景中的内涵意义，那它们更可信。内涵意义是指那些被研究的对象无法表达的或想当然地认为在日常话语中或在研究人员的采访中不必表达的含义。

3. *研究人员定位*　若研究人员能表明其对被试情景的敏感性，则其诠释就更可信、更有用。例如，许多环境被社会分层，如社会阶层中（例如上层社会对下层社会）或工作人群中的角色（例如经理对生产工人）。

① 这些效度类型在奥尔西德，D. L. 和约翰逊. M.（1994）的评估定性研究中的诠释效度准则中提及。《定性研究手册》，第 485 页～499 页。Thousand Oaks，CA：Sage，第 492 页。

研究人员对他自己的各种角色反应很敏感(如中产阶级成员、大学聘请的研究人员、环境中的参与观察者),以及他们与该分层结构的关系。如果研究人员意识到这些角色关系并认真考虑它们对研究的影响,他的研究成果就更可信。

我们在前面已描述的托马斯对企业中种族交叉的发展关系研究说明了这种自我反思过程。托马斯描述了他所关注的研究中有关自己的两个主要问题:一个是作为低职位的男性美籍黑人的可能。另一个涉及他与那些高级经理的关系,特别是与白人高级经理打成一片并进行有效采访的能力。为了解决这些问题,托马斯物色到两位年长的白人男同事监督,他们熟悉种族关系研究并担任了他的研究监督员的职务进行客观监督。

我们的一些信仰、价值观和其他个性特点可能是下意识的,因此,经不起自我反省和考验。要解决这个问题,你可以请非常了解你的同事检查一下你的研究计划,包括它的目的、资料收集和分析方法以及大概的成果。他们可能识别出威胁到你研究成果可信度的个人特征或情况。迈克尔·巴顿(Michael Patton)举例说明该过程的必要性:

> 现场评估一位非洲人的健康项目进行了三周多,在此期间,评估人得了严重的腹泻。这是否会大大影响了研究报告而产生消极基调呢?评估者说不会,但我想把这个问题公开出来以便为自己作出判断。①

你可能会反驳这种多虑,以增强研究结果的可信性。另一方面,也有必要再考虑一下研究成果。

4. *报告文体* 研究人员选择报告文体会影响读者诠释研究成果的效度。研究人员重新构成参与者的现象事实时,他得找到一个以书面或图表形式表达重新构成的方法,这样才会感到可信、有根据。那么,目的

---

① 巴顿,M.Q.(1990).《定性评估与研究方法》(第2版),Newbury Park,CA:Sage。引言在第472页上。

就是要获得**逼真**，帕特里夏·阿德勒和彼得·阿德勒(Patricia Adler & Peter Alder)把它描绘成“一种写作文体，它能把读者吸引到被试者的世界，以致他们能明显地感受到他们的世界”①。也有些个案研究人员考虑采用文学结构，例如讲故事、单幕剧、诗歌等形式，也都是取得逼真性的好形式。

下面的7个附加步骤是个案研究人员开发出来检查个案研究成果的效度和信度的。具体研究的专门程序是否合适取决于研究人员对科学调查和被研究的现象的哲理。因为在个案研究的某些形式中无法明显地区分效度和信度，所以我们不提供单独的步骤来检查效度和信度。然而，那些程序的确很清楚地同效度或信度有关而不是同两者都有关。

5. *三角剖分*　假设你在研究少年团伙，其中一位告诉你，他正在故意搞破坏活动，因为他很无聊。这是否有效地陈述了回答人的思想状态？如果这个人在结构问卷或个性测量中也表明无聊的习惯状态，该证据会增强他陈述的可信度。如果我们发现其他成员也这么说，这个发现将是可信度的进一步证据。另外，要找到一种证据来表明这种陈述与侵犯理论是否一致。

每一个案例所做的就是获取确凿的证据使个案研究成果有效。个案研究人员把这种过程称之为**三角剖分**：这是用多种资料收集方法、资料来源、分析者或理论去检查个案成果效度的过程。三角剖分有助于消除由于大量仅仅依赖一种资料收集方法、来源、分析者或理论而产生的偏见。

三角剖分的关键是在某方面改变产生研究成果的方法，而这种方法是你竭力想证实的。如果你用定性法产生出研究成果，也许你可以用定量资料收集法来检查它。如果研究结果来自采访者X所采访的小组陈

① 51. 阿德勒，P. A. 和阿德勒，P. (1994)，“观察技术”。在《定性研究手册》第377页～392页。Thousand Oaks，CA：Sage。引言在第381页上。

述,也许可以让采访者 Y 来进行个人采访来检查资料的效度,如果你在一组资料中发现某个构成、主题或因果形式,也许你可以请另一位研究人员再单独检查它的效度,能否会发现什么主题、模式或因果解释。其他形式的三角剖分也适用,并由你证实哪种研究成果或资料来源对你有用。

桑德拉·马西森(Sandra Mathison)注意到,社会科学研究中的三角剖分对同一现象的研究成果有时并不产生相同效果,相反会产生不一致或矛盾。[①] 例如,在有争论、有压力和不正当的现象研究中,自我报告资料和更直接的资料(例如观察或文件分析等)可能不一致或直接发生矛盾。一旦发生这种情况,仍然可以在解释性范围内通过协调来证实相互冲突的资料。

奥弗迪尔·阿维拉姆(Ovadia Aviram)关于以色列寄宿学校的犹太青年个案研究阐明了这种资料协调的过程。[②] 阿维拉姆直接观察到教师怎样对待学生、谈论学生而产生的资料与教师在访谈中的汇报和与研究人员的随便交谈极不一致。阿维拉姆解释这种不一致是因为教师用了"人为的外表",这是给世人一种假象:寄宿学校为教师和学校提供了有益的环境。

6. *成员检查*　个案研究的一个主要目的是表现行为要素观点,即被研究者所构成的现实。研究人员重新构成主位观点的效度可用**成员检查**来证实。这是让那些被试个人检查一下研究人员报告中阐述的精确与完整性。这是唐娜·卡根和她的同事研究住校教师所用的主要方法,以保证主要调查者产生的研究成果是否准确。

成员检查会暴露出容易改正的实际错误。在其他例子中,研究人员可能需要收集更多的资料来协调这些不一致。阅读研究报告的机会也

---

① 马西森, S (1988),"为什么进行三角剖分?",《教育研究家》,17(2),第 13 页～17 页。

② 阿维拉姆, O. (1993),"紧张的教育环境中的现象与现实:一所以色列寄宿学校中住校实践效应",《国际教育定性研究杂志》,6,第 33 页～48 页。

可能使参与者回想起新的事实或对他们的情况有新的看法。因此研究报告就要重写。英举了一些个案研究例子，其中研究人员修改了最后的报告，尤其结合了参与者针对成员检查过程所作出的有洞察力的评述或相反解释。①

7. *证据链*　我们在本章开始已解释过，个案研究人员在现场收集原始资料，例如，对产生的事件进行观察。这些原始资料经过分析产生出构成研究成果的主题、模式和因果推理。英说，如果研究人员拿出很强的**证据链**，即在研究问题、原始数据和研究成果之间具有清晰、有意义的联系，那就可以提高研究的效度。正如英所说："（支持证据链的）原理就是让局外观察者（例如个案的读者）去追溯从最初研究的问题推导到最后个案研究结论的证据。"②

研究人员要提供检查系列使得个案研究报告中的证据链清楚。**检查系列**是个案研究过程中遵循的文件。在检查系列中包含要考虑的6种：(1) 记录原始资料的来源和方法；(2) 资料压缩与分析结果；(3) 资料再建和综合结果；(4) 过程记录；(5) 与意图和安排相关的材料；(6) 仪器发展信息。③ 当然，如果包括所有这些材料就会太长。然而，它可以在方法论部分或附录中包含这些材料的小部分有代表性的样本。同样，定量研究人员在研究结束后还要保留这些文件，以备其他研究人员检查。

8. *局外人分析*　迈尔斯和休伯曼（Miles & Huberman）并不想忽略例外情况或匆匆打发掉它们，他们建议用极端个案作为检测方法以此提高基本成果："你得找局外人来证实样本所含内容是否不存在其他或更多的样本内容……"④就如第五章所述，局外人是指成绩极端的人。个案

---

① 英，《个案研究》，第144页～145页。

② 同上，第102页。

③ 林肯 & 古柏，《自然主义探索》。58. Yin，《个案研究》，第109页～115页。与实验的内在效度相符的英考虑的效度类型在十二章中解释过。

④ 迈尔斯 & 休伯曼，《定性资料分析》，第269页。

研究中，局外者是指与大多数人或情况截然不同的个人或情况。例如，在一项学校改革的个案研究中，迈尔斯和休伯曼发现有个地方的许多教师把一种新的做法评估为治疗当地毛病的奇妙方法。然而，研究人员找到了两位局外人，即两位在现场的个人，这两位没有采纳这种新做法或曾强烈批评过这种做法。由于他们没有按要求掌握这项改革并提出与采纳者所相反的理由，因此他们的看法提高了研究人员诠释的效度，即使用者掌握革新技术会带来正面效果。

迈尔斯和休伯曼还建议寻找赞同或否定某事的个人，其人曾是该事件最大的得益或受损者。如果这些人的回答出乎意料，例如，某得益匪浅者的回答却是否定的，研究人员更加确信，他们的回答是真实的。另一个妙计是寻找反面证据，即积极寻找与研究人员的想法相反的证明。例如，最好是请持怀疑态度的同事看一下原始资料并单独得出他们自己的结论，这是检验研究人员的分析和诠释可靠性的良策。

9. *模式匹配*　有些个案研究是作为实验来检测干预效应（例如新的教学计划）产生的一种或几种结果，例如学生的学习成绩和自我概念所产生的结果。这些研究一般都设计在实证主义范围内，因此有必要谈到自变量（新课程）对因变量（学业成绩和自我概念）产生的影响。

英描述了几种步骤，它们可以用来检测从这种研究成果中得出的因果推断的效度。① 这些步骤需要一套理论陈述来检测个案研究资料。如寻**匹配模式**，就可加强因果推断，即个案研究资料中找到的模式与理论陈述得出的预言是否一致。例如，假设一位研究人员进行新课程个案研究，它是建立在动机和自我概念的理论基础上的。因为从这些理论中得出的原理就包含在课程中，研究人员可预见，经历过课程教学的学生应从中获得特殊的利益。如果观察到的利益模式与预见的一致，那么研究人员关于课程带来利益的推断就经过了重大的效度考验。英描述了几

① 英，《个案研究》，第 109 页～115 页。与实验的内在效度相符的英考虑的效度类型在十二章中解释过。

种能用的匹配模式步骤，它们取决于研究资料的类型和正在接受效度检验的诠释类型。

10. *长期观察*　长期收集资料并不断观察能提高个案研究成果的可信度。例如，学生对学校的认识不取决于在校时间的长短、天气条件如何、假期是否临近或刚结束、学生是否经历着个人问题。如果资料收集时间很长，研究人员就可能从对学校的判断和看法的趋势一致之间作出区别。

11. *典型事例检查*　要确定取得成果的现场是否具有代表性，研究人员应考虑在资料收集中是否过分依赖容易找到的或精明的信息提供者。研究人员应尽力查清有无非寻常事件或恰好是研究人员出现在某些场合时曲解了研究成果的情况。

12. *编码检查*　在描述上述的诠释性分析中，我们解释了研究人员怎样发展或选择类目系统，把已分类采访记录、现场笔记、文献和其他材料输入分段并将分段编码。编码过程的信度可用定量研究人员开发的确定内部评定者信度的方法来检查。

八、个案研究成果的推广性

除了成果获得所在地之外，研究项目成果应能推广至其他个人或情景。推广性在定量研究中被别人认为是重要的、可达到的目的。例如在元分析中，同一现象但在不同情景中进行研究的各种研究成果可以累计确定平均效值。这种平均效值量具有推广意义。（元分析在第四章解释过。）

个案研究成果的推广性有很多问题。个案研究背景理论法的支持者对个案研究成果用到其他个案中的可能性表示怀疑。背景理论支持者萨利·哈奇森（Sally Hutchinson）表达了这样的观点：

> 背景研究能复制吗（能推广吗）？也许不可能。背景理论依赖

> 于资料和研究人员富有创造性的过程之间的相互作用。如果两个人同时提出完全相同的理论是极不可能的。①

哈奇森建议用个案研究来发展背景理论,这样反过来可以作为定量研究的基础,她觉得这更适合于检验研究成果的推广性。

然而,其他研究人员认为个案研究成果可以推广。他们建议在设计个案研究时要尽可能使研究成果应用于代表正被研究的现象的其他个案。一种方法就是研究典型现象的个案。如果选非典型个案是因为它有特殊意义,那也同样可以选典型个案来研究。如果分析单位已确定,那就可以在该分析单位里随机取样。例如,如果研究人员正在研究某一教师的课堂(个案)实验指导方法的作用,他们可以从该教师的学生中随机挑选样本来进行充分的资料收集和分析。

另一种普及研究成果的方法是把普及的责任放在成果的"消费者",而不是研究者的身上。例如,桑德拉·威尔逊(Sandra Wilson)用**读者/使用者的普遍性**这个词来表明个案研究的每位读者或使用者有责任在自己的环境中来决定应用研究成果。② 同样,李·克龙巴赫(Lee Cronbach)认为:在社会科学中,任何普遍性只能被看作是试探性的假设,它必须经过作用于每个现场或情景的具体条件的检验。③

研究人员也可用几种方法来帮助读者决定把研究报告普遍运用于他们的具体情况或其他情况。首先,研究人员要对组成个案的参与者和情景进行充分描述,这样,有兴趣应用成果的读者可以决定与他们感兴趣的情景的相似度。其次,研究人员应解决这样一个问题,即选出的个案是否代表调查的普遍现象。最后,如果运用多个案设计,研究人员应进行个案交叉分析,以帮助读者确定至少在研究的个案中是否具有普遍性。

---

① 哈奇森,S. A.(1988),"教育与背景理论",R. R. 舍曼和 R. B. 韦布(合编),《教育定性研究:中心与方法》,第 123 页~140 页。London:Falmer Press。引言见第 132 页。

② 威尔逊,S.(1979),"探索个案研究评估的用途",《评估季刊》,3,第 446 页~459 页。

③ 克龙巴赫,L. J.(1975),"超越科学心理学的两门学科",《美国心理学家》(American Psychologist),30,第 116 页~127 页。

九、汇报个案研究

我们回顾已发表的个案研究表明，它们一般都采用两种报告体裁之一：我们称之为*反思性报告*或*分析性报告*。任意一种体裁的内容可出现在另一种体裁中，但通常，一种体裁的特点占主导地位。下面将描述这两种体裁。然而首先我们得考虑决定最终汇报哪一个或哪些个案。它们适用于两种体裁书写的任何一种报告。

（一）最终确立个案

当研究人员收集了研究现象各方面的"充实性"资料后，他们就可用不同方法来确立个案。例如，罗西所研究的教师（她称之为教师-领导）参与了加利福尼亚数学计划。她本应该把重点放在她已收集到的项目资料（它的来历、计划指导者、暑假培训计划等）以及教师-领导负责的具体辅助事件方面，而不是放在教师-领导上。然而，罗西决定注重某一方面，即教师-领导的角色的变换上。同样，虽然开始她是从三位教师身上收集资料，她最终决定去掉其中一位，因为该个体的情况特殊。因此，要在论文提议得到批准、资料收集进行后才能最终决定哪些个案及个案的哪些方面要汇报。

要决定汇报哪一个或哪些个案较困难，因为像电脑、录像设备和复印机这样的技术工具会促使研究人员产生更多的资料。研究人员应在资料中挑选并只汇报那些对她所感兴趣的问题有最大影响的个案或个案方面。沃尔科特这样解释：重要的任务"不是去收集你所能收集到的所有资料"，而是"停用"即"去掉"你收集的大部分资料。① 因为个案选择在研究过程中出现得晚。沃尔科特认为：个案研究不是研究设计或方法，而是使用者在准备报告阶段选择的定性研究结果。②

① 沃尔科特，H. F.（1990），《记叙定性研究》，Newbury Park，CA：Sage。引言见第 35 页。
② 沃尔科特，《转换定性资料》。

(二) 沉思性报告

我们在前面已解释过：有些个案研究人员尽量或全部依赖资料的沉思分析，而不是诠释分析或结构分析。这些研究人员大多喜欢用沉思报告体裁来写论文或其他报告。**沉思报告**的两个主要特点是用文学手段向读者生动描述个案，并在报告中强烈表现研究人员的观点。

当然文学作品的作者专讲故事。我们在沉思报告中发现，研究人员常常把个案研究资料编成故事。很明显，在沃尔科特的心目中认为讲故事的能力应该是定性研究人员的显著特点而不是轻视数据资料的重要性时，他正想到了这类研究人员。[①] 沃尔科特提供了组织和表达作为故事的个案研究的几种方法：(1) 把事件按时间顺序排列；(2) 重点放在故事的关键性或主要事件上；(3) 通过不同参与者的不同观点来再述事件，他们的观点会有相当大的不同；(4) 汇报"生活中的一天"，例如：重建现场工作的第一天，或个案研究参与者生活中很平常的一天。

图 14.2 展现了沃尔科特关于一位退学学生个案研究的开头，在本章早些时提过的。布雷德("卑微的小家伙")的故事用现在式开始，然后又叙述了他以前生活中的事情。故事的大部分是围绕广义或狭义的主题组成的，主题之一是在"急流中"，用这一短语来描述一些很明显在导致他们进监狱的个人经历。沃尔科特认为：他这样安排故事的次序是为了"让读者在自己熟悉的环境中见到布雷德。首先叙述了他的主要事件和日常生活的各个方面，然后叙述了他世界观的重要方面"[②]。从最后两部分可以清楚看到研究人员的观点，沃尔科特表达了他自己对个案的诠释和归纳。沃尔科特认为这样排列顺序的理由是"等到读者能了解我将怎样对待退学学生时，我想知道他们是否有足够的背景来形成对布雷德

---

① 沃尔科特，《转换定性资料》。
② 沃尔科特，《转换定性资料》，第 64 页。

和他的环境的评价”①。

<table>
<tr><td>充足的学校，不充足的教育
一位卑微男孩的生活历程</td></tr>
<tr><td>自由精神的文化背景
卑微男孩的生活历程
　　“在急流中”
　　放任自流
　　收入越来越少
　　二流工作，二流公寓
　　新生活
　　需要什么就“捡”什么
　　自行车贼
　　偷偷摸摸
　　我不偷窃，但
　　破门而入
　　逐步走向急流
　　我不会被抓
　　猎人回家了
　　在成长
　　辍学的报应
　　逃避生活
世界观：“重建自己的生活”
　　一份工作——中产阶级的惟一途径
　　建立自己的生活
　　自力更生
　　许多朋友
　　我去过更多地方，做过更多事情
　　一些个人标准
　　处境中游：尽量接近，快转向“中游”
　　归纳这一切
正规学校教育
总而言之：学校充足，教育欠佳

* 该报告开始就是介绍部分，没有标题</td></tr>
</table>

图 14.2　涉及已发表的沉思报告个案研究组织

【资料来源】　沃尔科特，F(1994)，《转换定性资料》，Thousand Oaks，CA：Sage。

① 沃尔科特，《转换定性资料》，第 64 页。

沃尔科特描述的"卑微男孩"的生活历程说明了沉思报告的两个原则。第一,报告的组织强调了研究人员从资料分析中了解到的东西;第二,研究人员在决定怎样表现他所知道的情况时时刻牢记读者。

研究人员可以在叙述故事的范围内用各种文学手段向读者展现他作为研究者和报告叙述者的观点。直接引用个案研究参与者的话特别有效,因为它们说明了主位观点,即从参与者的角度看现象的意义。沃尔科特的报告中大量引用了布雷德的原话,例如:

> 我认为偷偷摸摸就意味着我要经常去偷窃,也不需要有什么充分理由。我过去经常告诉跟我一起的家伙,"我偷东西并不是因为我需要它,我喜欢这样做,仅仅是为了找刺激"。①

有些个案研究人员曾用过一些更戏剧性的方法来表达研究成果。劳拉·理查森(Laura Richardson)举了一些个案研究的例子,它们都是用小说、诗歌、戏剧、朗诵、喜剧和讽刺以及视觉表现的形式。② 在她自己的一项研究中,她写了一首诗表达她对她曾研究过的一位未婚母亲的理解。这首诗按照理查森的安排只用这位母亲的语言。诗的开头如下:

> 最重要的事
> 要说的是
> 我生长在南方。
> 作为南方人造就了
> 渴望、造就了
> 你所认为的自己及你所认为的将来。③

(当我在录音带上听到自己像瓢虫那样的口音时,我想,哦,主啊,您

---

① 沃尔科特,《转换定性资料》,第 77 页。

② 理查森,L.(1994),"探索方法",《定性研究手册》第 516 页～529 页。Thousand Oaks,CA:Sage。

③ 理查森,L.(1992),"诗歌表现的结果:写别人,重写自己",C.埃利斯 & M.G 弗莱厄蒂,《调查主观性:生活史研究》,第 125 页～140 页。引言见第 126 页。

来自田纳西。）

理查森注意到：运用非常规类型的个案研究人员具有典型的后现代主义的敏感性。就如第一章中解释的那样，后现代主义对所有权威的调查和汇报方法持怀疑态度，包括主要科学报告。因此，后现代主义者倾向于评论诗歌，正如定量研究人员采用标准期刊文章格式报告个案研究成果一样。

（三）分析性报告

研究人员如果已强调对个案研究资料进行诠释性分析或结构性分析并已从实证主义或后实证主义的角度使研究概念化，则使用分析性报告体裁较为合适。**分析性报告（analytic reporting）**的主要特点是写作体裁客观（即，研究人员表示沉默，或呈低调）和所写题目的常规结构：如，引言、文献回顾、方法论、结果和讨论等。这也是定量研究报告采用的同样体裁和结构。因此，论文、期刊文章或其他定量研究报告的写作准则一般适用于写结构高度严密、实证主义的个案研究（见第二章定量研究报告的写作准则）。

假设个案研究人员已进行了资料分析，并确定了已研究过的现象中的构成、主题和模式。进一步假设该研究人员用了多个个案设计。研究人员是否该汇报所有研究个案里的每一个构念、主题和模式的结果？或者他是否该报告每一个案本身并指出这些构念、主题和模式在具体个案中是怎样表现的？如果用前一种方法，那就要突出构念、主题或模式；然而，读者就不能全面了解每一个案。相反，如用后一种方法，读者可以把每一个案看作一个整体，但很难与具体的构成、主题或模式进行个案交叉比较。

我们发现，把两种方法结合起来的效果最佳。首先，可以报告每一个案的资料分析结果，包括充分的充实性描述，这样，参与者、事件和情景就会再现在读者面前。其次，交叉个案得到了分析，它突出了整个个案研究中的构念、主题和模式的一致性和差异性。

定量研究报告中,用表格和数据表达个案研究的分析结果非常有效。迈尔斯和休伯曼准备了一本极为有用具有各种表示格式的资料书。[①] 他们区别了两种表示形式:方阵和网络。**方阵**是有规定的行目和栏目的表格。图 14.3 就是资料书中的方阵例子,它选自学校改革与变化的个案研究。它以概述的形式表示了三位教师竭力实施一项新教育办法的经历。

使用者	感觉/关心	革新的前景	用户主要工作	问　题
万斯	当孩子们在户外时,教学方法可更为自在	仍然有用,指导方向准确、有益的思想活动	充分准备好材料,召开并参与进修班组间的竞赛 社区工作,校外现场工作	完成任务的时间限制太严
德鲁	关心林业/生态班不及格的学生愈趋增多	太倾向发现没有生物基础的孩子:讲座形式更合适	使材料和课文适合愈趋增多的不及格群体 校外现场工作	成功地处理更多不及格的学生
卡罗尔	对新的活动感到激动,扩展科学计划	和一年级一样	社员工作,召开并参与进修班组间竞赛 校外现场工作	过分拖延活动的承诺

图 14.3　教师采用新的教学实践的方阵展示

【资料来源】 迈尔斯 M. B. & 休伯曼 A. M.《定性资料分析:一本详述的资料集》,1994(第二版),第 179 页,表 7.3. Thousand Oaks, CA: Sage。

网络是用来表示信息单位的数字,每条信息都单独在一个"结点"上,连接点表示信息单位之间的互联。图 14.4 就是迈尔斯和休伯曼资料集中网络的例子,它选自大学生的个案研究。图的左边表示一位暂时离校学生的经历次序。每一个方框("结点")有一个单独经历。图的右

① 迈尔斯 & 休伯曼的《定性资料分析》。

边表示了使学生转向下一经历的动力。每个结点包含一系列动力。

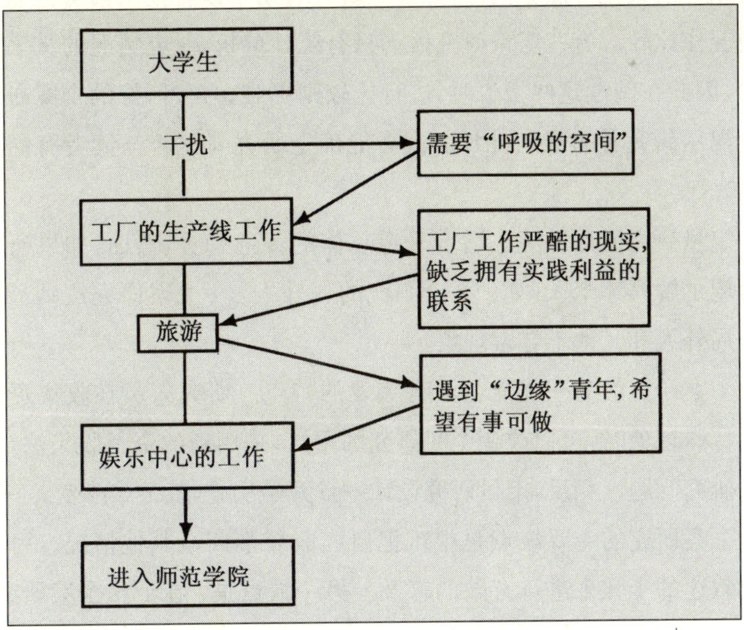

图 14.4　事态流动网络：学生的学习与工作经历

【资料来源】 迈尔斯 M. B. & 休伯曼 A. M.《定性资料分析：一本详述的资料集》(1994)（第 2 版）摘自第 114 页，5.2 方框

图 14.3 和图 14.4 所列的信息在两方面有用。第一，他们帮助研究人员组织资料分析的结果并计划下一步分析。第二，在个案研究报告中可用直观信息展示研究结果，这样读者更容易理解。迈尔斯和休伯曼的资料集含有许多方阵和网络的例子，它们适合个案研究的各种目的。

十、个案项目研究的利弊

既然阅读了个案研究，就要了解它与传统定量研究方法相比的有利之处。其中之一就是个案研究人员可以通过充实描述过程形象地展示个案，而使用定量研究的统计方法则无法做到。因此，个案研究报告的读者可以有更好的基础发展理论、设计教育介入或采用除阅读定量研究报告以外的其他方法。同样，充实性研究有助于读者把个案与他们自己的情况作比较。有些定量研究报告只有统计分析，研究情况的文字描述很少，因此在阅读这些报告时，进行比较则更难。再者，好的个案研究报告会揭示研究者的观点，因此，读者能确定研究者是否与读者有同样的观点。

定量研究设计虽然也适合确定总体的普遍趋势，然而，如果研究人员希望了解具体个人（如：不合潮流的局外人），[①]个案研究法则最适合调查局外人和其他不寻常现象。

个案研究的另一优点是具有突发的特点。研究人员在收集资料并观察特殊现象时，可以改变个案研究的重点，采用新的资料收集法，制订新的研究问题。相反，定量研究设计一旦开始实施，就很难改变。

个案研究的主要缺点是很难把研究成果推广至其他情况。可以用本章叙述的步骤来进行有限的普及。另一缺点是：在汇报个案研究时，很难掩盖被研究的个人或组织的身份，这时就会出现道德问题。同样，个案研究需要大量人力及高度的语言技能来确定构念、主题和模式并使研究报告生动地展现在读者面前。缺乏这种能力的研究人员也许可以用定量研究设计来对他们感兴趣的领域作出更好的贡献。

十一、个案研究中易犯的错误

研究人员

1. 对确立分析单位和要研究的一个或多个个案没有给予足够的重视。

2. 没有从纵深处研究有兴趣的现象并对之进行充实性描述。

3. 现场工作开始时，没有尽力获取研究许可并与参与者接触、建立

---

① 局外人现象在第五章中讨论过。

联系。

4. 没有考虑到自己的偏见和性格可能会影响研究成果。

5. 过早结束资料收集阶段。

6. 没有尽力检查个案研究成果的效度和信度。

7. 没有考虑普及研究成果的问题。

8. 写个案研究报告时，没有向读者生动地展现个案。

自测题

1. 主位观点这个名称是指
   a. 实证主义研究者对被研究现象的看法
   b. 诠释主义研究者对被研究现象的看法
   c. 研究参与者对被研究现象的看法
   d. 读者对被研究现象的看法
2. 个案研究人员需要亲自参与资料收集是因为
   a. 需要收集大量的资料
   b. 他们需要全面理解现象
   c. 研究人员的参与有助于确保研究成果的信度
   d. 研究人员必须对收集的资料不断进行三角剖分
3. 个案研究中的分析单位是
   a. 沉思分析所选用的这类术语
   b. 结构分析所选用的这类术语
   c. 类目分析所选用的资料库分段
   d. 从可能的个案中选样的现象的一个方面
4. 专家一般认为研究人员在个案中的偏见最好通过________来解决。
   a. 真实地展示自己可能的偏见并愿意被否定
   b. 用资料收集方法排除研究人员偏见的可能性
   c. 用几位研究人员并从他们的结论中取得一致
   d. 不要研究研究人员个人不感兴趣的现象

5. 个案研究中的充实性描述是指
   a. 对现象和它的意义进行全面真实描述
   b. 从主位和客位的观点来描述现象
   c. 在叙述个案研究成果时使用三角剖分
   d. 写个案研究报告时依赖沉思分析
6. 在背景理论中，构成来自
   a. 被研究现象的先存理论　　b. 个案研究参与者的沉思
   c. 已收集的资料　　d. 以上所有的
7. 教师课堂结构量与教师对学生学习过程的看法有着联系，这是个案研究的________例子。
   a. 构念　　b. 主题
   c. 充实性描述　　d. 模式
8. 在诠释性资料分析中，研究人员
   a. 寻找资料的内在意义
   b. 把意义强加给资料
   c. 寻找资料中自然出现的分段
   d. 不能用其他研究人员发展的类目
9. 有用性、情景完整性、研究人员的定位和报告文体是________的特点。
   a. 诠释效度　　b. 个案研究普遍性
   c. 个案研究逼真性　　d. 审查系列
10. 个案研究的沉思报告极大程度地依赖
    a. 结构资料分析的表现
    b. 社会科学研究的实证哲学
    c. 专为汇报定量研究而开发的格式
    d. 文学手段

祝蔚红○译

第十五章　定性研究传统

一、概览

人类学、心理学和其他学科的定性研究人员发展了各种方法研究人类行为。他们的方法、理论和积累的研究成果构成了独特的研究传统。本章将探索这类传统并描述它们怎样应用于教育研究中。有些传统特别适合调查人们的内心感受，有些则适合调查社会与文化现象，还有一些适合调查言语和论题这样的交流现象。了解这些定性研究传统将有助于扩大研究问题的思路，并提供可行的研究方法。

二、目标

学完本章后，你应该能够：

1. 描述研究传统的特点。
2. 描述认知心理学家调查的各种现象以及他们运用的研究方法。
3. 解释现象学的研究目的以及进行现象学研究的步骤。
4. 解释现象法与现象学之间的相似与不同之处。
5. 描述可用生活史方法调查的各类教育现象。

6. 陈述符号相互作用论、事件结构分析和解放行为研究传统的目的。

7. 描述人种论的特点以及进行人种论研究的步骤。

8. 解释人种论研究的长处与短处。

9. 解释文化研究与批评理论传统的目的和基本假定。

10. 描述研究人员在文化研究与批评理论传统的范围内进行的调查类型。

11. 描述人种方法论研究的目的和技术。

12. 陈述叙述分析、认知人种学、人种内容分析和交流人种志的目的。

13. 解释解释学分析的目的、假设和基本概念。

14. 解释符号学研究的目的、假设和基本概念。

15. 解释结构主义和后结构主义的基本原理,并描述用这些方法来调查的各种现象。

三、定性研究传统的价值

教育定性研究在许多学术学科中都有基础。它们不仅包括社会科学(如:人类学、社会学和心理学),还包括人文科学(如:艺术、文学和哲学)和跨学科研究。有些定性研究人员也受到近年来出现的后现代主义调查方法的影响。后现代主义反对用“老一套”的眼光来看待为科学而努力的导向,这种看法体现了专业研究机构根深蒂固的力量结构。

本章将概述运用于教育研究的主要定性传统。应熟悉它们,因为在回顾研究文献资料时,很可能会碰到它们。同样,了解这些传统有助于系统地阐述问题以指导个案研究,开发收集和分析研究资料的方法,以及提供与研究成果有关的理论。如果你的个案研究是建立在研究传统之中,则意义更为重大。

伊夫林·雅各布(Evelyn Jacob)把研究传统界定为“一组学者对他

们研究的宇宙本质、合理的课题和研究问题，以及要寻求解决的合理方法达成一致”[①]（雅各布用“学者”这个词把研究人员、理论家和综合研究者归为一类）。要理解该定义，就要考虑到人种论的研究传统，它将在本章后面详细讨论。在该研究传统内研究的人员对文化的本质以及它如何起作用感兴趣，他们开发了专门方法去调查研究。他们的研究产生了一套不同文化方面的大量知识，包括学校文化和世界文化中教育的作用。创造这种知识的人种论学家对特殊现象、调查方法和理论概念都感兴趣。

因为研究与科学活动是社会活动，在不同研究传统中调查者的工作互相受到影响。因此，不同的传统得到了交叉结合，一位研究人员的研究会体现出多种研究传统的综合。传统不仅互相借鉴，它们还会逐渐改变，这是由于研究人员采用的哲学与科学范例出现了变化，以及在进行科学努力的更广泛的社会背景范围内出现了变化。再者，同一种传统的不同研究人员有时对认识论的假设和其他事情也有分歧。因此，不可能列出与教育研究有关的所有研究传统并详细解释它们。本章只是概述而不是全面正式描述，而且还需要你自己在回顾和进行研究时去努力充实。

大多数研究传统在特殊的学科里（例如：心理学科里的认知心理学）已得到发展。有些研究传统起源于一种学科的传统，却以相关的形式出现在不止一门学科里（例如：人种论来自人类学），然后被另一学科采用（例如：有些社会学家用人种论法）。

表 15.1 表现了 17 种定性研究传统，分成三大类。每一类目中的传统都相互关联，因它们研究的是相似现象。有些注重理解生活经历的本质（Ⅰ型），有些寻求理解文化与社会现象（Ⅱ型），还有的则竭力理解语言与交往现象（Ⅲ型）。有些传统在教育研究中起着主要作用，而有些则

---

① 雅各布，E.（1987），“定性研究传统回顾”，《教育研究杂志》，57，第 1～50 页，引言见第 1～2 页。

很少应用在教育中,但有明显的潜力。

表 15.1　定性研究传统调查现象分类表

研究传统	研究内容
	Ⅰ. 生活经历调查
1. 认知心理学	个人在不同环境中的思想结构与过程
2. 生活史	个人各自角度的生活经历
3. 现象法	个人对现实的概念化
4. 现象学	个人眼中的现实
	Ⅱ. 社会与文化调查
1. 文化研究	文化中的压制权力关系
2. 解放行为研究	实施者努力反省以提高工作的合理性与公正性
3. 人种论	文化的特征与模式
4. 人种方法论	强调日常社会相互影响的规则
5. 事件结构分析	社会事件的逻辑结构
6. 符号相互作用论	社会相互作用对社会结构与个人个性的影响
	Ⅲ. 语言与交往调查
1. 人种论内容分析	文化观点的文献内容
2. 交往人种志	文化团体的成员怎样在社会生活中运用语言
3. 认知人种学	一种文化的语义体系
4. 解释学	个人理解论题意义的过程
5. 叙述分析	有组织地表达并解释人的经历
6. 符号学	它们表达的符号及意义
7. 结构主义	语言、论题和其他现象的系统特性

怎样利用表 15.1 呢?假设你已经确定了调查的具体问题,例如,生活条件差的贫民区学生怎样生活,学校怎样帮助他们改善生活?你可检查表 15.1 中所列传统来确定哪种传统适合研究这些现象。假设你已确立了感兴趣的问题,例如考试引起的紧张,但不能肯定怎样确定调查重点。表 15.1 能帮助你确立合适的重点,例如:考试紧张的生活经历(现象学研究可能合适)或不同文化怎样看待考试紧张(人种论可能合适)。

以下部分将逐一描述表 15.1 中所列的定性研究传统。并将详细讨论几种传统以便理解三类定性研究传统中的每一种。其他传统则简略叙述,但提供丰富的内容来帮你决定有利于研究的可能关联。书后的注解参考文献会指导你从其他渠道获取有关信息。

要记住表 15.1 中列举的定性研究传统并不包罗万象。定性研究领域正经历着飞速发展并不断地更新概念。新的传统会与现有的传统中和,并有多种识别标记。我们所列举的虽然不包括历史研究,它却具有很强的定性研究传统(见第十六章)。像对待过去发生的事情一样,历史研究方法可以用来研究表 15.1 中所列的许多现象。

四、生活经历调查

坚持实证主义认识论的研究人员一直忽视甚至轻视内心感受的研究。例如 B. F. 斯金纳(B. F. Skinner)认为,人脑是个"黑匣子",不可以用科学方法研究。定性研究人员反对这种说法。他们发展的研究传统注重研究一般人、特殊类型的人(例如调查领域里的专家与新手相比)或个人之间相互影响的内心感受。以下我们将描述这四种传统:认知心理学、现象学研究、现象法和生活史研究。

(一) 认知心理学

肯尼斯·斯特赖克(Kenneth Strike)认为:"大多数教育家把心理学看作教育学的中心学科。"①事实上,心理学对教育研究与实践已经产生了主要影响。最明显的是,教育家广泛应用心理学家开发的测试(例如:智力测试和能力倾向测试)。这些测试的设计与记分反映出传统心理学研究的强烈定量导向。

在过去的 30 年里,各种定性传统在心理学方面已获得了稳固的地位。特别是有一种传统对教育理论与实践一直产生着主要影响。这就是**认知心理学**,我们把它解释为研究心理活动中的结构与过程、研究怎

---

① 斯特赖克,K. A. (1994),"认识论与教育",《国际教育百科全书》第二版,第 1996～2001 页。London Pergaman。

样认识这些结构与过程并研究它们怎样发展成熟。

从一开始，研究认知现象，如观点、记忆力、注意力、思考和解决问题就成为心理学的一部分。然而，大约从 1930 年到 1960 年，心理学的行为主义传统掩盖了这些认知现象的研究。意识与认知被掷到斯金纳的来历不明"黑匣子"里，它被认为是介于现实的刺激与个人的观察反映之间的。斯金纳特别强调一门心理学学科，它会详细阐述行为控制与认知的原理，而不必产生记忆力和学习动机这样的心理构成。①

先于斯金纳的认知理论家和继承他的认知心理学家与认知科学家认为：不研究具体个人的内在心理和理解过程，就不可能对人的行为提出全面的看法。大多数认知心理学家认为：人脑中的物质结构决定大脑的功能与活动，这种物质结构会反过来促使特殊的认知结构与过程得到发展。认知学可以广义地概括为这些结构与过程的运作。随着对大脑功能与活动的深入研究，认知研究在心理学与教育学研究中重新得到了尊重与优先权。

认知心理学家对认识理解过程作了细致的研究。然而，研究并没有提供出一种方法。相反，认知心理学传统中有多种不同的研究方法，每一种都建立在关于人性的不同假设的基础上，针对各种不同的教育现象，并发生变化，反映出各种程度的实证主义和诠释主义认识论的导向。因此，我们不展示认知心理学的一般研究方法，而是描述其他两种研究，它们说明了不同现象和方法的范围，这些也是定性研究传统的特点。

1. 研究专家与新手之间知识结构差异的研究

在该研究中，塞缪尔·瓦恩堡(Samuel Wineburg)要求一些职业历史学家与成绩优异的高中生在回顾并评价美国历史上同一事件的主要来源时要自言自语。② 其他领域的研究人员以前也研究过专家与新手的

① 斯金纳，B. F. (1953)，《科学与人类行为》，New York：Macmillan。

② 瓦恩堡，S. S. (1991)，"解决历史问题：研究用于文献资料与图片证明评价的认知过程"，《教育心理学杂志》，83，第 73～87 页。

认知差异(如:数学与国际象棋)以弄清复杂思维中的认知结构、过程和进展变化。瓦恩堡希望把这项研究发展到历史思维领域。

8位来自市区大学的历史学家和8位来自同地区的中学生成为研究对象。其中4位历史学家("非美裔"历史学家)除了美国历史外还有其他专业,因此,他们对该领域的知识和调查没有另外4位历史学家多。12道题的预测证实:两组被试者在美国历史知识方面有差异,美国历史学家平均得分是10,非美裔历史学家是4.25,学生是1.8。

每位被试者各自拿到有关莱克星顿战役(标志1775年美国独立战争的开始)的8份资料文件与3幅油画。被试者要完成一系列规定的任务:(1) 朗读每份文件并"自言自语",即在读的过程中把心中看法说出来;(2) 在评论每张油画时要自言自语,在每张画上写上日期,再挑选最精确的一张;(3) 根据可信度来排列8份文件。所有过程都录了音,并形成文字稿件。与大多数定性研究不一样,瓦恩堡的研究是在实验室环境中进行的,每个人都必须完成设计的任务。而这些任务要求模拟历史学家在工作中可能碰到的问题。

瓦恩堡要求被试者自言自语的过程叫作原始记录分析。[1] **原始记录分析**是让个人在完成艰巨任务时陈述他们的思想,这样,研究人员可以全面了解口头汇报中所记载的认知活动。瓦恩堡运用推荐的步骤进行原始记录分析以确保获取的资料尽可能反映被试者的思想。

每个人的文字记录都分别作为原始记录的任务和资料记载下来。原始记录又被分成编码单位,包含独立的主语/表语从句。基于研究人员的分析,这些编码单位又被编成4个类目。*描述*包括简略地描述某些陈述。*参照*包括与每张画、某些文献或个人所产生的与历史事件有关联的"思想模式"有关的陈述。*分析*包括与陈述绘画或画家的观点与意图,以及对画作的日期估计有关的陈述。*资格*包括与限定其他陈述有关的

---

① 埃里克森,K. A.,& 西蒙,H. A.(1993),《原始资料分析:资料的口头汇报》,(修订版) Cambridge,MA:Bradford。

陈述(例如:通常指出绘画不足之处或素材不足的陈述)。文献原始记录是用不同的程序来分析并产生不同的类目。

瓦恩堡研究中一些最有趣的成果涉及个人的评论。例如,研究报告中的资料表比较了一位历史学家与一位学生的回答,他们选择同一幅画作为历史事件最准确的描绘。瓦恩堡注意到,历史学家引用了许多资料中的确凿情况来解释她的选择,但对陈述画作的准确资格作选择时,她却显得犹豫。对比之下,学生在选同一幅画时却非常自信,之所以选择那幅画的部分原因是画中所含细节在其他文献资料中都*没有*提到。

瓦恩堡把他的研究成果与以前的专家-新手的研究成果作了比较,后者从数量与*问题样板*的组织角度解释了差异,即提出解决被试者问题的思想结构。[①] 在强调这些理论的研究中,要获得成功既取决于拥有合适的问题样板,也取决于活化与证实具有可行*概要*(即个人与每个新经历有关的内在概念结构)的知识结构。相反,瓦恩堡从他的研究结果中得出结论:专家似乎不依赖于提出可行的问题样板,而是依赖适合于正被研究的特殊历史事件的构成特殊情景的概要。若不熟悉该事件时,则非美裔历史学家与美国历史学家的回答大体相同:这两组专家"对不符之处感到怀疑,他们拿画与书面文件作比较,证实并反证主要特点,并竭力想陈述能理解和不能理解的内容"[②]。他们的认知活动并没反映多少解决问题的方法,正像对历史和历史研究的信仰体系一样——例如,文件像它的作者和作用一样使文献可信。相反,学生把任务看得简单、肯定,反映出他们对历史无批判性的态度。

瓦恩堡的研究具有定量研究的一些特点。例如,作者报告说:历史学家陈述的绘画原始记录大大超过学生的原始记录(基于曼-威特尼的 *U* 测试)。斯皮尔曼的 Rho 相关性和肯德尔的协同系数同样得到计算,

---

① 该研究在切,M. T. H.,格莱泽,R.,& 法尔,M. J. (1988)的《专业知识的本质》内作了总结。Hillsdale, NJ:Erlbaum。

② 瓦恩堡,S. S. (1991),"解决历史问题:研究用于文献资料与图片证明评价的认知过程",《教育心理学杂志》,83,第 83 页。

它们表明：历史学家之间在排列文献的可信度时，一致的程度比学生的高得多。

从研究中瓦恩堡得出结论："能干的中学生了解许多历史，但对历史知识的构成了解甚少。"[①]研究成果的这种诠释是基于定性研究和定量研究资料。瓦恩堡不仅竭力运用推理统计来证实和推广研究成果，而且竭力澄清被试对象的主位观点。

2. 教师教与学含蓄理论的个案研究

越来越多的心理学研究已经探索教师的思想、计划与决策。在评论教师的思想时，克里斯托弗・克拉克和佩内洛普・彼得森(Christopher Clark & Penelope Peterson)把这种研究归为三类：研究教师的计划、研究教师间相互影响的思想与决策以及研究教师的理论与信仰。[②] 他们确定曾有五种方法用于这种研究调查：

1. *自言自语*。在描述瓦恩堡的研究中已解释过，自言自语包含个人在完成工作时把心里的想法说出来。凯・安德斯・埃里克森和赫伯特・西蒙(K. Anders Ericsson & Herbert Simon)已开发了精确步骤来推导并分析他们所说的*自言自语记录*。[③]

2. *刺激性回忆*。教学片段被录在录像带或磁带上。在回看这些带子时，要求教师描述教学过程中产生的思想与决定。

3. *记录策略*。教师得到一些假设的教学情景书面陈述并要求他们在利氏量表上给分。研究人员把教师回答中的策略组成数学模式。

4. *日记性记录*。教师把教学计划记录下来，分析内容，产生出计划过程的描述与模式。该方法常常用访谈来补充。

5. *报告布局技巧*。各种主题的文字及陈述被写在卡片上给教师，根

---

① 瓦恩堡，S. S.(1991)，"解决历史问题：研究用于文献资料与图片证明评价的认知过程"，《教育心理学杂志》，83，第 84 页。

② 克拉克，C. M.，& 彼得森，P. L.(1986)，"教师的思维过程"，M. C. 威特罗克编的《教学研究手册》(第三版)，第 255～296 页。New York：Macmillan。

③ 埃里克森，K. A.，& 西蒙，H. A.(1993)，《原始资料分析：资料的口头汇报》，(修订版) Cambridge，MA：Bradford。

据相似性进行挑选并解释挑选的根据;然后,研究人员在教师回答的基础上阐述"构念"并把它们排列成网格状,表明构成之间的关系。

所有这些方法都涉及到严密控制及设计任务的倾向,这些是定量研究人员常用的方法。第二个研究实例是教师的含蓄性教学理论研究,其他的资料收集方法比克拉克和彼得森所描述的任何方法都更自然、解释更清楚。

弗里马·埃尔伯斯(Freema Elbaz)对一位中学教师进行了个案研究,这位教师是她的一位朋友,在研究过程中,她的职业正处于变动中。①研究着重描述埃尔伯斯称之为该教师对实际知识的组织、操作和意义,这是一种"针对了解各种教学情景并对之作出反应的知识。"②

埃尔伯斯通过连续五次的访谈收集了教师的实际知识资料,访谈很随便,持续 1 至 2 小时不等。这些资料在观察教师的两节课中得到补充。所有的访谈都录了音,然后写成文字。

该个案研究的方法涉及两个独特的特点。第一,采访者在非正式访谈询问中作了很长的评述,这些评述也被录音;第二,大多数情况下,在下一次采访前,教师得到一份录音文字。

埃尔伯斯描述了她的研究受到假设的引导:被试对象的感情、价值观和需求决定了她在研究中的参与。因此,埃尔伯斯向教师表露了她的研究目的和诠释,邀请教师陈述自己的目的与诠释,并参与诠释过程。因此,我们可以看出研究人员打算通过资料收集方法获得主位观点。

埃尔伯斯的书包括每次访谈的文字稿,还有研究人员对访谈内容及概要的叙述计划。由此,不仅可以追溯教师的思想过程,而且还可追溯采访者的评述及询问所产生的影响。

该研究的资料分析开始有五大类目来描述教师实践知识的期望内

① 埃尔伯斯,F.(1981),"教师的'实践知识':个案研究汇报",《课程调查》,11,第 43~71 页。下面是该研究的发展部分:Elbaz,F.(1983),《教师的思维:实践知识研究》,New York:Nichols。

② 埃尔伯斯,"教师的'实践知识'",第 49 页。

容:题材知识、课程知识、教师对个人的认识、教学知识和教师工作环境的知识。收集完资料后,研究人员发现:这几大类并不能使她把所有信息汇总起来。埃尔伯斯说,在这一点上,她发现两个有用的问题,即“这种知识是怎样掌握的?”和“正在如何运用知识?”。从这些问题的答案中,研究人员制定出一系列最后分析的类别。

教师实践知识结构中固有的几大类别:(1) *实践规则*,即简要、清晰地描述了在具体实践情景中经常碰到的做什么或怎样做;(2) *实践原理*,即以慎重和沉思的方式更广义、全面地陈述目的;(3) *概念*,反映教师经验的实质、理论知识和学校内部传说(含有隐喻)的陈述,表达了教师的感情、价值观、需求和信仰的独特结合。下面的引文开始是教师(萨拉)的陈述,然后是埃尔伯斯诠释教师的知识结构。

> [萨拉]“我当然尽量努力积极地倾听孩子们的释义,鼓励他们释义,并经常让他们表达自己所关心的事情,不加判断。”[埃尔伯斯]组成这些规则的原理是:学生应该有一种课堂气氛,以便他们能够更坦白地交流。萨拉工作目的的理念可以从她以隐喻方式来表达的陈述中找到,她想找到“一扇通往孩子心灵的窗户”,然后,她也想让自己的心灵窗户开得更大。①

总之,在认知心理传统中,我们描述埃尔伯斯的定性研究方法时不是研究教师的直接认知活动,而是研究教师怎样理解自己的教学。研究人员用教师的沉思以及自己的观察和判断去开发理解过程的诠释性框架。

(二) 现象学研究

现象学是个人在一种努力摆脱日常偏见和信仰的意识状态时对现实世界的看法。进行现象研究时,研究人员和研究的现象紧密结合在一

---

① 埃尔伯斯,“教师的‘实践知识’”,第 62 页。

起，并随着对现象的体验逐渐了解自己。从这方面讲，现象学研究与定量研究是对立的，后者通过运用客观的资料收集和分析方法把研究人员从研究现象中脱离出来。然而，从另一方面讲，现象研究与定量研究又是互补的，正如A．范·卡姆(A．van Kaam)观察到：

> (现象学研究)是实验性的和定性的。它减少了不成熟的选择方法和类别，制定了步骤更强调精确的实验性调查……这种初步探讨并不是取代而是补充了对我有用的传统研究方法。①

可以想像，研究人员把现象调查当作独立的研究，或作为将用定量研究设计进行先导研究的一部分。

现象学起源于埃德蒙·胡塞尔(Edmund Husserl)创立的哲学运动。他相信：知识的开始是个人对**现象**的体验，即个人注意某一物体时，出现在他的意识里的各种感觉、观念和心理作用。胡塞尔创立了各种过程(用这些外来词描述：时期、超越现象变化、想像变化和认识)来准备体验现象、拥有经历并记录下来，并分析这种经历。心理学家把这些过程再制定成步骤，它们比个案研究的术语更标准、联系更密切。下面的简略描述是用于计划和现象调查的步骤。②

1. *确立具有个人与社会意义的主题*。研究人员应挑选一个能使他在知识和感情上完全投入的主题。例如：凯·拉考斯(K. LaCurse)决定调查人们怎样描述与经历时间的主题。她研究该主题的理由陈述如下：

> 我认为，时间的研究吸引着我，因为时间的问题是我生活中的突出问题。我对时间有强烈感情。我热爱生活，既然在许多方面时间就是生命，我热爱我的时间。我认真思考该怎样使用时间，我小心提防任何外人过分地侵占我的时间。我总是把时间看作珍贵的

① 范·卡姆，A.(1966)，《心理学存在的基础》，Pittsbrugh：Duquesne University Press。引言见第295页。注意：背景理论与传统的定量研究方法有相似的观点(见十四章)。

② 我们描述的现象学研究方法是建立在莫斯泰克，C.(1994)的《现象学研究方法》上。Thousand Oaks，CA：Sage。

> 商品……然而我经常感到与时间发生冲突。我对生活中时间的意义不清楚，不知应该怎样在生活中与它协调一致。我对时间感到迷惑、好奇或沮丧，更想多了解它。正是这种挑战使我考虑研究时间。①

对现象学的研究人员来讲，以这种方式投入到主题中是非常重要的，因为他要收集自己体验现象的资料以及他的研究参与者的体验。

2. *挑选合适的研究对象*。胡塞尔认识到主观意识间的沟通与知识的可能性。经过感情共鸣的过程，一个人会逐渐了解另一个人并检验他的现象经历是否与别人的一致。因此，现象学研究的参与者可以与最初的调查者作为"合作研究者"，并帮助"挑选没有意义的侵入性短语……把可能产生的错误暴露出来并消除掉的过程，因为在每个领域效度都起着一定作用"②。挑选参与者的基本标准是他们经历过正被研究的现象，与研究人员一起理解它的本质与意义。

3. *采访每位参与者*。现象学研究人员一般与每位参与者至少进行一次时间较长的访谈，以获得正被研究现象经历的全面的描述。访谈过程相对没有结构，但注重引导经历的各方面。

4. *分析访谈资料*。现象学研究的资料分析一般仿效个案研究分析的步骤(见第十四章)：每一个案的访谈资料分成段；研究人员从段中寻找意义单位和主题；把意义单位和整个个案主题作比较；最终，与参与者一起检查个案成果并加以综合和证实。综合有两类：情景与结构。**情景描述**是从各个角度描述个人对现象直觉的、预沉思的认识。下面一段摘录是关于失眠诊所一位病人的情景描述，他参与了失眠症经历的现象研究：

> 　　吉姆的失眠经历表现为睡眠极不稳定，睡着后会突然惊醒。他

---

① 拉考斯，K.(1991)，《时间的经历》，未出版的手稿，人文科学研究中心，Detroit，MJ。

② 胡塞尔，E.(1931)，《思想》(W. R. B. Gibson，Trans)。London：George Allen & Unwin。引言见第56页。

> 想睡，但睡不着，不得不“醒着”；处于清醒状态之中。这种清醒难以忍受，痛苦万分。“就像触电醒着那样……眼睛瞪得大大的。”越来越疲劳，清醒一样令人感到压抑。无法睡着；只有“精神与体力同时感受疲乏，但又绝对清醒”的体验。①

结构描述是描述强调经历现象并解释现象的思想、判断、想像和记忆的规律。下面是一段结构描述，它综合了现象研究中 25 位参与者被“遗漏”的经历的研究成果：

> 经历自己被遗漏的感觉会引起极度的不安和痛苦的感情波澜。过去想当然地认为无论我们在别人眼里、别人在我们眼里都很重大，如今却脱离了过去所熟悉的依靠而成为问题。自己与别人之间良好的相互关系消失了，我们面临着令人困扰的消极性。这种消极性本身表现了我们与别人之间的分歧。②

作为定性研究方法之一的现象研究有几种优点。首先，它可用来广泛研究教育现象，例如学生怎样经历学习与考试的过程，教师怎样经历课堂教学，决策者怎样经历学校改革提议的会议。第二，用来收集现象资料的访谈过程范围很广，因此，可以发现经历的许多方面，这在以后的定量研究中是重要变量。第三，现象调查的程序相对直接，因此，进行现象研究不需要多少培训，而用定性研究传统（如人种学和语义学）的方法进行研究需要更多的专业培训。

现象法

像现象学研究人员一样，现象法研究人员对研究现实感兴趣，而不是现实的客观本质。两种研究传统的区别在于：**现象法**是描述人们用不同方法对周围世界加以概括的特殊方法。例如，不同的教师对学生

① 科彭，R.（1993），“失眠症：现象调查”，《国际论文概要》，53，6 542 B. University Microfilms No. AAG－93－11957。引言见第 58 页。

② 阿斯图斯，C. M.（1987），“描述被忽视的经历现象”，F. J>van 朱兰，F. J. 沃茨，& B. 穆克，《定性心理学的进步：主题与变化》第 137～155 页。Berwyn，PA：Swets North America。

在课堂上不良行为的原因有不同看法。现象法要研究一组教师来区别这些不同看法。调查方法一般是采访一组教师，以确定他们怎样以及为什么对研究人员提出的问题作出处理。相反，现象学研究人员会关心每位教师对学生不良行为的全部经历。这种经历可能包括教师对学生不良行为的看法，同样也有教师的感情、感想以及与其他生活经历的联系。

现象法作为一种研究方法起源于瑞典哥德堡大学。现象法研究的一个例子是调查大学生怎样理解本格·约翰尼森、费伦斯·马顿和伦内特·斯文森的物理原理。[①] 研究人员提问学生的问题之一是："一辆汽车在笔直的公路上以平稳的高速行驶。在车上起作用的是什么力?"通过访谈，他们发现，学生用两种不同的定性方法归纳这种运动。一些学生认为汽车保持不变的速度是因为力的平衡，而其他学生认为汽车运动是因为力的不平衡。同样在其他调查中，现象法研究人员也发现，人们对某一问题或情况的不同看法数量有限。

现象法与琼·皮亚杰(Jean Piaget)用来调查幼儿怎样了解周围世界所用的方法相似。因此，这种研究方法可以用来调查个人的思想、思想的发展变化以及教育所产生的思想变化。就像现象学研究一样，现象法实际上可以用来研究个人形成的有关概念的自然与社会现实的各个方面。

(三) 生活史研究

生活史是从个人怎样诠释和理解周围世界的角度来研究个人生活经历。这不是统一的研究传统。不同学科的研究人员(文学、历史、心理学、女权与少数民族研究)用不同的研究方法，对不同目的进行生活

① 约翰尼森，B.，马顿，F.，& 斯文森，L.(1985)，"描述学习作为不同定性概念变化的方法"，A. L. Pines & L. H. T. West，《认知结构与概念变化》，第 233～257 页。New York：Academic Press。

史研究。[1] 在研究人员看来，生活史可以叫作传记、生活故事、口述历史或个案研究。选择写自己的研究人员会把他们的报告称作自传或回忆录。

可以用各种方法来收集和分析生活史资料。研究人员曾以传统方法分析研究对象写的材料或有关研究对象的材料，如日记、通信和专业文章。最近的研究注重于使用采访和直接观察以及运用叙述性分析。（叙述性分析将在后面讨论）

在教育方面，生活史已成为研究教师发展的常用方法。[2] 保尔·斯肯普、安德鲁·斯帕克斯和托马斯·坦普林（Paul Schempp, Andrew Sparkes & Thomas Templin）做的研究就证实了这种方法。[3] 他们调查了导致新教师从事教师职业的政治范围。把该范围比作*微型政治*，因为他们研究发生在小范围组织背景中（即学校）的政治现象，而不是研究与*政治*这个术语联系起来的地区或国家的现象。研究人员认为，研究的目的是确立教师用自己的力量提高个人兴趣的方法，以及社会对新教师的压力和他们努力达到同事对他们的期望。

斯肯普和他的同事选了两位初中教师和一位高中教师参与研究。每位从事教师职业的经历都相对较短。他们对每位教师进行了长时间随意的交谈以收集资料。研究人员并没有明确说明资料分析程序，但看来他们用第十四章中描述的方法从资料中直接推断出主题。从分析中得到三个主题：(1) 传记：把过去的经历带到担任新教师的学校；(2) 角色需求：教师为了保住职业所需达到的要求；(3) 学校文化：正常和得体行为的规则，包括协调并运用职业权力的规则。

---

① 不同学科的方法描述于史密斯，L. M. (1994)的传记方法。《定性研究手册》，第286～305页。Thousand Oaks，CA：Sage。

② 例见：古德森，I. (1992)，《研究教师的生活》，New York：Teachers College Press。

③ 斯肯普，P. G.，斯帕克斯，A. C. & 坦普林，T. J. (1993)，“教师就职的微型政治”，《美国教育研究杂志》，30，第447～472页。

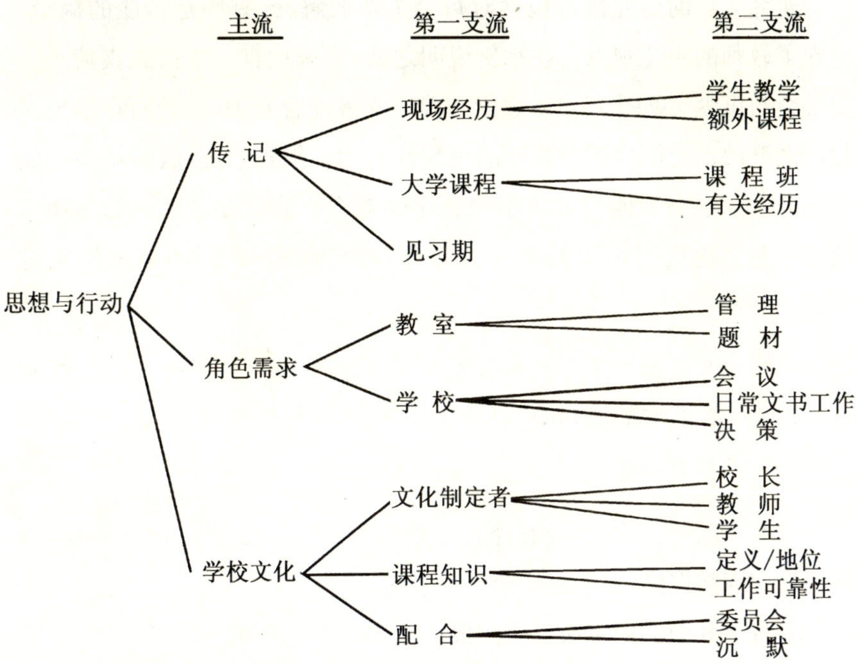

图 15.1　就职的微型政治：意识流

【资料来源】　斯肯普，P. G.，斯帕克斯，A. C. & 坦普林，T. J.(1993)，“教师就职的微型政治”，《美国教育研究杂志》30，第 447 页～472 页。图 15.1 第 455 页。

研究人员还确立了和这三个主题有关的许多别的主题。他们构成的代表所有主题关系的图表的复制见图 15.1。该图表描述了一种暗喻，由研究人员描述如下：

> 选择意识流的暗喻是因为三个主题中的每一个都有多种来源或支流，它们汇集到一起组成潜流来指导教师思想与行动……当它们构成思想或实施教学经历时，主流就一起汇入教师指定的信息库。①

① 斯肯普，P. G.，斯帕克斯，A. C. & 坦普林，T. J.(1993)，“教师就职的微型政治”，《美国教育研究杂志》，30，第 454 页。

研究人员的研究报告包含对每个主题的解释，有些是访谈的摘录，展现了教师的主位观点。在举例说明之前，先来检查一下第二支流——委员会与沉默（见图15.1），它们与第一支流配合有关，并转而在学校文化的微型政治范围内影响教师的思想和行为。报告指出：教师认为他们的职业生存取决于他们适应学校文化的能力。适应方法之一是参加学校委员会。他们引用了其中一位教师（报告中叫马蒂）的话来说明这一点：

> 我只是参与了力所能及的工作。我坐在那儿听着，不发言，除非有人问我"那你的意见呢？"这表明：我只是愿意加入并成为一员，而不是想来接管。①

这些新教师认为，学校有经验的教师不希望学校发生变化，因此，新教师最好保持沉默，不表达有争议的意见。

斯肯普和他的同事所得研究成果主要结论之一如下：

> 新任教师面临的现行微型政治气候贬低并减弱了大学所接受的专业培训。因此，要改革以大学为基础的师范教育计划看起来成功的可能性很小。进入需要协调和沉默的学校文化的教师没有动力去提出改革学校的建议，也不会用大学师范教育计划中的改革建议去冒疏远同事之险。②

教师就职的研究表明，生活史的研究传统使得读者了解一个人或一组人的内心感受。这些揭示已超越了被研究的具体生活。在上述的研究中，关于新教师就职经历的描述对当前设想的学校改革的成功前景提出了严肃的问题。

① 斯肯普，P. G.，斯帕克斯，A. C. & 坦普林，T. J.（1993），"教师就职的微型政治"，《美国教育研究杂志》，30，第468页。

② 同上，第469页。

五、社会与文化调查

许多定性研究人员把调查集中于个人如何组成团体(如:学校班级、工作组、教堂圣会和整个社会),以及这些社会团体怎样影响人们的思想与行为。也有研究人员则重视这些团体的文化。**文化**一词是指人们建立的生活方式的总和(例如:价值观、习俗、礼仪和信仰),它从一代传到下一代或从现在的成员转为新加入的成员。我们下面将讨论三种注重社会文化现象的定性研究传统:人种史、文化研究与人种方法论。

除了这三种传统外,还有其他定性研究传统也可以观察社会与文化现象,包括符号相互作用论、事件结构分析和解放行为研究。**符号相互作用论**是一种社会学的研究传统,它研究个人与社会相互作用,以及该作用对创造和保持社会结构和个人的自我身份所起的作用。例如:加里·艾伦·法恩(Gary Alan Fine)通过使用符号相互作用论的方法能够确立并描述组成少年棒球联合会的各种社会现实:联合会是学习该具体运动的社会结构,但也是使"男性文化"社会化的结构及学习这门运动的全部知识和术语的环境。[①] **事件结构分析**是另一种社会学研究传统,其重点是社会事件的逻辑结构,即某种社会事件是否是其他事件发生的先决条件。事件结构分析可以用来作研究民间传说、讲故事、轶事和其他叙述中的社会行为或事件发生的先后次序的准则。**解放行为研究**是专业从业人员为了提高工作的合理性和正义性而采用的一种自我沉思调查。一些师范教育机构曾把教师组成合作小组参与这种调查。[②]

要了解更多的定性研究传统,你可以参照本章加注参考文献。

---

① 法恩,G. A.(1987),《男孩:少年棒球联合会与少年文化》,Chicago:University of Chicago Press。

② 例见:艾伦,J.,库姆斯,J.,亨德里克斯,M.,纳什,P.,& 威尔逊,S.(1988),"研究变化:成为研究者的教师",《语言艺术》,65,第 379～387 页。

(一) 人种论

人种论对特定文化的特征以及这些特征的形式进行直接、全面的研究。人种论研究得当,即使读者没有直接经历过这种文化也可以从最终的研究报告中了解它。

人种论最初是由人类学家发展的,以后作了修改为其他学科研究人员(包括社会学和心理学)所使用。① 在20世纪60年代与70年代,许多不再沉迷于实证主义的教育研究人员转向人种论作为另一种选择方法。教育研究中对人种论的广泛接受反过来引导许多其他教育研究人员研究并用本章讨论的其他定性研究传统。人种论对教育研究的潜在影响将全面叙述如下:

诺布·希马哈拉(Nobuo Shimahara)确立了人种论研究的三个主要特点。② 第一,它注重发现人类的行为的文化模式。因此,人种学家对某种文化的研究是为了弄清行为怎样反映文化的典型方面,如价值观、信仰、习俗、禁忌及其他方面。因此,人种学家的兴趣主要并不是人类中的特殊阶层,而是人类中的普通阶层。人种学家把每个人看作是"一份文件",能够提供更大规模的文化信息。通过人种学研究发现的文化模式可以用来预见并解释该文化中其他成员的行为。

第二,它注重研究文化成员的主位观点(见第十四章),文化主位观点研究个人,以确定他们自己怎样解释事实和经历的事件。因此,重点就要描述文化成员怎样看待文化。人类学家弗朗兹·博厄斯(Franz Boas)在下面的叙述中表达了主位观点的重要性:"如果了解人们的思想是我们的重要目的,那么,整个经历的分析应该放在他们的观念上,而不

① 其中有些摘要描述见:沃尔科特,H. F. (1992),"定性调查的态度",《教育定性研究手册》,第3~52页。San Diego:Academic Press。

② 希马哈拉,N. (1988),"人类人种学:考虑方法",R. R. 舍曼 & R. B. 韦布,《定性教育研究:中心与方法》,第76~89页。New York:Falmer。

是我们的。”[①]然而，有些人种学家在研究中喜欢采用客位观点（即局外人的）。研究时，他们用自己的术语和类别来描述文化，或用本章稍后所描述的人种论研究例子的两种观点。

第三，注重研究文化所体现的自然环境。人种学家一般避免把想像的情景介入环境中。同样，在研究环境时，他们注意它所显示的文化模式的所有方面。例如：如果人种学家把教师的课堂作为微型文化来研究，他们会仔细注意教师、学生和其他人在课堂上的行为，然后他们把这种行为和教室的物质环境（例如：家具、墙饰和内部通话系统）以及其他相关环境（例如：操场、教师休息室和学校顾问办公室）联系起来。所有这些观察会反过来把环境中文化成员主位观点的资料联系起来。

文化是人种论研究的中心概念。默里·韦克斯（Murray Wax）追溯了这个术语的起源和它的变化意义。[②] 这个术语起源于努力促进有机物的生长（如农业上）。因此，文化的概念与进化的模式含蓄地联系起来，它认为，所谓“本土”文化代表了文化进化的初期阶段，而“文明的”西方文化代表了高级阶段。后来，许多人类学家反对这种著名的观点，认为世界各民族被归入许多种文化，每种都有独特的特点和无可置疑的品质。由这种观点产生文化作为传统模式、象征、礼仪、艺术品的理想概念。所有这些相关系统发生关系，形成一个整体。然而，韦克斯注意到：事实上人类学家已经发现了文化互相交错的特性，有位学者把它描述为“残片破布”[③]。韦克斯补充道：现代生产技术、交通和通信技术使得文化飞速传播，早期的人类学认为文化是多元、孤立、独特、历史上具有相同特征的文化，这如今在科学上是误导，与教育也无关。他认为现在的人类学家如实描述“全球文化普遍性”的出现，它超越并中和了许多所谓的文化要素。

---

① 博厄斯，F.（1943），“近期人类学”，《科学》，98，第311～314页，第334～337页。引言见第314页。

② 韦克斯，M.（1993），“文化怎样误导多文化主义”，《人类学与教育季刊》，24，第99～115页。

③ 同上，第101页。

人种论学家认为，使人类成为独特种类的是生活中文化的影响，人群之间最重要的区别是他们的文化。文化使得一群人生活在一起，通过共有的意义和价值观体系而繁荣，但这样的体系也可以使他们反对、甚至攻击持有意义和价值观体系不同的群体。因此，文化对它的成员产生了既积极也消极的后果。

人种论学家把人类文化的某些方面当作理解具体社会生活的中心。这些方面包括社会组织模式、经济实践、家庭结构、宗教实践与信仰、政治关系和礼仪行为。人种学家认为，文化的这些或那些方面都是相互关联的，因此，研究人员不可能只了解文化的某一方面而不去研究与它有关的其他方面。

人类学家一般认为，人种论应至少有一种含蓄的跨文化观点——把人类学与其他社会学科分开的信念。① 对有些人种论学家来讲，研究比较文化是他们的主要目的。人类学的这种分支叫**人种学**——它是建立在从不同文化收集到的人种论资料比较的基础上的文化理论的发展。

对教育人种论学家来说，关键问题在于学习是否被更好地看作文化传播或文化获得的过程。**文化获得**的研究注重个人怎样努力获取或避免获取反映在一般文化中的概念、价值观、技能和行为。例如：约翰·奥格布(John Ogbu)发展了一种教育和等级模型，它建立在他的人种论研究上。② 该模型认为，美国出生的少数民族群体成员在美国受到长期经济歧视，他们不愿在教育上投资，因为他们认为它不会有任何经济上的补偿。

相反，**文化传播**的研究注重更大的社会结构怎样故意介入个人的生活，去促进或在某种情况下去阻止人们了解具体的概念、价值观、技能或行为。乔治·斯宾德勒和路易丝·斯宾德勒(George Spindler & Louise

---

① 斯宾德勒，G.，& 斯宾德勒，L.(1992)，"文化过程与人种论：人类学观点"，《教育定性研究手册》，第53～92页。San Dirgo：Academic Press。

② 奥格布，J. U.(1978)，《少数民族教育与等级：美国跨文化观点的体制》，New York：Academic Press。

Spindler)注意到,强调文化传播会把人类学的专长用在社会文化结构和过程上。[①] 他们观察到,更注重文化获得会使人很容易利用"责备受害者"来解释个人学习上的问题。[②] 斯宾德勒担心过分专注于文化获得会使研究人员对社会怎样运用文化资源来组织学习条件和学习目的而失去人类学独特的观点。

在其他定性研究传统中也发现同样问题。如果你相信文化、语言和社会机构造就了个人,这种信念就意味着个人在社会生活中是相对被动的演员。相反,如果你相信个人造就了自己的命运,这种信念很难和我们在社会生活中观察到的常规现象(例如:习俗、礼仪、准则)协调。看来两种观点可能都有效,所以人种论和其他定性研究传统的任务是确定文化因素和人的力量怎样互相影响并共同决定社会生活。有些定性研究人员用**力量**这个词指个人造就自己生活条件的假设能力。

1. 人种论学者研究的现象

人种论起源于当时被称作*非西方*或*本土*文化的研究,它是由人类学家布罗尼斯拉夫·马利诺斯基、弗朗兹·博厄斯和玛格丽特·米德(Bronislaw Malinowski, Franz Boas & Margaret Mead Malinowski)进行的。马利诺斯基在第一次世界大战期间和新几内亚岛及特罗比亚德岛的土著人一起进行现场工作。[③] 他的著作有助于评定古典人种论,尤其是关心获取土著人的观点。玛格丽特·米特在新几内亚同样进行现场工作,描述了马努斯岛社会的成长过程。[④]

随着殖民主义的飞速发展和非西方文化的破坏,许多人类学家把注意力转移到研究自己的国家和其他发达国家的亚文化上来。这方面研究的突出例子是乔治·斯宾德勒和路易丝·斯宾德勒对德国和美国的

---

① "文化过程与人种论:人类学观点"。
② 同上,第60页。
③ 马利诺斯基,B.(1922),《西太平洋的淘金者》,New York:Dutton。
④ 米德,M.(1930),《在新几内亚成长:原始教育的比较研究》New York:William Morrow。

两所学校及它们的社会进行比较人种学的研究,[①]以及艾伦·佩什金(Alan Peshkin)对原教旨主义基督学校的人种论的研究。[②] 像这种小文化单位的研究有时也叫作**微型人种论**。研究大文化单位(如:缅甸)的对应术语叫**大人种论**。

2. 进行人种论研究的步骤

下面讨论的人种论研究方法和我们在第十四章中所叙述的个案研究步骤是一样的。这些步骤是:阐述研究问题、选择个案、获准研究、收集资料、分析资料和汇报研究成果。

阐述研究问题及选择个案。要阐述人种论研究的问题,研究人员必须确立要探索的文化方面。有时,该步骤在个案选择后才能产生。霍华德·贝克尔(Howard Becker)指出,人种论学家在选择个案时喜欢利用偶然或故意的情况。[③] 例如,布罗尼斯拉夫·马利诺斯基对新几内亚群岛的特洛比亚德岛人的研究由于第一次世界大战的到来和他作为敌对国公民的身份被扣留在岛上而延长了。

常常是先阐述问题,然后选择适合问题的背景。玛格丽特·米德喜欢研究本能的泛灵论(即相信精神的存在似乎是自然发展而不依赖任何外在的影响)和幼儿的思维过程之间的关系。她挑选美拉尼西亚是"因为它有着许多相对的未被破坏的原始人群的地区,而且在人种论探讨中作为一个地区,它充满了通常被归类于'泛灵论'条目下的现象,因而已招人注目了"[④]。米德然后描述了她怎样把研究重点放到相对无名的本地区而挑选马努斯岛部落是因为可以得到一些本土语的文本和一位愿意充当翻译的男学生。

---

① 斯宾德勒,G.,& 斯宾德勒,"文化过程与人种论:人类学观点"。

② 佩什金,A.(1986),《上帝的选择:原教旨主义基督教学校的世界》,Chicago:University of Chicago Press。

③ 贝克尔,H. S.(1993),《理论:必要的错误》,D. J. 弗林德斯 &G. E. 米尔斯,《定性研究的理论和概念》,第 218~229 页。New York:Teachers College Press。

④ 米德,M.(1930),《在新几内亚成长:原始教育的比较研究》,New York:William Morrow。第 289 页。

选择适合问题背景的另一个例子是艾伦·佩什金提供的美国基督学校研究的教学问题。他首先阐述了研究问题——一所原教旨主义基督学校怎样对入校学生进行文化求知的贡献，以及该社区与其他公立学校的维持功能相比较。① 然后，他进行了为期一年的先导研究。在那一年里，他的提议被好几所学校拒绝，最后，巴瑟尼浸礼教会接受了他并成为他研究的个案。

每一例都说明人种论的传统目的是使熟悉的变陌生。② 这种目的须以局外人的观点看待文化现象，然后，尽力以局内人的观点理解现象。只要完全投入非常不同于自己的文化就会达到该目的，就像马利诺斯基和米特的人种论个案研究一样。研究自己社区中不熟悉的亚文化也能达到这一目的，正像哈里·沃尔科特(Harry Wolcott)所研究的一位年轻人那样，他排斥了研究人员和他的大多数同事所信奉的许多教育和社会价值。③ 在佩什金的个案中，他作为犹太人的地位不仅确保教区对他来讲是陌生的，而且他被教区看作是外人。

当然，人种论研究有时也在熟悉的环境中进行，特别是研究人员在他们工作过的学校或与他们上过学的学校相似的环境中。在此情况下，研究人员必须用其他方式获取"局外人"的观点。例如，乔伊丝·亨斯特兰特(Joyce Henstrand)描述了她在自己任教的学校里进行人种论研究时，用理论反映她的研究成果。④ 这种方法使她能够退出教师角色，而集中于她的研究人员角色。

获准研究。获准研究的过程长短完全取决于研究问题的性质和个

---

① 佩什金，A.(1986)，《上帝的选择：原教旨主义基督教学校的世界》，Chicago：University of Chicago Press。

② 斯宾德勒 G. & 斯宾德勒，L.(1982)，《Roger Harker and Schoenhausen，从熟悉到陌生，再回到熟悉》，G. 斯宾德勒，《进行人种论教学》，第 21～43 页。New York：Holt，Rinchart，&Winston。

③ 沃尔科特，H. F.(1994)，《转换定性资料：描述、分析、诠释》，Thousand Oaks：CA：Sage.

④ 亨斯特兰特，J.(1993)，"研究指导的理论。定性地看待定量调查"，《定性研究的理论与概念》，第 83～102 页。New York：Teachers College Press.

案的要求。在对一位学校校长进行人种论研究时，沃尔科特把他的方法归纳如下：

> 我花了数周时间寻求合适的、乐意参与的研究对象，直到我所选的个人亲自同意和支持后才要求学区正式同意进行研究。①

正如沃尔科特的例子所说的一样，获准研究可能需经过从个人到机构组织的几个层次的同意和认可。相反，米德描述了一种不太正规、但也许要求更高的方法。首先，她在马努斯岛一个村庄的一座茅草屋中建了住所。然后，她花很长时间竭力使自己适应马努斯的文化，以便进入土著人的日常活动和谈话中。这涉及学习马努斯语，和孩童做游戏，参加宴会，并学会怎样避免使用他们文化中无数的禁忌语。

收集资料。人种论研究学者全面运用定性研究的资料收集方法，有必要时也会用定量研究方法。

米德描述了她的主要方法之一是观察马努斯的孩子们在家里以及和父母在一起玩耍。她还收集了孩子们当场画的画，这些孩子以前从来没有握过铅笔。她还要他们解释画面。由于村庄里只有210人，她可以了解村庄里当时所发生的一切事情，并"仔细注意这些事件的文化意义以及在孩子的生活中扮演的角色"②。谈话和解释都用土语记录下来。米德极力避免用专业词语来表达她所描述的"小说家的现场"③。她作详细记录以集成记录笔记。例如，住家记录单包括户主每个子女结婚的记录，谁资助他的婚姻以及他资助什么婚姻。孩子的记录单包括孩子吃的东西，玩的地理范围和选择的同伴。米德对马努斯部落人口的组成进行了详细分析，例如，有多少对夫妻、多少寡妇、鳏夫以及每对夫妻婚生子女的平均数。

---

① 沃尔科特，H.F.（1994），《转换定性资料：描述、分析、诠释》，Thousand Oaks：CA：Sage。第118页。

② 米德，《在新几内亚成长》，第291页。

③ 同上，第292页。

沃尔科特对校长进行的人种论研究运用了学校的通知、定量记录以及学校所在地的社区人口普查资料。他同样花了两周时间采样收集“时间与运动”的资料，每隔1分钟记录校长在干什么，在哪儿，与谁在一起。

在研究初期，沃尔科特主要是参与观察，在校长的日常活动中“跟踪”校长并不断记录。沃尔科特描述了他试图创造出经常记录的先例，这样人们会逐渐习惯起来。他总是直到完成最后一次采访记录后才回校。他用普通写法写的笔记被打成5×8大小的卡片，每张卡片仅叙述一件事。为避免与校长“接触过多”，他经常拜访教师和职员。他也能把他的观察范围延伸到校长的家里、校长在城内社区活动中的任务和特殊的社交事件。

沃尔科特在学校待了半年后才增加了访谈资料收集的方法。他和校长进行了几次长达1小时的访谈并录了音（例如：关于校长对下一学年的预测，他的家庭生活，自沃尔科特上次访问后学校发生的事）。对13位教师和两位工作人员也作了单独采访，得到他们对校长作为学校管理者的看法。他要求五、六年级全体学生写有关校长的匿名小评论。沃尔科特最后把长达10页的问卷发给各系教职员工，并结束了现场工作：“问卷特别有价值，它能使我获得教职员的系统资料，因此，我觉得没有必要与29位正式教师或兼职教师单独进行长时间的录音访谈。”①

在佩什金关于原教旨主义基督学校的人种论研究中，他描述了他和两位研究助手使用的资料收集步骤如下：

> 像我一样，他们观察、访谈并参加会议和活动。在原地大约呆了一个月之后，我们开始用袖珍笔记本作些零星记录，直至后来把所看到、听到的一切（除了午餐和其他非正式场合）都记下来。我们的访谈是在不断改变进度的情况下进行的，从4至12小时不等；所有访谈都录了音并形成文字。②

---

① 《转换定性资料：描述、分析、诠释》，Thousand Oaks：CA：Sage。第123页。

② 佩什金，《上帝的选择》，第23页。

在现场工作中，佩什金住在巴瑟尼浸礼教堂的教会成员家的一套公寓中，每周一次定期回他自己家中。他加入了主日学校，并参加了周日早晚和周三晚上的教堂礼拜。研究人员和他研究的亚文化在宗教上的差异对于他获取研究社区的“局内人”的观点形成了主要困难。他说：

> 我仍然像基督徒一样参与他们的生活，目的在于调和并减少他们的自我感，这样我能从如参观动物园的角色转变为共享他们的欢乐、体谅他们的痛苦的人。①

在巴瑟尼浸礼教堂的第四和最后一学期，佩什金通过向所有学生和教师及每位学生的家长派发问卷完成了资料收集。他的研究方法是在第一学期完全脱离参与者的观点和看法来观察巴瑟尼的世界；在第二和第三学期通过访谈集中获取参与者的看法；在第四学期通过问卷获取系统的资料，既可证实前面所了解的情况，也可确定个案研究成果的普遍性。

我们描述的人种论研究方法反映了研究人员在运用任何一种资料收集方法时所具有的灵活性，这有助于他们获取定性研究最基本的主位观点。随着现代技术的发展，大量资料收集方法不断涌现并被许多研究人员接受，定量和定性研究资料都可以使他们对感兴趣的现象进行研究。例如，斯宾德勒在对德国和美国小学作对比研究时，就用了指导活动表(Instrumental Activities Inventory)(IAI)。该指导活动表是描绘个人生活喜好的传统与现代生活方式的。斯宾德勒用统计法分析个人的选择、选择人群的标准，它们在诸如职业、教育程度、年龄和所喜欢的生活方式等方面与人口统计特征都有不同，而性别和年龄对生活的选择影响最大。

斯宾德勒还运用电影和图片作为访谈中产生共鸣的刺激手段，而不仅是补充自己的现场记录，即让美国教师与学生看德国电影，德国教师

① 佩什金，《上帝的选择》，第 24 页。

与学生看美国电影。斯宾德勒然后访谈了研究参与者，他们在自己教室里及“别的”教室里看到的东西和他们怎样理解他们所看到的内容。他们还进行了德国教师与美国教师、德国学生与美国学生的通信。对这项活动，他们认为：

> 这类征集到的文献对表达当地人的观点非常有用。这类交换应被看作一种研究手段——即由人种论研究者创立的情景。①

因此，虽然人种论是调查的自然方法，在这里，我们却看到了例外。在定性和定量研究中，不要把方法论看作一成不变的。如果能有助于你进一步洞察所研究的现象，你完全可以发明新的方法。

分析与诠释资料。我们在第十四章已解释过，定性研究中的资料分析一般在收集资料时开始，它会影响后面的资料收集成果。米德所作的下列评述表明，指导她研究的假设并不证实她的资料。然而，她为了发现并证实她正在观察的另一种解释，她继续收集资料：

> 对美拉尼西亚儿童进行的调查被用来解决在本书中极少触及的特殊问题，即因心理不成熟而自发的有鬼论与因心理不成熟而产生的思想特征之间的关系，特别是五六岁以下儿童的心理。该研究的结果是否定的，即找到的证据证明有鬼论并不是儿童思维的自发方面，也不会来自未成熟思维发展的思维特征；它在儿童思维中的存在与否依赖于文化因素、语言、传说、成年人的态度等等，这些文化因素起源于成人的思想，而不是儿童的误解。②

米德承认她原来假设的失败反映出要求人种论学家需要修改他们的假设、理论和诠释来反映现场所发现的一切。

佩什金用访谈、问卷和观察所得到的资料检查了原教旨主义基督学校竭力想建立的文化的许多方面，包括它来自教师、学生和学生家长的

---

① 《从熟悉到陌生，再到熟悉》第 80 页。

② 米德，《在新几内亚成长》，第 289 页。

信仰以及对他们的影响。佩什金运用欧文·戈夫曼(Erving Goffman)的社会学理论把学校文化描述成“纯粹的事业机构”。[①] 纯粹的事业机构对它的成员有普遍的影响,“不受时间与空间的限制,不局限于一个名称或句子,也不局限于某一建筑或特定的背景”[②]。佩什金的研究成果表明:巴瑟尼浸礼会学院成功地培养出学生,他们的理想显然与原教旨主义基督教理想一致,并以此作为指导学校与教堂的哲学。然而,他也描述了学生向他吐露的许多违背准则,并表示担心永远“失去智慧的活力和艺术创造性,成为真理的牺牲品”。[③] 佩什金同样超越他的个案范围,探讨美国基督学校发展的政治、教育和社会意义。

汇报个案研究。如第十四章所述,定性个案研究常常喜欢讲故事。人种论学家关心充实性描述和主位观点,喜欢编内容丰富的故事。玛格丽特·米德描述了6岁孩子波普利和他的父亲之间的互相关系:

> 他用马努斯人乞讨槟榔的口气:“能给一个小槟榔吗?”父亲扔给他一个槟榔。他用牙齿咬开皮,贪婪地嚼起来。“还要一个,”孩子的声音提高了。父亲扔给他第二个,孩子不自觉地把它紧紧握在湿漉漉的手里。“还要辣椒叶!”父亲皱眉了。“我只有一点,波普利。”“辣椒叶!”父亲撕下一片叶子,扔给他。孩子不高兴了。“太少了。还要!还要!还要!”他的声音变成了愤怒的吼叫。[④]

故事的最后是父亲理智地解释为什么不能给他更多的辣椒叶。一不小心,刀子掉到水里,他让儿子去拿,儿子拒绝了:“不,我不。你这个吝啬鬼,把辣椒叶藏起来。”孩子走了,父亲只好自己下水去找那把刀。米德让读者去推测马努斯文化中父子关系的特性。

马里恩·多伯特(Marion Dobbert)认为人种论研究报告有五个部

---

① 戈夫曼,E.(1961),《精神病院:精神病人与其他住院病人的社会环境论文集》,Garden City,NJ:Anchor。

② 佩什金,《上帝的选择》,第274页。

③ 《上帝的选择》,第286页。

④ 米德,《在新几内亚成长》,第20~21页。

分：(1) 陈述研究的问题和情形以及产生的相关问题；(2) 描述用来改进研究问题和设计研究的背景研究及理论；(3) 详细评估研究设计；(4) 提出资料；(5) 解释研究成果。① 多伯特把资料的描述当成报告的"核心"。她认为，这种描述应该是在调查的情况下全面描述社会景象，有序地表达并建立在低水平(描述性或低推断)的类目资料分析基础上。

多伯特确立了人种论研究报告的各种格式。有些格式反映了局内人的观点(如：典型的生物学或道德个性观点)，有些格式反映了局外人或"科学的"观点(如：生态或结构重点)，还有一些(如：社区中的社区及历史方法)既能接受局内人也能接受局外人的观点。

正如我们的实例证实，对文化或文化的某一方面进行全面的人种论研究是一件大事。通常一份报告只代表整个个案研究的一个方面。因此，个人的报告只对人种学起作用，而对报告自身的构成并无多少帮助。就像斯宾德勒花了数十年的时间对德国和美国的小学进行比较研究一样，要经常再访个案，或在此之后研究现象的不同方面。

3. 人种学研究的利弊

在调查文化这样复杂的现象方面，没有其他研究传统能比得上人种学的能力。它的全面导向能使经验丰富的研究人员确立文化的多种因素，并编成关联的模式。描述这些模式提供了"阅读"文化的代码。沃尔科特说，好的人种学"能使某人以其成员的身份恰当地预见并解释发生在社会或社会团体中的事"。②

近年来，人种学经历了越来越多的严格监督。这种监督在理解文化方面暴露出一些未解决的问题。③ 问题之一是关于人种学作为一门学科的地位。如上所述，人种论研究学家一般采取主位的观点，这意味着用

① 多伯特，M. (1982)，《人种论研究：现代学校与社会的理论和应用实践》，New York：Praeger。

② 沃尔科特，H. F. (1973)，《校长办公室的人：人种论》，New York：Holt，Rinehart&Winston。引言见 xi 页。

③ 这些问题在阿特基森，p.，& 哈默斯利，M. (1994)，《人种论与参与者的理论观察研究》中进行了讨论。《定性研究手册》，248～261 页，Thousand Oaks，CA：Sage。

文化成员自己的观点和语言类目描述并解释文化。虽然这种观点有助于读者理解作为独特社会现实的文化,但它不能成为发现社会生活规律的基础。例如:一位研究人员写了一份描述一学区的人种报告,它会帮助我们了解该学区,而不是其他学区。客位观点是研究人员发展自己的类目理解文化,它对跨文化研究和发现跨文化"规律"提供了更好的基础。然而,这些类目可能歪曲我们对任何文化具体的理解。另一未解决的问题是人种学是否应该同意从自然科学的目的出发来发展普遍规律,或从人文科学的目的来理解独特和具体的个案。有些人种论学家在研究中想尽力达到两种目的。

而另一问题是关于人种论研究成果报告的可信度。批评家认为,人种学报告代表了一种对文化现象产生次序的写作体裁,这种次序不能精确反映描述的文化。例如,克利福德·格尔茨(Clifford Geertz)认为,人种学是"小说",因为它们不是文化本身,而是作者用各种文学惯例和手段讲述的故事。① 再者,有些女权主义者认为,传统的人种论学家表达的是优越的男性谈话,它与所研究的文化成员没有相互关系或距离甚远。②这些批评使得一些人种论学家采用"对话式"的姿态进行研究,作为研究人员与被研究的文化成员之间的协作。

上述问题在人种学研究传统或其他定性研究传统(它们也是争论较多的焦点)中远没有得到解决。因此,如果你计划进行人种论研究,就需要非常熟悉这些问题的文献资料,并决定希望采用哪种姿态去表现。同样要记住,需要花很长时间才能学会怎样进行人种论研究;而且,人种论研究的资料收集过程要花上几个月、一年、甚至更长的时间。

(二) 文化研究

文化研究是调查文化中的权力关系,以帮助把那些受文化中各种方

---

① 格尔茨,C. (1973),《文化的诠释:论文选》,New York:Basic Books。

② 斯坦利,L. & 怀斯,S. (1983),《打破:女权意识与女权研究》,London:Routledge & Kegan Paul。

式压迫的成员解放出来。英国伯明翰的当代文化研究中心于 20 世纪 60 年代开始的该研究传统非常有用。在欧洲，文化研究继续成为调查的一个积极领域，在美国也越来越流行。由于欧洲与美国社会的不同，文化研究在两个大陆也采用不同的形式。

文化研究已被描述成批评理论的一个分支。[①] 通过德国法兰克福社会研究院学者的工作，批评理论始于上世纪 20 年代。近年来，它与在德国工作的朱尔金斯·哈伯曼斯的工作紧密联系起来。哈伯曼斯的调查主要是理论性的，涉及大范围的社会结构，而以文化研究为特点的研究人员喜欢依赖于经验，关心小范围的社会结构。文化研究和批评理论有很大差距，然而，这两个词有时被当作同义词使用。鉴于此，我们上面提出的*文化研究*定义同样适用于*批评理论*的定义。

约翰·菲斯克(John Fiske)把文化研究看作批评理论的分支，他强调了文化研究和其他批评理论之间基本的共同处：

> 虽然文化研究不同于其他批评理论，它与它们都有最重要的特点——批评。所有批评理论最基本的假定都是应该改变不平等，如果我们改变了它们，那世界就会更美好。研究资本主义有三个相关的理由：暴露不平等的结构，鼓励人们去改变它们，揭示可能改进的场地和方法。[②]

我们探讨文化研究并重视以此为工作特点的研究人员和理论家，因为在美国，它正成为越来越突出的研究传统。然而，我们却很少重视以批评理论为特点的学者，这是为了把文化研究放在更大的批评理论情景中。

众所周知，研究文化传统的教育研究人员分析被多数教育家所忽视的权力关系，然而，这恰是教育机构运作的中心问题。他们的分析是建立在倡导权力的公正分配的承诺指导下，而不是在现行的教育体制之

① 《定性研究手册》，第 189～198 页。Thousand Oaks，CA：Sage。

② 同上，第 197～198 页。

下，现行的青年体制被以为是基于道德、阶层、性别和其他文化类别基础上的对个人的一种长期的社会压迫。

1. 文化研究传统的假定

乔・金齐洛和彼得・麦克拉伦(Joe Kincheloe & Peter Mclaren)列举了*批评*家所接受的七条基本假定，他们解释成“研究人员或理论家极力把自己的工作当作社会或文化批评的形式”。① 下面将归纳这些假定并提示它们对教育研究的含义。

1. *在任何社会中的某些中心群体要比其他人有特权*。虽然具有这种特权的理由不一，当下属把自己的社会地位看作是自然的、必然的或不可避免的时候，具有现代社会特征的压迫就不可阻挡地产生了。批评理论把启迪与揭示不同群体与个人的真正利益(即需求、关心和益处)等同起来。有特权的人群为了保护自己的利益总是对保持现状感兴趣。批评理论强调作为社会生活主要特点的竞争的利益冲突。它同样强调大多数人的沮丧感和权利丧失感，竭力提供洞察力去指导人们取得更大的自主权，并最终得到解放。

霸权是指通过特权群体的机构(即政府组织和公立学校体制)对下属群体保持统治地位。统治性文化通过一系列“相关的名称”构成个人经历实现霸权。根据彼特・麦克拉伦所说，霸权是“有权者赢得被压迫者的同意的斗争，被压迫者不知不觉参与了对自身的压迫”②。

发言权的概念是被批评理论家用来研究统治和压迫的具体表达。**发言权**是指一种现象，即属于某社会类别或拥有某种身份的人们通过社会上各种论述的作用保持或竞争各种统治和从属文化，他们或是保持沉默，或是被授权，或取得了特权。发言权的概念在亨利・吉罗克斯(Henry Giroux)的批评理论中起着重要作用，我们将在后面讨论这位教

---

① 金奇洛，J. L.，& 麦克拉伦，p. L. (1994)，“再思批评理论与定性研究”，《定性研究手册》，第138～157页。Thousand Oaks，CA：Sage。

② 《学校生活：教育基础的批评教学法介绍》，New York：Longman。引言见第182页。

育家。他认为，发言权"对分析学生怎样在特殊的情景中被迫沉默，或怎样由于置身多语言环境中害怕或无知而沉默"①。

2. *压迫有许多方面*。批评理论家认为，只强调一种形式的压迫会损害其他形式的压迫（如阶级压迫对种族压迫），掩盖了它们之间的互相联系。要了解压迫并与之作斗争，就有必要观察用来分隔并压迫不同群体的所有文化类目，考虑它们的联合压迫和影响。例如，要了解某一学生为什么在学校好反叛和好斗，教师不仅要考虑学生的种族身份，还要考虑学生的性别和社会阶级背景以及其他文化特点（例如，感到被剥夺了权利或学习方面无能）。

3. *语言对客观性的形成至关重要（有意识和无意识）*。个人的意识既被语言扩大，也受到语言的限制，这种语言对个人经历编码有用。例如，那些第一语言是亚洲语言的学生与第一语言是英语或西班牙语的学生对足球运动或课堂教学有着不同的有意识和无意识的经历。

4. *发信号者和信号物的关系从未稳定或固定，常常经过资本主义生产和消费的社会关系的调解*。例如，这个假定就是说教科书的作者（发信号者：signifier）写的一本教科书（信号物：signified）常常包含基本的经济考虑，并因不同的时代而变化。因此，大多数教科书的形式和内容反映了统治文化的价值观，与出自资本主义价值框架的标准是一致的。

受到批评理论家这种分析的文本不仅包括口语和笔语，也包括其他任何符号（例如：学校大楼入口处的旗杆）。这种分析过程叫**反构成主义**。反构成主义是起源于哲学和文学的批评方法，它声称：课文没有确切的意思，文字可以只指其他文字，"玩弄"课文会产生多种常常是矛盾的解释。例如，现代反构成主义运动的创立人雅克·德里达（Jacques Derrida）分析了构成西方社会中大学发展的基本原理："就我所知，从未

---

① 吉罗克斯，H. A.（1992），"抵制差异：文化研究与批评教学法谈话"，L. 格罗斯伯格，C. 尼尔森，&. 特雷克尔，《文化研究》，第 199～212 页。New York：Routledge。引言在第 205～206 页。

有人创立过一所*反对*说理的大学。所以我们有理由认为，大学存在的理由一直是它自身的理由，是一些理由存在的基本联系。”①德里达继续询问建立在说理基础上的大学的理由，并强调说理只会求助于说理来证明自己正确，这就产生了把大学建立在提高说理基础上的原理问题。德里达和其他反构成主义者企图用这种情景分析法来询问所有陈述人（“课文”中描述的）的假设权威，使之接受多种解释，而解释之间是平等的。他们甚至通过“反构成”组成课文的术语和表述来询问批评理论家的解放议程的权威性。

5. *所有思想基本都是通过社会和历史组成的权力关系来协调的。*在教育情景中，这种假定暗示教育的学生、教师和其他人群的信仰和活动不可避免地在教育体制的内外受到权力和统治经验的影响。具体的信仰和活动只能在发生的特殊情景中得到理解。

6. *事实永远不能脱离价值观的范围或离开某种思想形态。*这种假定的第一部分反映了文化研究反对这种观念：教育研究人员寻找事实是一种客观、无价值的过程——事实上它就反对客观现实本身的观念。文化研究人员认为，所有关于人的本性和行为的“事实”都是由社会构成的，因此，会容易产生许多诠释并通过人为手段而变化。

该假定的第二部分是**意识形态**，它是关于怎样进行教和学的观念具有价值和信仰的预制系统，在教育中，大多数这样的思想形态会加强社会中统治集团的力量。文化研究的倡导者们认为，成绩、改革、革新和世界水平的标准等教育概念都是某些人群建成的类目并为这些人群的利益服务。

7. *主流研究的统治正不知不觉地暗示阶级、种族和性别压迫系统的再现*。许多教育研究已为实证主义所领导，主要由中层和上层社会的白

---

① 德里达，J.（1983），“说理原理：学生眼里的大学”，《发音标记学》，13，第3～20页。引言见第7页。反构成主义说理的其他例子见：德里达，J.（1978）《写作与区别》，London：Routledge & Kegan Paul。

人男性所研究。因而，它依赖广泛的事实、科学和利益等这些假定，但事实上这些假定一直被用于保持压迫代表其他文化类目的人群。文化研究人员特别反对那些为了尽量扩大教育生产力而注重预见和控制的教育研究。这种研究反映*指导合理性*，这就要事先用手段和技术来压制结果和目的。雷克斯·吉布森(Rex Gibson)声称，智商测试运动是指导合理性的缺陷和不公正的主要例子：

> 指导合理性竭力控制别人的思想，它声称自己这样做的公正性，并行使自己的权力，为自己的利益服务。它紧随的是狭隘的效力原理，运用的是粗糙的经济标准，它的结果实在太显而易见……得益最少的是那些综合学校学生和来自劳动阶层家庭的学生。①

文化研究传统的种种假定有益于产生关于主流教育实践和研究的批评反思。

2. 询查方法

文化研究传统反对采用统一、正规的方法。相反，它广泛运用其他研究传统中的方法，包括社会学、符号学、文学批评、历史、哲学、心理分析和人类学。即使是使用这些方法，文化研究人员也一直受到批评：

> 使用其他传统是为了它们可能产生新的和可能抑制的内容。评论涉及窃取更有用的成分，并反对其他成分。②

文化研究传统中如果有什么适用于研究和建立理论的普遍方法，那就是评论——评论研究人员自己的观点和价值观，评论方法论，评论研究的现象。

由于文化研究广泛依赖于其他研究传统，你如果想用文化研究方法调查教育问题，你就要在人文科学和社会科学方面广受教育。再者，你

---

① 吉布森，R. (1986)，《批评理论与教育》，London：Hodder & Stoughton。引言见第8～9页。

② 约翰逊，R. (1986/1987)，“文化研究究竟是什么？”，《社会情景》，16，第38～80页。引言见38页。

需要在准备使用的资料收集或概念分析的具体方法方面发展技能。例如,下一部分将描述的研究是米歇尔·法恩(Michelle Fine)的性教育和学校医务室,她进行了大量的文献资料研究,然后对一所公立中学进行了为期一年的人种调查。

3. 文化研究类型

文化研究传统范围内的研究人员对各种社会问题和现象进行了调查。例如,他们研究了对妇女社会公平问题[①]、少数民族问题[②] 和其他团体问题的情况,他们的发言权一直受到通行的权力结构的压制。

教育文化研究与调查教育计划和体制及建立理论有着特殊关系。这两种调查举例如下:

教育计划与体制的研究。许多文化研究人员在自己工作的学院外去研究教育计划与体制。例如,J. 安尼恩(J. Anyon)研究了学校里的非正式课程。[③] **非正式课程**是间接教学,指在学校的结构和课堂组织,其结构组织在不断改变学生的态度和习惯。安尼恩发现,那些学生群体大多来自工人阶级家庭的学校强调使用工厂工人的态度和习惯(如,盲目服从、纪律、忍受重复劳动及尊敬权威)来教育学生的教学实践。相反,那些学生来自上层社会经济阶层的学校强调指导学生怎样成为领导、解决问题的专家、权威的质问者以及自己工作的创造性组织者。

米歇尔·法恩的性教育和学校医务室研究说明了文化研究关心怎样教育学生在将成年时了解性别和阶级之间的关系。[④] 在法恩的人种研究中,她采访了美国学校的学生,调查了性教育计划,分析了课程材料,以发现当前流行的有关女性性特征的课堂对话及做法。

---

① 奥利森,V. (1994),"女权主义与定性研究的塑造",《定性研究手册》,第 158～174 页。Thousand Oaks,CA:Sage。

② 斯坦菲尔德,J. H. II(1994),"定性研究的种族塑造",《定性研究手册》,第 175～188 页。Thousand Oaks,CA:Sage。

③ 安尼恩,J. (1980),"工作的社会阶层与非正式课程",《教育杂志》,162,第 67～92 页;阿普尔,M. (1979),《理想与课程》,London:Routledge & Kegan Paul。

④ 法恩,M. (1988),"性教育与少女:缺乏欲望话题",《哈佛教育评论》,58,第 29～53 页。

法恩发现，女学生，尤其是低收入家庭的学生，很少去学校诊所，也很少接触性知识。当诊所及课程开设后，学生的表现和谈话更令人沮丧。法恩还发现，在公立学校体制中流行着三种主要的女性说法：(1) 性知识充满暴力，是强制性的；(2) 性知识是与受害相联系的，因为男人是潜在的掠夺者；(3) 讨论女性对于性的决策是围绕着婚前禁欲的价值而进行的。即使法恩的研究结果表明，女青年一般都对性行为负责(如，保证使用避孕工具)，这三种论说的企图都是阻止女学生有性行为。

法恩提出了第四种可能性：有关性欲的谈论。这种谈论会了解女学生的愿望、快乐和性权利的可行性。然而根据法恩的观点，这种谈论"还只能在美国公立学校谈公事时悄悄谈论"[①]。因而，法恩研究的许多学生把学校的性教育计划和医务室的努力看作是与自己的需求相距甚远或是相对立的。

理论建立。文化研究传统强调用理论解释社会并解放它的参与者。因此，理论的发展(在该传统中称作"批评理论")是文化研究人员全力以赴要做的事。亨利·吉罗克斯(Heny Giroux)在批评理论的发展中起着主要作用，这对美国教育很实用[②]。因此，我们在这里叙述他的研究。

吉罗克斯阐述了与批评教学特别有关的几种文化研究假定。吉罗克斯以美国公立教育正处于危机之中这一假定作为研究的开端。他发现这种情况非常清楚地反映在两种矛盾之中：关于美国文化与民主是等同的高调及一些指示现象，如，参与选举的人不多，国民的文盲率日趋增高，以及日趋普遍地认为社会批评和社会变化与美国民主的意义无关。

吉罗克斯提出了"边缘教学"的解放理论来代替他所说的"政治差异"，该差异描述了许多现行教育问题与解决方法之间的对话。就吉罗

---

① 法恩，M. (1988)，"性教育与少女：缺乏欲望话题"，《哈佛教育评论》，58，第 33 页。

② 吉罗克斯，H. A. (1988)，"批评理论、文化政治与发言权：再思教育研究对话"，R. R. 舍曼. & R. B. 韦布，《教育定性研究：中心与方法》，第 190～210 页。New York：Falmer；Giroux，H. A (1992)，"抵制差异：文化研究与批评教学法的对话"。L. 格罗斯伯格，C. 尼尔森，& p. 特雷克尔，《文化研究》，第 199～212 页。New York：Routledge。

克斯而言,边缘这个词反映了可渗透或变化的边缘概念,它可描述个人与群体之间的差异,并与传统社会类目的牢固和“非此即彼”的特性相反。

在吉罗克斯的理论中,差异与更广义的政治联系起来,学校和教学是围绕一种目的感而组织起来的,这种目的感对公民权和公众民主生活的批评概念有着差异。这种差异概念是后现代主义的,因为它认识到了解特殊性、不纯性和多样性的需要,它把政治团体看作不断变化的亚群落的不同聚合。在此范围内,人们认为教育家应该给学生机会,去分析主导文化怎样使得边缘“在恐惧、不平等和强制排斥中达到饱和,并建立新的教学边缘,使差异成为文化与身份的新形式的交叉点”①。

如果吉罗克斯的体制被用来指导教育实践,学生就不再学习统一的课程,他们会在不同文化历史中发掘“边缘地”,作为批评分析和实验、创造和可能性的潜在源地。可以直接发掘力量,这样既可帮助学生理解主导形式怎样在社会和历史中形成,并发掘教师怎样能用权威来帮助学生从这种主导中解放出来。最终,学生学会批评地理解文化课文不仅为各种杂乱无章的代码所控制,而且表达和代表了不同意识形态的兴趣。

吉罗克斯认为,需要“一种建立在谈话中的基本教学法,它承认空间、紧张和学校日常工作中奋斗的可能性”②。他竭力想把基本教学法确定为批评教育研究的指导,再作为能使各种教育层次的教育家重新确定智能工作的本质和询查本身的传统。吉罗克斯把这种教学法的最终结果看作“最多只能给教育家和他们的学生提供知识丰富的情景”③,他认为这种结果与从其他理论谈话中获得的结果完全不同,他认为其他谈话在批评教育状况时只会带来失望而不是希望。

---

① 吉罗克斯,《抵制差异》,第 209 页。

② 吉罗克斯,《批评理论》,第 193 页。

③ 同上,第 208 页。

4. 文化研究的利弊

文化研究的假定和方法引起了代表其他传统的教育家和研究人员相当多的批评。某些批评家认为，代表文化研究特点的反构成主义使得"惟一被这种感觉认可的永恒性"变得毫无根据。① 换言之，这些批评家相信，文化研究人员和理论家都很苛刻。当达到极端时，分析构造主义会导致失望感，而不是解放的希望。然而事实上，至少有些文化研究传统的理论家和研究人员会完成解放任务。例如，为了更好地满足向来得不到关注的学生的需求，亨利·吉罗克斯和米歇尔·法恩的研究工作给教育家指明了独特的发掘方向。

文化研究的另一个局限性是从事该传统工作的研究人员的文章高深。雷克斯·吉布森(Rex Gibson)描述了这个问题：

> 批评理论家的文章并不有助于他们的事业。他们的许多书和文章都有这些特点，如浮夸、没必要的复杂句子结构、喜欢使用自己的新词(新杜撰的字)以及几乎故意拒绝与行业外读者直接、清楚地交流。给人的印象是"有小集团倾向"，或排他的；只是内行人写给内行人看的。②

如果有人认为，理解是解放意义的一部分内容，这种无法接近文化研究的语言违背了它的主张，即培养被压迫人群的解放意识。解决问题的方法很明显：采用更接近教育家的写作体裁，而他们缺乏该研究传统的专业知识。同时，如果你能把散文渗透到文化研究文献中去，你会从解释这些问题的因素应有的丰富洞察力中受益，如：为什么少数民族在学校表现很差，为什么学校领导反对某些类型的变革？

(三) 人种方法论

试想一下你第一次遇到的新情况，例如，开始一份新的工作。你可

---

① 斯普雷内克，C.(1991)，《美德的状态：后现代主义时代意义的发现》，New York：HarperCollins。引言见第13页。

② 吉布森，《批评理论与教育》，第16～17页。

能得到一些正式指导,但也会随便学到很多东西,例如:怎样与你的主管交谈,发生错误怎么办,怎样与同事和客户相处,什么是合格产品与不合格产品,以及通常怎样使自己对工作场所的理解和在该社会环境中工作的其他人的理解一致。**人种方法论**就研究这些事。更确切地说,人种方法论研究个人理解日常社会环境的技能以及个人在这些环境中完成交流、决策和推理任务所用的常识性策略。

人种方法论的研究传统在社会学中得到了发展。大多数社会学家关心的是大范围的社会现象(例如社会阶级和性别在社会中的角色),而人种方法论者关心的是发生在本地环境中小范围的社会现象。人种方法论发展成一个研究领域是受到观察学家的工作影响。像他们一样,人种方法论者关心个人怎样看待社会现实,而不是社会现实的客观特点。两者的区别是:观察研究人员主要关心个人对现实的诠释,而人种方法论者则对一些个体对发展现实的内在主观性诠释感兴趣。

人种方法论者已发展了几种指导研究的理论构成。其中之一是**索引法**,这是指词汇的意义只能通过使用它们的语境来决定。我这个词是索引词,因为它的特殊意义只能由具体语境决定,即知道说这个词的人。同样,如果个案教师对班级学生说:"我现在希望你们集中注意力。"学生会用语境中的线索构成这句话的意义:教师的声调,紧接着的动作,当教师说过这句话后学生还来不及反应时,教师又是怎么反应的,以及在教师说话之前和之后每位学生观察其他同学的行为。所有这些索引暗示将帮助学生了解这句话,特别是"现在"这个词所包含的迫切程度。人种方法论者的兴趣在于发现个人用来诠释当地社会环境的索引暗示。

人种方法论研究的资料收集方法各不相同。它们包括使用直接观察、参与者的观察、访谈和文献资料分析。资料分析方法与第十四章中描述的*沉思分析*相似。人种方法论者靠直觉和判断来了解个人怎样在本地的社会环境中理解情景和工作并形成共同的社会现实。他们同样具有反思导向,即他们对研究方法怎样影响研究的现象进行反思。换言之,研究行为本身就包含理解和社会现实的构成。因此,人种方法论者不仅要描述他的研究参与者怎样理解和构成他们本地的社会现实，还要描述他自己怎样理解和构成这种理解、构成过程的描述。

休·梅亨(Hugh Mehan)对一所小学的某个班级进行了一次人种方法论研究，该小学位于圣地亚哥的黑人和美籍墨西哥人居住区。[①] 教师在一学年中教的九次课全都被录了下来并进行了全面分析。梅亨在许多研究结果中发现，教师用"轮流指派方法"作为课堂上交流和保持教室里的秩序的基本方法。[②] 轮流指派法有三种方法：个人指名(教师指名要某位学生说)，鼓励自愿(教师让想说的学生自己举手)，鼓励共同回答(教师请学生一齐说而不需要点名)。梅亨同样发现，轮流指派法还包括即兴方法来应付非正常事件。例如，当一位没被指名的学生回答了教师的问题，教师常常忽视这位学生的话。梅亨强调，这种行动是一种轻微的惩罚，而不致于使教师看起来像个"警察"。梅亨同样注意到：

> 什么都不做……以微妙的方式保持了教师对课堂形式的控制。它能使教师完成计划，不需要经常惩罚公开违反课堂纪律的现象。[③]

梅亨使用了一种人种方法论方法——违反来使他课堂上依次活动的推论有效。**违反**是指自然或有意识地中断人们的通常活动来揭示人们为了保持社会环境所做的隐性工作。例如，研究人员可以在商店里为某一商品还价，就是为了看看售货员怎样表达社会习俗，即美国的商店里的商品都是按规定价格出售的。梅亨通过寻找自然发生的事例来检查有关轮流纪律的推断，就如一位没有被提名的学生代替另一位被提名的孩子发言那样。在大多数事例中，梅亨发现，不守纪律的学生会受到教师的惩罚(即反面评估)。梅亨认为这种惩罚的出现使得他从正常课堂交流中推断出的轮流纪律得到确认。

---

① 梅亨，H.(1979)，《学习课文：课堂的社会组织》，Cambridge，MA：Harvard University Press。

② 同上，第83页。

③ 同上，第111页。

梅亨从他的人种方法论研究分析中得出结论：学生若要在课堂文化中取得成功就要有社交能力和理论知识：

> 成功地参与课堂文化涉及到能力，即把理论行为和社交行为与假定的课堂情景根据内在纪律联系起来。这就要超越口头指导的信息来理解教师，提供情景信息把具体特点和一般模式结合起来……课堂范围内有能力的成员要把学术知识和交际技能拧成一股绳，以合适的互感形式提供正确的理论内容。①

梅亨研究了学生应具有的在一种指导下(小学课堂)获得成功的交际能力。若要揭示缄默纪律以及学生在其他教学情景中遵守或违反纪律的程度，用人种方法论的调查方法同样有用，例如，教师指导高年级的作业难题(如，写论文)或即将来临的考试复习课。这些方法也可以用来研究教育家感兴趣的其他社会情景，如教学大纲制定委员会和管理工作小组。

六、语言与交流的调查

由于语言与交流是社会生活中的主要特点，定性研究人员对此作了大量研究。本章所用的*交流*这个词是指讲话、文件(如：课本、时事通讯和备忘录)和媒介传播产品(如：指导性的录像带和大型传媒装置只读存储器)。交流是语言的运用，这可以看作符号系统。符号可有许多形式，例如，口语和书面文字，但同样包括人的眨眼、学校教学楼前的旗杆和交通信号灯的颜色。从这个角度来看，社会环境中的任何事物都是可阅读和诠释的"文本"。

定性研究人员对交流的研究有不同的兴趣。有的对交流行为的性质感兴趣。他们提出这样的问题，如：语言怎样起作用？个人怎样从文

---

① 梅亨，H.(1979)，《学习课文：课堂的社会组织》，Cambridge, MA: Harvard University Press，第170页。

本中获取意义？文本是否只有一种正确的解释？什么因素影响交流行为？还有些定性研究人员对交流的实际内容感兴趣，因为它会揭示他们感兴趣的一些现象。例如，人种学家可能会分析从现场环境找到的文件，它们能揭示研究的文化。你也会发现，以下将描述的一些定性研究传统强调*怎样*交流，而有些则强调交流*什么*。

下面的部分将描述三种定性研究传统，它们在交流研究方面非常突出：解释学、符号学和结构主义。但首先将叙述与你的研究兴趣有关的其他几种传统。

交流的许多行为采取讲故事、民间传说和轶事等形式，如用舞台剧、口述故事、小说和电影的形式表现出来。这些交流行为都是叙述性的，把这解释为用交流的形式去组织表达和解释个人及社会的经历。研究人员曾用各学科的方法来研究叙述的特点。这些方法有**谈话分析**研究两人或多人之间言语行为的规律；**社会语言学**研究社会特征的影响，如：年龄、社会经济地位和运用语言的种族地位；**叙述学**是研究文学性的叙述。认知心理学家、人种方法论者和事件结构的分析家（见本章的开始部分）发展的方法也用来研究叙述。这些方法总称为**叙述分析**。教育研究人员近来已经使用叙述分析方法研究教师、学生和其他人群生活的社会组织。①

人类学家发展了几种定性研究传统，强调研究文化交流模式。为了揭示文化的认知结构，**人种志**（ethnoscience 也叫*认知人种学*或*认知人类学*）研究文化的语义体系。例如，可以研究某种文化用来描述食物的名词来确定该文化的成员怎样概括吃的行为。**人种志内容分析**检查研究现场找到的文件内容，以反思文化中社会的相互影响。相反，定量内容分析（见第九章）研究文件的内容而并不考虑产生它们的社会和文化背景。最后，**人种论交流**研究文化团体成员怎样在社会生活中运用言语。

要更多地了解叙述分析和人类学方法去研究交流，可以看书后的加注参考文献。

---

① 例见：乔斯森，R.，& 利布利奇，A.（1993），《生活的叙述研究》，Newbury Park，CA：Sage。

(一) 解释学

这个词最初是诠释神学文本的意思。在现代哲学和社会科学里，**解释学**已开始指个人理解任何文本意义的过程。文本这个词可以指文件(如：课程指导)，但也可以指社会习俗、文化神话和任何包含可“读”的信息的东西。因此，研究人员可以用解释学的原理去诠释学校改革报告(如：处于危机中的国家)、学校委员会现场会议、学生穿的衣服或学区教师招聘和留用政策。

在哲学中解释学历史悠久的传统为大多数从诠释角度进行的定性研究提供了许多理论依据。事实上，诠释这个词强调了在定性研究中诠释的重要性。因为诠释是解释学的中心，难怪它对定性研究人员普遍采用的方法有如此大的影响。

解释学理论家认为没有客观现实，因此不可能正确地了解现实。相反，我们可以开发对世界的诠释。从这种假设中可以得知，作家开始诠释世界的某个方面，然后把这种诠释作为文本用媒介(如：课本或教学录像形式)来表达解释。这些媒介用的是传统方法(如，内容表)，而它们自己却是依赖解释行为的社会构成。接着读者通过诠释过程理解文本，这就是试图再体验作者的诠释行为，解释学理论家认为，作者和读者都参与到诠释过程中。因此，在诠释行为以外无法客观地理解世界。

解释学理论家尽了很大努力去弄清人类为何及如何能诠释。他们也开发了能帮助诠释文本的概念和方法。原理之一就是**解释性循环**，即不断改变文本每一部分的诠释意义和整个文本诠释意义之间的过程。诠释整个文本有助于诠释每一部分，反之亦然。

伊莱恩·阿特金斯(Elaine Atkins)研究的课程发展评议组也说明了其他诠释原理，[①] 建立该组是为了对当地大学的学习课程进行新的普

---

① 阿特金斯，E.(1990)，“从竞争范例到最终的一致：有争议倾向的课程个案研究”，《课程与监督杂志》，5，第308～327页。

遍研究。它包括以前三个小组，他们提出的有竞争力的建议，大学管理者一个都没接受。给新小组的任务是开发一个“统一的”提议。

阿特金斯把小组开的20次会议都录了音，每次有5小时之久，研究目的如下：

> 我想返回去更多地了解我们是怎样设法达成一致的，因为我们对此曾非常努力。我也想找到我们过去从未达到一致的看法。我想明确综合或联合的要点，了解究竟在什么情况下才进行了真诚的对话，弄清协议的哪一部分受到了阻碍。①

阿特金斯通过解释学观点分析她在课程发展计划过程中的角色，以了解她的偏见和价值观怎样影响她的反思。

然后，她用汉斯-乔格·盖达默(Hans-Georg Gadamer)的“联合见识”的解释概念来理解课程计划发展组工作的展开。② 盖达默认为，虽然对话中的每个参与者会坚持自己的观点和偏见，但仍然可能理解其他参与者的观点和偏见，它们能被承认并翻译成每位成员都能懂的术语。如果参与者愿意，他们可以进行解释性的谈话，经过辩论和反辩论过程来达到共识。在盖达默的术语中，最终目的是使所有参与者各自的观点——他们各自的“见识”——融入背景中，以此产生一种人类共有的思想和行动(“联合见识”)的结果。

阿特金斯注意到，小组成员在最初的几次会议上花了许多时间争辩他们的地位并反对竞争地位。然后他们汇集了两种普通学科课程的可能方法。阿特金斯由此看出，对话改变了对融和的及单独见识的理解，她对该过程不同阶段时发生的事作了说明：

> 第一阶段。我们好不容易达成一致，但不时会发生同样的争

---

① 阿特金斯，E.(1990)，“从竞争范例到最终的一致：有争议倾向的课程个案研究”，《课程与监督杂志》，5，第310页。

② 盖达默，H.(1975)，《真理与方法》，New York：Seabury Press。

论,然后又不时地被平息,之后才逐渐形成了最终的课程计划。①

第二阶段。由于我们认识到,两种议案(普通学科课程的方法)对新的课程都将形成量或双重纲要,两组都不会减弱。我们开始寻找方法为其他职员和管理者提供统一阵线。②

第三阶段。在此阶段,我们都达成一致,一部分原因是我们知道,现在是政治妥协的时候了,另一部分原因是我们现在把两种方法看作知识调查循环中的各个阶段。每一阶段在学术生活中都有强大的地位。对话再次改变:争论变成重点之一,而不是两极分化。③

阿特金斯用小组会议中的有关摘录来证实她的诠释。

该研究说明了解释学概念和方法有助于阐明文本的意义,即工作小组不断发展中的对话。解释学分析的一个值得注意的特点是诠释过程注重文本本身。也就是说,研究人员辩论、冲突和妥协的关键概念是建立在文本的基础上的,而不是将调查者的观点或别人的理论强加在文本上的。因此,在阅读报告的时候,我们感到,发展小组的主位研究观点以真正、可信的方式显示了出来。

(二) 符号学

试想一下,我们是通过符号系统互相传播信息或向自己传播信息。语言就是这一种系统,但还有其他系统——例如:数学符号、乐谱、照片、路标、非言语手势。**符号学**研究符号系统,特别是研究物体(如:字母)怎样传达意义以及符号系统怎样与人的行为联系起来。当你意识到信息只有以符号的形式编码时才存在,这样,研究符号的重要性就变得清晰了。这种编码过程影响表达信息的性质。因此,要了解信息传送的背景

① 阿特金斯,E.(1990),"从竞争范例到最终的一致:有争议倾向的课程个案研究",《课程与监督杂志》,5,第317页。

② 同上,第322页。

③ 阿特金斯,"从竞争范例到最终的一致",第325页。

(如：课堂教学)，我们需要了解被编码的信息的符号系统。换言之，不仅研究所说的和所写的，还要了解怎样说和写的，这些都是非常重要的。符号学家认为，信息不代表任何客观现实。相反，它们是建立在运用符号系统的社会结构的基础上的。

符号学家在研究符号系统和它们与人类行为关系方面发展了各种概念和方法。最基本的概念是符号物、符号意义和符号。**符号物**是传达意义的物体。**符号意义**是物体传达的意义。符号物和符号意义一起构成**符号**。例如，词组 H_2O 是符号物，符号意义是水。这个词组和它的意义一起构成符号。符号 H_2O 是化学符号中许多这样的符号之一，它构成符号系统。符号学家对研究这些系统感兴趣，包括分析系统要素以及它们怎样用来传达意义。

彼得·曼宁(Peter Manning)描述了他参加的一次毕业典礼后所进行的非正式的符号分析，来阐明符号学家的工作。[①] 他注重于用来传达各种信息和组织人们行为的礼仪性符号。下面是他注意到的符号：

> 典礼的顺序，醒目的服装，空间的代码(观众、教职员、高年级毕业生)，等级和地位的符号(帽子、各色的披肩布、各种款式和长度的礼服)，讲话的惯例(如欢迎词、祈祷、主要发言、学生的答谢词等演讲形式)，典礼进行的次序和文本(如计划、对参与者的指导和毕业文凭)。[②]

曼宁注意到，观众和那些直接参与毕业典礼者的行为与这些符号的意义相符的程度不同。符号学家对完全符合和背离所指符号意义的行为感兴趣。因此，符号学家常常把自然环境作为现场，对感兴趣的符号系统进行正规分析。

罗伯特·埃弗哈特(Robert Everhart)研究的三所进步中学的思想

① 曼宁，p. K. (1987)，《符号学与现场工作》，Newbury Park，CA：Sage。
② 同上，第 33 页。

意识就是教育符号学研究的例子。[①] 在这些学校进行一年的细致的现场工作中,埃弗哈特注意到,学校教职员用的主要符号之一是开明的概念。他也注意到,该符号有几个符号物:让学生选择课程,对学生的决策提供输入信号,使用学生编制的学习合同。这些符号物企图(即符号意义)认为,这些做法会促进学生的学习积极性。这些关系如图 15.2 上半部所示:

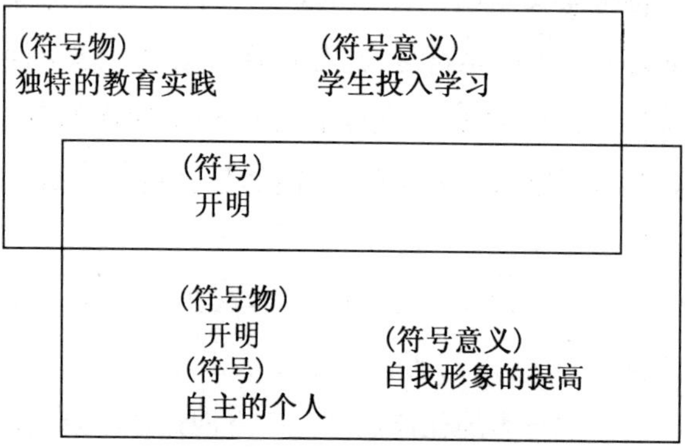

图 15.2　开明学校的符号结构

【资料来源】 埃弗哈特,R. B.(1991),"管理实践的符号导向",《教育管理季刊》27,第 358～377 页。

从符号学角度讲,上述的分析注重指示性符号,即对一般人来讲,符号在符号物和符号意义之间具有比较明显的固定联系。也可能分析指示性符号下面的内涵符号。内涵符号具有符号物和符号意义之间的联系,这种联系建立在个人的亲身经历或某一团体的历史基础上。分析结果如图 15.2 的下半部分所示。在采访父母、学生和教师时,埃弗哈特发现,建立在开明(内涵意义层次上的符号物)基础上的学校思想是与试图提高学生的自我形象(符号意义)相联的,它们共同构成培养学生自治的理想符号(即自力更生、自我激励)。他也发现,开明的特殊意义反映了

① 埃弗哈特,R. B.(1991),"管理实践的符号导向",《教育管理季刊》,27,第 358～377 页。

这三所学校的决策者的个人信念：

> 他们自己的社会背景确定了开明的意义，这与他们自己的生活境遇是一致的。学校领导层大多是由在个人劳动市场工作的中产阶级组成，他们的信念进步。对他们而言，开明的基本价值在于它所希望“诺言”是为不稳定的社会和经济秩序做准备，而年轻人不得不依靠自己去获得成功。①

埃弗哈特在现场观察中发现，尽管宣布了开明和自治的价值政策，教师和学生行为的偏离并不一致。

符号学在各种专业学科中都是一门很强的研究传统，但它却没有在教育中被广泛运用。然而，它似乎对教育研究有很大前景，因为，有那么多教育现象具有符号系统，这些符号系统用来传授学生所学的东西以及怎样学习信息。

（三）结构主义论

结构主义论一种注重现象系统特点的调查方法，最显著的是系统内要素之间的关系。例如，这本教科书可作为含有各种要素的系统，这些要素组成特殊结构：章节、名称索引、脚注、页、标题、引言、加注参考文献等。结构主义理论认为，每个要素的意义只能通过检查它与系统中其他要素的关系来决定。例如，名称索引只有与出现在章节中某些词相关时，才具有意义。

随着费迪南德·迪·索热尔（Ferdinand de Saussure）在语言学方面的工作，作为定性研究传统的结构主义论在20世纪初出现，并得到其他学科研究人员的进一步发展，他们是：心理学的琼·皮亚杰（Jean piaget），社会学的巴兹尔·伯恩斯坦（Basil Bernstein），人类学的克劳德·莱维-斯特劳斯（Claude Levi-Strauss），文学与传播研究的雅克·德

① 埃弗哈特，R. B.（1991），“符号学作为管理实践的导向”，《教育管理季刊》，第374页。

里达和罗兰·巴赫迪斯(Jacques Derrida & Roland Barthes)。[①] 和其他定性研究传统一样,结构主义的调查方法取决于具体的研究人员。然而,吉布森(Gibson)确立了结构主义研究人员一般采用的六条原理,[②]原理描述如下:

1. *整体比部分的总和大*。结构主义学家认为,系统的运作不能减少要素和其相互之间的关系。这是因为要素和它们的关系是由系统作为整体控制的。例如,课本有支配一切的指导设计,它大于它的组成章节和前后部分。同样,社会团体大于它的个体成员和每位与他人互相作用的总和。每个成员都有一种独立的集体感,它影响集体中每个成员的行动。

2. *社会现实不仅存在于事物中,也存在于它们的关系中*。要了解这个原理,就要考虑语言。如果我们想知道语言中某个词(如:教师)的意思,我们必须确定它与其他词的关系。结构主义学家认为,单词并不指一个独立、客观的现实,而是"语言被上升到现实的最高的界限"[③]。

索热尔把言语和文本概括为无形、永恒的系统的有形、短暂的表现,他称之为语言(langue, 英语中为 language)。因此,词典和语法课本代表写作和言语的要素和规则,但它们不能体会到整体(即语言)的所有微妙特性。同样,我们可以研究一种文化的神话、礼仪、法律和机构去努力了解它。虽然所有这些要素是该文化的表现,而在这些要素之外有种无形的文化"系统"决定着这些表现。

3. *个人是各种系统的从属要素*。结构主义学家认为,个人自身没有意义,对自己也没有意义,他们的行为也不能作为创造自己社会现实的独立的代理人。个人是由他们作为成员的各种系统组成的。因此,个人不能创造语言,而是语言创造了个人,以及使他能进行交流的

① 这些研究人员的工作在吉布森,R.(1984)《结构主义与教育》中讨论过。London: Hodder
② & Stoughton。
③ 这些研究人员的工作在吉布森,R.(1984)《结构主义与教育》中讨论过。London: Hodder & Stoughton,第21页。

东西。

4. *系统具有自动调节机制，确保它们的生存*。结构主义学家认为，系统有一种内部稳定能力，尽管它们的力量呈变化趋势也能保持融合。例如，英语必须应付这样的事实：新的社会和技术发展需要新的词、现有词的新的意义或现有词的废弃。因此，英语一直在变化，而它却一直保持可识的系统融合。

5. *"快照"比历史分析能更好地理解社会现实*。索热尔认为，意义存在于词的关系之间，因为这些关系存在于时间的某一点上。因此，他认为历史分析与了解近期意义无关。例如，知道*愚蠢的*(silly)这个词曾经有*有福的*(blessed)意思，那么*无助的*(helpless)这个词并不能帮助我们意识到它现在有*愚蠢的*(foolish)意思。索绪尔认为，语言的要素是任意的符号，因此，它们可以随着谈话者、环境和时间而改变意义。例如，屏风(screen)这个词在室内设计中是一种意思，而在计算机设计中则完全是另外一个意思。

6. *结构会受变化的影响，但也是按照系统的规律*。结构主义学家认为，系统遵循某些规律，它们指导系统内的要素和关系间变化的趋向。数学对这个原理提供了很好的例子。等式 $4+3=7$ 可以转换成 $3+4=7$，但由于控制可行或不可行转换的数学规律的存在，就不可以转换成 $3+7=4$。同样，世界上的各种语言随着时间的推移而变化，但结构主义学家认为，这些变化的本质受到宇宙规律的限制。

以上描述的六种结构主义原理认为，在现象的系统特性中可以找出意义。**后结构主义论**是结构主义的一个激进观念，它是否定在系统内找到任何固有意义的研究方法。因此，后结构主义者认为研究莎士比亚与研究喜剧作品并无两样，二者都是可以研究的符号系统，二者比较，没有一方比另一方更具有真理性。同样，对文学作品或文本不能仅有客观、真实的诠释：

文本阅读的方法很多：每个文本自身都可能有一套无限的结

构。而为了有利于某些文本而建立一套规则来产生这些结构，显然是规定性的意识形态的举止。[①]

后结构主义的支持者们认为，它的研究价值在于它促使人们对他们自以为正确或权威性的假设进行深入的询查。

如上所述，作为询查方法的结构主义论影响了社会科学和人文科学各个学科的研究人员的工作。教育中最显著的是对皮亚杰和其他研究人员的影响，他们尽力从思想结构以及这些结构的转换规律来理解知识的发展(如：皮亚杰的同化和调解原理)。令人吃惊的是，结构主义和后结构主义虽然对文学和媒介的研究产生了意义重大的影响，而结构主义却没有对课程材料的研究产生更多影响。教育似乎也有许多系统结构(如：成绩水平、教育水平、人员等级制、学习课程)需要进行结构分析。

吉布森提供了几个通过结构分析了解教育现象的例子。[②] 其中之一是分析一位教师给一班儿童上的科普课。吉布森证明了教师的行为怎样被具有科学思维特点的思想结构决定。这种结构限制了她与孩子的相互作用，因此，孩子们任何不符合结构的回答都被否定或重新提问。

在调查的另一方面，乔恩·斯托特(Jon Stott)发展了教授年幼儿童文学的结构主义教学方法。[③] 这种方法教给学生"故事所形成的有意义的模式部分地受到文学代码和惯例的影响"[④]。文学代码和惯例的例子有：讽刺、旅程主题、环境以及用早期的文学体裁创作的新的文学作品。研究还可以通过确定教学计划怎样影响学生的学习和他们在学校课本上发现的意义属于什么类型来完成。

---

① 卡勒，J. (1975)，《结构主义诗学：结构主义、语言学、文学研究》，Ithaca，NY：Cornell University Press。引言见第 242 页。

② 吉布森，《结构主义与教育》，第八章。

③ 斯托特，J. C. (1987)，"螺旋次序的故事课程：小学各年级小说教学的结构主义方法"，《儿童教育文学》，18，第 148～162 页；斯托特，J. C. (1982)，"小学各年级小说教学的结构主义方法"，《教师阅读》，36，第 136～143 页。

④ 同上，第 151 页。

七、用定性研究传统的研究人员易犯的错误

研究人员

1. 按照现有的传统进行研究，而不是先和有经验的研究人员一起工作。

2. 研究的一般个案与相关的传统不一致，包括调查生活史、社会与文化或语言与交流。

3. 在选择研究指导传统前，没有仔细考虑对自己的研究问题产生影响的研究传统多样性。

4. 选择指导研究的传统，但在开始研究前，不大量阅读和认真思考。

5. 运用研究传统时，既不用传统内的现成步骤，也没有开拓其他的理论方法。

自测题

1. 文本描述是叙述

a. 自言自语或刺激记忆访谈　　b. 个人对现象的预沉思观点

c. 个人对现象的诠释或回忆　　d. 个人对文本的诠释

2. 文本没有确切的意义这种说法对________是根本的。

a. 符号学　　b. 反构成主义

c. 人种方法论　　d. 认知人种学

3. 研究个人没能了解符号的潜在意义对研究________的研究人员特别有益。

a. 交流人种志　　b. 人种志的内容分析

c. 符号学　　d. 后结构主义论

4. 个人从童年到成年的正规学习经历可能对________最有益。

a. 生活史研究人员　　b. 现象法研究人员

c. 人种论研究人员　　d. 事件结构分析的研究人员

5. 索引法是指具体的词语意义

a. 与另一文化语言不完全相互对应

b. 应由它们所被使用的上下文来决定

c. 不能用解释学原理确定

d. 可以用符号学原理确定

6. 专家与新手的思维过程对________特别有益。

a. 现象学研究人员　　b. 符号学家

c. 认知心理学家　　d. 人种方法论家

7. 边缘教学法的理论是在________的研究传统内发展的。

a. 结构主义　b. 后结构主义　c. 文化研究　d. 教育人种论

8. 语言决定个人的行动的主张对________是根本的。

a. 解释学　b. 符号学　c. 现象学　d. 结构主义

9. 文化获得的概念是指

a. 个人对自己文化的了解

b. 移民群融入一种文化的过程

c. 社会结构在教学文化标准和价值观中起的作用

d. 文化发展新的标准和价值观的过程

10. 霸权是指

a. 批评理论家概念化的解放方法

b. 批评理论家倡导的社会公正概念

c. 社会下层成员的文化主位观点之间的差异

d. 社会特权群体对从属群体的统治

11. 解释循环是________的过程。

a. 决定社会相互作用的模糊规则

b. 解决霸权争端

c. 分析符号信号物关系的人种内容

d. 对文本作出的诠释

12. 人种论一般强调

a. 主位观点　b. 符号观点　c. 客位观点　d. 现象法观点

祝蔚红○译

第十六章　历史性研究

一、概览

历史性研究通过对历史的研究来帮助教育工作者了解教育现状。它还帮助教育工作者构想未来教育的各种前景，并对这些前景的可能性作出判断。在本章中，我们将解释进行历史性研究时所涉及的主要步骤：(1) 确定要研究的问题；(2) 搜集历史资料的来源；(3) 对历史资料的真实性和精确性作出评估；(4) 最后按照时间顺序和不同题目将历史资料综合起来。我们在本章中，始终都强调教育史学家们在研究中使用的诠释过程。

二、目标

通过本章的学习，你应该能够：

1. 描述当代历史性研究与 19 世纪历史性研究之间的主要差异。
2. 陈述进行教育历史性研究的几个目的。
3. 列出进行历史性研究所需要的主要步骤。
4. 描述教育历史研究性的五种类型。

5. 描述文献、定量记录、口述记录及遗迹作为原始历史资料来应用。

6. 区分三种不同的历史资料来源(初始资料来源、主要资料来源、次要资料来源),并分别为各来源提供一个例子。

7. 描述研究者从历史原材料中记录信息时采用的几个步骤。

8. 描述研究者运用外部批评方法研究历史文献后获得的该文献特点。

9. 举例说明研究者对历史资料进行内部批评时对自己提出的问题。

10. 对叙述历史事件时的主观性与偏见加以区分。

11. 解释“历史意味着诠释”这一观点。

12. 描述某些特定概念的使用是如何影响历史性诠释的。

13. 解释在从历史证据中推导出因果关系时所产生的诠释问题。

14. 描述组织历史研究报告的几种不同方法。

三、引言

英国历史学家 E. H. 卡尔(E. H. Carr)在回答“什么是历史”这个问题时说:“这是历史学家与事实之间相互作用的持续过程,是现实与过去永无止境的对话。”[①]根据 E. H. 卡尔的这一观点,我们把历史研究定义为系统搜寻资料以回答有关过去现象的问题的过程,其目的是为了更好地理解当前的教育机构、教育实践、发展趋势及存在的问题。

C. H. 埃德森(C. H. Edson)指出历史性研究与其他定性研究方法之间有四个相似之处:(1) 强调背景研究;(2) 在自然的而不是人为的或理论的环境中进行行为研究;(3) 重视经验的整体性;(4) 在研究过程中以诠释为中心。[②] 鉴于此,历史性研究一般被认为是定性研究的一种特殊

① 卡尔,E. H. (1967)《什么是历史?》,New York: Random。引文见第 35 页。

② 埃德森,C. H. (1986),“我们的过去和现在:教育中的历史研究”,《思想期刊》,21,第 13~27 页。

类型。但是，一些历史学家也运用定量研究方法，这点将在本章后半部分进行说明。

就认识论倾向而言，历史性研究更倾向于后实证主义而非纯粹诠释主义。这就是说，历史学家承认人类观察的不可靠性和偏见。但是，他们也相信，通过细致的分析和多种证据来源是可以发现所研究的发生在某一特定时期里的现象的“真相”的。[①]

只要简单地分析一下这种研究所涉及的内容，诠释在历史性研究中的重要性就一目了然了。历史性研究的对象必然是那些历史学家对之进行研究之前所发生的事件。因此，历史学家必须依靠其他人——比如，记者、法庭记录员、日记作者或摄像师——所做的事件记录。事件的记录意味着诠释行为，因为记录事件者的偏见、价值观和兴趣会使他们注意某些细节而疏忽另一些细节。这样，在历史学家收集这些历史资料提供的数据之前，它们就已披上了诠释的外衣。历史学家在决定是否要强调还是忽略某些具体资料以及如何将数据整理归入某些范畴和模式时，他们给这些数据又添上了另一层诠释。所以，历史研究报告并不是关于过去的文字叙述，而是历史学家琼·伯斯泰因(Joan Burstyn)所说的“构建的现实”。[②]

诠释在当代历史性研究中起到了中心作用。与之形成对照的是19世纪最流行的史学观点，即“历史由极多的不可辩驳的复杂客观事实构成”[③]。19世纪的历史著作大多卷轶浩繁，无论是综合性题材的史学著作（如：西方史、美国史）还是单一题材的历史著作（如：法国革命、西班牙-美国战争）都包括了许许多多的细节。当代历史学家往往认为这些著作充其量只是些历史编年史。而他们自己的作品往往更简短。他们将历史事实置于一个诠释框架中，在这个框架里这些事实和其他资料被

---

① 在诠释主义框架中进行历史研究的例子（特别是符号学），见奈，D. E.（1983）“被创造的自我：一部来自托马斯·爱迪生文献的反传记”，Odense，Denmark：Odense University Press。

② 伯斯泰因，J. N.（1987），《作为意象的历史：改变镜头》，《教育史季刊》，27，第167～180页。

③ 卡尔，《什么是历史?》第14页。

赋予了意义和重要性。

教育的历史性研究与其他类型的教育研究的不同之处在于，历史学家通过搜寻如日记、官方文献、遗迹这些历史来源*发现数据*。所以，在历史性研究中，历史学须首先获得有效证据，然后才能构想课题、选择题目和制定研究计划。与此相对照的是，大多数其他类型的教育研究要求研究者*建立*数据。例如，一位研究者可以在为确定一项教学计划的效果而进行观察或主持测试时建立数据。

(一) 历史性研究的课题

得克萨斯大学的阿瑟·莫尔曼(Arthur Moehlman)和他的同事们制定了一种分类方法，可以用来描述教育文献中所发现的历史性研究的研究范围。① 他们的目的是要为不断增长的与教育史相关的传记材料和原始文献提供利用计算机进行储存和检索的方法。

图 16.1 所示为莫尔曼和他的同事们提出的分类系统中的 11 种主要类型。我们还为每一种类型提供了一个已出版的历史研究实例。这一分类系统列出了教育史家所感兴趣的涉及范围广泛的话题。你会发现这一系统对阐明你想研究的具体历史问题很有帮助。

1. 与教育历史有关的传记

例：布里克曼，W. W.，& 泽普，J. T. (1992)《俄苏教育，1731～1989》：多语种加注传记

New York：Garland

2. 普通教育史

例：克雷明，L. A. (1961)《学校的改革：美国教育中的进步教育理论，1876～1957》

New York：Knopf

3. 教育立法史(例如，税收、公债、学校用地范围和学区、平等计划、课程设置、州政府资助的学校和大学、法庭案件)

① 莫尔曼，A. H.，范·塔赛尔，D.，戈茨曼，W. H.，& 埃弗里特，G. D. (1969)，《美国教育的计算机辅助研究指南》，Austin：University of Texas。

例：泰克，D. B.（1987）《法律和公立教育的发展，1785～1954》Madison，WI：University of Wisconsin Press

4. 主要教育撰稿人历史传记

例：卡卡，S.（1970）弗雷德里克·泰勒：《个性与创新研究》Cambridge：MIT Press

5. 教育主要分科史，例如学校质量鉴定和入学规定、课程设置、招生、财政、目标、组织与行政管理、人事、社区教育、教学方法和教学材料。

例：库班，L.（1993）《教师是怎样教的》（第二版）New York：Teachers College Press

6. 教育机构史（如函授学校、幼儿园、小学、中学、学院和大学、职业学校、军事教育以及研究组织）

例：诺尔斯，M. S.（1994）《美国成人教育运动史》（修改版）Huntington，NY：Krieger

7. 教育文化史（如人种学、人类学、社会学、技术）

例：巴顿，H. W.，& Provenzo，E. F.，Jr.（1989）《美国教育与文化史》（第二版）Eaglewood Cliffs，NJ：Prentice-Hall

8. 教育规划和政策史

例：泰克，D.，& 汉瑟特，E.（1982）《高尚的经理：美国公立学校的领导阶层，1820—1980》

New York：Basic Books

9. 教育历史评论

例：卡诺伊，M.（1994）《逝去的梦想：美国种族政治和经济学说》New York：Cambridge University Press

10. 世界教育比较史

例：西尔弗，H.（1983）《作为历史的教育》London：Metheun

11. 当代教育问题史

例：布查特，R. E.（1988）《智胜和计胜拥有世界的人：非裔美国人为受教育而斗争的历史研究》教育史季刊，28，第333～366页。

图 16.1　教育历史文献分类系统

【资料来源】 摘自莫尔曼，A. H.，范·塔赛尔，D.，戈茨曼，W. H.，& 埃弗里特，G. D.（1969），《美国教育的计算机辅助研究指南》，Austin：University of Texas。

（二）研究历史的重要性

教育的历史有几项重要的作用。一些被称为**文物研究者**的历史学家因为历史本身而重视研究历史。他们沉迷于某一特定的历史时期，毕生为这一历史阶段独特的事件和对象提供文献佐证。他们似乎并不关心自己的发现对当代的学者或学生们是否有意义。

研究过去的一个更为重要的目的是由教育历史学家索尔·柯恩(Sol Cohen)提出的：

> 在弗洛伊德看来，神经症是无法摆脱过去而造成的，是个人历史的重负。被压抑的过去以曲解的形式不断再现。心理理疗医生的任务是帮助病人重构过去。就这点而言，历史学家的目标与理疗专家的目标很相似——通过帮助我们理解过去，把我们从过去的重负中解放出来。[①]

作为历史的解放性作用的一个例子，想想如果教育研究者在进行一项研究之前对所研究领域的文献不作一番回顾的话，情况会怎样呢？他们就很有可能去验证一些早就被证明为无效的假设，重复设计出有问题的研究方法，"发现"先前的研究者所发现的东西，继续犯前人已犯过的方法论的错误。的确，只有对研究文献进行不间断的历史回顾，科学才能进步。

历史的这一解放性作用还适用于教育实践。例如，在为拨款问题而奔走游说时，教育官员倘若对过去影响自己学校所在学区预算的立法情况一无所知的话，就可能犯以前的人犯过的错误；或者，他们可能根据关于历史的错误假设而提出令人质疑的观点。

历史性研究的另一个目的是提供一个理解现状的道德准则框架。罗伯特·贝拉(Robert Bellah)和他的同事们认为当今的个人主义和科学理性主义几乎没有为理解生活和培养道德观念提供什么指导。[②] 研究

① 科恩，S. (1976)，《美国教育史的历史，1900～1976：过去的用途》，Harvard Educational Review，46，第298～330页。

② 贝拉，R. et al. (1985)，《心灵的习惯：美国生活中的个人主义和承诺》，Berkeley：University of California Press。

过去帮助我们了解有着明确的道德标准和社会秩序的传统，这种标准和秩序得到大多数社团成员的认同。事实上，许多宗教和种族群体为使自己的历史传承下去，都试图通过仪式和文献努力将那种道德和社会秩序感保存下来。我们有理由认为教育中同样存在着这种需要。我们教育机构的建立依据是特定的价值观念和社会观。研究这些价值观念和社会观能够使我们清楚地了解我们是如何看待和评价这些现存的教育机构。

有些教育历史学家作研究的目的是为支持当前的社会改革建议而寻找证据。对历史的这种应用是典型的修正主义历史学家的研究特点。**修正主义历史**研究的目的在于使教育者对过去的实践敏感起来。这些实践的目的和效果看来都不合理，却一直延续到现在，因此需要改革。例如，迈克尔·凯茨(Michael Katz)研究了19世纪中叶马萨诸塞州的教育革新，并论证了这种教育革新是如何为主要经济利益集团服务却阻挠了民主的目的。[①] 因为人们往往用一种比现在更为公正超然的眼光去审视过去，所以凯茨的研究就可能比对教育现状的研究更容易揭示与教育革新有关的问题。

历史性研究还有一个目的，就是帮助教育者对未来可供选择的教育方案作出界定和评估，这些教育方案均涉及某一特定的教育现象。如果我们了解某个个人或一个群体以前是如何表现的，那么我们就有一定的自信去预测他们将来的表现。比如，通过研究一位议员以往的投票记录，就可以对他在一项即将进行表决的教育议案中的投票倾向作出很好的预测。但在其他类型的教育研究中，预测很少是准确无误的。新的社会、政治或经济条件不断出现，使教育实践缺乏连续性。例如，俄勒冈州于1991年通过了第五号法令(一项由选民通过的立法提案程序)从根本上改变了资助公立学校的基本原则。这样，俄勒冈教育以往的实践就再

① 凯茨，M. B. (1968)，《早期学校改革的讽刺：19世纪中期马萨诸塞州的教育革新》，Cambridge，MA：Harvard University Press。

也不能用来准确预测学校的课程、教职工模式和组织结构了。

教育历史学家主要是通过参与对教育工作者的培训来影响教育实践。例如,要成为教师的人通常必须修一门教育历史的课程。教育历史学家还可以影响教育政策的制定。帕特里夏·格雷厄姆(Patricia Graham)就是一个著名的例子。这位教育历史学家曾在1977年至1979年期间担任国家教育研究所的所长。在美国教育研究协会1980年年会上,格雷厄姆在发言中指出,一个历史学家关注传统问题可以为研究现实提供一个角度,并且可以使他运用多种研究方法去考察问题;他描述了对上述问题的关注是如何使历史学家在作出重大决策时处于有利地位的。①

一些教育研究者认为历史论方法与他们的工作是不相关的。他们认为自己的研究工作属于自然科学和社会科学,而历史则属于人文学科。这种观点是很有问题的,因为所有的研究者在某种程度上都是历史学家。在研究中,他们必须查阅文献,以确定以往就某一特定问题已经提出过哪些理论,已经作过哪些研究。还有,以前的教育研究成果的有效程度取决于这些成果所处的环境背景发生了多大的变化。再者,搜寻相关文献(专业杂志文章、技术报告、未出版的手稿,等等)并分析其重要性,这些工作无论对经验主义研究者还是对历史学家来说都是必须要做的。因此,无论你选择作的研究是否主要是历史领域的,学习历史性研究的方法论都能帮助你成为一名更好的研究者。

(三) 进行历史性研究的步骤

史学研究方法是对不同历史学家在他们的研究中所运用的各种步骤和程序的研究。在开始历史研究之前,我们建议你阅读几本史学研究方法著作(参见本章的加注参考文献),并研究一些具体的教育历史学家

① 帕特里夏·格雷厄姆描述了担任国家教育研究所所长时的经历。格雷厄姆,P.(1980),“作为政策制定者的历史学家”,Educational Researcher,9(11),第21～24页。

的史学研究方法。有关他们所进行的研究的报告通常有一部分是关于史学研究方法的。

在关于史学研究方法的系列讲座中，卡尔(Carr)描绘了一位历史学家是如何进行研究工作的：

> 外行……有时问我历史学家撰写历史的时候是怎样工作的。最普通的假设似乎是历史学家把自己的工作分成泾渭分明的两个阶段或时期。首先，他花很长的时间阅读原始材料并在笔记本中记下事实；当这一预备阶段结束时，他就抛开原始材料，拿出笔记本，把书从头至尾写出来。对我来说，这是一幅令人难以置信的画面。就我个人而言，一旦得到一些我认为重要的原始材料时，写作的欲望立刻高涨起来，于是我就动手写——并不一定是在开头，而是在某一部分，可以是任何部分。然后，阅读与写作同时进行。在阅读中，写作有增有删，重新组织，甚至删掉。阅读是由写作引导并因为写作而富有成果的。越往下写就越明白自己在寻找什么，就更清楚自己所发现的东西的意义和重要性。①

进行历史性研究的教育研究者以及运用像实验等其他方法的研究者常常使用类似卡尔描述的步骤。例如，定量研究者首先可能提出一些暂时的假设，并制定出检验假设的研究方案。在纵览文献和进行试验性研究后，研究人员可能决定要对假设和研究方案作进一步的修改。然后，在正式研究完成后，研究人员可能会提出新假设，这些假设是最初没有想到但却可以由手头的数据进行检测的。

以下的顺序步骤有助于组织历史性研究：明确所要研究的问题，搜寻历史资料，总结并评估历史资料，在诠释框架中扼要描述切题的数据资料。本章的以下各节分别描述各个步骤。不过，请记住，这一研究步骤的顺序可能因研究的具体问题、搜寻历史资料数据的环境以及用来理

---

① 卡尔，《什么是历史?》，第32～33页。

解资料数据的诠释框架而有所不同。

四、确定历史性研究的课题

与其他类型的教育研究一样，设计历史性研究的第一步是确定要研究的课题。促使研究者进行历史性研究的原因常常是一个研究者希望能加以解释的重要问题。回顾其他教育历史学家研究过的课题可以帮助你推敲你的研究问题，或是帮助你提出另外更为有趣的研究问题。

马克·比奇(Mark Beach)把引发历史研究的问题和课题分为五类。下面我们逐一解释这些问题和课题。①

1. *社会问题。* 当前的社会问题是教育研究中的历史问题的最广泛来源。例如，历史性研究可以进行解释的当前的社会问题，包括家庭教育、学生浪费物资、家庭暴力对年轻人的不良影响以及用能力考试取代书面考试来评估学生能力所作的努力。

2. *对具体个人、教育机构和社会运动的研究。* 在过去10年中，对少数民族群体和妇女的受教育状况进行的历史性研究取得了显著的进展，对高等教育和师范教育的研究也是如此。进行这些研究的动机常常是想填补历史知识的空白。伯纳德·贝林(Bernard Bailyn)，美国殖民时期的一位历史学家，为这种研究提出了下述解释：

> 在这里，动机是学习新东西，并提出这些新信息；但是确切的问题并没有确定。没有具体的问题，也没有假设性的答案。因此，描述一次战役经过的动机仅仅是为了发现战役中发生了什么，找出胜利者之所以获胜的原因。或者，正是因为我们不了解威尔逊政府才决定去研究它和写它。所以，对它所做的任何彻底的叙述都是有价

---

① 比奇(1969)，《教育史》，教育研究评论，39，第561～576页。

值的，因为它将填补重要的空白，一个明显的真空。①

即使关于教育家、机构组织或运动的历史是现成的，研究者仍需要确定这一历史是否恰当地研究了他们所感兴趣的事件。事实上，研究者会因阅读不完整或片面的历史记载而造成对过去知识的空白，而空白常常提供了历史性研究的基础。

3. *研究事件之间的关系*。这种教育历史研究试图诠释一些观念和事件，它们以前被认为是没有联系的，结果却发现它们反映了某些可能存在的联系。例如，一个研究者可能会检查有关教科书出版的不同历史记载并发现数种同一时期学校课程大纲不同的、相互没有联系的历史。该研究者可能决定评论这些不同的历史以发现其相互联系，并提出原作者们（历史学家）关注范围以外的问题。所发现的相互关系以及提出的问题可以为一次全新的历史研究提供基础。例如，历史学家可能会将教科书出版商把开始生产学生消费品作为课堂教科书的补充材料的决定与某一特定时期学校课程大纲的变化联系起来。

4. *数据资料的综合*。运用这一相关的历史性研究方法时，研究者的目的在于综合不同历史学家收集的旧数据资料，或将旧的数据资料与新的历史事实结合起来。例如，历史学家可能会发现一些在重要事件发生时写出来的文献，而以前研究过这些事件的其他历史学家却不知道这些文献的存在。因此，发现这些文献的历史学家通过分析，可以确定这些新文献是否巩固了对这些事件现有的解释，还是可以从它们得出新的解释。这就可以帮助我们理解这些事件。

5. *重新诠释以往的事件*。我们在上文解释过，修正主义历史学家运用新的——有时在政治上是非常激进的——诠释框架来评论现存历史。对第二次世界大战期间纳粹在欧洲大规模屠杀犹太人的有关研究就是一个例子。历史学家已经用大量文献证明了大屠杀的种种暴行。但是，

---

① 贝林（1969），“工作着的历史学家的问题”。In A. S. Eisenstadt (ed.), New York: AHM Publishing。引文见第 202～203 页。

有些人却试图重写历史，声称大屠杀根本就没有发生过。①

与其他任何类型的研究一样，你应该从查阅文献入手，并在确定历史研究的问题或课题之前与有经验的研究人员交谈。在此过程中，你可能发现其他历史学家已经提出了未来研究的重要问题和疑问。例如，小格德洛普·桑·米格尔（Guadalupe San Miguel，Jr）于1986年考察了关于奇卡诺人教育的历史研究的状况。② 在结论中，他提出了历史学家尚未回答的问题，其中包括：

> 首先，对几项研究中所提到的墨西哥裔美国人重视发展教育的根本原因和发展过程，我们还知之甚少。例如，这个社区中由谁来资助教育，这是什么类型的教育，教育的目的是什么？……第二，我们不知道有哪些人去上学读书，也不知道他们上了几年学……最后，需要作新的研究，将墨西哥裔美国人受教育的经历与其他少数民族和移民群体受教育的经历作比较和对比。墨西哥裔美国人受教育的经历，比起诸如黑人、美国土著或其他欧洲裔的少数民族等这些历史上被剥夺权利的人群，在多大程度上相似或不同，仍不清楚。③

诸如此类由一位经验丰富的历史学家提出的问题，对你确定自己所要研究的课题可能很有帮助。

在决定历史性研究的问题和课题时要考虑的一个重要标准是你想要研究的重要资料是否能找到，并且能够对其解读。例如，如果你不懂西班牙文，你会选择那种需要使用大量西班牙文文献的历史研究课题吗？或者，如果你所需要的重要文献很难得到，比如是政府档案馆里的保密档案，你怎么办呢？

---

① 利普斯塔特，D. E.（1993），“否认大屠杀：对真理和记忆的攻击正愈演愈烈”。New York：Free Press。

② 桑·米格尔，G.，Jr.“奇卡诺教育史学研究方法的地位：初步分析”。《教育史季刊》，26，第523～536页。

③ 同上，第535～536页。

五、搜集历史资料

(一) 制订资料搜集计划

在开始搜集可提供所需数据的资料之前，历史学家对自己的寻找目标必须做到心中有数。不然的话，他们很可能是毫无目标地搜寻，因而忽视相关信息的重要资料。菲利普·C. 布鲁克斯(Philip C. Brooks)建议用以下方法开始搜集历史资料：

> 机智和想像力在最初的查寻和后来的实际研究中都是必不可少的。如果研究者认真考虑研究主题、牵涉的人员、有关政府或机构，以及他要研究的事件自然生成的那些记录，他就可以假定某种资料是存在的。他应该考虑以下问题：什么人会写他研究所需要的有用的文献？预计事件将如何发展？会产生什么样的记录？从它的产生到目前使用状况、归档、暂时储存、直到最后被存放到档案室供人查阅，文献的形成历史是怎样的？人们认为什么样的资料才有保存价值？[①]

选择资料并从中获得重要的历史数据，这个选择过程并不能完全预先确定。然而，应该先制定一个试验性的资料收集计划，然后再根据你的诠释框架的发展情况作修改。当某一特定的历史资料显示还有其他未预计到的相关资料时，就要修改原计划。

如第四章中所述，研究者在搜寻文献资料时使用三种基本类型的资料：最初的、间接的及直接的。该章还描述了每种资料对教育研究的普遍适用性。下面，将描述每一种资料在历史性研究中的具体运用。[②]

---

① 布鲁克斯，P. C. (1969)，《档案研究：未出版的主要原材料的运用》，Chicago：University of Chicago Press。引文见第 19～20 页。

② 我们对直接和间接资料的讨论是基于传统历史研究方法对这两个术语所下的定义上的。关于历史资料性质的另一种观点是基于符号学分析上的。参见：奈，《被创造的自我》。奈把资料分为两类：私人的(如日记)和公开的(如报刊文章)；他还把资料“文本”顺序分为自然的(如住所)和改变过的(如博物馆)两种。

(二) 最初资料

最初资料是间接资料和第一手资料的索引。最初资料包括文献目录,即可以获得的关于某一研究课题或研究领域的原始资料目录。历史领域中大部分最初资料是间接资料的索引,但有些也列出第一手资料。历史性研究的文献搜寻通常是从考察最初资料开始的。

有许多专门为此目的的最初资料。如传记的参考书目、历史协会的指南手册和历史出版物的总索引。如果你计划作一项历史研究,你会发现这些索引是不可或缺的。

(三) 间接资料

在历史性研究中,**间接资料**是某个人对某一事件的记述,但是这位记述者并不在事件发生现场。间接资料文献作者们的记述基于其他人所作的关于历史事件的描述或记录。因此,大多数历史研究报告属于间接资料,因为历史学家很少是报告中所描述事件的直接见证人。报告通常基于历史学家对第一手资料和其他间接资料所作的诠释。

历史研究中常用的间接资料包括历史百科全书、传记词典、历史性研究论文以及历史教科书。

(四) 第一手资料

在历史性研究中,**第一手资料**是指亲眼目睹或亲身参与重要历史事件者所作的记载(例如,日记、遗迹、地图或一组测验成绩)。可以想像到的几乎任何物件或文字记载都可以用作历史性研究中的第一手资料。

第一手资料为历史学家提出的事实提供了基本依据。**历史事实**可以定义为历史学家认为是真实的(即有效的)、对描述或诠释所研究的现象至关重要的数据资料。历史性研究中的一个重要问题是,是否引用另一个历史学家研究报告中提出的事实而不去亲自核对第一手资料。决定是否核对资料时,你应该考虑的因素包括这位历史学家的声誉、这位历史学家的诠释框架与你自己的诠释框架之间的一致性程度以及是否可能获得第一手资料文献。如果你选择不核实资料就使用另一位历史学家提出的事实，我们建议你引证这位历史学家的著作作为你的研究中所引用的历史事实的资料。

历史性研究中的四种类型的第一手资料是：(1) 文字文献或记载；(2) 定量记载；(3) 口述记载；(4) 遗迹。其中最普通的是文字或印刷材料，有时称为文献或记载。(关于文献和记载第九章中已经详细描述过。)这些材料的形式繁多，如日记、回忆录、法律案卷、法庭证词、报纸、期刊、商务记录、笔记本、年鉴、证书、委员会报告、备忘录、机构档案以及测验。有手写的也有打印的材料，有出版的也有未出版的材料，有的材料用于公用记载也有的仅用于私人目的。

评估资料的真实性时，区分意图性文献与非意图性文献是非常重要的。(本章稍后将讨论对资料评估的问题。)

意图性文献，如回忆录和年鉴，是特意写出来作为历史记录的。非意图性文献，如备忘录和教师准备的试卷，是为达到直接目的而准备的，并没有指望今后可能会用作历史记录。

定量记载提供关于教育现象的数字信息，是另一种第一手资料。人口普查记录、学校预算、学校出勤记录、考试成绩以及其他数据资料汇编对历史研究者来说都是非常有价值的资料。历史学家正越来越多地使用计算机分析这些文献中所包含的大量数字资料。①

另一种重要的第一手资料是口述记载。民谣、故事、英雄传奇以及其他形式的口头语言为后代保留了事件记录。一些历史学家还口头采访曾经目睹或参与了具有历史意义事件的人。这些采访通常被录在磁带上，然后被整理成文字记录。涉及口头语言的历史研究的分支称为

---

① 关于历史性研究中运用计算机的益处，参见伯顿，O. V.，& 芬尼根，T. (1990)，"教历史学家运用技术：数据库与计算机"，*International Journal of Social Education*，5，第23～35页。

口述史。哥伦比亚大学于 20 世纪 40 年代首先发起了一项口述史研究项目，其中包括采访数以千计的人，并将他们提供的许多小时的回忆记录下来。[①] 口述史研究协会是对这类研究感兴趣的历史学家的组织。[②]

第四种第一手资料是**遗迹**。**遗迹**包括任何在物理或视觉特征上都能提供有关历史信息的实物。学校建筑物、学校的家具、学校运动场地的建筑设计图纸、教科书以及教具都是历史学家可以作为历史遗迹加以研究的实物的例子。

有些第一手资料既可被归类为文献，也可被归类为遗迹，取决于它们在历史性研究中是如何被使用的。例如，在研究教科书的印刷方法时，一本教科书就可被归类为遗迹，因为考察的是它的某一物理特征。另一方面，在研究不同时期的教科书是如何讨论某一特定数学问题时，同一本教科书也可以被归类为文献。教科书在该例子中被归类为文献，是因为这些教科书中所包含的信息是研究的重点。可以用多种方法来研究这种信息，包括第九章中描述过的内容分析法。

历史信息的第一手资料（例如，日记、手稿、学校记录）有时存在档案馆中（有时也称为档案室）。**档案馆**是储存公共文献的专门场所。因此保存在档案馆中的档案可以保持良好的状况，使用档案的人员也能受到严密的监控。

存放与教育有关的第一手资料的档案馆有很多。它们包括大学的图书馆和各种公共和私人机构的档案室。各档案室为使用第一手资料提供的服务各不相同。官方档案馆通常提供详细的索引，并且还会有档案保管员来帮助历史学家进行研究。在其他情况下，历史学家得依靠自己，因此他们必须了解文件归档的方法。档案经常储存

---

① 克劳福德，C. W. (1974)，“口述史—当前的发展状况”，《口述史评论》，2，第 1～9 页。

② 口述史协会位于 Burlington 的佛蒙特大学。该学会有几种出版物，包括每年一期出版的《口述史评论》。

在缩微胶卷或缩微胶片上，需使用特殊设备才能看到。有些设备具有复印功能。

若研究者想研究一个机构的定量数据资料，几乎肯定需要档案馆工作人员的帮助才能理解数据资料。例如，数字资料经常是由计算机程序打印在长条纸上输出的，这些计算机程序是专门为这个机构组织设计的。除非由一位工作人员向研究者解释这个计算机程序，不然这些数据资料就很难理解。

搜寻第一手历史资料的工作虽然费时，却令人兴奋。因为你所处理的是构成历史的基本"素材"。如果你认真确定研究的问题并制定系统的资料收集计划，就能够做好你的收集工作。还请记住，你拥有能够帮助你顺利找到相关第一手历史资料的最初资料。

六、从历史资料中记录信息

在考察第一手或间接资料时，历史研究者可能并不知道哪些资料会对今后的研究有用。在研究的诠释阶段很可能还要收集在早先并不被认为是有用的新的事实。当资料不容易获得时，从历史资料中决定摘录哪些信息的问题就变得尤为重要。例如，你可能去存有历史资料的档案室，但是档案室不像图书馆一样允许资料离库。这样，你就需要当场决定要记录下哪些信息资料，以备后用。

在决定记录下哪些信息资料前，你需要考虑两个基本问题。第一个问题是你是否能获得资料，特别是第一手资料。为了研究的目的，机构组织的档案是允许查阅的。但这并不意味着任何人都可以使用它们。要获得研究这些档案的许可，你可能需要提出正式申请。有些文献可能无法获得，或只能在一定的条件下才能查阅。

另一个问题是什么材料可以复印并在论文中使用。一个机构组织可能只允许你查阅文献但不允许直接引用，也可能只允许复印部分文献，或要求你在获得正式批准后才能引用任何文献。

你想复印的文献有可能被认为是“著作权作品”。例如，可能会在今后某个时候为赢利目的而出版的系列文章或讲话。遇到这种情况，你需要谨慎，以防侵犯他人的版权或潜在版权。根据美国国会制定的公平使用原则，从第一手或间接资料中引用简短的段落不属于侵犯版权。

许多历史研究者经常复印文献以备后用。为此，一些档案室拥有复印设施。但是，复印也有局限性。有可能不允许复印年代久远的历史文献，因为复印过程的曝光会损坏这些文献。有些文献，特别是剪报，复印效果不好。复制超大型的文献、地图和图表可能需要特殊摄影技术。

扫描是文献复印技术的一大进步。它用一台特殊的机器(称为扫描仪)把印刷材料(文字或图像)转变成能够储存在软盘中的计算机文件。该文件今后可以用文字处理软件重新编排，然后打印出来。此外，这个计算机文件还可以用第十四章中描述过的计算机程序进行编码和分析。

概括定量数据资料

对历史资料进行定量分析近年来较为普遍。形成这一趋势的原因是人们认为从大量精心选择的定量数据中得出的历史结论要比从个案研究中得出的结论更具有概括性。此外，定量研究方法使历史学家更容易研究“普通人”，即普通公民。相反，以前的历史性研究倾向于研究社会上少数身居要职的人。H.沃伦·巴顿对历史性研究中出现的研究普通人的趋势作过以下评论：

> 对社会和教育历史进行定量研究的一大好处在于它使历史学家关注一种新的研究兴趣，即对普通人的历史——无意贬低(原文如此)——的兴趣。这种历史是“由下而上的历史”——民众的历史。这类历史记载可能内容单薄且缺乏完整性。要使其具有连贯性，就需要挖掘一切原材料。例如，要对巴克斯顿(南北战争前安大略市的一个黑人避难所)进行定量研究，就需要查阅1861、1871和1881

> 年的人口普查原稿中的大约15 000个条目,城镇审计员的报告以及教会记载,从中收集数据资料。[①] 不幸的悖论是,汇编和统计资料处理所需要的研究所产生出来的历史是几乎没有著名人物,甚至连人的名字都看不到的历史。尽管如此,这种新的历史产生了,也将会产生新的认识,并将把我们对"优秀人物"的关注倾向加以平衡。[②]

定量历史性研究要求研究者具备运用抽样技术、确定和评估变量、设计研究方案以及进行统计分析的能力。所以,如果你打算作这种研究,就应该参阅本书关于定量研究的部分以及有关定量研究史的专门著作(见书后的加注参考文献)。

在进行定量性历史研究时,你应该仔细考虑需要研究的数据资料。请记住,收集的数据资料越多,分析所耗费的时间就越多。你应该用最恰当的评估方法仔细确定研究的变量(如收入、社会经济地位、政治背景)。开始收集数据资料之前,你应该确定样本或试样人数,作为收集数据资料的依据。换句话说,随意收集资料是不明智的。

一旦通过收集定量历史记载发现相关的数据资料后,你就可以用描写统计学的方法去分析了。如果数据资料来自代表确定的试样人口的样本,你还可以做具有统计学意义的测试。适于历史资料分析的描写或推论统计学计算程序,参见第五章。

七、历史资料的评估

历史性研究的基本价值很大程度上是由研究者在研究过程中显示出来的对历史资料的真实性和效度的判断能力决定的。对历史资料的真实性和其所含信息效度的评估通常称为**历史性批评**。这是一个复杂

---

① 尼诺,B. H. ,"进行中的论文",State University of New York at Buffalo;引自巴顿,1979。

② 巴顿,H. W. (1979),"创造更有用的部分:教育研究中的历史",《教育研究人员》,8(5),第3~9页。

而又微妙的过程。雅克·巴曾和亨利·格拉夫(Jacques Barzun & Henry Graff)是这样评论的：

> (历史性批评)依靠的是关注细节、常识性的推理、对历史和年代学高度的"感悟"、谙熟人类行为以及不断扩大的信息储存。目前在中小学男生中流行的许多"刁钻问题"往往是产生这些能力的早期表现形式——例如那个漂亮的希腊硬币的故事。这枚刚被发现的硬币上刻有"公元前500年"的字样。只需用历史眼光进行片刻的思考和推理就足以能搞清真伪:"事实"立即被否定了。①

下面关于历史性批评的讨论以文献评估为主,尽管我们描述的原则也适用于评估定量记载、口述记载和遗迹。

(一) 外部批评

外部批评是确定历史文献的表面或所谓来源(作者、地点、日期以及出版情况)是否与实际来源一致。在进行历史性批评时,研究者针对文献提出诸如此类的问题：文献真实吗？是原本吗？谁是文本作者？在哪里写的？什么时候写的？在什么情况下写的？要回答这些问题,必须考虑许多因素。这里,我们仅仅讨论其中几个。

历史资料真假都有。所谓**赝品**是指自称为真品的伪造品,既不是作者本人而是由另外某个人写的文献。

你永远都不能完全确定历史资料的真实性。你所能做的是对资料提出种种不同的假设,并证明它们是否成立。例如,你可以假设某一文献并非由指定作者所写,而是由该组织中的某个地位较低的人写的。当这一假设以及其他假设都难以成立时,你就可以认为资料是真实的这种可能性更大。但是,永远不要把可能性扩大到百分之百。如果你对资料的评估引起你对其真实性的怀疑,就应该在研究报告中提出你的疑问。

---

① 巴曾，J.，& 格拉夫，H. F. (1977)，《现代研究者》(第三版)，New York：Harcourt Brace Jovanovich。引文见第91页。

不同来源的资料的存在会对第一手资料真实性的判断带来麻烦。**不同来源的资料**会与原文献稍有差异。例如，在查阅一个教育机构的档案时，你会发现与你研究的课题有关的内部备忘录档案原件（即存于该组织官方记载中的文件）。然而，该档案原件可能并不是以完全相同的形式分发给所有指定收件人的。或许，一份备忘录的作者在将该备忘录发给一位收件人时附了一张私人便条。这样，你会在收件人的档案中发现一份与官方档案略有不同的备忘录。在这种情况下，两份备忘录均可被看作是第一手资料，因为它们都提供了与过去某一事件相关却又不同的信息。

不同来源的资料对处理打字机问世（约 1880 年）前的文本提出了特殊难题。这些被称为手稿的文献拷贝，是用普通书写方法写出来的，常常有些小错误。在处理这类手稿时，你应努力查明它是惟一的版本还是还有其他副本。如果还有其他副本存在，你应该找到这些副本并比较它们的内容。

文献作者的名字通常是列在文献上的。但这个名字并不总是可靠的。有些出版物，并不是由演讲人自己写的，而是由他人代写的。此外，作者为了不暴露自己的真实身份会用笔名。巴曾和格拉夫曾经引用过一个例子：一位历史学家为了找到美国内战时期一份期刊中未署名的系列文章的作者，竟花了 35 年的时间。① 如果一份文献有多位作者，就可能无法确定对你的研究特别重要的那些部分的作者。

从文献储存的地方和文献本身的说明常常可以明确知道文献的来源。文献的写作日期可能就写在文献内。如果没有的话，也可以从文献中的陈述或从它在一组记录或档案中的排列顺序中找到。应该用批评的眼光去看文献上的日期，因为人们经常犯无碍大局却又使人产生误解的错误。例如，新年伊始，有人还会把上一年的日期写上。这种事情是经常发生的。

---

① 《现代研究者》（第三版），New York：Harcourt Brace Jovanovich，第 107 页。

了解一份文献是在什么情况下写的,有助于确定文献的性质以及它对所研究问题的用处。例如,如果你正在研究某一特定机构的文献,你应该研究该机构的组织图和操作程序。了解了这一点会帮助你理解某些文献的目的以及它们是为谁写的。此外,在研究的早期具备这些知识将帮助你把文件的搜寻工作控制在一定的机构文献范围内。

(二) 内部批评

内部批评包括对历史文献中描述的准确性和价值进行评估。进行内部批评时,研究人员会提出诸如此类的问题:人们的行为举止可能像作者描述的那样吗?所描述的事件一个接一个地发生,可能吗?作者提及的预算数字合理吗?在回答这些问题时,你应该非常小心,不要仅仅因为所描述的事件或情景看上去似乎不太可能就轻易否定它。大多数人都能回忆起在他们的生活中曾经发生过几桩几乎不太可能发生的事。

内部批评比外部批评复杂得多,因为内部批评包含了历史学家对历史资料中的描述的真实性作出的判断,以及对历史资料作者进行的评估。例如,了解涉及该事件的作者是否是一个称职的事件观察者是非常重要的。许多心理学方面的研究表明,如果在事件发生时他们情绪激动或处于压力下,目击者可能极其靠不住。即使在没有什么感情瓜葛的情况下,一些人与另一些人相比,也是更为称职的观察者。

如果事件属于技术范畴(例如解雇一名学校行政官员的法律诉讼),了解作者的有关专业知识是非常重要的。一个专业知识有限的人,就可能忽视或误解某些情景细节。还有作者的诚实性问题。如果作者本人与所观察的事件有利害关系,他就可能有歪曲事实或说谎的动机。

即使目击者是称职和诚实的,他们还是有可能对所发生的事件作出不同的描述。只要读一下不同报纸对某一事件(如学校董事会会议)的报道,就可以发现目击者的看法差异甚大。这并不一定意味着某个目击者的看法是正确的而其他目击者的看法是错误的。反之亦然,不能因为大多数目击者的报道是一致的,就说他们是正确的,另一位持不同看法的目击者是错误的。

如果你遇到对某一事件的不同叙述时，你可能会认为根本没有客观的历史事实可言，所有的叙述都是正确的或者都是错误的。卡尔对这一观点提出了质疑。他说："不能因为一座山从不同的角度看具有不同的形状，就说它根本没有形状或者有无限的形状。"[①]根据卡尔的观点，历史学家的任务是结合不同目击者的叙述（肯定是主观的）加以诠释（同样是一个主观的过程），努力发现事实真相。

尽管所有历史事件的叙述都是主观的，但是并不能就此认为每一个叙述都是有偏见的。**偏见**是对某些类型事实的习惯性地忽视、曲解或篡改的认识性倾向。如果一个人非常想要别人接受他对所描述事件的某种看法时，通常会提供带有偏见的信息。例如，设想你找到一份督学写的学校备忘录。在这份备忘录中，他描述了他与学校董事会成员之间的一次争论。你可能怀疑他会从最有利于自己的角度描述自己的观点，下意识地修正自己的观点，使之与会后已经变得明确的事实相吻合，或者略去那些持不同意见者的有价值的观点。

在评估是否有偏见的可能性时，历史学家通常必须考虑观察者的种族背景、所属政党、宗教信仰以及社会地位等因素。使用情绪化的或过分的语言，无论是积极的还是消极的，都是在某一问题上偏向一种立场的表现。

许多带偏见的事件报道，追根溯源可以归结如下，即人们常常倾向于使某一传闻更富戏剧性或夸大本人在事件中的作用。当个人的社会和政治立场要求他们发表能为社会接受的看法时，即使他们真正的看法不同，他们也可能发表带偏见的报道。例如，我们认识的一位校长曾被问及她的学校个别教师和各级职员之间存在的内部困难时，她声称职员士气高涨，团结一致。她之所以说这些话很可能是为了避免使问题复杂化，防止使发言人处于不利地位。同样原因，一些人在公众生活中更愿

① 卡尔，《什么是历史》，第 30～31 页。

意对自己的政治对手发表调和性的看法，即使这些看法与他们的真实感受毫无关系。最近政治运动中出现了相反的趋势，即不管人们的看法能否得到证实都要“摧毁”对手。

如果你发现在公共场合发表的看法与私下的看法有差异，这并不一定意味着在公共场合发表的看法就一定没有作为历史证据的价值。恰恰相反，差异本身就是此人发表的看法的有关证据，也是他所处的社会环境的有关证据。

八、历史研究中的诠释

（一）作为诠释者的历史学家

在讨论内部批评时我们指出，基于能力、个人立场以及与事件的原因，事件的目击者会发表不同的看法。历史学家的情况也非常相似：

> 事实完全不像鱼摊上的鱼，而像在巨大的、有时是难以企及的海洋中游泳的鱼；历史学家捕捉到什么，部分取决于机遇，但主要还是取决于他选择在海洋的哪一部分捕鱼以及他选择用什么钓具——这两个因素当然是由他想捕什么鱼来决定。一般来说，历史学家会得到他想要的那种事实。历史意味着诠释。①

如果你选择作历史性研究，你就必须了解自己的价值观、信仰以及对正在研究的课题的兴趣，因为它们会让你“看到”过去事件的某些方面，而不是其他方面。当你逐渐了解自己的诠释框架时，你还会提高对研究同一或相似课题的其他历史学家的可能诠释倾向的敏感性。

因为历史包含诠释，历史学家随着自己的兴趣和关注点的变化而不断重写历史。教育的历史性研究在过去的几十年中出现了修正主义历史学家（也称为*重建论历史学家*）。这些研究者对教育历史所持的观点

① 卡尔，《什么是历史》，第 26 页。

常常与传统的或流行的观点不同。他们倾向于把过去的教育实践看作是特定政治、经济或其他社会力量和动机的反映，而不是理性、善意或教学原因的反映：

> (重构论)教育历史学家正在对*改革和进步*这两个概念的固定不变认识提出质疑，并认为这两个概念是对学校改革的*讽刺*。教育历史学家现在更愿意把公立学校作为社会控制的工具来考察。教育历史学家正在披露长期以来因对官方的虔敬而掩盖的现象：虐待移民和少数民族群体、歧视女性和弱势群体、学校和政治联姻以及教育与社会阶层分层的相互影响。[①]

第十五章讨论了文化研究。它与修正主义历史研究的相似之处在于它多倾向于教育实践和寻找许多被认为是消极的或是有问题的实践的历史解释。

与重构论者形成对照的是，20 世纪 60 年代以前进行教育研究的历史学家倾向于为美国教育如何改善社会和学生生活而寻找证据。这是在教育历史学家中出现的另一种倾向，且一直延续到最近。伯纳德·贝林(Bernard Bailyn)在其 1960 年出版的一部里程碑式的历史著作中就讨论了这种共同倾向。[②] 贝林说直到那个时候大多数美国教育历史学家都主要是把教育解释为是正规教育的过程。他敦促历史学家们克服这种偏见，要把教育看成“不仅仅是正规的教学，而且也是一个文化自身代代相传的完整过程”[③]。部分是由于贝林的影响，教育历史学家扩大了视野，对影响年轻人和成年人社会化和学习的许多非学校因素进行了研究。

在诠释数据资料时，历史学家要小心避免一种称为当代主义的偏

---

① 科恩，《历史的历史》，第 329 页。

② 贝林，B.（1970，1960 年版重印），《教育在塑造美国社会中的作用：研究的需要和机会》，Chapel Hill，NC：University Of North Carolina Press。

③ 贝林，B.（1970，1960 年版重印），《教育在塑造美国社会中的作用：研究的需要和机会》，Chapel Hill，NC：University Of North Carolina Press，第 14 页。

见。当代主义用更接近于现代的概念和观点诠释历史。例如，近期出现了择校热的现象。在我们这个社区（俄勒冈州尤金市），择校是指父母亲可以把他们的孩子送到学区里的任何一所公立学校，而不只是离家最近的学校，而且家长可以从许多不同的或"有吸引力的"学校中选择一所。在其他社区，择校采取的形式表现为建议向那些愿把孩子送到私立学校而不是州政府资助的公立学校去的家长提供学费凭证。对这一现象感兴趣的历史研究者会寻找以前的教育家是如何就孩子的教育问题向家长们提供选择的证据。以前的教育家可能用过类似择校热的术语，但在当时这个术语的含义可能是指完全不同的东西——例如，上学是强制性的还是自愿的。因此，历史学家需要发现各种概念在它们当时的环境的使用情况，而不是赋予它们现在的意义。

（二）运用概念诠释历史信息

与其他类型的定性研究一样，进行历史性研究的研究人员提出概念来组织和诠释他们收集到的数据资料。**概念**是用来组合具有共同特性的个体、事件或物体的术语。例如，如果没有*进步的教育*这个概念，许多具有共同特点的历史现象就会被认为是各不相干，因而是没有意义的。

然而，概念也会给历史研究者对历史的诠释带来局限性。例如，对教学进行历史性研究的研究人员会认为教学这个概念的定义是"某个持有证明其已完成大学程度教师培训课程的正式证书的人所做的有薪工作"。对教学下这样的定义会使研究人员研究某个历史时期的某些人，而排除另外一些人——例如，教师的助手、学校的自愿者、资料人员。如果对教学下一个不同的定义，这些人就会被看作是教学人员。

因此，在选择历史研究中要运用的概念并为之下定义时必须非常小心。至少，应该确定每个概念，以决定该概念是否适用于你想研究的历史现象。必要的话，应该在研究报告中提供重要概念的定义。许多教育术语已经成为日常用语的一部分（如，智力、测试、课程设置），但是如果你为这些术语下了定义，读者就会清楚地了解这些术语在你的具体研究中是什么意思。

近期的历史研究借用了许多其他学科的概念。T. C. R. 霍恩和哈里·里特(T. C. R. Horn & Harry Ritter)对这一发展作了以下评论：

> 一般说来，这一趋势主要表现在向“社会科学”借鉴新思想，包括社会学、经济学、政治学、心理学及人类学，最近还有统计学和数学。在较小程度上，历史学家还向人文学科借鉴，如语言研究、诗学、文学批评及哲学。①

霍恩和里特发现近年获得主要奖项的所有历史性研究都借用了其他学科的概念框架。

跨学科概念是有用的工具。然而，要保证这些概念在你的研究中运用得当，你应该熟悉这些概念在原学科中的定义。例如，迈克尔·卡茨运用*官僚主义*这个概念研究了19世纪中叶在美国发展起来的公立学校制度，在为这个术语下定义时就参考了社会学家卡尔·弗里德里克提出的定义。②

(三) 历史研究中的因果推理

历史性研究的一个基本任务是研究历史事件的原因。如卡尔所说：“历史研究就是原因研究。”③例如，对许多历史性研究具有指导意义的因果问题有：产生智力测试运动的动因和事件是什么？为什么几十年前美国教育家那么快就接受了英国人的开放式教学法？中小学校长的作用是如何在本国开始的？

历史性研究中的**因果推理**是得出一组事件直接或间接地引发另一组事件的结论的过程。历史学家无法证明一个历史事件导致了另一个

---

① 霍恩，T. C. R.，& 里特，H. (1986)，“跨学科史：历史研究方法评论”，《教师的历史》19，第427页。

② 卡茨，M. B. (1987)《重构美国教育》，Cambridge，MA：Harvard University Press。

③ 卡尔，《什么是历史?》，第113页。

历史事件,但是可以使系列历史事件之间因果关系背后的假设明晰化。

有的历史学家假设所有人类的行为都具有相似性,这种相似性是跨文化和超越时间的。因此,他们会用一种普遍接受的因果推理模式来解释过去的一个明显相似的模式。例如,历史学家可能会发现这样一个有关19世纪美国教育的例子:某一学院的学生罢课并开始攻击学校当局。假定历史学家还发现这一事件发生之前学校当局的一些规定损害了学生的权利和利益。历史学家可以推断——也许是正确的——这些规定导致了学生的反抗,他的推论是一连串类似的事件引发了20世纪60年代美国许多大学生的抗议活动。

然而,历史学家一般认为历史事件都是独一无二的。大多数历史学家认为历史是不会重复的。所以,在一个时间点上发生的事情可以用来说明,但不能用来解释在历史上另一个时间点上发生的事情。即使把过去事件看作是认识今后事件的向导的历史学家也应该谨防当代主义。上文中我们介绍过,当代主义是根据在后期获得了不同意义的概念去诠释以前发生的事件的。

历史学家在解释历史事件时强调各种不同类型的原因。他们把重要历史事件的发生归因于一些关键人物的行动("伟人"历史观)、强大的意识形态的作用、科学技术的进步或经济的、地理的、社会学的、心理学的因素。

有些历史学家采取了折衷的观点,从不同因素的结合出发去解释历史事件。戴维·泰克(David Tyack)对义务教育的研究很好地说明了这一关于过去现象中的因果模式的观点。① 他说义务教育的兴起是美国教育史上值得注意的一章:

> 我认为美国义务教育的历史有两个主要阶段。第一阶段从19世纪中叶到大约1890年。在这一阶段,美国人为小学教育打下了

---

① 泰克,D.B.(1976),"看问题的方法种种:论义务教育的历史",《哈佛教育评论》,46,第55～89页。

> 广泛的基础,吸引了越来越多的孩子。大多数州在这些年里通过了义务教育立法,但总的来说,这些法律并没有得到实施,也许是无法实施。义务这个概念看上去在当时引起了意识形态方面的争论,但是几乎没有人认真关心把学生赶进教室所必需的组织机器。所以,这个阶段可以叫作象征阶段。第二阶段开始于世纪之交前夕,可以叫作官僚阶段。在这一阶段,学校系统在规模和综合性方面都有所发展。出现了官僚控制的新技术,有关义务教育这个概念的意识形态冲突减少了,通过了强有力的法律,使逃学者重返学校的方法成熟了。到20世纪20年代和30年代,越来越多的州要求年轻人上中学。到50年代,上中学已经成为习以为常的事情,以致于不上中学的人通常被看作自动辍学。①

问题是,美国的学校教育为什么在法律的作用下才渐渐变成义务性的?泰克考查了五种因果观点,以确定每一种观点在多大程度上回答了这个问题。例如,人种文化的观点认为产生义务教育的原因是基于这样一种认识,即义务教育可以向人们反复灌输一种惟一“正确”的行为准则,特别是向19世纪来自南欧和东欧的移民灌输这种行为准则。这些移民当时引起了一些已经在美国生根的宗教和种族群体很大的关注。另一种观点借鉴了人力资本的经济理论,认为义务教育的产生是出于这样一个信念:教育可以改善劳动力的生产率和可预期性。用著名教育家霍勒斯·曼(Horace Mann)的话来说,教育是“物质财富最有生产力的母体”②。

泰克的五种观点中的每一种观点都解释了一些历史证据,也留下了一些未解释的历史证据。这对我们有所启发,为我们提供了新的研究思路。根据泰克的观点,各种不同的观点帮助历史学家“获得更为复杂和

---

① 泰克,D. B. (1976),“看问题的方法种种:论义务教育的历史”,《哈佛教育评论》,46,第60页。

② 同上,第79页。

准确的历史洞察力,能更透彻地了解结果和意图之间的模糊关系——意图包括历史事件参与者的意图和试图再现历史事件参与者生活的历史学家的意图"①。

我们对一个历史事件发生之前的情况了解得越多,就越有可能发现产生该事件的各种原因。所以,把一个在历史事件之前所发生的事件确认为一个原因而不是惟一的原因可能更为可靠。此外,历史学家还可以选择恰当的语言来表达自己所理解的因果关系的确定性("很有可能……"或"可能……")和影响力("这是一个主要的影响……"或"这是影响……的事件之一")。

(四) 从历史证据中概括

与其他从事定性研究的研究人员一样,历史学家不可能研究所有使他们感兴趣的人、环境、事件和物件。他们通常只研究他们所感兴趣的现象的一个个案或几个例子。所选择的个案部分地是由获得资料的可能性决定的。例如,假设一位历史学家为了了解 19 世纪的教学状况去研究当时的小学老师的日记、通信以及其他文字记载。他的研究必须限制在那些保存文字记载的教师身上,而且历史学家需能够获得这些文字记载。这位历史学家还应该记住,有兴趣对自己的工作作文字描述的教师并不能代表一般的教师。确定是否能从其他教师那儿发现相似的结果的一种方法是,考察不同环境中的教师是如何看待他们的教学经历的。例如,为出版目的而写下自己工作状况的教师描写的状况,与在私人日记和通信中记录自己工作的教师描写的状况是否相似呢?

历史诠释中的另一个潜在问题是,与某一个人相关的历史资料是否具有概括性。例如,历史学家可能无意中发现一个文献,其中有一个教育家就某一教育问题发表的看法。这并不意味着这位教育家以前或今

① 泰克,D.B.(1976),"看问题的方法种种:论义务教育的历史",《哈佛教育评论》,46,第89页。

后都持有相同的看法。历史学家需要寻找更多的资料来帮助自己确定这位教育家发表的看法是否能表达他独特的观点。

与任何研究项目一样,可以通过扩大作为研究成果依据的资料规模来巩固历史性研究的成果。因此,广泛搜集与课题有关的第一手和间接资料是明智之举。如果证据只局限于少量资料所提供的信息,研究者应该对他们的诠释所具有的普遍性加以控制。例如,可能需要作者来陈述:“1860 年至 1870 年期间学生人数为 50 或更少的乡村学校的教师……”,而不是“1860 年至 1870 年期间的教师……”。定量历史是历史性研究中的分支,比传统历史研究方法更适合于作后一种概括。定量历史研究依靠定量数据和数据分析的统计学方法来研究有代表性的样本或一个群体,以作出广泛的、有充分根据的概括。

九、历史性研究论文的撰写

历史性研究报告的写作没有标准格式。所研究的具体问题或课题以及历史学家的学科方向(如女权主义的、文学的、心理学的)决定了描述研究成果的组织方法。

一种显而易见的组织方法是按时间顺序描述历史事实。这样,论文的每一章可以讨论个人生活、机构史或教育运动中的一个独立的时间段。另一种显而易见的组织方法是根据课题或主题描述历史事实。例如,如果研究的目的是考察不同学校所在的学区是如何制订建立幼儿园的计划的情况,论文可以用独立的一章来描述该研究涉及的每一个学区。

但是,对某些研究来说,上述两种组织方法均不能令人满意。假定研究者的目的是描述一个大学的发展。研究者可以根据时间顺序组织论文,每一章讨论一个不同的时期。但是这种方法可能使一些跨越不同时期的主题的连贯性变得模糊不清(例如,大学与作为主要研究承包人的州政府的关系发展史、大学研究生院的发展、大学本科课程的建设和修改)。可以用独立的一章讨论大学发展的一个方面来获得主题的连贯性,但是,却无法体现这个机构的整体性及其在某一特定时期的总的发展状况。此外,研究者会难以说明大学发展的各个方面是怎样相互影响和相互联系的。

解决这个问题的一个可能的办法是将按时间顺序组织的方法与按主题组织的方法结合起来。每一章讨论一个独立的时间段,但各章之间的内在联系则可以是根据主题安排的。总之,决定使用什么样的方法组织论文取决于历史研究者所选择研究的问题。

论文的大部分可能包括讨论研究者对从最初、间接、第一手材料中获得的资料数据所作的诠释。此外,研究者可能希望用一个独立的章节评述其他历史学家对相同或相似的现象所作的诠释。研究中运用的方法,即史学研究方法,可能会在一个独立的章节中得到描述,尤其是当历史资料引起了非同寻常的外部或内部批评问题或当历史学家运用了非同寻常或有争议的史学研究方法的时候。

写论文时必须仔细考虑措辞,因为研究者的措辞反映了他的诠释框架。例如,我们在上文提到使用某些词语能够传达历史事件之间因果关系假定可能性的区别。形容词具有特殊的诠释意义。假定研究者决定把某一机构描述成一所主要的大学。使用这个形容词具有诠释意义,但是这反映了研究者本人对这一机构的赞赏呢,还是反映了其他教育家的专家意见呢?研究者在描述时应该认真考虑使用这一特定词语的理由。不需回避带有情感内涵或价值内涵的概念或描绘词语,但是,使用这些概念和词语要有根据,应该说明是基于哪些资料,研究者根据什么推理使用了这些概念和词语。在此基础上,丰富多彩的语言可以使历史研究论文避免索然无味,并能帮助它完成重构历史,使其重现于读者眼前的任务。

十、教育的历史性研究实例

我们提供两个历史性研究实例来说明进行历史性研究所需的步骤。

这两个实例只是为你提供一个初步的历史性研究计划，你应该在自己搜集历史资料的过程中补充并完善这个研究计划。

（一）日本教育政策的发展

如本章前面所述，当前的社会问题常常引发教育的历史性研究。爱德华·比彻姆（Edward Beauchamp）对1945年至1985年日本教育政策变化的研究就是由社会问题引发的。① 比彻姆在他的研究报告的开头部分是这样说的：

> 日本于1984年8月21日任命了一个特别改革委员会（或称临时教育审议会）。该委员会的成立是对日本广泛存在的一系列教育问题及其教育前景长期关注的合乎逻辑的结果。中曾根首相给特别委员会下达的任务很明确："为必要的改革考虑基本的对策……以保证教育适应我国的社会变化和文化发展。"②

比彻姆通过研究日本以往的教育改革为我们理解该国当时教育中存在的问题及其教育改革的方向提供了基础。

这个研究的主要数据资料是由政府各部门在以前颁布的重要政策性和法律性文献。比彻姆考察的文献包括，明治天皇于1890年颁布的皇家教育法令；1947年的教育基本法和学校教育法；由日本经济计划署经济委员会于1960年颁布的为使国民收入增加一倍而制订的长远教育计划报告书；教育部于1970年出版的日本的教育标准；由经济合作与发展组织于1971年发表的一个报告。比彻姆还参考了一些含有日本教育信息诠释的间接资料。

组织数据资料的基本方法是按时间顺序安排。这种组织方式反映在研究报告的标题上：日本教育，1868～1945；美国占领时期，1945～

---

① 比彻姆，E. R.（1987），"日本教育政策的发展，1945～1985"，《教育史季刊》，27，第299～324页。

② 同上，第299页。

1952;美国占领结束后的时期,1952～1960;20 世纪 60 年代和 70 年代的发展期;第三次主要改革时期,1978 年至今。比彻姆根据主题来组织描述每一个时期政策的发展状况。其基本主题针对不同层次的教育——小学、中学和中学以后的教育。比彻姆研究报告的一个有趣的特点是他分析了政策变化是怎样逐渐影响到教育的各个层面的。

比彻姆用以说明各时期日本教育变化的主要概念是*改革*和*政策*。这两个概念在比彻姆作研究的时期被广泛运用来讨论美国的教育问题。然而,我们应该问一问,在美国赋予这些概念的意义是否适用于日本教育。例如,*改革*这个概念隐含着这样的意思:需要纠正在一个教育制度里发现的一些缺点,而且这些缺点非常严重,需要对教育制度进行根本的变革。从比彻姆的研究报告中看不出他所强调的日本教育中发生的重大变化是否具有这些特性。

*政策*的概念就更成问题了。究竟什么才是政策?比彻姆的主要资料是政府文献,可以看作是官方政策。但是,在美国,官方政策和实际执行政策的方式之间常常存在重大出入。公布的政策(例如,在学校董事会指定或正式采用的课程指南中公布的政策)常常被忽视,或被政策执行者在实践中修改。比彻姆没有说明日本教育中是否也存在这种政策与实际执行之间的差异。

另一点需要考虑的是编撰比彻姆所分析的文献的委员会或政府机构成员们之间常常意见分歧很大。最终的政策文献常常是一种掩盖了代表不同利益集团成员之间冲突的妥协性陈述。分析这些冲突要比分析公开发表的官方文献更能揭示政策在一个教育制度中的地位。但是,上述批评并不一定否定了比彻姆的结论。我们的目的是说明仔细分析用于诠释历史资料的重要概念的重要性,特别是当资料涉及另一种文化的时候。

如本章前面所述,历史性研究的一个主要目的是发现历史事件中的因果模式。这一目的贯穿于比彻姆研究报告的全文。比如他说:

> 在20世纪60年代和70年代的大部分时间里，教育政策的明确目的就是促进经济发展。确实，20世纪50年代中期以来，企业利益集团对教育政策的制定有着举足轻重的影响。这一点是毋庸置疑的。①

此处比彻姆的论点是，在其研究所涵盖的时间段里，企业界的游说（原因）对教育政策的发展（后果）有着重大影响。他在研究报告中提出了各种证据来支持这一因果观点。

尽管许多日本人对大学入学考试制度持批评态度，比彻姆还是试图解释日本长期坚持的极其苛刻的这一制度。他找到证据来支持对这一制度的存在所作的三种解释：(1) 根深蒂固的儒教传统；(2) 强大的利益集团影响；(3) 有限的入学名额无法满足过多考生的需求。② 比彻姆的诠释证明了这样一条原则：重要社会现象常常有多重原因，常常产生多重结果。因此，历史学家应该尽可能多地研究历史环境，避免对历史事件之间的因果关系作简单化的分析。

比彻姆概括出的有影响的结论之一是，在过去的一个世纪里日本教育每一次重要改革之后都有一个反思和调整期，使改革符合日本的传统价值观念。因此，要理解日本近期的改革，我们应该尽可能多地了解这个国家的价值观念。

比彻姆概括出的另一个结论是，每次改革都受到了外国教育模式的影响。然而，比彻姆谨慎地指出，这一结论并不能同样适用于日本最近的教育改革浪潮。因为日本曾经向其借鉴过教育模式的所有国家本身也在进行各种各样重要的教育改革。这一历史模式的中断使比彻姆提出了一个具有重大意义的问题：

> 日本能够*创造*一个既能满足本国21世纪之需要，又能成为世

① 比彻姆，E. R.（1987），“日本教育政策的发展，1945～1985”，《教育史季刊》，第310页。
② 同上，第315页。

界其他国家学习楷模的全新的教育模式吗?①

历史性研究通常被认为是研究过去。比彻姆的研究说明历史性研究并不仅仅是研究过去。对日本过去的教育政策的研究为其他国家的政策制定者理解日本最近的政策制定活动、预测这些活动的结果,并从这些活动的意义中获得启发提供了有价值的根据。

(二) 城市学校制度的官僚化过程:波士顿个案 1850～1884

根据卡茨的观点,传统的教育历史学家把美国教育制度的发展描绘成"一个仁慈和民主获胜的简单故事"。② 对照之下,像卡茨这样的修正主义历史学家正在重新考察过去,要把美国教育的阴暗面昭然于世。他的研究着重阐明美国公立学校制度的发展是如何促成与其顾客之间"不平等地位的合法化"。③ 卡茨认为,公立学校制度"在所有保证市民忠诚于一种竞争制度的机制中扮演了纵然是不明确的,却是非常重要的角色。在这个竞争制度中,总的来说,普通公民是输家"④。

卡茨在其所著《重构美国历史》一书中作了一例个案研究,以说明修正主义历史学家的研究方法和目的。卡茨说明了 1850 年至 1884 年波士顿学区学校的官僚制度是如何发展的,并参照其他地区和其他时期的类似现象概括出他的研究结果。研究的目的是要说明,作为一种特定的官僚体制,美国教育的发展是如何"阐明教育界的内部权力斗争、有助于解释学校与社区之间的不稳定关系,并证明长久未决的难题是未来改革的根据"⑤。这个历史研究报告中的主要角色是督学、改革家和学校董事会,他们的日常工作事项互不相关,相互冲突。卡茨的论证显示,解决冲突的方法产生了一个特定的官僚体制,这个官僚体制使学校能够实现

---

① 比彻姆, E. R. (1987) ,"日本教育政策的发展,1945～1985",《教育史季刊》, 第 324 页。
② 卡茨,《重构美国历史》,第 5 页。
③ 同上,第 116 页。
④ 同上。
⑤ 同上,第 58 页。

某些目标(如效率与秩序),但阻碍了另一些目标(如社区信息输入、对学生个性、创造性和平等思想的培养)的实现。

卡茨根据时间顺序叙述了这个个案研究,但是他的诠释集中在不同选区居民之间的权力斗争和他们明显的反民主工作事项上。下面介绍其书各个章节的标题很好地反映了他的叙述方法和诠释框架:

官僚体制的出现

对教育批评:波士顿新的学校董事会和解雇约翰·达德利·菲尔布里克

对官僚体制批评:对小学和初级中学校长的抨击

为官僚体制辩护:校长们的反击

非正式体制获胜:校长们的胜利

卡茨把叙述的焦点集中在对抗集团之间的斗争上(抨击、反击、胜利),这有助于读者培养对在这一时期发生影响的社会问题和社会力量的敏感性,并想像我们自己这个时代存在什么问题。卡茨把焦点集中在对抗集团之间的冲突上,这种论述方式支持了他的观点,即学校和其他机构的体制"源于对公共政策的问题各种解决方法的选择"①。换句话说,我们今天所知道的学校体制并没有什么必然性可言。学校体制的形成是美国历史上一个特定时期和特定环境中特定个人之间争论的结果。

像其他历史学家一样,卡茨从另一个社会科学学科(在这一个案例中为社会学)中借用概念来帮助自己理解数据资料。在他的研究报告中,他解释了社会学家卡尔·弗里德里克(Carl Friedrich)定义的官僚体制的六个特征:集权化的控制与监督,功能之变异,职务资格,客观性,精确性和连贯性以及任意处理权。然后,他证明了"19 世纪的第三个 25 年中,官僚体制的所有这些特征要素都在波士顿出现了"②。卡茨借鉴社

① 卡茨,《重构美国历史》。

② 同上,第 60～61 页。

会学的知识，获得了一个明确的“官僚体制”定义，并搜寻相关的历史资料以确定波士顿学区的体制是否包括由这一定义明确规定的官僚体制特点。

尽管卡茨的研究报告基本上是叙述性的，但其中却有一章内容广泛的定量数据表格。他用这些数据资料来支持他的论点，证明波士顿学区在1850年至1876年之间演变为官僚体制的过程。例如，表格显示，适龄入学人口在1850年至1876年之间从24 257人增加至66 720人，教师人数在同一时期从339人增加至1 294人。卡茨用这些数据资料来支持他的结论：“学校制度面临的最根本的问题是城市教育的行政管理工作日趋复杂”，是由于大批劳动力和“由不同种族组成的学生人口不断增长，密度越来越大”造成的。①

卡茨的研究报告的许多部分读起来就像一个故事——那些决定波士顿学校官僚体制发展方向的事件和人物的故事。栩栩如生的描写使得报告生动逼真。例如，约翰·达德利·菲尔布里克在使监督委员会信誉扫地的行动中“非常积极”；校长们对解雇菲尔布里克的反应是“暗暗气愤”；伯克·欣斯代尔“精明而现实”；弗朗西斯·帕克“感情奔放，极富性格魅力，是一个彻底的个人主义者”。卡茨还引用第一手资料证明并生动描述其主要观点。例如，在说明当时改革者对学校出现的官僚体制提出的激烈批评时，他引用了新闻记者兼小说家盖尔·汉密尔顿（笔名玛丽·艾比盖尔·道奇）的作品：

> 马萨诸塞州的学校尽管有健全的监督和管理制度，且学费昂贵，但是却毫无成效。它自命不凡，只顾自身的利益，却忽视甚至阻碍了学生的成长。一个孩子可以读完从小学到中学的全部课程，从不缺席，从不迟到，顺利地拿到毕业证书，但是他竟然根本不具备阅读和写作的能力，根本未受到任何教育，根本未学会任何技能。他

① 卡茨，《重构美国历史》，第66页。

> 们除学会了满嘴俚语脏话，根本无成就可言，他们的艺术品位充其量不过是读一些内容荒诞的廉价小说，他们没有智慧，没有勇气，也没有强健的体魄去面对人生的战场……人民交的税肥了"组织"，孩子们却在受罪。①

卡茨在叙述和诠释历史事实时总共用了 96 条参考第一手资料（当时教育家公开出版的著作、报纸上的文章、学区报告，等等）和间接资料（主要是当时的其他历史）的注释。

卡茨试图在他的历史资料中建立一些因果关系模式。这一点在他对那些在 19 世纪 50 年代后半期试图改革波士顿地区学校体制的人为何最终失败的原因的论述中表现得最为明显。卡茨认为：

> （改革派）失败的原因在于他们对组织的性质缺乏敏感性。在这种情况下，改革者没有考虑到该怎样对付体制内部地位牢固的非正式群体的力量。②

读者可以自己确定卡茨是否很好地论证了他的观点，即学校的行政官员的团结"导致"了学校改革的失败。

当我们阅读卡茨对 1850 年至 1884 年期间美国教育的叙述时，我们感觉到他所描绘的争论和尝试过的解决办法似乎与 100 多年以后的今天我们所面临的争论和解决办法非常相似。真是令人不可思议。这使得我们像卡茨一样想知道是否"由于忽视历史，我们在一次又一次地重复同样不成功的改革策略"③。历史性研究的一个主要贡献——包括修正主义历史学家所作的贡献——是它使我们注意到了这些不成功的历史重复，让我们将自己从其中解放出来，大胆探索新的改革策略。

---

① 卡茨，《重构美国历史》，第 73 页。

② 同上，第 83 页。

③ 同上，第 134 页。

十一、历史性研究中易犯的错误

研究者

1. 所选择研究的问题的第一手资料有限或难以得到。

2. 完全使用间接资料,而不是直接核查第一手资料确定自己的研究结果。

3. 未能对第一手资料进行外部批评和内部批评。

4. 没有揭示个人的价值观和兴趣如何影响第一手资料的选择和诠释。

5. 不恰当地借用其他学科的概念或不恰当地用现代的概念解释历史事件。

6. 做没有根据的因果推理,或者把某一特定的因素看作历史现象的惟一原因而不是原因之一。

7. 将其历史研究结果的适用范围扩大到无法由所能获得的第一手资料证明的人群、地方或机构组织。

8. 简单罗列历史事实,却不把它们按时间顺序和按主题组织起来综合成有意义的模式。

自测题

1. 在历史研究中,以保存关于历史现象的信息为目的的文字和印刷材料被称为

   a. 文献和记录　　b. 手工艺品和遗迹

   c. 第一手资料　　d. 最初资料

2. 在历史研究中,从被研究的时期保留下来的实物被称为

   a. 主要文献　　b. 次要文献

   c. 间接资料　　d. 遗迹

3. 在历史研究中,文献评论

a. 是研究过程中一个相对次要的部分
b. 提供研究的数据资料
c. 是在收集资料阶段之后进行的
d. 包括所有上述选择

4. 确定历史资料的来源是否真实可信的程序称为
a. 内部批评　　b. 外部批评
c. 外部验证　　d. 因果推理

5. 对文献的内部批评
a. 集中在它所包含的信息上
b. 包括对作者动机和价值观的评估
c. 由获取对同一事件的其他叙述协助完成
d. 包括所有上述选择

6. 当代主义被定义为
a. 认为现在比过去更为重要的思潮
b. 运用当代的概念诠释历史事件
c. 认为无法通过研究过去事件来了解现在的思潮
d. 以修正主义历史观为根据的一组假设

7. 历史研究中的因果推理是一个过程，在这个过程中，历史学家
a. 把一种历史现象的原因归结到一组因素上
b. 运用内部批评建立不同时间的文献之间的因果联系
c. 运用诠释把因果关系归因于一连串历史事件
d. 依靠其他学科的理论推断出因果模式

8. 历史研究报告
a. 通常按时间顺序组织
b. 通常按主题组织
c. 可以按时间顺序或按主题组织
d. 与实验研究报告的组织方式相同

9. 伯纳德·贝林所著的关于教育概念意义的著作适用于美国社会的学术，它对历史研究的贡献在于
a. 把来自学校外部的对学术的影响纳入了教育的历史研究的正常课题范围

b. 首创了“自由改革”框架，以重新诠释教育中的历史事件

c. 首创了历史研究中因果推理的新理论

d. 使历史资料更少受外部批评的影响

10. 对历史资料进行定量分析有益于

a. 确定历史研究成果的概括性　　b. 研究普通人的生活

c. 研究大量人口样本　　d. 包括所有上述选择

丁万江○译

第六编

应用研究

教育科研人员的研究目的通常是描述、预测或检验某一教育事件的影响，他们的最终目标是开发能够解释教育现象的理论。

科研人员为些目的而研制的方法十分适合于教育评估。例如，由政府机构资助开发革新型教学计划的科研人员通常必须进行评估来回答下列问题：该课程设计的效益如何、是否优于现行的项目、能否为不同的参与者所接受等。后者进行评估的目的是判断具体课程设计的价值、重要性及效用，而不是开发包罗万象的理论。

本书以前各章所描述的各种研究方法可以应用于教育评估。评估研究也涉及其他类型的教育研究所没有涉及的特殊问题。

第十七章　评估性研究

一、概览

评估性研究对于决策者、计划管理者和课程开发者都很重要。本章讨论评估性研究的步骤，强调评估过程中涉及不同资助者的步骤，并描述判断评估性研究质量的标准和主要的定量与定性评估方法。本章结束时还讨论评估性研究在教育研究与发展中的作用。这种方法以研究为基础，开发新项目和新教材来改进教育。

二、目标

学完本章后，你应能够：

1. 描述教育评估的主要用途。
2. 描述评估研究与其他类型教育研究的主要差别。
3. 描述进行某项评估的确切原因及确定评估参与者的程序。
4. 描述对被分析程序的组成内容进行描绘时的步骤。
5. 解释在选择用评估性研究解决的问题时，分散阶段和综合阶段之间的区别。

6. 确定制订评估设计——不是研究设计——所包含的几项因素。

7. 描述收集、分析评估数据的程序。

8. 解释评估报告与研究报告的特有区别。

9. 叙述主要的定量评估方法并描述其特征。

10. 叙述主要的定性评估方法并描述其特征。

11. 描述教育研究与发展过程的步骤。

12. 叙述在教育研究与发展中运用行为目标的两项好处。

13. 描述作为论文研究而进行教育研究与发展的项目与更基础的研究课题类型相比的几种优缺点。

三、教育评估的性质与目的

下列期刊论文描述了以评估研究为重点的教育现象的宽广范围：

伯希克，S.，& 德扬，R.(1993)："对所选再循环课程的评估：教育绿色公民"，《环境教育》，24，第 17～22 页。

休顿，H. T.(1993)："对住院药剂师病人访问计划的评估"，《美国药剂教育杂志》，57，第 238～241 页。

尼尔米克，R. P.，& 沃尔博格，H. J.（编辑）(1993)："芝加哥学校改革评估"，《项目评估动态》，59，第 1～110 页。

塞雷德，J.(1993)："艺术和数学中的教育质量指标"，《阿尔伯特教育研究杂志》，39，第 217～233 页。

托马斯，J. I.，& 阿洛威伊，O.（1993)："美国小学课文：黑人尊严在哪里？"，《社会科学记录》，30，第 37～42 页。

威纳，R. L.，普里查德，C.，弗朗霍夫，S. M.，& 艾德蒙兹，M.(1993)："不吸毒学校及社区计划评价：定性及准实验方法的结合"，《评估评论杂志》，17，第 488～503 页。

本章使用课程设计(program)这个词作为一般性代表，指的是教育评估重点关注的各种现象(即方法、教材、组织、个人)。

教育评估是对教育课程设计的优点或价值作出判断的过程。这类调查从1965年就迅速发展，那时美国政府要求所有接受联邦资助的教育课程设计必须把经费的一部分用于对课程设计的评估。① 美国的两个国家研究与发展中心集中精力对评估的方法进行调查，②几份社会科学期刊也以评估作为专业方向。③ 许多学区建立了评估部门，由于对评估工作的需求很大，大批教育科研人员转向教育评估工作。

为何教育评估有这么大的吸引力？主要的原因是行政人员认为评估对政策分析、政治决策过程和课程设计管理具有重要意义。

就政策分析而言，评估研究提供了有关选用各种课程设计的费用、收益和问题的重要数据。政策分析家可以把这些数据整理成意见书，提供给决策当局参考。1979年美国教育研究协会创办的一份《教育评估与政策分析》期刊证明了这类评估的重要性。

就政治决策过程而言，评估结果被用来向某一项法案或经费预算提供建议。该法案的反对者也会出资请人对法案进行评估，为自身目标提出有利的证据。只需考虑一下担保计划、以现场为基础的管理和其他教育运动的支持者和反对者所引用的数据，就会明白评估已深深地卷入政治过程之中。准法律评估方法——本章稍后会讨论——充分体现了评估的政治导向。

最后，评估正日益成为课程设计管理的重要部分。例如，效益评估是要确定课程设计是否产生了成效。评估的另一作用是促使管理者考虑所产生的结果。评估用来帮助管理者作出有关课程设计、人员及预算的正确决策。

评估与研究的关系

评估与一般研究一样吗？一位教育理论研究者也适合担任课程设

① 麦克劳克林，M. W.（1975），《评估与改革：中小学教育法》（1965/第一条），Cambridge，MA：Ballinger。

② 评估研究中心位于UCLA，教育责任与教师评估研究中心位于西密歇根大学。

③ 参见《评估研究年鉴》、《评估评论》、《教育评估与政策分析》、《评估与项目计划》等。

计评估工作吗？第一个问题的答案可能是：两者既相似又有区别。第二个问题的答案是：是的，但教育研究者可能需要额外的培训。

一般认为，教育研究和教育评估在很大程度上是交叉的。在实践中，评估人员大量运用研究设计、测量工具、数据分析技术等组成教育研究方法，因此，我们把评估课题称为“评估研究”。然而，评估与其他类型的研究在目的上有显著的区别，主要表现为三个方面：

首先，评估常常是由于某人需要对政策、管理或政治战略作出决策而发起的。评估研究的目的是收集数据以改进决策。相反，从广义上讲，教育研究的目的是为了增进对某一现象的理解。当然，研究课题的成果也可指导决策，评估数据与发展对某一现象的理解也有关系。

其次，研究成果与评估结果之间的概括程度不一样。评估的目的非常具体。决策者可能对某一课程设计是否可行感兴趣，因此授权别人就他关心的特殊问题收集数据，进行现场评估研究。相反，研究人员更可能对发现不同事物变量间的普遍关系发生兴趣。他们也许会在研究中使用某一组教师或学生，但只是把他们看作是他们的研究成果所要推广到的更大群体的样本，或者是推广某一理论的基础。但这一区别也不是绝对的：有些评估研究就设计成要产生广泛的、可推广的结果，而某些基本研究的可推广性非常有限。

评估与研究的第三点区别是对价值的判断。评估研究要得出有关教育现象的效用、优点或价值的数据。评估结果时常使用以下说法：“这一阅读课程设计在……方面优于其他的课程设计”或“该学区的教师认为新的在职训练优于现有的训练，因为……”然而，研究人员的设计目的是发现教育现象的基本特征。研究成果常用这样的词语来表达：“看来变量 X 影响了变量 Y”，或“使用有根据的理论方法时我们发现，学生指导员倾向于把学习处于边缘的学生的行为归因于两种动机”。教育家可以根据这样的研究成果作出价值判断和决策，但这只是研究成果的次要用途。

本章的下一部分描述进行评估研究的程序。大部分程序与术语和本书其他章节相同，因为，正如其他章节已提到的，教育评估人员广泛运用了教育研究的方法论。

四、项目评估的步骤

评估研究主要遵循研究课题时同样的步骤。然而，评估还必须根据所用评估模式考虑另外几个因素，以查尔斯·马厄(Charles Maher)的研究为例进行如下说明。① 该研究的目的是对困难青少年学校进行评估。该校的45名学生被分为两类：一类是感情有问题，另一类是适应社会有困难，因此他们经常逃学、旷课、打架、不完成学校的作业。

(一) 阐明评估的目的

评估可能是由于评估者的个人兴趣或者某一个人或机构的需要而发起的。当评估者的个人兴趣与机构的需要相符时，两种原因都可能是评估的目的。

如果评估主要是回答所感兴趣的问题，只需要弄清评估原因就行。本章稍后所描述的专家导向评估就是这样的案例。该研究是由研究者的个人兴趣而发起的，他想运用教育批判法来说明四年级教学的某些问题。

马厄研究中的情况不同，他的评估是根据一所学校的要求而发起的：

> 作者是根据一所学校的校长及专业人员的要求才担任该课程设计的评估的。课程设计决策人员普遍要知道该校的12个教育课程设计(将说明如下)对于学生个人的效果如何。②

---

① 马厄，C. A. (1982)，“特殊教育全日制学校有行为问题的青少年的项目评估”，载 E. R. House，S. Mathison，J. A. 皮尔瑟，& H. 普雷斯基尔主编，《评估评论年鉴》第7卷，第406～412页，Beverly Hills，CA：Sage。

② 同上，第407页。

当评估是由这类原因发起时，评估人员应当仔细研究进行评估的所有理由。评估可能来自某一鉴定委员会或某一资助机构需要的请求，这一类评估常是法律性的。评估也可能根据一些更为含糊的理由。有些人可能想运用评估来使项目人员的行为“具体化”，在此情况下，评估发挥了监督的作用。有人可能想让评估人员收集证据来支持终止某个课程设计的决定或减少其经费，在这种情况下，评估人员成了“租来的枪手”。或者有人想让评估人员收集不利于某些课程设计的成员的信息。如果课程设计成员认为评估目的是上述的任何一项，他们可能设法阻挠评估人员的工作。

要求评估的理由较多，有些是隐蔽的。因此，评估人员需要花费时间约见关键人物，以确定评估要求是否合理而且合乎道德。如果已经违犯了道德或可能要违犯道德，评估专家会建议你拒绝评估。本节有关优秀评估研究的标准将进一步探讨评估的道德问题。①

明确要求评估的目的也有助于选择合适的评估模式。本章后面将提供几种评估方法，不同的方法适用于不同的目的。在这里考虑的研究中，马厄认为他的评估目的是指导决策：

> 评估程序……是以这样的课程设计评估概念为基础的，即项目评估是一种过程，通过它来获取信息以便对项目各个方面的价值作出判断（决策）。②

本章后面将描述的应答式评估方法和 CIPP 评估模式（情境评估、输入评估、过程评估和结果评估）强调了评估目的。在马厄的研究中包含了这两种方法的要素。

---

① 关于评估人员面临的道德问题的讨论案例参见金梅尔，A. J.（1988），《应用社会科学研究中的道德和价值观》，Newbury Park，CA：Sage。一个问题是，如果委托人是违法的，如何增加对其行为的报告的可信度；另一个问题是如何确定专业见证人是否适合做评估人员。

② 马厄，《项目评估》，第 406 页。

(二) 确定评估参与者

评估参与者是指涉及被评估项目中的任何人或可能受评估结果影响或对评估结果感兴趣的个人。在评估开始时确定参与者是重要的,这有助于你弄清进行评估的原因,指导评估过程的关键问题,评估设计的选择,结果的解释以及结果汇报的情况、汇报对象等。

忽视某些参与者可能会产生严重的政治后果。如果参与者认为评估人员对他们参与评估的要求没有作出适当的反应,他们可能阻挠评估过程或不相信评估结果。然而,此威胁并不意味着必须同等对待所有的参与者,一些参与者可能只是希望能了解情况,而另一些可能想对指导研究的中心问题及评估设计施加影响。

在学年的开始马厄组成了课程设计评估委员会,使所有的参与者都参与了他的研究。该委员会包括评估人员、代表不同课程设计的三名教师、学校的生理学家。委员会的评估计划送交其他的重要参与者——校长和校务委员会,征求他们的意见,这样,校长和校务委员会也参与了评估。在马厄的报告中,参与者不包括学生、家长或当地学校的员工,虽然他们可能是重要的参与者。这类参与者可能在校务委员会中已有代表。

(三) 决定评估对象

评估人员面临的第一项任务是课程设计描述。这是确定要评估课程设计最重要特征的过程。即使在局部评估中,课程设计描述也要认真进行。从事某个课程设计的人员只知道直接影响他们的那些方面的情况也是常有的事。除非描绘出所有的课程设计组成部分,否则在评估过程中可能会忽略某一重要部分。

课程设计描述之后就要对课程设计进行分析,确定该课程设计研究要评估的组成部分。课程设计的组成部分可分为以下几类:目标,来源,程序,管理。虽然评估模式不完全相同,但这样的分类对评估设计都是适用的。

1. 项目目标

判断项目目标的优点是大多数评估研究的中心问题。**目标**是课程设计研制者试图达到的目的、效果或最终目的。如果一个课程设计没有目标,或者目标没有价值,那么很难想象课程设计本身会有优点。

有些课程设计的目标规定得非常具体。在其他一些课程设计中,评估人员必须将潜藏在研制者心中的目标推断出来。一旦确定了课程设计目标,参与者可以要求评估人员确定该课程设计在多大程度上能达到实际预期的目标。在一类被称为*形成性评估*的评估中,设定的任务可能是帮助课程设计研制者决定课程设计的目标。

在马厄对困难青少年学校的评估中,达到课程设计目标是主要目的。学校的课程包括 12 个"教育项目":学科课程包括数学、语言技巧、科学、阅读和社会研究;特殊科课程包括艺术、音乐、体育;生活技能课程包括就业训练、社会教育、半工半读、小组咨询。学校事先对这 12 个课程设计的确定大大简化了马厄对该校课程的分析工作,他对学生达到每一项目标的成绩评估作了决定。

2. 资源和程序

资源是指在实施课程设计的过程中人员、设备、空间及其他消耗。参与者可能会问:对于某一课程,我们目前的资源是否像课程设计研制者期望的那样充足?该设计是否太昂贵?课程设计是否有想不到的花费?该设计会侵占其他课程设计的资源吗?所有这些问题都需要评估人员考虑到课程设计的资源。

程序是指技术、战略和其他为达到课程设计目标而和资源结合在一起的过程。课程设计程序评估通常要回答这样的问题:"教师需要使用某项材料多长时间才能使学生掌握该项内容?""教师在运用启发方法进行科学教学方面有困难吗?""教师究竟在多大程度上运用了启发教学法?"要回答这些问题,常常需要对课程设计的操作进行仔细的、反复的观察。

评估课程设计资源和程序对理解课程设计的实际效果特别有帮助。

假设被观察的新的教育课程设计对学生成绩的影响微不足道，决策者可能终止该课程，因为评估的结果是否定的。然而，该课程无效也可能是因为需要的材料未及时送达，或在课程实施的过程中教师受到过多干扰而减少了实施该设计的时间。如果评估人员收集到了这类资源与程序的证据，决策者就可能采取另一种行动，例如，克服课程设计实施的障碍并重新实施。事实上，收集课程设计三方面的数据——资源、程序和达到目标，对任何类型的形成性评估都是重要的。如果开发者了解课程设计目前的进展状况和原因，那么修改课程设计的决定就会更有效。

3. 课程设计管理

为了更有效地使用并达到目标，大多数课程设计都有监测资源和程序的管理系统。我们可能认为只对大规模项目实施管理，如一个学区的中学教育或课程的协调项目等，然而，为了监测学生学习的教学进程，许多课程项目也包含内置的管理程序（如日常小测验和单元测试）。我们也可以把管理的概念扩大，使之包含自我管理（例如，教师为了提高现场教育水平而控制自己的课堂教学）。

有些注重管理系统的评估研究要着重回答这类问题："管理系统正在保证课程资源的有效使用吗？"、"管理系统的效率是否达到了预计效度？"、"管理程序的操作是否如课程设计研制者所期望的那样在进行？"每个问题都需要评估人员进行评估设计研究，以描述管理系统并检验其实际操作。

（四）确定评估问题

第二章陈述了研究课程设计的形式可以是问题、假设或目标。虽然最普遍的做法是提出问题，但评估研究也可使用同样范围的形式。

李 · 克龙巴赫（Lee Cronbach）在选择要评估的问题时把它们分为两个阶段。[1] **分散阶段**涉及可能在评估研究中需要评估的问题、难题、担

① 克龙巴赫，L. J.（1982），《教育和社会项目的评估设计》，San Francisco：Jossey-Bass。

心及信息要求开列全面性的名单(注意,为保持程序上的一致,难题、焦点、关心之事或信息要求可随后作为问题提出),而评估人员应当邀请所有参与者对名单提名。另外,评估人员也可以提出可能要研究的问题,所选择的具体评估方法也可能激发对评估问题的想法。例如,本章后面关于形成性评估和总结性评估的部分包含了评估课程材料的标准样本。可能要求评估参与者为研究内容提出一些或全部的标准。这些标准很方便地以问题的形式出现,并可以加入到其他方式形成的问题中去。

克龙巴赫的第二个阶段是**集中阶段**,包括把最初列出的评估问题减少到可以操作的数量。该阶段是必要的,因为要评估所有的问题费用太大。在重要参与者的协助下,评估人员必须筛选出名单中那些以现有资源就可能解决的最重要的问题。

马厄的报告提示了确定问题集中阶段的过程:

> 通过与校长、教师和专家一系列有组织的访谈和小组会议,评估人员确定了这些人群一致同意需要优先获得的三方面的具体评估信息。首先,校长和校务委员会迫切需要有关由学校提供的课程设计总体效果的大量数据。其次,教师希望得到可以帮助他们确定课程优缺点的信息,包括学生所认为的课程的社会效益的有关信息。第三,既然最初将该校设计为要通过为每个学生设立个人课程和使预期的教育结果具体化来促进教育过程,那么,校长和教师想知道正在实现的目标进程。这三方面的评估信息必须是评估设计与实施方式考虑的中心问题。①

要注意,这些评估目标被称为需要的是信息而不是问题。经过简单的词语修改,就能以问题的形式来提出。

随着评估研究的继续,评估人员和参与者的心中可能出现新问题。本章后面描述的一些评估模式——尤其是定性模式,明确承认这种可能

---

① 马厄,《项目评估》,第 407 页。

性。如果可能，应当留出时间和其他资源以便解决收集数据之后出现的重要问题。

(五) 开发评估设计与时间期限

许多评估研究类似方案的设计、实施与报告，因此，前一章描述的任何一种研究程序可以并入评估研究设计中。然而，评估研究也表现出其他研究设计中所没有的几个问题。

问题之一是评估应该由内部评估人员或是外部评估人员来实施。**内部评估人员**指正参与被评估课程的人员。例如，某些学生的学位论文对所在学校的某些方面在论文中进行了评估。他们可以休假来写学位论文，即使在这种情况下，他们仍起着内部评估人员的作用。

外部评估人员指没有正式参与被评估课程，但被邀请进行评估的人员。这类人员有时被称为第三方评估人员或评估合约人员。

许多类型的评估都可由内部评估人员承担，尤其是当评估结果将被用于指导课程管理和决策的时候。① 总结性评估——将在本章后面详细讨论——最好由外部评估人员进行。总结性评估的目的是确定已完全展开的课程的优点，而且很可能与正在进行的类似课程比较。评估人员有责任代表消费者或外部资助机构的利益，必须向他们报告评估结果。在这方面，外部评估人员比内部评估人员更有资格代表这些利益。即使如此，在压力下，内部评估人员和外部评估人员都有可能被迫使评估产生有偏见的特定结果。如果这种压力过于强大，评估人员惟一的办法是出于道德的考虑而终止评估。

许多评估研究涉及实验或准实验设计，因为主要问题通常是课程进行得是否顺利(这个课程就是实验的新方法)。在此情况下，普遍的问题是评估设计中的外部与内部效度应多高。为了提高评估人员的自信，将

① 关于内部评估人员特殊的责任和注意力的详细讨论参见洛夫，A. J. (1991)，《内部评估》，Newbury Park，CA：Sage。

观察到的效果都归因于该课程并把效果概括化，就需要更多的资源，包括控制组及其他实验设计特点。然而，课程设计成员并不总是乐意提供为提高实验有效性而必需的经费。

解决该问题的办法通常取决于谁控制评估过程。就如本章后面描述的麦克·卡琴(Mc. Cutcheon)应用教育批判方法进行的研究那样，一些评估人员进行评估研究出于个人兴趣。这些评估人员可以选择较为严密的研究。当研究涉及参与者的合作时，情况就不一样了。你必须十分敏感，提供的信息质量满足参与者的要求，并且不超出预算。这意味着评估设计可能不如你希望的那样严格。如果制订的设计过分影响了你的标准，你可选择终止或退出研究。

在评估设计中，你应当清楚评估活动可能有利有弊。吉恩·格拉斯(Gene Glass)称这一问题是自相矛盾的。① 一方面，当课程设计参与人员感到他们是在无人监视的条件下参与课程设计研究时，他们工作表现较好。另一方面，格拉斯观察到，“如果人们能明确目的，测量和评判他们行为的影响，并且能持续下去——总之，如果人们能评价他们的进步，他们似乎能更真实、更确切地达到最佳要求”②。评估的风险不仅包括人的因素，也包括课程设计本身。某个课程设计可能是好的，但一次劣质的评估就能导致他人的判断错误，从而导致课程设计失败。某个课程设计有可能成功，但在实施中可能被管理人员抽走资金。更有甚者，评估活动可能把用于支持课程设计进一步发展的资金耗尽。

评估的利弊影响很难调和。一些评估者建议，在决定继续评估之前，你应该确信潜在的好处超过潜在的危害，并对计划好的评估活动可能产生的全部结果作出估计。为达到该目的，方法之一是在研究课程设计中让重要的资助者参与研究设计。他们有助于选择和开发最有可能反映课程设计结果的测量方法。由参与者建议的测量方法将减少评估

① 格拉斯，G. V. (1975)，“关于优秀学校及其人员的讨论”，《教育研究者》，4(3)，第 9～13 页。
② 同上，第 12 页。

对他们的威胁，而这样的测量方法也可能显示课程设计产生的积极影响。

最后一个要考虑的问题是时间。许多研究课程设计没有时间限制，但评估研究则不一样。如果资助者参与评估，他们常常希望能在某一确定的日期前得到总结报告。因此，评估人员需要对评估设计规定期限，以确保在规定的期限内完成评估。时间期限可运用课程设计评估与检索技术表(PERT)或类似的技术来确定。① 制定详细时间期限的好处是它能够确定并记录下在期限内完成评估所需要的资源。在以后的评估过程中可能需要这类信息，例如，如果看起来利用最初预算提供的资源无法在期限内完成评估研究时，你可利用这类信息来说服资助者增加资源。

(六) 收集、分析评估数据

在评估和研究中数据的收集与分析是相似的。例如，马厄的评估包括单组前测-后测实验设计，这一设计在第十二章已讨论过。一种称为目标进度表的定量测验技术被用来评估每一名学生在 12 个课程中所取得的进步。受过训练的评估人员运用这一技术测得每位学生在学年开始和结束时为达到每个目标而取得的标准分数，而且学生也完成一系列的后测表，以确定每一课程对他们的帮助程度。通过开放式的问卷调查调查学生对每一课程优劣的看法。

数据分析的一种方法涉及计算学生在学年开始(M＝35.20)和结束时(M＝45.21)为达到目标而取得的标准分数的平均数。两个统计数间的差异是十分显著的(P＜0.5)，而且学生的每一科目分数的变化及其他数据也被用来排列所有课程的教育效果。结果表明，就业训练、数学和阅读三个科目的影响最大。

① 在评估研究中 PERT 图表及类似技术的运用参见沃森，B. R. & 桑德斯，J. R. (1987)，《教育评估》中的第十六章，New York：Longman。

(七) 报告评估结果

一项典型的研究会产生单一的报告,例如硕士论文、博士论文或者是技术报告。然后,可以把这类报告的缩写本在专业学术会议上交流或在期刊上发表。

评估研究的报告有时复杂得多,因为它涉及各种听众,而不同的参与者需要不同的信息。对考虑中的评估研究作报告就是该原理的例证,马厄的报告程序描述如下:

> 在数据分析之后,评估的信息由委员会向三个方面传播。首先,一份评估信息的报告摘要被提交给校长和校务委员会。第二,一份更为详细的报告分发给教师,其中包括对结果的描述、数据图表和评估结论。第三,召开评估讨论会,会上评估人员、校长和教师讨论了评估,考虑针对评估报告的问题和争议,并就课程的发展与改革提出建议。①

如果评估是为了写硕士论文或博士论文,就可能要采取类似马厄所描述的方法,把评估结果用几种形式联系起来。此外,你还需要在论文中报告评估结果。论文评审委员会将要求你运用与研究报告相同的格式。例如,你可能需要写一份文献综述,而它通常不包括在课程评估报告中。

你的论文应该讨论是如何应用评估结果的,评估专家对这一点特别感兴趣。研究表明,评估结果实际上由决策者使用。② 在马厄的研究个案中,他提到评估结果运用如下:

> 评估信息发布之后,评估人员、校长、教师之间召开两次会议来讨论评估结果的效用。反馈的信息表明,收集和报告的评估信息满足了课程决策人的需要,而且,评估信息得到了校务委员会的公开认可,他们将在下一年扩大学校规模的决策中使用该评估。评估程

---

① 马厄,《项目评估》,第 410 页。

② 此类研究的一个案例参见西格尔,K.,& 塔克,P.(1985),“评估研究的应用:一个案例分析”,《评估评论》,9,第 307～328 页。

序也已成为学校操作程序的常规组成部分。①

以论文形式报告的评估研究的另一个共同特征是讨论评估的更为重要的意义。例如,你的研究结果可能具有理论意义,或者是为了重新验证以前相同题目的结果。如果是这样,你应当从这些角度来讨论该研究。

许多评估课程都可看作是某一特定评估模式应用的个案研究。如果适合的话,你的论文的讨论部分中应当考虑以此观点来讨论研究。你可以讨论这一模式对你研究情况的适用性,模式的缺点,以及在未来的研究中将如何解决你将面临的问题。通过这种方式,你能对教育评估方法论的改善作出贡献。②

最后,论文的讨论部分应包含简短的元评估。"**元评估**"是对评估的评估。研究人员有义务在报告中讨论其研究设计的缺点,或者在研究进程中可能影响结果校度的缺点。评估人员同样有此义务。专业机构已公布了优秀评估研究的标准,以便对自己的评估作出恰当的判断。

五、优秀评估研究的标准

(一) 课程评估标准

《教育计划、项目和材料的评估标准》一书最初于1981年出版,1994年再版时书名改为《项目评估标准》,该书提供了元评估的一系列权威性评估标准。如果你想把评估作为你的论文选题,③书中描述的30项标准是有帮助的。你可以应用这些标准判断你评估设计的正确性,也可对你以前感兴趣的领域进行评估研究的判断。

这些标准由教育评估标准联合委员会制定。由丹尼尔·斯塔弗尔比

---

① 马厄,《项目评估》,第411页。

② 对评估研究方法论作出贡献的优秀事例来源于对评估案例的分析,可参阅《教育评估与政策分析》杂志。

③ 教育评估标准联合委员会(J. R. 桑德斯任主席)(1994),《项目评估标准》第二版,Thousand Oaks,CA:Sage。另一套由美国评估协会开发的、将产生较大影响的评估标准正在出版之中。

姆(Daniel Stufflebeam)领导的联合委员会代表许多重要的教育组织，包括美国学校管理者协会、美国教育研究会、美国教师联盟、美国人事指导协会、全美学校董事会协会。全美几百名教育研究工作者参与了这些标准的开发和现场检验。设计这些标准的目的是为了评价教育评估的质量，正如《教育心理测验标准》(见第七章)的开发目的是为了评判测验的质量一样。

建立这些标准有几个原因。首先，人们越来越清楚地认识到一些评估技术质量很差，而一些被评估单位对评估则毫无反应。另一个原因是为了保护评估进程不受别有用心的人或组织的干扰。正如序言中所指，教育评估通常考虑到政治因素。在缺乏标准的状态下，评估人员或委托人很可能试图歪曲评估进程，从而反映了他们的偏见和个人利益。第三，联合委员会认为发布一系列标准可能有助于提高教育评估的专业水平，他们发现在开始工作之前没有合适的标准可供使用。

联合委员会最后认为，一项优秀的评估应满足四项重要标准：有用性、可行性、适合性、准确性。如果一项评估对受其影响的人来说信息丰富、及时而且有用，那么该项评估就是**有用**的。**可行性**的意思是，首先，评估设计适合于将进行研究的所在环境；其次，评估设计是富有效率的。**适合性**是指评估的实施是合法的、合乎道德的。最后，**准确性**是指判断课程的价值时评估研究产生有效、可靠而全面的信息。

四项标准在具体的标准设定上都是可操作的，这里以简要形式在下面加以表示。以下所列的每一项标准都排列在与之有紧密关系的准则的下方。(证明每一项具体标准的案例都在联合委员会的报告中提出)本章所描述的各种评估模式反映了许多标准。

有　用　性①

1. 参与者的确定。所有受评估影响的人群都应确定下来。

---

① 本表是对教育评估标准联合委员会(J. R. 桑德斯任主席)(1994),《项目评估标准》(第二版),Thousand Oaks,CA:Sage 中的标准的解释。如果你计划应用这套标准，我们建议你认真学习原著，弄清其准确的用语和详细的解释。

2. 评估人员的信誉。评估人员应当是有能力、可以信任的。
3. 信息的范围与选择。收集的信息应当直接涉及评估的问题及参与者关注的问题。
4. 价值的确定。评估人员对所获结果进行价值判断的根据应该是清晰的。
5. 报告的清晰度。评估人员的报告应当全面、易懂。
6. 呈送报告的及时性和传播性。评估报告,包括阶段报告,应当及时传达至使用者。
7. 评估影响。评估应能起到鼓励参与者采取适当行动的作用。

可　行　性

1. 实践的程序。评估程序应切实可行,并尽量不干扰参与者。
2. 政治的有效性。评估人员应取得受评估影响的利益集团的合作,确保评估进程不受任何利益集团的暗中破坏。
3. 效益。评估带来的利益应当证明资源消耗合理。

合　适　性

1. 服务导向。评估应有助于参与者满足所有委托人及范围更大的社会的需求。
2. 正式协议。参与评估的各方应在书面合同中申明其义务和权利。
3. 试验对象的权利。评估研究中涉及人员的权利和利益应受到保护。
4. 人际关系。评估人员应尊重评估研究所涉及的个人。
5. 完全、公正的评估。被评估实体的优缺点应得到完全而公正的评估。
6. 结果公开。有法定权利知道评估结果的个人和受评估结果影响的人应得到有关评估结果的信息。
7. 利益冲突。如果评估引发了利益上的冲突,该冲突应得到公开而诚实的解决。
8. 财政责任。评估所消耗的资源应当精打细算,而且负有道德责任。

准 确 性

1. 课程记录。被评估课程的全部相关方面都应详细描述。
2. 背景分析。影响评估课程背景的各个方面都应得到详细说明。
3. 描述的目的和程序。评估的目的和程序应详细描述。
4. 信息来源的可靠性。数据资源应详细说明，以判断其适合性。
5. 信息的有效性。数据的收集程序应能产生有效的解释。
6. 信息的可靠性。数据收集程序应能得出可靠的结论。
7. 信息的系统性。如有必要，信息应经过检查与修正。
8. 定量信息分析。评估研究中的定量数据分析应当彻底，解释明确。
9. 定性资料分析。评估研究中的定性数据分析也应当彻底，并产生明确的解释。
10. 合理的结论。评估人员的结论应当清楚、合理。
11. 报告的公正性。全部有关评估的报告应当无偏见，不受任何个人情感的影响。
12. 元评估。应运用以上标准对评估进行结构性及综合性评估。

1981 年制定的标准在应用中遇到了一些困难，丹尼尔·斯塔弗尔比姆对之进行了说明。他注意到各项标准之间在协调中的相互影响。[①] 例如，如果努力产生正确、可靠的信息并得出可靠的结论（准确性标准），常常会妨碍报告的及时提交（有用性的标准）。在致力于标准应用的研究中，在美国之外的其他国家，以及在大范围的个案中，证实了在由政府资助的研究中使用上述标准的局限性。还有，这些标准对于某些评估并不适合，对具体设计的决定缺乏详细的指导，对内部评估人员的自我评估

---

① 斯塔弗尔比姆，D. L.（1991），“评估人员的专业标准和道德”，载 M. W. 麦克劳克林 & D. C. 菲利浦主编，《25 年来的评估与教育》，见《全国教育研究学会年鉴》第十九分册第二部分，Chicago：NSSE。

注意不够。①

布鲁斯·汤姆逊(Bruce Thompson)分析了1994年的《课程评估标准》,发现联合委员会主要注重于使评估研究的工具性作用乐观化。**工具性作用**是指运用评估研究结果来作是否继续下去的决定,即是否继续或终止某个课程。汤姆逊认为评估尚有其他作用,但与联合委员会没有直接关系。其中之一是**观念性用途**,指评估研究结果对资助者对于课程看法的影响。例如,评估研究能导致资助者重新确定课程目标。另一作用是**象征性用途**,指将评估研究成果用于评判或改进课程之外的目的。例如,课程管理者可以为了使资助机构满意,而委托进行评估研究,或者运用评估结果使与该结果并不相关的决策变得合理化。

汤姆逊的分析揭示了是否以及如何使用评估结果作为判断价值的最终标准。然而,评估结果应用的途径种类繁多。如果你计划进行评估研究,你应与参与者一起商讨,确定所希望的评估结果的用途。确定用途之后,就能分析评估设计是否能满足该用途的需要。

(二)人力评估标准

上述出版《课程评估标准》的同一个联合委员会也建立了教育人力的评估标准,称为《人力评估标准》。② 这21项标准涉及课程评估标准所用的同样四类标准。最近一项针对《人力评估标准》的元评估的结论如下:(1)该标准有两个前提假设,即人力评估既能服务于学生及社会组织,又能帮助管理机构建设性地提高服务质量,但有时可能有矛盾;(2)这些标准符合通常的实践需要,但忽视了委托团体的观点;(3)它们最适合于公立小学和中学的人力评估;(4)构建一套统一标准是主要成就,但它们的可用性还有待证明。③

① 汤姆逊,B.(1994):"项目评估标准的修订及相关文献的使用",《教育实验》,63,第54~81页。

② 斯塔弗尔比姆,D. L.(1991),《人力评估标准》第二版,Newbury Park,CA:Sage。

③ 教育评估标准联合委员会(1988),《人力评估标准》,Newbury Park,CA:Sage。

六、定量评估方法

像教育研究一样，教育评估也有多种形式，因为长期以来评估人对于不同评估、不同原理和不同方法有着不同的目的，这些差异逐渐形成了各种评估研究的开发。本章其他各节主要讨论评估方法。[①] 在计划评估研究时，应当考察这些方法，确定哪种方法最适合你的研究目的和原理。

下述定量方法主要以实证主义调查方法为基础。它们强调客观性测量、有代表性的抽样、实验性的控制以及使用统计技术来分析数据。

(一) 个人评估

评估研究的历史至少可以追溯到 20 世纪初期测验运动的兴起。比纳(Binet)的智力测验表在 1904 年出版，小组能力测验在第一次世界大战期间兴起。评估主要涉及评定学生的智商和学习成绩的差别，评估结果被用于划分年级，并把学生按不同能力分类，另行辅导。

个人评估模式在美国教育领域一直被广泛应用。事实上，它还被推广到对教师、管理人员以及学校其他人员的评估上。与评定学生一样，个人评估也集中于对个体差异的测定，依据某一标准或一套标准对个体进行比较，然后作出判断。

(二) 目标评估

20 世纪 40 年代，拉尔夫·泰勒(Ralph Tyler)对课程进行的评估引发了教育评估中的巨变。[②] 泰勒认为，应该围绕明确的目标组织课程，其

---

① 我们对评估方法的描述主要根据沃森 & 桑德斯著，《教育评估》。

② 泰勒，R. W. (1949)，《课程与教学的基本原理：360 条说明》，Chicago：University of Chicago Press。

成功率应根据学生达到所设目标的程度来判断。该评估模式标志着把评估关注的重点从学生个体转向了课程,该转移暗示学生学习成绩差可能不是因为缺乏内在动力,而是因为课程本身有缺陷。

泰勒模式对以后的教育评估的发展产生了重要影响。在泰勒的领导下,60 年代创立了全美教育进展评估协会。该联邦计划一直在收集美国青年学业成就方面的数据,许多州的测试计划采用该计划的方法,收集类似的数据。对学生和教师能力的测验日趋广泛,这是泰勒模式的又一重大发展。①

泰勒强调以对目标的明确测量作为判断教育课程好坏的基础,其他教育评估人员开发的其他评估模式对他的观点给予了支持。例如,马尔科姆·普鲁夫斯(Malcolm Provus)开发了**差异评估**,强调课程目标和学生达到目标的实际成绩之间的差异,②所得的信息可用于指导课程的管理决策。

另一种以目标为基础的方法是**成本分析**。③ 评估人员应用成本分析来确定:(1) 假设课程设计费用和课程设计收益都能够用货币单位计算,课程设计费用与收益之间的关系(称为成本—收益比率);或者,(2)在达到某一要求的结果中,与所测有效性有关的各种干预之间的关系(称为成本-效益)。不同课程可以相互比较,以确定哪一个课程的成本-效益比率最高,即每一个资源消耗单位的最高收益。

如果你想对学生在教学目标方面的成就进行评估,你考虑的重点之一将是如何测量这些目标。为了使测量顺利,用行为词汇来表示目标是有帮助的,即把课程的结果用行为来表明,使参与课程设计的每一个

---

① 对泰勒的项目评估方法的回顾参见泰勒,R. W. (1991),"项目评估的一般原则",载《25 年来的评估与教育》,见《全国教育研究学会年鉴》第十九分册第二部分,第 3～17 页,Chicago:NSSE。

② 普鲁夫斯,M. (1971)著,《差异评估》,Berkeley,CA:McCutchan。

③ 关于这类评估研究的讨论参见莱文,H. M. (1983),《成本-效益评估入门》,Beverly Hills,CA:Sage。也可参见莱文,H. M. (1991):"25 年来的成本-效益评估",见《评估与教育》,第 189～209 页。

人——包括评估人员都能观察到某行为的结果。[①] 这种**行为目标**一般有三个组成部分：把课程目标表示为可观察的行为结果；设立成功的行为标准；考察即将发生行为的情境内容。这里提供一个行为目标的例子：已知有20道一位数的乘法运算题，要求学生在3分钟内写出每道题的正确答案，错误不得超过2个。

行为目标也受到了批评，因为这种方法把教育降低到只教给学生能用行为目标的语言来表示和测量的教学内容。当然，行为目标像其他的技术一样可能被误用。然而，只要使用得当，它们简化了开发合适工具的任务——尤其是开发参照领域中用来测量学员的目标成绩的工具。

评估课程设计目标的另一个难题是要测量哪些目标。评估人员常常依赖课程设计发起人或专家来决策。然而，迈克尔·斯克里文(Michael Scriven)认为不应该让评估人员事先知道课程目标，因为他们可能会受预设目标的影响，从而忽视了课程的其他作用，尤其是与目标相反的副作用。[②] 要避免该问题，评估人员应进行研究，以便发现课程进行中的实际效果，这些效果也许和课程设计发起人宣布的目标大相径庭。这种评估方法已被称为**目标游离评估**。

目标游离评估有其优点，但是，在许多情况下，仍然要求评估人员收集有评估价值的具体课程设计目标的数据。在这类情况下，评估人员可以专心于所明确的目标，但仍须警惕这样的可能性，即课程的实际效果可能与课程研制者所明确的目标显然大不相合。

在教育中对DISTAR的评估是这种现象的典型事例。DISTAR是一个学术项目，目的是使处境不利的低收入家庭的儿童的认知技能得到发展。虽然对该项目的评估大部分集中于测量认知技能，但

---

① 许多文献解释了表述行为目标的程序，经典的作品是马杰，R. F.(1984)，《准备教学目标》(修订版)，Belmont，CA：David s. Lake。

② 斯克里文，M.(1973)："目标游离评估"，见E. R. 豪斯主编，《学校评估：政治与过程》第319～328页，Berkeley，CA：McCutchan。

也经常运用自我观念方法进行评估。评估结果表明，DISTAR不仅促进了学生认知技能的发展，而且对学生的自我评估也产生了积极影响。①

(三) 需要评估

需要可被定义为现实状态与理想状态之间的差异。例如，有一位教育工作者断言："我们需要在小学课程中进一步强调科学教育。"这表明这位教育工作者认为现有课程与理想中的课程有差异。表明该需要反映了他对目前课程优缺点的判断。同时要注意表明该需要为课程或项目设立目标提供了基础。由于我们认为需要评估与目标评估之间的关系非常密切，所以把它看成一种定量评估方法。当然，定性需要评估也在教育领域中开展。②

定量的需要评估能使评估人员精确测量现实状态与理想状态之间的差异。托马斯·皮尔斯(Thomas Pierce)、德博拉·多尹奇·史密斯(Deborah Deutsch Smith)和简·克拉克(Jane Clarke)所作的需要评估就是这样的例子。③ 他们评估的目的是为了弄清美国高校中的学术职位需要多少特殊教育的博士生，并更新和扩大现有数据资料。博士生的数量和类型与高校能提供的学术职位之间的差异被看作对特殊教育领导人员的需求。

该评估的目标群体是《全国特殊教育人员准备课程指南》中列出的、设有特殊教育博士点的85所高校。调查中应用了简易问卷，如图17.1所示。其中包括以前问卷调查涉及过的内容，以便扩大关于博士水平领

---

① 斯特宾斯，L. B.，St. 皮埃尔，R. G.，普罗珀，E. C.，安德森，R. B.，& 塞瓦，T. R. (1978)，"彻底的评估"，载 T. D. 库克等主编，《评估研究年鉴》第三卷，第571～610页，Beverly Hills，CA：Sage。

② 麦克利普，J. (1987)，《需要分析》，Newbury Park，CA：Sage。

③ 皮尔斯，T. B.，史密斯，D. D.，& 克拉克，J. (1992)，"特殊教育领导：为供求而复访"，载《师范教育与特殊教育》，15，
第175～182页。

导人员供需情况的现有数据资料。

1. 你校在1990—1991学年的招生中招了多少特殊教育专业的博士生？
2. 你校的特殊教育专业博士生预计有多少人将在1990—1991学年毕业？
3. 1990—1991学年将要入学的特殊教育的博士生集中在哪些专业方向？（按数量多少排列）
4. 在(3)所列的专业中，有同时在两个专业方向接受训练的博士生吗？如果有，请列出他们的数量和混合专业。（例如，一名博士生攻读神学博士和文学博士两个专业。）
5. 据你估计，你校目前入学的特殊教育博士生人数比去年多、少还是相等？
6. 如果你在上学年(1989—1990)想招聘特殊教育的新教师，请回答下列问题：（空缺的职位、合同期限、专业方向、招聘原因）。如果没有，请跳过问题7。
   你收到了多少人的申请？其中多少人合格？（用上述方法把多职位申请者分开）
   你录用了吗？
   如果没有，为什么？
7. 如果你预计在今后三年中(1990—1993)有空缺或新职位，请填写下面表格（包括空缺的数量、专业方向、招聘原因）。
8. 在下表中，请提供每一名博士生前两年的信息。（包括名字、目前职位、工作单位、单位类型、专业领域、民族。）

图17.1　对特殊教育博士生的调查

【资料来源】 摘自皮尔斯，T.B.，史密斯，D.D.，& 克拉克，J.，"特殊教育领导：为供求而复访"一文中的表1，第177页。该文载《师范教育与特殊教育杂志》1992.15.第175～182页。

问卷送达每一所高校的系主任，一个月后又发一封信。收回了55份样本问卷，回答率为65%。对问卷进行了简单的统计，问卷中的每一题的百分比也进行了计算。若有问题没有回答，该题视为无效，不计在内。

评估人员发现，在1988～1990年的两年中，共有221名特殊教育博士生毕业于这55所高校。从回收的问卷中，获得了184名博士生的民族状况，21%的博士生属于少数民族（如果8名外国学生不计在内，百分比是19%），如表17.1所示。

表 17.1：特殊教育领导人员需要评估问卷调查表：博士生的民族状况

民　族	1988～1989	1989～1990
英籍人	73	69
黑人	4	9
西班牙人	3	1
亚洲人	4*	10**
美国土著人	2	0
情况不详	9	0
总　计	95	89

*包括 2 名外国学生　　　**包括 6 名外国学生

【资料来源】 摘自皮尔斯，T. B.，史密斯，D. D.，& 克拉克，J.，“特殊教育领导：为供求而复访”一文中的表 2，第 177 页。该文载《师范教育与特殊教育》1992. 15. 第 175～182 页。

评估人员也获得了 1988～1990 年中从构成样本的 55 所高校毕业的 221 名博士生的职位数据。只有 38%的人得到了高校中的终身职位，25%的人在州或地方教育管理机构中找到了工作，5%进入了私人机构，4%尚未就业，其余的从事其他工作。

被调查高校确定了他们在 1989～1990 学年可以提供的 55 种工作职位，其中 80%是合同性职位。在调查时 55 个职位中有 15 个(27%)空缺。当被问及为什么没有在这些职位上雇用新教师时，最普遍的回答是申请者资历不合格或没有人申请。被调查高校也预测了今后三年(1990～1993)他们对新教师的需求及原因。计划中共有 71 个空缺职位，主要原因是填补退休人员留下的空缺(45%)。

调查结果表明，为了填补退休教师留下的和本来就有的空缺，需要为日渐缩小的教师队伍补充新人。没有足够的合格申请者是一个普遍问题，此外，评估人员认为特殊教育博士生中少数民族学生所占比例过低：“在特殊教育领域中，来自不同文化和语言背景的未来申请者的来源极为有限。”①

① 皮尔斯，T. B.，史密斯，D. D.，& 克拉克，J.(1992)，“特殊教育领导：为供求而复访”，载《师范教育与特殊教育》，15，第 181 页。

他们还观察到特殊教育的博士生总数呈下降趋势。

皮尔斯及其同事的评估给高校的特殊教育及其管理人员提供了有关新教师的需求和可以满足这一需求的博士生的规模与特征方面的有用信息。这些信息对于招收或保持特殊教育博士生课程的设计也有用处。

在进行需要评估时可能遇到几个问题，其中之一是需要的定义。准确地说，什么是理想状态？J. 罗思(J. Roth)把理想状态分为五类：理想，标准，最低要求，希望，期望。① 实际状态与这五种理想状态中任何一种之间的差异可以是需要。以那些想要接受大学教育的人们为对象的大学教育目标(一个理想的希望状态)与以所有儿童为对象的基本阅读技能的目标(一个最基本的理想状态)当然是不同的。

许多人不理解在需要评估中确定理想状态多么重要，也不清楚理想状态是可以选择的。例如，有关特殊教育领导人员供求的评估就没有强调确定对来自不同文化和语言背景的博士生的需要的重要性。

需要评估的另一个问题是，隐藏于需要之后的价值观常常没有得到明确的说明。价值观可以定量地确定哪些人群在何种程度上把某一特定教育因素(例如，小班教学，义务教育，计算机辅助教学等)当作需要。当然，这些定量性的需要只是表面性的，个人的价值观和标准是需要的重要决定因素，因而必须加以评估，以便在被评估的人群中对需要进行真正了解。

应该清楚，需要评估数据通常以群体需要的方式来报告的，在所说的需要中可能存在显著的个人差异，应对其加以研究。例如，在对特殊教育领导人员的需要评估中，数据分析有一个优点，即调查了来自各种民族背景的博士生的数量(如表 17.1 所示)。

典型的需要评估适合于硕士或博士论文的选题。基本的要求是确

① 罗思，J. (1977)，“需要与需要评估过程”，《评估新闻》，5，第 15～17 页。

定目标群体当前的行为或成就和与之相比较的标准。如果你有兴趣把课程发展作为专业方向，也可以对特别感兴趣的课程内容进行需要评估。

（四）CIPP 模式

上述评估方法是要对课程进行详尽彻底的评估。当评估人员与正在开展或将要开展的课程设计的成员进一步密切合作时，他们常常对成员个人对课程管理和发展过程的影响产生兴趣。评估人员意识到，关键的决策需要由课程管理者作出，而他们要收集数据，帮助管理人员作出决策。

CIPP 模式由斯塔弗尔比姆和同事们提出并开发，该模式说明了如何在课程管理的决策中发挥评估的作用。① CIPP 是组成评估模式的四个步骤首字母的缩写：背景（Context）评估，投入（Input）评估，过程（Process）评估，结果（Product）评估。每一类评估都关系到一系列的计划和实施课程设计的决策。

背景评估涉及在某一具体的教育背景中，确定评估问题和评估需要，"对难题的诊断提供了开发目标的主要基础，而这些目标可以产生课程设计的结果"②。你记得我们谈到需要评估时所说的：需要是现实状态与理想状态之间的差异。

投入评估涉及对完成课程目标所需的资源和方法的评判。该评估阶段要收集信息，帮助决策者在一定限度内选择最可能得到的资源和方法。投入评估要处理这些问题：如某些资源是否不具备或太昂贵，某一具体方法如何能够较好地达到课程目标，某一战略在法律上和道德上是否可以接受，以及如何最有效地使用人力资源等。投入评估要求评估人

① 关于 CIPP 模式参见斯塔弗尔比姆，D. L. 等著，（1971），《教育评估与决策》，Itaska，IL：Peacock。

② 同上，第 218 页。

员在可能获得的资源和可供选择的策略方面具备丰富的知识，还要具备不同类型课程的效益方面的知识。

过程评估涉及课程设计完成并开始实施后所要立即着手进行的数据收集。为了监测某个课程的日常进行，可能要求评估人员设计一种数据收集系统。例如，你可能对志愿参加教师培训课程的人员的出勤情况进行记录。如果出勤数据偏离了预期目标（例如，在培训的某一阶段老师的出勤次数下降），课程决策者就可以依据评估数据采取措施。若缺少这样的记录系统，在决策者知悉情况之前课程就可能已经恶化或者不可救药。过程评估的另一作用是将课程事件记录保持一段时间，以便在以后根据课程观察结果检查其优缺点。

结果评估是 CIPP 模式的第四个要素。结果评估的任务是确定在多大程度上完成了课程目标。这类评估中开发了对课程目标的测量和管理方法，所得数据是课程管理者决定继续或是修改课程的依据。

上述每一种评估都要完成三大方面的任务：描述决策所需要的信息类型，获取信息，综合信息便于决策。第一类和第三类评估（描述和综合）应该由评估人员和决策者合作进行，第二类评估（即获取信息）是一项技术性活动，基本上应委托给评估人员。

你可能已注意到 CIPP 模式综合了上述评估方法——以目标为基础的评估和需要评估——的要素，它也类似下文教育研究与发展讨论中的形成性评估和总结性评估。CIPP 模式以其综合性而独具特色，因为它是不间断的操作过程，目的是指导课程管理中的决策功能。虽然 CIPP 模式主要在定量评估研究中运用，但它也适合于定性评估研究。

CIPP 模式在指导学区和政府机构评估人员的工作中已被证明是有用的。由于 CIPP 模式是复杂的，在论文项目中完全运用它可能有困难，上述评估方法更具有操作性。当然，你可以同运用 CIPP 模式进行评估的机构合作。如果是这样，你应该熟悉这一模式，以便弄清楚你的研究对该机构的评估过程的适应性，以及你能获得的资料种类及其他资源的可能性。

七、定性评估方法

上述几种定量评估方法虽然有用，但没能满意地解决评估中的几个重要方面的问题。例如，目标评估方法趋向于把课程目标或可以观察到的影响看成是预定的，如果你想知道为什么某些特定目标被认为有价值，或者为什么某些资助者承认或不承认一些目标的价值，那么这种方法就无法提供指导。

大多数定量评估方法也没有认真考虑评估的政治因素。各种组织可能与研究都有利害关系，因而企图影响评估结果。你是应当反对这些政治影响，还是把它们纳入评估研究中？另一个问题是，在某些情况下评估可能弊大于利。如上所述，人们一般不喜欢被评估，因此，评估过程本身可能会损害被评估者的工作的进行，那么该怎样与委托人合作才能使评估工作利大于弊呢？

为了解决这类或其他的问题，评估专家已开发了我们将在第五部分论述的定性评估研究方法。定性评估方法显然不同于定量评估方法，它并不假设评价教育课程的价值时存在着客观标准。相反，定性方法认为教育课程的价值在很大程度上依赖于评判者的价值观，因此，挑选参与评估的人员或小组是非常关键的。

相反，定量评估方法没有充分考虑参与者之间价值观的差异。例如，在上述对特殊教育领导人员的需要评估中，研究人员接受了被调查者（高校中特殊教育系的系主任）对博士生的资格判断，因后者曾到这些系进行过求职访谈。研究者并没有检验这种可能性，即不同的系主任，或者同一系里的不同教师——对申请者的资格可能有不同的看法。

(一) 应答式评估

罗伯特·斯泰克(Robert Stake)是定性教育评估方法的先驱。① 他的方法称为**应答式评估**,这种评估的重点放在资助者关心的事件和问题上。**事件**(concern)是指任何资助者感到受到威胁的事情,或者是任何他们想证实的主张。**问题**(issue)是资助者的任何有争议的问题。事件与问题比行为目标提供了范围更宽广的评估重点,而行为目标主要关心的是一些定量评估的因素。

在《有效评估》一书中,埃贡·古柏(Egon Guba)和伊冯娜·林肯(Yvonna Lincoln)确定了应答式评估的四个主要阶段:(1) 发起、组织评估;(2) 确定关键事件和问题;(3) 收集有用的信息;(4) 完成有效的结果报告,提出建议。② 他们描述了对一所学校管理系统的应答式评估。评估的中心问题是,在现行的学校政策下,该校管理系统的结构对各种赞助者的投资是否是开放的。

第一阶段是确定资助者。资助者包括校董事会、校管理人员、教师、学生及其家长,学校所在城市的市政委员会成员以及社区有影响的人物。在这一阶段,古柏和林肯建议评估人员与委托人协商,签订合同,使评估的对象、目的、接触记录的权利、保密及匿名等事情明确确定下来。

在第二阶段,通过与资助者的会谈,要确定几项关键的问题与事件。后者包括人们对封闭性决策的看法(例如,校董事会不顾家长的反对取消了艺术教育的基础艺术课,因而受到指责)和对权力被少数人垄断的看法(例如,不少教师说他们感到在学校事务中的发言权极小)。关键的问题也要明确,包括学校政策的制定应当采取集权形式或是分权形式,

---

① 斯泰克,R. E. (1967),"教育评估的动态",载《师范学院学报》,68,第 523~540 页;斯泰克,R. E. (1978),"社会科学研究中的案例研究法",载《教育研究者》,7(2),第 5~8 页。关于对开发者应答式评估的最近讨论参见斯泰克,R. E. (1991),"对'教育评估动态'的回顾",载 M. W. 麦克劳克林 & D. C. 菲利普斯主编,《25 年来的评估与教育》,第 67~88 页,Chicago: University of Chicago Press。

② 古柏,G. E. ,& 林肯,Y. S. (1981),《效益评估》,San Francisco: Jossey-Bass。

政策应当由专业人员或是非专业组织制定，学校董事会应当由选举或是任命来决定。这些问题和事件反映了资助者不同的价值观。例如，一些——但决非全部——资助者在价值取向上更强调高质量的课程，决策过程的理性，在决策过程中代表的义务以及责任等。

在第三阶段，评估人员收集更多的有关资助者关心的事件、问题及其价值观方面的信息。他们也收集有关被评估对象以及评估标准方面的描述性信息。收集信息可使用多种方法，包括自然观察、面谈、问卷调查和水平测试。例如，在对学校管理系统的评估中，校董事会取消了基础性的艺术教育课程，引起了一些资助者的担忧。评估人员可以重新描述所发生的事情(例如，对所发生事件作大致的描述)，以便确定有什么信息可以证实他们的担忧。

应答式评估的最后一个阶段是准备结果报告并提出建议。这种结果报告经常使用个案研究的方式(见第十四章)，但在适当的时候也可以使用传统的研究方式(见第二章)。应答式评估报告要对资助者关心的事件和问题进行广泛的描述。古柏和林肯也建议评估人员在收集信息的基础上，通过与资助者的协商作出判断并提出建议。

与前述各种评估不同，应答式评估的评估人员在工作开始时并不明确研究计划，相反，却使用了**即时设计**。即时设计随着评估人员对资助者关心的事件与问题的看法的变化而变化。例如，古柏和林肯比较了即时设计和传统的评估设计的抽样技术，结论如下：

> 为了尽可能深入地考察不同的观点以及新的观点，即时设计的抽样几乎不是有代表性的或随机的，而是有目的的。在信息量足够丰富的情况下——而不是抽取的样本具备代表性的情况下，——抽样就停止了。①

这种抽样技术与第六章所论述的有目的的抽样方法是一致的。

古柏和林肯的应答式评估的著作问世以后，他们又把这种评估方法进一步

---

① 古柏，G. E.，& 林肯，Y. S. (1981)，《效益评估》，San Francisco：Jossey-Bass，第276页。

概念化，并称之为"第四代评估"。①　第四代评估的12个步骤如图17.2所示。

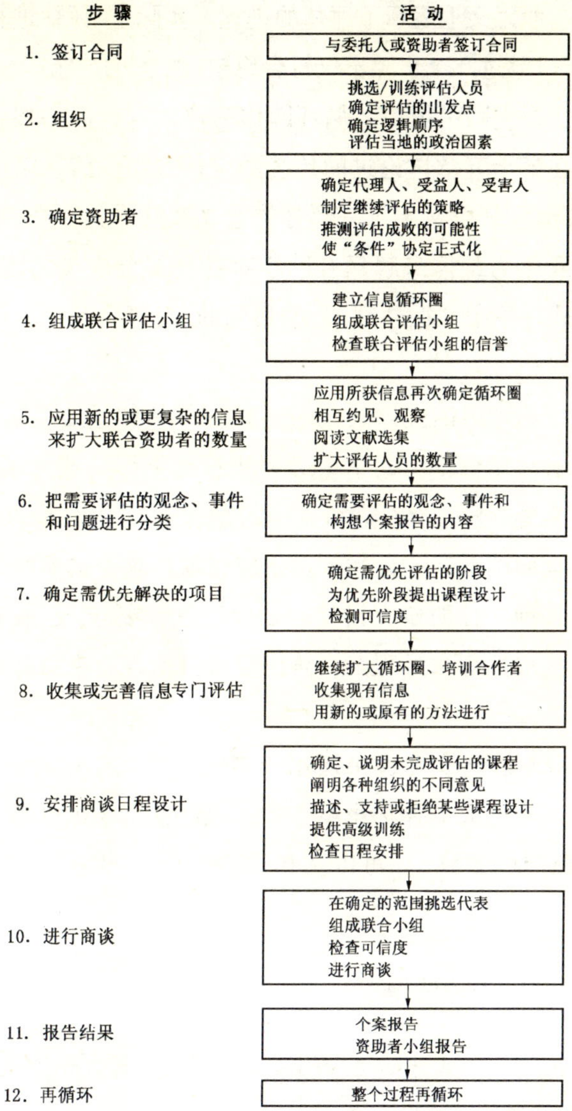

图17.2　第四代评估的步骤

【资料来源】　摘自古柏，E. G.，and 林肯，Y. S. 著：《第四代评估》中的图7.1，Newbury Park，CA：Sage. Copyright© 1989 by Sage Publications，第186～187页。

---

① 古柏，G. E.，& 林肯，Y. S.（1989），《第四代评估》，Newbury Park，CA：Sage。

按照作者的说法,应答式评估的12个步骤并不一定是线性的。这张图只是在一般意义上表示了评估的进程。实际上,评估进程常常是可先可后的,有时跳过几个步骤不仅符合愿望,也是可能的。①

你可能注意到图中把信息循环圈作为评估过程的一部分。信息循环圈是我们在第十五章讨论过的传统的定性方法。信息循环圈是一个诠释过程,要解释某段文字每一部分的意义及其作为一个整体的含义。把信息循环圈作为整体来解释有助于对各个部分含义的理解,反之亦然。在应答式评估中,"循环圈"是收集到的、与研究课题不可分割的所有资料和数据。

应答式评估和第四代评估代表了教育评估的重要发展。然而,想用这样的方法写学位论文的学生必须注意这类评估通常很复杂,最好由评估小组实施,不宜个人进行。小组成员可以相互检查,确保对评估对象形成全面的看法。评估人员也应精通从规范的实验到人种学的探究方式等各种各样的研究设计。之所以这样要求,是因为即时设计要求评估人员根据评估过程某一阶段要考察的现象来选择不同的评估方法。

如果你计划在论文写作中运用应答式评估或第四代评估的方法,就应该考虑与有经验的评估小组合作。也许这个小组已经或正在进行一项应答式评估,这样,你可以选择一些事件或问题作为论文写作的中心。

(二) 准法律的评估模式

对手评估和司法式评估是采用法律程序的两种评估模式。

1. 对手评估

对手评估的特点是广泛使用经过整理、排列的数据进行听证,最重要的是,对手评估要求对立双方对评估项目各自作出肯定或否定

---

① 古柏,G. E.,& 林肯,Y. S.(1989),《第四代评估》,Newbury Park,CA:Sage,第185页。

的判断。[1]

对手评估包括四个阶段：(1) 通过调查各种资助者，收集大范围的有关课程的问题；(2) 把问题减少到可以操作控制的数目，例如，可由一组自愿者按优先顺序对问题排序；(3) 组成两个相互对立的评估小组，每组对课程的每一个问题都要提出支持或反对的观点；(4) 举行预备听证会和正式听证会，会上每个小组在课程决策人面前陈述各自的观点和事实论据。

全美教育研究所曾经运用对手评估方法对最低能力测验课程进行了评估，那时对这一测验课程存在着强烈的相互对立的意见。[2] 两个评估小组在听证官面前就这一测验课程的优劣展开讨论，听证官对各自的证据是否合适、陈述是否可以接受进行仲裁。这一次评估没有进行诘问，有时对手评估需要进行诘问。

在揭示课程的优缺点及揭露需要解决的问题方面，对手评估被证明是有用的。然而，评估人员发现对手评估也有缺点。[3] 如果一个评估小组在辩论技巧上强于对手，评估结果就有可能有失公正。为了解决这一问题，一些评估人员已修改了该评估模式。[4] 但是，其他一些问题的根源则在于对手评估模式的评估设计，因而不太容易修正。最为重要的是，对手评估"清白对有罪"的模式本质上是好斗的方式，可能导致不同类型资助者之间的关系疏远。其次，对手评估要求具备大量的时间和人力，因而是非常昂贵的。这些难题似乎是为什么在教育评估文献中极少见到对手评估的最好解释。

---

① 沃尔夫，R. L. (1975)，"法庭审判：一种新的评估方法"，载 *Phi Delta Kappan*，57，第 185～187 页.

② 瑟斯顿，P.，& 豪斯，E. R. (1981)，"对手最低能力测试的 NIE 方法"，载 *Phi Delta Kappan*，63，第 87～89 页.

③ 波帕姆，W. J.，& 卡尔森，D. (1977)，"对手评估模式的重大缺陷"，载《教育研究者》，6(6)，第 3～6 页。也可参见瑟斯顿 P. (1978)，"重评对手评估：重大缺陷或错误"，载《教育研究者》，7(7)，第 3～8 页。

④ 例如，可参考伍德，K. C.，彼得森，S. E.，De 格雷西，J. S.，& 扎哈瑞斯，J. K. (1986)，"修改过的法律模式在学校项目评估中的运用"，载《教育评估与政策分析》，8，第 309～315 页。

2. 司法式评估

司法式评估模式模拟法律审判程序，目的是促进对课程设计全面深刻的理解，把握评估过程中所出现问题的复杂特性、难以捉摸的本质，并提出有利于学校发展或改善教育实践的建议和指导性政策。① 与对手评估不同，司法式评估模式不包括两个评估小组之间的辩论，其预期的结果也不是辩论一方的胜利或屈服。

司法式评估首先要公开收集有代表性的数据，然后在法庭上按法律程序进行听证。由决策者、公民和其他有兴趣的资助者组成陪审团，听证审判。案件代理人可传唤证人，提供与案件有关的证据。所有的证人都可能受到两个阶段的诘问，一是案件代理人的直接诘问，二是两名案件代理人的交叉诘问。像审判法律案件一样，辩论是公开、激烈的。在所有证据呈送完毕后，陪审团认真考虑并提出决议。

在对教育课程的形成性和总结性评估中，司法式评估被证明是有用的。完全的司法式评估非常昂贵，且要花费大量的时间。在不损害司法式评估的准法律性质的基本前提下，可以对程序进行分解或简化。如果法律程序对你有吸引力，你在论文写作中可考虑应用司法式评估方法。

(三) 专家评估

依靠专家来评判教育课程的价值曾经是广泛应用的、有很高声誉的评估方法。例如，在以前的较长时间里，许多学校的教育课程是由专家组成的鉴定委员会评估的。由专家和基层人员构成的委员会常常对教育机构某些方面的情况进行评判，例如国家教育质量促进委员会开展的评估工作，及其发表的具有影响力的报告《国家处于危机之中》。② 学位论文的质量也是由专家、教授组成的答辩委员会来评审的。

---

① 沃尔夫，R. L. (1990)："司法式评估"，载 H. J. 沃尔柏格 & G. D. 黑特莱尔主编，《国际教育评估百科全书》，第 79～81 页，New York：Pergamon。

② 国家高质量教育委员会，《国家处于危机之中：教育改革的迫切性》，Washington，D. C.：U. S. Government Printing Office。

随着教育中定性研究传统的复苏和成长，专家评估已发展成为新的形式。例如，教育人类学家能够运用人种史的定性研究方法来描述、评估感兴趣的现象。此外，艺术教育家埃利奥特·艾斯纳(Elliot Eisner)所开发的教育鉴定和批判法也是一种依靠专家的定性评估方法。[①] 这种方法包括两个方面：鉴定和批判。第一方面，**鉴定**是深入把握教育课程的质量及含义的过程。为圆满完成这一任务，鉴定者必须具备要评估的课程及与之有关的专业知识。由于对有关的艺术作品和艺术理论有深入的研究，艺术批评家对某件艺术作品就具备了特殊的鉴赏能力。鉴定者在评估中的角色与艺术批评家相似，因此比教育者或基层人员更清楚某一教育课程的细微之处。第二方面，批判是对已鉴定过的课程进行描述、评估。

教育鉴定与批判的有效性主要依赖专家的能力。这一条件也是上述其他定性评估方法的突出特征。然而，鉴定与批判和应答式评估及准法律的评估方法不同，它是个人的努力，要评估的问题常常是由评估人员独自确定的，并不需要与资助者合作。

盖尔·麦卡琴运用教育鉴定和批判的方法对一个四年级的班级进行了评估。[②] 评估目的是解决教室中存在的一些问题：在这里发生了什么？发生的这些事值得吗？这些事做得好不好？孩子们最后可能学到什么？注意其中几个问题需要进行描述，有几个问题则需要进行明确的评估。

盖尔·麦卡琴在教室进行了6周的现场工作，通过观察、录音、访谈、检查学生作业等途径收集数据。她报告中的描述部分运用文学方式来描写教室的情况，开头一段这样写道：

---

① 艾斯纳，E. W.(1994)，《教育的想像：论学校项目的设计与评估》(第三版)，New York：Macmillan。

② 麦卡琴，G.(1978)，“太阳系、责任和基础：克莱门特先生四年级的一个教育批判”，载威利斯，G.主编，《课程批判中的定性评估：概念和个案》，第188～205页，Berkeley，CA：McCutchan。

> 新到克莱门特先生房间的人，迎接他们的是各种各样的声音、气味和各种景象。豚鼠的尖叫声，老鼠抓挠铁丝笼的声音同孩子们议论私人生活和学校作业的谈话声混成一体。帕尼想知道玛丽亚和弗雷迪是否彼此喜欢，因为他俩坐在一起。当另一个女孩回来时得意洋洋，手中拿了一本《猪夫人》——显然是一件宝贝。劳拉问克莱门特先生她是否可去图书馆。豚鼠的气味、老鼠的气味、新鲜刨木花的气味、刚剥开的橘子的气味混合在一起。兰迪在吃葡萄干。①

报告的后面部分是评估，其中一段评语如下：

> 那么，孩子们在这一节课中有机会学习许多东西：关于太阳系、建筑、形象化地解决问题、自我管理、社会的相互作用等。然而，我们可能会问，决策责任、社会计划、自我管理是有价值的课程吗？孩子们在家中、社区及不强调这类课程的学校就不能养成这些责任感吗？②

> 当学校被孩子们看作是生活的一部分时，孩子们可能更喜欢运用在学校里所学的知识，更希望在家里像在学校里那样做事。一致的经验可能与学习的关系更密切。克莱门特先生对孩子们个人兴趣的承认以及不那么严肃的教室背景可能有助于达到学校与家庭一致的效果。③

注意，第一个评估的评语是关键性的，而第二个则是补充性的。评估人员必须对被评估项目的优缺点两方面都理解。

这一评估说明了教育鉴定和批判如何以一种定量评估方法无法胜

---

① 麦卡琴，G. (1978)，“太阳系、责任和基础：克莱门特先生四年级的一个教育批判”，载威利斯，G. 主编，《课程批判中的定性评估：概念和个案》，第 188～205 页，Berkeley，CA：McCutchan，第 192 页。

② 同上，第 199 页。

③ 同上，第 202 页。

任的方式来揭示某个课程——在这一案例中是四年级一个班级的教育——的本质与价值。古柏和林肯认为，专家评估方法是第一个与传统的定量评估方法有明显区别的评估模式。①

同时，鉴定和批判评估方法的效度主要依靠评估人员的专业能力，因此，人们期望评估结果可以重现，即其他评估人员可以据此进行另外的个案评估。就是说，鉴定和批判评估的结果被认为是试验性的知识，有效性还需要用定量评估方法进行检验。

如果你计划运用教育鉴定和批判的方法进行评估研究，首先应该对这种方法以及第五部分所论述的有关的定性评估方法进行细致的研究。你也应该考虑能否寻找到足够的、你想描述和评估的课程或其他教育现象方面的专家，这些专家应具备要评估课程的专业知识，熟知过去或现在相类似的课程。你必须时刻牢记，专家是教育鉴定和批判是否合格的最重要的因素，正像在评判一部文学作品或艺术作品是否合格时，专家是最重要的因素一样。

八、教育研究与发展

评估在教育研究与发展中扮演了关键的角色。**教育研究与发展**是借鉴工业生产领域的一种发展模式。在研究与发展模式中，科研结果被用于新产品、新程序的设计与开发，然后对这些产品、程序进行检验、评估、修改直到其质量、效益符合规定的标准，或达到了类似水平为止。在过去的25年里，研究与发展经费大体上占工业销售额的4%。② 在有些领域如药品业，研究与发展已明显推动了行业技术的进步，其经费占销售额的比例更高。但是，教育研究与发展在教育支出中所占的比例却不

① 古柏 & 林肯(1989),《第四代评估》。

② 格里瑞奇，Z.(1987),“研发与生产率：测量问题和经济结果”，载《科学》,237,第31～35页。

足1%。[①] 然而,由于它把系统的评估和课程发展紧密结合起来,无疑对提高教育水平极有帮助。

教育研究与发展应用最广泛的一种模式是沃尔特·迪克(Walter Dick)和劳·凯里(Lou Carey)[②]设计的系统方法模式,如图17.3所示。

下图所示的研究与发展模式包含10个步骤。步骤1是确定教育课程的目标,其中通常包括需要评估。步骤2和步骤3可以分开,也可以同时进行。步骤2通过分析要确定具体的技术、程序及为达到教育目标必须完成的教学任务。步骤3要确定学习者在完成学习任务的过程中可能表现出来的外部行为、技能水平以及影响学习效果的其他特征(例如,学习者在考试中表现出来的个性特征)。步骤4是把教育的要求与目标分解为具体的行为目标。行为目标是把教育课程不同层次的目标与不同类型资助者联系起来的途径,也为精确设计测试题目、选择教学材料和教学手段提供了基础。步骤5的任务是设立测试题目目标的参照标准。测试可用于对学习者的考察、定位,检查每个学习者的进步情况,评估教育课程在帮助学习者达到预期目的方面的效果。步骤6要制订具体的教育战略,帮助学习者努力达到每一个计划的学习目标。步骤7要准备教育材料,包括印刷材料如课本和教师的培训手册,或者是其他的中介物如录音磁带和电视系统。如果教育计划确定了某位老师,那么步骤7也包括这位老师的课程计划和教学计划。

迪克和凯里模式中步骤8、9、10是对米切尔·斯克里温的形成性评估和总结性评估的区分。[③] 他们认为,形成性评估和总结性评估实际上

---

① 格兰特,W. V.,& 艾登,L. J.(1981),"教育统计文摘",Washington, D. C.: U. S. Government Printing Office。

② 迪克,W.,& 凯里,L.(1990),《教学的系统设计》第三版,Glenview,IL:Scott,Foresman。

③ (58.)斯克里文,M.(1967),《评估方法论》,载R. E.斯泰克主编,《课程评估》,美国教育研究学会评估系列丛书第一册,第39~83页,Chicago: Rand McNally。在斯克里文,M.最近出版的《超越形成性评估和总结性评估》(1991)一书中,他讨论了在解释形成性评估和总结性评估的概念时从评估实践中观察到的这类评估的10种常见错误,见《25年来的评估与教育》,见《全国教育研究学会年鉴》第十九分册第二部分第19~64页,Chicago:NSSE。

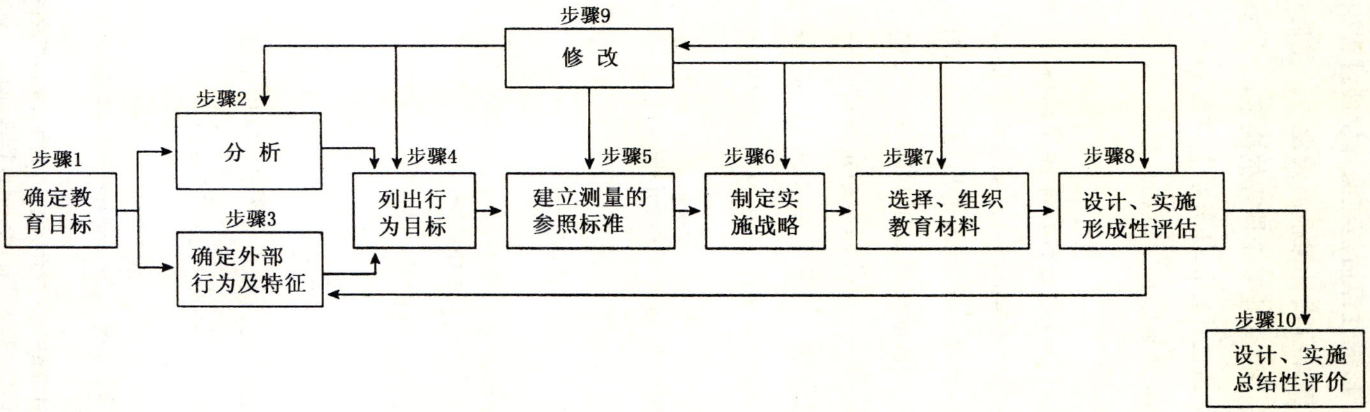

图 17.3 教育研究与发展的系统方法模式

【资料来源】 摘自迪克,W.,& 凯里,L,《系统性设计指导》一书中的图 2.1,第 22 页,Glenview, LL: Scott, Foresman. Copyright © 1990。

发挥了两种不同的作用。**形成性评估**是在课程发展过程中课程研制者所进行的评估，为的是帮助课程设计保证高效发展。在某些情况下，形成性评估的结果反而可能导致终止某个课程的决定，以使资源不致浪费在效果无望的课程上。**总结性评估**的任务是怎样使一个已成形的课程有价值，尤其是与类似的课程相比有价值。总结性评估通常是由个人，而不是由课程研制者集体进行的。

形成性评估和总结性评估在改进教育课程和材料、帮助教育者作出正确决策方面具有极大价值。不幸的是，大多数课程仍没有进行系统的评估。① 例如，除了专家的检查之外，课本的出版人员在对印刷材料的形成性评估上花的时间极少。目前已建立了对教育课程进行总结性评估的机制。美国联邦政府下属的美国传播网络定期挑选一些教育课程进行总结性评估。只有在最初演示现场能够达到所设立的目标的证据，并且证明在相似的情况下课程也将获得成功，这样的课程才被确认为是有效的。②

在迪克和凯里的模式中，形成性评估（步骤 8）贯穿课程发展的全过程，评估结果用于对前 7 个步骤的任何工作进行修改、完善，就是说，可以根据评估结果修改教育目标、教学分析、外部行为特点、行为目标、测量目标、教育策略和教育材料。

迪克和凯里建议进行三个层次的形成性评估：(1) 进行一对一的原始资料评估（例如，一名评估人员评估一名学生）；(2) 一个评估小组对 6～8 个学生进行评估；(3) 全体评估人员对全体学生进行评估。第一层次的评估主要运用定性方法，如课程发展人员的访谈和观察。以评估的初步结果为基础，对教育课程进行修正和发展，应用于较大数量的学生中（虽然总体规模仍很小）。然后再一次评估，虽然也可能用定量方法

---

① 科莫斯基，K.（1985），“在教育系统改革之前教学材料无法改进”，《教育领导》，42(7)，第 31～37 页。

② 一个应用 NDN 方法描述项目的案例参见教育研究与改进办公室出版的《有效的数学教育项目》(1991)，Washington，D.C.：U.S. Department of Education。

（如行为测验或自我分级），评估方法仍是基本的定性方法。在这一次评估结果的基础上，课程设计进一步得到完善和发展，然后对课程设计在最终环境中的应用进行全面评估（如对一个班的学生进行评估）。这时候，评估的本质趋向于定量，包括测验和其他方法，以确定课程设计能在多大程度上达到预期目标。

项目的发展过程结束后，就要进行总结性评估，因此迪克和凯里在其模式中列出了第10个步骤。但是，他们认为“总结性评估本身不应该被认为是教育设计过程各个组成部分的整合”，因为“这一评估通常不包括教育设计人员，相反，它是由独立的评估人员进行的”①。

一个小规模教育研究与发展案例

教育研究与发展项目需要大量的资源。要完成一项大型的研究与发展项目，一名研究生几乎不可能寻求到经费和人力支持。事实上，绝大多数学区也无力完成教育研究与发展项目。

如果你想以一项研究与发展项目来作为论文选题，就必须牢记以下劝告。最好选择对初始教学设计要求不高的小规模项目。另外，除非你有足够的经费，否则就要避免使用昂贵的设备，如投影和幻灯。另一种缩小项目规模的方式是只发展研究与发展周期中的有限的几个步骤。

劳伦斯·坎宁安（Lawrence Cunningham）所开展的项目可以作为应用研发项目写论文的案例，该项目的内容是发展关于居住在美国西太平洋地区的关岛上古代恰摩罗斯人的历史课本和教师指导用书。②

恰摩罗斯人是关岛的土著居民，学习恰摩罗斯人的语言和历史是关岛公立学校的一门必修科目。坎宁安的长期目标是发展关岛高中使

---

① 迪克 & 凯里，《系统设计》，第7页。

② 坎宁安，L. J. (1987)，“关于关岛古代恰摩罗斯人高中课本的发展与检验”，《国际论文摘要》，48(11)，2796A。
University Microfilms No. AAG88—00517。

用的复杂而全面的课本和教师指导手册，但他限制了论文的范围，只研究课本中的一章和该章的教师指导手册的内容。坎宁安的研究目标如下：

1. 收集、评述与课本设计和恰摩罗斯人的历史有关的文献。

2. 确立这一章的目标。

3. 开发本章的初步体系。

4. 对本章的初步体系进行现场试验。

5. 以现场试验的结果为基础修改初步体系。

6. 对修改过的体系进行一次大规模的全面检查。①

在研究与发展的过程中，每一个步骤都是论文中的一个独立章节。在第二章，坎宁安提供了研究和收集信息的结果。这些活动包括寻找现有的有关课程资料，对关岛学生特征的研究资料，关于优质课本的特征的文献评论，以及对关岛人种史的文献评论。在第三章，他描述了初步活动计划，计划的目的是确立该章要达到的目标。

坎宁安确定的目标举例如下：

1. 给出15幅古代恰摩罗斯人的人工制品图画，你必须把其中至少12幅图画与说明标题对应起来。

2. 给你纸张、铅笔和古代恰摩罗斯人制造物品的模拟情境，你能正确说出这些物品是做什么用的，不是做什么用的。（物品用途本章已有说明）

3. 给出一幅石头的图画，你能区分这块石头的两个组成部分，并完全正确地指出石头的用途。

4. 给出一幅绘有不同环境地带的地图，你能确定建立村庄的最佳地点。可以根据考古学家发现的古代恰摩罗斯人的定居模式来判断你的

① 坎宁安，L. J.（1987），“关于关岛古代恰摩罗斯人高中课本的发展与检验”，《国际论文摘要》，48(11)，2796A。
University Microfilms No. AAG88—00517，第6页。

答案对错。①

注意以上目标均是通过前面讨论过的行为目标的方式来表述的。

论文的第四章和第五章描述了课本的初步形式和初步现场检查的过程。这一章用两种方式撰写：一种方式是说明体裁，常见的课本编写方式；另一种是叙述体裁，以讲故事的方式处理同样的内容。坎宁安之所以用两种方式撰写，是因为他不能确定哪种方式更有效。由于他把研究与发展的范围仅限于课本中的一章，因此采用两种方式撰写是可行的。

坎宁安采用了多种评估手段：参照成就测验，对教师的问卷调查，对学生态度的调查，与学生定期谈话等。共有两个班 16 名关岛的普通中学生参与了初步的现场试验。他们分成两个小组，一组学习说明体裁的课本，另一组学习叙述体裁的课本。两个小组都要接受上述每一种评估方法的评估。另外，教学材料的准确性由两位考古学家检查，文化上的可接受性由几位恰摩罗斯社区的领导人检查，设计质量由一位教育技术专家检查，适合性由关岛一所学校的副督导检查，客观公正性由历史学科的专家检查。论文汇报了现场试验的初步结果，并且说明了以此为基础对课本所做的改进。

论文的第六章说明对修改过的两种方式的课本进行全面检查的结果。这一次现场试验包括对控制小组的前测和后测，样本包括 5 名高中历史教师和每一名教师所教的 4 个班（总数为 20 个班）。在每一名教师所教的 4 个班中，对这两种编写方式的课本进行随机安排，即两个班使用说明体裁的课本，另两个班使用叙述体裁的课本，并对其精确度进行监督，这样，教学效果的变量就可以得到控制。

对试验数据的分析表明，两个被试小组在成绩和态度方面都取得了

① 坎宁安，L. J.（1987），“关于关岛古代恰摩罗斯人高中课本的发展与检验”，《国际论文摘要》，48(11)，2796A。
University Microfilms No. AAG88—00517，第 34～35 页。

显著成效，说明体裁的课本和叙述体裁的课本没有明显差异。表 17.2 是这次评估中的一个典型的统计分析，对两个被试小组参照成就测验的前测和后测的平均分数进行了比较。

表 17.2　说明体裁的小组和叙述体裁的小组参照成就测验的成绩

被试小组	人　数	前测平均分（标准差）	后测平均分（标准差）	改进后的后测平均分	不及格
说明体裁课本	157	5.25 (3.91)	24.97 (7.88)	25.04	.00
叙述体裁课本	156	5.55 (4.14)	25.12 (6.86)	25.05	

【资料来源】 摘自坎宁安著：《关于关岛古代恰摩罗斯人高中课本的发展和检验》（国际论文摘要）一文中的表 20，第 95 页。University Microfilms No. AAG8800517，1987。

在随后对两个小组的现场比较中，大多数学生更喜欢叙述体裁的课本，相反，大多数教师更喜欢说明体裁的课本。喜欢叙述体裁课本的人认为故事使关岛古代的历史更有趣、更易学。偏爱说明体裁的人认为故事分散了他们对基本任务——获得信息并通过考试——的注意力。

根据这些结果，坎宁安得出如下结论：

> 从生态效率的观点看，课本的说明体裁和叙述体裁都能取得预期的效果，两种方式都能对学生的学业成就作出贡献。所以，选择说明体裁或是叙述体裁可能是根据其他的理由，如学生的喜好或学科内容的性质。①

坎宁安最终编写了一本关岛古代历史的课本。②

如果你想用一个研究与发展项目作为论文选题，应该认真考虑完成

① 坎宁安，L. J.（1987），“关于关岛古代恰摩罗斯人高中课本的发展与检验”，《国际论文摘要》，48(11)，2796A。
University Microfilms No. AAG88—00517，第 142 页。

② 坎宁安，L. J.（1992），《古代恰摩罗斯人的社会》，Honolulu：The Bess Press。

项目所需要的时间。上述案例到全面的现场试验后完成了项目，用了一年多的时间。当然，如果你对迅速、显著地提高教育实践水平感兴趣，在一个研究与发展项目上多花些时间也是值得的。

在上述案例中，作者不仅对提高教育实践水平作出了贡献，而且也发展了理论知识。坎宁安对说明性信息和叙述性信息进行了比较和全面检查，现场试验的结果证明：发展不同编写方式的课本对学生学习效果的影响作出了贡献。在此基础上，坎宁安为一份学术刊物写了一篇文章，报告了全面的现场试验的结果。①

上述案例只发展了研究与发展周期中对全面的现场试验进行检查的阶段。对有些项目，完成研究与发展周期的全部步骤也许是可行的。对于另外一些项目，为了满足论文对初步的现场试验的需要，发展的任务可能相当复杂。你和论文评审委员会必须考虑要发展的项目性质，然后决定一项可接受的研究需要研究与发展周期中的多少个步骤。

九、教育评估研究和教育研究与发展中的常见错误

评 估 研 究

评估人员

1. 没有考虑包括政治理由在内的、支持评估的各种原因。
2. 没有确认受评估影响的重要资助者，或者没有让他们参与评估。
3. 对评估课程各个侧面的描述不全面。
4. 不注意评估过程中出现的新问题。
5. 没有撰写针对不同出资人的具体需要的报告。
6. 在评估设计中没有考虑其他的评估模式。
7. 使用的测量手段与课程目标没有直接联系。

---

① 坎宁安，L. J. & 高尔，M. D.（1990），“说明体裁和叙述体裁的课本对学生成绩及态度的影响”，载《教育实验》，58，第165～175页。

8. 忽视了未经正式宣布的潜在课程目标可能带来的影响。

教育研究与发展

课程研制人员

1. 在教育课程的设计中没有明确设计所依据的原则，推测研究的结果。

2. 开始发展时不清楚对该课程的需求如何。

3. 课程目标的表述方式无法使目标得到明确评估。

4. 在课程发展的每一个步骤中没有进行形成性评估。

5. 即使形成性评估的结果表明课程不适合发展，但没有作出终止发展的决定。

自测题

1. 教育评估可用于提高
   a. 课程设计管理　　b. 政策分析
   c. 政治决策　　d. 上述所有选项
2. 评估在哪些方面与其他类型的教育研究极为相似？
   a. 提供有助于决策的信息
   b. 应用系统的程序收集、分析数据
   c. 取得可以在更大范围内应用的结果
   d. 收集能揭示教育现象的价值的数据
3. 与内部评估人员相比，外部评估人员一般
   a. 较少关心如何确定受评估影响的资助者
   b. 对评估课程更具有偏向性
   c. 更喜欢运用定性而不是定量的评估方法
   d. 在对课程进行总结性评估时更具有优势
4. 目标游离评估的基本原则是
   a. 评估设计不能包括课程目标
   b. 评估人员应不受给定的课程目标的制约

c. 评估人员事先不应知道关于被评估课程的决策

d. 评估人员事前不应知道课程的目标

5. 以目标为基础的评估主要用于

a. 确定一个课程达到其目标的成效如何

b. 把学生个体的行为表现与团体的规范相比较

c. 确立教育课程合理的目标

d. 帮助决策者为评估确定目标

6. 在背景-投入-过程-结果(CIPP)评估模式中,每一个阶段都要求评估人员与项目决策人密切合作,除了

a. 描述决策所需要的各类信息

b. 对获得的信息综合处理以便在决策中发挥最大作用

c. 获取关于在多大程度上达到了课程目标方面的信息

d. 决定某项评估是否应该进行

7. 与司法式评估不同,对手评估的特征是

a. 应用多种途径获得的数据　　b. 依靠证人的证明

c. 辩论观点　　d. 准法律的导向

8. 在评估研究中,现有状态与理想状态之间的差异称为

a. 标准　　b. 需要　　c. 效益　　d. 问题

9. 评估的即时设计进行的时间是

a. 确定资助者之前进行

b. 描述课程时进行

c. 评估过程中进行

d. 运用 CIPP 模式评估时确定了要评估的问题以后进行

10. 教育鉴定与批判的方法主要依靠

a. 资助者对要评估课程的类型的意见

b. 评估人员对要评估课程的类型的理解

c. 项目管理人员对评估课程的判断

d. 上述所有选项

11. 定性评估方法与定量评估的区别主要表现在

a. 重视确定受评估影响的资助者

b. 假设存在判断项目价值的客观标准

c. 重视不同资助者的价值和观点

d. 由外部评估人员决定项目的价值

12. 教育研究与发展和其他教育课程的发展方式不同,因为它

a. 极为强调以评估作为改进课程的基础

b. 努力开拓发展的教育课程的市场

c. 对项目的修改避免使用定性评估方法

d. 不依靠需要评估来确定教育目标

13. 在一项教育课程的研究与发展周期中,形成性评估的一般程序包括

a. 从对一个学生进行评估发展到对全班学生进行评估

b. 从现实生活的相似环境的测验到实验环境下的测验

c. 从强调定量方法到强调定性方法

d. 上述所有选项

赵蒙成◯译

自测题答案

第一章

1. d　2. c　3. b　4. b　5. a　6. d　7. d　8. b　9. a　10. b

第二章

1. c　2. a　3. c　4. b　5. c　6. a　7. c

第三章

1. a　2. c　3. c　4. c　5. d　6. b　7. d　8. b　9. a　10. c

第四章

1. d　2. b　3. b　4. a　5. c　6. a　7. c　8. b　9. d　10. c　11. d　12. d

第五章

1. c　2. a　3. b　4. d　5. a　6. d　7. a　8. c　9. d　10. b　11. b

第六章

1. c　2. a　3. b　4. d　5. c　6. a　7. a　8. c　9. b　10. c　11. d　12. d　13. b

第七章

1. c　2. b　3. b　4. c　5. b　6. c　7. d　8. a　9. d　10. c　11. a

第八章

1. c　2. b　3. c　4. d　5. a　6. b　7. d　8. c　9. a　10. d

第九章

1. b　2. b　3. d　4. a　5. c　6. d　7. a　8. b　9. a　10. d

第十章

1. a　2. a　3. b　4. c　5. d　6. a　7. c　8. d　9. a　10. b　11. a　12. b

第十一章

1. c　2. d　3. c　4. a　5. d　6. d　7. a　8. b　9. b　10. a　11. d　12. b　13. c　14. a　15. c

第十二章

1. a 2. b 3. b 4. c 5. d 6. a 7. a 8. a 9. d 10. c

第十三章

1. b 2. c 3. d 4. d 5. b 6. a 7. c 8. b 9. c 10. b 11. d 12. a 13. c

第十四章

1. c 2. b 3. d 4. a 5. a 6. c 7. d 8. b 9. a 10. d

第十五章

1. b 2. b 3. c 4. a 5. b 6. c 7. c 8. d 9. a 10. d 11. d 12. a

第十六章

1. a 2. d 3. b 4. b 5. d 6. b 7. c 8. c 9. a 10. d

第十七章

1. d 2. b 3. d 4. d 5. a 6. c 7. c 8. b 9. c 10. b 11. c 12. a 13. a

译 后 记

关于本书的价值，原作者的"中译本序"和"前言"已阐述得淋漓尽致，毋庸多言。这里交待一下译事背景与过程。

1995 年，我应美国得州工科大学教育学院和北佛罗里达大学之邀进行为期一个月的合作研究，临行时老同学蓝云先生送我一本《教育研究导论》(第五版)，并称这是一本关于教育研究方面的最好的教材。时隔 5 年，在宾夕法尼亚大学任教的老同学严文蕃教授又送我第六版的《教育研究导论》。他们不约而同地推荐此书，使我对这本教材格外珍重，断断续续地用了近一年的时间细读了一遍，深深感到它是一本不可多得的优秀教科书。于是，在策划《教育科学精品教材译丛》时，它成为推荐的首选书，当然也顺利地为编委会通过。

在苏州大学教育学院周川教授和外国语学院洪庆福副教授的支持下，我们组成了阵容强大的翻译和编审队伍。各章的译者如下：中文版序、前言：许庆豫；第一章、第二章：洪庆福；第三章、第八章第一部分：郝结环；第四章、第九章：谢竹艳；第五章：薛晴；第六章：顾梅芳；第七章、第十二章：顾薇；第八章第二部分：陈万瑶；第十章：程晋宽；第十一章：吴荣先；第十三章：施雪仲；第十四章、第十五章：祝蔚红；第十六章：丁万江；第十七章：赵蒙成。译稿完成后我通校了一遍，又特邀陈孝明教授、薛晴博士和许庆豫博士各校了一遍，同时由美国教育学会国家教育数据库分组主席严文蕃教授组织进行了一次审校，以确保译文准确无误。

尽管我们尽了最大的努力保证译文质量，可能仍存在一些疏漏之处，恳请读者指正。另外考虑到篇幅过大，对原书的附录作了删节处理，亦望读者理解。我们希望这本书能成为你从事教育科学研究的帮手，成为你了解国外教育科学研究方法的窗口。

朱永新

2002年2月22日

于苏州滴石斋

凤凰文库书目

一、马克思主义研究系列

《走进马克思》 孙伯鍨 张一兵 主编
《回到马克思：经济学语境中的哲学话语》 张一兵 著
《当代视野中的马克思》 任平 著
《回到列宁：关于"哲学笔记"的一种后文本学解读》 张一兵 著
《回到恩格斯：文本、理论和解读政治学》 胡大平 著
《国外毛泽东学研究》 尚庆飞 著
《重释历史唯物主义》 段忠桥 著
《资本主义理解史》(6卷) 张一兵 主编
《阶级、文化与民族传统：爱德华·P. 汤普森的历史唯物主义思想研究》 张亮 著
《形而上学的批判与拯救》 谢永康 著
《21世纪的马克思主义哲学创新：马克思主义哲学中国化与中国化马克思主义哲学》 李景源 主编
《科学发展观与和谐社会建设》 李景源 吴元梁 主编
《科学发展观：现代性与哲学视域》 姜建成 著
《西方左翼论当代西方社会结构的演变》 周穗明 王玫 等著
《历史唯物主义的政治哲学向度》 张文喜 著
《信息时代的社会历史观》 孙伟平 著
《从斯密到马克思：经济哲学方法的历史性阐释》 唐正东 著
《构建和谐社会的政治哲学阐释》 欧阳英 著
《正义之后：马克思恩格斯正义观研究》 王广 著
《后马克思主义思想史》 [英]斯图亚特·西姆 著 吕增奎 陈红 译
《后马克思主义与文化研究：理论、政治与介入》 [英]保罗·鲍曼 著 黄晓武 译
《市民社会的乌托邦：马克思主义的社会历史哲学阐释》 王浩斌 著

二、政治学前沿系列

《公共性的再生产：多中心治理的合作机制建构》 孔繁斌 著
《合法性的争夺：政治记忆的多重刻写》 王海洲 著
《民主的不满：美国在寻求一种公共哲学》 [美]迈克尔·桑德尔 著 曾纪茂 译
《权力：一种激进的观点》 [英]斯蒂芬·卢克斯 著 彭斌 译
《正义与非正义战争：通过历史实例的道德论证》 [美]迈克尔·沃尔泽 著 任辉献 译
《自由主义与现代社会》 [英]理查德·贝拉米 著 毛兴贵 等译
《左与右：政治区分的意义》 [意]诺贝托·博比奥 著 陈高华 译
《自由主义中立性及其批评者》 [美]布鲁斯·阿克曼 等著 应奇 编
《公民身份与社会阶级》 [英]T. H. 马歇尔 等著 郭忠华 刘训练 编
《当代社会契约论》 [美]约翰·罗尔斯 等著 包利民 编
《马克思与诺齐克之间》 [英]G. A. 柯亨 等著 吕增奎 编
《美德伦理与道德要求》 [英]欧若拉·奥尼尔 等著 徐向东 编
《宪政与民主》 [英]约瑟夫·拉兹 等著 佟德志 编
《自由多元主义的实践》 [美]威廉·盖尔斯敦 著 佟德志 苏宝俊 译

《国家与市场：全球经济的兴起》 [美]赫尔曼·M. 施瓦茨 著 徐佳 译
《税收政治学：一种比较的视角》 [美]盖伊·彼得斯 著 郭为桂 黄宁莺 译
《控制国家：从古雅典至今的宪政史》 [美]斯科特·戈登 著 应奇 陈丽微 孟军 李勇 译
《社会正义原则》 [英]戴维·米勒 著 应奇 译
《现代政治意识形态》 [澳]安德鲁·文森特 著 袁久红 译
《新社会主义》 [加拿大]艾伦·伍德 著 尚庆飞 译
《政治的回归》 [英]尚塔尔·墨菲 著 王恒 臧佩洪 译
《自由多元主义》 [美]威廉·盖尔斯敦 著 佟德志 庞金友 译
《政治哲学导论》 [英]亚当·斯威夫特 著 佘江涛 译
《重新思考自由主义》 [英]理查德·贝拉米 著 王萍 傅广生 周春鹏 译
《自由主义的两张面孔》 [英]约翰·格雷 著 顾爱彬 李瑞华 译
《自由主义与价值多元论》 [英]乔治·克劳德 著 应奇 译
《帝国：全球化的政治秩序》 [美]麦克尔·哈特 [意]安东尼奥·奈格里 著 杨建国 范一亭 译
《反对自由主义》 [美]约翰·凯克斯 著 应奇 译
《政治思想导读》 [英]彼得·斯特克 大卫·韦戈尔 著 舒小昀 李霞 赵勇 译
《现代欧洲的战争与社会变迁：大转型再探》 [英]桑德拉·哈尔珀琳 著 唐皇凤 武小凯 译
《道德原则与政治义务》 [美]约翰·西蒙斯 著 郭为桂 李艳丽 译
《政治经济学理论》 [美]詹姆斯·卡波拉索 戴维·莱文著 刘骥 等译
《民主国家的自主性》 [英]埃里克·A. 诺德林格 著 孙荣飞 等译
《强社会与弱国家：第三世界的国家社会关系及国家能力》 [英]乔·米格德尔 著 张长东 译
《驾驭经济：英国与法国国家干预的政治学》 [美]彼得·霍尔 著 刘骥 刘娟凤 叶静 译
《社会契约论》 [英]迈克尔·莱斯诺夫 著 刘训练 等译
《共和主义：一种关于自由与政府的理论》 [澳]菲利普·佩蒂特 著 刘训练 译
《至上的美德：平等的理论与实践》 [美]罗纳德·德沃金 著 冯克利 译
《原则问题》 [美]罗纳德·德沃金 著 张国清 译
《社会正义论》 [英]布莱恩·巴利 著 曹海军 译
《马克思与西方政治思想传统》 [美]汉娜·阿伦特 著 孙传钊 译
《作为公道的正义》 [英]布莱恩·巴利 著 曹海军 允春喜 译
《古今自由主义》 [美]列奥·施特劳斯 著 马志娟 译
《公平原则与政治义务》 [美]乔治·格劳斯科 著 毛兴贵 译
《谁统治：一个美国城市的民主和权力》 [美]罗伯特·A. 达尔 著 范春辉 等译
《论伦理精神》 张康之 著
《人权与帝国：世界主义的政治哲学》 [英]科斯塔斯·杜兹纳 著 辛亨复 译
《阐释和社会批判》 [美]迈克尔·沃尔泽 著 任辉献 段鸣玉 译
《全球时代的民族国家：吉登斯讲演录》 [英]安东尼·吉登斯 著 郭忠华 编
《当代政治哲学名著导读》 应奇 主编
《拉克劳与墨菲：激进民主想象》 [美]安娜·M. 史密斯 著 付琼 译
《英国新左派思想家》 张亮 编
《第一代英国新左派》 [英]迈克尔·肯尼 著 李永新 陈剑 译
《转向帝国：英法帝国自由主义的兴起》 [美]珍妮弗·皮茨 著 金毅 许鸿艳 译
《论战争》 [美]迈克尔·沃尔泽 著 任辉献 段鸣玉 译
《现代性的谱系》 张凤阳 著

三、纯粹哲学系列

《哲学作为创造性的智慧：叶秀山西方哲学论集(1998—2002)》 叶秀山 著
《真理与自由：康德哲学的存在论阐释》 黄裕生 著
《走向精神科学之路：狄尔泰哲学思想研究》 谢地坤 著
《从胡塞尔到德里达》 尚杰 著
《海德格尔与存在论历史的解构：〈现象学的基本问题〉引论》 宋继杰 著
《康德的信仰：康德的自由、自然和上帝理念批判》 赵广明 著
《宗教与哲学的相遇：奥古斯丁与托马斯·阿奎那的基督教哲学研究》 黄裕生 著
《理念与神：柏拉图的理念思想及其神学意义》 赵广明 著
《时间性：自身与他者——从胡塞尔、海德格尔到列维纳斯》 王恒 著
《意志及其解脱之路：叔本华哲学思想研究》 黄文前 著
《真理之光：费希特与海德格尔论 SEIN》 李文堂 著
《归隐之路：20 世纪法国哲学的踪迹》 尚杰 著
《胡塞尔直观概念的起源：以意向性为线索的早期文本研究》 陈志远 著
《幽灵之舞：德里达与现象学》 方向红 著
《形而上学与社会希望：罗蒂哲学研究》 陈亚军 著
《福柯的主体解构之旅：从知识考古学到"人之死"》 刘永谋 著
《中西智慧的贯通：叶秀山中国哲学文化论集》 叶秀山 著
《学与思的轮回：叶秀山 2003—2007 年最新论文集》 叶秀山 著
《返回爱与自由的生活世界：纯粹民间文学关键词的哲学阐释》 户晓辉 著
《心的秩序：一种现象学心学研究的可能性》 倪梁康 著
《生命与信仰：克尔凯郭尔假名写作时期基督教哲学思想研究》 王齐 著
《时间与永恒：论海德格尔哲学中的时间问题》 黄裕生 著
《道路之思：海德格尔的"存在论差异"思想 》 张柯 著
《启蒙与自由：叶秀山论康德》 叶秀山 著
《自由、心灵与时间：奥古斯丁心灵转向问题的文本学研究》 张荣 著

四、宗教研究系列

《汉译佛教经典哲学研究》(上下卷) 杜继文 著
《中国佛教通史》(15 卷) 赖永海 主编
《中国禅宗通史》 杜继文 魏道儒 著
《佛教史》 杜继文 主编
《道教史》 卿希泰 唐大潮 著
《基督教史》 王美秀 段琦 等著
《伊斯兰教史》 金宜久 主编
《中国律宗通史》 王建光 著
《中国唯识宗通史》 杨维中 著
《中国净土宗通史》 陈扬炯 著
《中国天台宗通史》 潘桂明 吴忠伟 著
《中国三论宗通史》 董群 著
《中国华严宗通史》 魏道儒 著
《中国佛教思想史稿》(3 卷) 潘桂明 著
《禅与老庄》 徐小跃 著

《中国佛性论》 赖永海 著
《禅宗早期思想的形成与发展》 洪修平 著
《基督教思想史》 [美]胡斯都·L. 冈察雷斯 著 陈泽民 孙汉书 司徒桐 莫如喜 陆俊杰 译
《圣经历史哲学》(上下卷) 赵敦华 著
《禅宗早期思想的形成与发展》 洪修平 著
《如来藏与中国佛教》 杨维中 著

五、人文与社会系列

《环境与历史：美国和南非驯化自然的比较》 [美]威廉·贝纳特 彼得·科茨 著 包茂红 译
《阿伦特为什么重要》 [美]伊丽莎白·扬-布鲁尔 著 刘北成 刘小鸥 译
《现代性的哲学话语》 [德]于尔根·哈贝马斯 著 曹卫东 等译
《追寻美德：伦理理论研究》 [美]A. 麦金太尔 著 宋继杰 译
《现代社会中的法律》 [美]R. M. 昂格尔 著 吴玉章 周汉华 译
《知识分子与大众：文学知识界的傲慢与偏见，1880—1939》 [英]约翰·凯里 著 吴庆宏 译
《自我的根源：现代认同的形成》 [加拿大]查尔斯·泰勒 著 韩震 等译
《社会行动的结构》 [美]塔尔科特·帕森斯 著 张明德 夏遇南 彭刚 译
《文化的解释》 [美]克利福德·格尔茨 著 韩莉 译
《以色列与启示：秩序与历史(卷 1)》 [美]埃里克·沃格林 著 霍伟岸 叶颖 译
《城邦的世界：秩序与历史(卷 2)》 [美]埃里克·沃格林 著 陈周旺 译
《战争与和平的权利：从格劳秀斯到康德的政治思想与国际秩序》 [美]理查德·塔克 著 罗炯 等译
《人类与自然世界：1500—1800 年间英国观念的变化》 [英]基思·托马斯 著 宋丽丽 译
《男性气概》 [美]哈维·C. 曼斯菲尔德 著 刘玮 译
《黑格尔》 [加拿大]查尔斯·泰勒 著 张国清 朱进东 译
《社会理论和社会结构》 [美]罗伯特·K. 默顿 著 唐少杰 齐心 等译
《个体的社会》 [德]诺贝特·埃利亚斯 著 翟三江 陆兴华 译
《象征交换与死亡》 [法]让·波德里亚著 车槿山 译
《实践感》 [法]皮埃尔·布迪厄 著 蒋梓骅 译
《关于马基雅维里的思考》 [美]利奥·施特劳斯 著 申彤 译
《正义诸领域：为多元主义与平等一辩》 [美]迈克尔·沃尔泽 著 褚松燕 译
《传统的发明》 [英]E. 霍布斯鲍姆 T. 兰格 著 顾杭 庞冠群 译
《元史学：十九世纪欧洲的历史想象》 [美]海登·怀特 著 陈新 译
《卢梭问题》 [德]恩斯特·卡西勒 著 王春华 译
《自足语义学：为语义最简论和言语行为多元论辩护》 [挪威]赫尔曼·开普兰 [美]厄尼·利珀尔 著 周允程 译
《历史主义的兴起》 [德]弗里德里希·梅尼克 著 陆月宏 译
《权威的概念》 [法]亚历山大·科耶夫 著 姜志辉 译

六、海外中国研究系列

《帝国的隐喻：中国民间宗教》 [英]王斯福 著 赵旭东 译
《王弼〈老子注〉研究》 [德]瓦格纳 著 杨立华 译
《章学诚思想与生平研究》 [美]倪德卫 著 杨立华 译
《中国与达尔文》 [美]詹姆斯·里夫 著 钟永强 译

《千年末世之乱：1813年八卦教起义》 [美]韩书瑞 著 陈仲丹 译
《中华帝国后期的欲望与小说叙述》 黄卫总 著 张蕴爽 译
《私人领域的变形：唐宋诗词中的园林与玩好》 [美]王晓山 著 文韬 译
《六朝精神史研究》 [日]吉川忠夫 著 王启发 译
《中国社会史》 [法]谢和耐 著 黄建华 黄迅余 译
《大分流：欧洲、中国及现代世界经济的发展》 [美]彭慕兰 著 史建云 译
《近代中国的知识分子与文明》 [日]佐藤慎一 著 刘岳兵 译
《转变的中国：历史变迁与欧洲经验的局限》 [美]王国斌 著 李伯重 连玲玲 译
《中国近代思维的挫折》 [日]岛田虔次 著 甘万萍 译
《为权力祈祷》 [加拿大]卜正民 著 张华 译
《洪业：清朝开国史》 [美]魏斐德 著 陈苏镇 薄小莹 译
《儒教与道教》 [德]马克斯・韦伯 著 洪天富 译
《革命与历史：中国马克思主义历史学的起源，1919—1937》 [美]德里克 著 翁贺凯 译
《中华帝国的法律》 [美]D. 布朗 等著 朱勇 译
《文化、权力与国家》 [美]杜赞奇 著 王福明 译
《中国的亚洲内陆边疆》 [美]拉铁摩尔 著 唐晓峰 译
《古代中国的思想世界》 [美]史华兹 著 程钢 译 刘东 校
《中国近代经济史研究：明末海关财政与通商口岸市场圈》 [日]滨下武志 著 高淑娟 孙彬 译
《中国美学问题》 [美]苏源熙 著 卞东坡 译 张强强 朱霞欢 校
《翻译的传说：构建中国新女性形象》 胡缨 著 龙瑜宬 彭珊珊 译
《〈诗经〉原意研究》 [日]家井真 著 陆越 译
《缠足："金莲崇拜"盛极而衰的演变》 [美]高彦颐 著 苗延威 译
《从民族国家中拯救历史：民族主义话语与中国现代史研究》 [美]杜赞奇 著 王宪明 高继美 李海燕 李点 译
《传统中国日常生活中的协商：中古契约研究》 [美]韩森 著 鲁西奇 译
《欧几里得在中国：汉译〈几何原本〉的源流与影响》 [荷]安国风 著 纪志刚 郑诚 郑方磊 译
《毁灭的种子：二战及战后的国民党中国》 [美]易劳逸 著 王建朗 王贤知 贾维 译
《理解农民中国：社会科学哲学的案例研究》 [美]李丹 著 张天虹 张胜波 译
《18世纪的中国社会》 [美]韩书瑞 罗友枝 著 陈仲丹 译
《开放的帝国：1600年的中国历史》 [美]韩森 著 梁侃 邹劲风 译
《中国人的幸福观》 [德]鲍吾刚 著 严蓓雯 韩雪临 伍德祖 译
《明代乡村纠纷与秩序》 [日]中岛乐章 著 郭万平 高飞 译
《朱熹的思维世界》 [美]田浩 著
《礼物、关系学与国家：中国人际关系与主体建构》 杨美慧 著 赵旭东 孙珉 译 张跃宏 校
《美国的中国形象：1931—1949》 [美]克里斯托弗・杰斯普森 著 姜智芹 译
《清代内河水运史研究》 [日]松浦章 著 董科 译
《中国的经济革命：20世纪的乡村工业》 [日]顾琳 著 王玉茹 张玮 李进霞 译
《明清时代东亚海域的文化交流》 [日]松浦章 著 郑洁西 译
《皇帝和祖宗：华南的国家与宗族》 科大卫 著 卜永坚 译
《中国善书研究》 [日]酒井忠夫 著 刘岳兵 何莺莺 孙雪梅 译
《大萧条时期的中国：市场、国家与世界经济》 [日]城山智子 著 孟凡礼 尚国敏 译
《虎、米、丝、泥：帝制晚期华南的环境与经济》 [美]马立博 著 王玉茹 译
《矢志不渝：明清时期的贞女现象》 [美]卢苇菁 著 秦立彦 译

《山东叛乱：1774 年的王伦起义》 [美]韩书瑞 著 刘平 唐雁超 译
《一江黑水：中国未来的环境挑战》 [美]易明 著 姜智芹 译
《施剑翘复仇案：民国时期公众同情的兴起与影响》 [美]林郁沁 著 陈湘静 译
《工程国家：民国时期(1927－1937)的淮河治理及国家建设》 [美]戴维·艾伦·佩兹 著 姜智芹 译
《西学东渐与中国事情》 [日]增田涉 著 周启乾 译
《铁泪图：19 世纪中国对于饥馑的文化反应》 [美]艾志端 著 曹曦 译
《危险的边疆：游牧帝国与中国》 [美]巴菲尔德 著 袁剑 译
《华北的暴力与恐慌：义和团运动前夕基督教传播和社会冲突》 [德]狄德满 著 崔华杰 译
《历史宝筏：过去、西方与中国的妇女问题》 [美]季家珍 著 杨可 译
《姐妹们与陌生人：上海棉纱厂女工，1919—1949》 [美]艾米莉·洪尼格 著 韩慈 译
《银线：19 世纪的世界与中国》 林满红 著 詹庆华 林满红 译
《寻求中国民主》 [澳]冯兆基 著 刘悦斌 徐硙 著

七、历史研究系列

《中国近代通史》(10 卷) 张海鹏 主编
《极端的年代》 [英]艾瑞克·霍布斯鲍姆 著 马凡 等 译
《漫长的 20 世纪》 [意]杰奥瓦尼·阿瑞基 著 姚乃强 译
《在传统与变革之间：英国文化模式溯源》 钱乘旦 陈晓律 著
《世界现代化历程》(10 卷) 钱乘旦 主编

八、当代思想前沿系列

《世纪末的维也纳》 [美]卡尔·休斯克 著 李锋 译
《莎士比亚的政治》 [美]阿兰·布鲁姆 哈瑞·雅法 著 潘望 译
《邪恶》 [英]玛丽·米奇利 著 陆月宏 译
《知识分子都到哪里去了：对抗 21 世纪的庸人主义》 [英]弗兰克·富里迪 著 戴从容 译
《资本主义文化矛盾》 [美]丹尼尔·贝尔 著 严蓓雯 译
《流动的恐惧》 [英]齐格蒙特·鲍曼 著 谷蕾 杨超 等译
《流动的生活》 [英]齐格蒙特·鲍曼 著 徐朝友 译
《生活的艺术》 [英]齐格蒙特·鲍曼 著 仇子明 等译
《流动的时代：生活于充满不确定性的年代》 [英]齐格蒙特·鲍曼 著 谷蕾 武媛媛 译
《波德里亚：一个批判性读本》 [美]道格拉斯·凯尔纳 编 陈维振 陈明达 王峰 译 李平武 审校
《齐格蒙特·鲍曼：后现代性的预言家》 [英]丹尼斯·史密斯 著 萧韶 译
《萨义德》 [英]瓦莱丽·肯尼迪 著 李自修 译
《瓦尔特·本雅明：救赎美学》 [美]理查德·沃林 著 吴勇立 张亮 译
《未来的形而上学》 [美]爱莲心 著 余日昌 译
《文化理论关键词》 [英]丹尼·卡瓦拉罗 著 张卫东 张生 赵顺宏 译
《自由的铁笼：哈耶克传》 [英]安德鲁·甘布尔 著 王晓冬 朱之江 译
《异端人物》 [英]特里·伊格尔顿 著 刘超 译
《当代文化理论》 [澳大利亚]安德鲁·米尔纳 著 刘超 译
《感受与形式》 [美]苏珊·朗格 著 高艳萍 译
《公共领域的伦理学》 [英]约瑟夫·拉兹 著 葛四友 译

九、教育理论研究系列

《教育研究方法导论》［美］梅雷迪斯·M. 高尔等 著　许庆豫等 译

《教育基础》［美］艾伦·C. 奥恩斯坦等 著　杨树兵等 译

《教育伦理学》贾馥茗 著

《认知心理学》［美］罗伯特·L. 索尔索 著　何华等 译

《现代心理学史》［美］杜·P. 舒尔兹 著　叶浩生等 译

《学校法学：案例和观念》［美］米歇尔·W. 拉莫特 著　许庆豫　译

书　　名　教育研究方法导论(第六版)

作　　者　[美] 梅雷迪斯·M. 高尔
　　　　　　沃尔特·R. 博格
　　　　　　乔伊斯·J. 高尔
责任编辑　赵　明
装帧设计　张金凤
出版发行　凤凰出版传媒集团
　　　　　凤凰出版传媒股份有限公司
　　　　　江苏教育出版社(南京市湖南路 1 号 A 楼　邮编 210009)
苏教网址　http://www.1088.com.cn
集团网址　http://www.ppm.cn
照　　排　南京展望文化发展有限公司
印　　刷　江苏凤凰通达印刷有限公司(电话 025-57572508)
厂　　址　南京市六合区冶山镇(邮编 211523)
开　　本　960×1304 毫米　1/32
印　　张　26.375
版　　次　2012 年 5 月第 1 版　2012 年 5 月第 1 次印刷
书　　号　ISBN 978-7-5499-1658-0
定　　价　70.00 元
邮购电话　025-85406265,85400774 短信 02585420909
E - mail　jsep@vip.163.com
盗版举报　025-83658837